FORSCHUNGEN UND QUELLEN ZUR KIRCHEN- UND KULTURGESCHICHTE OSTDEUTSCHLANDS

IM AUFTRAGE DES INSTITUTES
FÜR OSTDEUTSCHE KIRCHEN- UND KULTURGESCHICHTE
HERAUSGEGEBEN VON BERNHARD STASIEWSKI

Band 16

1. Westfassade der Klosterkirche

HEINRICHAU

Geschichte eines schlesischen
Zisterzienserklosters 1227-1977

von

HEINRICH GRÜGER

1978
BÖHLAU VERLAG KÖLN WIEN

CIP-Kurztitelaufnahme der Deutschen Bibliothek

Grüger, Heinrich

Heinrichau: Geschichte e. schles. Zisterzienserklosters 1227—1977. — Köln, Wien: Böhlau, 1978.

(Forschungen und Quellen zur Kirchen- und Kulturgeschichte Ostdeutschlands; Bd. 16)

ISBN 3-412-06076-3

Satz und Druck: Hanauer Anzeiger, Druck- und Verlagshaus, Hanau
Buchbinderische Verarbeitung: Konrad Triltsch, Würzburg

Printed in Germany
ISBN 3 412 06076 3

VORWORT

Seit Gustav Adolf Stenzel 1846 Wilhelm Pfitzners „Versuch einer Geschichte des vormaligen Fürstlichen Cisterzienser-Stiftes Heinrichau bei Münsterberg in Schlesien“ herausgab, sind mehr als 130 Jahre vergangen; dies Werk des Kgl. niederländischen Justizrats, noch heute eine wertvolle Quelle der Forschung, bedurfte schon lange einer gründlichen Überprüfung. Denn inzwischen wurden neue Quellen bekannt. Außerdem befaßten sich seitdem viele deutsche, polnische und ungarische Beiträge mit der Geschichte und der kulturellen, kolonisatorischen, künstlerischen und spirituellen Ausstrahlung des niederschlesischen Klosters. Da Pfitzner nur Teile des jetzt zugänglichen Materials benutzte und sich eng an das Vorbild der Monographie hielt, war es notwendig, das neu konzipierte Bild der Ordensniederlassung, die einst lebendige Kontakte zum deutschen, böhmischen, polnischen, österreichischen, ungarischen und französischen Kulturraum pflegte, in einen weiteren Rahmen zu spannen, als es der Verfasser von 1846 tat. Die Verwirklichung dieses Planes wurde allerdings dadurch erschwert, daß die vorhandenen Quellen in den Archiven von Breslau, Prag, Krakau, Köln, Wien, Lilienfeld, Veszprém, Budapest und Zirc verstreut waren und die Menge der Sekundärliteratur bereits ein umfangreiches, kaum zu bewältigendes Register füllte. Vielleicht wäre der 1950 verstorbene Pfarrer Paul Bretschneider, der 1927 zum 700-Jahr-Gedächtnis der Klostergründung das Heinrichauer Gründungsbuch in deutscher Übersetzung herausgab, in der Lage gewesen, die Geschichte dieser Abtei im Zusammenhang mit der Entwicklung des Gesamtordens von Cîteaux, der übrigen Zisterzen Schlesiens und der mitteleuropäischen Nachbarländer darzustellen. Aber der Zweite Weltkrieg mit seinen Folgen für die deutsche Bevölkerung Schlesiens und die Unzugänglichkeit der schlesischen und ungarischen Archive machte für lange Zeit alle Hoffnungen darauf zunichte.

Wenn ich neben meiner Berufsarbeit das Wagnis unternehme, der Öffentlichkeit zum 750-Jahr-Gedächtnis der Gründung von Heinrichau die Geschichte des Klosters in neuer Form vorzulegen, so kann ich das Werk trotz aller Mühe — ähnlich wie seinerzeit Pfitzner — im Grunde nur als einen Versuch bezeichnen. Bei der Fülle des Materials und angesichts der mir zur Verfügung stehenden beschränkten Möglichkeiten konnten wichtige Probleme, z. B. der Übergang der schlesischen Zisterzienser von der älteren zur neuzeitlichen Disziplin, das Verhältnis der preußischen Krone zu den Klöstern im katholischen Schlesien, die

Nachwirkungen der jansenistischen Krise des Ordens in Heinrichau und Zirc, die Beziehungen der schlesischen Ordensleute zu Staat und Kirche in Ungarn, nur verkürzt behandelt werden. Die Hinweise in den Anmerkungen auf nicht vollständig ausgeschöpfte Quellen bieten Anstöße zu weiteren Forschungen.

Bei den in der jahrelangen Arbeit auftauchenden Schwierigkeiten drängte mich die Liebe zum Orden von Cîteaux und zu den Menschen, die ich durch die Berührung mit ihm kennenlernte, zum Durchhalten. In erster Linie erfüllte mich ein fast angeborenes Interesse am Schicksal gerade dieses Klosters, ein Interesse, das in früher Kindheit in einem ehemaligen zisterziensischen Stiftsdorfe des mittelschlesischen Vorgebirgslandes von einer von treuer Zuneigung zur Heimat getragenen und selbst schriftstellerisch tätigen Volksschullehrerin geweckt wurde und das mit zunehmender Einsicht in das historische Geschehen noch gewachsen ist. Diese persönlichen Bindungen, die mein eigenes Dasein mit Heinrichau verknüpfen, erwiesen sich als tragfähige Motivation. Den Mut aber, der bei der Masse des Materials, den zeitraubenden Korrespondenzen, notwendigen Reisen und Archivstudien mitunter erlahmte, festigten der Briefwechsel und die Freundschaft mit Persönlichkeiten verschiedener Nationen, die Begegnung mit Forschern, Priestern und Mönchen in beiden Teilen Deutschlands, in Polen, Ungarn, Frankreich, Belgien und Österreich. Sie spornten mich an, wenn der eigene Elan zu ermatten drohte. Ihnen allen, namentlich aber Abbé Jean Salmon (Breuvannes-en-Bassigny), Ferenc Hervay (Budapest), Msgr. Dr. Dr. Joseph Gottschalk (Fulda), P. Eugenius Komosa O. Cist. (Heinrichau), P. Edmund Mikkers OCR. (Abbaye d'Achel), P. Anselme Dimier OCR. † (Abbaye N.-D. de Scourmont), Weihbischof Dr. Wincenty Urban (Breslau), P. Dr. Ambrosius Rose OSB. (Abtei Wimpfen), ferner meinem Lehrer Dr. Paul Knauer †, meinem einstigen Mitschüler P. Norbert Pohl SAC. (Buenos Aires) sowie vielen anderen, die ich hier nicht nennen kann, muß das Verdienst dieser Arbeit zugute gehalten werden.

Für die Aufnahme des Werkes in die Reihe „Forschungen und Quellen zur Kirchen- und Kulturgeschichte Ostdeutschlands" danke ich Prof. Dr. Dr. Bernhard Stasiewski, für die gewissenhafte Drucklegung dem Böhlau Verlag Köln und für Druckkostenzuschüsse der Stiftung Kulturwerk Schlesien (Würzburg), dem Schlesischen Priesterwerk e. V. (Düsseldorf), dem Verein für Geschichte Schlesiens (Mainz), Pfarrer Rudolf Kurnoth (Moers-Asberg), Prälat Herbert Mischkowsky (Hildesheim) und meinem früheren Mitschüler Georg Peltner (Höhr-Grenzhausen).

Die familiären Voraussetzungen, ohne die die Vollendung dieser Arbeit nicht möglich gewesen wäre, schuf meine Frau, die den Fortschritt meiner Studien immer verständnisvoll förderte. Daß sie das auch tat, als sie wußte, daß sie die Herausgabe des Werkes nicht mehr erleben werde, erfüllt mich mit Dankbarkeit, so daß ich der verstorbenen Gefährtin meines Lebens den Ertrag meiner Forschungen widme.

Trier, den 28. Mai 1977

Heinrich Grüger

INHALT

Viertes Kapitel

Fünftes Kapitel

Sechstes Kapitel

Siebentes Kapitel

Abbildungsnachweis

Reinhard Maria Libor, Kaufbeuren . . . . Foto 1, 15, 16
Heinrich Grüger, Trier . . . . Foto 3—13, 17
Priorat Heinrichau (Henryków) . . . . Foto 14

Pläne und Karten
(siehe Rückentasche)

QUELLEN UND LITERATUR

I. Ungedruckte Quellen

1. Das Erzbischöfliche Archiv in Breslau[1] = BDA

Ms. V 6	Index sive Synopsis Omnium Privilegiorum, Donationum, praetensionum, contractuum seu quorumcunque memorabilium in Archivo Monasterij Henrichoviensis reperibilium concinnatus Anno 1722 sub Reverendissimo Domino, Domino Tobia I Abbate antefati Coenobij Henrichoviensis = Synopsis.
Ms. V 8	Literae Fundationis Monasterii Henrichoviensis S..Ordinis Cisterciensis elargitae a Celsissimo et Inclyto Duce Silesiae Henrico a. 1228 die 22 Januarij [!], dum consecraretur ecclesia lignea a Rmis. DD. Episcopis Laurention Wratislaviensi, et Paulo Poznaniensi, post mortem Rdi. Admodum Domini, Domini Nicolai, ex testamento Fundatoris, Secretarii Ducis et Canonici Wratislaviensis, anno secundo.
Ms. V 9	Compendium Vitae Nominumque Seriem complectens Reverendissimorum DD. Praelatorum monasterij Henrichoviensis rite sibi succedentium, desumptum ex libro Fundationis, varijs instrumentis authenticis, Epitaphijs et manuscriptis ab ipsa fundationis origine 1222 facta usque ad annum 1694 integra fida collectum = Compendium. [Mit zwei Fortsetzungen bis 1702.]
Ms. V 10	Fürstl. Closter Stieffts Heinrichaw Fundationes, Privilegia, Kauff Contracten vndt andere Uhrkunden. 1660.

---

1) Da bei der Aufhebung des Klosters im Jahre 1810 im wesentlichen nur die mittelalterlichen Besitzurkunden von Heinrichau ins Staatsarchiv nach Breslau kamen, alle anderen Akten dagegen im Heinrichauer Pfarrarchiv blieben, von wo sie später in das Bischöfliche Diözesanarchiv (jetzt Erzbischöfliches Archiv) gelangten, dessen letzter deutscher Direktor, Dr. Kurt Engelbert, sie gegen Ende des Zweiten Weltkrieges durch rechtzeitige Auslagerung vor der Vernichtung bewahrte, enthält dieses Archiv trotz einzelner Verluste heute noch eine reiche Fülle von Material zur Geschichte des Klosters. Der Verfasser konnte bei mehreren Studienreisen nach Schlesien in diese Akten Einblick nehmen. Ohne die Inanspruchnahme der modernen Mittel technischer Vervielfältigung, für die der Verfasser Herrn Weihbischof Dr. Wincenty Urban, dem jetzigen Direktor des Archivs, zu großem Dank verpflichtet ist, wäre jedes Studium der vorhandenen Quellen angesichts der Menge der Akten, die dieses Archiv birgt, und bei der zeitlichen Kürze der Studienaufenthalte ein nutzloses Unterfangen geblieben. So aber war es möglich, den größten Teil der Akten wenigstens kursorisch durchzusehen und die wichtigsten in Abschrift, Mikrofilm und Kopie festzuhalten.

Ms. V 11	Liber continens varia memorabilia, quae passim in s. Ordine Cisterciensi, potissimum vero in hoc Ducali Monasterio Henrichoviensi aliisque monasteriis in Silesia constitutis contigerunt aut contingunt, et ad notitiam domini abbatis et conventus venerabilis huius Monasterii hinc inde perveniunt, confectus sub et a dno. Laurentio dicti monasterii a. 1637 eiusdem coenobii presbytero professo[2].
Ms. V 12	Signaturbuch des Klosters Heinrichau. 1411—1467.
Ms. V 65	Beschreibung der Besitzungen und Einkünfte des Zisterzienserklosters Zirc. 1779.
Ms. V 84 b	Diarii Domestico-Historici Continuatio sub Felicissimo Regimine Reverendissimi Domini Domini Gregorii Regnard Henrichovii, et Zircii Coenobiorum Abbatis Dignissimi... Compilata a Reverendo P. Thoma Werner p. t. Succentore, Continuata postmodum a Reverendo Paulo Schindler Professore Theologiae, Historicis Domus = Hist. dom. Henr.
V B 6a	Akten 1393—1768. Abbatum Historia brevis monasterii Henrichoviensis = Hist. brevis. Urkundenabschriften 1255—1727.
V B 6c	Akten der Abtei Heinrichau betr. die Abtei Zirc. 1699—1774. Urkundenregesten der Güter Berénd, Borsod, Polány und der Weinberge auf dem Badacsony und Somló. Consignatio Expensarum factarum in Itinere Zircium Henrichovio a 1. martij usque 25. ejusdem mensis Anni 1701. Specificatio Expensarum Zircensium. 1701—1703. Einnamb Anno 1701. in der Cisterc. residentz zu Pápa. Obligationes subditorum Zircensium ex Conventionibus a Lilio-Campensibus [!] administratoribus cum illis factae excerptae.
V B 6d	Akten des Abtes Constantin II. betreffend Zircz. 1804—1810. Korrespondenz des königl. Agenten Jaeckel.
V B 6e	Akten betr. Privilegien-Bestätigungen. Abschriften älterer Urkunden. 1417—1710. Statuta Monasterii Henrichoviensis, Recentiora quaterna ab Anno 1616 usque ad Annum Domini 1652 confectae.
V B 6f	Akten betr. die Klostergüter Bernsdorf und Schönwalde. Erwerb und Verkauf eines Hauses in Breslau 1697—1791.
V B 6p	Betr. General- und Provinzialkapitel. 17.—18. Jh.

---

[2]) Der erste Teil stammt von P. Edmund Fontanus, das andere von einem Mönch der Zeit vor 1680.

2. Die Universitätsbibliothek in Breslau[3] (Handschriften-Abteilung)

Ms. IV F 217	Liber vite sancte Marie virginis in Heinrichau. Verfaßt ca. 1280—1657[4] = Nekr., Nekrolog.
Ms. IV F 196	Regula S. Benedicti.
	Mortilogium novum [Fortsetzung des älteren Totenbuches mit Einträgen bis zum Jahre 1687].

3. Das Historische Archiv der Stadt Köln[5]

Dep. Kloster Lond	Korrespondenz des Abtes Andreas von Heinrichau mit dem Rat der Stadt Köln. 1553—1566. Rechnung aller Kosten der Reise des Kölner Notars Johann Ewan nach Breslau und Heinrichau vom 6. März bis 16. Juni 1562.

4. Die Széchényi-Nationalbibliothek in Budapest und Zirc[6]

Ms. F Lat. 4266	Catalogus patrum et fratrum Monasteriorum de Henrichau et de Zircz[7] = Catal.
Ms. F Lat. 4246	Liber defunctorum monasterii Henrichoviensis = Necr. Zirc.

[3]) Der königl. preußische Säkularisationskommissar Johann Gustav Büsching ließ 1810—1812 die wertvollsten Teile der umfangreichen Heinrichauer Stiftsbibliothek in die neugegründete schlesische Zentralbibliothek schaffen. Auf diese Weise kamen wichtige Manuskripte, von denen manche im mittelalterlichen Skriptorium des Klosters geschrieben, andere von Heinrichauer Ordensleuten verfaßt wurden, in die Breslauer Universitätsbibliothek, deren Handschriften-Abteilung sich im Gebäude des ehemaligen Chorherrenstiftes zu St. Maria auf der Sandinsel befindet.

[4]) Auszug: W. Wattenbach, Schlesische Nekrologien. In: ZVGS 4. 1862, S. 278—307.

[5]) Als die kölnischen Mönche der großpolnischen Abteien Lekno-Wongrowitz, Lond und Obra im Jahre 1553 nach Heinrichau flüchteten, nahm Andreas Swederi, der bisherige Prior von Lond, der 1554 zum Abt von Heinrichau erwählt wurde, wichtige Stücke des älteren Archivs von Lond nach Schlesien mit. In dem langjährigen Streit, den der Rat von Köln wegen der drei polnischen Abteien in Rom und Breslau betrieb, war Andreas Swederi der bedeutendste Mittelsmann der rheinischen Metropole in Schlesien. Wiederholt betraute ihn der Rat von Köln mit Aufträgen an die Bischöfe von Breslau und Erzbischöfe von Gnesen, an schlesische Prälaten, Fürsten, Landeshauptleute und Patrizier. Die Korrespondenz, die die Stadt Köln 1553—1566 mit dem Heinrichauer Abt führte, und die Gesandtschaftsberichte der kölnischen Oratores, die damals wiederholt nach Breslau und Heinrichau reisten, sind großenteils im Historischen Archiv der Stadt Köln erhalten. Da man sie dort im Depositorium „Kloster Lond" einordnete, wurden sie von der schlesischen Forschung bisher nicht beachtet. Tatsächlich enthalten die im Original vorliegenden Briefe des Heinrichauer Abtes eine Reihe wertvoller Einzelheiten zur Geschichte von Heinrichau und zur Entwicklung der politischen und gesellschaftlichen Verhältnisse Schlesiens im 16. Jahrhundert.

[6]) Die ungarische Hauptbibliothek und ihre Zweigstelle in der aufgehobenen Abtei Zirc bewahren eine größere Zahl von Handschriften des 18. Jahrhunderts, die von Heinrichauer Ordensleuten für das unierte Stift im Bakanoy verfaßt wurden.

[7]) Bis 1769 vielleicht von der Hand des Priors Petrus Schneider; Nachträge späterer Zeit reichen bis 1845.

5. Das Komitatsarchiv in Veszprém[8]

XII. 2/g 660/18	Diarium itineris Constantini Gloger Abbatis ad Zircz anno 1793.
XII. 2/g 660/23	Nomina et Cognomina Reverendorum ac Eximiorum Patrum et Fratrum Henrichovii in Silesia et Zirczii in Hungaria Professorum Conscripta Anno 1785, die 4ta Augusti.

6. Privatbesitz[9]

Hist. dom. Zirc.	Historia domestica monasterii Zirczensis. Bd. I: (1718)—1779, Bd. II: 1780—1855. Handschriftliches Exzerpt des P. Konstantin Horváth.

II. Abgekürzt zitierte Quellen und Literatur

Alpár	L. Alpár, A Zirci apátsag függetlenítésének kérdése (Ciszterci Doktori értekezesék 84). Budapest 1942.
Analecta	Analecta Sacri Ordinis Cisterciensis (Analecta Cisterciensia). Rom 1945 ff.
Appelt	Schlesisches Urkundenbuch. Hrsg. Historische Kommission für Schlesien. Bearb. H. Appelt. Bd. 1. Wien — Köln — Graz 1961—1971.
Archiv	Archiv für schlesische Kirchengeschichte. Bd. 1. Hrsg. H. Hoffmann. Breslau 1936; Bd. 2—6. Hrsg. K. Engelbert. Breslau 1937—1941; Bd. 7—25. Hrsg. K. Engelbert. Hildesheim 1949—1967; Bd. 26—35. Hrsg. J. Gottschalk. Hildesheim 1968—1977.
Békefi	R. Békefi, Geschichte des Cistercienser-Ordens in Ungarn von 1142 bis 1814. Übersetzt von B. Czilek. In: CChr. 12. 1900, S. 1—14, 33—43, 65—71, 97—103, 129—134.
Békefi	R. Békefi. Geschichte des Cistercienser-Ordens in Ungarn von 1814 bis 1896. Übersetzt von B. Czilek. In: CChr. 13. 1901, S. 65—71, 97—105, 129—137, 161—167.

---

8) Das Komitatsarchiv in Veszprém enthält verschiedene Diarien Heinrichauer Äbte und Ordensleute des 18. Jahrhunderts, ein Verzeichnis der Konventualen der beiden unierten Klöster und interessante Planaufnahmen von Zirc, seinen Stiftsdörfern und Forsten.

9) Da das wertvolle Archiv von Zirc seit der Aufhebung dieses Klosters im Jahre 1950 und der Verurteilung des letzten Abtes vollständig verschwunden und der Forschung unzugänglich ist, bildet das Erzbischöfliche Archiv in Breslau jetzt die reichste Fundstätte auch für die Geschichte des Heinrichauer Tochterklosters im Bakony. Besonders zu bedauern ist der Verlust der beiden Bände Historia domestica monasterii Zirczensis, die großenteils von schlesischen Zisterziensern verfaßt wurden mit wichtigen Berichten über die Disziplin und Tätigkeit des schlesischen Ordenszweiges. P. Konstantin Horváth hat bei seinen Studien zur Geschichte von Zirc (Zirc története. Veszprém 1930) ein knappes Exzerpt in lateinischer und ungarischer Sprache angelegt, das der Verfasser dank der Vermittlung ungarischer Freunde einsehen und verwenden konnte.

Bretschneider	Urkundenbuch der Stadt Münsterberg in Schlesien. Bearb. P. Bretschneider. 3 Teile. Münsterberg 1927—1932.
Canivez	J. M. Canivez, Statuta Capitulorum Generalium Ordinis Cisterciensis ab Anno 1116 ad Annum 1786 (Bibliothèque de la Revue d'Histoire Ecclésiastique). 8 Bde. Löwen 1933—1941.
Catal.	Catalogus patrum et fratrum Monasteriorum de Henrichau et de Zircz = Ms. F Lat. 4266 [s. oben S. XV].
CChr.	Cistercienser-Chronik. Hrsg. von den Cisterciensern in Mehrerau. Mehrerau 1889 ff.
CDS	Codex Diplomaticus Silesiae. Hrsg. vom Verein für Geschichte (und Alterthum) Schlesiens. Breslau 1857 ff.
Cîteaux	Cîteaux, Commentarii Cistercienses. (Bd. 1—9: Cîteaux in de Nederlanden) Westmalle 1950 ff.
Cod. dipl. majoris Poloniae	Codex diplomaticus majoris Poloniae. Documenta, et jam typis descripta, et adhuc inedita complectens, annum 1400 attingentia. Editus cura Societatis Literariae Poznaniensis. Bd. 1. Posen 1877.
Collectanea	Collectanea Ordinis Cisterciensium Reformatorum. Rom — Westmalle 1934 ff.
Compendium	Compendium Vitae Nominumque Seriem complectens = BDA Ms. V 9 [s. oben S. XIII].
Darst.	Darstellungen und Quellen zur schlesischen Geschichte. Hrsg. vom Verein für Geschichte Schlesiens. Breslau 1906 ff.
Eschenloer	P. Eschenloer, Historia Wratislaviensis et que post mortem regis Ladislai sub Electo Georgio de Podiebrat Bohemorum Rege illi acciderant Prospera et Adversa. Hrsg. H. Markgraf (Script. Bd. 7). Breslau 1872.
Frömrich	G. Frömrich, Kurze Geschichte der ehemaligen Cistercienser Abtey Kamenz in Schlesien. Glatz 1817.
GB	Das Gründungsbuch des Klosters Heinrichau. Aus dem Lateinischen übertragen und mit Einführung und Erläuterungen versehen von P. Bretschneider (Darst. 29). Breslau 1927.
Geschichtsschreiber	Geschichtsschreiber Schlesiens des 15. Jahrhunderts. Hrsg. von F. Wagner (Script. Bd. 12). Breslau 1883.
GG	Księga Henrykowska. Z tekstu łacińskiego przetłumaczył i wstępem poprzedził R. Grodecki. W aneksie tekst łaciński księgi (Biblioteka tekstów historycznych 2). Posen — Breslau 1949.
GS	Liber Fundationis claustri Sanctae Mariae Virginis in Heinrichow oder Gründungsbuch des Klosters Heinrichau. Aus der Handschrift hrsg., erläutert und durch Urkunden ergänzt von G. A. Stenzel. Breslau 1854.
Hartmann	F. Hartmann, Geschichte der Stadt Münsterberg in Schlesien von ihrer Gründung bis zur Gegenwart. Münsterberg 1907.
Hist. brevis	Abbatum Historia brevis monasterii Henrichoviensis = BDA V B 6 a [s. oben S. XIV].

Hist. dom. Henr.	Diarii Domestico-Historici Continuatio sub Felicissimo Regimine Reverendissimi Domini Domini Gregorii Regnard Henrichovii = BDA Ms. V 84 b [s. oben S. XIV].
Hist. dom. Zirc.	Historia domestica monasterii Zirczensis [s. oben S. XVI].
Maleczyński	Codex diplomaticus nec non epistolaris Silesiae (Kodeks dyplomatyczny Śląski. Zbiór dokumentów i listów dotyczących Śląska). Hrsg. C. Maleczyński. 3 Bde. Breslau 1951—1964.
Markgraf	H. Markgraf, Politische Correspondenz Breslaus im Zeitalter Georgs von Podiebrad. Zugleich als urkundliche Belege zu Eschenloers Historia Wratislaviensis, 2. Abteilung 1463—69 (Script Bd. 9). Breslau 1874.
Mon. Lub.	Monumenta Lubensia. Hrsg. W. Wattenbach. Breslau 1861.
Mortil.	Mortilogium novum = Ms. IV F 196 [s. oben S. XV].
Necr. Zirc	Liber defunctorum monasterii Henrichoviensis = Ms. F Lat. 4246 [s. oben S. XV].
Nekr., Nekrolog	Liber vite sancte Marie virginis in Heinrichau = Ms. IV F 217 [s. oben S. XV].
Pfitzner	(W. Pfitzner), Versuch einer Geschichte des vormaligen Fürstlichen Cisterzienser-Stiftes Heinrichau bei Münsterberg in Schlesien. Breslau 1846.
Pfotenhauer	Urkunden des Klosters Kamenz. Hrsg. P. Pfotenhauer (CDS Bd. 10). Breslau 1881.
Potthast	A. Potthast, Geschichte der ehemaligen Cistercienserabtei Rauden in Oberschlesien. Leobschütz 1858.
Quellen	Quellen und Darstellungen zur schlesischen Geschichte. Hrsg. von der Historischen Kommission für Schlesien. Kitzingen (Würzburg) 1951 ff.
Rose	A. Rose, Kloster Grüssau. OSB 1242—1289, S Ord Cist 1292—1810, OSB seit 1919. Stuttgart — Aalen 1974.
RS	Regesty Śląskie 1343—1348. Bd. 1 (Polska Akademia Nauk — Oddział we Wrocławiu. Prace Komisji Nauk Humanistycznych 2). Breslau — Warschau — Krakau — Danzig 1975.
Schem. Zirc	Schematismus Congregations de Zirc S. Ordinis Cisterciensis ad Annum Scholarem 1942/43. Budapest 1942.
Schilling	F. Schilling, Ursprung und Frühzeit des Deutschtums in Schlesien und im Lande Lebus. Forschungen zu den Urkunden der Landnahmezeit (Ostdeutsche Forschungen Bd. 4—5). 2 Bde. Leipzig 1938.
Script.	Scriptores rerum Silesiacarum oder Sammlung schlesischer Geschichtsschreiber. Bd. 1—5. Hrsg. von G. A. Stenzel. Breslau 1835—1861; Bd. 6—17. Hrsg. vom Verein für Geschichte und Alterthum Schlesiens. Breslau 1871—1902.
Sohr	W. Sohr, Die Verbindung des Cistercienser-Stiftes Heinrichau mit der Abtei Zircz in Ungarn. In: Schlesische Provinzial-Blätter. Bd. 116. Breslau 1842, S. 543—553. Bd. 117. Ebd. 1843, S. 33—43, 150—162, 304—310.
Sommersberg	Silesiacarum rerum Scriptores. Hrsg. F. W. de Sommersberg. 2 Bde. Leipzig 1729.

SR	Regesten zur schlesischen Geschichte, namens des Vereins für Geschichte und Alterthum Schlesiens hrsg. von C. Grünhagen. Teil 1: Bis 1250, Teil 2: Bis 1280, Teil 3: Bis 1300 (CDS Bd. 7,1—3). Breslau ²1884, 1875, 1886.
SR	Regesten zur schlesischen Geschichte, namens des Vereins für Geschichte und Alterthum Schlesiens hrsg. von C. Grünhagen und K. Wutke [1301—1315] (CDS Bd. 16). Breslau 1892.
SR	Regesten zur schlesischen Geschichte, namens des Vereins für Geschichte und Alterthum Schlesiens hrsg. von C. Grünhagen und K. Wutke [1316—1326] (CDS Bd. 18). Breslau 1898.
SR	Regesten zur schlesischen Geschichte. Hrsg. von C. Grünhagen und K. Wutke [1327—1333] (CDS Bd. 22). Breslau 1903.
SR	Regesten zur schlesischen Geschichte. Hrsg. von K. Wutke, E. Randt und H. Bellée [1333—1337] (CDS Bd. 29). Breslau 1923.
SR	Regesten zur schlesischen Geschichte. Hrsg. von K. Wutke und E. Randt [1338—1342] (CDS Bd. 30). Breslau 1925—1930.
Synopsis	Index sive Synopsis = BDA Ms. V 6 [s. oben S. XIII].
ZfO	Zeitschrift für Ostforschung. Länder und Völker im östlichen Mitteleuropa. Hrsg. im Auftrage des Johann-Gottfried-Herder-Forschungsrates e. V. Marburg/Lahn 1950 ff.
Zimmermann	F. A. Zimmermann, Beyträge zur Beschreibung von Schlesien. Bd. 4. Brieg 1785.
ZVGS	Zeitschrift des Vereins für Geschichte (und Alterthum) Schlesiens. Bd. 1—77. Breslau 1855—1943.

ABKÜRZUNGEN

BDA	Erzbischöfliches Archiv (Bischöfliches Diözesanarchiv) Breslau
bearb.	bearbeitet
ca.	circa
d. Ä.	der Ältere
d. h.	das heißt
d. J.	der Jüngere
Einw.	Einwohner
fl.	Gulden
Fotokopie	Fotokopie oder Abschrift der Quelle im Besitz des Verfassers
ha	Hektar
hl., Hll.	heilig(e), Heilige
Hrsg., hrsg.	Herausgeber, herausgegeben
Jh.	Jahrhundert
km	Kilometer
Kr.	Kreis
krz.	Kreuzer
m	Meter
Mag.	Magister
Mk.	Mark
Ms.	Manuskript
NN	nomen nescio
RM	Reichsmark
Rtlr.	Reichstaler
S.	Seite
sgr.	Silbergroschen
sign.	Signatur
sog.	sogenannt
Tlr.	Taler
u. a.	und andere, unter anderem.[10]

[10]) Die im Anhang sowie im Personen-, Orts- und Sachregister benutzten Abkürzungen vgl. unten S. 285, 293 Anm. 48 und S. 300.

Erstes Kapitel

DIE GRÜNDUNG DES KLOSTERS

1. Die Verhältnisse der Gründungszeit

Die Siedlungen und die Menschen, die die Zisterzienser bei ihrer Einwanderung im Jahre 1227 im Land an der oberen Ohle antrafen, schildert in anschaulicher Weise der „Liber fundationis" von Heinrichau, dessen erstes Buch um 1270, das zweite um 1310 vollendet wurde[1]. Der Verfasser des älteren Teiles, der Mönch Petrus, der in 9 Kapiteln von der Erwerbung und Sicherung der ersten Güter des Klosters berichtet, kam mit dem Gründungskonvent aus Leubus an die Ohle und verbrachte hier bis zum hohen Alter ein arbeitsreiches und bewegtes Leben, dessen Schicksale mit der Entwicklung der jungen Gründung eng verknüpft waren. Fast 45 Jahre hindurch erlebte er als einfacher Profeß, als Cellerar und Ratgeber der Äbte Heinrich und Bodo, als dritter Abt von Heinrichau und nach seiner Abdankung als Exabt und Senior das Wachstum der neuen Ordensniederlassung, die Ängste, Sorgen und Anfeindungen, die die Mönche erfuhren, die Zerstörung durch die Mongolen und den Neubeginn, die Vermehrung der Güter und den Bau der monumentalen Klosterkirche. Seine Tätigkeit im Dienste des Klosters führte ihn mit den Menschen der nahen Umgebung zusammen, aber auch mit Fürsten, Bischöfen, Rittern und Kleinadligen Schlesiens und Großpolens, mit denen die Zisterze in den ersten Jahrzehnten ihrer Existenz zu tun hatte. Die reiche Erfahrung, die er persönlich sammelte, die Verhandlungen und Verträge, an denen er als Vertreter des Konvents und seiner Äbte teilnahm, und die Erzählungen der ältesten Männer des Landes, die der interessiert lauschende Mönch im Gedächtnis bewahrte, boten dem greisen Exabt den Stoff für ein Werk, das eine Fülle impressionistischer Einzelszenen in einem epischen Gemälde von faszinierender Anschaulichkeit vereinigt. Vor dem unaufdringlichen Hintergrund der politischen Verhältnisse Schlesiens treten die Einzelschicksale von Menschen und Familien mit ihren Freuden und Leiden, Wünschen und Hoffnungen, in ihrer Größe und Armseligkeit in ihrem engen Lebensraum plastisch vor Augen und strahlen eine Lebensfülle aus, die den Abstand der Jahrhunderte leicht überbrückt.

Da der zisterziensische Verfasser die literarische Komposition durch amtliche Dokumente bereicherte und in wechselnder Mannigfaltigkeit Beobachtungen aus unmittelbarer Anschauung, Aussprüche und Gespräche seiner Zeitgenossen einfügte und dabei auch ihre Absonderlichkeiten nicht vergaß, trägt das Werk den Charakter einer ruhig dahin-

[1]) GS, GB, GG. Die Handschrift ist im BDA sub sign. V 7. erhalten.

fließenden, abwechslungsreichen Schilderung, die die einzelnen Persönlichkeiten und Familien nicht in der statuarischen Vollendung des Augenblicks abbildet, sondern im unaufhörlichen Fluß lebendiger Entwicklung. Aus der Tiefe der frühmittelalterlichen Verhältnisse, von denen der Abt berichtet, steigen die Namen der Fürsten, Bischöfe und Magnaten, der Hofschreiber, Prälaten, Kleinadligen und Hörigen auf und gewinnen in wenigen Sätzen oder nur mit den Worten, die ihnen der Verfasser in den Mund legt, greifbare Nähe und plastische Gestalt. Barone, Beamte und Bischöfe, die die Politik des Landes beeinflußten, kleinadlige Männer, deren Leben an einen ärmlichen Gutshof, ein Paar Ochsen und einige Hufen Landes gebunden war, und Leute niedriger Herkunft, herzögliche Hörige, die in mühevoller Arbeit Wälder rodeten und die Einöden kultivierten, treten für einen kurzen Augenblick ins Licht der Gegenwart. Mit den Menschen und ihren Schicksalen wird aber auch die Umwelt deutlich, in der sich das Leben der Männer abspielte, von denen der Mönch des 13. Jahrhunderts erzählt. Der Schauplatz des Geschehens ist der kleine Bezirk an der oberen Ohle, den die ausgedehnten Wälder der Bukowina (Moschwitzer Buchwald), des Rummelgebirges und der Bärdorfer Hochfläche umgaben. Ergänzt man die Berichte des Heinrichauer Abtes durch die Schilderungen seines Fortsetzers und die Mitteilungen der ältesten Urkunden, so lernt man alle Siedlungen der Umgebung von Heinrichau kennen mitsamt einer Vielzahl von Männern und Frauen, deren Leben sich in dem engen Raum einer Landschaft vollzog, die noch am Anfang der kolonisatorischen Entwicklung stand[2].

Auf dem Platz, wo sich das Kloster befindet, lag der Weiler Sukowitz, den nicht lange vor der Einwanderung der Mönche hörige Bauern des Fürsten begründet und bald wieder aufgegeben hatten, als ihre Vorsteher Such und Crepis in Streit gerieten und sich gegenseitig umbrachten. Die verlassenen Äcker nahm der Notar Nikolaus in Besitz und vereinigte sie mit seinem Gut Alt-Heinrichau[3]. Am südlichen Ende von Heinrichau saß auf dem Hof Kojanowitz nahe bei der Pfeifferbrücke der Edle Dalebor, dem die Ohleniederung vom Rande des Neuhofer Forstes und den Grenzen von Krelkau bis zum Bürgerbezirk gehörte[4]. Bei der Anhöhe, auf der nach dem Mongoleneinfall die Stadt

---

[2]) L. Schulte, Kleine Schriften (Darst. 23). 1918, S. 107 f., charakterisiert die vorzisterziensischen Verhältnisse an der oberen Ohle in folgender Weise: „Der am Hergebrachten haftende Sinn, der geringe, vielleicht ganz ertötete Trieb zu selbständiger Arbeit bei der polnischen Bevölkerung, ihre spärliche Verteilung über das größtenteils waldbedeckte und versumpfte Land, der Mangel an geeigneten Werkzeugen zur Rodung des Waldes und zur Gewinnung von Kulturland aus Waldboden, der Mangel an flüssigem Kapital, endlich der harte Zwang der sozialen Gliederung, die den einzelnen in seinen bisherigen Wirkungskreis bannte, alles dies stand einer Weiterentwicklung dieses Lebens aus sich selbst heraus entgegen." Dieses Urteil ist sicher nicht berechtigt, denn die Berichte des Gründungsbuches verraten auch, daß die Besiedlung des Landes in den letzten Jahrzehnten vor der Einwanderung der Mönche einen spürbaren Aufschwung erlebte.

[3]) GS 16, GB 24, GG 252 f. Zur vorzisterziensischen Besiedlung des Landes vgl. übrigens S. Trawkowski, Gospodarka wielkiej własności cysterskiej na Dolnym Śląsku w XIII wieku. Warschau 1959, S. 34—40, und H. Grüger, Die slawische Besiedlung und der Beginn der deutschen Kolonisation im Weichbilde Münsterberg. In: Archiv 21. 1963, S. 1—37.

[4]) GS 16, 37; GB 24, 37; GG 253, 273.

Münsterberg entstand, lebten in der Siedlung Sambice slawische Leute, wahrscheinlich Hörige des Herzogs. Wenige Kilometer südlich davon barg sich im engen Tal der Ohle das Gut Ossina (Wenig-Nossen), das um die Mitte des 13. Jahrhunderts dem Grafen Johann Ossina gehörte, und am Wege, der aus der Ohleniederung über die Bärdorfer Hochfläche nach Kamenz führte, lag der Ort Slusejow (Schlause), dessen Bewohner der Burgkapelle von Wartha den Zehnten entrichteten.

In der näheren Umgebung von Heinrichau war die Besiedlung dichter als am Rande des kargen Waldlandes. Zwei Kilometer nördlich vom späteren Kloster begründete der böhmische Kleinadlige Bogwal um 1170 den Hof Brukalitz (Taschenberg), kultivierte einige Hufen der Einöde, verheiratete sich mit der Tochter eines Klerikers und führte das bescheidene Leben eines Bauern[5]. Eine halbe Stunde talabwärts lagen am westlichen Rande der Niederung der Herrenhof Wadochowitz und die Hörigensiedlung Neteplaistba (Wiesenthal). Der slawische Name des benachbarten Schildberg ist nicht mehr bekannt; aber da es der Stammsitz des mächtigen Geschlechts der Czamborii wurde, entstand der Ort gewiß schon lange vor der Einwanderung der Mönche.

Das Gebiet zwischen der Ohle und den Wäldern des Rummelsgebirges war beim Regierungsantritt von Boleslaus I. (1163) noch unbesiedelt, als es der Fürst seinem Bauern Kolacz überließ, der es mit einer Genossenschaft von Hörigen urbar machte und ihm den Namen „Territorium Kolaczow" gab. Auf diesem Landstrich entstanden die Niederlassungen Jaworowitz (Neuhof), Ranchow (Ranke), der verschollene Hof des Kolacz, Skalitz (Reumen), Radsice (Rätsch) und Witostowitz (Schönjohnsdorf), und Kolacz, der über das Territorium gebot, wurde reich und übte eine Macht aus wie der einflußreiche Adel der Nachbarschaft. Als der Notar Nikolaus zwischen 1204 und 1222 Janusow (Alt-Heinrichau) erwarb, war der hörige Bauer längst tot; das Gebiet, das seinen Namen trug, war in einzelne Güter zersplittert, die dem Herzog und dem Adel gehörten, und die Erben des Kolacz saßen auf einem befestigten Hof jenseits der Ohle beim Weiler Ranchow und führten ein kümmerliches Leben. In ihrer Armut traten sie auch noch den letzten Rest des Territoriums ihres Ahnherrn dem Notar ab, als er ihnen ein Geldgeschenk bot, denn ein reeller Kaufpreis stand ihnen nicht zu, weil das Obereigentumsrecht ihrer Äcker dem Herzog gehörte. Nikolaus verschaffte sich das Lehen und gab der Besitzung den Namen Niklawitz[6]. Die übrigen Teile von Kolaczow besaßen verschiedene Herren: der Hof Jaworowitz (Neuhof) war fürstliche Domäne[7], auf den Einzelhöfen der Streusiedlung Skalitz (Reumen) saßen die Zweige einer kleinadligen Familie[8], Witostowitz (Schönjohnsdorf) war nach 1250 der Sitz des Ritters Johann Serucha, und in Radsice (Rätsch) lebten Leute, die sich für freie Männer hielten, in Wirklichkeit aber als camerarii zu Diensten am herzoglichen Hofe verpflichtet waren[9].

---

5) GS 60; GB 54; GG 299.
6) GS 37 f.; GB 37 f.; GG 254 f.
7) GS 32 f.; GB 35; GG 269 f.
8) GS 27 f.; GB 31 f.; GG 264.
9) GS 97 f.; GB 83 f.; GG 241 f.

Im fruchtbaren Lößgebiet westlich von Heinrichau lag an der Quelle des Bächleins Jagilno der Hof Janusow, den die Gebrüder Janus und Dobrogost begründeten. Janus starb ohne Erben, und sein Bruder verlegte sich auf Raub, wurde geächtet und mußte fliehen, so daß sein Gut dem Herzog verfiel, der es seinem Hofschreiber schenkte. Nikolaus erweiterte das Anwesen durch einen Tausch mit dem Kleinadligen Heinrich, dessen Äcker bis an den Zinkwitzbach reichten und der sich südlich vom Bache einen neuen Hof erbaute, der den Namen Ceslawitz (Zesselwitz) erhielt[10]. Eine Viertelstunde östlich von Janusow lag im Schutz eines kleinen Tales der Hof Bobolitz mit der Burg Jagilno, deren Herren mit ihrem Besitz nicht zufrieden waren und ihren Lebensunterhalt durch Straßenraub aufzubessern suchten. Als das Gericht der Barone sie zum Tode verurteilte und ihnen erlaubte, ihr Leben freizukaufen, wurde ihr Hof versteigert, um das Lösegeld zu zahlen, das der Fiskus forderte[11].

Im Norden grenzten an Janusow und Bobolitz die Adelsgüter Grunow und Wilhelmowitz (Willwitz), wo um 1250 Zelo von Grunow und seine Verwandten saßen[12]. Zelo stammte wahrscheinlich aus dem Geschlecht der Czamborii von Schildberg, denen auch der Hof Wiltschitz gehörte, der zwischen Willwitz, Wiesenthal und Schildberg lag[13]. In Targowitz (Tarchwitz) lebte eine Familie ritterlichen Standes, die sich nach ihrem Gute nannte, und eine halbe Stunde westlich davon saß auf Tepliwoda (Lauenbrunn) der Ritter Albert Barth, dessen Vater aus der Gegend von Kamenz in der Lausitz kam und mit der Tochter eines französischen Kaufmanns aus der Wallonensiedlung in Breslau verheiratet war. Nach dem Mongoleneinfall erwarb Albert die Weiler Cenkowitz (Zinkwitz) und Kubitz, die zwischen Tepliwoda und dem Buchwalde lagen[14]. Hier hatten sich unter der Führung der Gebrüder Glambo und Pyroso schon im 12. Jahrhundert Hörige des Herzogs niedergelassen, und mit ihnen hatte Glambo den nördlichen Teil des Waldes mit der Wela Lanka (Große Wiese) gerodet und einen Hof erbaut, den seine Nachkommen dem Moyko von Baitzen überlassen mußten. Eine halbe Stunde südwestlich von Janusow gründeten sie an der Morina (Zinkwitzbach) ein neues Gut, das sie Glambowitz nannten. Als die Zisterzienser einwanderten, saß hier Glambos Enkel Quetik, ein Mann, der wie sein Ahne Höriger des Fürsten war, aber bei den Diensten, zu denen er dem Herzog verpflichtet war, in der landesherrlichen Burg in Breslau aus- und einging und gern gesehen wurde, weil er dem fürstlichen Hof mit seinen Streichen und spaßigen Einfällen manch fröhliche Stunde bescherte. Irgendwann verlor er im Dienste seines Herrn eine Hand, und die andere wurde durch einen Schwerthieb verkrüppelt, so daß er seine bäuerliche Arbeit nicht mehr leisten konnte und in Not geriet. Da erbarmte sich das Kloster des alten Mannes, und die Äbte Heinrich und Bodo gewährten ihm bis zu seinem Tode (1245) den Lebensunterhalt. An der Pforte von

[10]) GS 14 f.; GB 23 f.; GG 251 f.
[11]) GS 24 f.; GB 29 f.; GG 260 f.
[12]) SR 3766 f. zum Jahre 1318.
[13]) SR 2818 zum Jahre 1304.
[14]) GS 19 ff.; GB 26 ff.; GG 256 ff.

Heinrichau, wo der Greis täglich sein Brot verzehrte, begegnete er dem Cellerar Peter und erzählte ihm von der Entstehung der Weiler und Höfe in der Umgebung der Abtei und vom Schicksal der Menschen seiner Jugend. Dem alten Quetik verdankte es das Kloster, daß der Herzog den Mönchen Glambowitz verkaufte, so daß die Ordensleute in ihren Gebeten noch lange des Mannes gedachten, der zwar nur ein Höriger war, aber großen Einfluß hatte[15]. Glambos Bruder Pyroso und seine Leute errichteten am Rande des Buchwaldes die Weiler Cenkowitz und Kubitz, und Pyrosos Nachkommen, die Sippe der Pyrosowici, waren reiche hörige Bauern, die sogar gegen die Zisterzienser einen Prozeß anstrengten und den Besitz des Waldes an der Morina beanspruchten. Als das Lehen ihrer Höfe an Albert Barth fiel, vertrieb der Ritter die ganze Familie aus dem Lande und verband ihr Besitztum mit dem Gute Tepliwoda[16].

Südlich von Glambowitz saß am Ostrande des Buchwaldes auf dem Hofe Nethwitz der Adlige Stephan von Kobylaglowa[17], dessen gleichnamiger Nachkomme sich später von Raub ernährte und enthauptet wurde[18]. Im Osten grenzte Nethwitz an die Ländereien von Zesselwitz und im Süden an die Äcker von Moschwitz, das der Herzog nach 1250 dem Grafen Johann Ossina zu Lehen gab, dessen Söhne und Enkel wegen ihrer Schandtaten unter dem Schwerte des Henkers endeten oder als Räuber erschlagen wurden[19]. Den ausgedehnten Landstrich südlich von Moschwitz und Zesselwitz besaß Dirslaus von Baitzen, der aus Böhmen stammte und seine Tochter dem Ritter Albert Barth zur Ehe gab. Das Herrschaftsgebiet seiner Familie umfaßte neben Schirnschitz (Frömsdorf), Krelkau und Leipe wahrscheinlich auch Schlause und das ganze Ödland, auf dem später Olbersdorf, Bernsdorf, Alt-Altmannsdorf und Hertwigswalde entstanden, dazu noch Baitzen, Gallenau, Schrom, Wolmsdorf, Schlottendorf und Dörndorf.

Das Buch des Abtes Peter und die frühen Urkunden erwähnen insgesamt mehr als 30 Ortschaften in einer Landschaft, die kaum mehr als 100 qkm umfaßte. Die Entfernung der einzelnen Niederlassungen betrug nur eine halbe Stunde Fußweges, und man sieht daran, daß das obere Ohlebecken bei der Ankunft der Mönche von einem dichten Netz menschlicher Siedlungen erschlossen war. Seit der Notar Nikolaus in Alt-Heinrichau eine Pfarrkirche errichtete, zeichneten sich auch schon die ersten Strukturen kirchlicher Organisation ab.

Die zahlreichen Ansiedlungen, die die slawischen Kolonisten des späten 12. Jahrhunderts begründeten, kann man aber nicht mit den großräumigen Neugründungen vergleichen, die 100 Jahre später im Verlauf der deutschrechtlichen Besiedlung und Neuorganisation des Landes entstanden. Bei der Einwanderung der Mönche lebten die Menschen in der Umgebung von Heinrichau noch in Großfamilien und Sippschaften beisammen und siedelten in kleinen Weilern und Einzelhöfen. Nach Verwandtschaft und

15) GS 40 ff.; GB 39 f.; GG 276 ff.
16) GS 21 f.; GB 27; GG 257.
17) GS 42; GB 41; GG 278 f.
18) GS 84 f.; GB 74; GG 311 ff.
19) GS 77 f.; GB 63 ff.; GG 311 ff.

sozialen Verbänden gegliedert legte man die Niederlassungen an, und nahm nur so viel Ländereien unter den Pflug, wie es die Erhaltung der Existenz erforderte. Wirtschaftsgebäude und Wohnungen trugen häufig provisorischen Charakter und sollten Menschen und Tieren nur den notwendigsten Schutz gewähren; auf die Erfordernisse höherer Wohnkultur, wie sie die Bevölkerung der altbesiedelten schlesischen Ackerbauebene erwartete, konnte der slawische Siedler des Vorgebirgslandes keine Rücksicht nehmen. Daher gab er seine Wohnstatt — wie der Verfasser des Gründungsbuches mehrfach berichtet — leichten Herzens auf, wenn sich die Möglichkeit bot, anderswo günstigere Existenzbedingungen zu finden[20], denn im Vergleich mit den Menschen der Breslauer Ebene fristete der Siedler an der oberen Ohle ein ärmliches Leben.

Die Gründe für die Rückständigkeit der Verhältnisse muß man in erster Linie in der politischen Entwicklung suchen. Denn obwohl schon Mieszko, der erste christliche Herzog Polens († 992), Schlesien den Böhmen entriß, blieb das Land zwischen Oder und Sudeten noch lange der Zankapfel der slawischen Mächte. Noch 1096 fiel Bretislaw II. von Böhmen in Mittelschlesien ein, zerstörte die Festung Wartha und errichtete eine Burg in Kamenz, deren Besatzung das Vorgebirgsland kontrollierte und die Niederlassung polnischer Siedler verhinderte. Damals entstanden im Vorfeld der Sudeten sogar böhmische Ortschaften, und aus dem Lande jenseits des Warthapasses wanderten adlige Familien in Schlesien ein[21]. Erst der Friede, den Sobieslaw von Böhmen und Bolesław III. Krzywousty von Polen am 30. Mai 1137 in Glatz schlossen, setzte den Kämpfen ein Ende und legte die Grenze der beiden Länder auf dem Kamm der Sudeten fest. Seitdem war das Gebiet am Nordrande des Gebirges im Besitz der Piasten, die slawische Siedler in die Einöden beriefen. Boleslaus I. trieb die Kolonisation rascher voran und verlieh ausgedehnte Ländereien an Adlige und Hörige, die den Wald rodeten, Äcker anlegten und neue Höfe und Weiler erbauten. Damals kamen die Bauern Glambo, Pyroso, Such, Crepis und Kolacz mit ihren Genossenschaften an die obere Ohle und gründeten menschliche Ansiedlungen.

Aber trotz der Fortschritte, die der Landesausbau seit 1163 machte, gelang es den Siedlern bis zur Entstehung des Klosters nicht, den Rückstand zur Zivilisation der schlesischen Kerngebiete aufzuholen und den Anschluß an die Entwicklung zu finden. Noch um 1227 war der Unterschied zu den altbesiedelten Landschaften so offensichtlich, daß die Verhältnisse an der Ohle den ersten Mönchen Schrecken einflößten und sie sich voll Sehnsucht der lieblicheren Gefilde von Leubus erinnerten[22]. In der Tat stellte der

[20]) Diese Schwierigkeiten des kolonisatorischen Neubeginns muß man berücksichtigen, wenn man verstehen will, warum die Leute von Sukowitz und Kolaczow und der Kleinadlige Heinrich ihre Niederlassungen so rasch wieder aufgaben, als es zu Schwierigkeiten kam oder als ihnen ein reicher Herr eine günstige Abfindung bot.

[21]) Aus Böhmen kamen die Stosch zu Peterwitz, die Grafen de Bycen auf Baitzen, Bogwal von Brukalitz (Taschenberg) und Razlaus Bohemus, der Stiefvater der Gebrüder Bogussa und Paul. Vgl. auch S. Trawkowski S. 35.

[22]) GS 69; GB 61; GG 309 f.

Existenzkampf im Vorgebirge große Anforderungen an den Menschen, und selbst adlige Herren mußten sich ihr Leben lang mit einem kümmerlichen Dasein begnügen. So führte der edle Bogwal von Brukalitz mit eigener Hand das Ochsengespann, und seine Frau, die Tochter eines freigeborenen Klerikers, zerrieb in mühseliger Arbeit das Korn mit der Handmühle zu Mehl, um das tägliche Brot zu backen. Die kleinen Stücke bebauten Landes reichten nämlich nicht aus, die Großfamilien zu ernähren, und um das Ackerland zu erweitern, fehlten die Arbeitskräfte und Mittel. So trieb der harte Existenzkampf manchen freien Mann zu Willkür und Gewalt. Die Herren von Janusow und Bobolitz suchten ihr Leben durch Raub zu erleichtern; der Großvater des Grafen Moyko von Baitzen vertrieb die Nachkommen des Glambo von ihrem Hof und eignete sich ihre Äcker an; der Enkel des Stephan von Kobylaglowa ernährte sich von Diebstahl, und selbst die Nachkommen des Grafen Johann Ossina endeten als Mörder, Brandstifter und Pferdediebe. Denn je weiter sich die menschliche Siedlung von den administrativen Zentren der Ebene entfernte, um so unsicherer waren die Rechtsverhältnisse, und gegen die Willkür der Herren von Peterwitz am Rande des Eulengebirges vermochte nicht einmal das Urteil des Landesherrn und der Spruch der Barone etwas auszurichten, so daß den Mönchen nach dem Mongoleneinfall nur die Möglichkeit blieb, einen Teil ihrer Wälder abzutreten, um wenigstens den Rest des Ödlandes besiedeln zu können[23].

Konnten die Zisterzienser diesem Land unter solchen Verhältnissen Hilfe bringen? Bedeutete die Errichtung des Klosters nur einen Wechsel in der Person des Besitzers, ohne auch die kulturelle Entwicklung zu fördern, oder leisteten die Klöster Heinrichau, Kamenz und Grüssau einen spürbaren Beitrag zu der Vorrangstellung, die die Fürstentümer des Vorgebirgslandes schon drei Jahrhunderte nach der Gründung dieser Zisterzen einnahmen? Diese Frage werden wir immanent im Auge behalten, wenn es um die wirtschaftliche Tätigkeit der Zisterzienser von Heinrichau geht.

2. Die Gründung des Klosters

Die Menschen, denen die zweite schlesische Zisterze ihre Gründung verdankt, gehörten zur adligen Schicht der älteren slawischen Bevölkerung Schlesiens. Am Anfang des Gründungsbuches berichtet Abt Peter, welche Männer dabei mitgewirkt haben, und nach seiner Darstellung und den frühesten Urkunden läßt sich die Entstehung des Klosters bis ins Detail verfolgen[24].

Die Ereignisse, die der Gründung vorausgingen, reichen bis in die ersten Jahre der Regierung Heinrichs I. (1201—38) zurück. Um diese Zeit — jedenfalls vor 1204 —

[23]) GS 55; GB 51; GG 294 f.

[24]) Dabei halten wir uns hauptsächlich an das erste Kapitel des Gründungsbuches, das den Titel trägt: „De persona et processu fundations — Die handelnde Person und der Verlauf der Gründung (GS 2—10; GB 14—20; GG 238—246).

wanderte aus dem Krakauer Lande der Kleriker Nikolaus in Schlesien ein. Er war der Sohn des Adligen Polanin und ein Bruder des späteren Bischofs Paul von Posen und eines Johannes, mit dem er gemeinsam die väterlichen Güter Wroźenice und Glew bei Krakau besaß. Durch Vermittlung seines Bruders, der damals Domherr von Breslau und ein vertrauter Freund der herzoglichen Familie war, wurde Nikolaus in die familia des Kanzlers Lorenz aufgenommen, der den schreibgewandten Fremdling in die Aufgaben der fürstlichen Kanzlei einführte und mit dem Landesherrn bekanntmachte. Als Lorenz 1204 das Bistum Lebus übernahm, rückte Nikolaus zum Hofnotar auf und erhielt als Entgelt für seine Kanzleitätigkeit vom Herzog eine Reihe ansehnlicher Güter und auch einen Platz im Domkapitel. Die erste Besitzung, die Nikolaus erwarb, war das Gut Janusow. Dieses kleine Anwesen erweiterte er durch die Ländereien der geflüchteten Hörigen von Sukowitz und rundete es durch einen Tausch mit dem Kleinadligen Heinrich ab und gab dem Besitztum zu Ehren seines Herrn den Namen (Alt-)Heinrichau. Dazu gewann er jenseits der Ohle den Hof der Nachkommen des Kolacz, den er Niklawitz nannte, und besaß somit einen großen Teil der heutigen Gemarkungen Alt-Heinrichau und Heinrichau. Durch herzogliche Schenkung erhielt er auch ein Stück des Moschwitzer Buchwaldes, die „silva juxta Morinam“, die der Fürst den Erben des Hörigen Glambo entzog, ferner die Ortschaft (Groß- und Klein-)Ossig bei Trachenberg und ein Waldgebiet von 100 großen Hufen im Bober-Katzbachgebirge.

Da der Notar als Kleriker keine leiblichen Erben hinterlassen konnte, mußte der ganze Besitz nach seinem Tode den nächsten Verwandten anheimfallen. Es scheint aber, daß der Herzog damit rechnete, selbst die Erbschaft seines Vasallen anzutreten, denn vor 1222 plante Heinrich I., in Heinrichau einst eine „curia regalis — eine herzogliche Domäne“ zu errichten, die das Verwaltungszentrum der landesherrlichen Güter an der oberen Ohle werden sollte[25]. Diese Absichten verfolgte Nikolaus mit Sorge, denn er wollte seine Lehen lieber einer kirchlichen Stiftung zuwenden. Nach sorgfältiger Überlegung faßte er Hoffnung, den Herzog für ein solches Vorhaben zu gewinnen. Um keinen Fehler zu begehen, zog er seine vertrautesten Freunde zu Rate, den Breslauer Dompropst Petrus und den Scholastikus Aegidius. Petrus riet ihm, in Heinrichau ein Kollegiatstift für Chorherren zu errichten, dessen Propstei Nikolaus persönlich übernehmen konnte. Der Scholastikus aber, der zwei Jahre später als Mönch in Leubus eintrat[26], zweifelte, ob sich eine Niederlassung von Säkularkanonikern auf dem flachen Lande auf die Dauer behaupten würde[27], und schlug vor, die geplante Gründung den

---

25) GS 19; GB 25; GG 255.

26) Vgl. R. Samulski, Untersuchungen über die persönliche Zusammensetzung des Breslauer Domkapitels im Mittelalter bis zum Tode des Bischofs Nanker (1341). (Histor.-diplomat. Forschungen, Bd. 6). Weimar 1940, S. 21 ff.

27) Als Aegidius diesen Vorschlag machte, gab es in Schlesien außer Leubus und den Niederlassungen der Ritterorden außerhalb der Städte und Landesburgen keine Ansiedlungen von Ordensleuten. Aegidius wußte genau, daß nur die Zisterzienser bereit waren, das Risiko einer Existenz auf dem flachen Lande Schlesiens einzugehen.

grauen Mönchen zu überlassen[28], und da der Notar die Zisterzienser schon von Leubus und aus seiner kleinpolnischen Heimat kannte[29], stimmte er der Anregung des Aegidius zu und wartete auf eine Gelegenheit, die Erlaubnis des Fürsten zu erhalten.

Wenige Monate später fiel die Entscheidung. Am 25. April 1222 lud Nikolaus Herzog Heinrich I. und seinen Sohn Heinrich II. mit den Bischöfen Lorenz von Breslau, Paul von Posen und Lorenz von Lebus zu einem Gastmahl nach Alt-Heinrichau. In der ländlichen Einsamkeit zeigte sich der Gastgeber als liebenswürdiger Hausherr, und als er sah, daß die Gäste an dem Fest Gefallen fanden und auch der Herzog in gelöster Stimmung war, weihte er die anwesenden Bischöfe in seinen Plan ein und bat um Fürsprache beim Fürsten. Die Prälaten warteten auf einen geeigneten Moment, und als sich der Fürst von der Tafel erhob, um im Garten spazieren zu gehen, folgten sie ihm und baten um Gehör. Der Herzog war bereit, ihre Wünsche zu erfahren; in der fröhlichen Laune des Augenblicks versprach er sogar, ihr Begehren nach Kräften zu fördern, wenn sie „nichts Unehrenhaftes" von ihm verlangten. Und so offenbarten die Bischöfe den Plan des Notars und flehten den Fürsten an, dem frommen Vorhaben zuzustimmen und noch in dieser Stunde sein Einverständnis zu erklären. Heinrich I. war von dem Wunsch der Prälaten betroffen; ihre Bitte kam ihm ungelegen, da sie seine Absichten durchkreuzte. Um Zeit zur Überlegung zu gewinnen, schickte er die Herren fort und blieb fast eine Stunde allein im Garten. Dann rief er die Bischöfe zu sich und erklärte sich mit der Gründung der Zisterze einverstanden, ließ die Gäste, den Hofstaat und die Barone versammeln und verkündete feierlich, daß in Alt-Heinrichau ein neues Kloster entstehen sollte. Darauf trat der Notar vor, überreichte dem Fürsten zum Zeichen des Verzichts auf seine Lehnsgüter das klerikale Birett und erhielt den Auftrag, alle Vorkehrungen zur Berufung des Konvents zu treffen[30].

In der nächsten Zeit war Nikolaus durch die Vorbereitungen zur Einführung der Mönche in Anspruch genommen. Der Orden von Cîteaux ging nämlich nicht auf jedes Angebot eines Fundators ein und war zu dieser Zeit nicht bereit, seine Mitglieder einem vagen Risiko auszusetzen. Deshalb machte das Generalkapitel seine Zustimmung zur Neugründung vom Einverständnis des Diözesanbischofs, von der provisorischen Errichtung der wichtigsten Gebäude und der ausreichenden materiellen Ausstattung abhängig, und erst wenn diese Bedingungen erfüllt waren, gab es dem Abt des Mutterklosters den Auftrag, einen Abt und 12 Mönche einzuführen. Daher bestimmte der Notar den Platz zum Bau des Klosters, wobei ihn wahrscheinlich Abt Günther von Leubus beriet, und weil der Gutshof Alt-Heinrichau ungeeignet erschien, da das Bächlein Jagilno nicht

---

[28]) Dabei wies Aegidius darauf hin, daß allein der Orden von Cîteaux die Kontinuität der Gründung garantieren werde (GS 5; GB 16; GG 241).

[29]) In Kleinpolen entstand wenige Jahre vor der Errichtung von Heinrichau ein Leubuser Tochterkloster, das Bischof Ivo Odrowąż 1218 in Kacice bei Krakau begründete und um 1222 nach Mogiła verlegte.

[30]) GS 9; GB 19 f.; GG 246.

genügend Wasser führte, um einen Großbetrieb zu versorgen, verlegte er die geplante Niederlassung an den Platz der einstigen Hörigensiedlung Sukowitz, an der das Ohleflüßchen vorbeifloß und in nächster Nähe der Renkelbach und Zinkwitzbach mündeten. Nikolaus ließ das Klostergelände abstecken und die Gebäude errichten, die der Orden verlangte: das Oratorium, Refektorium mit Küche, das Dormitorium, Gästehaus und Pforte[31]. Als der Bau vollendet war, wandte er sich über den Herzog an das Generalkapitel und bat um Genehmigung der Gründung. Im September 1225 befaßte sich die Ordensversammlung mit dem Antrag und beauftragte die Äbte von Sulejów und Koprzywnica, sich über den Zustand und die materielle Ausstattung der Neugründung zu informieren[32]. Die beiden Äbte führten die Visitation wohl bald nach der Rückkehr aus Burgund durch. Trotzdem dauerte es noch mehr als 20 Monate, bis die ersten Mönche nach Heinrichau kamen, denn erst 1222 hatte Leubus eine Kolonie von Ordensleuten nach Mogiła bei Krakau entsandt und brauchte Zeit, bis wieder genügend Nachwuchs zur Verfügung stand.

Am Freitag, dem 28. Mai 1227, traf der Gründungskonvent in Heinrichau ein[33]. Abt Heinrich brachte 12 Mönche mit, von denen der Fortsetzer des Liber fundationis nur noch Bodo, Petrus, Arnold, Burchard, Adelmann, Berthold, Judaeus, Witigo und Heinrich mit Namen kannte[34]. Am selben Tage übernahmen die Ordensleute ihre wichtigsten Aufgaben: mit einem feierlichen Gottesdienst in der hölzernen Kirche begann das „Officium divinum", und mit dem Einzug in die Klausurgebäude nahm das monastische Leben seinen Anfang[35].

Wenige Monate später legte sich der Notar Nikolaus zum Sterben nieder. Abt Heinrich reiste nach Breslau, um den Gründer noch einmal zu sprechen und ihn zu bitten, sich das Kloster zur letzten Ruhestätte zu erwählen. Aber mit Rücksicht auf den Herzog, dessen Hilfe die Zisterze jetzt brauchte, schlug der Sterbende die Bitte ab. Am 30. November 1227 verschied er und wurde auf dem Friedhof der Domherren in Breslau begraben[36]. Ein halbes Jahr nach seinem Tode kamen die schlesischen Herzöge mit ihrem Gefolge und den Bischöfen von Breslau, Posen und Lebus in das Land an die obere Ohle. Am 6. Juni 1228 konsekrierten Lorenz von Breslau und Paul von Posen die beiden Altäre der Mönche und der Konversen in der Klosterkirche; nach der Weihehandlung bat Bischof Paul den Herzog um die offizielle Bestätigung, und Heinrich I. erteilte der Stiftung die landesherrliche Genehmigung, garantierte ihr den Besitz der Lehnsgüter des Notars und schenkte ihr dazu 100 Hufen Waldes.

---

[31]) Vgl. J. A. Lefèvre, La véritable Constitution Cistercienne de 1119. In: Collectanea 16. 1954, S. 101 (cap. 8).

[32]) Canivez 1225, Nr. 63.

[33]) GS 9; GB 20; GG 246.

[34]) GS 69; GB 61; GG 309.

[35]) Der Tag, an dem der Konvent einzog, galt bei den Zisterziensern als eigentlicher Gründungstag.

[36]) GS 9 f.; GB 20; GG 246 f. Nekrolog zum 30. Nov. (Eintrag des 16. Jhs.).

3. Das Patronatsrecht des Klosters

Der Liber fundationis des Exabtes Peter enthält eine Reihe von Behauptungen, die sich bei genauer Betrachtung nicht mit den geschilderten Geschehnissen vereinbaren lassen. Am meisten offenbart sich der Widerspruch seiner Aussagen dort, wo es um die Fundationsrechte des Klosters geht. Der Verfasser stellte die These auf, daß der Notar Nikolaus, dem das Kloster seine Entstehung verdankt, nicht der rechtmäßige Fundator, sondern nur die „fundacionis quasi causa efficiens — gleichsam die Wirkursache der Gründung" gewesen sei[37]. Die rechtmäßigen Stifter, denen das Schutzrecht des Klosters gehöre und für die der Konvent daher besonders beten müsse, seien Herzog Heinrich I. und sein Sohn, und außer den Fürsten dieses Landes habe niemand das Recht, von der Ordensniederlassung etwas zu fordern. Dabei wendet sich der Verfasser ausdrücklich gegen den Grafen Albert Barth von Tepliwoda und dessen Sohn, die um 1250 die Fundatorenrechte von Heinrichau beanspruchten, indem sie sich auf eine angebliche Verwandtschaft mit dem Notar Nikolaus beriefen[38]. Um derartigen Forderungen entgegenzutreten, behauptete Abt Peter, daß Nikolaus die Güter, die das Kloster zur Ausstattung erhielt, nur auf Lebzeiten besessen habe und daß sie nach seinem Tode an den Lehnsherrn zurückfallen mußten[39]. Anschaulich berichtet er, wie Nikolaus beim Gastmahl von Alt-Heinrichau dem Fürsten alle Besitzungen zurückgab, um sie den Zisterziensern zu überlassen[40] und zog daraus den Schluß, daß das Kloster seine Güter unmittelbar vom Herzog erhielt und daß es nicht einen Fußbreit Boden besitze, der nicht vom Landesherrn stamme. Genauso wie Leubus und Trebnitz sei Heinrichau eine Stiftung der Piasten, bei deren Entstehung der Notar nur die Rolle des Initiators spielte[41].

Im Widerspruch zu dieser Version berichtet er aber auch, daß es Nikolaus war, der die Vorbereitungen zur Einführung des ersten Konvents traf, und daß Abt Heinrich dem sterbenden Wohltäter sogar die Bestattung in Heinrichau anbot[42], und an anderer Stelle erzählt er, daß man das Festmahl bei der offiziellen Bestätigung am 6. Juni 1228 auf Kosten des Bischofs Paul von Posen veranstaltete[43]. Der Bau des ersten Klosters, die Einführung des Konvents, die Bestattung in der Klosterkirche und die Ausrichtung der Festlichkeiten bei der herzoglichen Bestätigung fielen aber stets in die Zuständigkeit des Fundators, und da sich das Patronatsrecht wie jeder andere Besitz auch vererben ließ, muß man trotz aller gegenteiligen Beteuerungen des Abtes Peter annehmen, daß der

---

37) GS 10, 19; GB 20, 26; GG 246, 256. Zum Patronat vgl. H. Grüger, Das Patronatsrecht von Heinrichau. In: Cîteaux 28, 1977, S. 26—47.
38) GS 22 ff.; GB 28 f.; GG 259 f.
39) GS 8; GB 17; GG 244.
40) GS 9; GB 19; GG 245.
41) GS 9, 19; GB 20, 26; GG 246, 256; vgl. auch GS 48; GB 46; GG 287.
42) GS 9 f.; GB 19 f.; GG 245 f.
43) GS 11 f.; GB 21 f.; GG 249.

Notar Nikolaus und sein Bruder Bischof Paul diese Aufgaben eben doch aufgrund eines echten Patronatsrechtes wahrnahmen[44].

Diese Vermutung wird zur Gewißheit, wenn man die ältesten Urkunden betrachtet. Schon vor dem Einzug der Mönche schenkte Herzog Władysław Odonicz von Großpolen 1225 dem Kloster Leubus und „filie eiusdem cenobii, que construenda est in patrimonio domini Nicholai notarii ducis Zlesie — der Tochtergründung dieses Klosters, die auf dem Erbgute des Herrn Nikolaus, Notars des Herzogs von Schlesien, erbaut werden soll", das Territorium von Nakel, und der Erzbischof von Gnesen überließ den beiden Zisterzen die Zehnten dieses Gebietes[45]. In ähnlicher Weise bestätigte 1227 Herzoginwitwe Grzymisława von Krakau den Mönchen das Erbgut Milejowitz, das der Notar Nikolaus „seinem Kloster Heinrichau" schenkte[46]. Für die Herzöge von Großpolen und Krakau und den Metropoliten der polnischen Kirchenprovinz galt als Fundator von Heinrichau also nicht Herzog Heinrich I. von Schlesien, sondern sein Notar Nikolaus. Damit stimmt auch der erzählende Teil der Gründungsurkunde vom 6. Juni 1228 überein, die Abt Peter nicht in sein Werk aufnahm, obwohl er sonst alle wichtigeren Dokumente wörtlich wiedergab. Nach dem Text dieser Urkunde stand im Mittelpunkt des staatsrechtlichen Gründungsaktes neben dem Landesherrn und dem zuständigen Diözesanbischof der Bischof Paul von Posen, obwohl das Kloster in seiner Diözese keinen Fußbreit Bodens besaß. Den Antrag, die Neugründung zu bestätigen, stellte nämlich der Bischof von Posen gemeinsam mit dem Bischof von Breslau[47]. Die Mitwirkung eines kirchlichen Ordinarius, der mit Heinrichau sonst nichts zu tun hatte, läßt sich aber nur verstehen, wenn der rechtmäßige Fundator der Notar Nikolaus war und wenn die Schutzrechte nach seinem Tode an seinen bischöflichen Bruder gefallen waren. Nur so läßt sich auch erklären, weshalb die herzogliche Stiftungsurkunde zwar die Bischöfe von Breslau und Posen erwähnt, nicht aber den Bischof Lorenz von Lebus, der nach dem Bericht des Abtes Peter ebenfalls anwesend war[48], denn um der Stiftung

[44]) Ein Beispiel für die Erhaltung des Patronatsrechts über viele Generationen hinweg in ein- und derselben Familie bietet Heinrichaus Schwesterkloster Mogiła. Die kleinpolnische Abtei diente den Angehörigen der Gründerfamilie Odrowąż noch 1481 als Grabstätte (vgl. Teka Grona Konserwatorów Galicyi Zachodniej. Bd. 2 Bearb. S. Tomkowicz. Krakau 1906, S. 157—168).

[45]) SR 288, gedr. Appelt 1, Nr. 252; Maleczyński 3, Nr. 306; SR 291, gedr. Appelt 1, Nr. 253; Maleczyński 3, Nr. 307.

[46]) H. Goetting, Urkundenstudien zur Frühgeschichte des Klosters Heinrichau. In: ZVGS 73. 1939, S. 61; Appelt 1, Nr. 286.

[47]) SR 336, gedr. Appelt 1, Nr. 290 und öfter. Da Abt Peter das wichtige Dokument nur auszugsweise wiedergab, zog L. Schulte den Schluß, daß die Urkunde damals noch nicht existierte. Aber den wahren Grund, weshalb das Fundationsprivileg im Gründungsbuch vermißt wird, muß man darin sehen, daß die Urkunde dem Notar Nikolaus und seinem Bruder und Rechtsnachfolger eine Rolle zuschreibt, die sich mit der These vom herzoglichen Patronatsrecht nicht vereinbaren ließ, vgl. L. Schulte, Das Heinrichauer Gründungsbuch nach seiner Bedeutung für die Geschichte des Urkundenwesens in Schlesien. In: ZVGS 34. 1900, S. 343—370; Ders., Kleine Schriften (Darst. 23). Breslau 1918, S. 127—141: Die Unechtheit der Stiftungsurkunde für Heinrichau von 1228 o. T.

[48]) GS 12; GB 22; GG 249.

Rechtskraft zu verleihen, war nach geltendem Recht eben nur das Einverständnis des Diözesanbischofs, des Fundators und des Oberlehnsherrn erforderlich.

Bischof Paul von Posen nahm die Schutzrechte des Klosters auch später noch wahr. Als die Zisterze in Not geriet und außerstande war, ihre monumentalen Bauten auf eigene Kosten zu errichten, wandte sich Abt Bodo an den Bruder des Notars, der nach mittelalterlichem Recht für die Finanzierung des Unternehmens verantwortlich war[49]. Bischof Paul unternahm die größten Anstrengungen, um der jungen Niederlassung, „quam fundavit frater noster felicis recordacionis Nycolaus notarius Henrici ducis Slesie — die mein Bruder Nikolaus seligen Angedenkens, der Notar des Herzogs Heinrich von Schlesien, begründete“[50], zu Hilfe zu kommen und ihre Ausstattung aufzubessern. Seiner Freigebigkeit und seinem Einsatz verdankte es Heinrichau, daß seine Gründungsausstattung verdoppelt wurde.

Im Jahre 1242 starb Bischof Paul und hinterließ sein Erbe mit dem Patronatsrecht seinen nächsten Verwandten. Die Erben waren die Witwe des Razlaus von Brukalitz und ihre minderjährigen Söhne Bogussa und Paul, die in der unmittelbaren Nachbarschaft von Heinrichau saßen und nur mäßig begütert waren[51]. Als die Mönche während der Regierung des Herzogs Boleslaus II. (1241 — ca. 50) in Bedrängnis gerieten, konnten die Erben des Fundators ihre Pflichten nicht wahrnehmen. An ihrer Stelle setzte sich Graf Albert Barth von Tepliwoda für die Mönche ein, da er meinte, mit dem verstorbenen Notar verwandt zu sein[52].

Ein Jahrzehnt nach dem Tode des Bischofs Paul drohte der jungen Abtei erneut Gefahr. Die Gebrüder Bogussa und Paul, die das Patronatsrecht nicht mehr zur Geltung bringen konnten, boten ihr kleines Erbgut dem Abt Bodo an. Der Abt war aber nicht am Kauf interessiert, denn er fürchtete, daß sich die jungen Edelleute einst auf das Retraktrecht berufen und das Gut zurückfordern würden. Da schreckten die adligen Brüder die

---

49) So trugen — um nur einige Beispiele zu nennen — Heinrich I. die Kosten für den Bau von Trebnitz, Wladislaus I. von Oppeln für Rauden, Bolko I. für Grüssau, König Wladislaus II. von Böhmen für Plass, die brandenburgischen Askanier für Chorin, Markgraf Leopold VI. von Österreich für Lilienfeld und die Wettiner für Altzella und Doberlugk.

50) SR 485, gedr. GS 152 f.; SR 486, gedr. GS 151. Abt Peter erwähnt die Verwandtschaft des Notars mit dem Bischof nur am Rande (GS 12; GB 21; GG 249).

51) GS 60 ff.; GB 55 ff.; GG 300 f. Ihre verwandtschaftlichen Beziehungen macht die Urkunde Przemysławs von Posen vom 9. Mai 1256 deutlich (SR 924, gedr. GS 64; GB 57; GG 304), wo der Herzog von den Gebrüdern von Brukalitz sagt: „Slesienses de cognatione domini Pauli, quondam Poznaniensis ecclesie episcopi“. — Zur Herkunft und Verwandtschaft des Bischofs Paul vgl. Z. Kozłowska-Budkowa, Przyczynki do krytyki dokumentów śląskich do pierwszej połowy XIII w. In: Studja z Historii społecznej i gospodarczej. Festschrift F. Bujak. Lemberg 1931, S. 1—6; J. Nowacki, Archidiecezja Posnańska w granicach historycznych i jej ustrój (Dzieje Archidiecezji Poznańskiej II). Posen 1964, S. 55 f. — Frau Kozłowska-Budkowa wagt es nicht, eine engere Verwandtschaft des Notars mit dem Bischof anzunehmen, da sie die Formel „frater noster“ in der Urkunde von 1236 als Höflichkeitsfloskel ansieht, die der Bischof bei anderer Gelegenheit auch für Bischof Michael von Kujawien gebrauchte. Da der Verfasser des Gründungsbuches selbst sagt, daß der Fundator mit dem Posener Bischof verwandt war, erscheint der Vorbehalt der polnischen Forscherin überflüssig.

52) GS 23; GB 28; GG 260; GS 59, 61; GB 54 f.; GG 298—300; GS 32 f.; GB 35; GG 269 f.

Mönche mit der Drohung, Brukalitz „alicui militi, qui claustro vestro erit valde onerosus — einem Ritter, der eurem Kloster sehr lästig sein wird“, zu verkaufen, und das genügte, alle Bedenken der Zisterzienser zu überwinden[53]. Um dennoch den Fangschlingen des Retraktrechts zu entgehen[54], gaben die Mönche den Herren von Brukalitz einige Hufen im Territorium Sieraków in Großpolen, dazu Geld, Saatgut, Vieh, ein Pferdegespann für den Umzug, Spesen und kostbare Kleider. Die Edelleute ließen sich auf das vorteilhafte Geschäft ein, und als sie vier Jahre später ihr neues Besitztum wieder dem Kloster überließen, ging das Retraktrecht für Brukalitz auf das großpolnische Tauschgut über, und so war zu hoffen, daß die Erben des Fundators niemals mehr nach Schlesien zurückkehren würden[55]. Aber zwei Jahre danach wiederholte sich derselbe Vorgang noch einmal, denn als Bogussa und Paul einen zweiten Anteil von Brukalitz erbten und zum Verkauf anboten, erhielten sie die Grangie Milejowitz und dazu Vieh, Saatgut, Geld und wertvolle Kleidung für sich und ihre Mutter[56]. Nach diesem Handel wanderten die Herren von Brukalitz ins östliche Oberschlesien aus und verschwanden aus der Umgebung von Heinrichau, um nur noch einmal bei einem Rechtsakt zu erscheinen, bei dem die Zisterze den letzten Anteil von Brukalitz erwarb und die Erben des Notars Nikolaus auf alle Ansprüche verzichteten[57].

Die Taktik des Abtes Bodo und seines Cellerars, der das Gründungsbuch verfaßte, läßt sich verstehen, wenn man bedenkt, worum es den Zisterziensern ging. Für sie stand beim Verkauf von Brukalitz nicht der Erwerb einiger Hufen Landes auf dem Spiele, wie der Verfasser des Liber fundationis glaubhaft machen möchte, sondern wichtig war ihnen dabei die Aussicht, die adligen Gebrüder und ihre Mutter, die einen echten Rechtsanspruch auf das Patronat von Heinrichau hatten, zur Auswanderung zu veranlassen. Die Art, wie Bogussa und Paul das Kloster zum Kauf zwangen, zeigt aber auch, daß der Abt die Gefahr, die der Zisterze drohte, klar erkannt hat. Wenn die Gebrüder ihren Hof und das Patronatsrecht einem mächtigen Adligen verkauft hätten, so wäre Heinrichau unter die Vormundschaft eines Geschlechts geraten, das seine Rechte mit größerem Nachdruck zur Geltung gebracht hätte als die verarmten Herren von Brukalitz. Dieser Gefahr mußten die Zisterzienser begegnen. Ihr Entgegenkommen und die Bereitschaft, alle Forderungen der adligen Gebrüder zu erfüllen, dienten daher dem Ziel, Bogussa und Paul zum Abzug in ein fernes Land zu bewegen, wo sie sich um das Kloster nicht mehr kümmern konnten. Denn da die weite Entfernung jede Möglichkeit, die Fundatorenrechte auszuüben, zunichte machte, mußte in einem solchen Falle das Patronatsrecht der Erben des Notars Nikolaus im Laufe der Zeit von selbst in Vergessenheit geraten.

---

53) GS 61; GB 55; GG 300.

54) Nach dem polnischen Retraktrecht waren Söhne und Verwandte eines freigeborenen Mannes berechtigt, den verkauften Familienbesitz jederzeit gegen Erlegung des Kaufpreises zurückzufordern.

55) GS 65; GB 58 f.; GG 305 f.

56) SR 1030, gedr. GS 162 f.

57) SR 1144, gedr. GS 163 f.

Der Plan des Abtes und seines Cellerars war von Erfolg gekrönt. Nur wenige Jahre nach der Abwanderung der Gebrüder von Brukalitz verfaßte der einstige Cellerar als Exabt das Gründungsbuch von Heinrichau. Zu dieser Zeit hatte das Kloster mit den Erben des Notars nichts mehr zu tun[58]. Um aber auch die letzten Ansprüche adliger Herren abzuwehren, gab Abt Peter der Gründungsgeschichte eine Interpretation, bei der als rechtmäßiger Fundator allein der Herzog erschien. Geschickt retuschierte er alle Momente, die an das Patronatsrecht der kleinpolnisch-schlesischen Familie erinnerten. So behauptete er, daß der Notar Nikolaus einst als Fremdling nach Schlesien kam und verschwieg, daß sein Bruder schon damals dem Domkapitel von Breslau angehörte und mit der Familie des Landesherrn befreundet war[59]. Der Autor bemühte sich auch, dem Leser zu suggerieren, daß der Notar seine Güter nur auf Lebzeiten erhielt und unterschlug alle Hinweise, die ein erbliches Besitzrecht vermuten ließen. Die zögernde Zustimmung des Herzogs beim Gastmahl von Alt-Heinrichau, die nur beweist, daß fürstliche Vasallen bei der Stiftung kirchlicher Einrichtungen die Erlaubnis des Landesherrn brauchten, dieses Zögern deutete Abt Peter als einen Vorbehalt auf das Patronatsrecht des Klosters. Wo sich aber die vorhandenen Quellen nicht umdeuten ließen, ohne der Wahrheit Gewalt anzutun, nahm sie der Verfasser nicht in vollem Wortlaut auf, sondern gab ihren Inhalt nur soweit wieder, als er die Tendenz, die das Werk verfolgte, nicht in Frage stellte. Um keinen Zweifel an der These vom herzoglichen Patronatsrecht aufkommen zu lassen, änderte er sogar die ganze Disposition des Buches; denn obwohl er nach der Einleitung vorhatte, über den Erwerb aller Gründungsgüter zu berichten[60], überging er die kleinpolnischen Besitzungen mit Stillschweigen, denn am Beispiel von Wrożenice und Glew hätte der Leser erkannt, daß Heinrichau mit dem väterlichen Erbe und den Lehnsgütern des Notars ausgestattet wurde und eine Stiftung des Nikolaus und nicht des Herzogs war. Alle diese Änderungen nahm Abt Peter in einer Weise vor, die es verbietet, ihn einer Lüge zu bezichtigen. Denn fast mühelos gab er dem vorhandenen Material genau die Deutung, die er zum Beweis seiner These brauchte. Aber die gesamte Version, mit der er den Herrschaftsansprüchen adliger Familien entgegentrat, ist in Wirklichkeit eine Fiktion, die der Verfasser erfand, um sein Kloster aus der Abhängigkeit einer adligen Familie zu befreien und ihm den Schutz des Landesherrn zu verschaffen[61].

---

58) Nach SR 1137 haben Bogussa und Paul das Gut Milejowitz schon vor 1262 wieder verkauft, ohne nach Brukalitz zurückzukehren.

59) GS 2 f.; GB 14; GG 238.

60) GS 13; GB 21; GG 248.

61) Bittere Erfahrungen hatten dem Orden längst deutlich gemacht, daß freie Abtswahl, Verfügung über klösterliche Einkünfte, ja selbst die reguläre Zucht des Konvents nur gesichert waren, wenn ein Kloster unmittelbar dem Schutz des Landesherrn unterstand.

Zweites Kapitel

DIE GESCHICHTLICHE ENTWICKLUNG

1. Die Zeit des Aufbaus (1227—1322)

Unter den 7 Zisterzen Schlesiens waren Heinrichau und Himmelwitz bei ihrer Gründung die ärmsten[1]. Der Notar Nikolaus hatte sich im Dienste des Herzogs zwar Ansehen erworben, aber der Besitz, den er hinterließ, reichte nicht zum Unterhalt eines größeren Konvents. Nikolaus selbst wußte sehr gut, auf welch schwachen Füßen seine Stiftung ruhte, und um ihr wenigstens die Sympathien des Landesherrn zu erhalten, verzichtete er sogar auf das Begräbnis in der Klosterkirche[2]. Doch die Hoffnungen, die er auf den Herzog setzte, haben sich nicht erfüllt. Heinrich I. und sein Sohn konnten sich für Heinrichau nicht erwärmen, da die Existenz des Klosters im Widerspruch zu ihren Plänen stand. Bei der Kolonisation des Landes an der oberen Ohle ließen sich aber die Piasten auch durch die Gründung der Zisterze nicht stören. Die „curia regalis", das administrative Zentrum, das Heinrich I. in Heinrichau errichten wollte, gründete zwei Jahrzehnte später sein Enkel bei der Siedlung Sambice, wo Heinrich III. die Stadt Münsterberg erbaute, der er alle Sorge und Förderung zuwandte. Das Kloster Heinrichau haben die älteren Piasten im Verlauf des wirtschaftlichen Ausbaus des Landes nicht in ihre Pläne einbezogen; ja man kann sich sogar nur schwer des Eindrucks erwehren, daß sie seine Existenz bewußt ignorierten, denn mit der Besiedlung der Bärdorfer Hochfläche betrauten sie adlige Lokatoren, und die Erschließung des großen Waldgebietes nordöstlich von Münsterberg, das fast an Heinrichau grenzte, überließ

---

[1]) Außer Heinrichau entstanden in Schlesien noch 6 Zisterzienserklöster, nämlich: 1. Leubus (Lubiąż), gegr. 1175 oder früher von Boleslaus I. als Tochter von Pforte. 2. Kamenz (Kamieniec Ząbkowicki), gegr. 1210 von Bischof Lorenz von Breslau und der Familie Pogarell als Propstei der Augustinerchorherren, 1246 von Bischof Thomas I. den Zisterziensern von Leubus übergeben 3. Rauden (Ruda Wielkie), gegr. um 1252 von Wladislaus I. von Oppeln als Tochter von Jędrzejów. 4. Himmelwitz (Jemielnica), gegr. um 1280 von Boleslaus I. von Oppeln als Tochter von Rauden. 5. Grüssau (Krzeszów), gegr. 1242 von Herzoginwitwe Anna als Propstei der Benediktiner von Opatowitz, 1292 von Bolko I. neu begründet als Tochter von Heinrichau. 6. Das Nonnenkloster Trebnitz (Trzebnica), gegr. 1203 von Heinrich I. und von Nonnen aus Bamberg besiedelt.

[2]) Das Recht, sich in der Klosterkirche bestatten zu lassen, gewährten die Zisterzienser anfangs nur Königen, Bischöfen und ihren Fundatoren. Diese Vorschrift schärfte das Generalkapitel 1157 neu ein (Canivez 1157, Nr. 63), und noch 1193 bestrafte es den Abt von Salem, der dagegen verstoßen hatte (Canivez 1193, Nr. 19).

Heinrich I. dem weit entfernten Kloster Trebnitz[3]. Heinrichau selbst blieb von den wichtigeren Siedlungsunternehmungen der schlesischen Fürsten ausgeschlossen.

Unter diesen Umständen waren die Anfänge des ärmlich dotierten Klosters schwierig, und man kann verstehen, wenn der erste Abt zeitweilig verzweifelte und nach Leubus zurückkehren wollte[4]. Das Wohl und Wehe der Niederlassung hing daher von der Ausdauer der ältesten Mönchsgeneration und der Tatkraft ihrer Vorsteher ab. Kaum anderswo in Schlesien fiel den Äbten der Frühzeit eine so entscheidende Rolle zu wie in Heinrichau, und man muß es dem Gründungskonvent als Verdienst anrechnen, daß er diese Situation rasch erkannte und bei der Wahl der Äbte sorgfältige Entscheidungen traf. Die Geschichte von Heinrichau im ersten Jahrhundert nach der Gründung ist daher zuerst die Geschichte der Sicherung der materiellen Grundlagen, zugleich aber auch das Spiegelbild tatkräftiger Äbte wie Bodo (1234—59), Peter I. (1259—69), Friedrich (1280—97), Heinrich II. (1311—17) und Christian (1317—21).

Aus der großen Zahl der Kauf- und Tauschverträge, der Bestätigung von Schenkungen, Zinsen, Zehnten und Herrschaftsrechten, die das Kloster in dieser Epoche erhielt, können wir nur die wichtigsten nennen. Dabei bieten sich besonders die Urkunden und Verzeichnisse von 1228, 1236, 1263, 1268, 1296, 1318 und 1324 an, die entscheidende Momente des Aufbaus markieren und gleich Zwischenbilanzen die einzelnen Stadien der Entwicklung widerspiegeln.

Die Gründungsurkunde (1228)

Die Fundationsurkunde, die Heinrich I. und sein Sohn am 6. Juni 1228 in Heinrichau ausstellten, zählt alle schlesischen Güter auf, die das Kloster vom Fundator und den Herzögen erhielt[5]. Dem herzoglichen Notar verdankte Heinrichau folgende Besitzungen:

1. Heinrichau mit seinem ambitus[6],
2. Niklawitz bei Ranchow,
3. den Wald an der Morina,
4. (Groß- und Klein-)Ossig bei Trachenberg,

---

[3]) SR 433, gedr. H. Appelt, Die Urkundenfälschungen des Klosters Trebnitz. Studien zur Verfassungsentwicklung der deutschrechtlichen Klosterdörfer und zur Entstehung des Dominiums. Breslau 1940, S. 105 ff. Die Urkunde ist formal zwar eine Fälschung, inhaltlich aber muß man sie für echt halten, da das Stiftsdorf Kunzendorf, das auf dem Gebiet dieser 200 Hufen entstand, schon 1243 als Trebnitzer Besitz erwähnt wird.

[4]) SR 342, gedr. Appelt 1, Nr. 371 und GS 150 f. Die Ereignisse, von denen diese vor 1296 als Fälschung entstandene Urkunde berichtet, gehören in die Zeit zwischen 1229—34.

[5]) SR 336, gedr. Appelt 1, Nr. 290 und öfter. Die Urkunde war im Kloster 1324 in doppelter Ausfertigung vorhanden; sie existierte noch 1722, ging aber in jüngster Zeit verloren. — Zur Lage der Gründungsgüter vgl. unten 3. Kapitel.

[6]) Die Begriffe „ambitus“ und „circuitus“, die in den Urkunden des 13. Jhs. oft vorkommen, bedeuten etwa dasselbe wie der heutige Begriff Gemarkung.

5. 100 große Hufen Wald mit Alt-Reichenau bei Bolkenhain.

Von den Herzögen erhielt es:

6. 50 große Hufen des Waldes Budsow am Eulengebirge,
7. 50 große Hufen Wald mit Quolsdorf bei Alt-Reichenau.

Folgende Güter, die Nikolaus dem Kloster schenkte, lagen außerhalb von Schlesien und werden in der Gründungsurkunde nicht genannt:

8. Glew und Głęboka (Wrożenice) bei Krakau,
9. Milejowitz bei Beuthen in Oberschlesien.

Schließlich besaß das Kloster schon vor dem Einzug des Konvents aus der Schenkung des Herzogs Władysław Odonicz von Großpolen:

10. die Hälfte von 4000 großen Hufen Ödland in der Kastellanei Nakel.

Bei oberflächlicher Betrachtung erscheint die materielle Ausstattung ausreichend. Veranschlagt man jedoch den aktuellen Nutzwert dieser Besitzungen, so zeigt sich, daß manche Schenkung nur auf dem Papier existierte, andere aus unbesiedeltem Ödland bestanden und wieder andere Güter — wie Ossig, Milejowitz, Glew und Głęboka — 90—250 km von Heinrichau entfernt lagen. In der unmittelbaren Umgebung der Abtei konnten die Zisterzienser anfangs nur die kleinen Gutshöfe Alt-Heinrichau, Kammerhof und Niklawitz unter den Pflug nehmen, deren Ertrag vielleicht zur Ernährung, aber nicht zur Finanzierung monumentaler Bauten genügte. Der Betrieb der Güter bei Trachenberg, Beuthen und Krakau war unrentabel, denn von dem Erlös, den man aus der Ernte der weit entfernten Höfe erzielte, blieb nur wenig übrig. Die Ausstattung mit Streubesitz stand nämlich im Widerspruch zu den Gesetzen ökonomischer Zweckmäßigkeit, solange man eine große Zahl von Lohnarbeitern einstellen mußte und nicht genügend Kräfte besaß, um die Leitung dieser Güter zisterziensischen Konversen zu übertragen.

Noch geringer war der Nutzen der Wälder, die das Kloster erhielt. Zur Nutzung des Ödlandes am Eulengebirge, bei Bolkenhain und an der Grenze von Pommerellen brauchte man zahlreiche bäuerliche Siedler. Die Anwerbung von Kolonisten aber, die Vermessung und Verteilung der Wälder, die Rodung und Kultivierung der Einöden war eine Kostenfrage, weil der Grundherr beträchtliche Mittel investieren mußte, bevor er mit Zinserträgen rechnen konnte. Da das junge Kloster keine Barmittel besaß, war es in den ersten Jahrzehnten nach der Gründung nicht in der Lage, an die Besiedlung des Ödlandes zu denken.

Doch kam noch ein anderes Moment hinzu, das den Besitz der Wälder fragwürdig erscheinen läßt. Der großpolnische Herzog, der Leubus und Heinrichau 1225 das fast 1000 qkm große Territorium Nakel überließ, war gar nicht der Herr der Ländereien, die er so großzügig verschenkte. In fortwährende Kämpfe mit seinem Oheim Władysław Laskonogi verwickelt, sah sich Władysław Odonicz zeitweilig nur auf ein kleines Gebiet im nördlichen Großpolen beschränkt. Die Schenkung an die beiden Klöster erfolgte aber in einer Zeit, wo er nicht mehr der unumstrittene Herr von Nakel war[7]. Die Überlassung der 4000 Hufen Ödland an die Zisterzienser läßt sich daher kaum als ein Zeichen von Freigebigkeit werten — sie erscheint eher als Ausdruck politischer Ohnmacht, die sich der Hilfe des Ordens zu vergewissern suchte. Als papierne Schenkung waren die 2000 Hufen, die Heinrichau gehören sollten, wertlos, und dies war gewiß auch der Grund, weshalb die Zisterze einige Jahre später, als Władysław Odonicz die Schenkung erneuerte, auf die Besitzrechte von Nakel verzichtete[8].

Nicht viel besser war es um die Garantie der 50 Hufen des Waldes Budsow bestellt, wo später Schönwalde entstand. Schon 1221 hatte Heinrich I. den Schulzen Meinhold beauftragt, Siedler zu berufen, den Wald zu roden und ein Dorf anzulegen. Das Unternehmen war aber kläglich gescheitert; denn da Budsow in einer Gegend lag, in der noch das Recht des Stärkeren galt, mußte Meinhold vor den adligen Stosso von Peterwitz kapitulieren, die keine fremden Siedler in ihrer Nachbarschaft duldeten und die landesherrlichen Forsten als ihr Eigentum betrachteten[9]. Der Herzog, der mit dem Walde nichts anzufangen wußte, gab ihn 1228 den Zisterziensern — fürwahr ein Patengeschenk, das die Sympathien, die der Fürst der Gründung entgegenbrachte, deutlich erkennen läßt!

So blieben der jungen Zisterze außer den Ortschaften bei Krakau, Beuthen und Trachenberg nur die drei Gutshöfe an der oberen Ohle mit dem Walde an der Morina. Aber selbst dieser Forst ging den Mönchen schon wenige Jahre nach ihrer Ankunft verloren, denn nach dem Tode des Notars Nikolaus beanspruchten die Erben des Hörigen Glambo das Eigentum des Waldes, und der Herzog gab ihnen recht. Erst 1234 konnte Abt Heinrich den Forst am Zinkwitzbach zurückkaufen[10]. Im selben Jahre starb der erste Abt[11]. Bis auf einen Anteil des Gutes Skalitz (Reumen), den der Pfarrer von Alt-Heinrichau den Mönchen gab[12], und zwei Hufen bei Tepliwoda, die sie von Albert Barth erhielten[13], war es ihm nicht gelungen, die Existenz des Klosters sicherzustellen.

Die Erweiterung der Ausstattung (1236)

Trotz der Schwierigkeiten, die sich in den Weg stellten, dachte der Gründungskonvent nicht daran zu resignieren. Nach Heinrichs Tode wählte er Bodo zum Nachfolger, der bald nach seinem Amtsantritt Pläne für den Bau einer monumentalen Kirche entwerfen

---

7) Geschichte Schlesiens. Hrsg. von der Histor. Kommission für Schlesien. Bd. 1. 3. Aufl. Stuttgart 1961, S. 122 f.

8) Am 21. Juli 1233 (SR 414, 319, 415, gedr. Cod. dipl. majoris Poloniae I. 134, 136 f., 137) bestätigte Władysław Odonicz dem Kloster Leubus das Eigentum von 4000 Hufen bei Nakel, wobei von einem Mitbesitz des Klosters Heinrichau keine Rede mehr ist.

9) GS 46 f.; GB 44 f.; GG 285 f.; SR 232, gedr. Appelt 1, Nr. 210; Maleczyński 3, Nr. 254.

10) GS 41 ff.; GB 44 f.; GG 278 ff.

11) Nach einem Eintrag des Nekrologs aus der Zeit um 1280 starb „dominus Heinricus primus abbas in Heinrichow“ am 5. Juni.

12) GS 28; GB 32; GG 264 f.

13) GS 19; GB 26; GG 256 f.

ließ. Die Errichtung steinerner Gebäude war damals die Aufgabe des Schutzherrn, und an diesem Brauch hielt man auch in Schlesien fest. In Heinrichau aber sahen sich die Mönche gezwungen, das kostspielige Unternehmen aus eigener Kraft zu beginnen, da der Fundator schon 1227 starb. Bei den geringen Mitteln, die zur Verfügung standen, mußten sie sich daher mit einer Kirche begnügen, die sich mit Leubus, Trebnitz und Mogiła nicht messen konnte, oder sie mußten freigebige Spender finden, mit deren Hilfe sie ein größeres Gotteshaus errichten konnten. In einer Zeit, in der alle Mönchsklöster Schlesiens weiträumige Kirchen besaßen, war das Bauunternehmen mehr als eine Prestigefrage; denn von dem Ansehen, das ein Kloster durch sein Gotteshaus gewann, hing auch der Zustrom von Nachwuchskräften ab.

Um das großzügige Bauprojekt zu verwirklichen, wandten sich die Mönche an den Bruder des verstorbenen Notars, Bischof Paul von Posen, dem das Patronat von Heinrichau gehörte. Der Bischof konnte zwar kein Bargeld bieten, aber er schenkte den Zisterziensern den Gutshof Damnicia in Großpolen und bewog das Metropolitankapitel von Gnesen, auch auf die Zehnten des Territoriums zu verzichten[14]. Gegen Nordwesten grenzte an Damnicia der ambitus Sieraków mit den Gütern Swetnice, Prewodowo, Konarzke und Ochla, der der kirchlichen Jurisdiktion des Bischofs von Posen unterstand und dem Herzog von Großpolen gehörte. Der Bischof überließ den Dezem dieses Gebietes dem Kloster und veranlaßte den Herzog, den Mönchen auch die Besitzrechte abzutreten[15]. Um dieselbe Zeit bewog Paul von Posen den Bischof Thomas I. von Breslau, den Zisterziensern den Zehnten ihrer schlesischen Grangien zu schenken, und als um 1237 der bisherige Pfarrer von Alt-Heinrichau resignierte, trennte der Bischof den Dezem des ambitus Heinrichau mit den Wirtschaftshöfen Alt-Heinrichau, Kammerhof, Niklawitz, des Waldes an der Morina und der Ortschaften Wadochowitz und Neteplaistba (Wiesenthal) von der Pfarrei ab und gab ihn den Mönchen[16].

Diese Güter- und Zehntschenkungen, die das Kloster dem Bischof von Posen verdankte, vergrößerten die Einkünfte der Zisterze um das Doppelte der ursprünglichen Ausstattung. Die materielle Basis von Heinrichau war zwar auch jetzt noch nicht mit dem Besitz von Leubus und Trebnitz zu vergleichen, doch verfügten die Mönche wenigstens über eine Gütermasse, deren Erträge es erlaubten, die Errichtung der Klosterkirche rascher

[14]) SR 486, gedr. GS 151, wo der Bischof die Schenkung mit den Worten begründet: „videntes inopiam domus beate virginis de Henrichow ordinis Cysterciensis, que est sita in dyocesi Wratislaviensi, quam fundavit frater noster felicis recordacionis Nycolaus, notarius Henrici ducis Slesie".

[15]) Die Zehntschenkung erfolgte 1236 (SR 485, gedr. GS 152 f.); die Schenkung der Grundherrschaft Sieraków ergibt sich aus der Bestätigung des Herzogs Przemysław vom 2. Nov. 1252 (SR 803, gedr. GS 157 f.).

[16]) GS 29; GB 32; GG 265 f. Die Urkunde über die Schenkung der Zehnten wurde 1237 erteilt (SR 498, gedr. GS 130; GB 104 f.; GG 375). Der Verfasser des Gründungsbuches berichtet, daß der Bischof den Pfarrer von Alt-Heinrichau schon 1234 zum Verzicht auf den Dezem aufforderte, indem er ihm sagte: „Tu es solus et cantas sepius cum passeribus, unde volo, ut fratres isti ad subsidium corporum suorum decimam ex ista parte ville Heinrichow sibimet ipsis retineant."

voranzutreiben und sich aus eigener Kraft um den weiteren Ausbau der Güter zu bemühen[17].

Die Zehntschenkung des Bischofs Thomas I. (1263)

Die Ereignisse, die der Zehntschenkung von 1263 vorausgingen, schildert Abt Peter im „Initium ordinationis", das er den Bischöfen von Breslau widmete. Als Cellerar leistete Peter dem Bischof im Streit mit Herzog Heinrich II. wertvolle Dienste, die Thomas I. einst zu vergelten versprach[18]. Viele Jahre später, als der Cellerar längst Abt war, löste der Bischof das Versprechen ein. Durch Vermittlung des Domherren Eckhard von Kalkau kam 1263 das große Privileg zustande, durch das die Mönche den Zehnten des ganzen Territoriums Kolaczow mit den Ortschaften Witostowitz (Schönjohnsdorf), Radsice (Rätsch), Jaworowitz (Neuhof) und Skalitz (Reumen), ferner von Brukalitz (Taschenberg), von 100 Hufen in Schönwalde, 100 Hufen in Alt- und Neu-Reichenau und 50 Hufen in Quolsdorf erhielten[19].

Bis auf Witostowitz, Rätsch und Teile von Skalitz befand sich das ganze Zehntgebiet damals im Besitz des Klosters. Teils durch Schenkung oder Kauf gewann es 1233 und 1239 das Erbgut des Pfarrers Nikolaus von Alt-Heinrichau und seines Bruders Stephan in Skalitz (Reumen) und richtete hier eine neue Grangie ein[20]. 1243 schenkte Herzog Boleslaus II. das Gut Jaworowitz (Neuhof), wo ein weiterer Wirtschaftshof entstand[21]. Brukalitz (Taschenberg) erkauften die Äbte 1253, 1259 und 1262 in einzelnen Anteilen, die sie zu einem Eigenhof zusammenlegten[22]. Außerdem vergrößerte Abt Bodo 1239 die Grangie Alt-Heinrichau durch das Adelsgut Bobolitz[23].

Die Zehnturkunde zeigt aber auch, daß das Kloster inzwischen die Wälder am Eulengebirge und im Bober-Katzbachgebirge zu deutschem Recht besiedeln konnte. Schon 1239 schenkte der Notar Konrad von Jagilna zu den 50 Hufen, die die Zisterzienser mit dem Forst Budsow besaßen, den benachbarten Wald Rudno mit 50 Hufen, und Heinrich

[17]) Das Kloster wäre daher verpflichtet gewesen, das Andenken an den zweiten Fundator in dankbarer Erinnerung zu behalten. Aber der Kampf um die Befreiung von der adligen Patronatsherrschaft löschte das Gedächtnis an Paul von Posen aus, so daß man den Namen des Bischofs selbst in dem um 1280 begonnenen Nekrolog vergebens sucht.

[18]) GS 131; GB 105; GG 376 f.

[19]) GS 133 f.; GB 106 ff.; GG 378 f.

[20]) Die Schenkung des Pfarrers Nikolaus erfolgte 1233 (GS 28; GB 32; GG 265), der Verkauf des Stephan am 28. Sept. 1239 (GS 30; GB 33 f.; GG 267). Am 20. Febr. 1259 leistete auch Stephans Sohn Johannes auf sein Erbrecht Verzicht (GS 31; GB 34; GG 268, gedr. GS 161 f.).

[21]) Die Schenkung von Jaworowitz bestätigte Boleslaus II. am 12. März 1243 (GS 33f.; GB 35 f.; GG 270 f.).

[22]) Zwei Anteile erwarb das Kloster von den Gebrüdern Bogussa und Paul, den ersten am 31. Juli 1253 (GS 61; GB 55 f.; GG 301 f.), den zweiten am 31. Juli 1259 (SR 1030, gedr. GS 162 f.); das letzte Drittel verkaufte am 18. Nov. 1262 Woislaus von Dambiscin (SR 1144, gedr. GS 163 f.).

[23]) Der Kauf erfolgte 1239 (GS 24 f.; GB 29 f.; GG 261 f.) und wurde am 29. April 1247 von Boleslaus II. bestätigt (GS 26; GB 30 f; GG 263).

II. erlaubte ihnen, auf dem Territorium der beiden Wälder ein Dorf anzulegen, dessen Bauern er zugunsten des Baues der Klosterkirche von landesherrlichen Verpflichtungen befreite[24]. Die Aussetzung von Schönwalde, wie man das Dorf nannte, erfolgte bald nach 1244.

Auch im Bober-Katzbachgebirge trieben die Lokatoren des Klosters die Rodung der 150 Hufen erfolgreich voran. Alt-Reichenau wurde neu begründet, so daß hier — ähnlich wie in Schönwalde — ein großes bäuerliches Zinsdorf entstand. Nördlich davon errichtete man auf Klosterbesitz die kleinere Siedlung Neu-Reichenau am Sattelwalde, und auf den 50 Hufen, die Heinrich I. bei der Gründung schenkte, wurde die slawische Ortschaft Qualzchowitz zu einem deutsch-rechtlichen Waldhufendorf ausgesetzt, das den Namen Quolsdorf erhielt[25].

Eine weitere Erwerbung, die in der bischöflichen Zehnturkunde nicht erwähnt wird, weil ihr Dezem der Pfarrei Steinkirche gehörte, machten die Mönche im Jahre 1254. In einem Tauschgeschäft des Abtes Bodo mit Michael Dalebor verzichtete das Kloster auf den Wirtschaftshof Niklawitz und die Mühle in Krasitz (Rankemühle) und erhielt dafür Michaels Ländereien, die südlich an den Klosterbering grenzten[26]. Hier legten die Zisterzienser die Grangie Reuental an, deren Äcker talaufwärts bis zur Schuhmühle (Schimmelei) reichten, die der Abt um dieselbe Zeit erkaufte[27]. Auch die Besitzungen in Großpolen erweitere das Kloster seit 1236, denn zwischen 1241 und 1253 schenkte die Witwe des Ritters Paul, der 1241 im Kampf gegen die Mongolen gefallen war, das Gut Starkowiec, das nicht weit von der Grangie Damnicia lag. Doch wegen der Unsicherheit der politischen Verhältnisse konnten die Mönche ihre Ansprüche auf den Gutshof erst 1253 durchsetzen[28].

---

[24]) Die Schenkung des Notars Konrad erfolgte am 26. Juni 1239 (SR 537, gedr. GS 153 f.) und wurde nach dem 28. Sept. 1239 von Heinrich II. bestätigt (SR 538). Beide Urkunden und der Auszug des Gründungsbuches sind nebeneinander abgedr. bei Schilling, S. 435—438. — Nach dem Bericht des Abtes Peter war die Gegend am Gebirge bis zum Dorfe Zadel vor der Entstehung von Schönwalde sehr waldreich und fast ganz wüst (GS 55; GB 51; GG 294); vgl. auch W. Kuhn, Die Erschließung des Frankensteiner Gebietes in Niederschlesien im 13. Jahrhundert. Festschr. W. Schlesinger. Bd. 1. Köln-Wien 1973, S. 160—196.

[25]) Vgl. W. Roesch, Beiträge zur Kirchengeschichte von Altreichenau Kr. Waldenburg (Schlesien). In: Archiv 14. 1956, S. 220—225; Z. Wielgosz, Wielka własność cysterska w osadnictwie pogranicza Śląska i Wielkopolski. In: Poznańskie Towarzystwo Przyjaciół Nauk. Prace Komisji Historycznej. 21. Heft 1. Posen 1964, S. 18—39; W. Korta, Rozwój Wielkiej własności feudalnej na Śląsku do połowy XIII wieku. Breslau-Warschau-Krakau 1964, S. 82, verwechselt Alt-Reichenau mit Reichenau (Topoli) bei Kamenz.

[26]) Der Tausch wurde am 4. Juni 1254 bestätigt (GS 38 ff.; GB 38 f.; GG 274 ff.).

[27]) Das Kloster erwarb die Mühle bald nach 1254, doch wurde der Besitz erst am 25. Aug. 1266 (SR 1235, gedr. GS 167 f.) und 1268 (SR 1284, gedr. GS 169 f.) und nochmals am 17. Juli 1269 (SR 1328, gedr. GS 171 f.)bestätigt.

[28]) Am 12. Februar 1253 (SR 813, gedr. GS 158 f.) bestätigte Przemysław von Posen die Schenkung, die von Verwandten des Ritters Paul angefochten wurde.

Die päpstliche Bestätigung des Patronatsrechts (1268)

In einer Bulle, die am 27. Oktober 1268 in Viterbo ausgestellt wurde, bestätigte Papst Clemens IV. die Gründung des Klosters und seine Ausstattung mit den Lehnsgütern des Notars Nikolaus[29]. Der päpstliche Schutzbrief bietet keine detaillierte Aufstellung der einzelnen Besitzungen; aber darauf kam es Abt Peter I. auch gar nicht an, denn die Güter des Klosters waren damals nicht gefährdet. Im Mittelpunkt des erzählenden Textes steht vielmehr die Behauptung, daß Heinrichau von Heinrich I. errichtet wurde, wobei die Bulle die Ereignisse, die zur Gründung führten, nur in großen Zügen nachzeichnet. Der römischen Kurie lag die Fundationsurkunde von 1228 nicht vor, sondern bloß ihr Inhalt, den der Abt wohl in Form eines beglaubigten Exzerptes übersandte[30].

Nach der Darstellung dieses Auszugs wurde Heinrichau auf Anregung des Notars Nikolaus vom Herzog gestiftet, der das Kloster mit den Lehnsgütern seines Vasallen in den Diözesen Breslau und Posen ausstattete, wobei die zuständigen Diözesanbischöfe ihre Zustimmung gaben. Dabei erscheint Nikolaus getreu den Aussagen des Liber fundationis als der Mann, der nur den Anstoß zur Stiftung gab, während die eigentlichen Fundatoren Heinrich I. und sein Sohn waren. Die Mitwirkung der Bischöfe von Breslau und Posen rechtfertigt die Bulle damit, daß der Herzog auch „de reliqua possessionum ipsarum parte — über den restlichen Teil dieser Besitzungen“ verfügte und dazu die Genehmigung der Bischöfe brauchte, in deren Jurisdiktionsbereich diese Güter lagen[31]. Dabei verschwieg die römische Kurie, daß das Kloster 1228 in der Diözese Posen keinen Fußbreit Bodens besaß, wohl aber in der Diözese Krakau, von deren Bischof jedoch keine Rede ist. Papst Clemens IV. hat also die Rechtsstellung des Klosters genau in der Weise bestätigt, wie sie Abt Peter schilderte und hat so dem Patronatsrecht des Herzogs höchste Geltung verschafft. Die Darstellung, zu der der Abt den Papst bewog, entsprach zwar der tatsächlichen Entwicklung, die die Abtei nach dem Tode des Bischofs Paul von Posen erlebte, aber sie stand in klarem Widerspruch zu den ursprünglichen Verhältnissen. Abt Peter interpretierte in seinem Bestreben, die adligen Patronatsherren aus Schlesien zu entfernen, die Gründungsgeschichte des Klosters in so geschickter Weise, daß die päpstliche Kurie keinen Anstoß nahm, seine Version zu sanktionieren. Damit erhielt

[29]) Gedr. L. Schulte, Kleine Schriften (Darst. 23). 1918, S. 124 ff.

[30]) L. Schulte sah auch darin einen Beweis dafür, daß die Gründungsurkunde 1268 noch nicht existierte.

[31]) In der zum Verständnis der Patronatsverhältnisse wichtigen Urkunde heißt es: „sane predictus dux de consensu bone memorie Wratislaviensis et venerabilis fratris nostri Poznaniensis episcoporum, in quorum diocesibus possessiones iste consistunt, necnon de assensu nobilis viri Henricii filii dicti ducis iuxta huiusmodi piam dispositionem predicti Nycolai de possessionibus eisdem monasterium ipsum fundavit et pariter dotavit, prout in litteris inde confectis, sigillatis sigillo eiusdem ducis plenius dicitur continere.“ Dabei ist die Schilderung des Gründungsvorgangs richtig; die Rechtsverhältnisse aber, die sich aus der Darstellung der päpstlichen Bulle ergeben, sind verkehrt.

Heinrichau dieselbe Rechtsstellung wie Leubus und Trebnitz. Wenn also die Abtei an der Ohle, deren Patronat anfangs einer kleinpolnischen Familie gehörte, schon ein Jahrhundert nach der Gründung als Fundation des Landesherrn und als Hauskloster der Piasten von Münsterberg galt, so verdankte sie dies einem zielbewußten Abt, der die Geschichte der Ordensniederlassung als Mitglied des ersten Konvents mehr als vier Jahrzehnte hindurch persönlich erlebt, als Cellerar tatkräftig mitgestaltet und als Abt und Initiator der päpstlichen Bulle von 1268 für alle Zeiten gesichert hat.

Die bischöflichen Transsumpte (1296)

Das Klosterarchiv enthält 5 Transsumpte vom 2. April 1296, in denen insgesamt 25 Urkunden wörtlich kopiert und von den Bischöfen Johann von Breslau und Konrad von Lebus bestätigt wurden[32]. Beglaubigte Abschriften dieser Art waren im Mittelalter gang und gäbe und dienten dazu, das Original gegen Beschädigung und Verlust zu sichern. Natürlich ließ man nur solche Dokumente transsumieren, die aktuelle Rechtstitel beinhalteten. Aus der Liste der Abschriften, die Abt Friedrich (1280—97) besorgte, kann man daher den damaligen Besitzstand des Klosters erkennen.

Heinrichau besaß 1296 zehn Grangien: den Kammerhof, Alt-Heinrichau, Glambowitz, Brukalitz (Taschenberg), Skalitz (Reumen), Jaworowitz (Neuhof), Daleborowitz (Reuental) und Moschwitz, ferner Damnicia in Großpolen und Wroźenice bei Krakau. Außerdem gehörten dem Kloster die Zinsdörfer Schönwalde, Wiesenthal, Sieraków und Starkowiec, Zinseinkünfte von Fleischbänken in Reichenbach und Münsterberg und die 1263 bestätigten Zehnten, ausgenommen der Dezem von Alt- und Neu-Reichenau und Quolsdorf. Alle zisterziensischen Wirtschaftshöfe waren mit ihrem Gesinde von der polnischen Gerichtsbarkeit befreit.

Ein Vergleich mit der Zehnturkunde von 1263 zeigt, daß sich die Zahl der Grangien im Lauf von drei Jahrzehnten kaum verändert hat. Nur den Gutshof Glambowitz erkauften die Zisterzienser 1263 von Heinrich III.[33], und 1282 erwarben sie von Heinrich IV. die Domäne Moschwitz[34]. In den Transsumpten fehlen aber die 1263 erwähnten Eigengüter Bobolitz und Zinkwitz. Das erstere hatten die Zisterzienser inzwischen mit Alt-Heinrichau vereinigt, und für Zinkwitz hat das Kloster nie eine Urkunde besessen, da die Schenkung des Grafen Albert Barth 1229 und der Tausch nach 1241 mündlich vereinbart wurden[35]. Die Grangie Milejowitz bei Beuthen hatte

---

[32]) SR 2409—2413, gedr. GS 188 f. Der Verfasser der Synopsis schreibt die Transsumpte irrtümlich dem Bischof Johann von Krakau zu.

[33]) Der Kauf erfolgte am 17. Sept. 1263 (SR 1170, gedr. GS 165 f.).

[34]) Sie wurde am 28. April 1282 erkauft (SR 1705; GS 73 f.; GB 65 f.; GG 315 ff.); der Verzicht des Jesko, Sohnes des Nikossius, wurde am 10. Mai 1282 (SR 1705 und 1709; GS 76; GB 67; GG 318 f.) beurkundet.

[35]) GS 19 ff.; GB 26 ff.; GG 256 ff.

Abt Friedrich 1280 aufgegeben, um ihre Ländereien zu deutschem Recht auszusetzen[36].

Die Urkundenabschriften von 1296 zeigen aber auch, daß sich die Mönche seit 1263 erfolgreich bemühten, ihren Besitz an der oberen Ohle durch den Ankauf benachbarter Grundstücke zu erweitern, die sie den älteren Grangien angliederten. Durch den Erwerb von 6½ großen Hufen, die bis 1288 zu Frömsdorf gehörten, erhielt Moschwitz einen solchen Zuwachs an Äckern, daß es einer der größten Wirtschaftshöfe des Klosters wurde[37]. Die kleine Grangie Reuental oder Daleborowitz vergrößerte man bis 1296 durch das Talgebiet gegen Münsterberg hin, wo die Mönche die Schuhmühle (Schimmelei) betrieben und das Recht erhielten, von der Ohle einen Kanal abzuleiten[38].

In den Transsumpten von 1296 fehlen die Zinsdörfer Alt- und Neu-Reichenau und Quolsdorf bei Bolkenhain. An ihrer Stelle erscheint das deutschrechtliche Bauerndorf Wiesenthal bei Heinrichau. Als nämlich Bolko I. 1292 Grüssau gründete, trat Heinrichau seine Besitzungen bei Bolkenhain an das Tochterkloster ab und erhielt zur Entschädigung Wiesenthal, das der Herzog von Polzko von Schnellewalde erkaufte[39].

Die päpstliche Besitzbestätigung (1318)

Am 23. Mai 1318 bestätigte Papst Johann XXII. den Klöstern Heinrichau und Grüssau ihre Zehnten, Wirtschaftshöfe, Zinsdörfer und Privilegien[40]. Die Bulle, die in Avignon ausgefertigt wurde und alle Güter namentlich aufzählt, bietet ein genaues Bild der Entwicklung im Laufe der beiden ersten Jahrzehnte des 14. Jahrhunderts.

Die Grangien Glambowitz, Skalitz (Reumen) und Jaworowitz werden nicht mehr genannt; da sie aber noch im Besitz des Klosters waren, muß man annehmen, daß die Ländereien mit benachbarten Wirtschaftshöfen vereinigt wurden. Dagegen erscheinen erstmals Rätsch und Neuhof im Eigentum der Mönche. Rätsch erwarben sie 1305 von einer altansässigen kleinadligen Familie[41], und Neuhof begründeten sie aus Teilen von Jaworowitz und Daleborowitz[42]. Die Grangie Moschwitz vergrößerte Abt Peter II. 1303 durch das Adelsgut Nethwitz[43].

Von den großpolnischen Besitzungen Sieraków und Starkowiec ist in der päpstlichen Bulle keine Rede mehr. Aber da dem Kloster zu dieser Zeit noch die Grangie Damnicia

---

36) Die Vereinbarung über den Zehnten, den die Siedler dem Breslauer Vinzenzstift leisten mußten, wurde am 21. Sept. 1280 getroffen (SR 1638, gedr. GS 176 f.).

37) Der Kauf der 6½ Hufen wurde am 17. März 1288 bestätigt (SR 1328, gedr. GS 171 f.).

38) 1268 und am 17. Juli 1269 vom Herzog bestätigt (SR 1284 und 1328; gedr. GS 169 f. und 171 f.)

39) Der Tausch wurde am 25. Febr. 1293 bestätigt (SR 2267, gedr. GS 92 ff.; GB 78 ff.; GG 334 ff.). Am 8. März 1310 erkaufte das Kloster auch die Scholtisei (SR 3120; GS 96 f.; GB 82 f.; GG 340 f.).

40) SR 3802, gedr. L. Schulte, Kleine Schriften (Darst. 23). 1918, S. 145—149.

41) Der Kauf wurde am 13. Juli 1305 bestätigt (SR 2853; GS 101 f.; GB 85 ff.; GG 344 f).

42) GS 111 f.; GB 94 f.; GG 358 f. Die herzogl. Bestätigung wurde erst am 7. März 1310 erteilt (SR 3119; GS 113 f.; GB 96 f.; GG 361 f.).

43) Am 23. April 1300 erkaufte das Kloster 2½ Hufen (GS 84; GB 74; GG 328), und am 25. März 1303 die anderen 5 Hufen (GS 87 f.; GB 75; GG 330 f.).

gehörte, die unmittelbar an Sieraków grenzte, darf man annehmen, daß beide Zinsdörfer vom Wirtschaftshof Damnicia verwaltet wurden. Auch Wroźenice bei Krakau war offenbar eine solche Zentralgrangie, deren Hofmeister die nahen Siedlungen Glew und Glewiec leitete. Das oberschlesische Milejowitz, das die Bulle nicht mehr erwähnt, haben die Zisterzienser zwischen 1296 und 1318 verkauft.

Als wichtigste Neuerwerbung des Klosters erscheint der 7 km östlich von Heinrichau gelegene Ort Berzdorf mit Pfarrkirche und Scholtisei. Im Jahre 1312 schenkten nämlich die Ritter Czambor von Schildberg und sein Schwager Albert Barth d. Jg. von Tepliwoda dieses Dorf den Mönchen, die dafür Blumenthal bei Neisse abtraten, das sie etwa seit 1305 besaßen[44].

Das Archivverzeichnis (um 1324)

Unmittelbar nach 1319 verkauften die Mönche ihren kleinpolnischen Besitz mit der Grangie Wroźenice an die Schwesterabtei Mogiła und die großpolnische Grangie Damnicia mit Sieraków und Starkowiec an einen unbekannten Käufer[45]. Diese Besitzveränderungen, die die Äbte Christian (1317—21) und Johann II. (1321—28) vornahmen, kommen in dem Register zum Ausdruck, das man um 1324 bei der Neuordnung des klösterlichen Archivs anlegte[46].

Heinrichau bewirtschaftete zu dieser Zeit 12 Grangien: den Kammerhof, Alt-Heinrichau mit Bobolitz, Reuental, Zinkwitz mit Glambowitz, Neuhof, Moschwitz mit Nethwitz, Brukalitz (Taschenberg), Rätsch, Skalitz (Reumen), Jaworowitz, Zesselwitz und Willwitz mit Grunow. Zesselwitz erwarben die Zisterzienser endgültig im Jahre 1316[47], Willwitz und Grunow erhielten sie 1318[48]. Als neue Zinsdörfer erwähnt das Register Bulchau bei Ohlau[49], Lenschütz bei Kosel[50] und einen Anteil von Krelkau[51].

---

44) Die Schenkung wurde am 3. Juli 1312 bestätigt (SR 3290 f). Über Blumenthal bemerkt der Liber fundationis Episcopatus Vrat. (CDS 14. A II, Nr. 164): „Blumental habet XVJ mansos monachorum de Henrichaw; decima est domini episcopi."

45) Nach einer Urkunde des Königs Władysław Łokietek vom 24. Mai 1318 gehörten Wroźenice und Glew noch dem Kloster Heinrichau, am 11. Juli 1336 waren beide Güter schon Besitz von Mogiła (gedr. Diplomata Monasterii Clarae Tumbae prope Cracoviam. Krakau 1865, S. 39, Nr. 50; und S. 50 Nr. 61). — Auch Groß- und Klein-Ossig bei Trachenberg, 25 km südlich der Grangie Damnicia gelegen, gab das Kloster schon vor 1269 auf (GS 13; GB 23, GG 250), wohl bald nach der Gründung von Trachenberg im Jahre 1253.

46) Das Register ist gedr. bei H. Goetting, Das Urkundenarchiv des Klosters Heinrichau im ersten Drittel des 14. Jahrhunderts. In: ZVGS 73. 1939, S. 74—86.

47) Der Kauf wurde am 1. Jan. 1316 bestätigt (SR 3549; BDA V B 6 a, Fotokopie).

48) Der Kauf erfolgte am 21. März 1318 (SR 3766; BDA V B 6 a, Fotokopie).

49) Das Kloster erkaufte den Ort am 14. Dez. 1318 (SR 3869).

50) Lenschütz erhielt das Kloster am 10. Aug. 1320 von Herzog Wladislaus von Beuthen und Kosel, der damals mit seinem Gefolge zu Besuch in Heinrichau war (ZVGS 73. 1939, S. 62) und am selben Tage den Mönchen auch Zollfreiheit in seinem Fürstentum gewährte (SR 4059; BDA V B 6 a, Fotokopie).

51) Er wurde am 20. Nov. 1321 erkauft (SR 4167; BDA V 10; Fotokopie).

Der Besitz der Abtei umfaßte am Ende dieser Epoche also 12 Grangien, 5 deutschrechtliche Zinsdörfer und den Anteil einer sechsten Ortschaft, das Patronatsrecht von 6 und den Anteil einer siebten Pfarrkirche. Das Register verrät ferner, daß man sich seit dem Ende des 13. Jahrhunderts für Zinseinkünfte interessierte, die außer der Erhebung regelmäßiger Zahlungen keine Arbeitsleistung verlangten. Dabei gaben die Mönche die traditionelle Form klösterlicher Eigenwirtschaft nicht auf, doch waren ihrer weiteren Ausdehnung bereits Grenzen gesetzt.

Zu den Zehnten, die Heinrichau seit 1263 besaß, kamen bis zur Neuordnung des Archivs die Feldzehnten der Herrenhöfe Stachau, Leipitz und Sadewitz bei Nimptsch hinzu[52], der Dezem von Schildberg[53] und der Feldzehnt von Nicorsitz[54]. Die wachsenden Kriegsdienstleistungen, die die piastischen Herzöge auch von den Gütern der Kirche forderten, weckten zudem das Interesse am Besitz aller Rechte, auf die sich die Fürsten bei der Erhebung von Steuern beriefen. So erwarb Heinrichau bis 1324 den Roßdienst von Rätsch[55], Berzdorf, Nethwitz und Zesselwitz[56], von Bulchau[57] und von zwei Hufen des Gutes Wiltschitz[58].

Das Archivregister bedeutet in der Geschichte des Klosters das Ende einer Epoche, in der sich die Zisterzienser mit aller Kraft um den extensiven Ausbau ihrer landwirtschaftlichen und gewerblichen Betriebe bemühten. In dieser Zeit vermehrten sie die Zahl ihrer Grangien von 3 auf 12 und schufen so ein Potential, das die Existenzbasis für einen Konvent von rund 80 Mitgliedern bot und die Errichtung monumentaler Bauten ermöglichte. Von jetzt an verzichteten die Mönche auf die Gründung neuer Wirtschaftshöfe

---

[52]) Diese Feldzehnten erhielt das Kloster von Sulislaus Reze de Stachow (1266 bis 1270), dessen Sohn die Schenkung am 9. Okt. 1304 bestätigte (SR 2812, gedr. GS 205 f.).

[53]) Den einzigen Nachweis über den Besitz der Zehnten von Schildberg bieten das Archivregister (ZVGS 73. 1939, S. 76) und Nikolaus Henelius ab Hennenfeld (S o m m e r s b e r g I, S. 254), wo berichtet wird, daß die Stände des Fürstentums Münsterberg dem Abt Nikolaus Ende Oktober 1583 für die Abtretung der Zehnten von Groß- und Klein-Schildberg 1000 Tlr. bar zahlten.

[54]) Am 25. Juni 1329 versprach Johann gen. Maul von Adelungisbach, dem Kloster die seit mehr als 40 Jahren unregelmäßig gezahlten Zehnten von 10 Hufen des Gutes Nicorzicz vollständig zu leisten (SR 4859). Auf der Rückseite dieser Urkunde steht von alter Hand „Nicorsicz circa Jegelnam“, d. h. bei Schreibendorf oder Deutsch-Jägel Kr. Strehlen; wo Nicorsicz genau lag, ist nicht mehr bekannt.

[55]) Er wurde dem Kloster am 29. Sept. 1309 bestätigt (SR 3075; GS 108 ff.; GB 92 f.; GG 355 f.).

[56]) Am 16. Dez. 1317 erkaufte Kilian von Haugwitz den Roßdienst der drei Ortschaften und schenkte ihn dem Kloster (SR 3727; BDA V B 6 a, Fotokopie).

[57]) Abt Christian erkaufte ihn am 18. Dez. 1318 (SR 3871). Das Kloster behielt Bulchau nur kurze Zeit in seinem Besitz, denn schon 1353 bestätigte Herzog Wenzel von Liegnitz, daß Kethelin auf ihre Ansprüche auf Bulchau zugunsten des Glogauer Kollegiatstiftes verzichtet habe (W. U r b a n, Wykaz regestów dokumentów Archiwum Archidiecezjalnego we Wrocławiu II. Regesty dokumentów z parafij kolegiackiej w Głogowice. In: Studia Teologiczne- Historyczne Śląska Opolskiego III. 1973. Oppeln 1974, S. 274, Nr. 13).

[58]) Das Dominium von gut 2 Hufen in Wiltschitz erwarb das Kloster am 16. März 1319 von Burchard von Stossowitz (SR 3897). Der Ort lag übrigens dicht bei Wiesenthal und hat mit Wiltsch bei Silberberg nichts zu tun.

und konzentrierten ihr Erwerbsstreben auf den Ankauf von Zinsdörfern und Zinsrechten. Das Archivregister leitet daher den Beginn einer Periode ein, in der die Ordensleute einen anderen Weg gingen als in der Zeit der Stabilisierung des Klosters.

2. Das Hauskloster der Piasten von Münsterberg (1322—1428)

Im Jahre 1322 teilten Bernhard, Heinrich und Bolko II., die Söhne des Gründers von Grüssau, ihr väterliches Fürstentum, und dabei erhielt Bolko den östlichen Teil mit den Weichbildern Münsterberg, Strehlen, Frankenstein, Reichenbach, Zobten, Kanth und der Burg Patschkau. Die Hauptstadt des Fürstentums wurde Münsterberg. Der Fürst, der mit Gutha von Savoyen, der Witwe des ungarischen Magnaten Matthäus Csák von Trentschin, vermählt war[59], übernahm auch die Schutzherrschaft von Heinrichau und Kamenz, und da der Piast trotz der Bedeutungslosigkeit seines Landes bestrebt war, seinen Anspruch auf Souveränität im Wettstreit mit den mächtigen Dynasten seiner Zeit zu dokumentieren, nutzte er die Steuerkraft der kirchlichen Güter in einer Weise aus, die die alten Rechtstitel zunichte machte.

Der Fürst erwählte Heinrichau zur repräsentativen kirchlichen Institution seiner Familie. Bei den Besuchen des Herzogs bot der Gottesdienst der Mönche den sakralen Rahmen für die Demonstration landesherrlicher Macht. Dabei mußte die Abtei die Kosten der standesgemäßen Beherbergung des Piasten und seines Gefolges bestreiten; denn nach geltendem Recht waren die Klöster verpflichtet, den Landesherrn und seine Beamten aufzunehmen, Lebensmittel zum Unterhalt des fürstlichen Hofes zu liefern, Holz und Fuhren zum Bau des herzoglichen Schlosses zu stellen, Kriegsdienststeuern zu zahlen und die Jagd- und Kriegspferde und Hundemeuten des Fürsten auf ihren Grangien zu ernähren. Außerdem zog der Herzog die Untertanen der Mönche zu Diensten im Interesse der Landespolitik heran, und dazu erhob er Münzgeld, Getreideabgaben und eine Fülle von Leistungen, die sich hinter den Begriffen „Angarien" und „Perangarien" verbargen[60]. Die klösterlichen Eigengüter waren zwar von regelmäßigen

---

[59]) Matthäus von Trentschin aus dem Geschlecht Csák, Herr der nordwestlichen Komitate Ungarns, war nach dem Tode des letzten Arpaden (1301) einer der erbittertsten Gegner von Karl I. Robert von Anjou. Der König, der in Temesvár residierte und in erster Ehe mit Maria von Beuthen und Teschen, seit 1318 mit Maria von Luxemburg, einer Schwester des Königs Johann von Böhmen, vermählt war, siegte zwar am 15. Juni 1312 bei Rogozny über die Anhänger des Oligarchen, doch konnte er sich erst nach dessen Tode († 18. März 1321) durchsetzen und seine Residenz nach Visegrád verlegen. Bald danach vermählte sich die Witwe des ungarischen Magnaten mit Bolko II. von Münsterberg, der sich wie seine Brüder Bernhard von Schweidnitz und Heinrich von Jauer ebenso einer fremden Dynastie widersetzte, die ähnlich wie die Anjou in Ungarn damals in Schlesien Fuß zu fassen suchte (vgl. Bilderchronik. Chronicon Pictum. Chronica de gentis Hungarorum. Wiener Bilderchronik. Hrsg. D. Dercsényi. Bd. II, übersetzt F. Gottschlig. Budapest 1968, S. 157 f., Bd. I, p. 138 f.).

[60]) Zur landesherrlichen Kirchenhoheit vgl. H. Appelt, Klosterpatronat und landesherrliche Kirchenhoheit der schlesischen Herzoge im 13. Jahrhundert. In: Mitt. d. Österr. Inst. f. Geschichtsforschung. 14. Ergänzungsband. Innsbruck 1939, S. 303—322.

Abgaben befreit, aber von Steuerforderungen, die der Fürst bittweise erhob, blieben auch die Grangien der Zisterzienser nicht verschont. Solange der Landesherr weit entfernt in Breslau oder Schweidnitz residierte, hielten sich die fiskalischen Ansprüche in Grenzen. Dies änderte sich gründlich, seit der Fürst in unmittelbarer Nähe des Klosters saß, die Zisterze mit einer großen Schar von Adligen und Beamten besuchte und prächtige Turniere und Jagdfeste veranstaltete, deren Kosten zu Lasten der Kirchengüter gingen.

Die Äbte von Heinrichau und Kamenz suchten sich gegen die Forderungen zu wehren, indem sie sich auf ihre alten Freiheitsrechte beriefen. Doch der Herzog ließ keine Einwände gelten; er wurde unwirsch oder verlieh die landesherrlichen Steuern an adlige Vasallen, die sie rücksichtslos eintrieben[61]. Wenn sich die Konversen gegen die Ausbeutung der Grangien wehrten, ließ sie der Fürst züchtigen und scheute sich nicht, sie persönlich zu beschimpfen oder mit eigener Hand zu mißhandeln. Die Ausweglosigkeit, in die das Kloster unter dem Druck der fürstlichen Steuerpolitik geriet, offenbart der Rechenschaftsbericht, den Abt Nikolaus[62] am 11. Juni 1336 für den Primarabt von Morimond verfaßte[63]:

„Unser beklagenswerter Ruin", heißt es in der Urkunde, „und die traurige Verwüstung des Gotteshauses, die uns täglich drohend vor Augen steht, zerreißt uns vor Schmerz die Seele bis auf den tiefsten Grund. Unser Gewissen kann bezeugen, daß wir den jämmerlichen Verfall und die unglückseligen Schicksalsschläge, die uns treffen, mit wenigen Worten nicht schildern können; denn wenn wir uns auch noch so sehr hüten möchten, einen falschen Eindruck zu erwecken und unsere Worte in acht nähmen, so würden wir doch aller Welt als geschwätzig erscheinen, wenn wir das Unglück in seinem ganzen Ausmaß beschreiben wollten. Von den vielen kleinen Missetätern, die uns bedrängen, wollen wir schweigen. Aber der Landesherr, in dessen Fürstentum fast alle unsere Güter liegen, stürzt uns Ärmste in Bedrängnis. In eigener Person, durch seine Vasallen, Pferde, Hundemeuten und Jagdvögel verwüstet er grausam die Erbgüter des Gekreuzigten, unsere Besitzungen. Ohne Maß und Ziel nimmt er unsere Einkünfte in Anspruch, so daß uns und den Armen Christi nichts oder kaum etwas übrigbleibt. Von den schimpflichen Schmähungen und lästerlichen Worten, mit denen er uns beleidigt, wollen wir nicht reden. Doch er scheut sich nicht, seine ruchlosen Hände gegen unsere Konversen zu erheben, um unablässig die härtesten Steuern zu erpressen, unsere Wälder zu schlagen, unsere Tuche, das Getreide und den Besitz des Klosters zu schädigen und zu plündern, und all das beläuft sich schon auf mehr als 12 000 fl. So grausam und rücksichtslos

[61]) Mit solchen Belehnungen hingen auch die Zinsen zusammen, die das Kloster nach dem Archivregister von Zesselwitz, Wiesenthal, Berzdorf und Schönwalde ablöste.

[62]) Die Abtslisten des Compendium, der Hist. brevis und der Hist. dom. Henr. kennen den Abt Nikolaus nicht; seine Existenz ist aber urkundlich gesichert.

[63]) SR 5659, gedr. L. Schulte, Kleine Schriften (Darst. 23). 1918, S. 149—153. Die folgende Übersetzung ist nicht wörtlich zu nehmen, schließt sich aber dem lateinischen Text eng an. Eine wörtliche Übersetzung ist schwierig, da die Fassung, die Schulte nach dem Original veröffentlichte, sinnentstellende Fehler enthält.

wütet er, daß uns der nötige Lebensunterhalt fehlt und wir das tägliche Brot und das Geld zur Bezahlung der härtesten Forderungen anderswo erbetteln und uns bis an den Hals in Schulden stürzen müssen, da der Herzog in seinem Wüten keine Gnade kennt. Unsere Schuldenlast beläuft sich auf 2732 fl[64], und diese Schulden haben wir nicht um neuer Erwerbungen willen und nicht aus Leichtsinn aufgenommen, sondern weil uns der Herzog in seiner Gewalttätigkeit mit Steuerforderungen und Pfändung in Angst und Schrecken versetzte, so daß wir keinen anderen Ausweg wußten, als Schulden zu machen. Die Zinsen und die Schuldsumme konnten wir bisher noch nicht tilgen, da ja auch die Ursache der Verschuldung nicht beseitigt ist. Um die Kosten für die Reise zum Generalkapitel zu bestreiten, die Ordenskontribution zu leisten und den alle 6 Jahre fälligen päpstlichen Zehnten aufzubringen und andere Verpflichtungen zu erfüllen, haben wir nicht die geringsten Mittel, denn unsere Kasse ist leer. Die Sparsamkeit aber, zu der uns die Not zwingt, die getreue Arbeit und der Fleiß unserer Leute haben es trotz allem mit Gottes Hilfe zustande gebracht, daß der Konvent, der treu im heiligen Gehorsam lebt, überhaupt noch Nahrung und Kleidung erhält."

Papst Benedikt XII. nahm sich der bedrängten Abtei an. Am 1. November 1337 beauftragte er den Breslauer Dompropst, Heinrichau und Kamenz zur Wiedergewinnung entfremdeter Besitzungen zu verhelfen[65]. Am 5. November bestätigte er der Zisterze alle Rechte und Privilegien[66], und am 21. Dezember befahl er den Bischöfen von Olmütz und Posen und dem Domdechanten von Bautzen, gegen Bolko II. mit geistlichen Strafen vorzugehen. Der Fürst habe sich angemaßt, heißt es im päpstlichen Breve, den beiden Klöstern ungerechte und unerträgliche Steuern aufzuerlegen; er quartiere seine Leute, Pferde, Knechte und Jagdhunde auf ihren Gütern ein, beschlagnahme die Schafherden, Stiere, Kühe, das Getreide und anderes Eigentum der Mönche und lasse die Ordensleute mißhandeln und in den Kerker werfen[67]. Auf die Klage des Abtes von Kamenz exkommunizierte Bischof Nanker von Breslau den Herzog und seine Familie und verhängte über sein Fürstentum das Interdikt.

Den Ausgleich mit Kamenz vermittelte am 13. Juli 1334 der Breslauer Offizial Apeczko, der spätere Bischof von Lebus, und Boleslaus III. von Liegnitz garantierte die Einhaltung der Abmachungen[68]. Vom Ausgang des Prozesses, den Heinrichau gegen den Fürsten führte, ist nichts bekannt. Wir wissen nur, daß die Bedrückung der Klöster auch in der Öffentlichkeit Aufsehen erregte und daß sie der böhmische König Johann zum Anlaß nahm, seinen Sohn Markgraf Karl von Mähren, den späteren Kaiser Karl

---

64) Die Schulden machten fast das Dreifache der Zinseinkünfte aus.

65) SR 5986; BDA V B 6 a (Fotokopie). Am selben Tage erhielt der Propst denselben Auftrag für Kamenz. — Benedikt XII. (1334—42) war übrigens vor seiner Wahl Abt des Zisterzienserklosters Fontfroide (Aude).

66) SR 5992; vgl. SR 5991; gedr. CDS 10), Nr. 163.

67) SR 6015 f.; gedr. Pfotenhauer (CDS 10), Nr. 165 und A. Theiner, Vetera Monumenta Poloniae et Lithuaniae gentiumque finitimarum illustrantia I. Rom 1860, S. 401 f.

68) SR 5355; gedr. CDS 10, Nr. 150.

IV., mit einem Heer gegen den Münsterberger Piasten zu schicken und zur Unterwerfung unter die böhmische Krone zu zwingen[69]. In den letzten Jahren seiner Regierung söhnte sich Bolko II. wieder mit den Zisterziensern aus und bedachte Heinrichau mit reichen Schenkungen. Aber um sich gegen künftige Willkürmaßnahmen des Landesherrn zu sichern, mußten die Mönche die einzelnen Rechte des Jus ducale in ihren Besitz bringen. Dazu bedurfte es geduldiger Anstrengungen und großer finanzieller Mittel, denn mit dem Herzogsrecht war eine Vielfalt von Leistungen verbunden, die man Zug um Zug ablösen mußte. In der Hauptsache ging es um den Roßdienst, das Münzgeld, Schoß und Beden, Pflugsteuer und Fuhrlasten, das Landgericht und das polnische Zaudengericht, um die Hochgerichtsbarkeit über die Untertanen der Klösterdörfer, das Herrschaftsrecht über Gärten, Forsten, Scholtiseien, Kretschame und Mühlen und um die vielen grundherrschaftlichen Dienste und Lasten der Angarien und Perangarien[70].

Die verschwenderische Hofhaltung Bolkos II., der das kleine Fürstentum in Schulden stürzte, begünstigte die Bestrebungen der Äbte, denn in seinen finanziellen Nöten war der Piast bereit, eines der Rechte nach dem anderen zu veräußern. Bis zu seinem Tode (1341) erwarben die Äbte das Jus ducale aller Güter, die dem Kloster gehörten und schufen so die Grundlage zum Ausbau des grundherrschaftlichen Dominiums späterer Zeit[71]. Freilich gelang es nicht, alle Lasten abzulösen; doch lag das offenbar auch gar nicht im Interesse der Mönche, denn da sie selbst nicht in der Lage gewesen wären, sich

---

[69]) Im Sept. 1335 belagerte der Markgraf den Herzog in Frankenstein (vgl. SR 5487 und 5496), und am 29. Aug. 1336 leistete Bolko II. dem böhmischen König in Straubing den Lehnseid (SR 5692; vgl. auch Kaiser Karls IV. Jugendleben. Hrsg. A. Blaschka (Die Geschichtsschreiber der deutschen Vorzeit. 3. Gesamtausg. Bd. 83). Weimar 1956, S. 50).

[70]) Den Inhalt des Herzogsrechts untersuchte J. J. Menzel, Jura Ducalia. Die mittelalterlichen Grundlagen der Dominialverfassung in Schlesien (Quellen 11). Würzburg 1964.

[71]) Am 21. Jan. 1334 befreite Bolko II. die Scholtiseien Wiesenthal und Berzdorf, die Kretschame in beiden Orten und in Alt-Heinrichau, Moschwitz und Zesselwitz, die Mühlen im Kloster, in Neuhof, Wiesenthal, Taschenberg, Zesselwitz, Schönwalde und die Schuhmühle von Schoß und Bede (SR 5294; BDA VB 6a, Fotokopie). — Am 8. Dez. 1336 verlieh er dem Kloster die Freiheit von der Landvogtei und vom polnischen Gericht im Kloster und den Grangien Alt-Heinrichau, Moschwitz, Neuhof, Reuental, Zinkwitz, Zesselwitz, Willwitz, Rätsch, Taschenberg, Skalitz und Jaworowitz und in den dabeigelegenen Dörflein (SR 5762; gedr. G. A. Tzschoppe und G. A. Stenzel, Urkundensammlung zur Geschichte des Ursprungs der Städte und der Einführung und Verbreitung deutscher Kolonisten und Rechte in Schlesien und der Oberlausitz. Hamburg 1832, S. 542 f.). — Am 8. Dez. 1336 überließ er dem Abt die Gerichtsbarkeit in Schönwalde und Wiesenthal (SR 5763). — Am 8. Dez. 1336 verlieh er den Mönchen das Münzgeld von allen Stiftsdörfern (ZVGS 73. 1939, S. 62). — Am 1. Okt. 1338 gab er dem Abt alle herzogl. Geschosse, Beden und Steuern der Scholtiseien Wiesenthal und Berzdorf, der Kretschame Wiesenthal, Berzdorf, Alt-Heinrichau, Moschwitz, Zesselwitz, ferner der Mühlen im Kloster, in Neuhof, Wiesenthal, Taschenberg, Zesselwitz, Schönwalde und der Schuhmühle sowie von allen Gärten in den Dörflein Alt-Heinrichau, Moschwitz, Reuental, Neuhof, Jaworowitz, Rätsch, Skalitz, Taschenberg, Zesselwitz, Willwitz und Zinkwitz (SR 6158; BDA V B 6a, Fotokopie). Am 28. Jan. 1340 gab er dem Abt das Dominialrecht in Berzdorf mit allen Geld- und Getreidezinsen und der obersten Gerichtsbarkeit (SR 6400). — Am 21. März 1346 erteilte Herzog Nikolaus dem Abt das Recht, die Güter Rätsch, Jerichaw, die agri sutoris und Jaworowitz an Bauern auszusetzen und verlieh ihm dazu die volle Gerichtsbarkeit (BDA V B 6a, Fotokopie).

ohne den Landesherrn der Willkür des Adels zu erwehren, mußten sie die Schutzrechte des Herzogs in irgendeiner Weise in Erinnerung halten. Daher blieb die Pflicht, Lebensmittel und Fuhren zum Unterhalt des fürstlichen Hofes und zum Bau der Burg in Münsterberg zu stellen und den Herzog bei seinen Besuchen zu beherbergen, weiter bestehen. Dabei war es für die Zisterzienser von großem Wert, daß sie auch für die verbleibenden Lasten das Vorkaufsrecht erhielten, so daß der Herzog diese Rechte keinem adligen Vasallen verkaufen konnte[72].

Der Ankauf der Herzogsrechte nahm die Mittel der Zisterze so sehr in Anspruch daß die Erweiterung des Stiftslandes für einige Jahrzehnte fast zum Stillstand kam. Bei Neuerwerbungen der Zeit von 1330—80 beschränkten sich die Mönche auf unbedeutendere Objekte, wie einen Anteil von Krelkau[73], eine Mühle in Zadel[74], einige Hufen in Skalitz[75], ein Haus in Breslau[76] und in Münsterberg[77], einen Anteil der Vogteimühle in Neisse[78], die Scholtisei in Schönwalde[79], zwei Mühlen zwischen Quickendorf und Schreibersdorf[80] und 2¹/₂ Hufen Wald bei Dobrischau[81].

Bolko II. von Münsterberg und Herzogin Gutha bedachten das Kloster nach der Beilegung der Streitigkeiten mit reichen Schenkungen[82] und fanden nach ihrem Tode

---

[72]) Am 2. Febr. 1342 bestätigte Herzog Nikolaus dem Abt das Dominialrecht und Landgericht in Schönwalde mit der Scholtisei sowie von 22 Maltern Zins in Leipe, den Roßdienst in Berzdorf, Krelkau, Nethwitz, Zesselwitz, Grunow, Willwitz und Skalitz, die Freiheit vom Landgericht und das oberste Gericht im Kloster, in Schönwalde, Wiesenthal, Berzdorf und auf allen Grangien, nämlich Alt-Heinrichau, Moschwitz, Neuhof, Reuental, Zesselwitz, Zinkwitz, Willwitz, Rätsch, Skalitz, Jaworowitz, Taschenberg und den dabeiliegenden Dörflein, ferner die volle Freiheit der Gärten und Kretschame, die Abgabenfreiheit der Schulzen, Mühlen und Kretschame und das Vorkaufsrecht für das ganze oberste Herrschaftsrecht dieser Besitzungen (SR 6749; BDA V B 6a, Fotokopie).

[73]) Am 11. März 1330 (SR 4927) erwarb das Kloster ein zweites Drittel und 1363 (Synopsis S. 27) den Rest des Patronats von Krelkau. 1332 erkaufte es in dem Dorf 2 lehnsfreie (SR 5079) und 3 lehnspflichtige Hufen (SR 5080 f. und 5232).

[74]) Die eine Hälfte der Mühle erwarb das Kloster am 5. März 1338, ein weiteres Viertel am 16. Nov. 1339 (SR 6057a und 6363a).

[75]) Am 14. April 1331 erhielt das Kloster das Lehnrecht von 2 Hufen des Razlaus in Skalitz (SR 5015), am 15. Juli 1332 das Allod des Jesko gen. Sloup mit 4 Hufen (BDA V 8, nr. 43 mit der falschen Jahreszahl 1372; SR 5130), und am 27. Okt. 1362 das Allod des Henning von Kunzendorf in Stein mitsamt dem Kretscham (BDA V B 6a, Fotokopie).

[76]) Abt Johann erkaufte es zwischen 1321 und 1326 (vgl. SR 4136 und 4542).

[77]) Bretschneider, Urk. Nr. 36 und 37 zum Jahre 1336.

[78]) SR 5447 vom 7. April 1335 und SR 6561 vom 23. März 1341. Am 15. Juni 1376 schenkte Frau Sophia aus Neisse einen weiteren Anteil (W. Urban, Katalog dokumentów Archiwum Archidiecezjalnego we Wrocławiu. Tl. 1. Rom 1970, S. 133, Nr. 656), und am 14. November 1379 vermachte sie dem Kloster ihren restlichen Besitz an der Vogteimühle (W. Urban, Katalog S. 140, Nr. 691).

[79]) Synopsis S. 41 und IV; BDA V 8, Nr. 36 zum Jahre 1344 (Fotokopie); RS 278 f.

[80]) Synopsis S. 32 und V, zum Jahre 1352.

[81]) BDA V 10, fol. 71 b—73 a zum 17. Okt. 1365 (Fotokopie).

[82]) Außer dem Notar Nikolaus und seinem Bruder Bischof Paul war das Stift dem Herzog Bolko II. und seiner Gemahlin Gutha zu größtem Dank verpflichtet. Daher ließ Abt Kahlert 1684 in den Schildbögen des neuen Winterrefektoriums auch die Ölporträts des fürstlichen Paares anbringen.

(1341 und 1342) ein ehrenvolles Begräbnis in Heinrichau, wo ihnen die Mönche im Presbyterium der Kirche eine prunkvolle Doppeltumba errichteten. Auch die Nachkommen des Piasten erwählten sich die Zisterze zur Grablege, so daß das Kloster die Familiengruft der Herzöge von Münsterberg wurde. Der Adel des Fürstentums ahmte das Beispiel des Landesherrn nach, und zahlreiche Geschlechter erwarben sich in Heinrichau eigene Grabkapellen, wo sich die Familienmitglieder zur Totenfeier versammelten und das Jahrgedächtnis der verstorbenen Vorfahren begingen.

Im Lauf von 120 Jahren seit der Gründung konnte das Kloster an der Ohle durch seine Beziehungen zum Landesherrn eine Position erringen, die der Zisterze in der Konkurrenz mit dem Adel und Bürgertum einen festen Platz sicherte. Heinrichau wurde die reichste Grundherrschaft im Fürstentum Münsterberg. Aber von dem wirtschaftlichen Elan, der die Mönche des 13. Jahrhunderts zum planvollen Ausbau klösterlicher Eigengüter trieb, ist in dieser Periode nichts mehr zu spüren. Bis auf Tarnau, wo die Mönche um 1400 einen neuen Eigenhof erwarben[83], legte Heinrichau nach 1318 keine Grangie mehr an, sondern gab seit der Mitte des 14. Jahrhunderts sogar einen Wirtschaftshof nach dem anderen wieder auf und überließ die Gutsäcker an Zinsbauern, so daß die Zisterze am Ende dieser Epoche nur noch die Vorwerke Kammerhof, Alt-Heinrichau, Moschwitz, Zesselwitz, Taschenberg und Tarnau unter dem Pfluge hatte[84].

Diese Abkehr von der einstigen Wirtschaftsform hat ihren Grund im Zerfall des Konverseninstituts[85]. Zu Beginn des 14. Jahrhunderts lebten im Kloster noch rund 60 Laienbrüder, die man für den Betrieb der zahlreichen Unternehmungen brauchte. Bis zum Jahre 1336 sank ihre Zahl auf 30, und zu Beginn des 15. Jahrhunderts waren es knapp 20 Konversen[86]. Diese Entwicklung, die nur den Konvent der Laienbrüder betraf, zwang die Zisterzienser zur radikalen Änderung der bisherigen Wirtschaftsweise. Man beschränkte die Zahl der Vorwerke und gab die Gutsäcker an Bauern aus, die dem Kloster zu Zinsleistungen und Naturalabgaben verpflichtet waren[87].

Das neue System der Rentenwirtschaft brachte weit geringeren Ertrag als der Betrieb eigener Unternehmungen. Um den Gewinnausfall wettzumachen, mußte man daher die Masse der klösterlichen Besitzungen vermehren. Deshalb entfaltete das Kloster in den letzten Jahrzehnten vor dem Hussitenkriege nochmals eine erstaunliche Expansionskraft.

---

[83]) Vgl. Signaturbuch (BDA V 12), fol. 2 b, 42 a, 117 a zu den Jahren 1422, 1425 und 1417 (Fotokopie).

[84]) Dabei gaben die Mönche die Grangien Rätsch, Jerichaw, Willwitz, Zinkwitz, Reuental, Neuhof, Jaworowitz, Skalitz und die Schuhmühle auf und überließen sie zuerst Pächtern, dann bäuerlichen Siedlern. Das Signaturbuch erwähnt 1414 den Pächter des Allods Jerichaw, 1419 den Pächter von Neuhof (BDA V 12, fol. 120 a und 118 a, Fotokopie).

[85]) Zum zisterziensischen Konverseninstitut vgl. K. Hallinger, Woher kamen die Laienbrüder? In: Analecta 12. 1956, S. 1—104.

[86]) Zum Nachwuchs der Konversen von Heinrichau vgl. H. Grüger, Der Nekrolog des Klosters Heinrichau (ca. 1280—1550), Tl. 1. In: Archiv 31. 1973, S. 56.

[87]) Damit wurde Heinrichau von einer Entwicklung erfaßt, die bei den Zisterziensern im mittleren Europa schon 100 Jahre früher begann.

Abt Nikolaus von Ratibor erwarb den Rest von Krelkau[88], Abt Martin von Neisse erkaufte die Zinsdörfer Frömsdorf[89], Bernsdorf[90], Polnisch-Peterwitz[91], Belmsdorf[92], Herzogswalde und Raschgrund mit dem Eichberg[93], den Rest von Skalitz[94], einen Teil von Tarchwitz[95] und die Grangie Tarnau. Sein Nachfolger Nikolaus von Brieg erwarb die ausgedehnten Wälder auf dem Eulengebirge[96] und den Rest des Buchwaldes[97]. Durch diese Erwerbungen wurde Heinrichau das Verwaltungszentrum einer umfangreichen Grundherrschaft, deren Wohlstand auf den Zins- und Naturalleistungen der ländlichen Hintersassen beruhte. Die radikale Hinwendung zur Zinswirtschaft bot den Mönchen auch bei veränderter Wirtschaftsform die Möglichkeit, die monastischen Aufgaben zu erfüllen; aber sie war auch mit erheblichen Nachteilen verbunden, denn Wohl und Wehe der Ordensniederlassung hingen nicht mehr vom Einsatz der Konversen und Familiaren ab, die der kirchlichen Gerichtsbarkeit unterstanden und deren klerikalen Stand auch weltliche Herren respektierten, sondern von den Abgaben laikaler Untertanen, die dem Fiskus zu Diensten verpflichtet waren und deren Herrschaft der Abt nicht anders ausübte als der adlige Feudalherr. Daher wandelte sich das Kloster zu einer Institution, die den Charakter einer säkularen Grundherrschaft trug und bei Fehden und Kriegen dasselbe Schicksal erlitt wie die Territorien adliger Herren.

3. Das späte Mittelalter bis zum Beginn der Reformation (1428—1536)

Die politische Entwicklung Schlesiens im 15. Jahrhundert setzte der Blüte des Klosters ein bitteres Ende. Wenige Jahre nach dem Ankauf der Forsten auf dem Eulengebirge brach der Krieg aus, in dem Schlesien gegen das aufständische Böhmen zum Luxemburger

[88]) BDA V 10, fol. 14 b—16 a zum 30. März 1382 (Fotokopie) und ebd. fol. 20 b bis 21 b zum 4. Dez. 1388 (Fotokopie).

[89]) BDA V 10, fol. 22 a—23 a zum 13. April 1395 (Fotokopie).

[90]) BDA V 10, fol. 23 a—24 b zum 24. Juni 1396 (Fotokopie); die Scholtisei blieb vom Verkauf ausgeschlossen und wurde erst 1687 erworben.

[91]) BDA V 10, fol. 24 b—26 a zum 16. Nov. 1398 (Fotokopie). Im selben Jahre erhielt das Kloster von Dietrich von Haugwitz übrigens auch einen Jahreszins im Dorfe „Frawbruck" (Compendium fol. 8 a).

[92]) Synopsis S. 3; das Compendium (fol. 8 a) berichtet davon zum Jahre 1397, die Hist. brevis (§ 19) zum Jahre 1406. Vgl. ferner M. F. Stosch, Genealogia des Hoch-Gräflich-, Freyherrlich- und Hoch-Adelichen Geschlechts derer von Stosch. Breslau-Leipzig 1736, S. 45 und Sommersberg I. S. 130 und 170 zum 14. Juni 1406.

[93]) Pfitzner S. 138 und Zimmermann IV S. 169. Ein urkundlicher Nachweis fehlt, war auch 1722 nicht mehr vorhanden.

[94]) Der Kauf des letzten Anteils, des Gutes Pawelwitz, erfolgte am 24. Aug. 1397 (BDA V 10, fol. 51 b—52 b, Fotokopie).

[95]) BDA V 10, fol. 16 a—17 a zum 4. Okt. 1406 (Fotokopie).

[96]) BDA V 10, fol. 77 b—79 b zum 6. Dez. 1419 (Fotokopie).

[97]) BDA V 10, fol. 80 a—81 a zum 30. Nov. 1421 (Fotokopie).

Sigismund hielt und unter den Schlägen der hussitischen Volksheere verblutete[98]. 1428 unternahmen die Böhmen den ersten Rachezug, der das Land zwischen Oder und Sudeten so grausam traf, daß das Entsetzen vor der Wut des Angreifers jeden Widerstand lähmte. Im März dieses Jahres brachen die Taboriten in das Fürstentum Troppau ein, durchzogen brandschatzend und plündernd den Süden des Herzogtums Oppeln und das Neisser Bischofsland und vereinigten sich an der Grenze des Weichbildes Münsterberg mit einem Heerhaufen, der durch die Grafschaft Glatz einfiel. Binnen weniger Wochen standen Dörfer und Städte in Flammen, und in panischer Angst flüchtete die Landbevölkerung nach Breslau, Schweidnitz und Neisse. Da die schlesischen Streitkräfte nur schwache Gegenwehr leisteten, drohte dem Münsterberger Lande die Vernichtung. Um in der Not zu retten, was zu retten war, schloß Herzog Johann von Münsterberg einen Waffenstillstand und gewährte den Hussiten freien Durchzug[99]. Der Vertrag, der am 22. März 1428 im Feldlager vor Patschkau unterzeichnet wurde, brachte Hilfe im letzten Augenblick, denn schon am 19. März, als die Böhmen noch vor Neisse lagen und die weitere Entwicklung nicht abzusehen war, floh der Heinrichauer Konvent nach Breslau. Dem Waffenstillstand verdankten die Zisterzienser, daß sie ihr Kloster unversehrt fanden, als sie am 21. Juni aus dem Exil zurückkehrten[100].

Aber schon zu Beginn des folgenden Jahres traf die Zisterze an der Ohle dasselbe Geschick, dem im Frühjahr 1428 Kamenz erlegen war. Im Dezember 1428 fiel eine hussitische Streifschar aus dem Bezirk Königgrätz in das Glatzer Land ein und verschanzte sich in einer Wagenburg am Roten Berg bei Alt-Wilmsdorf. Herzog Johann von Münsterberg rief die Streitkräfte seines Ländchens und des Fürstentums Schweidnitz auf und zog den Böhmen entgegen. Am 27. Dezember kam es zum Kampf, in dem die Hussiten die schlesischen Ritter in die Flucht jagten und der Herzog sein Leben verlor[101]. Da der Fürst keinen Erben hatte, fiel Münsterberg an den König, der sich aber um das Schicksal des Landes nicht kümmern konnte. So wurde die Niederlage von Alt-Wilmsdorf dem verwaisten Fürstentum zum Verhängnis. Schon am Tage nach der unglücklichen Schlacht flohen Abt und Konvent von Heinrichau nach Breslau[102]. Mitte Januar 1429 drangen die Böhmen in Schlesien ein und fanden keine Gegenwehr. Am 22. Januar erschienen sie vor Heinrichau, töteten die Mönche Johann Twinger und Franziskus, plünderten die Zisterze aus, zerschlugen die Tumba Bolkos II. und seiner Gemahlin, steckten das Kloster in Brand und zerstörten die Grangien Reuental, Moschwitz, Tarnau und Reumen und die Zinsdörfer Wiesenthal, Krelkau, Frömsdorf und Schönwalde. Einen Monat später kehrten die Mönche zurück „ad monasterium istud conbustum et desolatum — in das vollständig verbrannte Kloster“[103].

[98]) Zur Darstellung der Hussitenkriege vgl. R. Friedenthal, Ketzer und Rebell. Jan Hus und das Jahrhundert der Revolutionskriege. München 1972.

[99]) Script. 6. 1871, S. 59.

[100]) Nekrolog zum 21. Juni, S. 304 und 286.

[101]) Script. 6. 1871, S. 156 und Nekrolog zum 27. Dez. (S. 304).

[102]) Nekrolog zum 28. Dez. (S. 304).

[103]) Nekrolog S. 304 f.

Im April 1430 holten die Böhmen zum dritten Schlag gegen Mittelschlesien aus, um feste Stützpunkte zu gewinnen und das Land unter ihre Kontrolle zu bringen. Am 23. April 1430, am selben Tage, als die Taboriten Nimptsch eroberten, flüchtete der Konvent von Heinrichau und ging für 5 Jahre ins Exil[104]. Seitdem durchstreiften die Besatzungen der böhmischen Zwingburgen Nimptsch, Ottmachau und Zobten, Mittelschlesien, plünderten Dörfer und Kleinstädte und ließen die Bevölkerung nicht zur Ruhe kommen. 1430 lag auch in Münsterberg eine hussitische Mannschaft, die das Fürstentum und das Territorium des nahen Klosters beherrschte und die Bewohner der Weichbilder Grottkau und Neisse in Schrecken versetzte. Erst am 8. September 1430 gelang es den Söldnern von Neisse und Breslau, die Stadt zurückzuerobern und die Burg zu zerstören[105].

Die rücksichtslose Kriegsführung der Hussiten traf besonders die ländliche Bevölkerung. Die Streifscharen der Böhmen kontrollierten das Vorgebirgsland, überfielen die offenen Dörfer, raubten die Ernte und das Vieh, so daß es sich nicht lohnte, die Felder zu bestellen und das Getreide einzubringen. Zinsen, Naturallieferungen und Zehnten wurden nicht mehr entrichtet, denn die Untertanen waren kaum in der Lage, das Lebensnotwendige zur Erhaltung der eigenen Existenz aufzubringen. Da ein Ende des Krieges nicht abzusehen war, machten manche Adlige, Bauern und Gärtner gemeinsame Sache mit den Hussiten[106]. Erst zu Beginn des Jahres 1435 einigten sich die kriegführenden Parteien. Die Böhmen räumten die schlesischen Stützpunkte und zogen sich über das Gebirge zurück. Am 6. Januar 1435 übernahmen bischöfliche Truppen die Burg Ottmachau, und am 16. Januar kehrten Abt und Konvent nach fünfjährigem Exil in das verwüstete Kloster Heinrichau zurück[107].

Der Vernichtungskrieg hatte das Kloster schwer getroffen. Güter und Zinsdörfer waren verbrannt, ausgeplündert und verlassen. Zum Wiederaufbau fehlten die Mittel, so daß die Mönche gezwungen waren, manche Ortschaft des Stiftslandes aufzugeben, die Höfe verfallen und die Äcker veröden zu lassen[108]. Ein Zehntprozeß des Strehlener Klarenklosters läßt erkennen, daß die Ländereien in der Umgebung des Stifts noch lange nach dem Krieg dürftig bebaut waren und die Bewohner ihren Verpflichtungen nicht nachkommen konnten[109]. Die allgemeine Not stürzte die Zisterzienser in Armut, so daß der Aufbau der zerstörten Gebäude die eigenen Kräfte überstieg. Mitteilungen des späten

---

[104]) Nekrolog S. 305. Die Mönche lebten in diesem Jahre teils in Breslau, teils in Neisse.

[105]) Script. 6. 1871, S. 161; vgl. auch Hartmann, S. 86.

[106]) Beispiele von Überläufern aus Heinrichauer Stiftsdörfern bietet Script. 6. 1871, S. 134 zum 29. Sept. 1433 und zum 5. Febr. 1436.

[107]) Nekrolog S. 305. Zum Dank für die Rückkehr in das Kloster stiftete Abt Nikolaus von Brieg am 16. Jan. 1435 7 Messen zu Ehren der 7 Freuden Mariens, die jeweils am 16. Januar gelesen werden sollten, und zwar die eine als feierliche Konventsmesse, die 6 anderen als Privatmessen. Abt Nicolas Boucherat von Cîteaux wandelte diese Stiftung bei der Visitation des Klosters am 14. Jan. 1616 in 7 gesungene Salve Regina um (Necr. Zirc).

[108]) Damals gingen die Höfe Bobolitz, Reuental und Jerichaw unter.

[109]) K. Eistert, Zur Geschichte des Strehlener Klarenklosters. In: Archiv 17. 1959, S. 81 f.

15. Jahrhunderts verraten, daß die erste Nachkriegsgeneration nur die schlimmsten Schäden beseitigte und daß sich die Wiederherstellung des Klosters mehr als ein Jahrhundert hinzog[110]. Der Aderlaß, den Mittelschlesien in diesem Kriege erlitt, wirkte sich auch auf den Nachwuchs des Ordens aus. Die Zahl der Ordensleute von Heinrichau ging wahrscheinlich genauso zurück wie in Kamenz, dessen Konvent bei der Visitation von 1463 weniger als 14 Mitglieder zählte[111].

Wenige Jahre nach dem Friedensschluß von 1435 brachen neue Unruhen aus. Nach dem Tode des letzten Münsterberger Piasten hatte nämlich Kaiser Sigismund das herrenlose Fürstentum der Schwester des gefallenen Herzogs, Prinzessin Euphemia, der Witwe des böhmischen Magnaten Friedrich von Oettingen, überlassen. Die verwandtschaftlichen Beziehungen der Piastin zum böhmischen Hochadel aber erfüllten die Schlesier mit Mißtrauen, so daß der Heinrichauer Abt die Fürstin beim Kaiser als Freundin der Ketzer verdächtigte. Die Prinzessin nahm furchtbare Rache. Sie ließ ihrem Vasallen Sigismund von Rachenau freie Hand, und als der Ritter am 23. September 1438 das Kloster überfiel, konnten die Mönche nur mit knapper Not ihr Leben retten. Sigismunds Söldner plünderten die Zisterze aus, verbrannten die Dächer der Abteikirche, schleppten die Einrichtung fort, beraubten die Fischteiche, zogen die Abgaben der Untertanen an sich und nisteten sich für ein halbes Jahr in Heinrichau ein. Da der Kaiser dem Kloster nicht helfen konnte und die schlesischen Stände hoffnungslos zerstritten waren, blieb dem Abt nichts anderes übrig, als bei der Prinzessin Abbitte zu leisten. Gegen Zahlung eines Lösegeldes, das die Zisterzienser aus dem Verkauf der Grangie Tarnau erhielten, gab Sigismund von Rachenau das Kloster wieder frei[112].

Der Friede dauerte nur wenige Monate. Noch im Jahre 1439 starb Herzogin Euphemia, und die Pfandschaft des Ländchens fiel an Hinko Kruschina von Lichtenburg. Der verwegene tschechische Edelmann, ein hochadliger Wegelagerer, der die Methoden des Faustrechts und Terrors spielend beherrschte, scharte die übelsten Raubgesellen der schlesischen und böhmischen Ritterschaft um sich, entfesselte angeblich zur Verteidigung des Rechts einen regelrechten Bandenkrieg, suchte Klerus und Städte mit Mord und Brand heim und hielt sich rücksichtlos an den Untertanen seiner Gegner schadlos. Da er außer Münsterberg auch das Weichbild Frankenstein und das Glatzer Land besaß, beherrschte er wichtige Handelsstraßen zwischen Breslau und Prag.

Den äußeren Anlaß der Fehde Hinkos mit dem Kloster kann man nur noch erahnen. Von den Burgen Frankenstein, Neuhaus, Tepliwoda, Rummelsberg, Deutsch-Jägel und Warkotsch unternahmen die Landesbeschädiger Streifzüge durch das Land und schonten dabei auch die Besitzungen der Zisterzienser nicht. Der Abt von Heinrichau berief daher die Stände des Fürstentums, die sich vom Pfandesherrn lossagten und den Edlen Friedrich Stosch von Kaunitz und Albrechtitz zum Landeshauptmann von Münsterberg erwähl-

---

110) Compendium fol. 9 b.
111) Vgl. Charta Visitationis. In: Pfotenhauer (CDS 10), Nr. 355.
112) Nekrolog S. 306; vgl. auch Geschichtsschreiber (Script. 12), S. 52 und Compendium fol. 9 a.

ten[113]. Aus Rache überfiel Hinko Kruschina am 28. Mai 1442 das Kloster. Abt und Konvent flüchteten im letzten Augenblick auf das Hochgewölbe der Kirche, während die Räuber die Abtei ausplünderten. Wenige Wochen später unterlag Hinko in einem blutigen Gefecht dem Aufgebot des neuen Hauptmanns[114]. Trotzdem ging der Krieg weiter, denn Kruschina verbündete sich mit Herzog Konrad d. Weißen von Oels, einem Bruder des Bischofs Konrad. Als die Bundestruppen die Burg auf dem Rummelsberge eroberten, nahmen die Landesbeschädiger in kühnem Handstreich die Festungen Ottmachau, Auras und Brieg, so daß die Fehde ganz Mittelschlesien erfaßte und der Handel fast vollständig erlag. Erst im September 1445 brachte die Stadt Breslau eine Einigung mit dem aufsässigen Adel zustande.

Zwei langjährige Kriege hatten das Kloster Heinrichau ausgezehrt, so daß Abt Nikolaus von Brieg keinen Ausweg mehr sah. Der Verkauf der Grangie Tarnau und von 8 Schuhbänken in Schweidnitz linderte nur die ärgste Not, und der Abt gab endlich auf und verzichtete auf das Amt, das er 34 Jahre „in summa paupertate, tribulatione et angustiis — in größter Armut, Not und Ängsten" verwaltet hatte und zog sich 1447 ins Privatleben zurück[115]. Sein Nachfolger Jakob (1447—53) verkaufte die beiden Häuser in Breslau, das Haus in Neisse und verschiedene Höfe, um das „vollständig zerstörte Kloster" wiederherzustellen[116]. Um dieselbe Zeit gaben die Zisterzienser auch das Zinsdorf Lenschütz bei Kosel mit Scholtisei und Kirchpatronat auf.

Abt Jakobs Nachfolger Nikolaus von Wiesenthal (1453—70?) und Johann IV. (1470—77) veräußerten die Mühle in Zadel[117], verpachteten 1454 das Bergwerk in Silberberg, verkauften 1464 dem Bischof 20 Mk. Zins von Bischwitz und Halbendorf bei Wansen[118] und gaben 1471 die Vogteimühle in Neisse auf[119]. Damit verlor Heinrichau binnen weniger Jahrzehnte drei städtische Niederlassungen, zwei auswärtige Mühlen,

---

113) Die Wahl erfolgte vor dem 18. Juli 1441 (Sommersberg I, S. 382). Obwohl Friedrich Stosch am 20. Juli 1442 den Pfandesherrn in einem Gefecht bei Münsterberg schlagen konnte, gelang es ihm nicht, der Landesbeschädiger Herr zu werden, so daß er am 4. April 1443 den Ständen die Hauptmannschaft zurückgab (die Abtretungsurkunde in deutscher Übersetzung bei F. M. Stosch, S. 9 f.).

114) Nekrolog S. 306; nach Sigismund Rosicz (Script. 12, S. 55) fand das Gefecht bei Münsterberg am 20. Juli 1442 statt.

115) Compendium fol. 9 a. Die 8 Bänke in Schweidnitz überließ der Abt dem Tochterkloster Grüssau.

116) Die Abtretung der Häuser erfolgte unter Vorbehalt des Rückkaufsrechts (Compendium fol. 9 b und Nekrolog zum 12. Nov., ungedruckter Eintrag).

117) Compendium fol. 9 b; der Käufer war Petrus Hertel, Schulze zu Heinersdorf.

118) Der Verkauf des Zinses erfolgte am 24. Jan. 1464 (W. Urban, Wykaz regestów, Nr. 1217, 1231, 1242 und 1248). Zum Verkauf des Silberberges vgl. K. Wutke, Schlesiens Bergbau und Hüttenwesen 1136—1528 (CDS 20). 1900, S. 80 zum 18. Mai 1454.

119) Der Verkauf der Neisser Vogteimühle erfolgte am 24. Mai 1471 „wegen der schweren Verhältnisse, in die das Kloster durch die böhmischen Häretiker geraten war" (W. Urban, Katalog S. 318, Nr. 1588). Der Käufer war der Neisser Bürger Andreas Lyncke. Den letzten Rest des klösterlichen Anteils an dieser wichtigen Mühle verkaufte Abt Johann V. am 15. März 1484 dem Bischof (W. Urban, Katalog S. 356, Nr. 1744).

ein großes Zinsdorf mit Patronatspfarrei, eine Grangie und wertvolle Jahreszinsen. Drei Wirtschaftshöfe — Moschwitz, Reuental und Reumen — und mehrere Zinsdörfer lagen in Trümmern, und da die Mittel zum Wiederaufbau fehlten, mußten die Zisterzienser die Ländereien verpachten und gegen Zins vergeben, so daß es ihnen nie mehr gelang, Reuental, Reumen, Neuhof, Jaworowitz, Willwitz und Rätsch in eigene Bewirtschaftung zu nehmen.

Unter normalen Umständen wäre es vielleicht möglich gewesen, das Kloster vor dem Ruin zu bewahren. Aber die Kriege der Hussiten und Landesbeschädiger und der Verfall der Ordenszentrale von Cîteaux trieben die Zisterze genauso wie Leubus und Kamenz an den Rand der Auflösung. Als Abt Johann von Altzella 1463 im Namen des Generalkapitels die schlesischen Klöster visitierte und der Abt von Pforte zur Rettung von Leubus thüringische Mönche nach Schlesien schickte, war Heinrichau ebenso reformbedürftig wie die anderen Zisterzen. Die Schuld am Verfall der Ordenszucht dieser Zeit trifft aber weniger den Orden, als die maßgebenden Politiker, die Schlesien in Verhältnisse stürzten, unter denen ein reguläres monastisches Leben in den Klöstern des flachen Landes unmöglich war.

Etwa zwei Jahrzehnte nach dem Frieden von 1445 kam es zum Krieg zwischen der schlesischen Liga und dem Königreich Böhmen, da sich die Schlesier weigerten, Georg Podiebrad als König anzuerkennen. Als der Papst den Monarchen zum Häretiker erklärte und das Abendland zum Glaubenskrieg aufrief, waren beide Seiten entschlossen, die Waffen entscheiden zu lassen. Zu dieser Zeit gehörten Münsterberg und Frankenstein dem König, und das kleine Fürstentum war für ihn ein wichtiger Brückenkopf im Kampf gegen die Liga. Um die Böhmen zu vertreiben, fielen daher die Breslauer im Mai 1467 in das mittelschlesische Vorgebirgsland ein, eroberten am 17. Mai Stadt und Burg Münsterberg[120], besetzten das Kloster Kamenz und belagerten Frankenstein, das am 28. Mai kapitulierte. Aber noch während der Übergabe der Festung rückte ein böhmisches Ersatzheer heran und trieb die Bundestruppen in die Stadt. Die Böhmen schlossen Frankenstein ein und eroberten Kamenz[121]. Trotz verzweifelter Gegenwehr mußten sich die schlesischen Truppen ergeben, und wenige Tage darauf erstürmten Georgs Söldner auch Münsterberg[122].

In den Sommermonaten 1467 zogen die böhmischen Besatzungen von Frankenstein und Münsterberg ungehindert durch Mittelschlesien und plünderten und brandschatzten die Dörfer des flachen Landes. Ein Vorstoß der Breslauer am 21. Juli 1467 gegen Münsterberg scheiterte am Widerstand der Böhmen[123]. Erst im Oktober 1467 rafften

---

120) Hartmann S. 95 und Eschenloer (Script. 7), S. 131.

121) Diesen Überfall schildert ein zeitgenössisches Gedicht, dessen Sprache und Versmaß beispielhaft dokumentieren, in welchem Maße in dieser turbulenten Zeit die literarische Kunst verfiel (Mon. Lub. S. 32 f.).

122) Die Stadt fiel zwischen dem 6. und 20. Juni 1467 (Hartmann S. 96 f.).

123) Eschenloer (Script. 7), S. 139 ff., und Geschichtsschreiber (Script. 12), S. 83.

sich die Verbündeten wieder auf, der Landplage ein Ende zu setzen; aber da sie es nicht wagten, die Burgen des Königs anzugreifen, begnügten sie sich, die Bevölkerung des Fürstentums Münsterberg auszuplündern. Die Einfälle der Schlesier trafen auch die Zisterzen Heinrichau und Kamenz, und unter dem Eindruck dieser Unternehmungen schrieb der Breslauer Stadtschreiber Peter Eschenloer: „claustra Camencz, Heinrichow ultra mille ducatus dederunt episcopo et nihilominus funditus desolata fuere — die Klöster Kamenz und Heinrichau zahlten dem Bischof mehr als 1000 Dukaten und wurden trotzdem völlig verwüstet“[124].

1468 gewann die römische Kurie den 25jährigen Ungarnkönig Matthias Hunyadi (Corvinus) für den Krieg gegen den Podiebrad, und jetzt boten auch die Schlesier eine neue Streitmacht auf und zogen Anfang Juli 1468 mit einem Kreuzheer, in dem Studenten, Bakkalauren, Magister und Priester aus aller Herren Länder kämpften, vor Münsterberg, dessen Besatzung die Burg niederbrannte und sich nach Glatz zurückzog. Am 8. Juli besetzten die Bundestruppen die Stadt, rissen die Mauern der Burg nieder und befestigten die hochgelegene Pfarrkirche[125]. Im August mußte sich auch Frankenstein ergeben. Aber trotz der Niederlagen zogen Georgs Söldner 1469 und 1470 von Glatz aus durch Mittelschlesien und verheerten besonders das Grenzland[126]. „Aliquociens eciam“, schrieb Eschenloer, „in episcopatum ex Glacz irruerunt et eciam abbatem in Heinrichow funditus depredarunt — manchmal fielen sie von Glatz aus sogar in das Bischofsland ein, und auch das Kloster Heinrichau plünderten sie vollständig aus“[127]. Erst der Winter, der Anfang Dezember 1469 mit grausamer Kälte hereinbrach, setzte den militärischen Unternehmungen ein Ende. Der ländlichen Bevölkerung, deren Höfe und Häuser vernichtet waren, brachte er unbeschreibliches Elend; Tausende von Menschen fielen dem Frost und Hunger zum Opfer[128]. Als Georg Podiebrad am 22. März 1471 starb, ging

---

[124]) Eschenloer (Script. 7), S. 140 f. zum Monat Oktober 1467.

[125]) Eschenloer (Script. 7), S. 181. In den folgenden Monaten erbauten die bischöflichen Söldner den abseits der Pfarrkirche stehenden festen Glockenturm (Hartmann S. 98).

[126]) Von Juli bis November 1469 durchstreiften die Reiter des Herzogs Heinrich d. Ä. von Glatz aus die Gebiete im südlichen Mittelschlesien, während die Schlesier die Weichbilder Troppau, Frankenstein und Münsterberg plünderten. Eschenloer (Script. 7, S. 217) berichtet darüber: „certe hucusque Wratislavienses et adjuncti eis solum bonos catholicos sub haereticis necessitate morantes destruxerunt, videlicet in Glacz, Franckenstein, Monsterberg, Tropaw, hereticis salvis permansis. O flebile dictu, ut catholicus catholicum destruere videtur et sub hac heretici roborem sumentes!“

[127]) Der Überfall auf das Kloster erfolgte nach dem 9. Juli 1469 (F. Volkmar und W. Hohaus, Geschichtsquellen der Grafschaft Glatz. Bd. 2. Habelschwerdt 1884, S. 316; Eschenloer, Script. 7, S. 210).

[128]) Eschenloer (Script. 7, S. 220) berichtet über diesen Winter: „Maximum frigus fuit et inclemencia temporis in mensibus Decembris januariique. O quot milia puerorum, mulierumque et virorum frigore perierunt in destructis et incineratis villis et oppidis, maxime in Moravia et Glacz Monsterberg et Franckenstein terris, ubi multi fame perierunt et superstites nunc frigore moriuntur!“ — Unter dem Eindruck dieses Elends rüttelte am 5. Febr. 1470 ein Prediger seine Zuhörer in der Breslauer Stadtkirche St. Elisabeth mit den Worten auf: „O ihr Breslauer, wenn ihr die Worte Christi befolgt hättet, so hättet ihr nicht so viele gute Christen in den Landen

der Krieg weiter, da sich jetzt auch der König von Polen gegen Matthias Hunyadi wandte und ein polnisches Heer raubend und brennend durch Schlesien zog. In dieser Zeit verschied „inter aerumnas maximas et in egestate — in größter Trübsal und Not" der Heinrichauer Abt Nikolaus von Wiesenthal[129]. Erst unter seinem Nachfolger fand der Krieg durch den Vertrag von Brünn am 28. März 1478 sein Ende[130].

Aber schon zehn Jahre danach brachen die Feindseligkeiten von neuem aus. Denn 1487 brachte der Sohn Georg Podiebrads, Herzog Heinrich d. Ä. von Münsterberg, eine Koalition unzufriedener schlesischer Fürsten gegen den Ungarnkönig zustande und führte böhmische Söldner von Glatz über Frankenstein nach Niederschlesien, um Matthias das Fürstentum Glogau zu nehmen. Der Angriff der Böhmen scheiterte, und im Gegenstoß fielen die Ungarn im Spätherbst 1488 in das Fürstentum Münsterberg ein. Hauptmann Janos Trnka führte die berüchtigte Schar ungarischer Reiter herbei, die die schlesischen Besitzungen des Podiebrad überfielen und brandschatzten. Im Januar 1489 eroberten sie Münsterberg und Frankenstein und vertrieben Heinrich d. Ä. aus Schlesien. Zwei Jahre später starb am 6. April 1490 Matthias Hunyadi, und Herzog Heinrich kehrte zurück und bewog die schlesischen Stände, den böhmischen Jagiellonen Wladislaus anzuerkennen und sich wieder dem Mutterlande anzuschließen. Der König belohnte den Podiebrad fürstlich, gab ihm Münsterberg und Frankenstein zurück und überließ ihm 1495 auch die Fürstentümer Oels und Wohlau mit den Klöstern Leubus und Trebnitz.

Wenn sich bei der Schilderung dieser unruhigen Zeit die allgemeine politische und militärische Entwicklung in den Vordergrund drängt, so liegt das daran, daß uns die klösterlichen Quellen im Stich lassen. Gelegentliche Mitteilungen des Nekrologs und des Breslauer Stadtschreibers Peter Eschenloer, einige Notizen in den Annalen des Sigismund

---

Frankenstein, Glatz, Troppau, Böhmen und Zittau zugrunde gerichtet! Das Unkraut wolltet ihr ausrotten, und dabei habt ihr den Weizen ausgerissen, ... und euch am Auftrag Christi versündigt! Verflucht seien, die euch dazu verführt haben!" (E s c h e n l o e r , Script. 7, S. 22.)

[129]) Hist. brevis § 22, wo sein Tod ins Jahr 1460 verlegt wird, obwohl er nachweislich noch 1467 amtierte.

[130]) Es wäre ungerecht, das Unheil des Glaubenskrieges dem Papst Paul II. und der Kirche zur Last zu legen. Die Korrespondenz des Breslauer Domherrn Hanko Faber, der als Gesandter der Stadt die Verurteilung des böhmischen Königs bei der römischen Kurie betrieb, verrät deutlich, wie sehr dem Rat von Breslau an einem Kreuzzug gegen den Podiebrad gelegen war. Die Stadt schonte weder finanzielle noch propagandistische Mittel, um einen allgemeinen Krieg zu entfachen. Auf der anderen Seite aber begegnen uns in den Quellen dieser Zeit führende Männer der Hierarchie, die sich bemühten, an die Vernunft der Politiker zu appellieren und einen Krieg zu vermeiden. Ein Beispiel dafür bietet die Rede, die der Breslauer Bischof Jodokus von Rosenberg am 2. März 1466 vor Ausbruch des Krieges vor den Breslauer Ratsherren hielt, um ihr Gewissen aufzurütteln und vielleicht noch in letzter Minute das Unheil zu verhindern. Die Rede des Bischofs, der zwar persönlich böhmischer Patriot, aber ein treuer Katholik war (in deutscher Übersetzung auszügl. gedr. bei J. S c h n e i d e r , Geschichte der Stadt Patschkau. Neisse 1843, S. 109 f.), ferner die erwähnte Predigt eines schlesischen Geistlichen in der Breslauer Elisabethkirche (Anm. 128) und der berühmte Brief Georgs an die abendländischen Fürsten, den sein Kanzler, der Kleriker Gregor von Heimburg, verfaßte (M a r k g r a f , Script. 9, S. 203 ff), sind erschütternde Dokumente dafür, wie sehr sich der katholische Klerus dieser Zeit in einem von ideologischen Gegensätzen beherrschten Kampf um die Erkenntnis der Wahrheit bemühte.

Rosicz, vereinzelte Andeutungen der Urkunden des 15. Jahrhunderts und dürftige Hinweise in den Akten des Generalkapitels von Cîteaux — das ist alles, was über die Schicksale von Heinrichau Aufschluß gibt. Im Kloster selbst hat es in dieser Zeit eine eigene historische Tradition nicht gegeben, denn als die Mönche nach dem Tode Georg Podiebrads zurückkehrten, mußten sie alle Kraft zur Sicherung der nackten Existenz und zum Wiederaufbau der Gebäude einsetzen, so daß sie nicht daran denken konnten, die Ereignisse dieser Jahrzehnte für die Nachwelt aufzuzeichnen. Selbst die Liste der Äbte, die sich von der Gründung des Klosters bis 1460 ziemlich genau rekonstruieren läßt, ist für die Jahre 1460—72 ungesichert. Die zisterziensischen Chronisten des späten 17. Jahrhunderts haben diesen Mangel erkannt und in dieser Zeit Ulrich und Lambert eingeschoben, wobei sie zugaben, daß von den beiden Äbten nur Namen und Todestag bekannt waren. Tatsächlich gehört aber Lambert ins 13. Jahrhundert, und von der Existenz des Abtes Ulrich berichtet ein Eintrag des Nekrologs, der von einer Hand des frühen 14. Jahrhunderts stammt. Dagegen war Nikolaus von Wiesenthal, von dem der Verfasser des „Compendium“ sagt, daß er 1460 starb, noch 1467 am Leben[131]. Im selben Jahre brach der Krieg gegen Böhmen aus, in dessen Verlauf die Zisterzienser Heinrichau für längere Zeit aufgeben mußten, und da sie ihre städtischen Niederlassungen in Breslau und Neisse schon um 1450 verkauft hatten, löste sich der Konvent auf, und die Mönche zerstreuten sich 1467—72 und 1488—89 in alle Winde. Nach den Einträgen des Nekrologs starben damals mehrere Ordensleute in Würben bei Schweidnitz, einer Grangie des Tochterklosters Grüssau[132], andere in Neisse und in Rom[133]. Irgendwo im Exil wird auch Abt Nikolaus von Wiesenthal verstorben sein, dessen Amtsdauer den späteren Chronisten unbekannt war, da der vertriebene Konvent das Todesjahr nicht aufschrieb. Eine Neuwahl war erst nach der Rückkehr der Mönche möglich, die sich bald nach dem Tode Georg Podiebrads in Heinrichau einfanden, denn schon am 4. Juli 1471 verkaufte der neue Abt Johann IV. dem Balzer Stercz das Gut Schreibersdorf bei Schönwalde und einen Teil von Raschdorf[134]. Derselbe Abt überließ das steinerne Haus des Klosters in Münsterberg gegen den Willen des Konvents seinen beiden Brüdern[135]. Von seinen Nachfolgern Martin II. und Johann V. weiß die Heinrichauer Überlieferung kaum mehr als die Namen und Todesdaten, und selbst diese erscheinen fragwürdig, wenn man die Mitteilungen der Urkunden berücksichtigt; denn schon im September 1482, als

[131]) Compendium fol. 9 b: „annus obitus ignoratur, putatur 1460“. Daraus machte der Verfasser der Hist. brevis (§ 22): „Moritur ... 7 anno regiminis sui 1460, die 30. Novemb.“ Daß aber der Abt noch 1467 lebte, beweist ein Eintrag des Signaturbuches (fol. 82 b).

[132]) Nekrolog S. 302 zum 30. November.

[133]) Nekrolog S. 291 zum 22. Juni und S. 299 zum 31. Okt.

[134]) BDA V B 6 e (Fotokopie).

[135]) Compendium fol. 10 a: „Fecit legatum et donativum — quo jure non disputo — fratribus suis germanis Johanni et Thome, possidendi domum lateritiam ad Monasterium spectantem, penes Parochiam in Mönsterberg.“

noch Martin II. amtiert haben soll, verkaufte Johann V. eine Hufe „bey den vier Hofen" (Vierhöfe) in der Feldmark von Bernsdorf[136].

Angesichts der wirtschaftlichen Schwierigkeiten des Klosters verzichtete Johann V. 1490 auf sein Amt, und der Konvent erwählte Antonius zum Nachfolger. Zu dieser Zeit lagen die Klostergebäude immer noch in Ruinen. Alle Hoffnungen, die man auf den Verkauf von Gütern gesetzt hatte, waren gescheitert. Erst unter dem neuen Abt zeigten sich Anzeichen einer Gesundung. 1498 erhielt Heinrichau von den Münsterberger Fürsten das Recht des Brauurbars für den Stiftskretscham[137], und 1501 verschafften die Herzöge dem Abt das Pontifikalrecht[138]. Offenbar wurde jetzt auch der Wiederaufbau der Klosterkirche abgeschlossen, denn 1506 stellte Abt Urban die zerstörte Kreuzkapelle der Czamborii von Schildberg und die Grabeskapelle wieder her. Um Mittel für die Baumaßnahmen zu beschaffen, verkaufte Abt Antonius 1493 die Wälder auf dem Eulengebirge an die Pogarell von Lampersdorf[139].

Unter Abt Vinzenz von Strehlen (1510—54) konnte Heinrichau auch den disziplinären Verfall überwinden. Aus den ersten Jahren dieses Abtes stammt die älteste Charta Caritatis, die Abt Andreas Hoffmann von Leubus bei der Visitation 1513 ausfertigte und die Abt Petrus Chemnitz von Pforte bei der Visitation 1518 bestätigte[140]. Im Jahre 1519 erhielt Vinzenz von König Ludwig von Ungarn und Böhmen das Mutungsrecht der klösterlichen Güter[141] und nahm auf dem Territorium von Schönwalde den Silberbergbau wieder auf. Da um dieselbe Zeit Herzog Karl I. von Münsterberg unmittelbar neben dem Bergwerk des Stifts das Bergstädtchen Silberberg begründete, blühte das Unternehmen rasch auf, und der Gewinn, den es brachte, trug zur wirtschaftlichen Erholung des Klosters bei. 1528 erkaufte Abt Vinzenz die Freiheit von Zinsen, Naturalleistungen und Fuhren für das herzogliche Schloß in Münsterberg und löste auch die Beherbergungspflicht ab[142]. Im selben Jahr erwarb er die Güter Groß- und Klein-Dobrischau, Kayn, Glericke und Kraßwitz am Rummelsberge und legte den Grundstein für die spätere Erweiterung des Stiftslandes nach Nordosten[143].

136) BDA V B 6 a (Fotokopie).

137) BDA V 10, fol. 94 b—96 a vom 15. Juli 1498 (Fotokopie).

138) Nekrolog S. 306 f.; Synopsis X zu „1501 VI idus Julii Petri legati apostol. sed." (10. Juli 1501).

139) BDA V 8, Nr. 55 vom 25. Juli 1493 (Fotokopie). Danach erfolgte der Verkauf des Waldes „vmb besserung willen des closters" an die Gebrüder Georg, Sigismund und Johann Pogarell zu Lampersdorf (vgl. auch Necr. Zirc). Nach der Denkschrift des Friedrich Staphylus von 1554—56 handelte es sich nur um eine Verpfändung „für eine ungerechte Summe Geldes" (H. Tüchle, Erste Versuche der katholischen Wiedererneuerung in Schlesien. Eine Denkschrift des Friedrich Staphylus. In: Reformata Reformanda. Festgabe für H. Jedin. Bd. 2. Münster 1965, S. 129).

140) BDA V B 6 e „Statuta antiqua Monasterii Henrichoviensis" (Fotokopie).

141) BDA V 10, fol. 31 a—b vom 19. Juni 1519 (Fotokopie).

142) BDA V 10, fol. 89 b—90 b vom 8. Mai 1528 (Fotokopie). Der Herzog erhielt für dieses Privileg alte Pfandbriefe im Werte von mehr als 4000 fl.

143) BDA V 10, fol. 28 a—29 b, Freitag vor Fastnacht (Fotokopie). Der Abt ließ jetzt die hölzerne Kirche in Dobrischau abbrechen und ein steinernes Gotteshaus errichten (Hist. brevis § 30).

Der wirtschaftliche Aufstieg war zugleich von einer Rückbesinnung auf die Wesensziele monastischen Lebens begleitet, die in den Kriegen des 15. Jahrhunderts ihren Glanz verloren hatten. Wenn man die erwähnten Visitationsakten von 1513 und 1518 betrachtet, muß man den Orden dieser Zeit bewundern, der noch die Kraft besaß, das Kloster aus dem tiefen Verfall zu erretten, in den es das Versagen der staatlichen Gewalten des späten Mittelalters gestürzt hatte. Nach dem schweren Schicksal, das Heinrichau 1427—89 erlitt, erscheinen die disziplinären Schwächen, die die Visitatoren rügen mußten, nur geringfügig; und wenn man bedenkt, daß das Kloster kaum drei Jahrzehnte zuvor noch am Rande des Abgrundes stand, so ist man geradezu überrascht zu sehen, mit welcher Konsequenz die visitierenden Äbte an der Klausur der Mönche festhielten, auf dem Verbot privaten Eigentums beharrten und nicht den geringsten Kompromiß duldeten, wo es um die Wahrung monastischer Zucht ging[144]. Die Strenge, mit der die Visitatoren auf der Einhaltung der klösterlichen Disziplin bestanden, ließ daher erwarten, daß die Zisterzienser auch die letzten Folgen der unheilvollen Vergangenheit bald überwinden würden. Doch die geschichtliche Entwicklung des Landes machte diese Hoffnungen zunichte.

4. Die Zeit der Reformation und Gegenreformation (1536—1680)

Am 21. Mai 1536 starb Herzog Karl I. von Münsterberg, ein Enkel des Königs Georg Podiebrad und Vetter des brandenburgischen Kurfürsten Joachim I. († 1535) und des Erzbischofs Albrecht von Mainz und Magdeburg († 1545). Der schlesische Fürst hatte bis zu seinem Tode am katholischen Glauben festgehalten, auch dann noch, als die benachbarten Lande Schweidnitz-Jauer, die Stadt Breslau und Friedrich II. von Liegnitz längst zur lutherischen Lehre übergetreten waren. Die katholische Überzeugung hinderte ihn aber nicht, die Erziehung seiner Söhne dem Dr. Johann Heß, einem eifrigen Verfechter der Neuerung, anzuvertrauen.

Nach dem Tode des Herzogs übernahmen seine Söhne Joachim († 1562), Heinrich II. († 1548) und Johann († 1556) die Regierung von Münsterberg und Oels. Joachim war seit 1531 Domdechant von Breslau und Dompropst von Glogau, seit 1532 Prior der Malteser in Böhmen, Polen und Schlesien und wurde 1545 durch seinen brandenburgischen Vetter Koadjutor von Brandenburg und Havelberg und 1547 Bischof von Brandenburg, das er 1560 durch seine Resignation dem Kurfürsten abtrat. Die Verwaltung kirchlicher Ämter besagt aber in jener Zeit nichts über die persönliche Einstellung eines Amtsträgers zur Kirche. Joachim und seine Brüder bekannten sich nach dem Tode des

[144]) Nach Bekanntwerden dieser Visitationsakten des BDA bedarf die Darstellung des Verfassers in dem Beitrag „Die monastische Disziplin der schlesischen Zisterzienser vor Anbruch der Reformation". In: Cîteaux 24. 1973, S. 209 bis 249, wenigstens für die letzten Jahrzehnte vor der Glaubensspaltung mancher Korrekturen.

Vaters bald öffentlich zur lutherischen Lehre. Wenige Wochen nach dem Regierungswechsel verpflichteten sie den Seelsorgeklerus ihrer Länder zur augsburgischen Konfession und befahlen den Pfarrern, sich an die Kirchenordnung zu halten, die nach dem Vorbild der mecklenburgischen Instruktionen entstand[145]. Gottesdienst, Sakramentenspendung und viele Formen des katholischen Ritus blieben erhalten, so daß sich für die ungebildete Bevölkerung äußerlich wenig änderte. Die Neuerung beschränkte sich im wesentlichen darauf, daß man den Papst nicht mehr als Oberhaupt der Kirche anerkannte und den Kontakt mit den Diözesanbehörden aufgab, daß sich die Geistlichen verheirateten und Mönche und Nonnen die Klöster verließen. So lautlos drang die Reformation auf dem flachen Lande ein, daß ein Pfarrer des Kamenzer Stiftslandes noch 5 Jahrzehnte nach der Einführung der lutherischen Lehre keinen Anstoß nahm, sich bei sakramentalen Funktionen vom protestantischen Prediger von Reichenstein vertreten zu lassen[146].

Die Protestantisierung des Fürstentums brachte die Klöster Heinrichau und Kamenz in eine schwierige Lage. Das Stift an der Ohle befand sich zwar in geordneten wirtschaftlichen Verhältnissen, aber der Konfessionswechsel weiter Teile Mittelschlesiens ließ den zisterziensischen Nachwuchs fast vollständig versiegen. Man kann annehmen, daß der Konvent beim Tode Herzog Karls I. kaum mehr als 20—25 Mitglieder zählte. Im Laufe der nächsten Jahre haben aber anscheinend viele Ordensleute das Kloster verlassen, so daß Heinrichau schon 1539 nicht mehr in der Lage war, das vorgeschriebene Officium divinum und die Verpflichtungen frommer Stiftungen zu erfüllen[147]. Da das Kloster damit der Aufgabe untreu wurde, die ihm in der Meinung der Öffentlichkeit zukam, faßten die Herzöge den Plan, die Abtei zu säkularisieren. Dazu brauchten sie die Zustimmung des Abtes. Vinzenz war aber nicht bereit, sein Gelübde zu brechen, so daß ihn

145) G. Zimmermann, Das Breslauer Domkapitel im Zeitalter der Reformation und Gegenreformation (1500—1600). (Histor.— diplomat. Forschungen, Bd. 2). Weimar 1938, S. 316—318. — Der reformatorische Eifer der Söhne Karls I. läßt sich verstehen, wenn man nicht nur ihre Erziehung, sondern auch ihre verwandtschaftlichen Beziehungen berücksichtigt. Heinrich II., der 1519—21 ein Kanonikat im Breslauer Domkapitel besaß, heiratete im Nov. 1537 Prinzessin Margaretha, die Tochter Heinrichs d. Fredemakers von Mecklenburg-Schwerin († 1552), dessen zweite Tochter Katharina zugleich mit Friedrich III. von Liegnitz vermählt wurde. Heinrich von Mecklenburg hatte die protestantische Lehre in seinem Fürstentum schon sehr früh eingeführt, und auch sein Sohn Magnus III. (seit 1526 Bischof von Schwerin), trat 1533 zum Luthertum über. In Brandenburg, der Neumark und dem Lande Küstrin setzten nach dem Tode des Kurfürsten Joachim I. seine Söhne Joachim II. Hektor (1535—71) und Johann von Küstrin (1535—71), die Vettern der Podiebrade, das augsburgische Bekenntnis durch; und schließlich waren Friedrich III. von Liegnitz und Georg d. Fromme von Ansbach, Herzog von Jägersdorf, die beiden schlesischen Schwager der Podiebrade, ebenfalls eifrige Anhänger der protestantischen Lehre.

146) P. Knauer, Die Entstehungszeit des Marienwallfahrtsortes Wartha i. Schl. Eine quellenkritische Untersuchung. In: ZVGS 51. 1917, S. 164 ff.; Ders. Klosterleben und Klosterreform der schlesischen Zisterzienser in der Zeit der Reformation und Gegenreformation. In: Archiv 4. 1939, S. 243.

147) In einer Denkschrift des Friedrich Staphylus, die sich unter dem Titel „Domini Abbatis Henrichoviensis negotium“ in der schwäbischen Abtei Ottobeuren erhalten hat, wird berichtet, daß vor der Ankunft der kölnischen Mönche „kaum noch zwei Brüder“ in Heinrichau lebten und daß man das Officium divinum zeitweilig ganz aufgegeben hatte (H. Tüchle, S. 128 f.).

die Fürsten in den Kerker warfen und mit dem Prior von Heinrichau ein intrigantes Komplott schmiedeten. Gegen das Versprechen, ihm und der Frau, die er heiraten würde, eine lebenslängliche Pension zu gewähren, war Prior Grop bereit, das Stift — sobald er selbst Abt geworden — den Landesherren auszuliefern. Durch einen glücklichen Zufall gelang es dem gefangenen Abt, König Ferdinand I. von den Vorgängen in Kenntnis zu setzen, und der König unterstellte das Kloster dem Schutz der Krone, befahl den Fürsten, den Abt freizulassen und untersagte ihnen alle Repressalien gegen die Zisterzienser[148].

Die Intervention des Oberlehnsherrn brachte dem Stift Rettung in größter Not. Doch war damit das Dilemma, in dem es sich befand, nicht überwunden, so daß sich Abt Vinzenz entschloß, Heinrichau zu verlassen und nach Neisse abzuwandern. Aber auch diesen Plan verwarf er wieder, als er erfuhr, daß die Herzöge den Abzug der Ordensleute als Verzicht werten und das Stift säkularisieren würden. So nahm der Abt 1541 eine große Zahl jugendlicher Sängerknaben auf, die gegen freie Kost und Logis das Officium divinum sangen und den Vorwurf der Fürsten, daß die Zisterzienser ihre religiösen Verpflichtungen vernachlässigten, formell widerlegten[149].

Bei der Sorge um den dringend benötigten Nachwuchs kam dem Abt, der sich in Briefen an die Äbte benachbarter Länder wandte und sie bat, seinem Kloster Nachwuchs zu schicken, ein seltener Zufall zu Hilfe. Wahrscheinlich kurz vor 1553 pochten Zisterzienser der säkularisierten magdeburgischen Abtei Zinna an der Pforte von Heinrichau an, und im Oktober 1553 kamen weitere Ordensleute, die aus den großpolnischen Klöstern Wongrowitz, Lond und Obra flüchten mußten. Der greise Abt nahm die Fremden, die zumeist aus Köln stammten, mit Freuden auf, gab ihnen alle monastischen Rechte und ernannte ihren Sprecher Andreas Swederi aus Köln, den bisherigen Prior von Lond, zum Prior von Heinrichau[150]. Der kühne Entschluß bewahrte das Stift an der Ohle vor einem bitteren Geschick. Kaum 10 Wochen nach der Ankunft der Flüchtlinge starb Vinzenz, und der Konvent, in dem die Rheinländer die Mehrheit stellten, berief Andreas Swederi zum Nachfolger. Damit begann eine 25jährige Epoche, in der die Entwicklung des Klosters Heinrichau von kölnischen Ordensleuten bestimmt wurde.

Andreas von Köln (1554—77) wandte seine erste Sorge der Reform des Konvents zu, den das Schicksal so willkürlich zusammengewürfelt hatte. Er stellte die seit dem Hussi-

---

148) Brief des Domherrn Johann Cochlaeus an Bischof Matteo Giberti von Verona vom 31. Jan. 1540 (ZVGS 12. 1874, S. 466—468).

149) Pfitzner S. 163.

150) H. Grüger, Kölner Zisterzienser des 16. Jahrhunderts in Schlesien. In: Annalen d. Hist. Ver. f. d. Niederrhein 174. 1972, S. 31—46; Ders., Andreas Swederi, Abt von Heinrichau in Schlesien. In: CChr. 77. 1970, S. 155—163. — Der Necr. Zirc. berichtet, daß Abt Vinzenz wegen der überhandnehmenden Protestantisierung Schlesiens keine Novizen mehr fand und daher an die Äbte und Klöster anderer Provinzen schrieb in der Hoffnung, von dort Nachwuchs zu bekommen und sein Stift vor dem Aussterben zu bewahren. Er habe aber keinen Erfolg gehabt, da auch die Jugend anderer Länder nicht mehr bereit war, in einen Orden einzutreten. — Die Spannungen, die die Aufnahme der fremden Ordensleute im Konvent von Heinrichau verursachte, kommen in der Mitteilung des Necr. Zirc. zum Ausdruck, daß Abt Vinzenz „von seinen Mitbrüdern angefeindet in Neisse verstarb".

tenkriege in Trümmern liegenden Gebäude wieder her, baute die Wirtschaftshöfe auf und renovierte die Klosterkirche. Die große Zahl der Ordensleute machte die Anstellung von Sängerknaben überflüssig; um aber auch für Nachwuchs zu sorgen, gründete der Abt eine Klosterschule, in der die Mönche den Unterricht der Jugendlichen übernahmen. Zeit seines Lebens stand Andreas in Korrespondenz mit dem Rat seiner Heimatstadt, in dessen Auftrag er den Rechtsstreit um die kölnischen Klöster Großpolens führte[151]. Die Verhandlungen, die er mit Domherren und Fürsten, dem Bischof von Breslau, dem Erzbischof von Gnesen, dem päpstlichen Nuntius und dem kaiserlichen Hofe führen mußte, machten den Abt zu einer einflußreichen Persönlichkeit in der schlesischen Kirche dieser Epoche. Unter den zahlreichen Vorstehern, die das Kloster während seiner 600jährigen Existenz leiteten, gab es keinen anderen Abt, der so oft in Diensten der römischen Kurie, des Kaisers und des Bischofs tätig war und dabei das Vertrauen beider Konfessionen genoß. In der Geschichte der seit 1512 von Spannungen getrübten Beziehungen der Zisterzienser zur Diözese Breslau war es einmalig, daß das Domkapitel den Bischof bewog, dem Abt Andreas auf Lebzeiten eine Domherrenkurie auf der Breslauer Dominsel abzutreten[152], weil die Kanoniker auf den klugen Rat und das besonnene Urteil des Heinrichauer Abtes, der 1569 auch Generalvikar der schlesischen Zisterzienser wurde, nicht verzichten wollten[153].

Als die Podiebrade 1570 das Fürstentum Münsterberg an die Krone Böhmens verkauften, erwarb der Abt bei der Versteigerung der fürstlichen Domänen das Dorf Ohlguth bei Münsterberg mit den Wiesen und Fischteichen, die zwischen dem Kloster und der Stadt lagen[154] und begann den Bau des Staudammes zwischen Neuhof und Heinrichau, der die Ohleniederung in einen See verwandeln sollte. Außerdem umgab er den Stiftsbering mit einer Mauer und festen Wehrtürmen, um das Kloster, das bisher nur von Gräben und Sümpfen geschützt war, gegen plötzliche Überfälle zu sichern.

---

[151]) Ein Teil seiner Korrespondenz ist im Histor. Archiv der Stadt Köln (Dep. Kloster Lond) erhalten. Dabei begegnen als Freunde des Abtes außer schlesischen und polnischen Zisterziensern die Äbte Elias Schwanenberg vom Sandstift (1550—83), Johann Cyrus vom Vinzenzstift († 1586), der Schweidnitzer Dominikanerprior Adalbert, die Familiaren Jakob von Bonn und Georg Maternus von Grona, die Kanoniker Markus Freiherr von Kittlitz († 1579), Joachim von Lidlau († 1565), Paul Craeneus († 1570), Matthias Schebitz († 1561), Sebastian Schleupner († 1572), Martin Gerstmann († 1585 als Bischof von Breslau), Sylvester Haugk († 1573), Andreas Cornetus († 1562), Johann Bensser und Johann Milde († ca 1580), der bischöfliche Kanzler Bonaventura Hahn († 1602), ferner die Breslauer Patrizier Martin Willer, Andreas Hewer, Paul Hornigk, Christoph Kuhschmaltz, Stanislaus Khannengiesser, die Landeshauptleute Konrad von Hochberg, Kaspar von Kittlitz und Johann Frhr. von Oppersdorf, die kaiserl. Räte und Kanzler Georg Mehl und Georg von Braun, der Herzog Georg von Brieg und die Kölner Gesandten, Prokuratoren und Notare Anton Hersbach, Walter Fabritius, Gerhard Aach, Bartholomäus Audell, Martin Rebiger († 1577 als Breslauer Domherr), Nikolaus Lyncke, Lenhart Arnheim, Johann Ewan und Georg Ingenheymer von Kaiserslautern.

[152]) K. Engelbert, Kaspar von Logau, Bischof von Breslau (1562—1574). I. Tl. (Darst. 28). Breslau 1926, S. 297 nach BDA IV 77.

[153]) Rose S. 260 f., Anm. 72. Generalabt war damals Jerôme de la Souchière.

[154]) BDA V B 6 e zum 29. Juli 1570 (Fotokopie).

Sein Nachfolger Nikolaus Hübner (1577—1611) erweiterte die Besitzungen durch den Ankauf der Wiesenmühle bei Münsterberg[155], des Münsterberger Stadtteiches[156] und der städtischen Weiden bei der Wiesenmühle und eines Freihauses in Frankenstein[157]. Wenn Heinrichau damals trotz der Beiträge, die es zur Finanzierung des Türkenkrieges zahlte, seine Güter noch vergrößern konnte, während andere Abteien — wie Leubus, Grüssau, Rauden und Himmelwitz — Stück um Stück ihrer Besitzungen verpfändeten und dem wirtschaftlichen Ruin entgegentrieben, so spricht das gewiß zugunsten der Äbte, die das Stift in dieser gefahrvollen Zeit leiteten.

Im Jahre 1616 visitierte Nicolas Boucherat II. von Cîteaux die schlesischen Zisterzen und versammelte die Äbte von Böhmen, Mähren, Schlesien und der Lausitz in Prag zu einem Provinzialkapitel, das die Reform des Ordens einleiten sollte. Aber schon zwei Jahre später brach der Krieg aus, der alle Ansätze der Erneuerung vernichtete. Nach der Niederlage der aufständischen Böhmen am Weißen Berge (8. November 1620) fielen die Truppen des sächsischen Kurfürsten Johann Georg in Schlesien ein, um das rebellische Land zum Gehorsam gegen den Kaiser zurückzuführen. Die Sachsen stießen am Nordrande der Sudeten vor und vereinigten sich im mittelschlesischen Vorgebirge mit den habsburgischen Kontingenten unter dem Grafen Lichtenstein. Vom August 1621 bis zum 25. Oktober 1622 belagerten sie Glatz, wo sich Markgraf Johann Georg von Brandenburg-Ansbach verschanzt hatte. Die Verteidiger der Gebirgsfestung unternahmen verwegene Ausfälle ins Kamenzer Stiftsland, verwüsteten die Klosterdörfer an der schlesischen Grenze, überfielen auch das Stift Heinrichau und vertrieben Abt Andreas Beyer (1611—27) und seinen Konvent[158]. Zur Unterstützung der Kaiserlichen mußten Stände und Bauernschaft Kontributionen entrichten und Leute zum Schanzwerk abstellen. Anfang August 1626 zog Graf Peter Ernst II. von Mansfeld, der Verbündete Christians IV. von Dänemark mit den Truppen der protestantischen Union durch Schlesien nach Ungarn. Zwei Wochen später folgte Wallenstein mit einer großen Armee, quartierte sich im Januar 1627 mit seiner ganzen Streitmacht im Lande ein, und nach der Devise, daß der Krieg den Krieg ernähren soll, mußte die Bevölkerung den Lebensunterhalt für das Militär aufbringen. Nach der Niederlage der Dänen bei Kosel und Troppau zog Wallenstein zwischen dem 4. und 9. August 1627 an Heinrichau vorüber nach Schweidnitz und marschierte nach Mecklenburg[159].

---

[155]) Das Stift erhielt die Mühle im Tausch gegen den „Birkigt", ein strittiges Waldstück bei Heinzendorf, und gegen Zahlung einer Geldsumme. BDA V 10, fol. 116 a—119 a (kaiserl. Bestätigung vom 24. Febr. 1589, wonach der Kauf am 28. April 1588 beschlossen wurde. Fotokopie).

[156]) BDA V 10, fol. 114 b—115 a vom 24. Mai 1589 (Fotokopie).

[157]) Der Kauf des Stadtteichs und der Wiesen erfolgte am 23. April 1598 (BDA V 10, fol. 115 a—116 a. Fotokopie). Seitdem gehörte dem Stift die ganze Ohleniederung bis an die Grenze des sogen. Bürgerbezirks. — Das Freihaus auf der Schloßfreiheit in Frankenstein erwarb der Abt im Jan. 1588 (BDA V 10, fol. 102 b—104 a. Fotokopie).

[158]) Hist. brevis § 33. Besonders hart wurde das Stift Kamenz betroffen (vgl. Frömrich S. 125—127). Zum Verlauf des Krieges in Schlesien vgl. Geschichte Schlesiens. Bd. 2. Darmstadt 1973, S. 72 ff.

[159]) J. Krebs, Schlesien in den Jahren 1626 und 1627. In: ZVGS 27. 1893, S. 150—203 und

In dieser Zeit resignierte Abt Beyer „wegen der bißhero vberaußgroßen vorhero ergangenen kriegsbeschwerden, vndt hierauf auf vns hart gedrungenen gefolgten kummernißen, wie auch ziemblich vbereilten Alters halber in derogleichen langwierige Leibes Schwach- vndt Vnpäßlichkeit gerathen", und am 8. Juli 1627 wählte der Konvent Kaspar Gleisberg aus Grottkau zum Nachfolger[160]. Da sich die Zisterzienser weigerten, bischöfliche Kommissare zur Wahl zuzulassen, exkommunizierte der Bischof die Wähler und den Abt, der an den Papst appellierte und die Erlaubnis zur Weihe erhielt[161]. Inzwischen ging der Krieg unvermindert weiter, und Schlesien war zeitweilig einer der wichtigsten Schauplätze. Aber während man die militärischen Auseinandersetzungen der ersten Periode dieser 30 Jahre noch als Krieg bezeichnen kann, entartete der Waffengang in der zweiten Hälfte seines Verlaufs zur Barbarei ohne Sinn und Ziel. Die Söldnerscharen, die das Land durchzogen, wandten sich nicht gegen organisierte feindliche Streitkräfte, sondern wüteten gegen die wehrlose Zivilbevölkerung, die die uferlos anwachsenden Armeen und ihren aufgeblähten Troß ernähren mußte. Marodierende Scharen überfielen offene Dörfer und Kleinstädte, plünderten, brandschatzten und machten weite Gebiete zur Einöde und zum Friedhof. Wer die Berichte der Kirchenbücher, Chroniken, Tagebücher, Statistiken und Briefe jener Zeit liest, ist entsetzt ob der Grausamkeit der Soldateska; denn gleichgültig wessen Kommando die Heere unterstanden und zu welcher Konfession sich die Leidtragenden bekannten, immer brachte der Einmarsch der Söldner Tod und Elend über das Land.

Im Mai 1632 verdrängte Wallenstein mit einem unübersehbaren Heer von Söldnern aus aller Herren Länder die Sachsen des Freiherrn Arnim aus Böhmen. Vor der Kriegsmaschinerie des Friedländers wich Arnim nach Schlesien aus und bezog um Schweidnitz und Münsterberg Quartier, und im September fielen kurbrandenburgische und schwedische Kontingente unter dem Prinzen Friedrich von Dänemark ein, um den Sachsen zu Hilfe zu eilen. Der Dänenprinz besetzte das Fürstentum Münsterberg, in das die vertriebenen lutherischen Prädikanten zurückkehrten. Kurz nach dem 7. September überfielen die Sachsen das Stift Heinrichau, plünderten es aus, zerschlugen Altäre, Kanzel, Orgeln und Gemälde, verschleppten die reiche Bibliothek und steckten Kirche und Kloster in Brand. Abt Kaspar Gleisberg und sein Konvent brachten sich rechtzeitig in Sicherheit

---

ZVGS 28. 1894, S. 147—178; K o p i e t z , Wallensteins Armee in Schlesien im Jahre 1626 und im Frühjahr 1627. In: ZVGS 12. 1874, S. 480—487. — Vgl. auch die Akte „Etliche gravamina des Stieffteß Heinrichau wieder die Vncatholischen" (BDA V A 1, Fotokopie), wo unter Nr. 3 Einquartierungen und Exekutionen erwähnt werden, die das Kloster in Schulden stürzten, und unter Nr. 4 das Unrecht der Steuerauflage, durch die der schlesische Fürstentag das Stift härter belastete als die protestantischen Stände.

[160]) BDA V 11, S. 67—71 (Fotokopie). Die Resignation und die Neuwahl erfolgten vor Abt Matthäus Rudolf von Leubus in Gegenwart der Äbte von Kamenz und Grüssau.

[161]) Compendium fol. 14 b; Hist. brevis § 34. Beide Quellen behaupten, daß es Papst Clemens VIII. gewesen sei, der das Indulgenzprivileg erteilte; es stammte aber von Urban VIII. Die Abtsweihe erteilte Abt Georg Vrat von Königsaal als Generalvikar von Böhmen (BDA V 11. Fotokopie).

und fanden in der mährischen Zisterze Welehrad Zuflucht[162]. Im Mai und Juni 1633 drang Wallenstein mit seiner Armee von Mähren aus in Schlesien ein, und mit ihm kehrte am 23. Juni der Konvent aus dem Exil zurück.

Nach dem Abzug der Kaiserlichen brach eine Seuche aus, die von Juni bis Oktober wütete und zahlreiche Opfer forderte. Das Totenbuch der Pfarrei Münsterberg verzeichnet allein in diesem Jahre über 2440 Verstorbene, mehr als das Achtfache der vergangenen Jahre[163]. Am 18. August 1633 raffte die Pest den Heinrichauer Prior Balthasar Irmler hinweg, am 22. August erlag Abt Kaspar Gleisberg, und am 31. August starben drei weitere Mönche[164]. Die 7 überlebenden Professen und 2 Novizen begruben die Toten, verzichteten auf eine Neuwahl, da der Bischof mit der Exkommunikation drohte, und flüchteten aus dem Lande. Da das Stift in Trümmern lag und die Ordensleute in Böhmen, Mähren und Österreich zerstreut lebten, schien Heinrichau am Ende seiner Kraft. Die Rettung erfolgte nicht aus eigenen Mitteln, sondern dank der Hilfe, die die Äbte Ignaz Krafft von Lilienfeld und Georg Vrat von Königsaal leisteten. Die beiden Ordenskommissare der habsburgischen Lande drängten Abt Matthäus Rudolf von Leubus, sich um das verwaiste Stift an der Ohle zu kümmern, um es dem Zugriff der Bistumsadministratoren zu entziehen. Der Leubuser Abt ernannte Christoph Hochgesang von Kamenz zum Administrator, und dieser betraute den Grüssauer Mönch Samuel Hielscher mit der Verwaltung, bis P. Gregor Reyberg aus dem Exil zurückkehrte und den fremden Confrater ablöste. Inzwischen bemühten sich die Ordenskommissare, die geflüchteten Mönche zur Heimkehr zu bewegen, um ungeachtet der Drohungen des Bischofs eine Neuwahl zu veranstalten. Es gelang dem Abt von Königsaal, vier Ordensleute ausfindig zu machen, die am 2. April 1635 unter dem Vorsitz der Äbte von Kamenz und Himmelwitz den P. Laurentius Hertel zum neuen Vorsteher wählten[165].

---

162) Am 7. Sept. 1632 floh der Konvent und kehrte erst am 21. Juni 1633 zurück. Die Mönche fanden die Kirche verwüstet, die wertvolle Bibliothek geraubt und große Teile des Stifts in Trümmern (gleichzeitiger Bericht des P. Edmund Fontanus, BDA V 11. Fotokopie).

163) Hartmann S. 173.

164) Compendium fol. 14 b; Hist. brevis § 34; Nekrolog zum 18., 22. und 31. Aug. (ungedruckte Einträge). Es waren die Patres Kaspar Keil, Matthäus Parix und Tobias Wolffram, Pfarrer in Berzdorf. Am 16. Aug. 1633 erlagen der Pest auch die Kanzleibeamten Kaspar und Melchior und der Pferdeaufseher Georg Loge, am 19. der Klosterschneider Georg Fellmann, am 22. der Stiftspräfekt Nikolaus Pischel mit seiner Frau Magdalena und Tochter Susanna, am 24. der Stiftssekretär Martin Paul mit seiner Frau Dorothea und am 26. Aug. der Organist Johann Birneisen (Mortil.). Da um dieselbe Zeit auch die Mönche Wilhelm Qualisch (15. Jan. 1634), Martin Patzelt (17. April 1632) und Heinrich Kuntz (2. Juni 1632) starben, erlitt der Konvent einen schweren Aderlaß (vgl. Necr. Zirc).

165) Die Ereignisse dieser Jahre schildert Fr. Edmund Fontanus, der auch die Briefe der Äbte von Lilienfeld und Königsaal und das Wahlprotokoll vom 2. April 1635 wiedergibt (BDA V 11, Fotokopie). Abt Johann Greifenfels von Königsaal schlug dem Heinrichauer Konvent den böhmischen Ordensmann Johann Bencius als neuen Abt vor, und der Leubuser Abt, der die Wahl leitete, präsentierte den P. Samuel Hielscher von Grüssau. Doch entschieden sich die Wähler für einen aus ihrer Mitte (Schreiben des Konvents an den Abt von Königsaal vom 23. Apr. 1635, BDA V 11, S. 125).

Prompt verhängten die Bistumsadministratoren die Exkommunikation und verboten dem Abt die Ausübung seines Amtes[166].

Abt Hertel verbrachte den größten Teil seiner Amtszeit im Exil in Glatz, denn der Aufenthalt im Stift war lebensgefährlich, seit täglich mit dem Angriff marodierender Söldner zu rechnen war. Außerdem waren die Mönche, um überhaupt existieren zu können, auf die Unterstützung anderer angewiesen, denn aus dem Stiftslande gingen nur noch wenige Zins- und Naturalzahlungen ein. Mehrere Ortschaften lagen wüst, und die Felder wurden kaum bestellt. Krelkau starb durch die Pest von 1633 fast ganz aus, und im selben Jahre brannten die Sachsen das Dorf mit der Kirche nieder, die der Prior Bernhard Rosa erst 1656 wiederherstellen konnte. Ein erschütterndes Bild der Verhältnisse bieten die amtlichen Erhebungen der habsburgischen Behörden zur geplanten Steuerreform von 1637. Das Schreiben, das der Rat von Münsterberg damals der Oberamtsregierung in Breslau sandte, läßt erkennen, daß auch die Lage der Bürger, die sich gegen Marodeure durch Mauern, Gräben und Wälle schützen konnten, hoffnungslos war, so daß „die öden und wüsten Häuser, darinnen den Winter über und bis dato ganz arme Leute vom Lande sich aufhalten, täglich über den Haufen fallen und eingehen, und je mehr und mehr Häuser, die heute einen Wirt haben und morgen keinen, wüst gelassen werden, — zumal wegen der großen Schuldenlasten, wegen der langwierigen Einquartierungen und Truppendurchzüge die wenigen Einwohner dermaßen ausgesogen sind, daß sie sich allhier nicht länger halten können, sondern sich anderswohin begeben und hierdurch die Last von Tag zu Tag schwerer wird ... und die wenigen zurückbleibenden Einwohner gänzlich erliegen, zu Grunde gehen und die Stadt vollends öd und wüst gelassen werden muß“[167].

Am 26. Dezember 1636 überfiel eine Schar von 50 schwedischen Reitern das Stift Heinrichau, raubte 15 Pferde und schleppte den Konversen Wilhelm von Pogarell unter Mißhandlungen in die Gefangenschaft. P. Georg Welzel entkam den Räubern durch einen kühnen Sprung vom hohen Dach der Kapelle, die an die Pfarrkirche von Wiesenthal angebaut war[168]. Das Beispiel dieses Mönchs und die oft abenteuerliche Flucht seiner Mitbrüder zeigen, daß die Ordensleute dieser Epoche den Anforderungen der rauhen Zeit gewachsen waren und nicht wehrlos zugrunde gingen.

Trotz der Not des Krieges ließ Abt Hertel am Gründonnerstag (19. April) 1639 an der Klosterpforte 102 arme Leute speisen[169]. Wenige Wochen später mußte er mit seinen Mönchen flüchten, so daß das Stift im Sommer mehrere Monate verödet war. Im

---

166) Das Schreiben des Bistumsadministrators Christoph von Strachwitz überbrachte der Neisser Kanoniker und Bischofssekretär Dr. Jupp. Am 10. Juli 1635 heftete er es am Portal der Stiftskirche an, und schon am 11. Juli trafen sich die Äbte von Kamenz, Grüssau, Himmelwitz und Heinrichau in Glatz zu einer Beratung und wandten sich an den Abt von Lilienfeld, der sich persönlich um einen Vergleich bemühte (BDA V 11. Fotokopie).

167) Hartmann S. 174 f., Schreiben vom 16. März 1637.

168) Compendium fol. 15 b; Hist. brevis § 35.

169) Hist. brevis § 35.

Februar 1640 rückten Söldner des Grafen Philipp von Mansfeld an und quartierten sich im Kloster ein. 1642 wurden die Kaiserlichen von den Schweden unter dem Kommando des Feldmarschalls Torstensson verdrängt, so daß es Abt Hertel nicht mehr wagte, nach Heinrichau zurückzukehren. „Während die ganze Umgebung von Feuer und Schwert heimgesucht wurde", schrieb der zeitgenössische Chronist, „zerstreute sich der Konvent in alle Winde"[170]. Der Subprior P. Georg Goebel starb 1643 in Österreich; P. Balthasar Obersbach fand im Breslauer Matthiasstift Zuflucht, der Prior Georg Tanner brachte sich in Schönwalde in Sicherheit, der Konverse Matthäus Bartel flüchtete nach Sedlec in Böhmen[171], und andere Ordensleute gingen nach Grüssau und Leubus.

Am 5. November starb Abt Laurentius Hertel in Glatz, und 7 überlebende Professen kehrten nach Heinrichau zurück, wählten den Wiesenthaler Pfarrer Georg Welzel aus Herzogswalde zum Nachfolger und suchten wieder ihre Zufluchtstätten auf[172]. Der neue Abt übernahm ein ausgeplündertes Kloster. In dieser letzten Zeit des Krieges, wo es dem Konvent unmöglich schien, sich in Heinrichau zu halten, bestand die wichtigste Aufgabe des Erwählten darin, als Wächter im Stift auszuharren, den Mut der Untertanen zu stärken und sie zu ermuntern, wenigstens einen Teil der Äcker zu bebauen und die Abgaben zu entrichten, von denen der Abt und die Armen lebten, die in großer Zahl bei der Zisterze Zuflucht suchten. Die Lage des Abtes Welzel war so verzweifelt, daß er oft persönlich bei den Untertanen bettelte, um sich den Lebensunterhalt zu verschaffen[173]. Auf die Pontifikalienrechte mußte er verzichten, denn „es war wichtiger, sich um Leben und Nahrung zu kümmern als um Ehrenvorrechte"[174]. Schweren Herzens schrieb er damals in sein Tagebuch: „vom November 1642 bis anno 1646 wurden 142 Pferde gestohlen, dazu zahllose Rinder, Schafe und anderes Getier getötet und geraubet. ... Aber Gott sei Lob, daß in all diesem Elend keinem der Meinigen jemals ein Unheil zustieß. Ich setze meine Hoffnung auf Gott. Auch wenn wir unser Leben künftig nur in Armut und Mühsal verbringen müssen, so will ich doch lieber von Tür zu Tür

170) Hist. brevis § 35. Der Verfasser des Compendium (fol. 16 a) begründete die Flucht der Mönche „ob metum militis svecici omnem Monasterij viciniam infestantis, ferro flammaque devastantis".

171) Hist. brevis § 34 und 35 und Nekrolog. Damals verlor der Konvent die Mitglieder 1. Wilhelm Qualisch (15. Jan. 1634), 2. Georg Reyberg (12. Sept. 1637), 3. Matthäus Bartel, Konverse (21. Aug. 1643 in Sedlec in Böhmen), 4. Subprior Georg Goebel (14. Okt. 1643 in Zulpendorf oder Cizersdorf in Österreich), 5. Kaspar Picheler (8. Okt. 1644), 6. Georg Tanner (21. Okt. 1648 in Schönwalde), 7. Balthasar Obersbach (9. Apr. 1650 in Breslau), 8. Johann Karl Pichler (12. Apr. 1652 in Albendorf bei Grüssau), 9. Balthasar Taiser, Konverse und Bäcker (25. Febr. 1656 in Welehrad in Mähren). Außerdem flüchtete auch P. Robert Bienert nach Albendorf bei Grüssau.

172) Schon am 7. Febr. 1645 exkommunzierte der Bischof den neuen Abt, weil seine Wahl ohne bischöfl. Kommissare erfolgte (BDA V 11. Fotokopie).

173) Hist. brevis § 36. Der Verfasser des Compendium (fol. 16 a) berichtet, daß das Stift unter Abt Georg Welzel nochmals verbrannt und alles Vieh weggetrieben wurde, so daß der Abt alle Vorwerke verkaufen und verpfänden mußte.

174) Compendium fol. 16 a: „Infulam non suscepit, quia magis de vita et alimentis laborandum fuit, quam de honore suscipiendo."

für das tägliche Brot meiner Brüder betteln gehen, als das liebe Gotteshaus ohne Gottesdienst veröden zu lassen. O wievielmal bin ich schon um alles kommen, daß ich nicht einen Bißen Brod gehabt! Allein dem lieben Gott sey es geklagt! ... Dieses Ehlend hab ich praesens mit Augen und Herzen seufzend sehen müßen. Ist also zugegangen, daß es einen Stein in der Erd erbarmen möchte[175]!" Auch die kurze Notiz eines unbekannten Mönchs aus dem Jahre 1645 verrät, in welcher Armut die Zisterzienser leben mußten, die ihren Abt in Heinrichau besuchten; 12 Wochen hindurch fanden sie im Kloster nur trockenes Brot und Gemüse, das sie ohne Öl und Butter, nur mit Wasser zubereiteten. „Ihr, die ihr nach uns kommen werdet", klagte der Schreiber dieser Zeilen, „betet für uns, die wir um des Klosters willen die ärgste Not erlitten haben[176]!"

Im Frühjahr 1645 siegte Torstensson bei Magdeburg über den kaiserlichen General Matthias von Gallas und zog mit seiner Armee durch Schlesien nach Mähren, während sein General Graf Wrangel in Böhmen einfiel. Die Zisterzienser von Heinrichau zerstreuten sich wieder in alle Welt, und jetzt floh auch der Abt und suchte in Neisse Zuflucht, wo er sein Leben von Meßstipendien fristete[177]. Am 1. Oktober 1645 eroberten die Schweden die Festung Frankenstein, die ihnen die Kaiserlichen zwei Tage später wieder entrissen. Schon Ende Oktober lag in der Burg nochmals eine schwedische Besatzung und versetzte die Bevölkerung des Fürstentums Münsterberg mit hohen Kontributionen in Schrecken. Den Bürgern von Münsterberg trieben die Söldner das letzte Vieh weg, und da dies nicht genügte, drohten sie mit militärischer Exekution, so daß die verängstigten Leute in aller Eile Tische, Schemel, Kästen und Truhen nach Neisse zur öffentlichen Versteigerung brachten, um die Schweden zufrieden zu stellen. Damals klagte der Rat der Stadt in einem Bittschreiben an das Oberamt, daß die Stadt „durch ständige Truppendurchmärsche und Plünderungen ganz ruiniert worden ist und in ultima agone — im Todeskampfe" liege[178].

Als die Kaiserlichen den Grafen Wrangel aus Böhmen verdrängt hatten, fielen sie 1646 unter Raimund Graf Montecuccoli in Schlesien ein und belagerten im Juni Frankenstein. Nach 15 Tagen ergab sich die Burg, und der Feldmarschall ließ ihre Bastionen in die Luft sprengen. Aber schon vier Monate später räumte er das Fürstentum den Schweden, die mit einer Armee von 20 000 Mann einfielen und am 2. Dezember 1646 in der Umgebung von Heinrichau lagerten und das Kloster und seine Dörfer verwüsteten. Sieben Regimenter Reiterei quartierten sich im Stift ein und verzehrten alles, was Abt Welzel an Vorräten gesammelt hatte. Als sie abzogen, brannten sie die letzten

---

175) Hist. brevis § 36.

176) T. Halusa. In: CChr. 9. 1897, S. 240.

177) Compendium fol. 16 a; Hist. brevis § 36: „inter medios tumultus bellicos omnia devastantes vir admirandae pietatis in summa afflictione, et paupertate orbatus omni suppelectili sine pane, praediis et ipso Monasterio devastatis, Nissae exul ad sustentandam vitam Missam stipendiatus legit."

178) Hartmann S. 175.

bewohnbaren Unterkünfte nieder[179], obwohl der Abt erst am 24. September dieses Jahres mit dem schwedischen Kommandanten von Leobschütz eine Konvention über die laufende Zahlung von Kontributionen geschlossen hatte, um sich von Brandschatzung freizukaufen[180]. Abt Welzel und einige Mönche flüchteten nach Neisse; die Patres Johann Buchmann und Robert Bienert fanden im Leubuser Stiftsdorf Klein-Helmsdorf Zuflucht, P. Johann Karl Pichler floh nach Grüssau, und der Konverse Balthasar Taiser nach Welehrad in Mähren. Der Novize Melchior Dierig, der die Kontribution für den Kommandanten von Leobschütz überbringen sollte, kleidete sich zum Schutz gegen Plünderer in ein schäbiges Fellgewand und zog mit einem knorrigen Stock in der Hand wie ein vertriebener Bauer durch das Land; bei der Rückkehr nach Heinrichau fiel er den Schweden in die Hände, die ihn nach Ohlau verschleppten[181].

Am 24. Oktober 1648 unterzeichneten die Vertreter der Großmächte den Friedensvertrag, der dem langjährigen Kriege ein Ende setzte. Wie sah es nach diesen drei Jahrzehnten im Heinrichauer Stiftslande aus? Welche Erwerbsmöglichkeiten gab es für die ausgeblutete Bevölkerung, und wie waren die Verhältnisse, denen sich die Zisterzienser ausgesetzt sahen? Außer vereinzelten Hinweisen haben sich keine Bilanzen und Statistiken erhalten, so daß man nur aus dem Vergleich mit der Stadt Münsterberg und dem Schwesterkloster Kamenz ein Bild gewinnen kann. Dabei wäre es falsch, wenn man die Zustände, denen man dort begegnet, vorbehaltlos auf das Stift an der Ohle übertragen wollte. Da sich der Krieg in der zweiten Hälfte seiner Dauer durch Truppendurchzüge, die Verschiebung von Armeen und Einquartierungen auszeichnete, waren die Ortschaften an den Durchgangsstraßen härter betroffen als die Siedlungen abseits der großen Verkehrswege. Daher ist der Vergleich mit Kamenz, das bei der Nähe zum Gebirgspaß Wartha und den hart umkämpften Festungen Glatz, Frankenstein und Neisse mehr bedroht war als Heinrichau, nicht so beweiskräftig wie die Berichte aus Münsterberg und den umliegenden Dörfern.

In den Ortschaften des Stiftslandes, wie Alt-Heinrichau, Wiesenthal und Krelkau standen am Ende des Krieges zahlreiche Höfe leer, verlassen und verödet. Kauf- und Schöffenbücher und Urkunden dieser Jahre erwähnen auf jeder Seite „öd und wüst

---

179) Hist. brevis § 36. Damals schrieb Abt Georg Welzel in sein Tagebuch: „Anno 1646 den 6. December habe ich dem Convente Necessaria gegeben, Strumpf, rothe Futterhembd, und Stutzen, wie auch gutte warme Mützen, und fratri einen Rock, der mich darumb angelanget, ob er wohl an einem Ort einen schönen und stattlichen gehabt, welchen er hat lassen die Motten fressen und verterben und mich, ihme einen machen zu lassen angelanget, so ich ihme aus väterlicher Liebe machen lassen“ (Pfitzner S. 189). — Der Verfasser des Compendium erzählt, daß das Stift nochmals von den Schweden verbrannt und geplündert, die Dörfer eingeäschert, das Vieh weggetrieben, die meisten Güter verpfändet, fast alle Vorwerke und Forsten entrissen und entfremdet und täglich neue Schulden aufgenommen wurden.

180) Hist. brevis § 36.

181) Hist. brevis § 36: „Exuta sua tunica pelliceo se vestivit, manu tenens baculum more rustico, ut nuntius gaballus (summam) extradidit.“ Damals mußte der Abt weitere 1200 Tlr. Kontribution zahlen und wertvolle liturgische Geräte verkaufen, um die Gelder aufzubringen. Vgl. auch Necr. Zirc und Catal.

gelegene Pauergüter", „wüst und abgebrannte Pauerstellen", wüste Hufen und Häusel, die das Stift für einen Spottpreis anbot, um Siedler herbeizuziehen. Für 12 Mk. und Freiheit von Grundsteuern und Zinsen verkaufte das Kloster eine Bauernhufe, wenn der Käufer bereit war, die zerstörten Gebäude aus eigenen Mitteln aufzubauen und die verrotteten Äcker unter den Pflug zu nehmen[182]. 1651 überließ Abt Georg Welzel dem Heinrichauer Amtmann für 30 Mk. das wüste Freigut in Krelkau mit 2 Hufen, das zwischen den abgebrannten Höfen des Melchior König und des Georg Köchel lag, befreite den Käufer von Roboten, Zinsgetreide und Fuhren und erlaubte ihm, die verfallenen Gebäude des wüsten Gutes des früheren Balthasar Weyse abzubrechen, um Wohnhaus, Stall und Scheune seines Hofes wiederherzustellen[183]. In Alt-Heinrichau erhielt nach dem Kriege mehr als die Hälfte der Bauernstellen neue Besitzer, da die einstigen Inhaber tot, verschollen oder geflüchtet waren — und das, obwohl die Gesamtzahl der Höfe nach 1648 geringer war als vor 1618; denn um überhaupt noch Käufer zu finden, mußte die klösterliche Grundherrschaft manches bäuerliche Anwesen in Gärtner- und Häuslerstellen zerschlagen.

In Eichau bei Münsterberg lebten vor dem Kriege 16 Bauern, 14 Gärtner und mehrere Häusler. Nach 1648 war der Ort vollständig ruiniert, die Äcker verwachsen, die Wiesen verstraucht, die Teiche verrohrt, die Leute tot oder entlaufen, so daß man kaum noch erkennen konnte, daß hier je ein Dorf gestanden hatte. Das nahegelegene Neu-Altmannsdorf, das vor 1618 aus 4 Freigütern, 25 Bauern, 62 Groß- und Kleingärtnern bestand, zählte 9 Jahre nach dem Kriege 19 Bauern, 15 Gärtner oder wenig mehr als ein Drittel der einstigen Bewohner; beim Einfall der Schweden 1633 brannte das Dorf mit Kirche und Pfarrhaus nieder[184].

Noch die Berichte der kaiserlichen Kommission, die 1653 den Katholiken die Dorfkirchen des Fürstentums Münsterberg zurückgab und die Aufzeichnungen der bischöflichen Visitationen von 1651 und 1666 verraten, daß die Spuren der Verwüstung fast 20 Jahre nach dem Kriege nicht behoben waren. Die Kirchen von Krelkau, Olbersdorf, Bärwalde, Schlause, Groß-Nossen, Neu-Altmannsdorf, Kaubitz, Berzdorf und Dobrischau waren bis auf die Grundmauern niedergebrannt oder hatten Dächer, Türme und Ausstattung verloren. Bärdorf, das 1356 aus der Scholtisei und 29 Vollbauernstellen bestand, lag vollständig in Ruinen, die Kirche war zerstört, und im Dorf fand sich 1653 nicht eine einzige bewohnbare Hütte. In Bärwalde, Olbersdorf, Alt-Heinrichau und Groß-Nossen hielt man seit vielen Jahren keinen Gottesdienst mehr. Der Pfarrer von Münsterberg, der die Seelsorge der umliegenden Dörfer wahrnahm, sollte aus Bärwalde jährlich 9 Malter Zweikorn erhalten, er bekam aber überhaupt nichts, weil es

---

[182]) P. Klemenz, Altheinrichau. Geschichte eines ehemaligen Heinrichauer Stiftsdorfes. Frankenstein 1936, S. 26.

[183]) BDA V B 6 e vom 15. Juli 1651 mit eigenhändiger Unterschrift des Abtes Georg Welzel, des Priors Melchior Welzel, des fr. Martin Pellio und des Seniors Kaspar Liebichen (Fotokopie).

[184]) Hartmann S. 179.

so gut wie keine bebauten Äcker gab. Von den beiden Hufen der Widmut in Kaubitz waren nur 18 Morgen besät, der größte Teil der Ländereien war zur Wildnis geworden[185].

Eine Liste der Bürgerhäuser, die vor und nach dem Kriege in Münsterberg existierten, zeichnet von der Stadt ein ähnliches Bild wie von den Dörfern der Umgebung. Von 460 bewohnten Häusern im Jahre 1622 hatten 125 den Krieg überdauert. Am 31. August 1638 bestand die Bürgschaft aus 120 Familien, deren Zahl bis 1643 auf 25 sank und bis 1654 einschließlich der Bewohner vor den Mauern wieder auf 208 stieg[186]. Im benachbarten Kloster Kamenz verringerte sich von 1618 bis 1645 die Zahl der Bauern von 387 auf 122, der Gärtner von 164 auf 95, der Häusler von 593 auf 207; die Gesamtzahl der Nahrungsstellen ging von 1144 auf 424 zurück, so daß 1645 nur noch 40 Prozent der Bevölkerung am Leben war. Die Getreideaussaat der Untertanen, die 1618 bei einer Saat jährlich 460 Malter ausmachte, betrug 1645 nicht mehr als 80 Malter oder kaum 20 Prozent des früheren Standes. Die Stückzahl der landwirtschaftlichen Nutztiere sank bei den Pferden von 1139 auf 188, bei den Kühen von 3535 auf 473, bei den Schafen von 4275 auf 802 Stück. Ähnlich groß waren die Verluste der klösterlichen Wirtschaftshöfe. Vor dem Kriege säte man auf den Kamenzer Grangien 50 Malter Korn, 1644 nur noch 10¹/₂ Malter. In den Ställen der Stiftsvorwerke standen vor 1618 etwa 700 Schafe, 80 Kühe, 30 Schweine, im Jahre 1644 dagegen 300 Schafe, 7 Kühe und 9 Schweine. Die jährlichen Silberzinsen sanken von 700 auf 170 Tlr., das Zinsgetreide von 80 auf 7 Malter; Teichnutzung, Waldwirtschaft und Brauurbar, die einst 1200 Tlr. erbrachten, lagen jetzt bei 296 Tlr. Mit einer Summe von 25 133 Tlr. war Kamenz völlig verschuldet[187].

Bei all dem muß man bedenken, daß die Verwüstung, die in diesen nüchternen Zahlen zum Ausdruck kommt, nicht erst das Ergebnis der letzten Kriegsjahre war, sondern daß die Bevölkerung länger als anderthalb Jahrzehnte unter solchen Bedingungen dahinvegetierte. In der Liste der Voranschläge, die das kaiserliche Oberamt 1634 bei der Besteuerung der schlesischen Fürstentümer zugrunde legte, setzte die Oberamtsregierung für das Fürstentum Münsterberg eine Steuersumme von jährlich 283 500 Tlr. an, von der aber die Stände 240 362 Tlr. abzusetzen beantragten, da die steuerfähigen Objekte Non-Entien, d. h. vernichtet waren[188]. Mit anderen Worten: Von den Höfen, Grundstücken und Produktionsbetrieben, deren Ertrag nach einer 1629 vorgenommenen Steuerschätzung berechnet wurde, wurden im Laufe von 5 Jahren 85 Prozent zerstört, aufgegeben oder der Verwüstung überlassen. Insgesamt gesehen beliefen sich die Schäden, die der Krieg im Vorgebirgslande zwischen Strehlen und Wartha, Reichenbach und Ottmachau anrichtete, bei den Einwohnern auf 60 Prozent, bei der Getreideaussaat und

185) J. Soffner, Geschichte der Gegenreformation im Fürstenthume Münsterberg und dem Weichbilde Frankenstein. In: Schles. Pastoralblatt 16. 1895, S. 29; J. Jungnitz, Visitationsberichte der Diözese Breslau. Bd. I. Breslau 1902, S. 253 f.

186) Hartmann S. 224 f.

187) Frömrich, Liste nach S. 136 und S. 135 f.

188) H. Hübner. In: ZVGS 56. 1922, S. 62—72.

beim Viehbestand auf 80 Prozent. Im Kamenzer Stiftslande überlebte nur jeder dritte Bewohner den Krieg; zwei Drittel wurden getötet, liefen davon, erlagen den Seuchen und dem Hunger. Dem Rest der Bevölkerung stand aber bloß noch ein Fünftel der Ernteerträge und des Nutzviehs zur Verfügung, das 1618 vorhanden war; trotz des großen Sterbens war also die Existenzbasis der Einwohner weit geringer als vor dem Kriege. Manche große, einst blühende Ortschaft wie Krelkau, Eichau und Bärdorf bei Münsterberg war fast ganz ausgestorben. Angesichts dieser Verwüstung des flachen Landes erscheint es eine Ironie, das 30jährige Ringen der Mächte einen Krieg zu nennen. Man kann verstehen, wenn die gequälte Bevölkerung in diesen Jahren auch zur Selbsthilfe griff und versprengte Söldner — gleichgültig ob Schweden oder Kaiserliche — der Wut der Bauern zum Opfer fielen. So berief Abt Simon Rüdiger von Kamenz 1645 ein allgemeines Aufgebot der waffenfähigen Männer des Stiftslandes und ließ alle verfügbaren Waffen instandsetzen, um den Selbstschutz gegen Marodeure zu organisieren[189].

Es ist notwendig, sich die Situation am Ende des Krieges vor Augen zu stellen, denn sonst kann man nicht verstehen, warum es so lange dauerte, bis der zerstreute Konvent sich wieder in Heinrichau versammelte und weshalb mancher Ordensmann überhaupt nicht mehr heimkehrte, sondern trotz des Friedensschlusses in der Fremde blieb[190]. Wegen der Verwüstungen, die das Kloster erlitt, mußte erst eine kleine Schar arbeitsfähiger Mönche den Wiederaufbau einleiten, um neue Existenzbedingungen für die verstreuten Mitbrüder zu schaffen. Wer die desperaten Verhältnisse der Zisterze an der Ohle um 1650 berücksichtigt, wird die Verzweiflung der Äbte dieser Zeit verstehen und begreifen, warum die beiden Abteien des Vorgebirgslandes den barocken Neubau ihrer Gebäude erst zwei Jahrzehnte später begannen als die Zisterzienser von Leubus, Grüssau und Rauden. Während in Grüssau bald nach 1660 ein großzügiges Kloster entstand, war das Leben der Mönche von Heinrichau noch lange von der Sorge um die tägliche Existenz beherrscht, und Abt und Konvent mußten sich größte Sparsamkeit auferlegen und jeden Taler zurückhalten, um die Schulden abzutragen. Unter solchen Verhältnissen erfüllt es den Betrachter mit Bewunderung, wenn die Zisterzienser auch in der größten Not ein offenes Herz für Arme zeigten, so daß Abt Georg Welzel nach der Schilderung des Elends der letzten Kriegsjahre in sein Tagebuch schrieb: „Et tamen — und trotzdem — hab ich 1649 den 31. Martij den armen Leuthen den grünen Donnerstag (Brot) ausgetheilt und sind dagewesen 148 Personen“[191]. Läßt sich für den Orden, der sich seit seiner Gründung den Armen verpflichtet wußte, eine überzeugendere Existenzberechtigung denken als solche Bereitschaft zur Nächstenliebe?

Nach dem Tode Georg Welzels erwählte der Konvent am 3. Dezember 1651 den P. Kaspar Liebichen aus Ziegenhals zum Nachfolger. Der neue Abt übernahm eine schlim-

189) Vgl. P. Knauer, Kloster Kamenz (Schlesien). Zeit- und Lebensbilder aus seiner Geschichte 1210—1810. Liegnitz 1932, S. 64.

190) Vgl. Anm. 170, wo man sieht, daß mehrere Heinrichauer Konventualen nach 1648 noch lange in der Fremde leben mußten.

191) Hist. brevis § 36.

me Erbschaft. Seit dem Frieden von 1648 hatte man noch nicht einen einzigen Taler der Schuldsumme von 30 000 Tlr. abgetragen. Um die Klosterbetriebe wieder aufzunehmen, hatte Abt Welzel schon 1648 den seit 9 Jahren zerstörten Kretscham vor der Klosterpforte und die Stiftsbrauerei wiederhergestellt, doch genügten die Einkünfte nicht, den Zinsendienst zu leisten. Als sich niemand mehr fand, der der ruinierten Zisterze weiteren Kredit gewährte, übernahm der Abt 1650 von Anna Grütznerin, der Witwe des Glöckners der St. Jakobikirche in Neisse, ein Legat von 1000 Tlr. gegen die Verpflichtung, nach der Intention der Stifterin wöchentlich zwei Messen zu lesen[192]. Sein Nachfolger aber wußte gegen die drängenden Gläubiger keinen Rat mehr. Die Geldgeber des Stifts — es waren hauptsächlich geistliche Institutionen, wie der Meister von St. Matthias und das Domkapitel von Breslau — fürchteten um ihr Geld und waren entschlossen, ein Konkursverfahren einzuleiten. Um Einblick in die finanziellen Verhältnisse zu erzwingen und eingehende Einkünfte zu beschlagnahmen, quartierten sich die Mandatare des Matthiasstiftes in Heinrichau ein. Als auch das erfolglos blieb, überfielen die Gläubiger den Konvent bei der Fronleichnamsprozession 1656, nahmen Abt Liebichen gefangen und führten ihn nach Ottmachau in Schuldhaft[193]. In dieser ausweglosen Lage gab der Abt, von epileptischen Anfällen gepeinigt, das undankbare Amt ab und zog sich als Pensionär nach Alt-Heinrichau zurück[194].

Am 21. Oktober 1656 versammelten sich 16 Konventualen mit dem Prior Bernhard Rosa zur Neuwahl. Es war eine der schwersten Entscheidungen, die die Mönche in der 600jährigen Geschichte zu treffen hatten. Aber wenn die göttliche Vorsehung den Zisterziensern von Heinrichau jemals in der Not zu Hilfe kam, dann an diesem Herbsttage. Der Konvent setzte seine Hoffnung nicht auf den gebildeten jugendlichen Prior, sondern auf den Schönwälder Bauernsohn Melchior Welzel, einen 34jährigen Mönch, der erst 8 Jahre im Orden lebte und nur mühsam die lateinische Sprache beherrschte[195].

Der neue Abt bestätigte Bernhard Rosa als Prior, überließ ihm die Ausbildung der Novizen und gab ihm freie Hand bei der Erneuerung der monastischen Disziplin des

---

192) Der Vertrag über die Stiftung vom 19. Dez. 1650 ist auf einer der letzten Seiten des Nekrolog eingetragen (ungedruckt).

193) Hist. brevis § 37.

194) In der von den Äbten von Leubus, Rauden und Himmelwitz unterschriebenen Urkunde sagt der Abt, daß er „wegen vorhauffter Beschwer- vndt kümmernissen in derogleichen langwierige Leibesschwach- vndt Vnpaßlichkeit gerathen, daß wir beßerer Kräfften dardurch gantz entsetzet vndt enerwirt worden“ (BDA V 11. Fotokopie). Am 24. Sept. 1657 schloß Abt Melchior Welzel mit dem Exabt einen neuen Abfindungsvertrag, wobei die Pension auf jährlich 100 Tlr. herabgesetzt wurde (ebd. Fotokopie).

195) Hist. brevis § 38. Er wurde 1622 geboren, verlor im Alter von 12 Jahren seinen Vater, trat 1648 in den Orden ein und wurde 1649 zum Priester geweiht. Vom 1. Juni bis zum Tode von Abt Georg Welzel war er Prior und ließ sich am 28. Okt. 1651 vom Abt seine tadellose Amtsführung bestätigen (BDA V 11. Fotokopie).

Konvents, der nach langen Jahren des Exils einer Reform bedurfte[196]. In der kurzen Zeit bis 1660, als Rosa Abt von Grüssau wurde, traten 12 junge Männer in Heinrichau ein, und die Kommunität gewann damit nicht bloß den Nachwuchs, den man zur Wiederherstellung der zerrütteten Wirtschaft brauchte, sondern erhielt durch die vielen Novizen ein jugendliches Gepräge. Der Abt war daher bald in der glücklichen Lage, sich bei seinen Plänen auf eine Gemeinschaft stützen zu können, die zu Sparsamkeit und Entsagung entschlossen war.

Seine Hauptsorge richtete der Abt auf den Aufbau der verfallenen Wirtschaftsbetriebe. Dörfer und Güter des Stiftslandes lagen immer noch in Trümmern, waren verödet oder verpfändet, die Äcker der Vorwerke wurden nicht bebaut, die Gebäude waren zerstört und überall fehlte es an Arbeitskräften, Vieh und Gerät. Das verschuldete Stift hatte allen Kredit verloren, so daß die Gläubiger selbst das letzte Pferd beschlagnahmen wollten, das der Abt als Reittier brauchte. In dieser Lage schlug Abt Welzel den einzig möglichen Weg der Wiedergesundung ein: Er legte sich und seinen Mitbrüdern härteste Sparsamkeit auf, ließ die verödeten Gutsäcker unter den Pflug nehmen, die zerstörten Vorwerke aufbauen, die verpfändeten Wirtschaftshöfe, Mühlen und Kretschame auslösen, berief neue Siedler in die Stiftsdörfer und versorgte die Güter mit Viehherden und Ackergerät[197]. Im Kloster selbst entstanden Werkstätten; die Stiftsbrauerei baute ihren Betrieb aus und verlegte die Kretschame der Umgebung mit Bier; Bäckerei und Schlachthaus produzierten für den eigenen Bedarf und für den öffentlichen Markt. Alle Unternehmungen dienten der Tilgung der Schulden und der Wiederherstellung der klösterlichen Wirtschaftskraft[198]. Für die Wohnung des Konvents, für Lebensunterhalt und Kleidung

---

[196]) Der schöne Grabstein des Abtes Liebichen ist in der Loretokapelle erhalten und trägt über dem Abtswappen den pessimistischen Wahlspruch „Memento diffidere". — Prior Rosa führte schon Ostern 1654 unter Abt Liebichen für den Konvent die gemeinsamen Mahlzeiten und bald auch die Handarbeit wieder ein (A. Rose, Abt Bernardus Rosa von Grüssau (Die Dominsel Bd. 4). Stuttgart 1960, S. 24).

[197]) Der Verfasser des Compendium, der den Abt persönlich kannte, berichtet über ihn: „Unicus tunc temporis rebus desolatis et quodammodo deperitis Restaurator oeconomiam prope desolatam et desperatam restauravit, indefessoque studio ac labore assiduo reduxit ad florem, tamquam oeconomus solertissimus. Praedia ac villas dissipatas reaedificavit, agros excoluit et pecoribus replevit. Pagos plerosque desertos inhabitari, colonisque repleri satagebat ... Piscinas ab hostibus evacuatas eversasque reparavit ... Verbo praetactus vigilantissimus D. Abbas Melchior Monasterium, bellicis 30 annorum tumultibus exhaustum, contributionibus ingentibus praegravatum, oppignoratis fere omnibus sylvis ac allodijs, contractisque debitis maximis, jamjamque in manus Creditorum devolvendum, mira dexteritate ac sollicitudine paterna liberavit, siquidem multorum millium debita feliciter exsolvit, et adhuc nummum D. Successori pro aedificando diruto coenobio reliquit, cum tamen ad initium Regiminis ea sub ipso fuerit calamitas, et inopia, ut unico relicto, quo vehebatur, equo, Creditores eundem privare voluerint" (fol. 17 b f.). — Die Hist. dom. Henr. (S. VIII) berichtet, daß er in den ersten Jahren seiner Amtszeit oft in zerrissenem Leinenwams zum Landrecht nach Frankenstein ritt.

[198]) 1658 zahlte er dem Magister des Matthiasstiftes und dem Breslauer Domkapitel die Schulden zurück. Am 10. März 1658 erließ ihm Abt Andreas Michaelis von Grüssau aus brüderlicher Liebe den Rest eines Darlehens in Höhe von 154 fl. 31 krz. 3 Hellern (Orig. BDA V B 6 a, Fotokopie).

gab der Abt nur bescheidene Summen aus. Während der Landadel die zerstörten Herrenhäuser im Stil einer anspruchsvolleren Zeit aufbaute, hausten Abt und Mönche von Heinrichau in einem Kloster, dessen Gebäude sich von den Wohnungen der bäuerlichen Untertanen kaum unterschieden und die der Chronist, der sie noch aus eigener Anschauung kannte, als „Lehmhütten" bezeichnete. Wenn der Abt als Landeshauptmann des Fürstentums nach Frankenstein reiste, um den Landrechtssitzungen zu präsidieren oder sich als Generalvikar des Ordens zum Provinzialkapitel begab, ritt er wie der einfache Dorfpfarrer seiner Zeit zu Pferde und ließ sich nur von einem Knaben begleiten, der für das Reittier und die Bedürfnisse des Prälaten sorgte. Obwohl Melchior Welzel das Recht besaß, Mitra und Stab zu tragen und sich beim Gottesdienst von einem Priester assistieren zu lassen, verriet seine tägliche Meßfeier nicht, daß der Zelebrant Abt eines exemten Klosters war, denn jede Art von Repräsentation schien ihm eine Verschwendung, und der einzige Aufwand, den er sich und seinem Konvent gönnte, war die Vergrößerung der Stiftsbibliothek und die zeitgemäße Ausstattung der Kirche. Aber selbst hier begegnet man dem sparsamen Sinn des Abtes; denn um keinen seiner Mönche in Verwaltung, Wirtschaft und Seelsorge entbehren zu müssen, übertrug er die Neuordnung der Bibliothek zisterziensischen Flüchtlingen der polnischen Abteien Paradies und Pelplin, denen er getreu dem bäuerlichen Grundsatz, daß wer leben will, auch arbeiten soll, in Heinrichau Wohnung und Nahrung gegen Arbeitsleistung bot[199].

Schon die Zeitgenossen hielten es für ein Wunder, daß es binnen weniger Jahre gelang, das Stift von der Last der Schulden zu befreien und die Güter zurückzugewinnen. Dazu erkaufte Abt Welzel den verwüsteten Rittersitz Pleßguth[200] und errichtete in Münsterberg und Frankenstein neue Niederlassungen, die der klösterlichen Wirtschaftsverwaltung als Kontore und dem Abt als Absteigequartiere dienten[201].

Die Sparsamkeit, zu der der Abt sich selbst und seinen Konvent verpflichtete, grenzt fast an Geiz, wenn man daneben die Ausgaben hält, die Grüssau, Leubus und Rauden für ihre Klostergebäude und Kirchen aufwandten. Im Vergleich mit den prunkvollen Bauten anderer schlesischer Zisterzen dieser Zeit lebten die Ordensleute von Heinrichau

---

[199]) Vgl. G. H. Rother, Aus Schreibstube und Bücherei des ehemaligen Zisterzienserklosters Heinrichau. In: ZVGS 61. 1927, S. 44—80, bes. S. 45. — Um die verpfändeten Güter auszulösen, ließ Abt Welzel 1660 des „Fürstlichen Klosterstiffts Heinrichau Fundationes, Privilegia, Kauff Contracten undt andere Urkunden" sammeln und in ein ledergebundenes Buch eintragen (BDA V 10).

[200]) Hist. brevis, Anhang zum Jahre 1659.

[201]) Compendium fol. 18 a. Auch im Kloster führte der Abt Neubauten durch. So ließ er 1659 auf dem Kammerhof die alten Scheunen abreißen und massive Gebäude errichten, und im selben Jahre stellte er die Fenster der Stiftskirche wieder her (Hist. brevis § 38 und Anhang). 1671 beschaffte er die große silberne Monstranz, die den Stammbaum Jesse darstellt und vom Breslauer Goldschmied Christian Mentzel stammt (auf dem Fuß die Aufschrift: „1671 M.A.H."; die Monstranz befindet sich noch heute in der Heinrichauer Sakristei). 1673 ließ der Abt den großen Glockenturm wiederherstellen und mit einer Uhr und drei Glocken versehen. Zwischen 1676—78 malte Michael Leopold Willmann in seinem Auftrage 4 Gemälde, die man in den Schildbögen des südlichen Langhaus-Seitenschiffes aufstellte.

in einer bescheidenen Behausung. Nur die Kreuzkapelle an der Nordseite des Presbyteriums ließ der Abt modern ausgestalten. Der zentrale spätgotische Raum erhielt eine Ausstattung, die ihm den Charakter eines Oratoriums für Übungen persönlicher Frömmigkeit gab. Das konsequent durchgeführte ikonologische Programm des bitteren Leidens und Sterbens Jesu, das in privater Andacht betrachtet werden will, die schmucklose kleine Grabplatte, die sich der Abt in dieser Kapelle vorbereitete[202], seine eigene Bescheidenheit in persönlichen Ansprüchen, die karge Gestalt der Klostergebäude, die Weigerung des Abtes, das Amt des Generalvikars zu übernehmen[203] und die immer wieder dem Generalabt vorgetragene Bitte, „daß das Generalkapitel aus der Mitte der schlesischen Äbte einen anderen Generalvikar ernennen möchte"[204] — alle diese Momente gewähren einen Einblick in das Wesen dieses Mannes, der unbeirrt seinen Weg ging und in Heinrichau eine klösterliche Gemeinschaft schaffen wollte, deren Charakter sich mit der lebensfrohen Gesinnung des frühen Barock nur schwer vereinbaren ließ. 26 Jahre eines Lebens auf der täglich von Söldnern und Marodeuren bedrohten väterlichen Scholle und die bitteren Erfahrungen einer barbarischen Kriegszeit hatten nämlich Abt Welzel schon vor dem Eintritt in den Orden zu Entsagung und Härte erzogen und zu einem Manne geformt, der selbst seinen Mitbrüdern fremd blieb. Schon die erste Nachkriegsgeneration der Mönche, die sich bereitwillig den modernen Ideen öffnete, konnte ihn nicht mehr verstehen. Der klösterliche Chronist des späten 17. Jahrhunderts, der ihn noch persönlich kannte, gab ihm zwar anerkennend den Ehrentitel eines „zweiten Gründers von Heinrichau", aber er schrieb auch, daß die 24 Jahre seiner Amtszeit „non tam feliciter quam utiliter — zwar nutzbringend, aber wenig glücklich" gewesen seien[205]. Die Aufgabe, das Stift an der Ohle in die Neuzeit zu führen, blieb seinem Nachfolger vorbehalten.

5. Vom Wiederaufstieg bis zur Aufhebung des Klosters (1680—1810)

Als Melchior Welzel am 10. Mai 1680 die Augen schloß, brach für Heinrichau eine Epoche an, in der der Konvent einen Weg betrat, den die übrigen Zisterzen Schlesiens längst begonnen hatten. Es war der einstige Prior Bernhard Rosa, der als Abt von

---

202) Eine kleine Steinplatte im Fußboden vor dem Hochaltar der Kapelle mit der Inschrift „ANNO 1665 MAH" deckt die Konventsgruft, die der Abt anlegen ließ und in der er und sein Nachfolger bestattet wurden. An den freien Wänden der Kapelle steht ein schönes, frühbarockes Gestühl, an der Ostseite drei Altäre und an den Seiten der polygonalen Apsis hocken die hölzernen Statuen der schlafenden Wächter des Hl. Grabes.

203) Der Generalabt mußte ihm erst mit der Exkommunikation drohen, bevor er bereit war, das Generalvikariat zu übernehmen.

204) BDA V B 6 p, Akten des Provinzialkapitels vom 21. Okt. 1669 (Fotokopie). In dem Antrag an das Generalkapitel schrieb Abt Welzel, daß er den Generalabt schon oft um Ablösung gebeten habe, ohne daß seiner Bitte entsprochen wurde.

205) Compendium fol. 18 b.

Grüssau (1660—96) der modernen Gesinnung zum Durchbruch half. Wenn man die glanzvolle Tätigkeit betrachtet, die der hochgebildete Mann als Abt eines fürstlichen Klosters, als Herr über Tausende von Untertanen, als vornehmster Stand des Fürstentums Schweidnitz und als Generalvikar des Ordens entfaltete, und wenn man an die monumentalen Bauten denkt, durch die er Grüssau zum Zentrum der Gegenreformation in Schlesien machte, scheint es eine glückliche Fügung, daß Abt Welzel seinen Prior so früh verlor[206]. Denn man kann sich kaum vorstellen, daß eine fruchtbare Zusammenarbeit von Männern so verschiedenen Charakters auf die Dauer möglich gewesen wäre. Im Gegensatz zu Heinrichau, dessen Abt und Konvent in puritanischer Strenge antiquiert erscheinenden Idealen nachlebten, wurde das Riesengebirgskloster unter Bernhard Rosa der Treffpunkt führender Persönlichkeiten Böhmens und Schlesiens, das weltoffene Zentrum kirchlicher Macht, das jährlich Zehntausende von Pilgern faszinierte. Dem Glanz, den Grüssau ausstrahlte, konnte sich aber auch das Mutterkloster nicht entziehen. Mit dem Tode Melchior Welzels trat in Heinrichau die Generation ab, die vom Erleben des Dreißigjährigen Krieges gezeichnet war. Die Jugend, die die Zügel in die Hand nahm, öffnete sich in starkem Selbstvertrauen modernen Ideen.

In den Jahren nach 1648 traten 15 Absolventen des böhmischen Benediktinergymnasiums Braunau als Novizen in Grüssau ein; 10 weitere Schüler fanden den Weg nach Heinrichau[207], und einer von ihnen war Daniel Meyer, der 1680 die Nachfolge Melchior Welzels antrat und schon zehn Monate später einer Krankheit erlag. Bei der Neuwahl, der Abt Rosa von Grüssau am 20. Februar 1681 präsidierte, einigte sich der Konvent auf einen Fremden, einen Mann, der in der Schule des Grüssauer Abtes aufgewachsen war. Heinrich Viktorin Kahlert, dem die Mönche ihr Votum gaben, stammte aus Braunau und studierte nach der Profeß, die er 1657 in Grüssau ablegte, in Graz, wo er 1662 zum Doktor der Theologie promovierte[208]. Als er nach Schlesien heimkehrte, lernte er den etwa gleichaltrigen Lilienfelder Mönch Martin Ujfalusy aus Sopron (Ödenburg) in Ungarn kennen, der seit 1660 Abt des zerstörten Klosters Zirc und vor den Türken nach Grüssau geflüchtet war[209]; die Freundschaft der beiden jungen Zisterzienser und die Beziehungen Heinrich Kahlerts zu seinem Braunauer Mitschüler Wilhelm Benedikt Hessel, der als Mönch in Lilienfeld lebte, wurden von ausschlaggebender

[206]) Zu Abt Rosa vgl. die Biographie von A. Rose, Bernardus Rosa. — Abt Welzel hatte sich 1660 gegen diese Wahl gewehrt und sich dem Votum erst gebeugt, als Abt Freiberger von Leubus mahnte: „Domine Abba, canonica est electio, Spiritui Sancto non est resistendum" (A. Rose, Bernardus Rosa, S. 28).

[207]) V. Maiwald, Cistercienser aus dem Braunauer Gymnasium. In: CChr. 30. 1918, S. 113—116, hat einige Heinrichauer Professen dieses Gymnasiums übersehen, nämlich: 1. Petrus Hoffmann, geb. 1648, † 20. Febr. 1721; 2. Johann Stieff, geb. 1663, † 19. Juni 1733; 3. Andreas Alt, geb. 1650, † 27. Jan. 1688; 4. Zacharias Zeberer, geb. 1682, † 8. Jan. 1741.

[208]) Zu seiner Biographie vgl. A. Rose, Abt Heinrich Kahlert von Heinrichau (1681—1702) als Mönch im Kloster Grüssau. In Archiv 27. 1969, S. 276—279.

[209]) Schem. Zirc, S. 194.

Bedeutung für die Union der Klöster Heinrichau und Zirc[210]. Seit 1669 war Kahlert bis zu seiner Abtswahl Prior von Warmbrunn und lernte bei den Verhandlungen, zu denen ihn Abt Rosa hinzuzog, die einflußreichen Männer Schlesiens kennen. In dieser Zeit erlebte er die umwälzenden Veränderungen, durch die das Riesengebirgskloster seine neue Form fand, und der Glanz der barocken Zisterze faszinierte ihn so sehr, daß er seinem Abt nachzueifern suchte. Nach dem Brand von 1671 leitete er den Neubau von Warmbrunn und machte die Propstei zum Zentrum des Katholizismus im protestantischen Hirschberger Lande[211].

Die Verhältnisse, die der neue Abt im Stift an der Ohle traf, waren ganz anders als diejenigen, vor die sich Abt Rosa 20 Jahre zuvor in Grüssau gestellt sah. Heinrichau war schuldenfrei, die Güter befanden sich in blühendem Zustand und brachten reichen Ertrag, und schließlich hatte Abt Welzel bei seinem Tode viel Bargeld hinterlassen. Doch im Unterschied zu Grüssau war das Kloster eine bescheidene Anlage. Das glanzlose, veraltete Bauwerk mittelalterlicher Zeit, das man nach Bränden und Verwüstungen immer wieder ausgebessert hatte, entsprach nicht den Vorstellungen einer Mönchsgemeinschaft, die zur Tätigkeit in der Welt entschlossen war. Da das Stift genügend finanzielle Mittel besaß, begann der Abt 15 Monate nach seiner Wahl den Neubau der Klausur und trieb das Werk so rasch voran, daß der Konvent schon 1685 einen Teil der Räume beziehen konnte[212]. 1688 war das Quadrum mit den drei Flügeln und den beiden Flankentürmen der Prälatur vollendet. Gleichzeitig wurde der gotische Innenraum der Stiftskirche umgestaltet und ihr Außenbau modernisiert, indem man eine neue Westfassade vorblendete und an der Ostseite die beiden Kuppelkapellen der Hl. Dreifaltigkeit und des hl. Joseph anbaute. Dann begann man das neue Gästehaus, den Verwaltungs- und Offizinentrakt und die Brauerei, die den Kern der klösterlichen Anlage umrahmen. An der Straße des Oberdorfes entstand ein neues Torhaus, und auf dem repräsentativen Freiplatz vor der Kirche und Prälatur errichtete der Abt die Mariensäule, die Dreifaltigkeitssäule und den Josephsbrunnen. Nach dem Vorbilde österreichischer Klöster wurden Gärten und Höfe in moderner Weise konzipiert und der Stiftsbezirk nach Süden erweitert. Innerhalb von kaum zwei Jahrzehnten wurde so aus der unscheinbaren mittelalterlichen Zisterze eine prunkvolle, ländliche Residenz mit Palastfassaden, Ehrenhöfen und Ziergärten, bei der sich jeder Bau einem Programm von imposanter Geschlossenheit einfügte. Seit Abt Kahlert 1696 die Dreifaltigkeitsbruderschaft gründete, strömten zu den Hauptfesten jährlich Zehntausende von Wallfahrern herbei und bildeten die festliche Kulisse für liturgische Prozessionen und Gottesdienste.

---

210) P. Wilhelm Benedikt Hessel aus Braunau, 1659 Schüler der 4. Klasse, legte 1674 in Lilienfeld Profeß ab, war 1683 Küchenmeister und starb am 7. Dez. 1691 als Hofmeister von Pfaffstätten. Er verfaßte einen Bericht über die 9wöchige Belagerung Lilienfelds durch die Türken (V. Maiwald S. 115).

211) G. Grundmann, Schlesische Architekten im Dienste der Herrschaft Schaffgotsch und der Probstei Warmbrunn (Stud. z. dt. Kunstgesch. 274). Straßburg 1930, S. 12 f.

212) Die Grundsteinlegung am 29. Juni 1682 war zugleich der Tag, an dem die Patres Tobias Ackermann und Clemens Hoffmann die feierliche Primiz begingen (Catal. S. 18).

Trotz der aufwendigen Bauten waren aber die finanziellen Mittel des Klosters fast unerschöpflich. Jahr für Jahr gab Abt Kahlert große Summen für Bauunternehmungen aus, für kostbare Ornate, Reliquiare, Gemälde, Monstranzen und Kelche; jährlich forderte der Staat seinen Beitrag zur Türkensteuer, und trotzdem konnte der Prälat außer den Stiftsgebäuden die schloßartigen Herrenhäuser in Raatz und Schönwalde errichten und die Besitzungen des Stifts noch beträchtlich erweitern. 1686 erkaufte er für 5000 fl. die beiden Freigüter in Raatz, die er zu einem neuen Vorwerk zusammenlegte[213]. 1687 erwarb er für 5000 fl. die Scholtisei in Bernsdorf mit einer Schmiede, zwei Mühlen und drei Häuslerstellen[214], 1688 für 25 000 fl. die Ortschaft Seitendorf mit Scholtisei, Vorwerk und Kirchpatronat[215], 1691 für 9000 fl. die Scholtisei Schönwalde[216], 1693 für 4200 fl. ein Haus bei den Kapuzinern in Breslau[217], 1695 für 2226 fl. die Scholtisei in Herzogswalde[218], 1697 für 8350 fl. das Haus „Zum Schwarzen Hans" in Breslau[219]. Die wichtigste Neuerwerbung aber war das ungarische Stift Zirc, das seit den Türkenkriegen zerstört lag und das Abt und Konvent von Lilienfeld für 31 000 fl. dem Stift Heinrichau verkauften, das dabei die Pflicht übernahm, das verwüstete Kloster im Bakony wiederherzustellen[220].

Alle diese Käufe kosteten mehr als 70 000 fl., und mindestens ebenso viel forderten die Bauunternehmungen und die Beiträge zur Türkensteuer. In welch glänzender Verfassung muß sich Heinrichau befunden haben, wenn es diese Mittel aufbringen konnte! Der zeitgenössische Chronist des „Compendium" nennt daher die Epoche dieses Abtes „das goldene Zeitalter" von Heinrichau, und wer bereit ist, Rechtfertigung und Glanz einer monastischen Institution an der Bilanz der ökonomischen Betriebe, an der wachsenden Finanzkraft und am Prunk der Bauten zu ermessen, wird seinem Urteil zustimmen. Unter Abt Kahlert errang das Stift an der Ohle eine Machtstellung, die es im Laufe seiner bisherigen Entwicklung nie besessen hatte. Bei den Steuerschätzungen der Oberamtsregierung stand es nach dem Fürstbischof und den Klöstern Leubus, Trebnitz und Grüssau unter den geistlichen Einrichtungen Schlesiens an führender Stelle. Einen genaueren Einblick in die finanziellen Verhältnisse bietet die Consignation der Einnahmen und Ausgaben, die der Abt 1685 im Klosterarchiv hinterlegte. Nach dieser Aufstellung reichten die jährlichen Einkünfte an Geldzinsen, Getreideabgaben und Zehnten in Höhe von rund 9000 fl. aus, um den Aufwand für den Lebensunterhalt des Abtes und Kon-

---

213) Compendium fol. 21 b f.; Synopsis S. 39 zum 12. Nov. 1686.

214) BDA V B 6 f (Fotokopie). Damit gehörte Bernsdorf, dessen Grundherrschaft das Stift schon 1396 erwarb, ganz dem Kloster.

215) Synopsis S. 44. Das Landrecht zu Frankenstein bestätigte den Kauf 1689 und Fürst Franz Karl konfirmierte ihn 1710 (Compendium fol. 22 b).

216) BDA V B 6 f zum 13. Juli 1691 (Fotokopie).

217) Compendium fol. 24 a.

218) Compendium fol. 25 a.

219) BDA V B 6 f zum 6. Juli 1697 (Fotokopie).

220) Kaufkontrakt vom 15. Dez. 1699, gedr. bei Sohr 117, S. 34 ff. Vgl. auch K. Horváth, Hogyan szerezte meg Henrichau a Zirci apátságot? Budapest 1943, S. 8 f.; Alpár S. 18 f.; Békefi 12. 1900, S. 98.

vents, die Löhne der Offizianten, Bediensteten und des Gesindes, die laufenden Steuern, Reisespesen, Kosten für Wein, Medikamente, Wachs, Öl und Paramente und die Ausgaben für Almosen und den laufenden Unterhalt der Klostergebäude und Wirtschaftshöfe zu tragen[221]. Diese Einnahmen allein hätten genügt, die Existenz des Klosters sicherzustellen, ohne daß sich der Konvent in seinen Ansprüchen hätte einschränken müssen. Alle anderen Einkünfte des Stifts vom Ertrag seiner Vorwerke mit ihren vorzüglichen Böden und reichen Ernten, aus den Forsten mit ihren wertvollen Baumbeständen, der einträglichen Fischzucht, der Produktion der Bauerei und dem Betrieb gewerblicher Unternehmungen konnte Abt Kahlert als Reingewinn verbuchen und für Bauten, Gärten, Denkmäler und den Ankauf neuer Güter und teurer Kunstwerke verwenden.

Die Bedeutung, die das Kloster im Rahmen des habsburgischen Staates gewann, veränderte aber auch das Selbstverständnis und die Verfassung des zisterziensischen Konvents. Das einstige Ideal des Mönchtums von Cîteaux trat in den Hintergrund, und vor dem bestechenden Glanz äußerer Machtentfaltung verblaßte die asketische Strenge zu einem Wert, den die neue Generation der Mönche nicht mehr verstand. Der junge Novize, der im späten 17. und im 18. Jahrhundert in Heinrichau eintrat, wußte genau, daß er sein Leben nicht fern der Welt in Meditation, Studium und Gebet verbringen würde, sondern daß ihn Aufgaben erwarteten, die ihm als Seelsorger einer Pfarrei, als Ökonomieverwalter, Hofmeister, Offizial oder Betreuer von Pilgerscharen in der Öffentlichkeit mehr Ansehen verschafften, als es der einfache Landpfarrer aus dem Säkularklerus je erringen konnte. Die Verbindung mit Zirc stellte den Mönchen noch weitere Aufgaben und führte im Laufe der Zeit auch zu Veränderungen in der Zusammensetzung des Konvents. Um das Tochterkloster wiederherzustellen, nahm man in Heinrichau im 18. Jahrhundert eine größere Zahl Ordensleute auf als in anderen Zisterzen[222], und dazu stellte das Stift Bauern, Handwerker und Künstler, die bereit waren, sich im Bakony eine neue Existenz zu schaffen. Daher bevorzugte man bei der Aufnahme der Novizen junge Männer, die durch Herkunft und Sprache mit den ungarischen Verhältnissen vertraut waren. In der zweiten Hälfte des 18. Jahrhunderts traten in Heinrichau zahlreiche Jugendliche ungarischer Nation ein, die ihr Noviziat und Studium in Heinrichau absolvierten und die Erfahrungen, die sie dabei gewannen, beim Wiederaufbau von Zirc verwerteten; denn von Heinrich Kahlert bis Konstantin

[221]) Orig. BDA V B 6 c vom 20. Jan. 1685 mit Unterschrift und Siegel des Abtes.

[222]) In den Quellen finden sich zahlreiche Angaben zur Konventstärke von Heinrichau; da sich darin zugleich die Entwicklung des Klosters widerspiegelt, seien hier einige Zahlen angeführt: vor 1553: 1 Abt, 2 Mönche; 1554: 17, 1555: ca. 30 Mitglieder; 1596: 13, 1616: 12, 1630: 14, 1633: 12, 1635: 5, 1644: 7, 1651: 12, 1654: 17, 1656: 21, 1682: 27, 1702: 39, 1722: 45, 1724: 52, 1725: 45, 1732: 51, 1749: 55 Mitglieder; 1763: 53 Professen, 5 Novizen, 2 Konversen (davon in Zirc: 16 Professen, 2 Novizen, 1 Konverse); 1778: 70 Mitglieder; 1803: 1 Abt, 68 Professen, 1 Konverse (davon in Zirc: 24 Professen). — Dagegen zählte der Konvent von Leubus im Jahre 1800 nur 57, Kamenz 44, Rauden 29, Grüssau 48 und Himmelwitz 20 Ordensleute.

Gloger waren alle Äbte bestrebt, die Besitzungen des Tochterklosters aus der Verpfändung auszulösen, die Stiftsdörfer zu besiedeln, die Vorwerke wieder aufzubauen, Pfarrkirchen und Schulen einzurichten und die Einkünfte von Zirc zu mehren.

Als Heinrich Kahlert am 6. April 1702 starb, wählte der Konvent den Prior Tobias Ackermann (1702—22) zum Nachfolger. Der neue Abt setzte die unvollendeten Unternehmungen seines Vorgängers fort, erbaute die Vorhalle der Stiftskirche, die Orangerie, den Abtspavillon, die Infirmerie und das Noviziat und die lange Reihe von Wohnhäusern im neuangelegten Ortsteil der „Neustadt", wo er die Stiftshandwerker mit ihren Familien ansiedelte[223]. Dabei verfolgte er den Plan, ähnlich wie in Leubus vor den Toren des Stifts einen Marktflecken zu begründen; doch scheiterte die Durchführung an der Höhe des Einsatzes, den Heinrichau seit dem Frieden von Szatmár (1711) im Bakony leistete. Wenn daher manche Bauten der barocken Klosteranlage an der Ohle provisorischen Charakter tragen, so muß man sich die Stiftskirche, das klösterliche Quadrum und die Vorwerke vor Augen halten, die die Äbte von Heinrichau in Zirc errichteten. Seit 1711 entsandte das schlesische Kloster Mönche, Siedler und Handwerker nach Ungarn, und Abt Ackermann und seine Nachfolger stellten einen großen Teil der schlesischen Einkünfte zur Verfügung, um die Abtei im Bakony aufzubauen. Abt Gregor Regnard (1725—32), der vor seiner Erwählung 10 Jahre Administrator von Zirc war, setzte seine ganze Kraft ein, um das Tochterkloster wiederherzustellen. Sieben Jahre hindurch floß ein Viertel des Einkommens von Heinrichau nach Ungarn. 1726 reiste der Abt persönlich in den Bakony, ordnete am 9. Juli dieses Jahres die Übersiedlung der Mönche von Pápa nach Zirc an und legte am 12. März 1727 den Grundstein zum Neubau der Klausur. Drei Jahre später weilte er wieder in Ungarn und benedizierte am 15. Mai 1732 das Fundament der Stiftskirche. Die Früchte seiner segensreichen Tätigkeit konnte Zirc schon bald ernten. Gutshöfe, Weinberge, Stiftsdörfer und verpachtete Ländereien brachten reichen Ertrag, so daß sein Nachfolger Gerhard Wiesner (1732—49) beim Bau der Abteikirche die von Jahr zu Jahr wachsende Zahl der Untertanen heranziehen und das Mutterkloster spürbar entlasten konnte. Als sich in dieser Zeit die Erben des Grafen Joseph Hoditz von Wolfranitz zum Verkauf der Herrschaft Schönjohnsdorf mit ihrer Wasserburg, 8 Ortschaften und Vorwerken und ausgedehnten Forsten gezwungen sahen, entschloß sich Abt Wiesner zum Kauf. Das Stift erwarb die Herrschaft für einen Kaufpreis von 168 000 fl., für 2000 fl. Schlüsselgeld und eine Taxe von 6000 fl. an die Königl. Kammer und schuf damit die lange erstrebte territoriale Verbindung des Heinrichauer Kernlandes mit der Exklave Dobrischau am Rummelsberge und wurde so der reichste Grundbesitzer in Mittelschlesien südlich der Oder[224]. Der hohe

---

[223]) Diese rund 20 Häuser zählende Reihe nannte man bis zur Vertreibung der deutschen Bevölkerung „Laienbrüderhäuser" oder „Offiziantenhäuser". Hier wohnten die zahlreichen Handwerker des Stifts. Außerdem erbaute der Abt an der jetzigen Bahnhofstraße im Niederdorf 7 Stellen für Gärtner, die sogen. „Drescherhäuser".

[224]) Der Kaufkontrakt wurde am 9. Dez. 1738 geschlossen, nachdem der Kaiser am 3. Okt. 1738 die Genehmigung erteilt hatte. Dabei erhielt das Stift die Herrschaft nicht als Kirchenlehen

finanzielle Einsatz, den Heinrichau bei dieser Gütererwerbung leisten mußte und die Schäden und Verluste, die der 1740 ausbrechende 1. Schlesische Krieg verursachte, verzögerten aber auch den Wiederaufbau von Zirc, der bis nach 1750 hauptsächlich vom Engagement des schlesischen Mutterklosters abhing.

In den letzten Jahrzehnten seiner Existenz stand das Stift unter der Herrschaft der Krone Preußens, die dem Orden von Cîteaux nur noch wenig Spielraum zur eigenständigen Entwicklung ließ. Nach dem Friedensvertrag von 1742 mußte Friedrich d. Gr. zwar die Existenz der Klöster respektieren; aber schon am 24. November 1742 verfügte er, daß die Stifte bei der Wahl ihrer Äbte die Genehmigung der Kriegs- und Domänenkammer einholen sollten, und seit 1744 durfte der Konvent bloß noch drei Kandidaten vorschlagen, aus denen der König den neuen Abt nominierte[225]. Im selben Jahre führte er einen Steuerkataster ein, durch den die Besitzungen des Bischofs, des Domkapitels und der Klöster bis zur Hälfte ihrer Einkünfte belastet wurden; außerdem mußte der Abt von Heinrichau bei seiner Ernennung 1500 Rtlr. und dazu jährlich 4000 fl. in Gold an die Pensionskasse des Staates zahlen. 1745 verbot der Monarch die Aufnahme ausländischer Novizen, und seit 1746 sollte sich jeder junge Mann, der in den Orden eintrat, einer staatlichen Examination unterziehen[226].

---

wie seine übrigen Güter, sondern „jure mere laicali". Da Abt Wiesner befürchtete, die Kaufsumme nicht aufbringen zu können, bat er das Generalkapitel 1740 um die Erlaubnis, Seitendorf verkaufen zu dürfen. Das Generalkapitel lehnte den Antrag ab, so daß das Stift Seitendorf behielt und Schönjohnsdorf dazu erwarb (BDA V B 6 p, Provinzialkapitelsakten von 1740, Fotokopie).

[225]) Über die Leiden des Klosters bei der Besetzung Schlesiens durch Friedrich d. Gr. hat Pfitzner (S. 225—241) ausführlich berichtet. Einer sorgfältigen Untersuchung bedürfte allerdings noch die Politik des preußischen Staates gegen die Zisterzienser und die Frage, welche Einschränkungen und Belastungen die preußische Monarchie den Klöstern auferlegte. Da hier aber nicht der Raum dazu ist, seien nur noch einige Mitteilungen aus den Quellen angeführt, die Pfitzner nicht berücksichtigt hat:
Am 24. Juli 1741 schrieb der Abt von Neuzelle dem Generalabt aus Dresden, daß die Preußen besonders die Klöster Leubus, Heinrichau und Trebnitz arg verwüstet hätten, wobei es „hauptsächlich auf die Priester und Mönche" abgesehen sei (CChr. 15. 1903, S. 111 f.). Das schlimmste Unglück traf Heinrichau mit der vom König persönlich angeordneten Strafexpedition, die General Graf Götzen am 5. Aug. 1741 mit 12 000 Mann durchführte und bei der das Stift und seine Dörfer aller Geräte und Vorräte beraubt wurden (Hist. brevis § 44). Der Subprior Anton Stephan und P. Nivard Sperling wurden dabei festgenommen und 2 Monate in Breslau inhaftiert, der Küchenpräfekt P. Matthäus Müller wurde von einem Soldaten angeschossen (Catal.). — Im Bayerischen Erbfolgekrieg mußte sich Abt Konstantin Haschke im April 1778 vor dem König in dessen Hauptquartier Schönwalde wegen der habsburgfreundlichen Einstellung des Konvents verantworten und eine Rüge hinnehmen. Aber schon im Oktober dieses Jahres fielen kaiserl. Husaren des Grafen Imre Eszterházy in Heinrichau ein, nahmen den Prior Alanus Scholtz und den Provisor Benedikt Engler gefangen und verschleppten sie mit dem Kamenzer Abt Raphael Rößler nach Ungarn, wo sie bis zum 10. Febr. 1779 als Staatsarrestanten in Zirc bleiben mußten (Catal. S. 65 ff.).

[226]) Als daher Fr. Martin Faust aus Veszprém am 24. Juli 1746 nach Heinrichau kam, um ins Noviziat einzutreten und die staatliche Erlaubnis noch nicht vorlag, fürchtete Abt Wiesner, daß die Behörden den Postulanten zum Militärdienst zwingen würden; daher verbarg er ihn so lange im Kloster, bis die königl. Lizenz für das Noviziat eintraf (Catal. S. 50 f.).

Die Eingriffe des preußischen Staates führten in Heinrichau zu Ungerechtigkeiten, die den Bestand des Doppelklosters auf die Dauer in Frage stellten. Die finanziellen Forderungen trafen alle schlesischen Klöster in gleicher Weise. Aber die Zurücksetzung der ausländischen Novizen, die man in Heinrichau wegen der Union mit Zirc aufnahm, weckte zwangsläufig den Widerspruch der Betroffenen und provozierte die habsburgischen Behörden zu Gegenmaßnahmen gegen das schlesische Stift. Während sich Maria Theresia bei der Bestätigung der Äbte Rieger (1749) und Haschke (1763) noch mit der Erhebung der üblichen Taxe für Zirc begnügte und den Abt im Majestätsbrief vom 30. Mai 1749 nur zur baldigen Wiederherstellung des Tochterklosters, zur Auslösung der verpfändeten Güter und zum Aufbau der verwüsteten Vorwerke verpflichtete[227], stellte die kaiserliche Regierung dem Abt Markus Welzel bei der Bestätigung am 13. August 1779 wesentlich härtere Bedingungen: Der Abt sollte der Statthalterei über die Verwaltung von Zirc regelmäßig Rechenschaft ablegen, kein Geld aus dem Lande ausführen und der Fortifikationskasse einen Jahresbeitrag von 159 fl. 55 krz. zahlen[228]. Konstantin Gloger endlich, der letzte Abt von Heinrichau und Zirc, erhielt am 23. September 1793 die Auflage, jährlich 1769 fl. 36 krz. zur Landesverteidigung beizutragen, künftig nur noch gebürtige Ungarn zu Prioren von Zirc zu ernennen und jeden Ordensmann vor der Anstellung in der Seelsorge durch den Diözesanbischof examinieren und approbieren zu lassen[229]. Gloger hat sich diesen Forderungen gebeugt und legte allein gegen die Höhe der Steuer Protest ein. Die Bedingung, daß der Prior ein Ungar sein sollte, verstand der Abt in der Weise, daß unter ungarischen Ordensleuten Zisterzienser aus habsburgischen Provinzen gemeint waren, und da man in Heinrichau die Benachteiligung der ausländischen Professen bei der Abtswahl schon lange für ein Unrecht hielt, hatten die Äbte zu Prioren, Subprioren und Güteradministratoren des Tochterklosters schon seit 1750 fast ausnahmslos ungarische, böhmische und mährische Mönche ernannt und sie gelegentlich auch mit wichtigen Ämtern in Heinrichau selbst betraut[230]. Wenn in den letzten Jahren vor der Säkularisation die Beziehungen der beiden Klöster trotzdem von Mißtrauen vergiftet wurden, so kann man diese Spannungen mit gutem Gewissen nicht dem Abt Gloger zur Last legen, wie es sein Nachfolger Abt Remigius Békefi von Zirc (1911—24) ein Jahrhundert später versuchte[231]. Die Schuld für die Zerstörung des inneren Friedens im Konvent von Zirc, in dem nach den Worten des Visitators von 1803 „die gegenseitige brüderliche Liebe erloschen war", liegt in erster Linie bei den staatlichen Institutionen Preußens und Ungarns, denen die Durchsetzung

[227]) A. Müller, Urkunde der Kaiserin Maria Theresia über die Zisterzienserabtei Zircz in Ungarn. In: Archiv 9. 1951, S. 222—225.

[228]) Alpár S. 33; Sohr 117, S. 43 und Anm.

[229]) Sohr 117, S. 152; Békefi 12. 1900, S. 102; Alpár S. 41 f.

[230]) So war 1790—93 P. Candidus Vas (Eisinger), geb. 1735 in Polány, Prior von Heinrichau; P. Rochus Hofer, geb. 1738 in Székesfehérvár, war 1763—66 Professor an der Lateinschule in Heinrichau, und P. Gregor Török, geb. 1764 in Jobbaház, verwaltete 1792—96 das Amt des Praefectus Culinae (Schem. Zirc. S. 201 ff. und Catal.)

[231]) Békefi 12. 1900, S. 128 f.

staatskirchlicher Vorstellungen wichtiger erschien als die Erhaltung des Friedens in dem schlesisch-ungarischen Doppelkloster, das als kirchliche Einrichtung auf dem Territorium von zwei Staaten, die einander feindselig gegenüberstanden, zwischen die Mühlsteine absolutistischer Machtpolitik geriet. Auch die kirchliche Hierarchie — besonders Bischof und Domkapitel von Veszprém — trugen ein gerütteltes Maß an Schuld, wenn die Union von Heinrichau und Zirc schließlich mit einem bitteren Mißklang endete; denn nach dem Untergang der burgundischen Zentralinstitutionen von Cîteaux sah Weihbischof David Zsolnay von Veszprém die Zeit gekommen, die exemte Zisterze im Bakony der Kontrolle des Diözesanbischofs zu unterwerfen, und scheute dabei keines der damals üblichen politischen Mittel, um den schlesischen Abt, der die Rechte des Ordens verzweifelt verteidigte, aus Ungarn zu verdrängen. Dabei kam ihm eine Partei im Konvent von Zirc entgegen, die sich um den Prior Anton Dréta scharte und bereit war, die Forderungen der brüderlichen Liebe im Orden und des Gehorsams gegen den Abt zugunsten der nationalen Idee, daß kein Ausländer in Ungarn possessionsfähig sein sollte, leichtfertig zu verraten, und nicht einmal vor Haß und Verleumdung zurückschreckte.

Die Auseinandersetzung mit der Statthalterei von Buda, den Diözesanbehörden von Veszprém und dem Prior Dréta beherrschte vollständig die letzten Jahre der Existenz des schlesischen Klosters. Noch im Herbst 1810 reiste Abt Gloger nach Wien, um den Kaiser über die Intrigen seiner Gegner zu informieren und sich gegen den Vorwurf der Possessionsunfähigkeit zu verteidigen. „Wenn es dem ungarischen Klerus und den Ständen gefallen hat", so schrieb er dem Monarchen schon am 14. August 1810, „einen öden abtey platz zu bebauen, ein Stift aufzuführen, mehrere Dörfer mit Kirchen anzulegen, kurz: aus einer Einöde durch schlesische Geistliche wohlkultivierte Herrschaften, die bisher ein Muster in der Landwirtschaft für ganz Ungarn waren, herstellen zu lassen, so muß es ihnen auch gefallen, diese Geistlichen als ihre Mitbürger... anzusehen; qui vult, quod antecedit, non debet nolle, quod consequitur. Sonst wäre ja dieses ein abscheulicher Undank, und ein schwieriger Nationalhaß, welchem Eure Majestät als Kaiser von Österreich und Vater ihrer deutschen Unterthanen keine Nahrung geben werden"[231a].

Diese letzte Unternehmung des Abtes aber verlief enttäuschend. Während Gloger noch glaubte, die bedrohten Freiheitsrechte seines Ordens verteidigen zu müssen, wußte man in Wien bereits, daß die Aufhebung der Klöster in Preußen schon beschlossene Sache war. Die einzige Antwort, die Kaiser Franz I. bei der Audienz im September 1810 auf die Beschwerde des Abtes fand, war daher der Hinweis auf die bevorstehende Säkularisation und die Aufforderung, schleunigst heimzureisen. Erschüttert kehrte Gloger nach Heinrichau zurück und empfing am 22. November die offizielle Nachricht, daß König

[231a]) Abschrift BDA V B 6 d, Fotokopie

Friedrich Wilhelm III. und Staatsminister Hardenberg am 30. Oktober 1810 das Edikt unterzeichnet hatten, das 97 Institutionen der katholischen Kirche in Schlesien und nach 583jährigem Bestehen auch dem Kloster Heinrichau ein Ende setzte[232].

6. Die Schicksale des Klosters nach der Säkularisation

Das königliche Edikt betraf mit dem Abt 39 schlesische und einen ungarischen Zisterzienser, die im Stift an der Ohle lebten. Da viele von ihnen bereit waren, das monastische Leben auch im Ausland weiterzuführen, wandte sich Abt Konstantin Gloger an den Kaiser mit der Bitte, ihm und seinen Mönchen den Übertritt in das unierte Stift Zirc zu erlauben, auf das alle Ordensleute von Heinrichau ohnehin die Profeß abgelegt hatten. Die Statthalterei von Buda lehnte den Antrag ab und wies den Prior Anton Dréta an, sich mit Weihbischof Zsolnay in Verbindung zu setzen, falls Gloger trotzdem nach Zirc kommen sollte[233]. Damit war den schlesischen Mönchen jede Möglichkeit, im Orden zu bleiben, genommen. P. David Coneider aus Györ (Raab), der einstige Subprior von Zirc, der seit 1803 in Heinrichau lebte, durfte als einziger in den Bakony übersiedeln, da er aus Ungarn stammte[234]. Der Konvent von Zirc, dessen Abt Konstantin Gloger auch nach der Suspension durch die kaiserlichen Behörden bis zu seinem Tode blieb, zählte bei der Aufhebung von Heinrichau 24 Mitglieder, davon 5 aus preußisch-Schlesien und 3 aus dem österreichischen Anteil des Breslauer Bistumslandes; sie durften alle in Ungarn bleiben[235].

Die preußische Regierung verpflichtete den Abt und seine Mönche zum Offenbarungseid, um alle Besitzungen, Rechte, Ansprüche und Effekten des Klosters, dessen Schulden seit den verlorenen Kriegen gegen Napoleon nur 110 000 Rtlr. betrugen, ungeschmälert dem Fiskus zu sichern. Jede Veruntreuung und jedes Verschweigen wurden als Verstoß gegen die vaterländische Pflicht gewertet und mit drakonischen Strafen bedroht. Trotzdem wagten es einige Ordensleute, dem Staat, der sich bei seinem Raubzuge gegen die

---

[232]) Das Säkularisationsedikt vom 30. Okt. 1810 ist gedruckt bei Pfitzner S. 272 f., Rose S. 286 f. Anm. 28 und oft. Das Edikt wurde erst Montag, den 19. Nov. 1810 in der Breslauer Zeitung Nr. 137 veröffentlicht, und schon am folgenden Donnerstag, dem 22. Nov., erschien der Staatl. Säkularisationskommissar in Heinrichau, um dem Konvent die Auflösung mitzuteilen.

[233]) Békefi 12. 1900, S. 133.

[234]) Békefi 12. 1900, S. 132.

[235]) Catal. — Die aus preußisch-Schlesien stammenden Patres waren: 1. Bernhard Tschöke aus Wünschelburg († 22. Mai 1820 in Zirc); 2. Karl Schmidt aus Landeck († 6. Dez. 1819 in Landeck; er verließ Zirc erst 1813); 3. Alberich Mann aus Schildberg († 29. Juni 1855 in Zirc); 4. Petrus Zimmermann aus Alt-Wansen († 1. März 1814 in Zirc); 5. Joseph Kuhnert aus Neukirch († 19. März 1823 in Wiesenthal; er verließ Zirc erst 1813). Aus österreichisch-Schlesien (Fürstentum Neisse) kamen folgende Patres; 6. Christoph Haunschild aus Edelstadt († 14. Juni 1817 in Zirc); 7. Melchior Lux aus Gurschdorf († 30. Juni 1818 in Székesfehérvár); 8. Gottfried Bauch aus Neu-Wilmsdorf († 18. Juli 1844 in Zirc).

klösterlichen Güter zum Richter über das Gewissen der Konventualen aufwarf, einen kleinen Teil des enteigneten Vermögens zugunsten sozialer und caritativer Einrichtungen zu entziehen. P. Vinzenz Mattauschek, der 1822 als Pfarrer von Krelkau starb, begründete aus Mitteln der Säkularisationsmasse ein Spital, in dem arme alte Leute Unterkunft, Holz und Zehrgeld bekamen; diese Stiftung, die er bei der Pfarrkirche von Krelkau fundierte, sicherte er in seinem Testament sorgfältig ab, so daß selbst die nationalsozialistischen Behörden von 1933—45 die Institution nicht anzutasten wagten[236]. P. Konstantin Gloger, ein Neffe des letzten Abtes, schenkte der Kapelle seines Heimatortes Eichau bei Münsterberg einzelne Stücke des Heinrichauer Kirchenschatzes und erkaufte von dem Kapital, das er der Säkularisationskommission verheimlichte, ein 40 Morgen großes Bauerngut, das sog. „Pfarrgütel" in Weigelsdorf, das er bei seinem Tode testamentarisch der Pfarrei vermachte.

Als die Möglichkeit, nach Zirc überzusiedeln, gescheitert war, traten die Heinrichauer Konventualen in den Dienst der Diözese über und betreuten noch lange Zeit die früheren Stiftspfarreien[237]. Der letzte schlesische Zisterzienser, der schon erwähnte P. Konstantin Gloger, war bis zum Tage seines goldenen Priesterjubiläums am 8. Juni 1855 Pfarrer von Weigelsdorf, trat dann in den Ruhestand und starb am 1. Juni 1864 auf dem „Pfarrgütel" in Weigelsdorf[238]. Der letzte ungarische Konventuale, der in Heinrichau Profeß abgelegt hatte, war Dr. Ferdinand Villax aus Pápa, der am 13. September 1857 als Abt von Zirc und als zweiter Nachfolger des letzten Heinrichauer Abtes starb.

Abt Konstantin Gloger zog sich nach dem Scheitern seiner Pläne in die Nähe seines Heimatortes Ellguth nach Patschkau zurück, wo er am 18. Juni 1814 aus dem Leben schied und in der Stiftskirche von Heinrichau bestattet wurde. Sein Tod beendete auch die Union mit Zirc, so daß Kaiser Franz I. am 19. August 1814 den bisherigen Prior Anton Dréta zum Nachfolger ernannte[239]. Damit erhielt das Stift im Bakony, das um 1540 den Angriffen der Türken erlag und von den Äbten von Heinrichau zu neuem Leben erweckt wurde, nach fast drei Jahrhunderten wieder einen Ungarn zum Leiter. Aber schon 7 Jahre später kam es im Kloster zu Spannungen, weil der Konvent den Abt, der sich als Prior konsequent für die Trennung von Heinrichau eingesetzt hatte, Ver-

---

[236]) Vgl. Heimat in Wort und Bild. Hrsg. J. Preiß. Hamm o. J., S. 74 f.

[237]) Nach der Säkularisation waren folgende Konventualen in der Seelsorge tätig: 1. Thaddäus Krause in Alt-Heinrichau, 2. Aurelius Kittl in Breslau, 3. Abundus Schmidt in Wiesenthal, 4. Pius Jokischmann in Weigelsdorf, 5. Mansuetus Lindner in Schönwalde, 6. Ceslaus Mitschke in Frömsdorf, 7. Vinzenz Mattauschek in Krelkau, 8. Nikolaus Fröhlich in Alt-Heinrichau, 9. Ernst Hartmann in Krelkau, 10. Hermann Hellmann in Heinrichau, 11. Laurentius Gallisch in Prauß, 12. Dominikus Volkmer in Wiesenthal, 13. Malachias Meyer in Wangern, 14. Florian Bartsch in Schönwalde, 15. Raphael Fleischer in Münsterberg, 16. Plazidus Vogt in Frömsdorf, 17. Balthasar Dempe in Koppitz, 18. Adalbert Menzel in Reichenau, 19. Konstantin Gloger d. J. in Weigelsdorf, 20. Benedikt Kastner in Frömsdorf.

[238]) A. Pelke. In: Münsterberger Land. Ein Heimatbuch. Hrsg. A. Kretschmer. Münsterberg 1930, S. 123.

[239]) Békefi 12. 1900, S. 133. P. Anton Dréta war schon seit dem 4. Sept. 1812 Abt von Pilis-Pásztó (vgl. Catal.).

schwendung klösterlicher Güter und arrogantes Verhalten zum Vorwurf machte. Da sich Abt Dréta an keine Kapitelsbeschlüsse hielt, rebellierten die Mönche gegen ihn, so daß der Fürstprimas von Ungarn eingriff und Drétas Abtsrechte einschränkte[240]. Als der Abt am 28. Dezember 1823 vereinsamt und verbittert starb, hinterließ er das Stift im Bakony in zerrütteten Verhältnissen, und der Konvent wählte seinen entschiedensten Gegner, den P. Ferdinand Villax, zum Nachfolger[241].

Die Stiftspfarreien von Heinrichau stellte die preußische Regierung bei der Säkularisation unter königliches Patronat. Die alte Heinrichauer Pfarrkirche St. Andreas vor dem Niedertor wurde 1812 aufgegeben und ihre Parochialrechte der Stiftskirche überwiesen, die so die Pfarrkirche der zivilen Gemeinde wurde[242]. Der Pfarrer erhielt den nördlichen Teil des Ostflügels der klösterlichen Klausur zur Wohnung und den 3 Morgen großen Obstgarten des Stifts als Nutzgarten.

Aus der Masse der säkularisierten Güter sonderte die Regierung Schönwalde mit Herzogswalde und Raschgrund sowie Raatz und Seitendorf aus und überließ sie dem General von Steinmetz, dem Rittmeister von Pfeil und dem Baron von Röll. Die Wälder auf dem Eulengebirge — der spätere Forst Karlsberg — blieben mit Rücksicht auf die von ihnen eingeschlossene Festung Silberberg im Besitz des Fiskus. Alle übrigen Güter — nämlich 15 Vorwerke, 3710 ha Gutsäcker, Wiesen, Weiden und Gewässer, dazu 2780 ha Forsten und Wälder, sämtliche Gebäude, lebendes und totes Inventar, Jurisdiktion, Brau- und Branntweinurbar, Jagdrechte, Fischerei, Ziegeleien, Kalkbrennereien, Naturalgefälle der Untertanen, Abgaben von den Mühlen und alle Dienste — überließ der König im Jahre 1812 seiner Schwester Friederike Louise Wilhelmine, der Gemahlin Wilhelms I. von Oranien, der 1815 König der Niederlande wurde. Außer Heinrichau erhielt die Prinzessin die klösterliche Herrschaft Kamenz und das Leubuser Stiftsgut Seitsch, alles das als Abfindung für einen Teil einer Schuldforderung von 742 164 Tlr. Dabei wurden die Klostergüter weit unter Wert verkauft. Der Monarch, der im Säkularisationsedikt behauptete, daß „die Zwecke, wozu geistliche Stifter und Klöster bisher errichtet wurden, theils mit den Ansichten und Bedürfnissen der Zeit nicht vereinbar sind, theils auf veränderte Weise besser erreicht werden können", verschleuderte die klösterlichen Güter für einen Spottpreis an seine Verwandten und Generäle[243].

Dem glücklichen Umstand, daß die einstige Abteikirche Pfarrkirche wurde und die Stiftsgebäude als Sitz der oranischen Güterverwaltung und als Nebenresidenz der großherzoglichen Familie von Sachsen-Weimar dienten, verdankt Heinrichau die Erhal-

[240]) Békefi 13. 1901, S. 68 ff. Am 8. Febr. 1822 mahnte Primas Rudnay den Konvent zum Gehorsam und den Abt zu Liebe und Sparsamkeit. Vgl. auch K. Horváth, Zirc története. Veszprém 1930.

[241]) Békefi 13. 1901, S. 98.

[242]) Pfitzner Anm. 283.

[243]) Dabei veranschlagte man die Herrschaft Kamenz auf 230 825 Tlr. Wenn man bedenkt, daß der jährliche Grundsteuer-Reinertrag der Heinrichauer Güter, die die Prinzessin erhielt, 1891 bei 155 100 RM lag, so sieht man, wie verantwortungslos die preußische Krone mit dem kassierten Kirchengut verfuhr.

tung der Klosteranlage. Im Unterschied zu Kamenz und Grüssau sind daher die Bauten und Gärten des 17. und 18. Jahrhunderts noch nahezu vollständig vorhanden. Die Veränderungen betrafen im wesentlichen die Umgebung außerhalb des Stiftsbezirks. Im Jahre 1831 legte man den Großteich und Altteich trocken und bepflanzte die Niederung südlich vom Kloster mit Tannenbüschen. Über den Damm des Großteichs führte man die Trasse der neuen Chaussee nach Münsterberg. Den Tiergarten und das Wolfsgehege östlich vom Stift ließ die großherzogliche Familie um 1863 zu einem der größten und schönsten Landschaftsparks der Romantik in Schlesien umgestalten[244]. Innerhalb des Stiftsberings wurde der Konventsgarten durch Terrassen, Freitreppen, Balustraden, Fontänen, Statuen und eine Pergola in einen prächtigen „italienischen Garten" verwandelt; der Brudergarten im südöstlichen Teil der Anlage wurde englischer Park und erhielt den Namen „Pläsiergrund". Die Gebäude des Klosters aber blieben fast unverändert erhalten, so daß der 15 ha große Stiftsbering von Heinrichau bis 1945 das wohl einmalige Beispiel einer nahezu unversehrten barocken Klosteranlage bot.

Am Ende des Zweiten Weltkrieges verlief die deutsch-sowjetische Front etwa 20 km nördlich von Münsterberg am Rande der mittelschlesischen Ebene, und Heinrichau, das im Hinterlande der deutschen Verteidigungsstellung lag, blieb unbeschädigt. So konnte die Rote Armee am Tage des Waffenstillstands, am 8. Mai 1945, den Ort und das Kloster unversehrt übernehmen und sich bis 1946 in den weitläufigen Gebäuden einquartieren. In dieser kurzen Zeit militärischer Besetzung erlebte die fürstliche Residenz eine heillose Verwüstung. Das kostbare Mobiliar, das großenteils aus zisterziensischer Epoche stammte und zur einstigen Prälatur gehörte, Schränke und Vitrinen mit wertvollen Intarsien, flämische Gobelins, Gemälde, die Ausstattung der barocken Prunksäle wurden in die Sowjetunion verschleppt; die köstlichen Parkettböden der Säle mit ihren geometrischen Mustern aus verschiedenfarbigen Hölzern wurden herausgerissen und verheizt, die Bibliothek mit Tausenden von Bänden verwüstet und zerstreut. 1946 zog in den Teil des Klosters, der als Pfarrhaus diente, ein Zisterziensermönch der Abtei Szczyrzyc bei Nowy Sącz ein, der die Seelsorge der Pfarreien Heinrichau, Alt-Heinrichau und Wiesenthal übernahm. 1973 wurde die Niederlassung, die inzwischen 5 Ordensleute zählte, zum Priorat erhoben, so daß der Gottesdienst jetzt wieder von Zisterziensern gehalten wird. Die deutsche Bevölkerung des Dorfes, die 1939 etwa 1100 Menschen zählte, blieb bis Kriegsende in ihrer alten Heimat oder kehrte bald nach dem Waffenstillstand aus der Grafschaft Glatz zurück. Auf Anweisung der polnischen Regierung wurden bis zum September 1946 alle Deutschen ausgewiesen; in ihren Wohnungen und Häusern ließen sich Flüchtlinge aus den von der UdSSR annektierten südostpolnischen Gebieten nieder.

---

244) Der Entwurf für den Park stammt von Prof. Petzold (vgl. Eysymontt, Klasztorne ogrody i park nowej Rezydencji w Henrykowie. In: Kwartalnik Architektury i Urbanistyki 17. Warschau 1972, S. 211—228).

Als die Rote Armee die Gebäude des ehemaligen Klosters räumte, übernahm die Volksrepublik Polen ein schweres Erbe. Die einstige Residenz befand sich in einem schlimmen Zustand, so daß es lange Zeit dauerte, bis wenigstens ein Teil der Innenräume in einen brauchbaren Stand versetzt werden konnte. Der polnische Staat richtete in den Gebäuden des Schlosses und der herrschaftlichen Verwaltung ein landwirtschaftliches Technikum mit Internat ein. Da aus finanziellen Rücksichten jeweils nur jene Teile der ausgedehnten Anlage restauriert wurden, die dem unmittelbaren Bedürfnis dienten, gerieten inzwischen andere Partien in Verfall. Daher sind der frühere Remisenflügel, die Orangerie, der Pavillon im Abtsgarten und die alte Infirmerie mit dem sog. Neugebäude jetzt nur noch als Ruinen erhalten. Auch die Klostergärten — der Abtsgarten, der „italienische Garten" und der „Pläsiergrund" — sowie die Mauer, die den Stiftsbering gegen den Park abschließt, werden mit Sicherheit untergehen, wenn es nicht bald gelingt, sie dem Ruin und der Verwahrlosung zu entreißen. Da der staatliche Denkmalschutz 1973—74 das klösterliche Quadrum und die Fassaden des Offizinentraktes, der alten Brauerei und der Lateinschule, des Gästehauses und des verfallenen Remisentraktes restaurieren ließ, darf man hoffen, daß auch die Renovation der übrigen Partien und die Wiederherstellung der Gärten und des Parks nicht mehr lange auf sich warten lassen und die barocke Anlage nicht dem Untergang verfällt. Die Zisterzienser des jetzigen Priorats und die Gläubigen ihrer Pfarreien bemühten sich seit 1973 um die Erneuerung der Kirche, die sich seit der Restauration von 1936 in einem desperaten Zustande befand, da die Nässe, die aus der Ohleniederung aufsteigt, den Verfall in erschreckender Weise fördert. Leider stellten die staatlichen Behörden für die Erhaltung des abseits der administrativen Zentren gelegenen frühgotischen Gotteshauses zu wenig Mittel zur Verfügung, und auch die Erzdiözese Breslau sah sich nicht in der Lage, einen größeren Teil der Kosten zu übernehmen, so daß die Renovation im wesentlichen zu Lasten der Gläubigen ging, die sich in beispielloser Opferbereitschaft für die Erhaltung ihrer Kirche einsetzten[245].

Die Abtei Zirc im Bakony, die 114 Jahre hindurch mit Heinrichau verbunden war, wurde am 1. September 1950 mitsamt den assoziierten Klöstern Pilis-Pásztó und Szentgotthárd, den Ordensgymnasien Székesfehérvár (Stuhlweißenburg), Pécs (Fünfkirchen), Eger (Erlau), Baja, Budapest und dem Studienkolleg St. Bernhard in Budapest durch die kommunistische Regierung der Volksrepublik Ungarn aufgehoben. Die Ordensleute der blühenden Kongregation, die 1951 mehr als 210 Mitglieder zählte,

[245]) Die Kosten für die Wiederherstellung der Kirche und des Priorats beliefen sich auf rund 2 Mill. Złoty. — Abschließend geben wir hier noch die Namen der polnischen Zisterzienser wieder, die seit 1946 in Heinrichau tätig waren: 1. Bronisław Chruszlicki, 1946—49; 2. Józef Kapusta, 1949—54; 3. Alberich Siwek, 1946—51; 4. Theodor Miś, 1951; 5. Eugeniusz Komasa, 1954—73, seit dem 1. Juli 1973 Prior; 6. Hieronymus Sołtys, seit 1973; 7. Georg Koza, 1954; 8. Ceslaus Kopacz, nach 1954; 9. Maximilian Żerębiec, um 1956; 10. Petrus Węglacz, 1956; 11. Konstanty Piwowar, 1954; 12. Nivard Chrobak, 1956; 13. Jacek Treter, 1975; 14. Kazimierz Chowaniec, seit 1975; 15. Fr.Bernard, Konverse, seit 1974; 16. Tadeusz Brak, seit 1976 Prior.

traten zum Teil in den Dienst der Diözesen oder flüchteten 1956 ins Ausland und begründeten in Dallas (Texas) eine neue Niederlassung. In den weitläufigen Gebäuden von Zirc befinden sich jetzt außer der Zweigstelle der Széchényi-Nationalbibliothek von Budapest ein Landschaftsmuseum, eine land- und forstwirtschaftliche Fachschule mit Internat und in den beiden an die Stiftskirche anstoßenden Trakten das katholische Pfarrhaus und die große Sakristei mit der barocken Kapelle der Marianischen Kongregation im Obergeschoß. Der 300 m breite und 700 m lange Park in der Niederung der Cuha, wo auch die ausgegrabenen Fundamente der mittelalterlichen Zisterze liegen, dient mit seinem Reichtum an seltenen Bäumen und Sträuchern aus verschiedenen Ländern und Kontinenten als öffentliches Arboretum.

Drittes Kapitel

DIE WIRTSCHAFTLICHE TÄTIGKEIT

Zur Zeit der Gründung von Heinrichau war der heroische Elan, der den Zisterzienserorden in den ersten Jahrzehnten seiner Existenz beflügelte, längst einer nüchternen Einstellung gewichen. Unter dem Druck der Verhältnisse mußte das Generalkapitel vor den Interessen der Äbte kapitulieren und schon zu Ende des 12. Jahrhunderts Änderungen zulassen, die man in der Gründungsepoche als Verstoß gegen die „puritas monastica — die monastische Reinheit“ empfunden hätte. Die Nachgiebigkeit der Väter kann man verstehen, wenn man die Schwierigkeiten berücksichtigt, die dem Orden entgegenstanden: die wirtschaftlichen, juristischen, sozialen und kulturellen Bedingungen der einzelnen Regionen des Abendlandes waren so verschieden, daß es aussichtslos schien, auf der Durchsetzung allgemeinverbindlicher Normen zu insistieren. Wo es um den wirtschaftlichen Nutzen der Klöster ging, verloren daher die Anordnungen der Generalversammlung zu allererst ihre Geltung, denn das nüchterne Diktat ökonomischer Vernunft zwang Cîteaux, den Sonderinteressen der Klöster nachzugeben. Da sich die Väter außerstande sahen, gesetzwidrigen Praktiken in den Randgebieten des römisch-katholischen Okzidents entgegenzutreten, verzichteten sie auf die Durchsetzung von Normen, die das Profitstreben einengten. So erlaubte das Generalkapitel, Kirchen, Kapellen, Altarpfründen und Zehnten anzunehmen, Zinsdörfer und hörige Arbeitskräfte, ja ganze Ortschaften mit leibeigener Bevölkerung zu besitzen[1]. Damit schuf die Praxis der Klöster neues Recht und überspielte sogar das einst so wichtige Verbot „von fremder Hände Arbeit zu leben“[2]. 1208 gaben die Väter die letzte Bastion gegen frühkapitalistische Tendenzen auf und gestatteten den Äbten, entfernt liegende Ländereien an Laien zu verpachten und gegen Zins zu vergeben[3].

Heinrichau entstand zwei Jahrzehnte nach der Verabschiedung dieser Konstitution, und dem schlesischen Kloster waren daher bei der Nutzung seiner Güter keine Fesseln mehr auferlegt. Ohne Rücksicht auf einschränkende Verbote konnte sich die junge Niederlassung dem Ausbau ihrer wirtschaftlichen Position widmen. Die Hindernisse, die

---

[1]) Schon Leubus erhielt bei seiner Gründung Güter, deren Besitz nach den Konstitutionen von Cîteaux untersagt war, wie den Markt von Leubus, die Kapelle und den Kretscham in Nabitin und die Peterskirche in Breslau (Appelt 1, Nr. 45; Maleczyński 1, Nr. 45; vgl. auch J. Gottschalk, Die Bedeutung der Zisterzienser für die Ostsiedlung, besonders in Schlesien. In: ZfO 15. 1966, S. 67—106, bes. S. 74).

[2]) Constitutiones von 1119, cap. 23. 15. 18, gedr. Collectanea 16. 1954, S. 103 f.

[3]) Canivez 1208, Nr. 5: „De terris, que minus utiles fuerint aut sic remote, quod utiliter excoli non possint, sic dispensat Capitulum generale, ut liceat iis qui tales habuerint, dare ad medietatem vel aliter prout poterunt competenter.“

sich ihrer Expansion in den Weg stellten, kamen nicht von seiten des Ordens, sondern von der staatlichen Rechtsordnung oder hingen mit der ärmlichen Ausstattung zusammen, die den Konvent vor schwere Probleme stellte und ein Jahrhundert lang zu strenger Sparsamkeit zwang.

Die Masse der Güter, die der preußische Staat bei der Säkularisation kassierte, ist ein Beweis dafür, daß die wirtschaftliche Tätigkeit der Abtei von Erfolg gekrönt war. Denn obwohl das Stift an der Ohle neben Himmelwitz die ärmste Gründungsausstattung der schlesischen Klöster erhielt und lange um seine Existenz und um jeden Fußbreit Bodens ringen mußte, gehörte die Abtei 1810 zu den reichsten Klöstern der Provinz. Wenn man von der Fläche der Ländereien ausgeht, so unterstanden der Äbtissin von Trebnitz 583 qkm Landes mit einer Stadt, 73 Dörfern, 20 000 Einwohnern, 7000 ha Gutsländereien und 12 500 ha Forsten; der Abt von Leubus gebot über eine Grundherrschaft von 485 qkm, 68 Ortschaften, 18 000 Untertanen, 4000 ha Eigengütern und 8000 ha Waldungen; das Stiftsland von Grüssau umfaßte rund 300 qkm mit zwei Städten, 42 Dörfern, 23 000 Bewohnern, 4000 ha Gutsländereien und 5500 ha Wald; die Herrschaft Kamenz zählte 206 qkm, 32 Ortschaften mit 10 300 Menschen, 3200 ha Vorwerksbesitz und 2000 ha Forsten. Mit einigem Abstand hinter den vier „großen" Klöstern folgte Heinrichau an gleicher Stelle mit Rauden mit einem Territorium von 178 qkm, 34 Dörfern, 9500 Einwohnern, 4000 ha Eigenländereien und 4200 ha Forsten, dann Rauden mit gleichgroßer Fläche, 14 Dörfer, 4000 Untertanen, 2700 ha Gutsland und 7700 ha Wald; nur Himmelwitz mit einem Areal von 60 qkm, 7 Dörfern, 1400 Einwohnern und 1300 ha Vorwerksbesitz blieb weit hinter den anderen Zisterzen der Provinz zurück[4]. Von den grundherrschaftlichen Ländereien der sieben Klöster mit einer Gesamtfläche von 2200 qkm und mehr als 85 000 Menschen unterstanden dem Abt von Heinrichau nur 9 Prozent der Fläche und 11 Prozent der Untertanen.

Aber der Vergleich des Areals, der Menge der Ortschaften und Untertanen täuscht. Legt man als Maßstab das Jahreseinkommen der einzelnen Klöster zugrunde, so ergibt sich ein ganz anderes Bild. Vor dem Dreißigjährigen Kriege und am Ende des 17. Jahrhunderts lagen die Einkünfte von Heinrichau hinter Leubus und Trebnitz an dritter Stelle, ja sie waren zeitweilig noch höher als der Ertrag der Nonnenabtei[5]. Die Quelle des Reichtums, über den das Stift an der Ohle gebot, liegt in erster Linie in der Qualität der Böden begründet, die es im Eigenbetrieb bewirtschaftete. Kaum ein anderes Kloster besaß eine solche Anzahl von Grangien mit Erträgen, die man sonst nur in den

---

[4]) Die Flächengrößen stammen aus dem Gemeindelexikon für das Königreich Preußen. Auf Grund der Materialien der Volkszählung vom 1. Dezember 1885 und anderer amtlicher Quellen. Bd. 6. Berlin 1887. Die Einwohnerzahlen beruhen auf den statistischen Angaben von Zimmermann.

[5]) So forderte der Fürstentag vom 10. März 1620 von den Klöstern Leubus 24 000, Heinrichau 12 000, Trebnitz 10 000, Kamenz 7000, Grüssau 6000, Rauden 5000 und Himmelwitz 1000 Tlr. Kriegssteuer. Bei Steuereinschätzungen vor 1740 zahlten Leubus 15 000, Heinrichau, Grüssau und Trebnitz je 10 000, Kamenz 8000, Rauden 3000 und Himmelwitz 2000 fl.

fruchtbarsten Gegenden Mitteleuropas erzielte[6]. Der Hektarertrag der Heinrichauer Güter übertraf die Ernte der Vorwerke von Kamenz, Rauden und Grüssau bei weitem[7]. Ein sichtbares Denkmal für den Reichtum des Klosters ist der Getreidespeicher, den Abt Anton Niklas 1723 in der „Neustadt" errichtete; es ist ein monumentales Bauwerk von 71 m Länge und 18 m Breite, das in vier Stockwerken und unter dem imposanten Satteldach in zwei weiteren Böden nach Abrechnung der Treppen, Fördereinrichtungen und Laufgänge 4000—4500 qm Lagerfläche umfaßte, auf der man weit über 3000 t Getreide lagerte, einen Ernteertrag, dessen Wert in jetziger Währung rund 1,5 Millionen DM ausmacht[8]. Wenn es also im folgenden um die wirtschaftliche Tätigkeit des Stifts an der Ohle geht, so werden die Agrarbetriebe des Klosters an erster Stelle stehen. Da aber auch der Gewinn aus gewerblichen Unternehmungen und die Einkünfte aus grundherrschaftlichen Rechten, Patronat und Zehnten, Hausbesitz und Zinsstiftungen einen beträchtlichen Teil der materiellen Substanz ausmachten, kann man die gewerblichen

---

[6]) Eine Zusammenstellung der Grundsteuer-Reinerträge, die man 1885 von den Gütern der Zisterzienserklöster östlich der Elbe berechnete, läßt erkennen, wie hoch die Qualität der Böden der Heinrichauer Vorwerke war. Die Liste, bei der nur die Ländereien in der näheren Umgebung der Klöster berücksichtigt werden, zeigt folgendes Bild: für Zinna 4 RM, Rauden 4,70 RM, Chorin 5,10 RM, Wongrowitz 6,70 RM, Lehnin 7 RM, Paradies 8,60 RM, Doberlugk 10,20 RM, Grüssau 11,50 RM, Neuzelle 13,70 RM, Leubus 14,90 RM, Neuenkamp 15,70 RM, Kamenz 20,70 RM, Kolbatz 27,10 RM, Eldena 36,80 RM, Heinrichau 41,40 RM.

[7]) Nach Nikolaus Henelius ab Hennenfeld (Chronicon Ducatus Monsterbergensis et Territorii Francosteinensis. In: Sommersberg I, S. 123) baute man in der Umgebung von Heinrichau besonders Weizen, Roggen, Gerste, Hafer, Erbsen, Rüben, Lein und Hanf. Außerdem spielte der Obstbau eine große Rolle, denn man züchtete Kirschen, Pflaumen, Birnen, Äpfel, Hasel- und Walnüsse. In der Umgebung von Münsterberg, u. a. im Stiftsdorf Ohlguth, gab es viele Hopfengärten. Bei Schildberg und Schönjohnsdorf baute man Wein, der sich aber nur als Most trinken ließ, denn als ausgereifter Wein war er zu sauer. Wegen der guten Wiesengründe und Talauen hielt man viele Rinder, Schafe, Hammel und Schweine und exportierte die Schafwolle in die Grafschaft Glatz.

[8]) Ökonomische Zweckbauten ähnlicher Monumentalität findet man bei den Zisterziensern östlich der Elbe nur in Doberan (Mecklenburg), Altzella (Sachsen) und Lehnin (Brandenburg). Schon im Mittelalter gab es in Heinrichau einen solchen Kornspeicher, denn 1461 beurkundete Abt Nikolaus einen Rechtsakt „gescheen vor dem kornhawse des closters" (Signaturbuch fol. 60 a).

Aus der reichen Literatur zur Wirtschaftsgeschichte sei hier nur auf folgende Werke verwiesen: H. Aubin, Die Wirtschaft im Mittelalter. In: Geschichte Schlesiens. Hrsg. von der Histor. Kommission f. Schles. 3. Aufl. Stuttgart 1961, S. 401—483; F. Mahner, Beiträge zur Wirtschaftsgeschichte des Cistercienserklosters Grüssau in Schlesien. Diss. Hildesheim 1915; E. Nerlich, Wirtschaftsgeschichte der geistlichen Herrschaft Trebnitz im Mittelalter. Diss. Breslau 1927; K. Maleczyński, Aus der Geschichte des schlesischen Dorfes in der Periode vor der Kolonisation nach deutschem Recht. In: Beiträge zur Geschichte Schlesiens. Hrsg. E. Maleczyńska. Berlin 1958, S. 125—145; H. Svoboda, Die Klosterwirtschaft der Cistercienser in Ostdeutschland (Nürnberger Beiträge zu den Wirtschaftswissenschaften. 19—20). Nürnberg 1930; T. Manteuffel, Ewolucja poglądów gospodarczych cystersów do połowy XIII wieku w świetle uchwał Kapituły Generalnej. In: Przegląd Hist. 43. 1952, S. 492—505; H. Dąbrowski, Uformowanie się wielkiej własności cysterskiej na Dolnym Śląsku w XIII wieku. Warschau 1959; W. Korta, Rozwój wielkiej własności feudalnej na Śląsku do połowy XIII wieku (Monografia Śląskie Ossolineum 9). Breslau-Warschau-Krakau 1964.

und zinsrechtlichen Unternehmungen der Zisterzienser von Heinrichau nicht stillschweigend übergehen.

1. Grundlagen der klösterlichen Wirtschaft

Die wirtschaftliche Administration

Die erhaltenen Quellen bieten leider zu wenig Hinweise, um sich ein genaues Bild vom Betrieb der klösterlichen Wirtschaft mittelalterlicher Zeit zu machen. Alle Aufzeichnungen über Einnahmen und Ausgaben, Arbeitslöhne, Arbeitskräfte, Beschaffung von Betriebsmitteln, Viehbestand, Organisation der Wirtschaftsbetriebe, eingehende Zinsen und Pachtgelder hat man in Rechnungs- und Wirtschaftsbüchern in der Stiftskanzlei und in der Registratur des Cellerars oder Provisors verwahrt, wo sie bei den zahlreichen Bränden des Klosters vollständig vernichtet wurden[9].

Die Berichte des Gründungsbuches, der Urkunden, des Signaturbuches und anderer Quellen lassen aber erkennen, daß sich die Ökonomie von Heinrichau in ihrer Organisation nach den üblichen Regeln des Ordens richtete. Die oberste Aufsicht der landwirtschaftlichen und gewerblichen Betriebe übte ein Mönch aus, den man *Cellerar* oder Kellner, seit dem 17. Jahrhundert auch Provisor oder Schaffer nannte[10]. Ihm unterstanden die Grangien- oder Hofmeister, die die einzelnen Wirtschaftshöfe leiteten[11],

---

[9]) In BDA VB 6 c hat sich ein Registrum der Einnahmen und Ausgaben von Zirc erhalten. Andere Register, wie das Signaturbuch des 15. und das Waisenregister des 16. Jhs., dienten der grundherrschaftlichen Verwaltung und haben mit der Administration landwirtschaftlicher Güter nichts zu tun.

[10]) Aus den Quellen sind folgende Cellerarii bekannt: 1238—44 Peter, 1267 Albert, 1309 Johann, 1315 Cristan, 1325 Bartholomäus, 1334 Sidilmann, 1336 Johann, 1341 Nikolaus von Liegnitz, 1343 Nikolaus Cuius, 1382 NN., 1387 Hannus Buteneris, 1417 Nikolaus (subcellerarius), 1482 Laurentius, 1628 Martin Patzelt, 1656 Adam Krause, Michael Martini († 1678), 1687 Alberich Brandt, 1722 Engelbert Plackwitz, 1730 Benedikt Engler d. Ä., Alanus Ferian († 1744), 1738 Clemens Teichmann, 1749—51 Matthäus Müller, Marian Rabe († 1774), vor 1763 Konstantin Haschke, 1768 Franziskus Welzel, 1770 Markus Welzel, 1778 Benedikt Engler d. J., Philipp Ilgner († 1797), 1799—1800 Johann Bapt. Aulich, 1810 Laurentius Gallisch. — Cellerarii oder Provisores von Zirc waren 1734—36 Stephan Seidler, 1748 Ignaz Mücke, 1746 Karl Pap, 1750 Alexius Peschel, 1767 Rochus Hofer, 1769 Robert Feige, 1772 Ladislaus Szabady, 1773—74 Stephan Herschmann, 1775—79 Bonaventura Christoph, 1782—83 Bernhard Tschöke, 1788 Christoph Haunschild, 1789—92 Stanislaus Priemer, 1793—96 Franziskus Knoll, 1796 bis 1804 Gregor Török, 1806 Marian Fuchs.

[11]) In den Urkunden und im Signaturbuch erscheinen als Hofmeister in Wrożenice 1268 (Johann); in Jaworowitz 1302 Ludwig und Peczold; in Nieder-Zesselwitz vor 1302 Wolfram, dann Rudolf (noch 1304), 1452 Wenczlaus; in Alt-Heinrichau 1318 Andreas, 1416 Andreas und Michael, 1610 Andreas Beyer, 1733 Benedikt Engler; in Moschwitz 1303 Rudolf, 1440 Nickel Mussche (Laie?), 1471 Balthasar, 1493 Kaspar, 1498 Bartholomäus, 1567 Gerhard; in Tarnau 1417 Petrus, 1422 NN., 1425 Lorenz; Taschenberg: 1460 Hentschel; in Schönwalde: 1730—50 Augustin Meisinger, 1763 Matthäus Müller, 1776—1810 Hieronymus Hübner, 1779 Malachias Raschdorf, 1788—90 Konstantin Gloger, 1810 Raphael Fleischer; in Schönjohnsdorf: 1739 Innozenz Braunisch, Vin-

der Forestarius, der die Forsten betreute[12], und die Meister der Handwerksbetriebe, wie der Furnarius oder magister Pistrini (Backmeister)[13], der magister Cerevisiae (Braumeister)[14], der magister textorum (Webermeister)[15], der magister sutorum (Schuhmachermeister)[16] und der magister coquinae oder culinae (Küchenmeister)[17]. Jeder Vorsteher eines wirtschaftlichen Unternehmens mußte dem Cellerar über Gewinn und Verlust seines Betriebs regelmäßig Rechenschaft legen, und da der Kellner dabei Einblick in die klösterliche Wirtschaft gewann und ein großer Teil der Einnahmen und Ausgaben durch seine Hände ging, hing von seiner Amtsführung der finanzielle Wohlstand des Klosters ab. Gleichzeitig vertrat er aber auch die Interessen des Konvents gegenüber der Welt, und bei Verträgen über An- und Verkäufe sprach er ein gewichtiges Wort, da man auf sein Urteil besonderen Wert legte. Deshalb war der Cellerar in mittelalterlicher Zeit einer der wichtigsten Amtsträger des Klosters. In den älteren Urkunden von Heinrichau erscheint er stets unter den Seniores, die über Besitzveränderungen entschieden und das Konventssiegel führten.

---

zenz Frömel († 1770), Franziskus Welzel († 1777), 1778 Markus Welzel, Chrysostomus Weidlich († 1795). — Hofmeister oder Administratoren in Ungarn waren in Nagytevel: 1720—27 Robert Reichel, 1727—34 Ludwig Hartz, 1734 Petrus Schneider, 1744—55 Stephan Seidler, 1755—63 Thomas Werner; in Elöszállás: 1766—69 Adalbert Töpper, 1769 Joseph Bartsch, 1783—84 Bernhard Tschöke; in Polány; 1793—96 Candidus Vas (Eisinger), 1796—99 Sebastian Hildebrand, 1799—1803 Paul Becker.

12) Als forestarius von Moschwitz erscheint 1339 fr. Gunther, 1425 fr. Matthias, 1429 fr. Nikolaus. Nekr. und Signaturbuch erwähnen 1435 den „etwan Heinrich Forstknecht“ und im 15. Jh. den Forstgehilfen Michael Meye in Moschwitz und den Waldhüter Bartko in Neuhof. In der Neuzeit war das Amt des Forstadministrators zugleich die Aufgabe des Provisors und des Administrators von Schönwalde.

13) Als furnarii oder Praefecti pistrini werden erwähnt 1315 Johann, 1325 Winand, 1334 Cristan, 1421 Nikolaus, 1493 Johann, 1722 Benedikt Engler, 1810 Konstantin Gloger d. J. 1656 starb in Welehrad der Heinrichauer Konverse und Bäcker Balthasar Taiser.

14) Braumeister (magister cerevisiae oder Inspector Braxatorii) war 1421—24 Nikolaus, 1722 Benedikt Engler.

15) Einen magister textorum (Webermeister) gab es spätestens 1293, doch ist namentlich keiner bekannt.

16) Von Ordensleuten, die in der Schuhmacherei tätig waren, kennen wir nur den Konversen Petrus dictus Hoemut (1424), doch erscheinen im Signaturbuch noch die laikalen Helfer Matthias (1421), Nikolaus (1421—35), Johann (Nekr. 25. April), Johann (Nekr. 2. Mai) und Johann (Nekr. 8. Juli).

17) Magister coquinae (Praefectus Culinae, Kuchlmeister) waren 1412 Andreas, 1416 bis 1434 Nikolaus von Münsterberg, 1446—49 Andreas, 1471 Johann, 1482 Jakob, 1491 Kaspar, 1567 Joswin (von Köln), 1618 Matthäus Parix, 1628 Heinrich, Kaspar Keil († 1633), 1656 Christoph Schwartz, Joseph Rumler († 1714), Eugen Jahn († 1706), 1722 Edmund Bock, Hironymus Kaiser († 1732), 1733 Plazidus Raschdorff, 1738 Urban Olbrecht, 1763 Hieronymus Hübner, 1741 Matthäus Müller, Bernhard Holtzer († 1769), 1752 Laurentius Peschke, 1776—77 Konstantin Gloger und David Coneider, 1786 Adalbert Weiser, 1792—96 Gregor Török, 1800 Eugen Meisel, 1803 Hermann Hellmann, 1810 Johann Bapt. Aulich. — Küchenmeister von Zirc waren 1738—43 Stephan Seidler, 1746 Nikolaus Falk, 1746 Karl Pap, 1747—48 Ignaz Mücke, 1750—55 Alexius Peschel, 1763—66 Augustin Süsmuth, 1767 Rochus Hofer, 1767—72 Heinrich Togniola, 1772—75 Petrus Francke, 1777—82 David Coneider, 1782—84 Tobias Zack, 1784—85 Pius Jokischmann, 1787—92 Rochus Hofer, 1793—1802 Gottfried Bauch, 1803—04 Martin Horváth, 1804—11 Alberich Mann.

Die Hauptkasse verwaltete der *Bursarius*, der die Zinsen und Zehnten der Untertanen, die Gelder aus dem Verkauf von Produkten und alle Zahlungen vereinnahmte, die das Kloster aus frommen Stiftungen erhielt[18]. Aus seiner Kasse wurden alle Arbeitslöhne, Neuanschaffungen, Bauunternehmungen und die Ausgaben aller Betriebe finanziert, und er teilte dem Pitanzmeister, dem Küchenmeister, Gastmeister und Krankenmeister die Mittel zu, die ihnen aus Vermächtnissen zustanden. Der *Pitanciarius* (Pitanzmeister) verwaltete die fundierten Einkünfte, mit denen besondere Auflagen wie Anniversarien und Gedächtnismähler verbunden waren[19]. Der *Custos* (Küster) betreute Kirche und Sakristei, sorgte für Schmuck, Kerzen und Beleuchtung, bereitete den Gottesdienst vor, beschaffte Hostien, Meßwein und Öl und hütete die Paramente und liturgischen Geräte[20]. Der *Infirmarius* (Krankenmeister) leitete die Infirmarie, das Krankenhaus des Konvents, wo außer den kranken auch die alten Mönche lebten, die die klösterliche Disziplin mit ihren harten Anforderungen nicht einhalten konnten. Daneben war er für die Apotheke und die Beschaffung von Heilkräutern verantwortlich[21]. Der *magister hospitum* (Gastmeister) verwaltete das Hospital, wo sich männliche Laien für ihren Lebensabend als Präbendare einkauften und nach ihrem Tode ein Begräbnis auf dem Klosterfriedhof erhielten[22].

Die Gerichtsbarkeit, mit der eine Fülle finanzieller Einkünfte verbunden war, übte bis ins 15. Jahrhundert ein Konverse aus, da es den Mönchen von der Kirche verboten war, irgendein Bluturteil zu fällen. Diesen Gerichtsverwalter nannte man *Advocatus* (Klostervogt) oder Wlodar. Erst nach dem Hussitenkriege, als der Nachwuchs der

---

[18]) Von den Bursarii sind nur folgende bekannt: 1336 NN., 1416—17 Petrus, 1440 Jakob, 1452—53 Nikolaus, 1471 Jakob, 1491 Martin, 1493 Bartholomäus, 1628 Heinrich, 1656 Heinrich Kuntz, 1803 Dionysius Schubert, 1810 Johann Bapt. Aulich. — Zu den klösterlichen Offizialen gehörte auch der Camerarius (Kämmerer) oder Vestiarius, der für die Bekleidung des Konvents und der Armen zuständig war und die Güter verwaltete, die der Kämmerei überwiesen waren; 1301 war es Wolfram, vor 1302 Bezelin, 1302—03 Heinrich, 1310—13 Winand, 1322 Winand, 1337 der Konverse Johann, 1391 Kristan, 1422 Nikolaus, 1722—33 Dominikus Heinisch, 1738 Bernhard Ratsch.

[19]) 1315 und 1336 werden Pitanzmeister ohne Namen erwähnt; der einzige namentlich bekannte „pitanciarius" ist 1418 fr. Georg.

[20]) Von den Custodes (Küster) sind 1315 bekannt Johann, 1337 Johann von Ohlau, 1438—48 Lorenz, Isajas Laurentius († 1598), Christoph Heide († 1625), 1656 Melchior Birner, Franz Richter von Hartenberg († 1704), 1722—30 Emmerich Krasch, 1738 Melchior Weltzel, 1803 Gerhard Zimmermann, 1803 Mansuetus Lindner, 1810 Abundus Schmidt.

[21]) 1325 war fr. Johann „infirmarius" (Siechenmeister), 1329 Bartholomäus von Schweidnitz, 1334 Johann, 1437 Andreas, 1722 Valentin Lobkowsky, 1730 Theodor Rumler, 1738 Lorenz Mühlmann, 1779 Christian Schreier, 1800 Benedikt Mücke, 1803 Matthäus Höhl.

[22]) Die Existenz eines Hospitals, wo man Präbendare aufnahm, wird erstmals in einer Urk. vom 4. Mai 1315 erwähnt. — Zu den Offizialen gehörten noch die Vorsteher des Bauamts (magister operis, fabricae), nämlich 1304 und 1309 Winand, 1322 Winand, 1325 Johann, 1722 Christian Dorffinger, 1774—83 der „Fabriquen-Inspector" Franz Weidlich (ein Laie), ferner der Gastmeister (magister hospitum): 1424—25 fr. Dominikus.

Laienbrüder versiegte, beriefen die Äbte verheiratete Laien zu Justitiaren des Klosters[23]. In dieser Zeit ging auch die Leitung der Grangien und Handwerksbetriebe, der Küche und des Kellers, der Stiftsgärten, der Klosterpforte, des Hospitals und der Infirmarie in die Hände von Laien über, so daß der Konvent von ordensfremden Kräften abhängig wurde, von denen sich in reformatorischer Zeit manche nicht einmal mehr zum katholischen Glauben bekannten; daher forderte Generalabt Nicolaus Boucherat bei der Visitation der schlesischen Zisterzen im Januar 1616, alle protestantischen Offizianten zu entlassen und die wichtigsten klösterlichen Ämter — wie die Verwaltung der Hauptkasse, der Küche und Kellerei — Mitgliedern des Konvents zu übergeben[24].

Im späten Mittelalter und in der Neuzeit machte die klösterliche Administration einen Entwicklungsprozeß durch, an dessen Ende die moderne Güterverwaltung stand. Da sich mit der Einstellung laikaler Arbeitskräfte die laufenden Ausgaben des Großbetriebs häuften und eine Fülle neuer Verpflichtungen erwuchs, hielt man es nicht mehr für ratsam, die Verantwortung für das wirtschaftliche Unternehmen dem Cellerar allein zu überlassen. Eine Teilung der Administration nach dem Charakter der materiellen Aufwendungen hätte aber zwangsläufig zur Zersplitterung geführt und die Gefahr heraufbeschworen, daß die Organisation unübersichtlich wurde. Um dem Dilemma zu entgehen und den klösterlichen Betrieb trotz der geringen Zahl der Ordensleute in eigener Hand zu behalten, teilte man die Leitung des Großunternehmens in drei Hauptabteilungen der Gerichtsverwaltung, der Betriebsführung und der Kassenverwaltung. Die neuen organisatorischen Strukturen bildeten sich aber nicht in einem historisch greifbaren Augenblick aus, sondern waren das Ergebnis eines langen Entwicklungsprozesses. Zuerst gab der Konvent unter dem Zwang der Verhältnisse die Gerichtsverwaltung ab. Noch in der Zeit des Hussitenkrieges begegnet man in Heinrichau Klostervögten, die dem Orden als Konversen angehörten, aber schon wenige Jahrzehnte später betraute man mit diesem Amt, in dessen Kompetenz wichtige Akte grundherrschaftlichen Rechtes fielen, verheiratete Laien, die man Klostervögte, später Hauptmann (Capitaneus), Amtmann oder Stiftskanzler nannte[25]. Sie residierten im Kloster oder auf einem seiner Güter, das ihnen der Abt zu Lehen gab, leiteten die Stiftskanzlei, zu der das Archiv

[23]) Als Klostervögte sind folgende Konversen bekannt: 1329 Wynand, 1415—35 Stanislaus, 1415-23 Johann Losas, 1416-24 Georg (Jurge) „flodir“ (Wlodar), 1424 Franziskus und 1457—59 Martin.

[24]) BDA V B 6 e vom 14. Jan. 1616 (Fotokopie).

[25]) Von den Klostervögten, die nicht dem Orden angehörten, sind aus mittelalterlicher Zeit folgende bekannt: 1429—38 Nickel Morch, 1435—59 Paschke (Paske, Pawel Paskonis von Neuhof, der schon 1429 erwähnt wird), 1462—67 Wenceslaus Gewischer, 1491 Valentin Maeckisch, ferner Johann Reczke und Valten Hyller. Ihre Amtsnachfolger in der Neuzeit waren 1554 und 1558 der Edle Friedrich Bavor Holofues von Saubsdorf, 1589 der Edle Bernhard von Czischwitz, dann ein Edler von Pogarell, vor 1606 Christoph Polaeus, vor 1611 Lorenz Görlitz (judiciorum praefectus), 1638 Friedrich Staden, 1643 Andreas Riedel, 1651—66 Dr. jur. utr. Christoph Ignaz Richter von Hartenberg (seit 1657 Herr zu Heinzendorf), Mag. Johann Schönewitz († 12. Dez. 1667), Melchior Maximilian Glöckner († 16. Juli 1682), 1752 Neumann, 1774 Dr. Johann Franz Rösner, 1783 cand. jur. utr. Anton Schiller.

und eine Registratur gehörten, und reisten im Stiftslande umher, um Gerichtstag zu halten und in deutschrechtlichen Dörfern den Vorsitz im Dreiding zu führen. Seit dem späten 16. Jahrhundert ernannten die Äbte zur Unterstützung des Kanzlers einen Stiftssekretär oder Tabellarius, der die zivilgerichtlichen Akte der Untertanen registrierte[26].

Die Verwaltung der landwirtschaftlichen Eigenbetriebe, der Forsten, der gewerblichen Unternehmungen, der Teiche und Gärten war die Aufgabe des Provisors, Cellerars oder Schaffers, dessen Amt sich — ausgenommen die Verfügung über Einnahmen und Ausgaben — mit dem des mittelalterlichen Cellerars deckte. Die säuberliche Trennung von Betriebsleitung und Kassenverwaltung, die in Heinrichau offenbar erst nach den Visitationen des Generalabts (1616) und des Ordenskommissars Georg Vrat (1628) erfolgte, erlaubte es den Äbten, die Leitung dieses Amtes zeitweilig auch Laien anzuvertrauen, aber seit der Zeit des Abtes Melchior Welzel (1656—80) war der Provisor wieder ein Ordensmann. Da er eine Schlüsselstellung einnahm, von der die Rentabilität der zahlreichen Wirtschaftsbetriebe abhing und bei der sich Fehlentscheidungen folgenschwer auswirken mußten, machte das Amt des Cellerars im späten 17. Jahrhundert nochmals eine Änderung durch. Um den Gefahren vorzubeugen, die einer leichtsinnigen Amtsführung entspringen konnten, verteilte man die Verantwortung für die Betriebsführung auf mehrere Schultern. Dabei wurde der Provisor zum ausführenden Beamten, der sich nach den Weisungen eines Gremiums von Wirtschaftsberatern richten mußte, die man Consiliarii oeconomi nannte[27]. Seit dieser Zeit lag die Aufsicht der ökonomischen Unternehmungen im wesentlichen in der Hand eines Konsortiums von Sachverständigen, die dem Konvent angehörten.

Die dritte Hauptabteilung der Kassenverwaltung entwickelte sich in der Neuzeit zum wichtigsten Amt der klösterlichen Administration. Bei der Stiftshauptkasse, die über eine eigene Registratur verfügte, gingen alle Gelder aus grundherrschaftlichen und gerichtlichen Akten ein, aus Zinsen und Zehnten sowie aus dem Verkauf der Produktion. Wegen der wichtigen Rolle, die der Bursarius spielte, überließ man die Leitung der Kasse seit dem frühen 18. Jahrhundert dem Provisor. Alle anderen Ämter der klösterlichen Verwaltung waren im Vergleich mit den Kompetenzen des Stiftskanzlers, des Provisors

[26]) 1560, 1628 und 1649 nannte man ihn „Tabellarius", 1633 und im Testament des Abtes Melchior Welzel von 1680 heißt er „Kanzellist". Um 1621—33 hatten Nikolaus Pischel und Martin Paul das Amt des „Secretarius Monasterii" inne, später Karl Schmidt († 7. Sept. 1668) und Johann Bartholaeus († 15. Juni ca. 1680). 1716 berief Abt Ackermann den Johann Anton Löffler, bisher Sekretär des Fürstentums Münsterberg, zum Stiftssekretär und ließ ihn 1717 adeln, wobei Löffler den Namen Friedensburg erhielt; 1738—39 war Florian Thiel „Cancellista" oder Secretarius, 1759 wird Johann Karl Jokischmann als „Ambtsschreiber" erwähnt, 1774 war cand. jur. utr. Karl Schirsch „Amtssekretari" und Philipp Barnabas Rupprecht „Kornschreiber", 1783 war cand. jur. utr. Johann Franz Eberhard Stiftssekretär.

[27]) Im Wahlprotokoll des Abtes Anton Niklas vom 17. Dez. 1722 wird als „Supremus director" des Ökonomierats P. Johann Stieff genannt; die übrigen „Consiliarii oeconomi" waren Heinrich Schneider, Engelbert Plackwitz, Valentin Lobkowsky und Benedikt Engler (BDA V 63, S. 210 f., Fotokopie).

und des Ökonomierates von geringer Bedeutung[28]. Nur den gewählten Seniores des Konvents kamen noch Aufgaben zu, durch die auch sie Einfluß auf die Verwaltung nahmen, denn sie führten das Konventssiegel, und alle wichtigen Akte der Rechenschaftslegung, der Güterveränderungen und Belehnungen bedurften ihrer Zustimmung und Gegenzeichnung.

Dieses administrative System, bei dem die Kompetenzen sauber getrennt waren und jedem Amtsträger Berater aus dem Konvent zur Seite standen und bei dem die praktische Durchführung der Aufgaben, die Verwaltung der einzelnen Güter, Gewerbebetriebe und Forsten und die Ausübung gerichtlicher Akte qualifizierten laikalen Kräften überlassen war, entsprach vollständig den Anforderungen des zisterziensischen Großbetriebs, schloß die Gefahr von Unregelmäßigkeiten aus und verteilte die Kontrolle über das komplizierte Wirtschaftsunternehmen nach sachlichen und demokratischen Prinzipien.

Die wesentlichen Prinzipien der wirtschaftlichen Verfassung von Heinrichau um 1700 kommen in einem 61 Seiten langen Register der Einnahmen und Ausgaben von Zirc zum Ausdruck, das P. Abraham Wabrzig im März 1701 in Pápa begann und sein Nachfolger P. Petrus Hoffmann nach Heinrichau mitnahm, als er 1703 vor den aufständigen Ungarn flüchtete[29]. Das Register, das für eine Zeit von 21 Monaten Einnahmen in Höhe von mehr als 5400 fl. verzeichnet, richtet sich in den Einzelheiten seiner Anlage nach dem Vorbilde der Heinrichauer Administration. Denn obwohl die ersten schlesischen Expositi außer dem Haus in Pápa und einigen Weinbergen am Badacsony nur wenige Untertanen in Polány, Soly und Olaszfalu und die neue Grangie in Nagytevel betreuten, sind die mit minutiöser Sorgfalt detaillierten zahlreichen Aufwendungen säuberlich unterschieden nach Ausgaben für die Küche, die Hauskapelle, nach Arbeitslöhnen für Erntehelfer, Bauarbeiter, Handwerker und Gesinde, nach den Kosten für die Beschaffung von Arbeitsgerät und Vieh und nach den Mitteln für Bauarbeiten in Tevel, Zirc und Berénd, für Reisen, für Gäste des Administrators und endlich „pro necessariis — für notwendige Ausgaben" für den Fiskus und Gerichtskosten zur Wiedererlangung verpfändeter Güter. In dieser Einteilung kommen im Prinzip die klösterlichen Ämter zum Ausdruck, die in Heinrichau der Praefectus Culinae, der Custos, der Bursarius, der Provisor, der Praefectus fabricae und der Abt wahrnahmen.

Die Arbeitskräfte der klösterlichen Betriebe

Nach den Statuten von Cîteaux war der Abt verpflichtet, die Eigengüter mit Angehörigen des Ordens zu bewirtschaften. Da man aber die Mönche nur in seltenen

[28]) Es waren dies noch folgende Ämter: Forstmeister (mag. forestae), Back- und Braumeister (mag. pistrini, Granarii et Braxatorii), Gastmeister (mag. oder accommodator hospitum), Bauinspektor (Praefectus fabricae), Garteninspektor (Inspector hortorum), Küchenpräfekt (Praefectus Culinae), Kämmerer (Praefectus Vestiarii), Küster (Custos Ecclesiae), Krankenmeister (mag. infirmorum et Apothecarius), Güterverwalter von Schönwalde und Schönjohnsdorf, Administrator von Zirc und Güterverwalter von Tevel und Elöszállás.

[29]) Orig. BDA V B 60, von der Hand der PP. Abraham Wabrzig, Wilhelm Sebastian und Petrus Hoffmann (Fotokopie).

Fällen und an wenigen Tagen des Jahres zur Arbeit außerhalb der Klausur heranzog, hing die zisterziensische Wirtschaft im wesentlichen vom Einsatz der Laienbrüder ab. Ihre Zahl reichte in vielen Klöstern schon im 13. Jahrhundert nicht mehr aus, so daß sich der Orden gezwungen sah, den Kreis der Personen, die als Angehörige eines Klosters galten, zu erweitern. So ging man bald dazu über, alle Bewohner dörflicher Siedlungen einer Zisterze, die nicht dem Bauernstande angehörten und denen nur ein geringes Maß persönlicher Freiheit zustand, als Schutzbefohlene in Anspruch zu nehmen. In den Ländern östlich der Elbe und Saale, wo die Masse der slawischen Landbevölkerung aus Hörigen bestand, fanden die grauen Mönche eine Vielzahl solcher Menschen, die sie ihrer „familia“ einverleiben konnten; denn die Zisterzienser übernahmen ja nicht bloß die Äcker und Gebäude von Alt-Heinrichau, Niklawitz, Wrożenice und Milejowitz, sondern auch die slawischen Bewohner, die bei den Gutssiedlungen lebten und zur Bewirtschaftung der Herrenhöfe verpflichtet waren. In nüchterner Erwägung der Verhältnisse haben die Mönche diese Leute nicht ausgesiedelt, denn der erste Konvent mit 12 Professen und höchstens 6—10 Konversen wäre ohne die Mithilfe laikaler Kräfte nicht in der Lage gewesen, seine Grangien zu bebauen.

Unmittelbare Beweise für die Übernahme der ansässigen hörigen Bevölkerung durch das Kloster finden sich in den Quellen nur selten. Lediglich bei der Schenkung des Gutes Jaworowitz (1243) wird berichtet, daß der Herzog der Zisterze mit dem Hof auch den Schreiner Dobrossa und dessen Bruder überließ[30]. Dabei werden diese beiden Männer offenbar nur deshalb genannt, weil sie als handwerkliche Fachkräfte normalerweise nicht zum ländlichen Gutsbetrieb gehörten, während jene Leute, die Jaworowitz und andere Höfe bewirtschafteten, bei Besitzveränderungen nicht erwähnt wurden, weil ihre Bindung an den Herrenhof selbstverständlich vorausgesetzt wurde. Erst in späteren Jahrzehnten finden sich zahlreiche Hinweise auf kleine Dörfchen (villulae), die neben den Grangien existierten[31]. Die Leute dieser Siedlungen waren gewiß nicht erst neu zugewandert, vielmehr muß man in ihnen die Nachkommen der einheimischen Bevölkerung sehen, die schon bei der Gründung des Klosters im Lande saß. Beim Verkauf eines Gutes an die Zisterze zog offenbar nur der bisherige Besitzer ab; die hörigen Arbeitskräfte aber, die den Hof bebauten, gingen in den Besitz des neuen Eigentümers über.

---

30) SR 596 vom 12. März 1243, gedr. GS 33 f.; GB 35 f.; GG 270 f.

31) SR 5762 von 1336. Schon in einer Urk. vom 1. Juli 1279 (SR 1605, gedr. GS 175 f.) befahl Herzog Heinrich IV. seinen Kastellanen, Offizialen und deren Richtern und Wlodaren, „quatenus homines et servientes eorundem fratrum de Heynrichow, hinc inde in bonis ipsorum seu curiis positos pariter et locatos“ nicht vor ihr Gericht zu ziehen. — Die Zahl der Konversen von Heinrichau betrug 1336, als der Nachwuchs bereits nachließ, 30 Personen; in den Jahrzehnten um 1300 lag er offenbar höher, so daß Heinrichau dem Tochterkloster Grüssau 1292 mehrere Laienbrüder abgeben konnte. S. Trawkowski (Gospodarka wielkiej własności cysterskiej na Dolnym Śląsku w XIII wieku. Państwowe Wydawnictwo Naukowe. Warschau 1959, S. 130) ist der Ansicht, daß die Anzahl der Konversen in Heinrichau im 13. Jh. zwischen 20-30 lag; dagegen sprechen aber die Nekrologeinträge der beiden letzten Jahrzehnte des 13. Jhs., aus denen sich eine weit höhere Zahl ergibt (vgl. H. Grüger, Der Nekrolog des Klosters Heinrichau (ca. 1280—1550). In: Archiv 31. 1973, S. 54—57).

Die Aufgabe der Gutsbevölkerung war die Verrichtung aller Arbeiten, die in einem landwirtschaftlichen Großbetrieb anfielen. Die Zahl dieser Menschen darf man aber nicht zu hoch ansetzen. Unter den Urkunden der Abtei Himmerod findet sich ein Vertrag von 1228, nach dem die Grangie Winterbach mit einem Inventar von 28 Rindern und 20 Ziegen von 4 Konversen und 9 Knechten betrieben wurde. Um alle Arbeiten auf dem Gutshof zu erledigen, genügten also 13 Männer. Diese Meßzahl wird man auch bei der Heinrichauer Grangie Niklawitz anlegen dürfen, deren Viehbestand 1254 etwa ebenso groß war wie der des Himmeroder Gutes Winterbach, so daß man die hörige Bevölkerung eines zisterziensischen Hofes im 13. Jahrhundert auf rund 10—12 Familien schätzen kann.

Die straffe Organisation, die die Zisterzienser beim Betrieb landwirtschaftlicher Unternehmungen einführten, war offenbar ein Novum. Die Arbeitskräfte wurden sorgfältig angeleitet und genau beaufsichtigt. Die Kontrolle übten Männer aus, die einer anderen sozialen Schicht angehörten als die Hörigen. Dem Grangienmeister standen nämlich mehrere Konversen zur Seite, und wo ihre Zahl nicht ausreichte, unterstützten ihn freigeborene Laien, die in einem freien Arbeitsvertrag dem klösterlichen Wirtschaftsverband beitraten, ohne sich durch religiöse Gelübde zu binden. Diese Laien, die dem Orden ihre Kenntnisse, Fähigkeiten und Arbeitskraft zur Verfügung stellten, nannte man Familiaren, denn sie wurden in die klösterliche „familia“ aufgenommen, unterstanden dem Schutz des Abtes und hatten Anteil am Sozialprodukt und an den Freiheitsrechten der Zisterze. Die Bindung dieser Laien an das Kloster beruhte im Prinzip auf einer sachlich begründeten Sorgepflicht, bei der sich jede Seite das Recht der Kündigung vorbehielt. Cellerar, Grangien-, Forst- und Teichmeister sowie die Leiter der Gewerbebetriebe setzten solche Leute als Schaffer ein, als Forstaufseher, Teichwärter und Fischmeister, als Köche, Schneider, Schmiede, Kutscher, Brauer und Töpfer[32].

In der Neuzeit sah sich das Kloster nicht nur bei Meisterarbeiten, sondern auch in der Wirtschaftsverwaltung überhaupt vollständig auf Laien angewiesen. So nennt das Testament des Abtes Melchior Welzel von 1680 außer Vorwerksverwaltern und Kanzellisten auch Teichknechte, Koch und Küchengehilfen, Wäscherinnen, Torwärter, Kellermeister, Schlächter, Konventsknecht, Gärtner, Kutscher, Schneider und „alle Schafferleuthe... einen jeden dienstbotten vom größten bieß zum kleinisten“[33]. Dazu kamen nach anderen Quellen der Justitiar mit Sekretär und Kanzleigehilfen, der Kornschreiber, der Bauinspektor, 8 beamtete Revierförster, mehrere Präfekten, der Klostermüller, Mälzer und Brauer, Cellerarius, Organist, mehrere Konventsdiener, Bäcker, Sattler, Schmied, Tischler, Seiler, Ziergärtner, Maurer, Bildhauer, Maler und zahlreiche Hilfskräfte. Die genaue Zahl der Laien, die in Diensten des Klosters standen, läßt sich nicht

---

[32]) Nekrolog und Signaturbuch erwähnen viele dieser Leute, die man als Schuster, Schneider, Forstgehilfen, Schmiede, Abts- und Konventsdiener oder Küchengehilfen anstellte. Trawkowski (S. 124 f.) veranschlagt die Zahl der Laienkräfte, die man zur Bewirtschaftung einer Grangie brauchte, auf 19 Personen.

[33]) BDA V 10 (Fotokopie).

ermitteln. Aber bei 15 Vorwerken, umfangreichen Gärten und Fischteichen, Brauerei, Bäckerei, Schlachthaus und anderen gewerblichen Betrieben und bei der stattlichen Ansiedlung der Handwerker, die Abt Ackermann in der Neustadt vor dem Stiftstor errichtete, muß man die laikalen Arbeitskräfte der Zisterze um die Mitte des 18. Jahrhunderts, ohne die Empfänger von Pensionen und Altersrenten, auf rund 150 Menschen schätzen.

Viele Angehörige des Gesindes siedelte man schon im Mittelalter in der Nähe des Klosters an, da ja wichtige Betriebe innerhalb des klösterlichen Berings lagen. Aus einer solchen Ansiedlung von Bediensteten entstand das Niederdorf von Heinrichau mit seinen Gärtner- und Häuslerstellen. Der Rechenschaftsbericht von 1336 an den Abt von Morimond verrät nämlich, daß man schon damals Laien erlaubte, den Stiftsbering zu betreten, denn unter den Ausgaben des Cellerars erscheint ein Posten „für die Entlohnung der Arbeitskräfte in Bäckerei, Klostermühle, Brauerei und anderen zum Kloster gehörigen Werkstätten[34]. Urkunden, Nekrolog und Signaturbuch von Heinrichau nennen eine Vielzahl solcher Leute, die man innerhalb des Stifts beschäftigte. Dabei durchbrach man im späten Mittelalter sogar die Klausur, indem man einzelnen Personen weltlichen Standes Tätigkeiten in den Klausurräumen der Mönche zuwies[35]. Durch größere persönliche Freiheit, durch ihre Arbeiten im Wirtschaftsprozeß und durch qualifizierte Leistungen gewannen die Familiaren oft einen Rang, der sie weit über die Arbeitskräfte erhob, die ihrer Aufsicht unterstanden. Da sie mit den Konversen das Rückgrat der klösterlichen Wirtschaft bildeten, konnte der Orden auf sie nicht mehr verzichten. Sie erhielten für ihre Tätigkeit reichliche Entlohnung, so daß mancher von ihnen zu einem kleinen Vermögen gelangte. Die Einträge des Nekrologs erwähnen viele Familiaren, die sich und ihren Angehörigen ein Gedächtnis im Konvent, ein feierliches Anniversar oder eine jährliche Seelenmesse erkauften und auf dem Friedhof bei der Stiftskirche bestattet wurden. Die Namen, die das Totenbuch anführt, zwingen zu der Annahme, daß diese Leute meist deutscher Herkunft waren[36]. Aber schon in mittelalterlicher Zeit vollzog sich ein Angleichungsprozeß, der die nationalen Unterschiede von Hörigen und Freien rasch verwischte. Denn bei der gemeinsamen Tätigkeit im selben Wirtschaftsbetrieb spielte das Volkstum keine Rolle. Der slawische Hörige, der unter der Anleitung von Konversen und Familiaren arbeitete, erlernte bald Sprache, Sitten und Bräuche seines Aufsehers, und mancher qualifizierte sich dabei zum landwirtschaftlichen Facharbeiter, den das Kloster genauso wie den Familiaren deutscher Herkunft mit selbständigen Aufgaben betraute. Da die Zisterzienser von Heinrichau im Mittelalter nationale Rücksichten nicht kannten und im Vordergrund ihres Interesses die wirtschaftliche

[34]) SR 5659, L. Schulte, Kleine Schriften (Darst. 23). 1918, S. 149—153.

[35]) So erwähnt der Nekr. am 18. März den Laien Konrad, cubicularius conventus", und auch im Testament des Abtes Melchior Welzel von 1680 erscheinen ein „Konventknecht" und eine Wäscherin in der Stiftsküche.

[36]) Nur zum 1. Mai begegnen im Nekr. 12 familiares älterer Zeit mit polnischen Namen wie Wirchoslawa, Bronislawa, Boguslawa, Przemyslawa, Petruska, Bogdal und Goslaw.

Leistung stand, die der Arbeiter erbrachte, versetzten die Äbte des 14. Jahrhunderts immer mehr Nachkommen der einstigen Hörigen in das Rechtsverhältnis der Familiaren. Schon als die Mönche seit 1340 einen Teil der Wirtschaftshöfe aufgaben, um sie an Bauern auszusetzen, machten sie offenbar keinen Unterschied mehr nach nationaler Abstammung. Für das Kloster war es wichtiger, Zinsbauern und Leute zu gewinnen, auf deren Tüchtigkeit es sich verlassen konnte. So bevorzugte man bei der Vergabe der neuen Bauernstellen die Söhne von Gutsarbeitern und Familiaren, die sich im klösterlichen Wirtschaftsprozeß bewährt hatten. Daher lassen sich bei den Namen der Bewohner der einstigen slawischen Gutsdörfer Willwitz, Alt-Heinrichau, Rätsch, Reumen, Zinkwitz und Neuhof, die das Signaturbuch des 15. Jahrhunderts anführt, kaum noch nationale Unterschiede erkennen[37]. Die rechtliche Gleichstellung der neuen Bauern und Gärtner im Herrschaftsverband des Klosters führte so bis zum Ende des Mittelalters fast nahtlos zur Verschmelzung der nach Herkunft und Sprache so verschiedenen Volksgruppen, und damit leistete der zisterziensische Großbetrieb einen wichtigen Beitrag zur Ausbildung des schlesischen Volkstums im Vorgebirgslande an der oberen Ohle.

An dem sozialen Aufstieg der Untertanen, denen der Eintritt in den Stand der Familiaren und Zinsbauern gelang, nahm seit dem 14. Jahrhundert auch die hörige Bevölkerung jener Grangien teil, die das Stift in eigener Bewirtschaftung behielt. Um auch diese Leute fester an den klösterlichen Betrieb zu binden, schufen die Äbte kleine Stellen mit einigen Morgen Ackerland, die sie solchen landwirtschaftlichen Arbeitskräften überließen. Dabei verzichtete das Kloster auf das alte Herrenrecht willkürlicher Enteignung und verpflichtete sich gegenüber den Nachkommen der früheren Hörigen, im Falle einer Aussiedlung die Stelle und das Erbrecht abzukaufen. Damit garantierte die Zisterze dieser Schicht einen besseren sozialen Status, als ihn ihre Vorfahren im 13. Jahrhundert besessen hatten. Als Gegenleistung übernahmen die „Gärtner" Arbeitsverpflichtungen auf dem Gutshof, zu dem sie gehörten. Ein klares Bild von der Rechtsstellung der Arbeiterschaft einer zisterziensischen Grangie jener Zeit bietet die Urkunde, die Abt und Konvent von Heinrichau 1387 für die Gärtner des Gutsdörfchens Zesselwitz ausstellten[38]. Da das Dokument von ausschlaggebender Bedeutung für die Beurteilung zisterziensischer Wirtschaftsweise und der Rentabilität eines Großbetriebs dieser Epoche ist, müssen wir seinen Inhalt genauer betrachten.

1387 verkauften Abt und Konvent einem gewissen Niklos für 2½ Mk. eine Gärtnerstelle von 1½ Morgen in Zesselwitz, für die der Käufer jährlich 1½ Mk. Grundzins

[37]) Das Signaturbuch nennt viele Mischformen wie Kopetzsch, Koschber, Pirdusch, Opetcz, Kewtschik, Wenczk, Jenusch, Peschkyn, Stefke, Jeschke, Fentschk, Klymke, Ketgke, Wensuske; eindeutig polnische Familiennamen sind selten.

[38]) Gedr. G. A. Tzschoppe und G. A. Stenzel, Urkundensammlung zur Geschichte des Ursprungs der Städte und der Einführung und Verbreitung deutscher Kolonisten und Rechte in Schlesien und der Oberlausitz. Hamburg 1832, S. 603; Quellen zur Geschichte des deutschen Bauernstandes im Mittelalter, gesammelt und hrsg. von G. Franz (Ausgew. Quellen zur deutschen Geschichte des Mittelalters, Freiherr vom Stein-Gedächtnisausgabe. 31). Darmstadt 1967, S. 484 f.

zahlte, das Münzgeld entrichtete und 4 Holzhühner lieferte. Dazu mußte er auf der nahen Grangie alle Dienste verrichten, zu denen die Gärtner in ihrer Gesamtheit verpflichtet waren. Die Arbeiten bestanden im einzelnen aus folgenden Tätigkeiten: Mähen und Dreschen des Getreides, Anfertigen und Verlegen von Schauben, um die Dächer des Gutshofes zu decken und zu reparieren, Hanfdreschen, Gras mähen, Heu rechen, breiten und zum Trocknen aufstellen, Dünger streuen, die Schafe waschen und scheren; außerdem mußten zwei Gärtner jeweils bis nach St. Gallus (16. Oktober) die Gutspferde hüten, und einer — der Ölschläger — sollte beim Ölschlagen auf dem Kammerhof in Heinrichau helfen. Außer der Gärtnerstelle, deren Äcker der Hofmeister der Grangie gegen Bezahlung mit Gutspferden pflügen ließ und zu denen das Kloster als Zufahrt einen Weg auf der Damme hinter dem Wirtschaftshof gewährte, erhielten die Gärtner folgende Entlohnung: für die Getreidemahd die 12. Garbe, für das Dreschen den 20. Scheffel, für die Arbeit im Frühjahrsheu je 15 Brote, im Grummet je Mäher 1 Mk., im übrigen ein Drittel des Grummets; die beiden Pferdehüter bekamen jeder ein Beet, um Rüben, und ein Viertel Beet, um Hanf zu bauen. Die Gärtner von Zesselwitz durften weder Pferde noch Ziegen halten, und für ihre Gänse mußten sie einen Hütejungen bezahlen.

Der Vertrag wurde nicht mit jedem einzelnen Gärtner geschlossen, sondern mit der Gesamtheit der landwirtschaftlichen Arbeitskräfte von Zesselwitz. Die Gärtner bildeten also einen korporativen Verband, der als Ganzes entschied, welches seiner Mitglieder zu den anstehenden Arbeiten verpflichtet war. Die Genossenschaft teilte Lohn und Deputat zu, regelte alle Fragen, die die Gärtner betrafen und war auch für Wohl und Wehe jener Angehörigen verantwortlich, die unverschuldet in Not gerieten. Es war ein System kollektiver Haftung und Verantwortlichkeit, das den einzelnen vor Verelendung bewahrte und seine Existenz sicherte, ihn aber zugleich in eine Ordnung zwang, die wenig Spielraum zur Entfaltung individueller Initiative bot. Im Unterschied zu früher, als es der feudale Gutsherr noch mit slawischen Hörigen zu tun hatte, ging die klösterliche Grundherrschaft hier eine klare Bindung ein, indem sie auf Enteigung verzichtete und dem Gärtner seine Stelle erblich überließ. Der Gutsarbeiter des späten 14. Jahrhunderts, von dessen Einsatz die Rentabilität des Herrenhofes abhing, besaß also ein größeres Maß persönlicher Freiheit und genoß einen höheren Anteil am Sozialprodukt als der slawische Hörige des 13. Jahrhunderts. Das System, das in der Zesselwitzer Urkunde sichtbar wird und das mit der Freisetzung der ländlichen Arbeitskraft primär auf eine Steigerung der Arbeitsproduktivität zielte, darf man aber nicht als Zeichen sozialer Fürsorge werten. Die größere Freiheit, die der einzelne Gärtner gewann und die bessere Sicherung seiner Existenz spiegelt vielmehr einen Prozeß, der im Prinzip das Zerfallsprodukt aus dem Zusammenbruch des zisterziensischen Konverseninstituts darstellt. Da das Kloster nur noch wenige Laienbrüder hatte, bot die Lösung, die man hier fand, die beste Möglichkeit, den Betrieb landwirtschaftlicher Latifundien aufrechtzuerhalten und durch zeitgemäße Förderung der Arbeitsintensität die Rentabilität des Gutshofes zu steigern.

Die Rentabilität der klösterlichen Grangien

Damit stellt sich die Frage, ob sich ein Wirtschaftsbetrieb, dessen Arbeitskräfte mit Geld und Deputat entlohnt werden mußten, überhaupt noch rentierte. Um sich ein Bild von der Ertragfähigkeit der Wirtschaftshöfe von Heinrichau zu machen, muß man von der Betriebsform ausgehen, die dem mittelalterlichen Agrarunternehmen zugrunde lag.

Das Rückgrat der landwirtschaftlichen Tätigkeit war bis ins 18. Jahrhundert das System der Dreifelderwirtschaft, in der Brache, Wintergetreide (meist Weizen und Roggen) und Sommergetreide (Gerste und Hafer) in einem dreijährigen Zyklus abwechselten[39]. Diese Betriebsform, die den Bauern zur Einhaltung der Regeln des Flurzwangs und der Anbaufolge verpflichtete, entsprang der Notwendigkeit, sich auf die bebauten Ländereien zu beschränken, ohne den Boden der Gefahr der Sterilität auszusetzen. Die Aufteilung der Gewanne auf eine Vielzahl von Besitzern hatte dabei in dörflichen Siedlungen zahlreiche Beschränkungen zur Folge; denn die Dorfgemeinschaft schrieb dem Bauern die Zeiten für Pflügen, Säen und Kornschneiden genau vor und ließ ihm wenig Spielraum zur Bewirtschaftung der Felder nach eigenen Vorstellungen.

Im Unterschied zur bäuerlichen Genossenschaft säten Latifundien die einzelnen Getreidearten schon früher in großen Schlägen aus, und da sie dabei nicht an die Anordnungen einer Korporation von Interessenten gebunden waren, konnten sie die Äcker besser pflügen und düngen, sorgfältiger bebauen und von Unkraut freihalten und erzielten daher auch höhere Erträge als der Bauer. Unter Berücksichtigung der Bodengüte der Heinrichauer Grangien darf man ihren Gewinn bei vorsichtiger Schätzung auf das 5-fache der Aussaat veranschlagen[40]. Da die Aussaat je Hektar rund 4 Scheffel betrug, lag also der Ernteertrag eines Hektars Wintergetreide bei rund 7 Doppelzentnern.

Will man auf der Basis dieser Schätzung das Gesamtgewicht der Jahresernte errechnen, so muß man das Areal der klösterlichen Grangien kennen, denn es wäre falsch, von den heutigen Ackerflächen auszugehen. Am Beispiel Niklawitz sieht man nämlich, daß der Umfang der Gutshöfe im 13. Jahrhundert mit dem Areal der jetzigen Vorwerke nicht zu vergleichen ist. Niklawitz zählte 1254 höchstens 3 Kleine Hufen oder 45 ha, von denen jährlich ein Drittel brach lag. Die Klostergrangie, den Kammerhof, darf man

---

[39]) Zur Dreifelderwirtschaft vgl. H. Hausherr, Wirtschaftsgeschichte der Neuzeit. 2. Aufl. Weimar 1955, S. 1 ff.

[40]) In der Umgebung von Grüssau, wo der Grundsteuer-Reinertrag viel niedriger lag als an der oberen Ohle, machte die Ernte der Stiftsgüter das 3fache der Aussaat aus (vgl. Mahner, S. 36). Etwas höher lagen die Erträge der Brieger Stadtgüter Briegischdorf und Pogarell im 17. Jh. (vgl. J. Kwak, Produkcja roślinna i zwierzeca folwarków miasta Brzegu w latach wojny trzydziestoletniej. In: Sobótka. Śląski Kwartalnik Historyczny 23. 1969, S. 220—238). Prouilly bei Stenay an der Maas, eine Grangie von Orval, die auf weit geringeren Böden lag als die Heinreichauer Güter, brachte 1605 das 3fache, im 18. Jh. das 12fache der Aussaat (vgl. Ch. Grégoire, Prouilly, une „grange“ d'Orval en terre meusienne. In: Bulletin des sociétés d'Histoire et d'Archéologie de la Meuse 6. 1969, S. 53—79).

bestenfalls auf 4, das Gut Alt-Heinrichau mitsamt dem 1239 erkauften Hof Bobolitz auf 10 Hufen ansetzen. Wenn man dazu noch den Anteil von Skalitz nimmt, den die Mönche von den Gebrüdern Nikolaus und Stephan erhielten, sowie die 2 Hufen, die ihnen Albert Barth von Tepliwoda schenkte, so umfaßten die Äcker der Zisterze bis 1243 nicht mehr als 21—22 kleine Hufen oder 330 ha, von denen jährlich zwei Drittel besät wurden[41]. Bei einem durchschnittlichen Hektarertrag von 7 Doppelzentnern ergibt sich damit eine Jahresernte von rund 1500 Doppelzentnern, von dem man aber das Deputat der Hörigen, den Feldzehnt des Pfarrers und die Aussaat für das nächste Jahr absetzen muß. Die Urkunde für die Gärtner von Zesselwitz, die allein für das Schneiden und Dreschen des Getreides 13 Prozent des Ertrages ansetzt, beweist uns, daß es nicht übertrieben ist, wenn man alle Betriebsunkosten auf 50 Prozent veranschlagt. Die Menge der Körnerfrucht, die dem Kloster in der Gründungszeit blieb, lag also bei etwa 750 Doppelzentnern. Davon wurde die Hälfte (Hafer und Gerste) als Futter und zum Bierbrauen benötigt, so daß nur knapp 400 Doppelzentner zur Ernährung der Ordensleute und zum Verkauf übrig blieben. Da der Konvent anfangs 20—30 Mitglieder zählte, konnte man den größten Teil des Brotgetreides verkaufen. Den Gewinn, den man damit erzielte, brauchte man für den Bau der Kirche und des Klosters; außerdem benötigte man Barmittel, um die Reisen des Abtes und Cellerars zu finanzieren, ferner für Schuhwerk und Kleidung, liturgische Geräte und Gewänder, für den Unterhalt vornehmer Gäste und ihres Gefolges, Geschenke an einflußreiche Persönlichkeiten, Almosen für die Armen, und schließlich mußte man an Rücklagen denken zum Ankauf von Arbeitsgerät und zur Finanzierung von Neuerwerbungen.

Unter diesen Umständen darf man den Urkunden des Bischofs Paul von Posen von 1236 und Heinrichs II. von 1239 Glauben schenken, wenn sie von der drückenden Armut der Mönche sprechen. Der Konvent lebte in den ersten Jahren in beengten Verhältnissen. Abt, Cellerar und Seniores, die über Besitzveränderungen entschieden, mußten jede Neuerwerbung auf ihren unmittelbaren Nutzen prüfen und waren gezwungen, mit den Haushaltsmitteln sparsam, ja fast geizig umzugehen, denn jede unüberlegte Ausgabe und jedes Verlustgeschäft hätte die Existenz der Ordensniederlassung in Frage gestellt.

Einzelne, scheinbar nebensächliche Episoden des Gründungsbuches deuten an, wie ärmlich das Leben der ersten Mönche war. Eines Tages (1237) klopfte der Breslauer

---

41) Bei der Berechnung der Flächen der Heinrichauer Grangien des 13. Jhs. kommen S. Trawkowski (S. 69—71) und W. Korta (S. 107) für Niklawitz auf 3 große Hufen oder rund 72 ha, weil sie davon ausgehen, daß man je ha 3 Scheffel Winter- oder 2 Scheffel Sommergetreide säte. Ich lege dagegen eine Hektaraussaat von 4 Scheffeln zugrunde und stütze mich dabei auf Angaben von Herrn Dr. Dirks, Güterdirektor i. R. der Reichsgraf Kesselstatt'schen Güterverwaltung in Trier, die sich mit den Berechnungen von J. Ziekursch (Hundert Jahre schlesischer Agrargeschichte. Vom Hubertusburger Frieden bis zum Abschluß der Bauernbefreiung (Darst. 20). 1915, S. 66 f. Anm. 2) vollständig decken. Wegen der unterschiedlichen Berechnung kam Trawkowski (S. 124) allein für die 6 Grangien Heinrichau, Niklawitz, Alt-Heinrichau, Zinkwitz, Moschwitz und Damnicia auf eine bebaute Fläche von rund 660 ha, etwa 20% mehr als wir errechnen.

Dompropst Peter, ein Onkel des Bischofs, an der Pforte von Heinrichau an und bat mit seinem Gefolge um Nachtquartier. Sein Besuch kam unerwartet und brachte Abt Bodo und seinen Cellerar in große Verlegenheit, da sich in Küche und Keller nur 4 Brote fanden. Rasch schickte man Leute zum nahen Kammerhof, und als auch diese Vorräte nicht genügten, eilten einige Konversen nach Niklawitz und Alt-Heinrichau und trieben so viel Brot auf, daß man den Dompropst und seine Begleiter am Abend und am nächsten Tage bewirten konnte[42].

Um 1234 kam Bischof Thomas I. nach Heinrichau und wurde freundlich im Kloster aufgenommen. Obwohl der Abt nicht geizte, bemerkte der hohe Gast, daß die Mönche sehr bescheiden lebten, und erkundigte sich verwundert nach den finanziellen Verhältnissen[43]. Die Existenznot der Neugründung klingt sogar noch beim Fortsetzer des Liber fundationis nach, der in der Einleitung zum 2. Buche schreibt, daß der Konvent „in großer Armut" lebte und „das Brot im Schweiße seines Angesichts essen" mußte[44].

Die geringe Ausstattung des Klosters, der frühe Tod des Fundators und der Zerfall landesherrlicher Macht nach dem Mongoleneinfall haben Abt und Mönche in größte Schwierigkeiten gestürzt. Die finanzielle Decke, nach der man sich strecken mußte, war knapp, und schon ein Rückschlag, eine Mißernte oder die Zerstörung der Gebäude durch die Mongolen (1241) brachte den Konvent an den Rand der Existenz. Um überleben zu können, mußten sich die Mönche mit einem Dasein begnügen, das die persönlichen Ansprüche auf ein Minimum reduzierte. Damals bat Abt Bodo das Generalkapitel um Dispens vom Besuch, da er nicht mehr in der Lage war, die Kosten für die Reise nach Cîteaux zu bestreiten[45], und in ihrer Not nahmen die Mönche dankbar jede Hilfe an und waren sogar bereit, sich dem Schutz der Adligen zu unterstellen, die sich für ihre Patronatsherren hielten und das Kloster ihrer Herrschaft unterwerfen wollten[46]. Gewiß besaßen die Zisterzienser mit 150 Hufen Waldes bei Bolkenhain und den Forsten Budsow und Rudno ein reiches Kapital; aber was nutzte der Besitz von Einöden, wenn weder Werkzeug noch Saatgut und Geld vorhanden war. Wer daher nicht bedenkt, daß für den Unterhalt des Konvents in den ersten Jahrzehnten nur die anbaufähigen Äcker in der nächsten Umgebung zählten, kann die Situation des jungen Klosters nicht verstehen. Man wird sich sogar die Frage stellen müssen, inwieweit die Zisterzienser von Heinrichau überhaupt imstande waren, beim Bau ihrer Kirche außer Hörigen auch teuer bezahlte freie Lohnarbeiter und qualifizierte Fachkräfte laikalen Standes heranzuziehen, die man aus weiter Ferne berufen mußte. Wird man angesichts der prekären Verhältnisse der Frühzeit nicht doch annehmen müssen, daß bei der Planung und Errichtung des großen

[42]) GS 129; GB 103 f.; GG 374.

[43]) GS 29; GB 32; GG 265.

[44]) GS 69; GB 61; GG 309.

[45]) Canivez 1241, Nr. 39.

[46]) Vgl. H. Appelt, Klosterpatronat und landesherrliche Kirchenhoheit der schlesischen Herzoge im 13. Jahrhundert (Mitteilungen des österr. Inst. f. Geschichtsforschung. 14. Ergänzungsband). Innsbruck 1939, S. 312 f.

Rechteckchores und des Querschiffs nicht ordensfremde Architekten und Künstler am Werk waren, sondern einfache Bauleute der klösterlichen familia?

Die Ziele der klösterlichen Wirtschaft

Aus der Geschichte von Heinrichau wissen wir, daß es den ersten Äbten gelang, die wirtschaftliche Basis des Klosters zu festigen und seine Existenz zu sichern. Der Reichtum der Abtei in späterer Zeit beruhte nicht zuletzt auf dem Ertrag, den Grangien und Gewerbebetriebe brachten. Dabei spielte das Bestreben, die vorhandenen Mittel so zu investieren, daß das eingesetzte Kapital möglichst hohen Profit erzielte, ohne Zweifel eine große Rolle. Es wäre unsinnig, zu erwarten, daß eine Ordensniederlassung, die ihre Mitglieder mit leitenden Positionen in der Wirtschaft betraute, andere Ziele verfolgt hätte, als aus ihren Unternehmungen materiellen Nutzen zu ziehen. Man hat den Zisterziensern in diesem Zusammenhang sogar den Vorwurf gemacht, daß sie die ersten waren, die die mittelalterliche Gesellschaft mit Ideen infizierten, die gewisse Anfänge kapitalistischen Wirtschaftsdenkens und -strebens verraten[47]. Dabei hat man wesentliche Momente der ökonomischen Betriebsamkeit des Ordens gewiß richtig erkannt. Mit keiner religiösen Institution hat das mittelalterliche Bürgertum Schlesiens so oft und so erbittert um die Wahrung des Bannmeilenrechts prozessieren müssen wie mit den grauen Mönchen[48]; denn im Unterschied zu den Benediktinern, Prämonstratensern und regulierten Chorherren, die von Zinseinkünften lebten, haben sich die Zisterzienser unmittelbar in die Wirtschaft des Landes eingemischt, eigene Unternehmungen begründet und ihre Tätigkeit nach ähnlichen Prinzipien ausgerichtet wie der Großkaufmann früherer Zeit. Trotzdem wäre es falsch, das wirtschaftliche Engagement des Ordens den Methoden des modernen Kapitalismus gleichzusetzen, der ohne Rücksicht auf das persönliche Schicksal der am Zustandekommen des Profits Beteiligten mit geringem Einsatz einen möglichst großen Gewinn für den Unternehmer erstrebt. Würde der neuzeitliche Staat auf die Sozialgesetzgebung verzichten und dem privaten Gewinnstreben freien Lauf lassen — die Folgen für die sozial Schwächeren, die nur ihre Arbeitskraft anzubieten haben, wären nicht abzusehen. In eben dieser Situation völliger Freiheit von sozialstaatlichen Bindungen befand sich aber der zisterziensische Betrieb. Trotzdem führten die sozialen Verhältnisse, die er schuf, nicht zur Verelendung der Mitarbeiter, sondern boten auch den hörigen Untertanen, ja selbst den arbeitsunfähigen Arbeitern ausreichende Existenzbedingungen. Obwohl sich der Orden, entsprechend den Sozialstrukturen

[47]) Diese kapitalistischen Züge zisterziensischer Wirtschaft betonte besonders H. Wiswe, Grangien niedersächsischer Zisterzienserklöster. Entstehung und Bewirtschaftung spätmittelalterlich-frühneuzeitlicher landwirtschaftlicher Großbetriebe. In: Braunschweigisches Jahrbuch 34. 1953, S. 5—134.

[48]) Vgl. W. Küchler, Das Bannmeilenrecht. Ein Beitrag der mittelalterlichen Ostsiedlung zur wirtschaftlichen und rechtlichen Verschränkung von Stadt und Land (Marburger Ostforschungen 24). Würzburg 1964.

seiner Zeit, nach den Gesetzen des „produktionsmittelproduzierenden Kapitals" richtete und in modern anmutender Weise bedacht war, die vorhandenen Produktionsmittel optimal zu nutzen, war die Arbeiterschaft zisterziensischer Wirtschaftsbetriebe nicht den unmenschlichen Folgen der Proletarisierung ausgeliefert, die die übelste Begleiterscheinung des neuzeitlichen Kapitalismus war.

Fragt man nach den Gründen dieses Phänomens, so kommt man nicht an den religiösen Ideen vorbei, die die ökonomische Tätigkeit des Ordens bestimmten. Anstelle der Sozialgesetze moderner Staaten, die der Willkür des Arbeitgebers im Interesse des sozial schwachen Arbeitnehmers Schranken setzen, stand das monastische Unternehmen unter den sittlichen Normen einer Religion, die ins Zentrum ihrer Verkündigung die Forderung stellte, daß sich die Wahrheit des Glaubens in der Sorge um den Nächsten manifestieren müsse. Daher war bei den grauen Mönchen im Gegensatz zum heutigen Kapitalismus das soziale Engagement für die Menschen, die in ihren Diensten standen, eine unabdingbare Pflicht. Da die Zisterzienser den Begriff der klösterlichen „familia" im weitesten Sinne verstanden, fühlten sie sich nicht bloß für die Angehörigen des Ordens verantwortlich, sondern kümmerten sich auch um die Familiaren, Gärtner und Häusler und um die zahllosen Fremden, Armen und Hilflosen, die an der Klosterpforte anpochten und Trost und Unterstützung erwarteten. Wer diese religiöse Grundeinstellung, den erworbenen Reichtum mit den Schwachen und Benachteiligten zu teilen, nicht berücksichtigt, der findet keine plausible Erklärung für die vielfältige soziale Tätigkeit des Klosters, die in der Sicht liberalen Wirtschaftsdenkens eine Fehlinvestition darstellte, da sie sich mit den Gesetzen kapitalistischer Ökonomie nicht vereinbaren ließ.

Schon der älteste Verfasser des Gründungsbuches berichtete nebenbei — als sei es eine Selbstverständlichkeit —, daß die Äbte Heinrich und Bodo mehr als ein Jahrzehnt lang den herzoglichen Bauern Quetik im Kloster ernährten. Der Alte, der im Dienst seines Herrn eine Hand verloren hatte und dessen andere Hand durch einen Schwerthieb verkrüppelt war, hatte mit den Mönchen von Rechts wegen nichts zu tun; für seine Altersversorgung war der Landesherr zuständig, dessen Höriger Quetik war; aber wir erfahren nur, daß sich die Zisterzienser um ihn kümmerten, als er in Not geriet[49]. Offenbar fand damals jeder, der die Zisterze besuchte und hungrig war, an der Klosterpforte Brot und eine Mahlzeit. Denn auch von Gneuko Woda, einem Kleinadligen, der nur 3 km von Heinrichau entfernt in Rätsch zu Hause war, berichtet das Gründungsbuch, daß ihn der Tod überraschte, als er in der Alten Küche der Zisterze zu Tische saß und sein Essen verzehrte[50]. Obwohl sein eigener Herd bloß eine gute halbe Stunde Weges entfernt war und Gneuko Wodas Familie die Armen oft rücksichtslos behandelte, waren die Mönche bereit, ihn zu bewirten, wenn er das Kloster besuchte.

[49]) GS 41; GB 40; GG 277 f.

[50]) GS 98; GB 84, GG 341 f. — Daß die Betreuung von Armen, Fremden und Hilfsbedürftigen zu den Grundforderungen des Ordens gehörte, bringen die Consuetudines in den Kapiteln 119 (de hospitali monacho) und 120 (de portario et solatio eius) klar zum Ausdruck.

Nach dem Aufbau der ältesten Grangien begründeten die Zisterzienser um 1290 einen Webereibetrieb, der für den öffentlichen Markt produzierte und genauso wie die wirtschaftlichen Unternehmungen des Bürgertums auf Gewinn ausgerichtet war. Als die Bürger von Münsterberg dagegen Klage erhoben, verteidigten sich die Mönche mit dem Hinweis, daß der Profit der Manufaktur der „hospitalitas" und „anderen Werken der Barmherzigkeit" diene, und der Erbvogt Gozko, der den Streit im Auftrag des Herzogs schlichtete und die Argumente des zisterziensischen Verteidigers aus eigener Anschauung beurteilen konnte, gab den Ordensleuten recht[51]. Der Vergleich, den er 1293 zustande brachte, zeigt deutlich, daß die wirtschaftliche Tätigkeit der Zisterze, die bei oberflächlicher Betrachtung so charakteristische Züge kapitalistischen Gewinnstrebens verrät, nicht der persönlichen Bereicherung und Machterweiterung diente, sondern durch Bindung an die christliche Pflicht der Gastfreundschaft und Armenfürsorge soziales Unrecht zu mildern suchte[52].

Man kann nicht einmal sagen, daß es nur ein Zeichen idealer Begeisterung des Ordens der Gründungszeit gewesen sei, wenn die Zisterzienser ihren Reichtum vielen Menschen zur Verfügung stellten. Die Geschichte von Heinrichau und Grüssau zeigt nämlich, daß die grauen Mönche die Sozialfürsorge für die minderbemittelten Bewohner der Stiftsdörfer nicht den Gemeinden allein überließen, wie es in den Ortschaften adliger Grundherren üblich war. Noch im 17. Jahrhundert gaben die Äbte von Heinrichau jährlich große Summen aus, um Arme an der Klosterpforte zu speisen, alten, vereinsamten Menschen in fundierten Hospitälern einen ruhigen Lebensabend zu gewähren und landwirtschaftlichen Arbeitern und Handwerkern Wohnsiedlungen zu bauen, wie man sie in den schlesischen Städten und bei den feudalen Adelsschlössern jener Zeit vergeblich sucht.

Überzeugende Dokumente zisterziensischer Sozialfürsorge sind die beiden Testamente des Abtes Melchior Welzel, die einen unmittelbaren Einblick in die Motive der Liebestätigkeit eines Abtes im späten 17. Jahrhundert bieten. Das eine der zwei Testamente — in unbeholfenem Latein eigenhändig verfaßt und niedergeschrieben von „Melchior, dem unwürdigen Professen des Klosters Heinrichau gegen Ende des Jahres 1676" — fand man nach dem Tode des Abtes in einem Säckchen, das 400 einzelne Taler enthielt, jeden mit dem Bilde der Gottesmutter geprägt. Von diesem Geld bestimmte der Abt 100 Tlr. für den Konvent, 100 Tlr. für „die haußarmen Leuthe, deren gerechte Bitten ich so oft abgeschlagen habe, auf daß sie Gott um so flehentlicher für meine von Sünden

---

[51]) SR 2290, gedr. Bretschneider Nr. 8.

[52]) Man kann H. Wiswe nicht den Vorwurf ersparen, daß er zwar die Methoden zisterziensischer Ökonomie genau untersuchte, aber mit keinem Wort auf die Ziele der wirtschaftlichen Tätigkeit des Ordens einging. Man kann aber nicht vom wirtschaftlichen Verhalten von Menschen sprechen, ohne nach den Motiven zu fragen; denn es ist ein wesentlicher Unterschied, ob die Anwendung rationaler Prinzipien bei der Leitung wirtschaftlicher Unternehmen und die Akkumulation von Produktionsmitteln von der Absicht getragen ist, Macht über Menschen auszuüben oder soziales Unrecht zu lindern.

erdrückte Seele bitten möchten". Den Rest sollte der Nachfolger, den der Testator besonders mahnte: „Erfülle es, lebe wohl und denke oft an mein Gericht, denn es wird ja auch das deine sein!" in folgender Weise verteilen: 20 Tlr. für das Kirchlein in Dobrischau, je 15 Tlr. an die Jesuiten und Minoriten in Glatz und an die Dominikaner in Frankenstein, 30 Tlr. für arme Studenten, je 3 Tlr. für arme Mädchen, die sich verheiraten möchten, 2 Tlr. für jeden der sechs verheirateten Schaffer des Stifts, 3 Tlr. für die Knaben, die den Leichenzug des Abtes geleiten werden, und 30 Tlr. für die anderen Bediensteten des Klosters[53].

Das zweite Testament diktierte Abt Welzel auf dem Sterbebette und wünschte, „daß nach seinem Todt (seiner armen Seel zum Besten) Vnter die armen Leuth wenigstens von 3 Malder des besten Korns Brod solle gebacken vndt außgetheilet werden, ... daß allen Schafferleuthen, die fast die gantze Zeit meiner Regirung mir treulich gedienet haben, einem jeden, außer ihres Lohnes, 2 Rthlr. solle gegeben werden ... und einem jeden dienstbotten vom größten bieß zum kleinisten, als knechten, mägden vndt Jungen, 1 Rthlr. über ihr Lohn" ausgeteilt werden soll. Dazu bestimmte er eine große Zahl namentlicher Vermächtnisse für Bedienstete des Stifts, für den Kanzellisten, den Kellermeister Friedrich, den Koch, den Schlächter Kaspar, die Teichknechte, den Hirten Martin, den Küchenknecht, die Wäscherin im Vorwerk, die Wäscherin in der Küche, den Torwärter, den Konventknecht, den Schulmeister, den Gärtner Kaspar, den Kutscher Balthasar und „den kleinen hanßel", ferner „vor die haußarmen Leuth Zur Schönwalde" 20 Rthlr., für die vier Kinder des Schaffers Paul in Taschenberg 24 Rthlr. Dann bat er, „daß der Melchior Stephan müste auf ein handtwerg oder dienst promoviert werden auf des Closters Vnkosten ... und daß der Balthasar doch nicht möchte von dem dienst oder Closter verstoßen werden", daß das Stift der Kirche in Schönwalde ebenso viel Geld geben sollte wie den anderen Kirchen der Stiftsdörfer; daß man den Schulzen zu Krelkau und Zinwitz für drei Jahre den Zins erlassen möchte, weil sie die Widmuten von Krelkau und Frömsdorf wieder kultiviert hatten, und daß der Schaffer Paul in Taschenberg einen schwarztuchenen Rock bekommen soll. Endlich dachte der Sterbende an seine eigenen Verwandten, und zwar „meinem Bruder Abrahae zu Moschwitz, ... meiner Schwester Marthae ..., meiner lahmen Muhm Marthae, der schwester tochter ..., item der Mariana ... ein schwartz tuchenen rock oder daß geldt darvor ..., der Schwester tochter zu Moschwitz nach ihrer Eltern todt, so lang sie in ihrem armseligen Stande, also Vnvorheurathet, leben müste, Jährlichen 2 scheffel Korn vndt täglich ein quardt Bier ... vndt daß mein Vetter, meines Bruders Sohn Abraham zu Moschwitz, so lang er studiret ..., ein Kleid möchte bekommen, vndt ingleichen auch die kost möchte bezahlet werden." Dieses Testament ließ der Sterbende, der das Stift in 24jähriger Amtszeit dank seiner guten Verwaltung von 30 000 fl. Schulden befreit, die verpfändeten Güter ausgelöst und die zerstörten Vorwerke und Dörfer wieder aufgebaut

53) BDA V 11 vom Jahre 1676 (Fotokopie).

hatte, von den Senioren des Konvents gegenzeichnen, um sicher zu sein, daß man alle Anordnungen getreu ausführen werde[54].

Die Unternehmungen dieses Abtes, der das Kloster aus dem Ruin errettete, ließen also trotz der modern anmutenden ökonomischen Maßnahmen, die er traf, Raum genug, sich auch um das persönliche Wohl seiner Arbeiter „vom größten bieß zum kleinisten" zu kümmern, und noch auf dem Sterbebette machte er sich Vorwürfe wegen der vielen Bitten, die er den „haußarmen Leuthen" hatte abschlagen müssen, und er legte sogar für jenen Diener ein Wort ein, der sich schuldig gemacht und entlassen werden sollte, daß er „doch nicht möchte von dem dienst oder Closter verstoßen werden". Dies alles verbietet uns, das Großunternehmen des zisterziensischen Wirtschaftsbetriebes gleichsam als eine „Firma" anzusehen, „in der das Erwerbsprinzip durch irgendwelche persönlichen Rücksichtnahmen oder Beziehungen der Klosterpersonen nicht eingeengt, ja kaum berührt wurde", wie H. Wiswe bei der Untersuchung der ökonomischen Praxis mittelalterlicher Zisterzienserklöster in Niedersachsen behauptete[55].

2. Die kolonisatorische Tätigkeit des Klosters

Lange Zeit galt der Zisterzienserorden in der Sicht der Forschung als Vermittler westlicher Kultur im östlichen Europa. Bei der Erschließung dünn besiedelter und wenig entwickelter Landschaften des Ostens hielt man die grauen Mönche für Pioniere der vordersten Linie, die weite Gebiete rodeten und kolonisierten[56]. Den Beweis dafür sah man in der Schenkung ausgedehnter Wälder, die die Landesherren den Klöstern gaben. Tatsächlich entstanden auf dem Ödlande, das die Piasten den Abteien Leubus, Heinrichau, Kamenz, Rauden und Trebnitz überließen, viele neue Dörfer zu deutschem Recht, so daß es scheint, daß bei der Gründung der Zisterzen kolonisatorische Absichten den Ausschlag gaben[57].

---

[54]) BDA V 11 vom 11. April 1680 (Fotokopie).

[55]) H. Wiswe, S. 131 f. — Einen deutlichen Beweis für das soziale Engagement der Zisterzienser auch in späterer Zeit bietet das Verzeichnis der „Possessiones et Proventus de Zircz" (BDA V 65, S. 48, Fotokopie), wo der Archidiakon Stephan Girczej von Veszprém und der Oberstrichter Georg Rohonczy am 15. Nov. 1779 und nochmals am 13. März 1780 die Ständeversammlung des Komitats Veszprém erklärten, jedermann könne sehen, daß die Mönche von Zirc „den Ertrag ihrer Güter zur Wiederherstellung der Kirchen, zum Wiederaufbau der Gebäude, zum Unterhalt der Armen und zur Ausübung der Gastfreundschaft verwendet haben."

[56]) Diese Ansicht vertreten G. Wellstein, Die missionarische, kolonisatorische und kulturelle Leistung des Ordens im deutschen Osten. In: Das Wirken der Orden und Klöster in Deutschland 1. Hrsg. P. J. Hasenberg und A. Wienand. Köln 1957, S. 48—60; E. Nadolny, Die Siedlungsleistung der Zisterzienser im Osten (Schriftenreihe des Göttinger Arbeitskreises 54). Würzburg 1955; H. Muggenthaler, Kolonisatorische und wirtschaftliche Tätigkeit der deutschen Zisterzienserklöster im 12.—13. Jahrhundert. Leipzig 1931; L. Lekai, Geschichte und Wirken der Weißen Mönche. Der Orden der Cistercienser. Deutsche Ausg. hrsg. A. Schneider. Köln 1958.

[57]) So erhielten im 13. Jh. Leubus 500 Hufen Wald bei Goldberg, gemeinsam mit Trebnitz 400 Hufen im Lande Lebus, gemeinsam mit Heinrichau 4000 Hufen Ödland bei Nakel und

Gegen diese These wandte sich schon vor 1939 die polnische Forschung, indem sie darauf hinwies, daß in den Fundationsurkunden kein Auftrag für kolonisatorische Tätigkeit zu finden sei. Der Orden sei, meinte man, überhaupt nicht in der Lage gewesen, Wälder zu roden und Sümpfe zu entwässern, da die Zahl seiner Konversen viel zu gering war. Im weiteren Verlauf der Auseinandersetzung stellte man fest, daß fast alle Grangien schlesischer Klöster auf altem Kulturland entstanden und daß die Leute, die die Wälder rodeten, Laien und nicht Angehörige des Ordens waren. In der ersten Epoche nach dem Zweiten Weltkriege ging die polnische Forschung noch weiter: Da sich eine Beteiligung der Zisterzienser an kolonisatorischen Unternehmungen nicht leugnen ließ, sah man in der Einwanderung deutscher Mönche in Schlesien eine „Art verschleierter Aggression fremder Feudalherren"[58], und mancher polnische Historiker der Zeit nach 1945 hielt die grauen Mönche für willige Werkzeuge dunkler politischer Mächte im Dienste einer gezielten Expansion des Deutschtums. Seitdem wurden die Zisterzienser als „Germanisatoren" diffamiert, und das schien Grund genug, sich von der Erforschung ihrer Geschichte abzuwenden.

Inzwischen sind auf polnischer Seite kritische Stimmen laut geworden, die der Leistung der Mönche besser gerecht werden. So verwies man auf den missionarischen Einsatz, den der Orden bei den heidnischen Preußen und orthodoxen Ruthenen leistete und auf die pastorale Tätigkeit, die er auf dem flachen Lande ausübte[59]. Die Frage jedoch, ob er durch sein wirtschaftliches Engagement einen Beitrag auch zur Entwicklung der Landschaften im östlichen Mitteleuropa leistete, ist immer noch umstritten. Angesichts der wissenschaftlichen Kontroverse erscheint es also schwierig, der kulturellen Leistung von Heinrichau gerecht zu werden. Daher können wir in diesem Zusammenhang nur einzelne Momente herausgreifen, die für die Zisterze an der Ohle zutreffen, ohne behaupten zu wollen, daß es sich dabei um typische Erscheinungen des Ordens in Schlesien handelt. Die endgültige Klärung der Frage, welcher Anteil den Zisterziensern an der Entwicklung des Landes zukommt, muß einer sorgfältigeren Untersuchung vorbehalten bleiben.

---

weite Einöden bei Krossen und Schlawa; Kamenz bekam 150 Hufen Wald an der böhmischen Grenze, Trebnitz 200 Hufen bei Münsterberg. Vgl. dazu auch W. Kuhn, Kirchliche Siedlung als Grenzschutz 1200 bis 1250 (am Beispiel des mittleren Oderraumes). In: Ostdeutsche Wissenschaft, Jahrb. des Ostdeutschen Kulturrates 9. München 1962, S. 6—5; Z. Wielgosz, Wielka własność cysterska w osadnictwie pogranicza Śląska i Wielkopolski. Posen 1964.

[58]) K. Maleczyński, Aus der Geschichte des schlesischen Dorfes in der Periode vor der Kolonisation nach deutschem Recht. In: Beiträge zur Geschichte Schlesiens. Hrsg. E. Maleczyńska. Berlin 1958, S. 131. Übrigens eine Behauptung, die sich bei einem Historiker mit Rücksicht auf das persönliche Schicksal zwar verstehen, aber nicht entschuldigen läßt.

[59]) T. Manteuffel, Rola cystersów w Polsce w wieku XIII. In: Przegląd Hist. 41. 1950, S. 180—202; S. M. Szacherska, Opactwo cysterskie w Szpetalu a misja Pruska. Warschau 1960; J Kłoczowski, Z zagadnień funkcji społecznych cystersów w Polsce średniowiecznej. Problem duszpasterstwa parafialnego. In: Opuscula Casimiro Tymieniecki septuagenario dedicata. Posen 1959, S. 105—126; Ders., Les Cisterciens en Pologne. In: Cîteaux 21. 1970, S, 111—134.

Es ist richtig, daß sich im Heinrichauer Becken zwischen dem Rummelsgebirge und der Kleinen Lohe und zwischen Steinkirche und Münsterberg keine Ortschaft finden läßt, deren Existenz nicht auf einer vorzisterziensischen slawischen Siedlung beruht. Trotzdem wird in den Berichten des Gründungsbuches deutlich, daß die Einwanderung der Mönche eine revolutionäre Veränderung der Verhältnisse bewirkte, so daß es unredlich wäre, das Verdienst der Zisterze an der kolonisatorischen Entwicklung zu leugnen.

So erzählt Abt Peter bei der Schenkung eines Anteils von Skalitz (Reumen) im Jahre 1233, daß zur Zeit der Klostergründung Herr Nikolaus, ein Angehöriger der adligen Familie von Skalitz, Pfarrer von Alt-Heinrichau war, daß ferner das Patronatsrecht seiner Kirche zwar den Mönchen gehörte, daß sie ihm aber genauso wie früher der Notar Nikolaus von ihren Gütern Kammerhof, Alt-Heinrichau und Niklawitz den Feldzehnten zahlen mußten. Der Pfarrer erhielt außerdem den Dezem von Wadochowitz, Neteplaistba und vom ganzen Territorium Kolaczow und besaß aus väterlicher Erbschaft mit seinem Bruder Stephan ein Adelsgut in Skalitz, so daß er ein standesgemäßes Leben führen konnte und sich um seine Existenz keine Sorgen zu machen brauchte. Die Gründung des Klosters jedoch schuf eine ganz neue Situation für ihn. Nikolaus stellte nämlich schon kurze Zeit nach der Einwanderung der Mönche fest, daß sich seine Einkommensverhältnisse spürbar besserten. Als nüchtern kalkulierender Mann gab er sich über diese Veränderung Rechenschaft, und da er die Zehnten als zehnte Garbe unmittelbar auf den Feldern einsammelte und sich dabei ein genaues Bild über die Ertragsfähigkeit der Ländereien machen konnte, fand er die Ursachen für die Steigerung seiner pfarrlichen Einkünfte heraus. Die größere Zahl der Garben, die er von den Feldern seines Sprengels erhielt, hing mit der Bewirtschaftung der Grangien durch die Zisterzienser zusammen. Die Mönche erzielten von den drei Gütern, die etwa ein Drittel vom Zehntsprengel des Pfarrers ausmachten, schon in den ersten Jahren nach der Gründung des Klosters weit höhere Erträge als der frühere Besitzer. Nikolaus beobachtete diese Entwicklung mit geheimer Freude, und als feststand, daß die Steigerung seines pfarrlichen Anteils nicht mit der Gunst der Witterung oder anderer zufälliger Umstände zusammenhing, entschloß er sich, den Mönchen, die ihm solchen Nutzen brachten, sein väterliches Erbgut Skalitz zu schenken, um auch dort von der Ertragssteigerung der Zehnten durch die Zisterzienser zu profitieren. So überließ er dem Kloster 1233 seine Besitzrechte am ererbten Hof und begründete seinem Bruder die Schenkung mit den Worten: „Ich sehe, daß sich der Ertrag meiner Pfründe seit der Einwanderung dieser Mönche, meiner Herren, beträchtlich vermehrt. Daher will ich dem Kloster den Teil des Erbgutes, der mir gehört, für immer vermachen“[60].

Der Entschluß des Pfarrers von Alt-Heinrichau ist ein Beweis dafür, daß die Tätigkeit des Ordens einen echten Umbruch der Verhältnisse an der oberen Ohle bewirkte. Die Änderung, die der kleine, ärmlich ausgestattete Konvent binnen 6 Jahren seit seinem Einzug erzielte, erschien dem Angehörigen des einheimischen Adels so offenkundig, daß

[60]) GS 28; GB 32; GG 264. Bretschneiders Übersetzung ist hier ungenau.

er bereit war, die Bewirtschaftung seines eigenen Besitztums lieber den Mönchen zu überlassen, als sie weiterhin in eigener Initiative wahrzunehmen.

Die Ursachen der größeren Effizienz zisterziensischer Wirtschaft im Koloniallande an der oberen Ohle hängen ohne Zweifel mit den ökonomischen Methoden zusammen, deren sich der Orden bediente. Nach den Erfahrungen, die die Mönche in der Latifundienwirtschaft von Leubus gewonnen hatten, setzten sie die hörigen Arbeitskräfte rationeller ein als dies der adlige Vorbesitzer vermochte. Wenige zisterziensische Konversen genügten, um die Bewirtschaftung der bestehenden Güter neu zu organisieren und das vorhandene Kulturland besser zu nützen. Außerdem scheint auch das Werkzeug, das die Mönche aus Leubus mitbrachten, wesentlich zur Steigerung des Ertrags beigetragen zu haben. Dieser wertvolle Fundus ökonomischer Mittel und Methoden machte sich rasch bezahlt. Das materielle und geistige Potential, über das die Zisterzienser verfügten, gab ihnen trotz der geringen Ausstattung des Klosters ein spürbares Übergewicht über die einheimischen Grundherren und leitete eine Entwicklung ein, in deren Verlauf die adligen Familien der Konkurrenz der Mönche vollständig erlagen.

Die Zisterzienser haben aber die Landschaft, in die sie einwanderten, auch durch tiefgehende Eingriffe in die vorgefundene Siedlungsstruktur verändert. Schon vor der Gründung des Klosters bestanden an der oberen Ohle zahlreiche Ortschaften; denn nach dem Beispiel der Siedlung in der mittelschlesischen Ackerebene legten die slawischen Adligen und Hörigen, die seit Boleslaus I. (1163) in das Vorgebirgsland kamen, ihre Niederlassungen im waldfreien Gebiet in so dichter Streuung an, daß die Gutshöfe und Weiler im allgemeinen nicht mehr als eine halbe Stunde Fußwegs voneinander entfernt lagen. Es wäre aber verfehlt, diese Ortschaften als Dörfer zu bezeichnen; sie waren nämlich bloß die Siedlungen einzelner Sippen- und Hörigenverbände, die nur wenige Mitglieder zählten. Die Organisation dieser bestehenden Ansiedlungen, die einer großräumig betriebenen Latifundienwirtschaft hinderlich war, haben die Mönche bei der Erweiterung ihrer Besitzungen konsequent verändert. In der näheren Umgebung von Heinrichau findet sich — wie schon gesagt — nicht eine einzige Ortschaft, die ihre Gründung den Ordensleuten verdankt. Dagegen gibt es im älteren Stiftslande mit den 11 Gemeinden, die der Orden bis 1324 erwarb, 13 Siedlungen, die man schon in mittelalterlicher Zeit wieder aufgab und deren Untergang mit der wirtschaftlichen Tätigkeit des Ordens zusammenhing[61], denn um Grangien von rentabler Betriebsgröße zu schaffen, veränderten die Mönche die kleinräumige slawische Gemarkungsverfassung und legten überall mehrere alte Ortschaften zu einer neuen größeren Gemeinde zusammen, auf die sie in konservativer Weise den Namen einer der Vorsiedlungen übertrugen. Daher erscheinen die heutigen Dörfer des Heinrichauer Stiftslandes mit ihren slawischen Namensformen zwar als Anlagen vorzisterziensischer Zeit; in Wirklichkeit aber handelt es sich um Siedlungen, die erst im Laufe eines „negativen" Siedlungsprozesses als

[61]) Noch in mittelalterlicher Zeit gab man in der Umgebung von Heinrichau die slawischen Siedlungen Bobolitz, Glambowitz, Nethwitz, Kojanowitz, Sukowitz, Niklawitz (Burg Jagilno), Randhow (Crasicz), Zobkendorf, Skalitz, Paulowitz und Jerichaw auf.

Neugründungen entstanden. So umfaßt die Gemarkung Heinrichau die alten Weiler Sukowitz, Kojanowitz, Niklawitz (Burg des Kolacz) und Ranchow; Alt-Heinrichau, das frühere Janusow, besteht aus den Höfen des Heinrich, Glambowitz, Bobolitz und der Burg Jagilno; Reumen entstand aus Skalitz, Skapilwitz, Zobkendorf, Reumen und Paulowitz; die Grangie Taschenberg erwuchs aus drei slawischen Gutshöfen, Willwitz und Moschwitz aus je zwei Gütern und aus Anteilen der angrenzenden Ortschaften.

Gleichzeitig mit der Zusammenlegung der älteren Weiler zu leistungsfähigen Grangien gaben die Zisterzienser die Zwergsiedlungen der slawischen Hörigen auf und errichteten in unmittelbarer Nähe der neuen Zentralgüter größere Dörfer mit so viel Einwohnern, daß es sich lohnte, in jedem von ihnen einen eigenen Kretscham zu begründen und später zur Unterstützung der Grundherrschaft Setzschulzen einzusetzen. Kaum zwei Jahrhunderte zisterziensischer Tätigkeit genügten so, um die Menge der slawischen Siedlungen um die Hälfte zu verringern, ohne auch nur einen Fußbreit bebauten Landes aufzugeben. Die neue Organisation der Ortschaften des Stiftslandes diente nämlich nicht der Entvölkerung der Landschaft, sondern war ein Gebot wirtschaftlicher Zweckmäßigkeit; denn der Betrieb von Gütern mit einer Fläche von 3—6 Hufen paßte nicht in das Konzept zisterziensischer Ökonomie, die es sich im Interesse der Rationalisierung nicht leisten konnte, die vorhandenen Arbeitskräfte und Betriebsmittel zu zersplittern. Ein Blick auf die Karte und ein Vergleich mit der Siedlungsstruktur der adligen Herrschaften Kunern, Schönjohnsdorf, Neobschütz (Kaltwassertal), Schräbsdorf, Nieder-Pomsdorf und dem Gebiet der schlesischen Ebene nördlich von Rummelsberge macht die Veränderung, die der Orden erzielte, deutlich. Denn während dort Kleinstgemarkungen mit weniger als 200 ha Fläche das Bild der Landschaft bestimmen, stellen die größeren Feldmarken des Heinrichauer Stiftslandes das Bindeglied zu den Großgemarkungen deutschrechtlicher Kolonisation dar[62]. So verrät die Siedlung des Landes an der oberen Ohle noch heute die ordnende Hand zisterziensischer Organisatoren, die die Anlage der Ortschaften und die Ausdehnung der Feldmarken auch dort den ökonomischen Notwendigkeiten anpaßten, wo die endgültigen Plätze und Namen der Dörfer längst fixiert waren.

Ein drittes Moment der kolonisatorischen Tätigkeit der Mönche läßt sich in der Kultivierung weiter Flächen erkennen, die bei der Gründung des Klosters noch wüst und öde lagen und die der Orden unter den Pflug nahm, ohne neue Ortschaften anzulegen. Wenn polnische Forscher betonen, daß die meisten Dörfer schon vor der Ankunft der Mönche existierten, und daraus auch den Schluß zogen, daß die Ordensleute den Landesausbau nicht weiter fördern konnten, so ist das ein Irrtum, da sie dabei voraussetzten, daß die landwirtschaftlichen Nutzflächen des 13. Jahrhunderts denselben

[62]) Kleinstgemarkungen mit weniger als 200 ha Fläche gab es nur am Rande des Stiftslandes in Belmsdorf (131 ha), Dobrischau (142 ha), Kraßwitz (112 ha) und Zinkwitz (173 ha). Zu den Gemarkungen mittlerer Größe gehörten Willwitz (344 ha), Neuhof (363 ha), Polnisch-Peterwitz (Petershagen, 308 ha), Reumen (333 ha), Zesselwitz (337 ha), Moschwitz (506 ha), Heinrichau (486 ha), Alt-Heinrichau (665 ha) und Wiesenthal (532 ha).

Umfang hatten wie die dörflichen Feldmarken unserer Zeit. Der Vergleich des Areals der Güter, die im Gründungsbuch und in den frühen Heinrichauer Urkunden erwähnt werden, zeigt aber ein ganz anderes Bild. Gerade für das Kerngebiet des Heinrichauer Stiftslandes mit seinen 11 Ortschaften, die 1885 eine Fläche von 4300 ha Nutzländereien umfaßten, läßt sich das bebaute Areal des 13. Jahrhunderts ziemlich genau errechnen, wenn man von der angegebenen Anzahl der Hufen, von der Menge der Aussaat und von dem erwähnten Kaufpreis ausgeht. Dabei erscheint es belanglos, daß sich die Gemarkungsgrenzen im Inneren des Landes im Laufe der Zeit hier und da veränderten; wichtig ist, daß die äußeren Grenzen sehr konstant geblieben sind, denn sie waren durch den Moschwitzer Buchwald, die Forsten des Rummelsgebirges und die benachbarten Besitzungen der Stadt Münsterberg, der Grafen von Baitzen, durch die Herrschaften Tepliwoda, Targowitz, Czamborii von Schildberg und Stosch von Stoschowitz so unverrückbar festgelegt, daß es den Zisterziensern teilweise erst im 18. Jahrhundert gelang, sie zu ihren Gunsten zu verändern.
Den 4300 ha der Neuzeit stand zur Zeit des Ankaufs oder der Schenkung der 11 Stiftsdörfer eine weit geringere Nutzfläche gegenüber. Heinrichau, das aus den Äckern der Grangien Kammerhof, Niklawitz, Reuental und Schuhmühle (Schimmelei) hervorging, umfaßte bei der Erwerbung dieser Teilgüter 12 kleine Hufen. Rätsch, das die grauen Mönche für 212 Mk. erkauften — die Hufe zu 18 Mk. — kann man auf 12 Hufen veranschlagen, und etwa denselben Umfang hatte das angrenzende Reumen mit seinen verschiedenen Adelsgütern. Neuhof entstand aus Jaworowitz und Teilen von Daleborowitz und zählte höchstens 8, das Erbgut Zesselwitz 12 bebaute Hufen. Das benachbarte Moschwitz mit Nethwitz und den von den Söhnen des Dirslaus erkauften Ländereien kam auf rund 18 Hufen, Zinkwitz auf $2^1/_2$ Hufen. Alt-Heinrichau muß man mit allen Teilgütern, aus denen es sich entwickelte, auf 20 Hufen berechnen. Willwitz umfaßt die 15 Hufen der früheren Adelsgüter Grunow und Wilhelmowitz. Taschenberg zählte 3 große Hufen, und das Zinsdorf Wiesenthal mit dem erkauften Anteil von Wiltschitz bestand aus 34 Hufen. Wenn man $3^1/_2$ große oder 5 kleine Hufen von Moschwitz abrechnet, da diese erst noch gerodet werden mußten, so ergibt sich für das Kerngebiet des Stiftslandes eine bebaute Fläche von 138 kleinen und $5^1/_2$ großen Hufen oder rund 147 kleine Hufen oder 2200 ha.

Die Nutzfläche des 13. Jahrhunderts umfaßte demnach nur gut 50 Prozent der Ländereien, die man 1885 unter dem Pfluge hatte. Über den Erwerb der fehlenden 50 Prozent oder 2100 ha Äcker und Wiesen aber gibt es keinen urkundlichen Nachweis. Da auch nicht das geringste Anzeichen dafür vorliegt, daß der Landesherr oder adlige Nachbarn auf diese Ländereien irgendwelche Besitzansprüche erhoben hätten, bleibt nur die Annahme, daß das Kloster fast die Hälfte des Stiftslandes dazuerworben hat, ohne auch nur einen Heller dafür auszugeben. Um diesen Prozeß stillschweigender Aneignung von Ländereien zu verstehen, muß man bedenken, daß der „ambitus" oder „circuitus" des 13. Jahrhunderts nicht nur bebaute Äcker umfaßte, sondern auch die angrenzenden unkultivierten Heide- und Hainlandschaften[63]. Bei der Gründung des Klosters gab es noch viele Ödlandstreifen, die man beim Verkauf eines Anwesens dem Käufer überließ, ohne sie weiter in Rechnung zu stellen. Dabei handelte es sich besonders um die feuchten Niederungen der Ohle, des Zinkwitzbaches, des Renkelbachs und des Sandborngrabens, aber auch um das „Ruttich t und Struttich t" breiter, unkultivierter Schläge, die das bewirtschaftete Land eines slawischen Hofes der Frühzeit vom Ackerland des Nachbarn trennten. Da es im Gebiet dieses wüsten Landes keine linearen Grenzen gab und der Gürtel der Einöden zu schmal war, um auf ihm neue Ortschaften anzulegen, fiel das „Ruttich t und Struttich t" zwangsläufig dem jeweiligen Anrainer anheim. Als die Zisterzienser im 13. Jahrhundert die kleinen slawischen Höfe zu größeren Grangien zusammenlegten, mußten sie das eingeschlossene Ödland der alten Güter kultivieren, um die ausgedehnten Blockfluren der neuerrichteten Eigengüter zu schaffen.

Diese Art und Weise der Bebauung des Landes im frühen Mittelalter, wo zwischen den sporadisch eingestreuten Äckern viel ödes Niemandsland vorhanden war, hatte der Verfasser des Liber fundationis vor Augen, als er schrieb, daß die Umgebung von Heinrichau vor der Ankunft der Mönche nur wenig bebaut war[64]. Dabei wird aber auch deutlich, daß das Bemühen der Zisterzienser, sich ein zusammenhängendes grundherrschaftliches Territorium in der Umgebung des Klosters zu schaffen, nicht zuletzt von der Absicht getragen war, jeden Nachbarn einer Grangie auszuschalten, da er ja ein potentieller Konkurrent bei der Besetzung des unbebauten Ödlandes werden konnte. Je mehr fiskalische und adlige Anlieger man also verdrängte, um so mehr wüstes Land eines „ambitus" fiel dem Kloster zu. Bei dieser Art der Erwerbung von Ländereien kann man annehmen, daß die zisterziensischen Grundherrschaften Schlesiens großenteils auf dem Wege stillschweigender Okkupation entstanden, die die Klöster systematisch betrieben haben.

In engem Zusammenhang mit der Erschließung der Einöden und der Neuorganisation der ländlichen Siedlungen stand aber auch die Emanzipation einer großen Zahl grundherrschaftlicher Untertanen, die die Gründung ihrer selbständigen Nahrungsstellen dem Kloster verdankten. Spätestens seit der 1. Hälfte des 14. Jahrhunderts war die Zisterze nicht mehr in der Lage, den umfangreichen Grundbesitz allein zu bewirtschaften und das Ödland in eigenwirtschaftlicher Tätigkeit aufzusiedeln. Nach dem Vorbilde westlicher Klöster entschloß man sich daher, Laien heranzuziehen, denen man Teile der grund-

---

[63]) Daher erwähnen die Urkunden mittelalterlicher Zeit oft auch das „Ruttich t und Struttich t" oder neben den „agri Culti" die „agri Inculti"; im 13. Jh. ist dieses Ödland in der Wendung „cum ambitu" (circuitu) inbegriffen. — Bei der Berechnung der Flächengrößen von Brukalitz legte W. Korta (S. 108) 9 kleine Hufen zugrunde, jeden Anteil zu 3 Hufen.

[64]) GS 40; GB 39; GG 276. S. Trawkowski, Z. Wielgosz und W. Korta sind der kolonisatorischen Tätigkeit schlesischer Klöster nicht gerecht geworden, da sie als neugegründete Nahrungsstellen nur ganze Ortschaften zählten, die noch dazu auf wilder Wurzel entstanden sein mußten. Dabei kamen sie für Heinrichau auf 3 neue Dörfer, nämlich Schönwalde, Alt-Reichenau und Quolsdorf.

herrschaftlichen Ländereien gegen Zins zu Erbrecht überließ. So begründete das Stift Heinrichau auf dem Gebiet der Wälder bei Bolkenhain und am Rande des Eulengebirges schon vor 1250 die deutschrechtlichen Dörfer Alt-Reichenau, Neu-Reichenau, Quolsdorf und Schönwalde und die Weiler Schreibersdorf und Grün-Harthe, wo im Laufe der Zeit 180 Bauernstellen und 126 Gärtnerstellen entstanden, die einer Vielzahl von Landleuten ein selbständiges Auskommen gewährten.

Etwa seit der Mitte des 14. Jahrhunderts mußte das Kloster aber auch viele seiner Grangien aufgeben, da der Nachwuchs der Laienbrüder in solchem Maße zurückging, daß die Abtei nicht mehr die nötigen Fachkräfte erhielt, die sie für ihre wirtschaftlichen Unternehmungen brauchte. Seit dieser Zeit überließen die Zisterzienser die Ländereien aufgelassener Grangien und die Einöden im Inneren des Stiftslandes abhängigen Untertanen, die sie als Bauern und Gärtner zu Erbrecht ansiedelten. Von Wiesenthal abgesehen, das schon der Vorbesitzer als deutschrechtliches Dorf anlegte, errichteten die Mönche in den 10 übrigen Ortschaften des älteren Stiftslandes mehr als 70 neue Bauernhöfe und 125 Gärtnerstellen. Durch die Anlage einer solchen Anzahl selbständiger Nahrungsstellen auf einem Territorium von nur 36 qkm (ohne Wiesenthal) erhielt das Heinrichauer Stiftsgebiet ähnlich wie das Kamenzer Klosterland eine Verfassung, die zur Befreiung der ländlichen Bevölkerung einen wertvolleren Beitrag leistete, als es im Gebiet der adligen Grundherrschaften des Fürstentums Münsterberg geschah, denn unter dem Krummstab der Äbte fand das Bauerntum weit günstigere Existenzbedingungen als unter der Herrschaft der Feudalherren von Schönjohnsdorf, Neobschütz oder Schräbsdorf.

3. Die Grangien des Klosters

Die Zisterze an der Ohle besaß bei ihrer Gründung nur drei Grangien, die sie im Eigenbetrieb bewirtschaftete. Im ersten Jahrhundert ihrer Existenz vermehrte sie aber die Zahl der Wirtschaftshöfe auf 12, zu denen noch drei weitere Grangien in Großpolen, Kleinpolen und im östlichen Oberschlesien kamen. Bei der Erweiterung der klösterlichen Besitzungen im Mittelalter, im 17. und 18. Jahrhundert und beim Ausbau des unierten Stiftes Zirc war die Anzahl der Wirtschaftshöfe häufigen Schwankungen unterworfen, da man viele Vorwerke wieder aufgab, andere dazu erwarb, auch diese dann später verlor oder verpachtete, so daß sich ein wenig einheitliches Bild ergibt. Die Situation spiegelt sich am besten wider, wenn man sieht, daß das Stift von den 19 Eigenhöfen, die es bis zur Reformation gewann, bis zur Säkularisation nur 6 in seinem Besitz behielt. Dazu legten die Mönche nach dem Dreißigjährigen Kriege 4 neue Vorwerke an, von denen sie eines unter preußischer Herrschaft aufgeben mußten. Und endlich kamen in den letzten Jahren der Zugehörigkeit Schlesiens zum habsburgischen

Staat die 7 Vorwerke der laikalen Herrschaft Schönjohnsdorf, so daß Heinrichau bei seiner Aufhebung 15 eigene Gutshöfe bewirtschaftete, die wir mitsamt den nur zeitweilig bebauten Grangien im folgenden zusammenstellen.

Die Grangien mittelalterlicher Zeit

Alt-Heinrichau (Stary Henryków)

Vor der Gründung des Klosters stand an der Quelle des Baches, „der jetzt durch die villa Alt-Heinrichau fließt", ein Ahornbaum, nach dem die Quelle den Namen Jaworica erhielt; das Bächlein selbst hieß Jagilno. Hier erbauten die adligen Gebrüder Janus und Dobrogost zu Anfang des 13. Jahrhunderts den Hof Janusow. Dieses Gut war die erste Erwerbung, die der Notar Nikolaus an der oberen Ohle machte. Die zugehörigen Ländereien erstreckten sich nach Osten, Norden und Westen und umfaßten höchstens 4 kleine Hufen oder 60 ha. Der Hof lag auf dem Platz des heutigen Dominiums Alt-Heinrichau[65]. 700 m südwestlich davon befand sich das Gut des Kleinadligen Heinrich, dessen Äcker bis an die Morina (Zinkwitzbach) reichten[66] und das der Notar noch vor der Gründung des Klosters gegen einen Teil der Flur von Sukowitz eintauschte. Nikolaus erbaute danach bei Janusow, das er (Alt-)Heinrichau nannte, eine Pfarrkirche[67].

1239 erwarb Abt Bodo das Gut Bobolitz mit 3 kleinen Hufen, die er zu Alt-Heinrichau schlug[68]. Nach dem Zusammenschluß der Güter Janusow, Bobolitz und des Anwesens des Heinrich zählte die Grangie rund 9 kleine Hufen oder 135 ha. Im Jahre 1263 gelang Abt Peter die Erwerbung der nahen landesherrlichen Domäne Glambowitz mit 11 kleinen Hufen[69], die er ebenfalls mit der älteren Grangie vereinigte. Am 29. Sep-

---

[65]) GS 14f.; GB 23; GG 251 f. — Im Gegensatz zu Pfitzner, Bretschneider, Stenzel und Trawkowski muß betont werden, daß der Hof Janusow nicht an der Quelle jenes Baches zu suchen ist, der zwischen Alt-Heinrichau und Zinkwitz entspringt (Höllengraben) und durch den südlichen Ortsteil fließt, in dem die erst nach 1380 errichteten Bauernhöfe liegen. Das Bächlein, das „durch die Villa Alt-Heinrichau fließt" — wie Abt Peter sagt — ist der einige hundert Meter nördlich vom Höllengraben zur Ohle fließende „Gänsegraben", der ebenfalls bei Taschenberg in die Ohle mündet. Die Quelle dieses Grabens liegt allerdings im Garten der Domäne Alt-Heinrichau, und sie war jene Quelle Jaworica, an der das Gut Janusow entstand.

[66]) Der Hof lag südlich von Alt-Heinrichau in der Flur „Matschhügel".

[67]) Sie war dem hl. Martin geweiht und entstand auf erhöhtem Platz etwa 200 m westlich vom herrschaftlichen Hof. Zwischen dem Gut und der Kirche lag wahrscheinlich die Siedlung der Hörigen.

[68]) SR 530; GS 24 f.; GB 29 f.; GG 260 ff. S. Trawkowski (S. 38) sucht Bobolitz nördlich von Alt-Heinrichau am südlichen Ende von Willwitz. Das Gut lag aber östlich von Alt-Heinrichau am „Gänsegraben", wo die Flur eines kleinen Nebentales noch vor 100 Jahren „Bobelgrund" hieß. — Im 15. Jh. war Bobilwicz einige Zeit selbständige Ortschaft, denn das Signaturbuch erwähnt 1415 den Henczil Hubener als Pächter des Gutes.

[69]) SR 1170; GS 40 ff.; GB 39 ff.; GG 276 ff.

tember 1380 erlaubte Herzog Bolko III. dem Stift, einen Teil der Äcker an Bauern auszugeben und das Vorwerk zu behalten[70]. Der Gutshof, der bis zur Säkularisation im Besitz des Klosters blieb, zählte im Jahre 1885 231 ha mit einem Grundsteuer-Reinertrag von je 48,96 RM. 1938 lag der Gemeindehektarsatz bei 1870 RM[71].

Kammerhof

Zisterziensischer Gewohnheit entsprechend legten die Mönche bei der Gründung von Heinrichau eine Grangie an, deren Gebäude innerhalb des klösterlichen Berings lagen. Von hier aus bewirtschafteten sie die Äcker, die die Hörigengenossenschaft des Such und Crepis lange vor der Ankunft der Ordensleute unter den Pflug genommen und wieder aufgegeben hatte[72]. Sie nannten den Hof „curia inclusa — Grangie im Kloster", doch erhielt er später den Namen Kammerhof[73]. Da man die Äcker dieses Vorwerks im 15. Jahrhundert mit der Feldmark von Reuental und Niklawitz zusammenlegte, war der Kammerhof in der Neuzeit eines der wichtigsten Vorwerke von Heinrichau, zu dem bis 1945 auch der Wiesenhof in der Ohleniederung bei Münsterberg gehörte. Die Gutsländereien umfaßten 1885 mit dem Wiesenhof 542 ha, davon 322 ha Äcker mit einem Grundsteuer-Reinertrag von je 41,42 RM und 125 ha Wiesen mit je 32,87 RM sowie 31 ha Wald. 1938 lag der Gemeindehektarsatz bei 1780 RM.

---

[70]) BDA V B 6e vom 29. Sept. 1380 (Fotokopie). Das Kloster ließ jetzt jene Äcker auf, die im südlichen Teil der heutigen Gemarkung liegen und zu weit von der Grangie entfernt waren. Entsprechend der Lage der Äcker entstand das Bauerndorf südlich vom Gutshof im Tale des Höllengrabens.

[71]) Alle statistischen Angaben von 1785 stammen aus Zimmermann, von 1845 aus J. G. Knie (Alphabetisch-statistisch-topographische Übersicht der Dörfer, Städte und Flecken und anderer Orte der Königl. Preuß. Provinz Schlesien. 2. Aufl. Breslau 1845), von 1885 aus dem Gemeindelexikon für das Königreich Preußen (Aufgrund der Materialien der Volkszählung vom 1. Dezember 1885. Bd. 6. Berlin 1887), von 1938 aus dem Frankenstein-Münsterberger Heimatblatt. Lengerich 1960, Heft 10, S. 16.

[72]) GS 16; GB 24; GG 252 f.

[73]) Die „curia inclusa" (Grangie im Klosterbering) wird schon 1237 erwähnt (GS 129; GB 104; GG 374). Bretschneider übersetzt dabei den Satz „abbas Bodo statim misit ad curias et ad inclusam" falsch („Darum schickte Herr Abt Bodo unverzüglich auf die Höfe und zur Klausnerin.") „Inclusam" ist Attribut zu dem in „curias" enthaltenen Singular „curiam". Der Name „Komirhof — Kammerhof" erscheint erstmals in der Urkunde für die Zesselwitzer Gärtner von 1387. — Vom Kammerhof aus betrieb man vor der Erwerbung von Zirc auch Weinbau. So hieß die Flur, die südlich von der Henkerskapelle und der Straße nach Alt-Heinrichau zum Zinkwitzbach abfällt und bis zum Niederdorfe reicht, bis 1945 „Der Weinberg". Ein anderes Flurstück südlich vom Stiftsbezirk, wo um 1920 das Sägewerk entstand, hieß der „Seidenplan" und erinnert an die Seidenraupenzucht, die Heinrichau im 18. Jh. auf Anweisung der preußischen Behörden betrieb. Seit dem Wiederaufbau durch Abt Melchior Welzel war der Kammerhof und der nördlich angrenzende Niederhof ein stattlicher Komplex von Ökonomiegebäuden, zu dem auf dem Kammerhof das Gesindehaus, Scheune, Reitschule, Remisen, Stellmacherei, Pferdestall, Fohlenstall und Ochsenstall, auf dem Niederhof der Kuhstall, Arbeiterwohnungen, Hirtenhaus, Schafferhaus, Schafställe und die Große Scheune gehörten. In der Mitte des Kammerhofes befand sich die jetzt zugeschüttete Pferdeschwemme mit der Viehtränke, die der Röhrgraben mit Wasser versorgte.

Niklawitz

Die Grangie, die zu den Gründungsgütern gehörte, lag am östlichen Rande der Ohleniederung, nahe der späteren Rankemühle und nur 1,5 km vom Kloster entfernt[74]. 1254 vertauschten die Zisterzienser den Gutshof, der rund 3 Hufen zählte, mit allem lebenden und toten Inventar gegen das Gut des Grafen Michael Daleborowitz, das am linken Rande der Niederung dicht südlich vom Kloster lag; dabei traten sie dem neuen Besitzer auch die „Mühle in Crasicz" ab[75]. Den Zehnten des Territoriums, das man auch „sors Thome Ocresicz — Erbgut des Thomas Ocresicz" nannte, bestätigte der Bischof dem Kloster 1263 zu eigen. Spätestens zu Beginn des 14. Jahrhunderts verkauften die Nachkommen des Michael den Hof Niklawitz wieder den Zisterziensern, die ihn jetzt aufließen und die Äcker teils zur Grangie Skalitz schlugen, teils zu einem Fischteich

[74]) Bei der Klärung der Lage der verschollenen Siedlungen Janusow, Niklawitz, Reuental, Jaworowitz, Jerichaw und der Burg des Kolacz hat der Verfasser der Synopsis von 1722, der mit der älteren Topographie des Stiftslandes nicht vertraut war, große Verwirrung angerichtet, zumal Pfitzner, Stenzel und Bretschneider seine Interpretation in die Sekundärliteratur eingeführt haben. Es ist daher nötig, auf die Lage von Niklawitz genauer einzugehen. Niklawitz ist der Name, den die Siedlung der Nachkommen des Kolacz erhielt, als diese den väterlichen Hof dem Nikolaus überließen. Kolacz saß aber „auf einer Burg, die jenseits der Ohle zwischen dem Hof Guriow und dem Kloster liegt" (GS 17; GB 24 f.; GG 254; das Präsens „quod est inter curiam Guriow et claustrum" weist darauf hin, daß die Burg zur Zeit des Exabtes Peter noch existierte). In der Gründungsurkunde wird die Lage von Niklawitz durch den Zusatz „iuxta Ranchoam" bestimmt. Da nun der alte Weg, der das Kloster mit den Siedlungen östlich der sumpfigen Ohleniederung verband, nördlich am Stift vorbeiging und parallel zur jetzigen Bahnhofstraße das Tal durchquerte, wo noch heute der „Alte Neuhofer Weg" durch den Park führt, um südwestlich der Rankemühle in scharfer Wendung gegen Süden nach Neuhof abzubiegen, das mit dem einstigen Hof Guriow oder Jaworowitz identisch ist, muß man die Burg des Kolacz im Bereich des heutigen Tiergartens suchen. Hier erhebt sich mitten im Walde 500 m südöstlich der Rankemühle ein Hügel, der nach Süd, Südost und Südwest steil zur Niederung des Sandborngrabens abfällt und nur an der Nordwestseite gegen Ranke hin einen bequemen Aufstieg bietet. Die sanft gewölbte ovale Fläche der Höhe, die etwa 40:80 m mißt, trägt seit 1923 den Trachytsarkophag des Großherzogs Wilhelm Ernst von Sachsen-Weimar und ein steinernes Hubertuskreuz. Es kann kein Zweifel bestehen, daß hier der befestigte Hof des Kolacz lag, den die Nachkommen dem Notar Nikolaus abtraten und den Abt Bodo 1254 dem Michael Daleborowitz überließ, bis ihn das Kloster zwischen 1302—1307 zurückkaufte. Da die Söhne des Michael längere Zeit auf diesem Hofe saßen, konnte der Fortsetzer des Gründungsbuches schreiben, daß die adligen Gebrüder den Mönchen besonders „in dem Erlenbusch hinter dem Kloster", d. h. im Bereich des jetzigen Parks, Gewalt antaten (GS 111; GB 94; GG 359). In der Zehnturkunde des Bischofs Thomas I. (1263) hieß das Gelände, das zu dem Gut gehörte, „sors Thome Ocresiz", und die heutige Rankemühle hieß 1254 „molendinum in Crasiz"; daher ist anzunehmen, daß Thomas Ocresiz jener verarmte Nachkomme des Kolacz war, der die Burg mit der zwischen dem Hof und der Rankemühle gelegenen, jetzt verschwundenen Siedlung Ranchow dem Notar abtrat. Andere Hypothesen zur Lage der Burg, wie sie etwa Bretschneider (GB Anm. 51) oder in jüngster Zeit M. und T. Kaletynowie und J. Lodowski aufstellten (Grodziska wczesnośredniowieczne województwa Wrocławskiego. Breslau-Warschau-Krakau 1968, S. 152 bis 154 und Anm.), die die Burg bei Taschenberg oder gar auf einer Höhe 700 m östlich von Sakrau in den Wäldern des Rummelsgebirges gefunden haben wollen, sind jedenfalls verfehlt, denn bei Sakrau besaß das Kloster vor 1738 nicht einen Fußbreit Bodens.

[75]) SR 873, gedr. GS 38 ff.; GB 38; GG 275. Mit Kraßwitz am Rummelsberge, wie Bretschneider glaubt, hat Crasitz nichts zu tun.

verwandelten, der bis zum Beginn des 19. Jahrhunderts unter dem Namen „Altteich" im Tale des Sandborngrabens existierte[76]. Die einstige Hofstätte ging vollständig unter, so daß heute keine Spur mehr von ihr vorhanden ist.

Zinkwitz (Cienkowice)

Als Graf Albert Barth d. Ä. 1229 am Kreuzzug gegen die heidnischen Preußen teilnahm, schenkte er dem Kloster 2 große Hufen in Tepliwoda, wo die Mönche eine neue Grangie anlegten. Nach dem Einfall der Mongolen aber erkaufte der Graf die benachbarten Hörigensiedlungen Cenkowitz und Kubitz mit 30 großen Hufen, die er zu seinem Gut Tepliwoda schlug und zu deutschem Recht aussetzte. Dabei standen ihm die beiden Hufen der Zisterzienser im Wege, und so drängte er den Abt Bodo zu einem Tausch. Graf Albert erhielt die Äcker in Tepliwoda zurück und gab den Mönchen dafür ein Stück Landes im äußersten Winkel der alten Gemarkung Cenkowitz[77]. Es grenzte an die „Große Wiese", die der Hörige Glambo dem Buchwald schon im 12. Jahrhundert abgerungen hatte und die der Zisterze seit der Gründung gehörte. Der Abt legte hier einen neuen Wirtschaftshof an, der den Namen des aufgehobenen Weilers Cenkowitz bewahrte. Spätestens im 15. Jahrhundert überließ das Kloster die Ländereien an Zinsbauern.

Jaworowitz und Neuhof (Nowy Dwór)

Jaworowitz war die slawische Vorsiedlung des jetzigen Dorfes Neuhof[78]. Das Gut, das auf dem südlichen Teil des Territoriums Kolaczow von der Hörigengenossenschaft des Kolacz errichtet wurde, gehörte nach dem Mongoleneinfall dem Landesherrn, und Boleslaus II. schenkte es 1243 auf Bitten des Grafen Alberth Barth d. Ä. den Mönchen. Doch 12 Jahre später bestritt Heinrich III. die Rechtsgültigkeit der Schenkung, und da Abt Bodo auf die Weiden und wertvollen Sandgruben von Jaworowitz nicht mehr verzichten wollte, mußte er für die 16 Hufen der Domäne den vollen Kaufpreis von 80 Mk. erlegen[79]. Diese Summe erscheint überaus gering, wenn man bedenkt, daß in der Umgebung von Heinrichau eine Hufe damals 10 Mk. kostete[80]. Da aber auch nicht anzunehmen ist, daß der Herzog, der den Mönchen wegen der Übergriffe der klösterlichen Kolonisten von Schönwalde auf den landesherrlichen Grenzwald grollte, etwas

---

[76]) Die Reste des Staudammes sind am Fuße des Hügels, auf dem die Burg des Kolacz lag, bis heute erhalten.

[77]) GS 19 ff.; GB 26 ff.; GG 256 ff.

[78]) Eine Trebnitzer Fälschung von 1234 (gedr. Sommersberg I. S. 831; SR 434), in der Jaworowitz unter dem Namen „metae Jaworii" erscheint, beweist ebenso wie die herzogl. Bestätigung von 1255, daß das Gut zwischen Heinrichau und Ober-Kunzendorf lag. Bei der Beschreibung der Lage der Burg des Kolacz heißt das Gut „curia Guriow", richtiger wohl „Gavorow" oder „Javorow".

[79]) GS 32 ff.; GB 35 ff.; 66 269 ff. Die Sandgruben von Jaworowitz, die das Material zum Bau der Klosterkirche lieferten, sind noch heute am Rande des Tiergartens nahe bei der Fasanerie in der Nordwestecke der Feldmark Neuhof zu sehen.

[80]) So zahlte das Kloster 1263 beim Kauf von Glambowitz je kleine Hufe 10 Mk (SR 1170).

von dem Kaufpreis erlassen hätte, bleibt keine andere Erklärung, als daß zu Jaworowitz nur wenige Äcker gehörten. Der größte Teil der Domäne, die wahrscheinlich ein Forstgut war, bestand aus den Wäldern, die Neuhof von Ober-Kunzendorf trennen.

Zwischen 1302—1307 gaben die Söhne des Michael Daleborowitz, die seit 1254 auf Niklawitz (Burg des Kolacz) saßen, ihr Erbgut von 13½ Hufen auf. Dabei erwarb die Stadt Münsterberg 9 Hufen, auf denen später der Bürgerbezirk und die städtische Viehweide entstanden; die übrigen 4½ Hufen erkaufte das Kloster[81]. Auf einem Teil dieses Territoriums legten die Zisterzienser eine Grangie an, der sie den Namen Neuhof gaben. Sie lag wahrscheinlich nur wenige hundert Meter von Jaworowitz entfernt und erhielt wohl auch die Äcker des älteren Gutes zugewiesen, das damit seine Bedeutung als Wirtschaftshof verlor. Durch die Zusammenlegung der Siedlungen wurden die Grenzen der alten Territorien verwischt. Daher fürchtete das Klarissenkloster Strehlen, dessen Parochie Steinkirche den Feldzehnten der alten Herrschaft Daleborowitz besaß, daß der Dezem durch die Änderung der Gemarkungsverfassung verloren gehen könnte und ließ sich 1316 vom Bischof den Zehnten des Territoriums bestätigen und die Grenzen jener Ländereien, die inzwischen Eigentum der Mönche waren, so sorgfältig beschreiben, daß sich die alte Grenzziehung noch heute erkennen läßt[82]. Im Verlauf des 15. Jahrhunderts gab Heinrichau beide Grangien auf und setzte die Äcker an Bauern aus[83], wobei der Name Jaworowitz verloren ging und die Feldflur des Gutes mit Neuhof zusammengelegt wurde[84].

Reuental und die Schuhmühle (Schimmelei, Szymanów)

Auf den Ländereien von Daleborowitz, die links der Ohle zwischen der Talniederung und den Grenzen von Krelkau und Zesselwitz lagen, siedelte Graf Michael Daleborii

---

[81]) GS 111 f.; GB 94 ff.; GG 358 ff.

[82]) SR 3552 vom 10. Jan. 1316 (Arnold von Protzan. Das Formelbuch des Domherrn Arnold von Protzan. Hrsg. W. Wattenbach (CDS 5). Breslau 1862, S. 166 ff.). Nach dieser Urkunde lief die Grenze des Strehlener Zehntlandes, das sich mit Daleborowitz deckte, an dem Felde, „das im Norden nahe der Grangie am alten Lauf des durch den Wirtschaftshof fließenden Bächleins beginnt und sich in der Länge gegen Münsterberg erstreckt, in der Breite im Osten vom Dorfe beim Hof, im Westen vom Erlenbusch, vom südlichen Ende des Dorfes an im Osten von der Straße vor dem Birkenwald begrenzt wird und im Süden an den Äckern des Dalebor endet." Der erwähnte Bach, der Daleborowitz und Kolaczow trennte und die alte Grenze der Grangien Neuhof und Daleborowitz bildete, floß einst mitten durch Neuhof und mündete südlich der Heinrichauer Chaussee in die Ohle, bis er von den Zisterziensern verlegt und zur Fasanerie hin abgeleitet wurde.

[83]) Am 21. März 1346 (BDA V B 6 a, Fotokopie; RS 443) erhielt das Kloster das Recht, den Hof an Bauern auszusetzen und ließ sich dieses Recht am 3. Juni 1405 nochmals bestätigen (BDA V 10, fol. 26 a—28 a, Fotokopie). Unmittelbar nach 1405 wurde das Gut verpachtet, denn das Signaturbuch erwähnt 1419 den „Nicolaus conventor (Pächter) allodij in Nova curia" und 1464 den „Symon Bartusch, Hofeman czum Newenhofe".

[84]) Am 23. Juni 1491 (BDA V B 6e, Fotokopie) verkaufte Abt Antonius dem Klostervogt Valentin Maeckisch einen Garten in Neuhof mit einem Fleck Ackers, die „Hutte" genannt, der über dem Hutteiche lag, ferner ein Stück Acker, die „Schafwiesen" genannt, mitsamt einer Wiese „zu Jaurwicz" und einem kleinen Fleck Wiese hinter dem Eichhübel.

nach 1241 Deutsche an. Die Kolonen erbauten ihre Höfe dicht bei Heinrichau am Renkelbach, „der zwischen Kojanowitz und Zesselwitz zur Ohle fließt" und damals im Bereich des späteren Abteigartens die Südgrenze des Klosterberings bildete. Die Nähe der Bauern führte bald zu Unzuträglichkeiten, so daß Abt Bodo nicht ruhte, bis er dem Ärgernis ein Ende setzte. Im Jahre 1254 trat er dem Grafen die Grangie Niklawitz mit allem Inventar ab und erhielt dafür den nordwestlichen Teil des Territoriums Daleborowitz mit dem alten Gutshof Kojanowitz und kaufte auch den Bauern ihr Erbrecht ab[85]. Auf diesen Ländereien legten die Zisterzienser eine Grangie an, die zuerst Daleborowitz und später Reuental hieß. Die Grenzen der Äcker des Wirtschaftshofes werden in der schon erwähnten Strehlener Zehnturkunde von 1316 beschrieben, denn natürlich waren die Nonnen auch hier bedacht, ihre Dezemländereien und Zehntrechte zu sichern[86].

Zu der Zeit, als Graf Michael noch auf Kojanowitz saß (vor 1254), erlaubte er zwei Bürgern von Münsterberg, südlich von seinem Hof eine Mühle mit einem Graben anzulegen und behielt sich den Zins vor und das Recht, sein Korn frei mahlen zu lassen. Diese Mühle verkauften die Besitzer an das Kloster, das auch die auf ihr ruhenden Lasten übernahm. Da aber Michael inzwischen in Niklawitz lebte und die Mühle in Crasicz (Rankemühle) besaß, war er an der alten Mühle nicht mehr interessiert und verkaufte sie vor 1266 mit 1¹/₂ Hufen und mit dem Recht, durch das Territorium Daleborowitz einen neuen Mühlgraben zu führen, den Zisterziensern[87]. Das Grundstück, das zur Mühle gehörte, dehnte sich in einem langgestreckten Streifen von Reuental bis an die Grenzen von Münsterberg und trug 1316 den Namen „agri magistri sutorum — Äcker des Schuhmachermeisters"[88]. In späterer Zeit nannte man den Wirtschaftshof die „schumuel" oder Schuhmühle, bis das Gut durch Verballhornung den Namen Schimmelei erhielt[89].

Taschenberg (Brukalice)

Der Ort wurde im 12. Jahrhundert von dem böhmischen Adligen Bogwal begründet, dem der Herzog erlaubte, zwei Hufen Ödlandes unter den Pflug zu nehmen. Bogwal

85) GS 37 f.; GB 37 f.; GG 273 f. S. Trawkowski (S. 38) verlegt Kojanowitz in das enge Tal des Renkelbachs nordwestlich von Krelkau, was aber mit Sicherheit falsch ist.

86) SR 3552; demnach gehörten der Pfarrei Steinkirche die Zehnten „vom Felde Reuental, das jenseits der Grangie hinter dem Garten beginnt und sich gegen Nethwitz hin, in der Länge gegen Münsterberg erstreckt und im Osten durch den Mühlgraben, der von der Ohle durch das Kloster fließt, im Westen aber durch den Weg begrenzt wird, der Reuental von der Feldmark Krelkau trennt." Der Gutshof lag also am südlichen Ende der jetzigen Ortschaft Heinrichau, nahe beim Postamt, wo man nach Pfitzner noch um 1800 in einem Acker steinerne Fundamente gefunden hat. — Das Signaturbuch erwähnt 1439 den „Niclos Sneyder etwan Hoffeman czu Reuwental".

87) SR 1235; gedr. GS 167 f.; und SR 1284, gedr. GS 169 f.

88) SR 3552 vom 10. Jan. 1316.

89) In der Urk. des Herzogs Nikolaus vom 21. März 1346 (BDA V B 6 a, Fotokopie; RS 443) heißt das Besitztum „agri quondam ad Magistri sutorum in claustro eodem officinam spectantes inter civitatem Munsterberg et claustrum locati".

erweiterte seinen Besitz auf drei große Hufen und hinterließ ihn seinen Söhnen, die das Anwesen in drei Güter aufteilten. Das eine gehörte nach 1250 den Gebrüdern Bogussa und Paul, die mit dem verstorbenen Bischof Paul von Posen verwandt waren und 1253 ihren Besitz dem Abt Bodo gegen ein Tauschgut in Ochla in Großpolen abtraten[90]. Kurze Zeit später erbten die Gebrüder einen zweiten Teil von Brukalitz und vertauschten auch ihn gegen Äcker der Zisterzienser in Milejowitz bei Beuthen[91]. Den Rest von Brukalitz erkauften die Mönche 1262 von Beneko von Dambiscin[92] und legten alle drei Güter zu einem Wirtschaftshof zusammen, der den Namen Taschenberg erhielt und bis zur Säkularisation im Besitz des Stiftes blieb. 1885 umfaßten die Vorwerksländereien 205 ha mit einem Grundsteuer-Reinertrag von je 39,56 RM, davon 16 ha Wiesen mit je 47,00 RM. 1938 lag der Gemeindehektarsatz bei 1870 RM.

Reumen (Skalice)

Die Ansiedlung entstand lange vor der Gründung des Klosters auf dem Territorium Kolaczow und gehörte verschiedenen Zweigen einer adligen Familie. Nach alter Sitte erhielten die einzelnen Höfe den Namen des jeweiligen Besitzers, so daß der Ort bald Skalitz oder Skapilwitz, Zobkendorf, Pawelwitz und Reumen oder Stein genannt wurde[93]. Eines der Güter gehörte dem Pfarrer Nikolaus von Alt-Heinrichau und seinem Bruder Stephan; Nikolaus vermachte seinen Anteil schon 1233 den Mönchen, und den Rest des Hofes, den die Zisterzienser zur Grangie machten, erkaufte Abt Bodo 1239[94]. Im Jahre 1300 überließ das Kloster dem Münsterberger Bürger Hermann Rume auf Lebzeiten 1/2 Hufe mit einem Fischteich in Zobkendorf[95]. Zwei weitere Hufen in Skalitz erhielt die Abtei 1318 von Johann Duschmann oder Duczejan[96], und dazu verkaufte Razlaus von Skalitz dem Kloster 1321 eine freie Hufe mit zwei Gärten von seinem Allod Skalitz und 3/4 Hufen mit einem Garten in Paulowitz[97]; ein weiteres Erbgut von 4 Hufen, das an den Besitz des Rumo in Skalitz grenzte, erwarb die

90) GS 60 ff.; GB 54 ff.; GG 299 ff.

91) SR 1030, gedr. GS 162 f.

92) SR 1144, gedr. GS 163 f. Um sich gegen Retraktansprüche zu sichern, ließ das Kloster den Verzicht von allen Erben bestätigen. — Im 15. Jh. wurde das Gut zeitweilig verpachtet, da das Signaturbuch 1460 den „Hentschel Hofeman vom Taschenberge“ erwähnt (oder war er nur der Vorwerksverwalter?).

93) Skapilwitz erhielt seinen Namen von Scapil de Scapilwitz, der 1302 (SR 2707) urkundlich erscheint und wohl auch mit dem 1304 (SR 2817) erwähnten Zeugen „NN. de Shepeliz“ identisch ist, dessen Vorname im Original nicht mehr zu entziffern ist. Zobkendorf wurde nach Zobko oder Sobko de Scalicz genannt, der 1290 (SR 2154) und 1293 (SR 2298) vorkommt. Reumen hat seinen Namen von der Münsterberger Ratsfamilie Rumo oder Rumonis erhalten, die hier im 14. Jh. ein Allod besaß.

94) GS 27 ff.; GB 31 ff.; GG 264 ff.

95) SR 2598, gedr. GS 197.

96) SR 2749. Johann Duschmann, der diese beiden Hufen zu einem Anniversarium schenkte, erscheint im Nekrolog am 6. Mai und 27. Dez. mit Servicium.

97) SR 4172.

Zisterze 1332 von Jesko Sloup[98], und 1362 sicherte sie sich auch das Allod des Münsterberger Bürgers Henning von Kunzendorf „Stein vulgariter nominatum“ mitsamt dem Kretscham in Skalitz[99]. Als schließlich Joachim von Haugwitz den Mönchen 1397 sein Vorwerk Paulowitz verkaufte, gehörte ganz Reumen dem Kloster[100], das sich diesen Besitz 1405 vom Herzog bestätigen und das Recht erteilen ließ, Reumen und Paulowitz an Bauern oder Gärtner auszusetzen[101].

Moschwitz und Nethwitz (Muszkowice)

Das Gut Moschwitz gehörte vor 1282 dem Johann Ossina, der auf Wenig-Nossen saß. Als der Graf seine Tochter dem Edlen Nikossius zur Frau gab und ihr 200 Mk. zur Aussteuer vermachte, überließ er dem Schwiegersohn den Hof Moschwitz zum Pfande. Nikossius gab das Gut aber nicht mehr zurück, obwohl das Heiratsgeld längst bezahlt war. Nach seinem Tode behaupteten seine Söhne, daß Moschwitz ihr Eigentum sei, so daß ihr Großvater vor Gericht ging. Aus Rache steckten die Enkel den Hof in Brand, und der Graf verkaufte ihn für 120 Mk. dem Herzog, der ihn zur Versteigerung ausschrieb und 500 Mk. dafür forderte. Abt Friedrich war bereit, die Summe zu bezahlen, aber bevor der Vertrag abgeschlossen wurde, bot der Münsterberger Erbvogt Konrad 600 Mk., so daß das Kloster 700 Mk. erlegen mußte, um Moschwitz zu erhalten[102]. 6 Jahre später erkaufte Abt Friedrich von den Söhnen des Dirslaus von Baitzen für 150 Mk. 6½ große Hufen, die an Moschwitz grenzten und für das Vorwerk Frömsdorf bestimmt waren. Das Kloster ließ 3 dieser Hufen wieder zu Wald werden und gliederte die übrigen 3½ Hufen der Grangie Moschwitz an[103]. Einen weiteren Zuwachs erhielt der klösterliche Wirtschaftshof durch die Zusammenlegung mit dem 7½ Hufen großen Adelsgut Nethwitz, das unmittelbar bei Moschwitz lag und das die Zisterzienser in zwei Anteilen vor 1300 und im Jahre 1303 erwarben[104]. Zwischen der Grangie und Nethwitz erstreckte sich damals ein Streifen Waldes als Ausläufer des nahen Forstes und trennte die beiden Ansiedlungen voneinander. Diesen Wald ließ das Kloster roden und legte auf dem Neuland Gärtnerstellen an, deren Bewohner auf dem Wirtschaftshof arbeiteten[105].

---

98) SR 5130. Der Verkäufer ist vielleicht mit dem 1323 (SR 4315) in Scalitz ansässigen Jesco Roub identisch.

99) Urk. vom 28. Okt. 1362 (BDA V B 6 a, Fotokopie).

100) Urk. vom 24. Aug. 1397 (BDA V 10, fol. 51 b—52 b, Fotokopie). Das Gut wurde bald danach an Laien verpachtet, denn schon 1414 nennt das Signaturbuch den „Hempil conventor (Pächter) allodij in Rewman“.

101) Urk. vom 3. Juni 1405 (BDA V 10, fol. 26 a—28 a) und vom 25. März 1416 (ebd. fol. 58 a—59 a, Fotokopie).

102) GS 70 ff.; GB 63 ff.; GG 311 ff. Da der Herzog für das Gut, das er für 120 Mk. erwarb, 500 Mk. forderte, muß man annehmen, daß Moschwitz vor dem Weiterverkauf beträchtlich vergrößert wurde; wahrscheinlich schlug der Herzog dem Hof den angrenzenden landesherrlichen Teil des Buchwaldes hinzu.

103) GS 78 ff.; GB 69 ff.; GG 320 ff.

104) GS 83 ff.; GB 72 ff.; GG 326 ff.

105) GS 78; GB 68 f.; GG 320. Vgl. auch S. Trawkowski, S. 118.

Moschwitz wurde das größte Vorwerk des Klosters. Hier befand sich auch der Amtssitz des forestarius, der den Buchwald verwaltete. 1380 erhielt Abt Nikolaus von Ratibor das Recht, einen Teil der Äcker an Bauern auszusetzen und den Gutshof zu behalten[106]. 1885 bestanden die Gutsäcker aus 395 ha mit einem Grundsteuer-Reinertrag von je 45,43 RM. 1938 lag der Gemeindehektarsatz bei 1680 RM.

Rätsch und Jerichaw (Raszyce)

Der Ort entstand um 1200 und gehörte um die Mitte des 13. Jahrhunderts einer slawischen Dienstmannenfamilie. Die Sippe zählte so viele Mitglieder, daß das kleine Anwesen nur ein dürftiges Auskommen gewährte. Damals hegte die Familie die Hoffnung, in den Stand des freien Feudaladels aufzusteigen. Aber ihre Erwartungen erfüllten sich nicht, denn der Herzog gab das Lehen der Ortschaft dem Ritter Rüdiger von Haugwitz, so daß die Herren von Rätsch Vasallen eines Adligen wurden. Enttäuscht verkauften sie 1305 ihr Besitztum dem Kloster und gingen außer Landes[107]. Rüdigers Sohn Kilian von Haugwitz trat das Lehen 1309 den Zisterziensern ab[108]. Damals bestand der Ort aus den Allodien „Ratschicz ac Jerichaw inter claustrum iam dictum et Jonßdorff locata — Rätsch und Jerichaw, die zwischen dem erwähnten Kloster und Schönjohnsdorf liegen". Diesen Besitz bestätigte Herzog Nikolaus 1346 den Mönchen und erlaubte ihnen, die Güter an Bauern und Gärtner auszusetzen[109].

Zesselwitz (Czeslawice)

Vor 1220 vertauschte der Kleinadlige Heinrich, der Ahnherr der Zesselwitze, dem Notar Nikolaus seine Curia in der jetzigen Feldmark von Alt-Heinrichau gegen Ländereien von Sukowitz und errichtete einen neuen Hof, den man Zesselwitz nannte. Eine spätere Generation teilte das 12 Hufen zählende Gut in die Anteile Nieder- und Ober-Zesselwitz. Ersteres, das an Krelkau und Reuental grenzte, verkauften die verschuldeten Söhne des Sulislaus 1297 dem Kloster[110]. Ober-Zesselwitz gehörte dem Edlen Chessebor, der sich in der Konkurrenz mit den Zisterziensern bemühte, den Familienbesitz zu halten. Dabei gelang es ihm sogar, das Anwesen durch 5 Hufen von Nethwitz zu erweitern, aber schon wenige Jahre später mußte er die Neuerwerbung den Mönchen

---

106) Urk. vom 29. Sept. 1380 (BDA V B 6 e, Fotokopie).

107) GS 97 ff.; GB 83 ff.; GG 341 ff. Zu den „camerarii" von Rätsch vgl. W. Korta, S. 185.

108) GS 108 ff.; GB 92 f; GG 355 ff.

109) Urk. vom 30. Nov. 1346 (BDA V 10, fol. 53 a—54 a, Fotokopie). Der Verfasser der Synopsis (S. 27) behauptet, daß „Jerichau oder Paulwitz, jetzt Reumen", der Name eines Waldes zwischen Jaurowitz und Kunzendorf war. Diese Annahme ist verfehlt, denn die Urk. von 1346 sagt unmißverständlich, daß Jerichaw zwischen dem Kloster und Schönjohnsdorf lag. Das Gut wurde spätestens im frühen 15. Jh. verpachtet, da das Signaturbuch 1414 den „Nicolaus Wustehube conventor allodij in Jerichaw" erwähnt.

110) GS 116 ff.; GB ff.; GG 364 ff.

überlassen[111]. Von da an ging es mit dem Erbgut Ober-Zesselwitz rasch bergab. Chessebor und seine Söhne gerieten in Schulden und verpfändeten Hufe um Hufe dem Kloster, und da sie die Pfandsumme nicht mehr zurückzahlen konnten, kam es schließlich zum Verkauf einzelner Stücke. Einige Jahre nach dem Tode des Vaters überließen Chessebors Söhne den Rest ihres Besitztums 1316 der Zisterze, die sich als der wirtschaftlich Stärkere und als der Kontrahent erwies, der aus dem Ruin des Nachbarn den größten Nutzen zog — ähnlich wie schon bei den Adelsgütern Daleborowitz, Skalitz, Rätsch, Nethwitz und Nieder-Zesselwitz[112].

Grunow und Willwitz (Wilanowice)

Grunow mit 9 kleinen Hufen und Wilhelmowitz mit 6 Hufen lagen nördlich von Alt-Heinrichau in einem Nebental des Steinigbaches und gehörten mehreren Mitgliedern der mächtigen Familie der Czamborii von Schildberg. 1318 überließ Moyko von Schildberg mit seinen Brüdern den Mönchen teils geschenk-, teils kaufweise das Gut Willwitz und $1^3/_4$ Hufen von Grunow. Den Rest von Grunow verkauften am selben Tage die Söhne des Zelo dem Kloster[113]. Abt Christian legte beide Höfe zusammen und errichtete eine Grangie, die die Zisterzienser noch im späten Mittelalter wieder aufgaben. Das Recht, die Ländereien an Bauern zu versetzen, erhielt das Stift schon 1416[114], und 1455 siedelte Abt Nikolaus in Bobilwicz und Wilhelmowicz 14 Bauern mit je einer und 2 mit je zwei Hufen an, die der Zisterze einen jährlichen Zins entrichteten[115].

Wroźenice, Glew und Glewiec

Bei der Gründung erhielt das Kloster vom Fundator die Güter Glew und Głęboka bei Krakau, die der Notar von seinem Vater geerbt hatte. Beide Ansiedlungen waren einander benachbart und bildeten ein geschlossenes Territorium, das jetzt zu den Pfarreien Igołomia und Czulice gehört. Hier gründeten die Zisterzienser vor dem Jahre 1268 in der Parochie Czulice eine Grangie namens Wroźenice[116]. Obwohl der Hof 250 km von Heinrichau entfernt lag, haben ihn die Mönche ein Jahrhundert lang

[111]) GS 85; GB 74; GG 329. Den Verzicht des Chessebor und seiner Kinder bestätigte der Landeshauptmann Hermann von Barby.

[112]) Die einzelnen Teilverpfändungen von Zesselwitz erfolgten 1304 (SR 2817), 1306 (SR 2885), 1310 (SR 3156), 1311 (SR 3222) und 1313 (SR 3336). Die Urk. über den Verkauf des Gutes wurde am 1. Jan. 1316 ausgefertigt (SR 3549, BDA V B 6 a, Fotokopie). Im Jahre 1318 (SR 3735 und 3752) stimmten auch die Verwandten der Abtretung zu.

[113]) Urk. vom 21. März 1318 (SR 3767, BDA V B 6 a, Fotokopie).

[114]) Urk. vom 29. März 1416 (BDA V 10, fol. 58 a—59 a, Fotokopie).

[115]) GS 27, Anm. 63.

[116]) 1268 (SR 1306, gedr. GS 188) bestätigte Herzog Bolesław V. von Krakau die Freiheit der Untertanen des Klosters in Wroźenice und Glew von den Lasten des polnischen Rechts. 1293 nahm König Wenzel II. von Böhmen als Herzog von Krakau die Heinrichauer Güter in Kleinpolen unter seinen Schutz (SR 2282, gedr. Diplomata Monasterii Clarae Tumbae prope Cracoviam. Krakau 1865, Nr. 41, S. 33).

bewirtschaftet. Dabei gaben offenbar Interessen besonderer Art den Ausschlag, denn für das Getreide, das man hier erntete, handelte das Kloster das begehrte Salz von Wieliczka ein. Auf solche Handelsbeziehungen weisen nämlich die Urkunden der Herzöge Boleslaus I. von Oppeln und Wladislaus von Beuthen von 1293 und 1320 hin, die der Zisterze das Recht des zollfreien Transits von Salz und Getreide erteilten[117].

1294 erhielt Abt Friedrich die Erlaubnis, Wroźenice, Glew und Glewiec zu deutschem Recht auszusetzen[118]. Nach der päpstlichen Bulle von 1318 aber war Wroźenice noch Grangie, so daß sich die Mönche 1319 nochmals von Władysław Łokietek, Herzog von Krakau, das Privileg zur Ansiedlung deutschrechtlicher Bauern bestätigen ließen[119]. Innerhalb der nächsten Jahre verkaufte Heinrichau alle kleinpolnischen Besitzungen an das Schwesterkloster Mogiła[120].

Milejowitz

Der verschollene Ort soll im jetzigen oberschlesischen Industriegebiet östlich von Beuthen an der Brinica gelegen haben. Im ersten Drittel des 13. Jahrhunderts gehörte diese Gegend zum Herzogtum Krakau, bis sie um die Mitte desselben Jahrhunderts an das Fürstentum Oppeln fiel. Herzog Leszek V. d. Weiße (1202—27) gab Milejowitz dem Notar Nikolaus zu Lehen, der es vor seinem Tode mit Zustimmung der Herzoginwitwe Grzymisława dem neugegründeten Kloster überließ[121]. Die Mönche errichteten hier eine Grangie von 12 kleinen Hufen, deren Ländereien sie unter Vorbehalt des Obereigentumsrechtes öfters veräußerten, um dafür Güter in der näheren Umgebung von Heinrichau einzutauschen[122]. Bald nach 1280 setzte Abt Friedrich den Gutshof an Bauern aus[123]. Als 1296 die Bischöfe Johann von Breslau und Konrad von Lebus den Mönchen eine große Zahl von Privilegien transsumierten, befand sich Milejowitz noch in ihrem Besitz; nicht lange danach aber gaben sie den Ort auf, ohne daß sich feststellen läßt, an wen sie ihn verkauften.

---

117) SR 2285, gedr. GS 184 und SR 4059.

118) SR 2341, gedr. Diplomata Mon. Clarae Tumbae, Nr. 43, S. 34.

119) Urk. vom 24. Mai 1319 (gedr. Dipl. Mon. Clarae Tumbae, Nr. 50, S. 39).

120) Im Archivregister von ca. 1324 werden keine Urkunden der kleinpolnischen Güter mehr erwähnt. Am 11. Juni 1336 (gedr. Dipl. Mon. Clarae Tumbae, Nr. 61, S. 48—50) bestätigte König Władysław Łokietek das Eigentum von Wroźenice und Glew bereits dem Kloster Mogiła.

121) H. Goetting, Urkundenstudien zur Frühgeschichte des Klosters Heinrichau. In: 1939, S. 61; Appelt 1, Nr. 286.

122) 1259 (SR 1030, gedr. GS 162 f.) erhielten die Gebrüder Bogussa und Paul für den zweiten Anteil von Brukalitz eine doppelt so große Besitzung „in Villa Myleioviz". 1268 (SR 1284, gedr. GS 169 f.) überließ das Kloster dem Dalebor für die Schuhmühle bei Heinrichau 12 kleine Hufen mit dem Hof und der Mühle in Milejowitz. — Ein Eintrag des Nekrologs aus der Zeit von Abt Friedrich erwähnt zum 16. Aug. „Bogumilus et Tilo conversi occisi sunt in mileiwiz".

123) SR 1638 (gedr. GS 176 f.).

Dębnica und Sieraków

Als Bischof Paul von Posen 1236 die Ausstattung von Heinrichau verbesserte, schenkte er dem Kloster das Gut „Damnicia prope Starygrod". Gleichzeitig bewog er das Metropolitankapitel von Gnesen, dem die Zehntrechte gehörten, den Mönchen auch den Dezem zu überlassen[124]. Ebenfalls auf Bitten des Bischofs erhielten die Zisterzienser um dieselbe Zeit von Herzog Władysław Odonicz († 1239) das Territorium Syracowo mit den Gütern Syracowo, Swetnice, Prewodowo, Konarzke und Ochla[125].

Damnicia und Syracowo lagen nicht in der Umgebung von Starygrod bei Krotoschin, wie Stenzel behauptete, sondern in jener Kastellanei Starygrod, die jetzt Czestram (castrum) heißt und schon 1136 dem Erzbistum Gnesen gehörte[126]. Auf dem Territorium von Syracowo entstand 1632 die Stadt Rawitsch (Rawicz), wobei der Name von Sieraków, das noch einige Zeit als Vorstadt bestand, verloren ging[127]. Damnicia ist offenbar mit dem Dorf Dębnica oder Dammer identisch, dessen Feldmark an den schlesischen Kreis Militsch grenzt[128]. Der Hofmeister der Grangie Damnicia verwaltete wahrscheinlich auch die Güter von Syracowo und das Zinsdorf Starkowiec, das dem Kloster bald nach 1241 geschenkt wurde[129]. 1318 gehörten die großpolnischen Besitzungen noch den Mönchen von Heinrichau, die sie noch vor 1324 verkauften.

Tarnau (Tarnów)

In dem nahe der Stadt Frankenstein gelegenen deutschrechtlichen Dorf erwarb die Abtei Heinrichau um 1400 einen Hof, den sie einige Jahrzehnte als Grangie bewirtschaftete[130]. Das Signaturbuch erwähnt wiederholt Ordensleute, die als Hofmeister des Vorwerks tätig waren[131]. 1429 brannten die Hussiten das Gut nieder, und 1439 mußte

---

124) SR 486; gedr. GS 151. Die Zustimmung des gesamten Domkapitels von Gnesen zu der Schenkung ist ein Beweis dafür, daß der Dezem und wohl auch die kirchliche Jurisdiktion der Erzdiözese Gnesen gehörte.

125) Erwähnt in der Bestätigung des Herzogs Przemysław von 1252 (SR 803; gedr. GS 157 f.). Vgl. außerdem die Schenkung der Zehnten von Syrakowo durch Bischof Paul im J. 1236 (SR 485; gedr. GS 152 f.).

126) 1136 bestätigte Papst Innozenz II. die Besitzungen der Gnesener Kirche, u. a. auch die Zehnten im Gebiet von Chezram (Czestram; Cod. dipl. majoris Poloniae. I. Posen 1877, Nr. 7; vgl. Appelt 1, Nr. 9 und SR 23). Vgl. auch J. Nowacki, Archidiecezja Poznańska w granicach historycznych i jej ustrój. Dzieje Archidiecezji Poznańskiej. II. Posen 1964, S. 419 f.

127) J. Nowacki, S. 580.

128) Die Grangie lag also nur 20 km nördlich von Trachenberg, wo dem Kloster damals die Orte Groß- und Klein-Ossig gehörten.

129) Vgl. die herzogl. Bestätigung von 1253 (SR 813; gedr. GS 158 f.).

130) Hierbei handelte es sich vielleicht um das Allod von 2 Hufen unter dem Pfluge und 2 Zinshufen, das Bolko II. 1330 dem Heinrich Wolverami überließ (SR 4981), von dem es später an den Ritter Witko Budow kam, der es 1374 besaß († kurz vor dem 17. Juni 1376) und seinem Sohne Johann Budow vererbte (1387 und 1390 als Besitzer erwähnt). Dieser überließ das Gut wahrscheinlich dem Benesch Seckel d. J. von Tepliwoda, der am 16. Juni 1403 Erbherr zu Tarnau war und dem Kloster 1406 mit seinem Bruder Konrad das Gut Belmsdorf verkaufte.

131) So im Jahre 1417 den fr. Petrus als Hofmeister, 1422 den fr. NN und 1425 den fr. Lorenz.

Abt Nikolaus von Brieg die Grangie Tarnau an Frau Anna von Kolditz verkaufen, um dem Sigismund von Rachenau 100 Mk. Lösegeld für die Räumung des Klosters zu zahlen[132].

Dobrischau (Dobroszów)

1365 erkaufte Abt Sidilmann von Gunther von Adlungsbach $^1/_2$ Hufe Waldes bei Dobrischau; dabei bestätigte ihm Herzog Bolko III. auch das Eigentum der beiden angrenzenden Hufen Waldes, die das Kloster — wie der Abt durch Zeugenaussagen nachwies — schon lange besaß, deren Erwerbsurkunde aber verloren gegangen war[133]. Dazu kaufte Abt Vinzenz 1528 von Salomon von Adelsbach die kleinen Allodien Groß- und Klein-Dobrischau, Kraßwitz, Kayn und Glericke, die er zu einem neuen Vorwerk zusammenfaßte[134]. Obwohl Dobrischau mit dem Stiftsland nicht zusammenhing und die Äcker wenig ertragreich waren, behielten die Mönche das Gut bis zur Säkularisation, stets bedacht, die Exklave noch zu erweitern. So erwarb Abt Melchior Welzel 1659 das wüste Adelsgut Pleßguth mit $1^1/_2$ Hufen, die er zu Dobrischau schlug[135]. 1885 zählten die Vorwerksländereien 117 ha mit einem Grundsteuer-Reinertrag von je 32,90 RM. 1938 lag der Gemeindehektarsatz bei 1280 RM.

Die Grangien der Neuzeit

Schönwalde (Budzów)

Als das Stift in den ersten Jahrzehnten des 17. Jahrhunderts die Seelsorge in dem abgelegenen Stiftsdorf seinen Konventualen übertrug, bemühten sich die Äbte, den klösterlichen Eigenbesitz in Schönwalde auszubauen. Zu der seit 1422 inkorporierten Parochie mit 118 Morgen Widmut erkaufte Abt Andreas Beyer 1625 den Kretscham mit freiem Brauurbar[136]. Die Folgen der kriegerischen Ereignisse in Schlesien machten es aber unmöglich, die Kaufsumme zu bezahlen, so daß der visitierende Abt von Königsaal schon 1628 den Verkauf des Kretschams anordnete[137]. Erst lange nach dem Dreißigjährigen Kriege gelang es Abt Melchior Welzel, ihn 1661 wieder auszulösen[138].

[132]) Compendium fol. 9 a, wo die Käuferin Anna, Königin von Böhmen und Herrin von Frankenstein, heißt, was sicher falsch ist. Frau Anna von Kolditz dagegen, die sich 1440 mit Hinko Kruschina vermählte, besaß damals Pfandbriefe über Frankenstein.

[133]) Urk. vom 23. Okt. 1365 (BDA V 10, fol. 71 b—73 a, Fotokopie).

[134]) Urk. von 1528 (BDA V 10, fol. 28 a—29 b, Fotokopie).

[135]) Hist. brevis, Anhang.

[136]) Synopsis S. 47.

[137]) Das Kloster verkaufte ihn dem kaiserl. Leibmedicus Caspar Jäschke von Eisenhut auf Eckersdorf († 1633), der der Sohn eines Pfarrers von Wiesenthal war (vgl. P. Pfotenhauer, Schlesier als kaiserliche Pfalzgrafen und schlesische Beziehungen zu auswärtigen Pfalzgrafen. In: ZVGS 26. 1892, S. 334).

[138]) Synopsis S. 47. Das Stift erwarb den Kretscham am 2. Nov. 1661 für 3250 Tlr. von Hans von Neipperg.

1691 erkaufte Abt Heinrich Kahlert dazu die Scholtisei mit ihren Mühlen und bildete aus diesen Besitzungen, nämlich Widmut, Kretscham, Scholitsei und Mühlen, ein Vorwerk, das dem Stift bis zur Säkularisation gehörte und bei dem er ein stattliches Schloß als Sommerresidenz erbaute[139]. 1885 zählte das Vorwerk 214 ha, davon 112 ha Äcker mit einem Grundsteuer-Reinertrag von je 18,80 RM und 79 ha Wald mit je 3,52 RM. 1938 lag der Gemeindehektarsatz bei 1130 RM.

Raatz

Der kleine, zwischen Tarchwitz und Tepliwoda gelegene Weiler bestand einst aus zwei Freigütern von je 2 Hufen, einem Kretscham mit Brauurbar und dem Recht des Handwerks. Im Jahre 1686 verkauften die beiden Besitzer die Güter für 5000 Tlr. dem Abt Heinrich Kahlert, der sie zu einem Vorwerk zusammenlegte und zur Erholung der Mönche ein schönes Herrenhaus erbaute[140]. Das Gut, das dem Stift bis 1810 gehörte, umfaßte außer dem Vorwerk 6 Dreschgärtner, 1 Häusler und 42 Bewohner. 1845 bestand es aus dem Gut, 9 Häuslern, 1 Windmühle und 64 Menschen. 1885 zählten die Äcker der Einwohner 6, die Gutsäcker 119 ha mit einem Grundsteuer-Reinertrag von je 38,38 RM. 1938 lag der Gemeindehektarsatz bei 1970 RM.

Bernsdorf (Dębowice)

1396 verkaufte Sigismund von Schwarzenwald gen. von Rodow dem Abt Martin von Neisse „das ganz dorff Bernhartsdorff", ausgenommen den Schulzen und zwei Roßdienste von 4 und 1½ Mk.[141]. Den Schulzen und das herrschaftliche Allod behielt sich der Verkäufer also zu eigen[142]. 1687 verkaufte Friedrich Hübner dem Krelkauer Schulzen Gottfried Hampel das am Niederende von Bernsdorf gelegene Freigut mit freier Schmiede, zwei Mühlen, drei wüsten Häuslerstellen, 4 Hufen und den Erbzins der Scholtisei[143]. Dabei fungierte der Krelkauer Schulze nur als „Strohmann", denn der Kaufvertrag wurde vom Abt und den Ältesten des Konvents gegengezeichnet, und für die Bezahlung quittierte der Verkäufer 1688 und 1690 dem Kloster, das jetzt in Bernsdorf ein eigenes Vorwerk errichtete. Dieses Gut, zu dem auch ein Forst von etwa

---

[139]) Die Scholtisei wurde am 13. Juli 1691 erkauft (Orig. BDA V B 6 f, Fotokopie).

[140]) Synopsis S. 39; Compendium fol. 21 b f.

[141]) Urk. vom 24. Juni 1396 (BDA V 10, fol. 23 a—24 b, Fotokopie).

[142]) Daher konnte Herzog Heinrich d. Ä. 1472 dem Girzik gen. Czanswitz das Allod wegen Treulosigkeit entziehen und den Gebrüdern Kunz und Hinz gen. Rong von Borow verleihen (Sommersberg I, S. 1077).

[143]) Urk. vom 5. Juli 1687 (Orig. BDA V B 6 f; ebd. auch die Quittungen vom 29. Juli 1688 und 30. Dez. 1690). Im Gegensatz zu Pfitzner (S. 205), der unter Berufung auf Zimmermann meint, das Stift habe 1690 auch noch ein Vorwerk in Bernsdorf erkauft, sei hier betont, daß der Kaufvertrag von 1687 das Freigut betraf, mit dem die Herrschaft über den Schulzen verbunden war; die Scholtisei selbst existierte damals nicht mehr.

125 ha gehörte, mußte das Stift unter dem Druck der preußischen Regierung 1765 wieder an rittermäßige Laien vergeben, so daß ihm nur die Grundherrschaft des Dorfes blieb[144]

Seitendorf (Sieroszów)

1688 verkaufte Ernst Heinrich von Hermann auf Kattern das Dorf mit Kirchpatronat, Herrschaftsrechten und Gerichtsbarkeit für 25 000 Tlr. an Abt Heinrich Kahlert[145]. In Seitendorf gab es damals außer dem verödeten Vorwerk eine wüste Scholtisei, auf die die Bauernschaft Besitzansprüche erhob, die Abt Tobias Ackermann 1703 nach einem Vergleichsverfahren erwarb. Dazu kaufte das Stift noch das sogen. Caspergüttel, eine freie Bauernstelle[146], und legte alle diese Besitzungen — Vorwerk, Scholtisei und Caspergüttel — zu einem Gutshof zusammen, der dem Kloster bis zur Säkularisation gehörte[147]. Die Ländereien zählten 1885 404 ha, davon 215 ha Äcker mit einem Grundsteuer-Reinertrag von je 40,34 RM und 125 ha Wald mit je 9,40 RM[148]. 1938 lag der Gemeindehektarsatz bei 1870 RM.

Die Vorwerke der Herrschaft Schönjohnsdorf

Die Herrschaft Schönjohnsdorf bestand im frühen 18. Jahrhundert aus 8 Ortschaften. Diesen Besitz erwarb Abt Gerhard Wiesner 1738 für 168 000 fl. Kaufpreis und 8000 fl. Schlüsselgeld und Taxe von den verschuldeten Erben des Grafen Joseph Hoditz von Wolfranitz[149]. In Schönjohnsdorf selbst, dem Mittelpunkt der adligen Herrschaft, übernahm das Stift eine mittelalterliche Wasserburg, die wohl einst die Stosch von Stossowitz erbauten und die jetzt der Amtssitz des klösterlichen Administrators wurde[150], denn

144) Abt Konstantin Haschke verkaufte das Allod am 22. Juni 1765 dem Gutsverwalter von Schönjohnsdorf, Franz Speer, der damit zugleich Erbscholze von Bernsdorf wurde (vgl. BDA V 13 a).

145) Synopsis S. 44; Compendium fol. 22 b.

146) Synopsis S. 43.

147) Am 25. Febr. 1785 und nochmals am 2. März 1793 forderte Etatminister Hoym das Stift auf, Seitendorf an rittermäßige Laien zu verkaufen, „als dermalen der Preis adelicher Güter sehr hoch gestiegen, und es an Käufern gar nicht ermangelt". Dabei berief sich der Minister darauf, daß sich das Stift 1738 beim Ankauf der Herrschaft Schönjohnsdorf freiwillig erboten habe, Seitendorf an Laien zu vergeben. Die Äbte Markus Welzel und Konstantin Gloger widersetzten sich Hoyms Forderung mit dem Hinweis, daß das Stift erst kürzlich beim Bau der Festung Silberberg große Wälder an den Staat abtreten mußte und schweren Schaden erlitt. Abt Gloger ließ ein Rechtsgutachten wegen der Sache einholen und konnte so den Besitz des Vorwerks Seitendorf erfolgreich behaupten (BDA V B 6 a, aus der „abtheilichen Registratur").

148) Der Forst gehörte mit dem südlichen Teile des Buchwaldes zum Revier Polnisch-Peterwitz (Petershagen).

149) Der Kauf wurde am 3. Okt. 1738 vom Kaiser genehmigt, wobei sich das Stift freiwillig erbot, Seitendorf an Laien zu verpachten. Der Antrag, den Abt Wiesner deshalb an das Generalkapitel stellte, wurde aber von den Vätern abgelehnt (BDA V B 6 p, Fotokopie).

150) Die Burg besteht aus einem quadratischen mittelalterlichen Kernbau, der von einer Mauer und einem Wassergraben umschlossen war und an dessen Südostecke sich ein quadratischer Turm erhebt. Zu Beginn des 16. Jhs. errichtete man an den beiden westlichen Ecken niedrige

da das Kloster diesen Besitz als adliges Lehen „jure mere laicali" erwarb und zur Zahlung der bei adligen Gütern üblichen jährlichen Taxa-Gelder und der Kanzleigebühren verpflichtet blieb, verwaltete man Schönjohnsdorf bis zur Säkularisation immer als einen gesonderten Herrschaftsbezirk. Zu dem Burglehen, das der Kaiser dem Stift am 3. Oktober 1738 bestätigte, gehörten folgende Vorwerke: Schönjohnsdorf (Witostowice), Sakrau (Romanów), Schildberg (Kazanów), Polnisch-Neudorf (Waldneudorf, Nowolesie), Deutsch-Neudorf (Nowina) und Heinzendorf (Jasienica) sowie die Ortschaften Neukarlsdorf und Tarchwitz-Anteil[151].

Die Güter der unierten Abtei Zirc

Alle Wirtschaftshöfe, die Zirc bei der Beendigung der Union mit Heinrichau im Jahre 1814 besaß, verdanken ihre Wiederherstellung dem schlesischen Stift. Als sich nämlich der erste Heinrichauer Administrator 1701 in Pápa niederließ, übernahm er vom Stift Lilienfeld nur einige Weinberge auf dem Badacsony und einzelne Äcker in Nagytevel[152]. Alle anderen grundherrschaftlichen Besitzungen des ungarischen Klosters waren in der Hand adliger Pfandesherren, die sich auch nach der Rückzahlung der Pfandsumme meist erst nach kostspieligen Gerichtsprozessen zur Herausgabe der Ländereien bereit fanden[153], oder sie lagen wüst und mußten neu kultiviert werden[154]. Da aber die Äbte von Heinrichau keine Mittel sparten und auf eigene Kosten zahlreiche Mönche und Kolonisten in den Bakony schickten, konnten sie bis 1766 folgende klösterlichen Gutshöfe wieder herstellen: Zirc, Akli, Olaszfalu, Eplény, Magyarpolány,

zylinderförmige Türme mit Schießscharten. Um dieselbe Zeit schüttete man vor dem inneren Graben einen 5 m hohen Erdwall auf, an dessen Außenseite hinter einer hohen Mauer mit Schießscharten ein Wehrgang lief; die Ecken des Walles wurden zu bastionären Rondellen ausgebaut, und in der Mitte der Südseite legte man eine Kurtine vor. Auf dem nördlichen Wall, wo sich der Zugang befand, erbaute man ein 80 m langes Gebäude mit gewölbten Kasematten, deren Schießscharten die Brücke und das Tor bestrichen. Vor diese bastionäre Befestigung legte sich ein zweiter, etwa 30 m breiter äußerer Graben, an dessen nördlichem Ufer das Burgvorwerk mit den Wirtschaftsgebäuden liegt. Das gesamte Vorgelände der Burg mit dem Gutshof und den Wiesen, die auf drei Seiten bis an den äußeren Graben reichen, ist von einer 1500 m langen, 3—4 m hohen Wehrmauer mit Schießscharten, Halbschalen und Rondellen umgeben. (Beschreibung der Burg — teils mit Abbildungen und Plan — bei K. Bimler, Die schlesischen massiven Wehrbauten. Bd. 2. Breslau 1941; A. Knoblich. In: Münsterberger Land. Ein Heimatbuch. Hrsg. A. Kretschmer. Münsterberg 1930, S. 100—102; B. Guerquin, Zamski Śląskie. Warschau 1957, S. 80 f.; Ders., Zamki w Polsce. Warschau 1974, S. 308).

151) Schönjohnsdorf mit Sakrau zählt 343 ha mit je 26,63 RM, Schildberg 298 ha mit je 37,99 RM, Polnisch-Neudorf (Waldneudorf) mit 2 Vorwerken 216 ha mit je 27,81 RM, Deutsch-Neudorf 197 ha mit je 35,25 RM, Heinzendorf 176 ha mit je 32,51 RM, Neukarlsdorf 32 ha mit je 32,90 RM Grundsteuer-Reinertrag.

152) BDA V B 6 c, Bericht des P. Abraham Wabrzig von 1699 (Fotokopie).

153) Noch 1719 beklagte sich P. Gregor Regnard, wegen der Prozesse, die er gegen den Adel führen mußte und sagte „bono modo Ungarus aliquid reddere non assuevit" (Schreiben vom 30. März 1719, BDA V B 6 c, Fotokopie).

154) Vgl. unten 5. Kapitel, 3. Abschnitt.

Berénd, Bakonykoppány, Borsod, Soly, Nagytevel, Elöszállás und Venyim sowie die Weinberge auf dem Badacsony und auf dem Somló[155].

4. Die Forstwirtschaft

Bei der Aufhebung des Klosters im Jahre 1810 unterstanden dem Provisor von Heinrichau rund 4200 ha oder fast 17 000 Morgen Wälder. Sie zerfielen in den östlichen Forstbezirk mit vier, den westlichen Forstbezirk mit zwei und den Bezirk der Gebirgsforsten mit zwei Revieren.

Der östliche Forstbezirk

Er bestand aus den Revieren Neuhof, Reumen, Schönjohnsdorf und Dobrischau mit insgesamt 9000—10 000 Morgen Fläche und erstreckte sich rund 9 km lang von den Grenzen des Münsterberger Stadtwaldes bis an die Grenzen der Herrschaft Prieborn auf den Höhen des Rummelsgebirges. Das erste Stück dieses umfangreichen Gebietes erhielt das Kloster schon 1243 mit der Domäne Jaworowitz; die anderen Teile erwarben die Mönche mit dem Kauf der Güter Skalitz (Reumen), Rätsch, Dobrischau und Schönjohnsdorf[156]. Die Wälder trugen um 1790 meist Buchen, Eichen, Birken, Espen, Linden, Kiefern, Tannen und Fichten in gemischten Beständen; sie enthielten aber auch geschlossene Flächen Nadelholz. 1799 brachten allein die Reviere Neuhof, Reumen und Dobrischau jährlich rund 1915 Klafter hartes, 1418 Klafter weiches Holz, 1757 Schock hartes und 316 Schock weiches Reisig und eine große Menge Stockholz, alles in einem Wert von rund 8300 Tlr.[157].

---

[155]) 1763 zählte Zirc mit Akli 1698 Katastraljoch (977 ha), Olaszfalu 2689 Katastraljoch (1547 ha), Magyarpolány mit Borsod 3126 Joch (1851 ha), Soly 1013 Joch (583 ha), Nagytevel 602 Joch (346 ha) und Elöszállás 31 270 Joch (17 995 ha) Eigenländereien. Dazu kamen Dominialäcker in Berénd, Usal und Ivanczháza, Weinberge auf dem Badacsony, in Koppány, Soly und auf dem 433 m hohen Somló bei Devecser, wo noch heute ein vorzüglicher Wein wächst. Die schlesischen Mönche haben den Weinbau besonders gepflegt; sie waren auch keine Kostverächter und tranken den Wein — wie sie dem visitierenden Abt einst sagten —, um sich gegen Krankheiten zu schützen. Abt Rieger suchte dieser Ausrede den Wind aus den Segeln zu nehmen und schickte 1752 den Konversen Lukas Elger, einen tüchtigen Heilkundigen, nach Zirc, „quia hic Zirczii non datur alia medicina quam vinum Somloviense“ (Hist. dom. Zirc I, 99). Der durchschnittliche Jahresertrag der Weinberge von Zirc belief sich 1774 auf 167 ungarische Eimer oder rund 13 000 Liter (Poss. et Proventus de Zirc, BDA V 65).

[156]) Der südliche Teil des Reviers, der die Gemarkungen Neuhof und Ober-Kunzendorf trennt, hieß im Mittelalter „silva Jaworowitz“, der nordwestliche Teil des Reumener Reviers hatte nach einem früheren Vorwerk den Namen „silva Jerichaw“, der östliche Teil an der Grenze von Heinzendorf war der „Verbotene Wald“, weil den Heinzendorfern hier der Viehtrieb untersagt war.

[157]) Vgl. den Bericht des Forstrats Eckstein vom 20. Sept. 1791 und das Gutachten des Forstmeisters Proske vom 8. Juli 1799 (BDA V B 6 t, Fotokopie).

Zum Neuhofer Revier gehörte auch der lichte Niederungswald, der sich im Ohletal zwischen dem Kloster und den Feldmarken Reumen und Neuhof erstreckt. Da die Niederung erst in der Neuzeit reguliert wurde, war das Gelände in mittelalterlicher Zeit feucht und sumpfig und weder zur Landwirtschaft noch zur forstwirtschaftlichen Nutzung geeignet. Zahlreiche Nebenläufe der Ohle, des Renkelbachs und des Sandborngrabens, die sich regellos ihren Weg suchten, machten das Tal unpassierbar und boten der Zisterze Schutz gegen Überfälle. Auf dem Hügel im östlichen Teil des heutigen Parkes, wo seit 1923 der Sarkophag des Großherzogs Wilhelm Ernst von Sachsen-Weimar steht, lag im 13. Jahrhundert der Hof Niklawitz, den Abt Bodo 1254 gegen Reuental abtrat. Dabei blieb der Besitz der Niederung offenbar strittig, so daß die Mönche von den neuen Herren von Niklawitz manche Unbill erleiden mußten, bis sie das Gut zwischen 1302 bis 1307 zurückkauften und der „Erlenbusch hinter dem Kloster" wieder an Heinrichau fiel[158]. Um 1731 richtete Abt Gregor Regnard im westlichen Teile des Tales, wo sich jetzt der Schloßpark erstreckt, einen Tiergarten (vivarium) ein, in dem er Rehe, Hirsche und Fasanen aussetzen ließ; den östlichen Teil umgab man mit einer Mauer und bestimmte ihn zum Wolfsgehege (lupuarium), das der Zucht junger Wölfe diente, die man zu Wachtieren dressierte. Nach 1863 ließ die großherzogliche Familie von Sachsen-Weimar beide Talwälder zu einem großzügigen Landschaftspark umgestalten, der nach dem Scheitniger Park bei Breslau der schönste Park der Romantik in Schlesien war. Da Professor Pätzold, ein Schüler des Grafen Pückler-Muskau, die älteren Bestände schonte, birgt der Park mit seinen prächtigen Eichen, Buchen, Akazien, Eiben, Kastanien, Linden und Tannen Oberständer, von denen manche älter sind als das benachbarte Kloster[159].

Der westliche Forstbezirk

Er umfaßte den 3000—4000 Morgen großen Buchwald und den sogen. Räntschenwald bei Seitendorf mit dem Forst auf der Thielaukuppe mit weiteren 1000 Morgen Fläche und zerfiel in die Reviere Moschwitz und Polnisch-Peterwitz. Bei seiner Gründung erhielt das Kloster nur die „silva iuxta Morinam" oder das „magnum pratum et partem silve ibidem adjacentis — die Große Wiese und den angrenzenden Teil des Waldes", den man „silva Glambowitz" nannte. Dieser älteste Forst von Heinrichau wurde im Süden etwa von dem Wege begrenzt, der jetzt von Moschwitz zum Waldwärterhaus Zinkwitz führt und ein Areal von rund 100 ha umfaßt[160]. Die Mönche verloren ihn schon wenige Monate nach dem Tode des Fundators an die Nachkommen des Hörigen Glambo und erhielten ihn erst 1234 zurück, wobei der Herzog weitere 8 Hufen hinzufügte[161]. Beim

[158]) GS 111; GB 94 f.; GG 359. Im östlichen Teile, dem heutigen „Tiergarten", legte man schon im Mittelalter den sogen. „Altteich" an.

[159]) K. Eysymontt, Klasztorne ogrody i park nowej Rezydencji w Henrykowie. In: Kwartalnik Architektury i Urbanistyki 17. 1972, S. 226 f.

[160]) GS 40 ff.; GB 39 ff.; GS 276 ff. W. Korta (S. 83) irrt, wenn er meint, daß der Wald, den Abt Heinrich von Stephan von Kobylaglowa 1234 zurückkaufte, rund 50 Hufen groß gewesen sei.

[161]) GS 44 f.; GB 43; GG 282. Die Südgrenze des Waldes, den der Herzog dem Kloster überließ, bildete vielleicht der Goldgraben, der den Forst von West nach Ost durchfließt.

Kauf der Grangie Moschwitz im Jahre 1282 erwarb Abt Friedrich noch einen Anteil des Buchwaldes[162], andere 3 Hufen erkaufte er 1288 von den Söhnen des Grafen Dirslaus[163], und 2 kleine Hufen und 3 Ruten erhielt das Kloster 1296 von Albert Barth d. J.[164]. Mit dem Kauf der Ortschaften Frömsdorf und Polnisch-Peterwitz baute die Zisterze ihren Besitz im Buchwalde weiter aus und erwarb 1421 von Tepliwoda den letzten Anteil[165], den sie 1788 durch die Erwerbung von Seitendorf noch beträchtlich erweiterte.

Auf die anfängliche Absicht, den Buchwald zu roden, haben die Mönche bald verzichtet. Im Gebiet dieses Forstes trafen nämlich die Interessen des Landesherrn, der Barth und Seckel von Tepliwoda, der Grafen von Baitzen und des Klosters zusammen, und da die Anrainer mächtiger waren als die Zisterze, schien es ratsam, den Wald als Grenzscheide zu erhalten. Der Entschluß, das fruchtbare Territorium forstwirtschaftlich zu nutzen, führte aber um 1330 zu Streitigkeiten mit dem Herzog, denn da das Kloster den Besitz der Regalien nicht nachweisen konnte, nahm Bolko II. den Wildbann und Holzeinschlag in Anspruch und plante sogar, den Buchwald ganz zu schlagen und das Holz zugunsten des Fiskus zu verkaufen. Erst 1334 kam es zu einer Einigung mit den Zisterziensern, denen der Landesherr dabei die uneingeschränkte Nutzung des Forstes überließ[166].

Der Bezirk der Gebirgswälder

Im frühen Mittelalter bildete der Wald auf dem Gebirge die Grenze Schlesiens gegen Böhmen. Auf dem Kamm verlief die Preseka, ein Grenzverhau, der der Landesverteidigung diente und auch bei der Aussetzung von Schönwalde im Besitz des Fürsten blieb. Erst nach dem Abzug der Mongolen drangen die bäuerlichen Siedler feudaler Grundherren in das Gebirge vor, und an der Zerstörung der Grenzforsten beteiligten sich auch die

---

162) Sonst wäre nämlich nicht zu verstehen, wie der Herzog den Preis des Gutes Moschwitz, das er für 120 Mk. erkauft hatte, beim Verkauf an Heinrichau auf 500 und schließlich auf 700 Mk. steigern konnte. Wenn man bedenkt, daß der Abt den Söhnen des Dirslaus von Baitzen 1288 für eine große Hufe Wald 25 Mk. zahlte, muß der Herzog das Gut Moschwitz vor dem Verkauf um rund 16 große Hufen Waldes erweitert haben.

163) GS 78 ff.; GB 69 ff.; GG 320 ff.

164) SR 2441, gedr. GS 193 f.

165) Urk. vom 30. Nov. 1421 (BDA V 10, fol. 80 a—81 a, Fotokopie).

166) Einen weiteren Grund für den Verzicht auf die Rodung des Waldes bot der rasche Verfall der landesherrlichen Güter im Fürstentum Münsterberg. Um die Mitte des 13. Jhs. gab es in der Nähe von Heinrichau und auf der Bärdorfer Hochfläche große fiskalische Forsten, aus denen die Mönche mit Erlaubnis der Piasten Brenn- und Bauholz beziehen konnten. Durch die deutschrechtliche Kolonisation aber entstanden dort neue Dörfer, und was von den Wäldern übrig blieb, schenkten die Fürsten dem Adel, der den Zisterziensern keine Nutzungsrechte einräumte. Seit dieser Zeit mußte das Kloster das Nutzholz aus eigenen Waldungen beziehen, so daß man die Wälder von Moschwitz und Jaworowitz bestehen ließ. — Zur Einigung mit dem Herzog im Jahre 1334 vgl. SR 5297 (BDA V B 6 a, Fotokopie). Übrigens wies Herzog Heinrich d. Ä. noch 1481 die Klage des Heintze Seidlitz von Tepliwoda zurück, der Anspruch auf eine freie Holzfuhre aus dem klösterlichen Buchwalde erhoben hatte (BDA V 10, fol. 81 a—82 a) und bestätigte dem Stift im selben Jahre den ungestörten Besitz aller Forsten (ebd. fol. 73 a—b).

klösterlichen Kolonisten von Schönwalde. Weil der Abt den Übergriffen seiner Siedler nicht entgegentrat, zog er sich den Unwillen Heinrichs III. zu[167].

1331 verkaufte Bolko II. dem Schulzen Konrad von Schönwalde einen Teil des Gebirges mit dem „Silberberge“ und dem Mannsgrunde[168]. Diesen Wald erwarb das Kloster 1333 mit der Scholtisei Schönwalde[169], und mit den Ortschaften Herzogswalde und Raschgrund fiel 1406 auch der oberhalb dieser Dörfer gelegene Gebirgswald an das Stift[170]. Diesen Forst erweiterten die Mönche, als sie der Stadt Frankenstein 1419 den ganzen Wald auf den Höhen des Eulengebirges bis an die Grenze des Fürstentums Schweidnitz abkauften[171]. Aber als man im späten 15. Jahrhundert Geld zum Wiederaufbau des Klosters brauchte, mußte Abt Antonius den nördlichen Teil der Wälder an die Familie Pogarell zu Lampersdorf verkaufen[172].

In dem Gebirge, das dem Stift verblieb, errichteten 1439 Abt Nikolaus von Brieg und 1454 Abt Nikolaus von Wiesenthal Erzbergwerke[173]. Aber das Unternehmen scheiterte, und erst als König Ludwig von Ungarn und Böhmen dem Stift 1518 das Mutungsrecht aller klösterlichen Besitzungen erteilte, ließ Abt Vinzenz im Mannsgrunde neue Silbergruben anlegen. Um dieselbe Zeit begründete Herzog Karl I. von Münsterberg das nahe Bergstädtchen Silberberg, dessen Bürger den Bergbau rasch zur Blüte brachten. Dabei behielt das Kloster das Patronatsrecht des Städtchens, da Silberberg auf einstigem Schönwälder Territorium entstand. Nach der Angliederung Schlesiens an Preußen verlor Heinrichau weitere Teile der Wälder im Eulengebirge. Denn als Friedrich d. Gr. in Silberberg den Bau einer modernen Festung begann, zwang er das Stift zur Abtretung der Forsten,

---

167) GS 58; GB 52 („Aus diesem Anlaß hatte das Kloster später von Herzog Heinrich III. viel Anfeindungen zu bestehen.“); GG 297.

168) SR 5060.

169) Synopsis S. 21.

170) Die Urk. über den Ankauf dieser Güter und des zugehörigen Gebirgswaldes ist verlorengegangen. Lediglich die Handschrift BDA V 63 berichtet auf S. 23: „Anno 1406. Magnum Hertzogwalde emit Martinus Abbas pro 100. Marcis, Raschgrundt undt Eichberg 30. Marck.“

171) Urk. vom 6. Dez. 1419 (BDA V 10, fol. 77 b—79 b, Fotokopie).

172) Urk. vom 25. Juli 1493 (BDA V 8, Nr. 55): „die gräntze seitehalben dem Steige oder kamme des gantzen gebürges sein undt wenden sohl. Item von dem steige oder kamme oder höhe des gebürges bies an das rothe wasser, undt an das Glätzische gemercke.“

173) K. Wutke, Schlesiens Bergbau und Hüttenwesen 1136—1528. (CDS 20). 1900, Nr. 195, S. 80 vom 18. Mai 1454 und Nr. 202, S. 88 f. unter dem falschen Datum 24. Nov. 14(5)9 (die Zehner fehlen in der Urkunde, aber die Einordnung ins Jahr 1459 ist sicher falsch, da der ausfertigende Abt „bruder N[ikolaus] vom Brege“ schon 1447 resignierte. Wahrscheinlich gehört die Urk. ins Jahr 1439). — Die Gründung von Silberberg läßt sich ziemlich genau bestimmen. 1533 nämlich trat Herzog Karl I. dem Schönwalder Schulzen die Ludwigswiese oder Lutschewiese bei Schönwalde ab im Tausch gegen jenen Teil des Waldes, der jetzt zum Städtchen gehört und die „Freiheit“ heißt (Synopsis S. 37). Die Freiheit, der Hauptplatz des Städtchens war also 1533 noch Wald. Übrigens nahm der Herzog den Silberbergbau erst 1527 auf (vgl. CDS 20, Nr. 409, S. 233). Am 8. Juli 1529 berichtete er seiner Schwester u. a. auch von dem „neuen bergwerke aufm Silberberge“ (K. Wutke, Schlesiens Bergbau und Hüttenwesen 1529—1740 (CDS 21). 1901, Nr. 438, S. 4), und 1536 erhielten die Gewerken von Silberberg das Bergrecht (CDS 21, Nr. 502, S. 40 ff.). Eine Pfarrkirche errichtete man erst um 1590, als sich die protestantische Bürgerschaft von der Pfarrei Schönwalde trennte (Zimmermann, Bd. 1, S. 61).

auf deren Gebiet die Forts Hohenstein, Hornwerk, Kleine und Große Strohhaube, Fuchsredoute und Spitzberg, der gedeckte Kolonnenweg und die Kasernen entstanden[174]. Der Rest der klösterlichen Wälder im Gebirge umfaßte rund 2500 bis 3000 Morgen guter Misch- und Fichtenwälder, die von den Revieren Raschgrund und Herzogswalde betreut wurden und zu denen auch der wenig ergiebige Forst am nördlichen Abhang des Hartheberges gehörte. In den letzten Jahrzehnten der Existenz des Klosters brachten die Gebirgswälder dem Stift keinen Nutzen mehr, da der Ertrag, den man aus ihnen erwarten konnte, durch den wilden Holzeinschlag des Militärs beim Bau der Festung, im bayerischen Erbfolgekrieg 1778 und bei der Belagerung im Jahre 1807 aufgezehrt wurde[175].

Die Stiftsforsten von Zirc

Sie umfaßten zwei große Forstbezirke im nördlichen Bakony von rund 3100 ha, die den Forstmeistern von Zirc-Akli und Polány-Borsod unterstanden und überwiegend mit Eichen und Buchen bewachsen waren. Allerdings hatten die Siedler, die die Zisterzienser in der ersten Hälfte des 18. Jahrhunderts zum Wiederaufbau der Stiftsdörfer beriefen, das Recht, zum Aufbau ihrer Höfe kostenlos das nötige Holz aus den Stiftsforsten zu holen[176]. Auch der Neubau der zahlreichen Vorwerke und des Klosters selbst verschlang so viel Bau- und Nutzholz, daß das Tochterkloster erst im späteren 18. Jahrhundert daran denken konnte, größere Teile des Holzeinschlags mit finanziellem Nutzen zu verkaufen[177].

5. Wasserwirtschaftliche Anlagen

Die Wasserversorgung

Das Kanalisationssystem der mittelalterlichen Zisterze läßt sich in Heinrichau ohne kostspielige Bodenforschungen nicht mehr klären. Jedenfalls brauchte man eine beträchtliche Menge Wasser und eine umfangreiche Anlage, um Küche, Brunnenhaus im

---

174) A. Aumann, Silberberg und das „schlesische Gibraltar". Silberberg 1903, S. 14 ff. Der Vertrag über den Verlauf der neuen Grenze zwischen dem Stift und dem Festungsglacis wurde am 30. März 1779 geschlossen (Synopsis S. 59).

175) Vgl. Bericht des Forstmeisters Proske von 1799 (BDA V B 6 t).

176) Undatierte Aktennotiz des P. Abraham Wabrzig aus der Zeit zwischen 11. und 30. Nov. 1699 (BDA V B 6 e, Fotokopie).

177) Auf der „Mappa ... totius Terreni Possessionis Zircz" von 1766 (Komitatsarchiv Veszprém XV. 11/a. T. 112, Fotokopie) ist westlich von Zirc zwischen der Gemarkungsgrenze, dem Kiralypatak und dem Wege nach Borzavár eine 137 873 kgl. Quadratellen (ca. 200 ha) große „devastata Faginea Sylva pro pascuo apta" eingezeichnet, ein Wald, den das Stift im späten 18. Jh. rodete, um Weideländereien zu gewinnen. Auch das „Diarium itineris Constantini Gloger Abbatis ad Zircz anno 1793" (Komitatsarchiv Veszprém XII. 2/g 660/18, S

Kreuzgang, Infirmerie, Hospital und Wirtschaftshof zu versorgen, die gewerblichen Unternehmungen zu betreiben und Fäkalien und Abwässer abzuführen. In den ersten Jahrzehnten nach der Gründung war es den Zisterziensern noch nicht möglich, das etwa 3—4 m unter dem Niveau des klösterlichen Berings durch den heutigen Park fließende Ohleflüßchen zu nutzen, denn die Ländereien südlich der Ordensniederlassung, wo man einen Versorgungskanal hätte abzweigen können, gehörten der adligen Familie von Daleborowitz, mit der die Mönche erst später zu einer friedlichen Übereinkunft gelangten. Sie mußten sich daher zunächst mit dem Wasser des Renkelbachs begnügen, der südlich von Moschwitz entspringt und westlich und nördlich an den Grenzen der Feldmark Krelkau dahinfließt. 500 m südlich der Klosterpforte, wo der Bach in die Ohleniederung eintritt, bog er einst nach Nordosten ab und ging durch den späteren Abtsgarten und Pläsiergrund, um sich im Bereich des Parks mit der Ohle zu vereinigen. Die Mönche leiteten das Wasser dieses Baches in die Klausur- und Wirtschaftsgebäude.

Einige Jahrzehnte später, als mit der Erweiterung der Gewerbebetriebe auch der Energiebedarf stieg, lenkte man in den ersten Zuflußkanal einen Teil des neuen Ohlelaufs, den man bei der Grangie Reuental durch ein Wehr anstaute. Da man auch am Renkelbach westlich und nördlich von Krelkau durch Staudämme drei größere Teiche als Wasserreservoir und zur Fischzucht anlegte, genügten diese Anlagen, um das Kloster jahrhundertelang ausreichend zu versorgen.

Erst mit dem Ausbau der Stiftsgärten bis an den Großteichdamm wurde ein neuer Hauptzufluß notwendig, und dabei lag es nahe, das kräftigere und reinere Gewässer des Zinkwitzbaches zu nutzen. Da der Unterlauf dieses Baches aber beträchtlich tiefer lief als das Gelände des Stiftsberings, ließ Abt Tobias Ackermann vom Ausfluß des „Alten Fischteiches“, der 1,8 km westlich von klösterlichen Niederhof bei Zesselwitz lag, einen neuen Kanal graben, den man am südlichen Rande des Tales bis zum Schmiedeberg leitete, wo er in hölzernen Röhren unter der Straße hindurchlief, um nördlich vom St.-Andreas-Kirchlein fast um 90 Grad nach Süden abzubiegen und südlich vom Torweg des Obertors in holzgefaßten Rinnen die tiefeingeschnittene Ohle zu überqueren und sich im Innern des Stiftsberings in mehrere unterirdische Wasserläufe zu verzweigen[178].

Der Ohlekanal

Das Flüßchen, das 18 km südöstlich von Heinrichau zwischen Lindenau und Gauers im Ottmachauer Lande entspringt, tritt bei Münsterberg in eine etwa 1000 m breite Niederung ein, die sich einige Kilometer weiter nördlich zwischen dem Kloster und der Fasanerie auf 600 verengt, um sich ein Stück talwärts zwischen Taschenberg und dem

782 f., 786 und 792) spricht von der Rodungstätigkeit in den Wäldern des Bakony, denn am 12. Okt. besuchte der Abt mit dem Spanus von Zirc die „eradicata et devastata sylva“ bei Polány und am 17. Okt. die „exstirpata et destructa sylva“ bei Akli, wo man die Wälder niederlegte, um die Anbauflächen von Borsod und Akli zu erweitern.

[178]) Diesen Kanal, den Abt Regnard (1725—32) anlegte, nannte man „Röhrgraben“.

Bahnhof Heinrichau wieder auf fast 1500 m zu erweitern. In der ausgedehnten Senke, die den nördlichen Teil des Münsterberger Landes durchschneidet, verzweigte sich im frühen 13. Jahrhundert die träge dahinfließende Ohle in zahlreiche Nebenläufe, die das Tal zu einem verkehrsfeindlichen Hindernis machten, das nur bei Münsterberg und Heinrichau von Wegen durchquert wurde[179]. Die Niederung war zu landwirtschaftlicher Nutzung nicht geeignet, und auf dem feuchten, moorigen Boden wuchsen Weiden, Erlen und Birken und wucherten Binsen, Schilfgras und Sonnentau[180].

Am Westrande der Senke, die um die Mitte des 13. Jahrhunderts dem Michael Daleborowitz auf Kojanowitz gehörte, erbauten einige Bürger bald nach der Gründung von Münsterberg eine Mühle mit einem Graben, den sie von der Ohle abzweigten. Dabei behielt sich der Adlige den Grundzins vor und das Recht, sein Getreide frei mahlen zu lassen. Aber schon 1254 vertauschte er seinen Gutshof mit der Grangie Niklawitz und sicherte dem Kloster das Vorkaufsrecht seiner Ländereien zwischen Heinrichau und Münsterberg zu, wofür ihm Abt Bodo die Mühle in Crasicz (Rankemühle) abtrat[181]. Kurze Zeit später erwarben die Mönche die Mühle am Ohlgraben, die sie für den Wirtschaftshof Reuental (Kojanowitz) brauchten, und weil Michael nach dem Verzicht auf sein früheres Erbgut westlich der Niederung nicht mehr interessiert war, verkaufte er dem Abt Peter I. das ganze Herrschaftsrecht der Mühle, die jetzt den Namen „Schuhmühle" (Schimmelei) erhielt, mitsamt den zugehörigen Äckern von 2$^1/_2$ Hufen. Diese Äcker erstreckten sich in der Länge von den Grenzen der Flur Reuenthal bis an die spätere Münsterberger Vorstadt Bürgerbezirk[182] und bildeten in der Breite einen schmalen Streifen, der von der Ohle und der alten Straße, die von Heinrichau nach Münsterberg führte[183], eingeschlossen war. Gleichzeitig mit der Mühle und ihrem Grundstück trat Michael den Mönchen das Recht ab, durch die übrigen Ländereien von Daleborowitz zum Nutzen des Klosters einen neuen Wasserlauf zu führen. Dies alles erwarben die Zisterzienser für den ungewöhnlich hohen Preis von 150 Mk. und gegen Abtretung des Wirtschaftshofes Milejowitz bei Beuthen samt einer Mühle und 12 Hufen Landes[184], und dies beweist deutlich, wie viel ihnen an den erworbenen Rechten und Besitzungen gelegen war.

---

179) Der alte Weg von Heinrichau nach Rätsch und Reumen lief etwa parallel zur heutigen Bahnhofstraße durch den nördlichen Teil des Parks, wo man teilweise einen Damm aufschüttete. Am Rande des Tiergartens zweigte der „Alte Neuhofer Weg" ab.

180) So erwähnt der Fortsetzer des Gründungsbuches das „alnetum retro claustrum" (GS 111; GB 94 f.; GG 358 f.), und die Strehlener Zehnturkunde von 1316 nennt als Grenzmarkierung Erlen- und Birkenbüsche (alnetum, vibicetum) in der Niederung bei Neuhof (SR 3552).

181) SR 873; GS 38 ff.; GB 38 f.; GG 274 f.

182) Noch im 14. Jh. nannte man den späteren Münsterberger Bürgerbezirk nach dem Ritter Alsiko, dem Sohne des Michael Daleborowitz, „Alsiksdorf".

183) Im Unterschied zum heutigen Lauf der Wege führte die mittelalterliche Straße am Westrande der Talniederung von Heinrichau über die Schuhmühle (Schimmelei) nördlich an Leipe vorbei und betrat die Stadt im Zuge der jetzigen Bahnhofstraße, wo das Stadttor noch im 19. Jh. Breslauer Tor hieß.

184) SR 1235, gedr. GS 167 f.; SR 1284, gedr. GS 169 f.; SR 1328, gedr. GS 171 f.

Nicht lange danach begann man mit den Arbeiten zum Bau eines neuen Flußbettes, das nach dem Wortlaut der ältesten Urkunde über den Kauf der Schuhmühle schon 1266 geplant war. Genau in Verlängerung des älteren Grabens der Mühle schuf man einen neuen Kanal, den man unmittelbar am Rande der westlich ansteigenden Hügel entlangführte, wobei man das ausgehobene Erdreich auf der Talseite zu einem Damm aufschüttete, um ein Ausufern des Wassers gegen die 5 m tiefer liegende Sohle der Niederung zu verhindern. Die größten Schwierigkeiten bot das letzte Stück vom Gutshof Reuental bis zur Einmündung in den Zinkwitzbach, denn hier schob sich der Hügel, auf dessen äußerstem Ausläufer das Kloster lag, weiter nach Osten in die Talsenke vor. Um den Kanal westlich am Kloster vorbeizuführen, mußte man ihn in einer Länge von 600 m bis zu 8 m tief in den lehmigen Boden des sanft abfallenden Geländes einschneiden, und das in solchem Maße, daß die Sohle des neuen Flußbettes eine Breite von 4—5 m erhielt. Dabei war es nötig, tausende Kubikmeter Erdreich auszuheben, denn die Länge des ganzen Kanals von der Schuhmühle bis zur Einmündung in den Zinkwitzbach betrug mehr als 2,5 km. In diesen künstlichen Flußlauf leiteten die Zisterzienser die Wasser der Ohle, die seitdem einen ganz anderen Weg nimmt, als er ihr von Natur aus vorgeschrieben war. Wann dieses schwierige Werk, das für jene Zeit eine wasserbautechnische Leistung ersten Ranges war, vollendet wurde, läßt sich nicht genau bestimmen. Im Jahr 1316 jedenfalls war der Kanal längst in Betrieb und trug den Namen „fossatum molendini, per quod Olavia defluit in claustrum — der Mühlgraben, in dem die Ohle in das Kloster fließt“[185]. Diese Bezeichnung verrät, daß es bei dem Kanalbau auch um die Versorgung des Klosters mit Wasser ging.

Im frühen 16. Jahrhundert haben die Zisterzienser den Ohlekanal oberhalb der einstigen Schuhmühle um weitere 2 km verlängert, um das feuchte Talgelände zu entwässern und Wiesen anzulegen. Dabei ließ Abt Vinzenz an der Grenze der Flur von Leipe einen Graben ausheben, dessen Wasser er zu einem „Neuen Teich“ anstaute. Dagegen wehrten sich die Bauern von Leipe und die Gärtner von Münsterberg, denen die angrenzenden Wiesen gehörten. Sie verklagten den Abt beim Landgericht des Herzogs. Im Jahre 1515 brachte Hannus Seidlitz von der Biele als Landeshauptmann des Fürstentums Münsterberg einen Vergleich zustande, in dem sich der Abt verpflichtete, beiderseits des Grabens gleichhohe Dämme aufzuschütten und an einer Stelle eine Brücke zu erbauen, wofür die Besitzer der Wiesen versprachen, alle zwei Jahre bei der Reinigung des Grabens zu helfen und jeden Viehtrieb auf den Dämmen zu unterlassen[186]. Im Jahre 1688 strengten die Bauern von Leipe gegen das Stift eine Schadenersatzklage an, weil die Dämme gebrochen waren und die Ohle die Wiesen überflutet hatte. Der Abt konnte aber nachweisen, daß

185) SR 3552, gedr. Arnold von Protzan (CDS 5), S. 166 f. S. Trawkowski glaubt, daß an diesem Kanal nicht nur die Klostermühle und die Schuhmühle lagen, sondern auch die Wiesenmühle, die einst nahe beim jetzigen Bahnhof Münsterberg stand (S. 102). Tatsächlich aber ging der ältere Kanal erst nördlich von Leipe von der Alten Ohle ab; erst im 16. Jh. wurde er nach Süden bis zur Wiesenmühle verlängert.

186) Urk. vom Febr. 1515 (BDA V 10, fol. 43 a—44 a, Fotokopie).

die Bauern ihrer Verpflichtung zur Reinigung des Flüßchens nicht nachgekommen waren, und da bei der Überschwemmung auch die Klosterländereien gelitten hatten, strengte Abt Kahlert eine Gegenklage an. In einem friedlichen Vergleich zahlte Leipe dem Stift zum Ersatz 20 Tlr. und anerkannte die alte Verpflichtung von neuem[187]. Auch wegen der 1515 erbauten Brücke, die 500 m nordöstlich von Leipe die Ohle überquerte, einigte sich das Stift mit der Stadt Münsterberg, die an der Erhaltung der Brücke interessiert war. Die Stadt verpflichtete sich zu den Bauarbeiten, wofür das Kloster bereit war, das nötige Material zu stellen[188].

Wegen der wilden Fischerei in der Ohle kam es 1780 zum Streit mit der Stadt, den das fürstliche Gericht in Frankenstein zugunsten der Bürgerschaft entschied, die das Fischereirecht auf klösterlichem Territorium vom Wehr der Wiesenmühle bis zum südlichen Ende der Heinrichauer Neustadt erhielt. Gegen dieses Urteil appellierte Abt Markus Welzel in zweiter Instanz beim königlichen Gericht in Breslau, das dem Stift das Recht der Mitfischerei in dem strittigen Abschnitt des Flüßchens zuerkannte[189].

Die Teichanlagen

Schon seit dem Ende des 13. Jahrhunderts berichten die Quellen von Fischteichen des Klosters. So überließ Abt Johann I. 1300 dem Münsterberger Bürger Hermann Rume $^1/_2$ Hufe in Zobkendorf (Reumen) mit einem Fischteich[190]. Der jüngere Verfasser des Gründungsbuches erwähnt zu Beginn des 14. Jahrhunderts den „Alten Fischteich“, der bei Zesselwitz lag[191]. Als die Söldner des Sigismund von Rachenau 1438 Heinrichau überfielen, plünderten sie auch die Fischweiher aus[192], und einige Jahrzehnte später erwähnt eine Urkunde den „Neuen Teich“, den Abt Vinzenz anlegen ließ[193], und eine andere klösterliche Quelle dieser Zeit berichtet von dem reichen Fang, den man beim Abfischen der Teiche machte[194].

Die wichtigsten Heinrichauer Teiche lagen in der unmittelbaren Umgebung des Klosters, nämlich der „Alte Fischteich“ am Zinkwitzbach bei Zesselwitz, der „Altteich“ am Sandborngraben und am Südrande des Wolfsgeheges, die drei „Renkelteiche“ im Tal des

187) Synopsis S. 35.

188) Synopsis S. 29.

189) Hartmann S. 283. Das Urteil in erster Instanz erging am 23. Mai 1780, in zweiter Instanz am 26. Febr. 1781.

190) SR 2598, gedr. GS 197.

191) GS 116; GB 98; GG 364.

192) Nekrolog S. 306.

193) Vgl. Anm. 186. In dieser Verhandlung ging es nämlich „vmb den erliden schaden vnnd wasserlauff, den der herr Abbt obir genanter Leute weßen in den newen Teich gefürt vndt gefertiget hot.“

194) Compendium fol. 11 a. Pfitzner (S. 192 f.) berichtet unter Berufung auf vorhandene Nachrichten, daß Abt Georg Welzel am 5. Nov. 1649 den Großteich abfischen ließ und dabei einen unerwartet reichen Fang machte, nämlich 54 231 Stück Bracken, 129 Stück Zuberfische, 121 Zuber voll großen und kleinen Fischen und 290 Hechte, „abgerechnet dasjenige, was man unter die Teichmeister, die Bediensteten und andere Leute austeilte“.

Renkelbachs, der „Ziegelteich" im Niederdorf von Heinrichau, der „Alteteich" am Heringsgraben bei Reumen und der „Hälderteich" am südlichen Rande des ummauerten Stiftsberings.

Alle diese Anlagen wurden aber weit übertroffen vom „Großteich" oder „Neuteich", der wohl der imposanteste Teich war, den die Zisterzienser in Schlesien überhaupt erbauten. Er verdankt seine Existenz dem Abt Andreas von Köln (1554—77). In den letzten Jahren seiner Amtszeit ließ der Abt quer durch die ungangbare, feuchte Ohleniederung zwischen Neuhof und Heinrichau einen bis zu 3 m hohen und auf der Wallkrone 5—6 m breiten Damm in zwei Abschnitten mit einer Gesamtlänge von rund 500 m aufschütten. An diesem Werk, zu dem man tausende Kubikmeter Erdreich benötigte und wobei die ganze Bauernschaft des Stiftslandes Spanndienste leistete, arbeitete man noch in den ersten Jahren der Regierung seines Nachfolgers[195]. Durch den Damm, über den seit 1831 die Straße nach Münsterberg läuft, staute man die Alte Ohle und ihre Nebenläufe in der Niederung oberhalb des Klosters zu einem bis zu 600 m breiten See an, der sich in der Länge fast 1200 m weit gegen Münsterberg erstreckte. Er diente der Fischzucht und brachte den Mönchen großen Nutzen[196].

Der mächtige Damm hat rund 200 Jahre überdauert, dann brach er am 10. August 1779 nach tagelangen Regenfällen und heftigen Wolkenbrüchen an der tiefsten Stelle des Tales in breiter Front auseinander, und die entfesselten Wassermengen überfluteten die Ohleniederung bis Schönjohnsdorf und Schildberg und richteten furchtbaren Schaden an[197]. Um eine ähnliche Katastrophe zu verhindern, schloß Abt Markus Welzel im folgenden Jahre die Bresche durch eine steinerne Brücke, die auf 4 Bögen ruhte, ließ den Damm auf der Talseite verstärken und auf der Bergseite in ganzer Länge mit einer Futtermauer von Bruchstein befestigen. Vor die neue Brücke, die man wegen der Statuen der hl. Laurentius und Johannes Nepomuk auf ihrer Brüstung die „Heiligenbrücke" nannte[198], legte man einen konkav geschwungenen neuen Vorwall, dessen Krone etwas niedriger lag als die Krone des älteren Hauptdammes. So entstand ein breiter Überlauf, über den bei starkem Wasserzustrom die Fluten durch die weiten Brückenbögen abflossen, ohne die Talsperre einer neuen Zerreißprobe auszusetzen. Im Jahre 1831 ließ die oranische Güterverwaltung den Großteich trockenlegen, wobei man lediglich den Vordamm von 1780 beseitigte, während der große Erdwall des 16. Jahrhunderts mit den jahrhun-

---

195) Compendium fol. 12 b—13 a. Im Jahre 1586 war der Teich jedenfalls vollendet.

196) Mit der Unterhaltung waren beträchtliche Kosten verbunden. So bezahlte das Stift ständig einen Teichmeister und mehrere Teichknechte. 1681 mußte Abt Kahlert die Wehre wiederherstellen lassen, die bei einem Hochwasser gebrochen waren (Compendium fol. 20 a). 1694 regulierte man den Bach, der durch den Konventsgarten floß (Compendium fol. 24 a) und 1695 reinigte man den Großteich, wofür der Abt mehrere tausend Gulden zur Bezahlung der Arbeitskräfte ausgab (Compendium fol. 25 b).

197) Von der Katastrophe berichteten die Inschriften am Sockel der beiden Heiligenstatuen, die Abt Markus Welzel auf der Heiligenbrücke aufstellen ließ. Dieses Hochwasser, das ebenso bei Münsterberg großen Schaden anrichtete, erwähnt auch Hartmann (S. 292).

198) Vgl. H. Ullmann, Die Heiligenbrücke in Heinrichau. In: Münsterberger Land. Ein Heimatbuch. Hrsg. A. Kretschmer. Münsterberg 1930, S. 78—81.

dertealten, mächtigen Eichen, die in der talseitigen Böschung wachsen und deren weit ausladende Äste, ein schattiges Laubdach bilden, unversehrt erhalten blieben[199].

Die vielen Teiche und Kanäle in der Umgebung von Heinrichau schufen im Mittelalter und bis ins 18. Jahrhundert eine Landschaft, deren Eigenart sich von der heutigen Situation beträchtlich unterschied. Die feuchte, von Sumpfwäldern und Schilfgras bedeckte Senke des Ohleflüßchens im Rücken der Ordensniederlassung bildete lange Zeit ein schwer zu überwindendes Hindernis und machte die Ansiedlung von Menschen auf der Ostseite des Stifts unmöglich. Aber auch im Westen, wo das Zugangstor und das Pfortenkirchlein lagen, trennte der breite künstliche Einschnitt des Ohlekanals, in dem zwischen steil geböschten, von Bäumen und Sträuchern überwucherten Ufern das Flüßchen dahineilte, das Kloster von den Häusern der Dorfbewohner, die sich 300 m nördlich vom Vorplatz des Niedertors jenweits vom Ziegelteich in der Talsenke des Zinkwitzbaches bargen[200]. In den flachen Tälern des Renkelbachs, des Sandborngrabens und des Reumener Heringgrabens stauten sich Fischteiche, und südlich vom Stift dehnte sich in der Ohleniederung die weite Fläche eines Sees, dessen Fluten fast den Rand der Klostergärten bespülten; ein von Bäumen bestandener Damm führte von Norden her in den Teich und diente als Landeplatz, und östlich davon erhob sich inmitten des Wassers auf einem auf Pfählen ruhenden Podest ein polygonaler Pavillon[201]. Der Charakter der Landschaft, ja selbst der Tierwelt in der nächsten Umgebung der Zisterze war von den nahen Niederungswäldern, den Erlen- und Birkenbüschen und von den Teichen bestimmt, die mit der feuchten Niederung der Ohle eine 3 km lange und mehr als 500 m breite Barriere bildeten, die den Zugang zum Kloster erschwerte und den Mönchen in Zeiten der Not Schutz gegen plötzliche Überfälle bot. Die Anlage des Stifts selbst, das von hohen Bruchsteinmauern mit festen Wehrtürmen umgeben war, verstärkte den Eindruck, daß sich die Zisterzienser bemühten, die Ordensniederlassung trotz der Nähe der Stadt, die wenige Jahrzehnte nach dem Einzug der Mönche entstanden war, streng von der laikalen Umgebung abzuschließen und einen Raum zu schaffen, wo sie sich den Aufgaben des monastischen Lebens ungestört widmen konnten[202].

---

199) Von der Brücke ist heute nichts mehr erhalten, da sie nach 1945 unter der Last von Militärfahrzeugen und Panzern zerbrach.

200) Heute erstreckt sich die Ortschaft Heinrichau parallel zum Kloster in ganzer Länge des Stiftsberings. Dies ist aber nicht die ursprüngliche Situation, da das Oberdorf oder die „Neustadt" erst im frühen 18. Jh. entstand.

201) Um ein ungefähres Bild des von Wäldern und Teichen umschlossenen Stifts zu erhalten, muß man die Stiche von F. B. Werner, J. G. Mertz und F. G. Endler aus dem 18. und frühen 19. Jh. betrachten. Eine andere bisher noch unbekannte Darstellung des Stifts bietet das Ölgemälde des Abtes Kahlert, das im Obergeschoß des Redemptoristenklosters in Wartha hängt.

202) Das Bild dieses von der Umwelt abgeschiedenen Klosters hatte Samuel Kiechel von Kiechelsberg aus Ulm vor Augen, als er bei einer Reise, die er 1586 mit seinem Nürnberger Freunde Hans Haas machte, in sein Tagebuch schrieb: „kamenn gen müttag gen Hirschau (! gemeint ist Heinrichau), aldo ist ein fürstlich closter, wölches an einem sehr lustigen ort gelegen, neben vilen grosen deich oderr füschwassern und schönen gärtten" (Schlesische Geschichtsblätter 1918, S. 44). — Auch bei Zirc legten die Heinrichauer Zisterzienser große Weiher an. Schon 1719 begann Administrator Gregor Regnard den Bau eines Dammes, durch den man in der

6. Gewerbliche Betriebe

Die Tuchweberei

Die Weberei entstand mit der Schafzucht, die die Zisterzienser von Heinrichau seit dem Ende des 13. Jahrhunderts betrieben. Die Grangien lieferten eine solche Menge Wolle, daß Abt Friedrich (1280—97) im Kloster einen Betrieb errichtete, in dem auf zwei mechanischen Stühlen ungefärbtes graues und weißes Tuch hergestellt wurde. Wahrscheinlich bestand von Anfang an die Absicht, die Produktion auf den Markt zu bringen, denn die Rohstoffe, die man verarbeitete, überstiegen den Eigenbedarf der klösterlichen familia.

Gegen die unerwünschte Konkurrenz klagten die Bürger von Münsterberg beim Landesherrn und forderten unter Berufung auf das Bannmeilenrecht die Abschaffung der zisterziensischen Weberei. Nach einem Anhörtermin, zu dem beide Parteien erschienen, beauftragte Bolko I. den Erbvogt Gozko, den Streit friedlich zu schlichten. In der Vergleichsverhandlung beriefen sich die Mönche darauf, daß ihnen Könige und Fürsten überall die Ausübung mechanischer Gewerbe erlaubten und daß sie ohne solche Unternehmungen nicht in der Lage seien, die Lasten der Sozialfürsorge und der Gastfreundschaft zu tragen. Am 1. August 1293 bestimmte der Erbvogt, daß das Kloster zur Deckung des Eigenbedarfs und um des Profits willen jedes mechanische Gewerbe betreiben dürfe; in der Weberei aber sollte es die Produktion auf den Betrieb eines einzigen Webstuhls beschränken und nur von Weihnachten bis Ostern auf zwei Stühlen arbeiten. Von den verfertigten Tuchen durfte das Kloster 20 Ballen weißes und graues Tuch in kleinen Mengen unmittelbar an den Endverbraucher absetzen, was darüber hinausging, mußte es in ganzen Ballen auf den Markt bringen[203].

Dieser Schiedspruch war für die Zisterzienser von großem Wert; da er nämlich die Ausübung aller Gewerbe gestattete, bot er die Rechtsgrundlage zur Begründung neuer Manufakturen. Abt Heinrich II. ließ ihn daher 1316 nochmals von den Herzögen Bernhard und Bolko II. bestätigen[204]. In späterer Zeit ist von der Heinrichauer Weberei keine Rede mehr. Wahrscheinlich haben die Mönche den Betrieb bald aufgegeben, als die Schafzucht der Grangien verfiel[205].

Cuha-Niederung, wo 1699 noch dichtes Gestrüpp wucherte, zwei Teiche anlegte, die von der Cuha und vom Kiralypatak gespeist wurden und das Stift, seine Brauerei, das Sägewerk und 3 Mühlen mit Wasser versorgten. Der im heutigen Parkgelände gelegene Fischteich war etwa 800 m lang. Seit dem Anfang des 19. Jhs. legte man diese Weiher wieder trocken und verwandelte die Talniederung in ein Arboretum, dessen älteste Pinien 1782—87 P. Abundus Schmidt aus Heinrichau pflanzte (Catal. 96).

[203]) Urk. vom 1. Aug. 1293 (SR 2290, gedr. GS 184 ff. und Bretschneider, Nr. 8). Vgl. auch S. Trawkowski, S. 97 f.

[204]) SR 3590 (BDA V B 6 a, Fotokopie).

[205]) Nach dem schon öfter erwähnten Rechenschaftsbericht von 1336 (SR 5659) mußte der Camerarius für die Bekleidung des Konvents bereits eine größere Summe einsetzen, da es dem Kloster an Wolle mangelte.

Die Schuhfabrikation

Das Schuhwerk der klösterlichen familia und das Lederzeug der Pferde- und Ochsengespanne beschafften die Zisterzienser von Heinrichau schon frühzeitig aus der Produktion eines Eigenbetriebs. Da aber die Einfuhr chemischer und pflanzlicher Stoffe, die man zum Gerben von Viehhäuten benötigte, ein hohes Anlagekapital erforderte, statteten die Äbte das Unternehmen mit einem Wirtschaftshof aus, dessen Ertrag dem Ankauf der Rohstoffe diente. So unterstellten sie die Mühle, die sie zwischen 1254—66 vom Territorium Daleborowitz erkauften, mitsamt 2¹/₂ Hufen Äckern dem Meister der Schuhmacherei, und die Mühle erhielt den Namen „molendinum sutoris — Schuhmühle"[206].

In der ersten Hälfte des 14. Jahrhunderts arbeiteten Schusterei und Gerberei hauptsächlich für den Eigenbedarf. Für 80 Ordensleute, zahlreiche Familiaren und Hörige, und für den Betrieb von 12 Grangien brauchte man viel Schuhwerk und Lederzeug. Als aber die Mönche einen der Wirtschaftshöfe nach dem anderen an Zinsbauern vergaben und das klösterliche Gesinde zusammenschmolz, betrieb man die Schuhfabrikation weiter und setzte die Produkte des Unternehmens bei den Bauern und Gärtnern der Stiftsdörfer ab. Dagegen protestierte die Stadt Münsterberg und verklagte die Abtei wegen Mißachtung des Bannmeilenrechts. In einem Vergleichsverfahren entschied Herzog Bolko III. am 16. Juli 1372, daß das Kloster in Wiesenthal eine Verkaufsstätte unterhalten durfte, wo man die Schuhe an der Tür und am Fenster ausstellte; doch verbot er den Zisterziensern, die Ware auf dem Platz vor der Kirche oder bei der Kirmes anzubieten[207].

Trotz der Beschränkungen scheint sich der Umsatz der Verkaufsstätte gelohnt zu haben, denn schon am 29. September 1380 ließen sich die Mönche dasselbe Recht für Berzdorf, Alt-Heinrichau und Moschwitz[208] und am 3. Juli 1405 für Jaurowitz, Reumen, Jerichaw und Paulwitz erteilen[209]. Der Betrieb kam wahrscheinlich erst durch den Einfall der Hussiten zum Erliegen, die am 22. Januar 1429 mit dem Kloster auch alle Werkstätten niederbrannten[210].

---

206) Der Name „Agri magistri sutorum" erscheint erstmals 1316 (SR 3552). Vgl. hierzu auch S. Trawkowski, S. 101.

207) BDA V 10, fol. 99 b—100 a (Fotokopie).

208) BDA V B 6 e (Fotokopie).

209) BDA V 10, fol. 26 a—28 a (Fotokopie).

210) Nekr. zum 22. Jan. (S. 283). Nach dem Wiederaufbau des Klosters nahm man den Gewerbebetrieb zeitweilig wieder auf, denn das Signaturbuch erwähnt bis 1435 den famularis Nikolaus als Schuster des Klosters. In der Neuzeit fand man eine andere Form der Ausübung des Handwerksrechtes: Abt Ackermann legte in der „Neustadt" eine Siedlung an, in der zahlreiche Handwerker wohnten, die teils für das Stift, teils als freie Gewerbetreibende arbeiteten. Gegen diese Art des Handwerks erhob die Stadt Münsterberg bei den preußischen Behörden erfolgreich Klage. Am 11. Dez. 1798 verbot die Regierung dem Stift in dritter Instanz die Ausübung des Handwerks innerhalb der städtischen Meile und verfügte bei Strafe von je 100 Tlr. binnen Jahresfrist die Abschaffung aller Handwerker (Hartmann, S. 291). Dieser Entscheid setzte dem weiteren Ausbau des Marktfleckens Heinrichau ein Ende.

Die Brauerei und das Brauurbar

Ähnlich wie bei der Gerberei und Lederverarbeitung war für die Herstellung von Bier ein höheres Anlagekapital nötig, da man dazu ein Brauhaus mit Ofen, Braupfannen und -kessel, Kühleinrichtung, Spezialgeräte und eine Malzmühle mit gehöriger Ausstattung brauchte. Zu Beginn der deutschrechtlichen Organisation Schlesiens verbanden die Landesherren Brauhäuser und Malzmühlen mit den Städten, wobei die einzelnen Bürgerhäuser das Recht erhielten, im städtischen Brauhaus eine bestimmte Menge Bier zu brauen und weiterzuverkaufen. Unter diesen Umständen hatte die Bürgerschaft gegen die Errichtung von Schenken in den Dörfern nichts einzuwenden, solange die Gastwirte das Bier aus der Stadt bezogen.

In Heinrichau produzierte man das Bier, das zur Versorgung der klösterlichen familia benötigt wurde, in einer eigenen Braustätte. Das technisch schwierige Werk der Umleitung der Ohle über eine Strecke von mehreren Kilometern erscheint nämlich nur sinnvoll, wenn die Mönche dabei auch ökonomische Ziele verfolgten. Der neue Flußlauf diente ja der Versorgung zahlreicher gewerblicher Betriebe. Das erste Mal wird die Heinrichauer Brauerei im Rechenschaftsbericht von 1336 erwähnt[211], und Mönche, die den Betrieb als „magister cerevisie — Braumeister" leiteten, erscheinen im Signaturbuch 1421—24 und im 18. Jahrhundert.

Die Kretschame von Wiesenthal und Berzdorf, die Bolko II. dem Kloster am 21. Januar 1334 mit den Kretschamen von Alt-Heinrichau, Moschwitz und Zesselwitz bestätigte, erhielten ihr Bier nicht aus der Brauerei des Stifts, sondern hatten als Gerichtskretschame deutschrechtlicher Gemeinden das Recht, eine bestimmte Menge selbst zu brauen; was sie darüber hinaus benötigten, mußten sie genauso wie die Schenken der übrigen Ortschaften aus Münsterberg beziehen[212]. Im Jahre 1398 erwarb das Stift die Dörfer Polnisch-Peterwitz und 1406 Belmsdorf und Herzogswalde mit ihren Kretschamen, und 1405 erkaufte es das Privileg, in Jaurowitz, Jerichaw, Reumen und Paulowitz neue Gaststätten anzulegen; dazu kamen bald Kretschame in Zinkwitz, Tarchwitz und Rätsch sowie in den deutschrechtlichen Dörfern Krelkau und Frömsdorf.

Gegen Ende des 15. Jahrhunderts versuchte Abt Antonius, das Bannmeilenprivileg der Stadt Münsterberg zu durchbrechen und dem Kloster einen Anteil am Brauurbar zu verschaffen. Am 16. Juli 1498 erhielt er von den Herzögen Albrecht Georg und Karl I. die Erlaubnis, den verwüsteten Kretscham vor der Klosterpforte wieder aufzubauen, für den öffentlichen Verkauf Kuchen zu backen, eine Brot- und Fleischbank einzurichten, zu mälzen, zu brauen und jede Art Wein und Bier auszuschenken[213]. Das Privileg richtete sich eindeutig gegen die Rechte der Stadt, die sich daher schon wenige Wochen später nochmals das uneingeschränkte Brauurbar innerhalb der Bannmeile bestätigen ließ[214].

---

211) SR 5659, gedr. L. Schulte, Kleine Schriften (Darst. 23). 1918, S. 149—153.

212) Vgl. die Urk. des Abtes Winand vom 6. Febr. 1334 für den Schulzen von Berzdorf (SR 5303).

213) BDA V 10, fol. 94 a—96 a (Fotokopie).

214) Hartmann, S. 107 (Urk. vom 1. Nov. 1498).

Auf die Urbarienverleihung von 1498 gestützt, errichtete Abt Antonius vor dem Niedertor einen neuen Kretscham, wo man Klosterbier ausschenkte. Sein Nachfolger Vinzenz baute auch die zerstörten Kretschame der Stiftsdörfer auf und belieferte sie mit Bier aus der eigenen Brauerei. Damit wurde das klösterliche Brauhaus, das erst nur der Selbstversorgung diente, zu einer Konkurrenz für die Bürgerschaft, die den Abt beim Pfandesherrn Friedrich II. von Liegnitz verklagte. In einer Gerichtssitzung am 9. Juli 1545 entschied der Fürst, daß das Brauurbar des Klosterkretschams dem Stift, in den Gemeinden des Stiftslandes aber der Stadt gehören sollte[215]. Abt Vinzenz legte zwar gegen das Urteil Protest ein, doch konnte er sich gegen die Bürgerschaft nicht durchsetzen.

Die Rechtslage, die der Schiedsspruch von 1545 schuf, blieb nur wenige Jahrzehnte in Geltung. Als sich nach 1600 das Verhältnis zwischen Katholiken und Protestanten zuspitzte, unternahmen die Äbte Nikolaus Hübner und Andreas Beyer erneut den Versuch, das Brauurbar an das Stift zu bringen. Abt Hübner wies die Klosterbrauerei an, für die Kretschame des Stiftslandes zu brauen und sie mit Bier zu verlegen. Dagegen erhob die Stadt Einspruch, und als sie im Kloster kein Gehör fand, griff sie zur Selbsthilfe und beschlagnahmte das Heinrichauer Bier. Da es sogar zu Tätlichkeiten gegen die Fuhrleute des Stifts kam, verklagte Abt Beyer die Bürger beim Kaiser, der den Abt Wolfgang von Braunau, den Schweidnitzer Landeshauptmann Kaspar von Warnsdorf, den Breslauer Domherrn Christoph von Gellhorn und David Rohr d. Ä. von Seifersdorf beauftragte, den Streit zu schlichten[216]. Am 3. Juni 1615 brachte eine Kommission, die im Kloster tagte und die sich auf weitschweifige historische Erörterungen nicht einlassen wollte, einen Vergleich zustande. Die Stadt behielt das Schankrecht in den Stiftsdörfern Bernsdorf, Ohlguth, Krelkau, Frömsdorf, Rätsch, Zinkwitz, Willwitz, Neuhof, Berzdorf und Reumen; die Orte Alt-Heinrichau mit Taschenberg, Zesselwitz, Wiesenthal, Moschwitz und die außerhalb der Bannmeile gelegenen Gemeinden Polnisch-Peterwitz, Belmsdorf, Dobrischau und Kraßwitz durfte die Klosterbrauerei versorgen. Dabei erhielt das Stift Ortschaften zugesprochen, die der Stadt weit näher lagen als die zur Bannmeile gerechneten Dörfer Willwitz und Zinkwitz. Die Rechtsgrundlage für die Teilung des Brauurbars bot außer dem Privileg von 1498 die Berufung auf das Jus hospitalitatis und die Behauptung, daß mit dem Jus ducale, das die Herzöge einst dem Kloster verliehen, auch das „Jus braxandi — das Braurecht" verbunden sei. Die Schiedskommission schloß sich der Argumentation der Zisterzienser an, denen es somit gelang, das Bannmeilenrecht der Stadt einzuschränken und das Brauurbar in ihren Besitz zu bringen[217].

Obwohl Fürst Franz Karl von Auersperg diesen Vertrag am 9. April 1710 erneut bestätigte[218] und die Stadt sich mit der neuen Lage abfand, geriet das Kloster 1712 in Schwierigkeiten, als es der königlichen Kammer den rechtmäßigen Besitz des Brau-

215) Pfitzner, S. 161.
216) Mandat vom 10. Sept. 1613 (BDA V B 6 a, Fotokopie).
217) Urk. vom 3. Juni 1615 (Fotokopie).
218) BDA V B 6 c, Original.

urbars nachweisen sollte. Außer dem Privileg von 1498, das bloß für den Stiftskretscham galt und außer dem Schiedspruch von 1615 besaß Heinrichau keinen rechtsgültigen Beleg. Die Juristen der königlichen Kammer stützten sich zudem auf die 1694 von Kaiser Leopold I. erlassene Definition des Jus ducale[219], so daß sich Abt Tobias Ackermann wohl oder übel bequemen mußte, dem Fiskus für den Bierverlag in Taschenberg, Zesselwitz, Alt-Heinrichau Moschwitz, Polnisch-Peterwitz, Belmsdorf, Wiesenthal, Dobrischau, Kraßwitz, Schönwalde, Herzogswalde und Raatz 600 fl. und für das volle Braurecht in Seitendorf 150 fl. zu zahlen[220]. Bei dieser Entscheidung, die der Abt 1716 auch vom Landrecht zu Frankenstein bestätigen ließ, blieb es bis zur Aufhebung des Stifts. Der Ankauf der Herrschaft Schönjohnsdorf im Jahre 1738 brachte dem Stiftsbrauhaus noch eine beträchtliche Erweiterung seines Absatzgebietes, so daß die Klosterbrauerei in den letzten Jahrzehnten der Existenz von Heinrichau eine größere Rolle spielte als das Brauwesen der Stadt Münsterberg.

Die Mühlenbetriebe

Das Mühlrecht war in Schlesien ein landesherrliches Regal, das nicht in die Zuständigkeit des Bannmeilenrechts fiel. Da das Kloster bei der großen Zahl seiner Grangien im frühen 14. Jahrhundert viele Mühlen zum Mahlen von Getreide, Malz und Ölfrüchten brauchte, erkauften die Mönche am 21. Januar 1334 von Bolko II. für die Mühlenbetriebe im Kloster, in Taschenberg, Wiesenthal, Zesselwitz, Schönwalde und die Schuhmühle die Freiheit von landesherrlichen Abgaben[221]. Im selben Jahre erwarb die Zisterze einen Anteil der Vogteimühle in Neisse, den sie später noch vergrößerte, 1338 und 1339 eine Mühle in Zadel, 1344 zwei weitere Mühlen in Schönwalde und 1352 zwei Mühlen zwischen Schreibersdorf und Quickendorf. Seitdem besaß das Kloster 11 Getreidemühlen und innerhalb des Stiftsberings eine Ölmühle, Malzmühle und Brettschneide. Die Pächter dieser Unternehmungen, mit denen der Mahlzwang verbunden war, zahlten dem Stift einen jährlichen Zins, lieferten Mehl und mästeten eine bestimmte Anzahl Schweine, so daß der Besitz der Mühlen für die Grundherrschaft ein einträgliches Geschäft war.

Bäckerei und Schlächterei

Die Bäckerei des Klosters wird erstmals im Rechenschaftsbericht von 1336 erwähnt. Damals bestand sie aber schon längere Zeit, denn der klösterliche Großbetrieb hat das Brot, das er zur Ernährung der familia brauchte, selbst gebacken. Wahrscheinlich existierte anfangs auf jeder Grangie ein Backhaus; als nämlich 1237 der Breslauer Dompropst Peter die Abtei besuchte und im Kloster nicht genügend Brote für die Gäste vorrätig

[219]) Gedr. J. J. Menzel, Jura Ducalia. Die mittelalterlichen Grundlagen der Dominialverfassung in Schlesien (Quellen 11). Würzburg 1964, S. 166 f.
[220]) Synopsis S. 6 f.
[221]) SR 5294 (BDA V B 6 a, Fotokopie).

waren, schickte der Abt Leute zum Kammerhof und zu den Wirtschaftshöfen Alt-Heinrichau und Niklawitz, um Brote zu besorgen. Ein Konventuale, der die Aufsicht über die Bäckerei wahrnahm und den man „furnarius", später „magister pistrini" nannte, wird seit 1315 erwähnt. Seit 1498 durfte die Stiftsbäckerei, die bis zur Säkularisation existierte, auch Kuchen zum öffentlichen Verkauf backen.

Auf den Betrieb einer Schlächterei im Kloster haben die Zisterzienser im 13. und 14. Jahrhundert mit Rücksicht auf das Verbot des Fleischessens verzichtet. Auf den Grangien jedoch hielt man eine große Menge Schlachtvieh, denn die laikalen Arbeitskräfte und das Gesinde waren nicht zur Abstinenz verpflichtet und bekamen zur Ernährung auch Fleisch. Den Anstoß zur Errichtung einer Schlächterei in Heinrichau gab erst das erwähnte Privileg von 1498, in dem das Stift für den Kretscham vor der Niederpforte das Recht erhielt, eine Brot- und Fleischbank zu unterhalten und Kuchen zu verkaufen. Da in dieser Gaststätte zahlreiche Reisende, fahrende Händler und Besucher abstiegen, lohnte es sich, außer Backwaren auch Fleisch zum Verzehr und Verkauf anzubieten. So entstand spätestens um 1500 innerhalb der Klostermauern ein Schlachthaus, das bis zur Aufhebung des Stifts existierte[222].

7. Grundherrschaftliche Einkünfte

Das Stift Heinrichau besaß im Laufe seiner Geschichte eine große Zahl von Dörfern, deren Bewohner der Grundherrschaft des Abtes unterstanden. Da die Abgaben und Leistungen der Untertanen, die auf den geltenden Herrschaftsrechten gründeten, nicht überall dieselben, sondern oft von Ort zu Ort verschieden waren, muß man sich bei jeder Gemeinde fragen, ob sie ein Dorf mit herrschaftlichem Vorwerk war, ob sie im 13. Jahrhundert als deutschrechtliche Neugründung mit eigener Scholtisei und Bauernschaft entstand oder erst später auf ehemaligem Gutsland errichtet wurde oder in der

222) Nach den Urkunden, dem Signaturbuch und Nekrolog bestanden im Kloster bis zum Anbruch der Reformation außer der Brauerei, Bäckerei und Schlächterei eine eigene Schumacherwerkstatt, Schneiderei, Schmiede, Öl- und Getreidemühle. Dabei erwähnen die Quellen zahlreiche laikale Arbeitskräfte im Dienste des Stifts, wie den Schmied Nikolaus (1424) und Slotenicz (1460), die Bäcker cleine Petsche (1424) und Hannus Schuler (1460), den Schuster Nikolaus (1421—35), mehrere Forstgehilfen (1435), ferner als Helfer in der Abtsküche Lorenz Wensuske (1417—19) Petrus alias Petschko (1422), die Abtsdiener Jhenko (1425), Jurge Schuwert (1461), Stephan von Wartha (1454—55), Hannus Newgebawer (1454—55), Lorenz (1451), Steffen und Jorge (1461), Valtin (1451), Jakob Dobrusch (1427), Nickel Kopke (1427), die Konventsdiener grose Petsche (1437), Matthias Wulff, Lorenz, Paul und Georg (1421), Pawel und Gregor (1446), Petrus (1422) und Nickel Drosda (1440) und den Pfortengehilfen Paul (1422). — Auch in Zirc, wo im 18. Jh. die Versorgung mit Konsumgütern viel schwieriger war als in Schlesien, legten die Heinrichauer Zisterzienser eigene Betriebe an, von denen außer dem Sägewerk, der Brauerei und Kalkbrennerei die Bäckerei, das Schlachthaus, die Kelterei, Schmiede und Schuhmacherei erwähnt werden (Catal.). Außerdem gehörten dem Stift 10 Getreide- und 3 Sägemühlen, und 8 Gastwirtschaften, wo man jährlich mehr als 50 000 Liter Wein ausschenkte (BDA V 65).

Neuzeit aus adligem Besitz an das Kloster gelangte. Daher unterscheiden wir in der folgenden Zusammenstellung die drei Gruppen deutschrechtlicher und nicht-deutschrechtlicher Zinsdörfer und der Ortschaften der Herrschaft Schönjohnsdorf. Die Dörfer der ersten Art, wo der Erbscholze mit den erwählten Schöffen die niedere Gerichtsbarkeit ausübte, waren im Heinrichauer Stiftsland noch im 18. Jahrhundert zu geringeren Leistungen verpflichtet als die Untertanen jener Orte, die die Zisterzienser auf den Ländereien früherer Grangien anlegten. In dieser zweiten Gruppe, zu der auch Alt-Heinrichau gehört, obwohl es dort eine Erbscholtisei gab[223], übten in der Regel vom Abt ernannte Kretschmer oder Setzscholzen einen Teil der niederen Gerichtsbarkeit aus, und die Leistungen der Bewohner waren drückender als in Schönwalde oder anderen deutschrechtlichen Gründungen der Kolonisationszeit, da ja die Bauern und Gärtner auf einstigem Allodialland saßen[224]. In der Übersicht der Ortschaften lassen wir die Dörfer Alt- und Neu-Reichenau und Quolsdorf bei Bolkenhain, Lenschütz bei Kosel, Milejowitz bei Beuthen, Bulchau bei Ohlau, Wroźenice und Glew bei Krakau, Sieraków, Dębnica und Starkowiec in Großpolen außer Betracht, obwohl die ersten drei von Heinrichau begründet wurden. Da sie aber dem Kloster nur wenige Jahrzehnte angehörten und spätestens nach dem Hussitenkriege verloren gingen, spielten sie bei der Entwicklung der wirtschaftlichen Macht des Klosters nur eine geringe Rolle.

Die folgende Liste bietet zugleich einen Überblick über den Besitzstand von Heinrichau bei der Säkularisation im Jahre 1810. Dabei bezeichnet die erste Jahreszahl den Zeitpunkt der Erwerbung; bei der zweiten Gruppe gibt das zweite Datum das Jahr an, wann der Ort durch Aussetzung früherer Gutsländereien oder durch Errichtung eines Erbkretschams oder einer Setzscholtisei selbständige Gemeinde wurde. Außerdem ist bei jeder Ortschaft die Fläche der Gemeindeländereien und das Areal der herrschaftlichen Vorwerke und Forsten angeführt.

Die deutschrechtlichen Zinsdörfer

1. Schönwalde (Budzów) 1228. 2263 ha (Vorwerk 214 ha, Forst 870 ha).
2. Wiesenthal (Wadochowice) 1292. 532 ha.
3. Berzdorf (Boźnowice) 1312. 702 ha.
4. Krelkau (Krzelków) 1321/32/88. 840 ha.
5. Frömsdorf (Czerńczyce) 1382. 929 ha.
6. Bernsdorf (Dębowice) 1396, 1108 ha (Forst 100 ha).
7. Herzogswalde (Zdanów) 1406. 297 ha.
8. Polnisch-Peterwitz (Petershagen, Piotrowice Polskie) 1398. 308 ha.
9. Seitendorf (Sieroszów) 1688. 593 ha (Vorwerk 279 ha, Forst 125 ha).

[223]) Am 25. Juni 1650 erhob Abt Georg Welzel „den genannten Erbkretscham (in Alt-Heinrichau) zu einer freyen erblichen Scholtisey" (P. Klemenz, Altheinrichau. Geschichte eines ehemaligen Heinrichauer Stiftsdorfes. Frankenstein 1936, S. 32).

[224]) Daher nennt das Signaturbuch die Bauern der spätmittelalterlichen Zinsdörfer oft „coloni" im Unterschied zu den „rustici" der deutschrechtlichen Gemeinden.

Nicht-deutschrechtliche Zinsdörfer

10. Alt-Heinrichau (Stary Henryków) 1227. 1380. 434 ha (Vorwerk 231 ha).
11. Belmsdorf (Baldwinowice) 1406. vor 1406. 131 ha.
12. Dobrischau (Dobroszów) 1528. ? 25 ha (Vorwerk 117 ha)[225a].
13. Heinrichau (Henryków) 1227 vor 1498. 59 ha (Vorwerk 542 ha).
14. Kraßwitz (Dobroszów) 1528. ? 112 ha[225b].
15. Moschwitz (Muszkowice) 1282. 1390. 111 ha (Vorwerk 395 ha, Forst 865 ha).
16. Neuhof (Nowy Dwór) 1243—ca. 1305. ? 323 ha (Forst 596 ha)[226].
17. Ohlguth (Ziębice) 1570. vor 1570. 145 ha.
18. Pleßgut (Dobroszów) 1659. ? 33 ha[225c].
19. Raatz (Jankówka) 1686. vor 1686. 6 ha (Vorwerk 119 ha).
20. Raschgrund (Budzów) 1406. ? 29 ha[225d].
21. Rätsch (Raszyce) 1305. vor 1567. 206 ha[227].
22. Reumen (Skalice) 1233—1396. um 1405. 333 ha.
23. Tarchwitz-Anteil (Targowice) 1406. ? ca. 55 ha [225e].
24. Taschenberg (Brukalice) 1253—62. ? 40 ha (Vorwerk 205 ha)[225f].
25. Willwitz (Wilanowice) 1318. 1455. 343 ha.
26. Zesselwitz (Czesławice) 1316. vor 1387. 49 ha (Vorwerk 288 ha)[228].
27. Zinkwitz (Cienkowice) 1229. vor 1473, 173 ha.

Zinsdörfer der Herrschaft Schönjohnsdorf

28. Deutsch-Neudorf (Nowina) 1738. 118 ha (Vorwerk 197 ha).
29. Heinzendorf (Jasienica) 1738. 46 ha (Vorwerk 176 ha).
30. Neukarlsdorf (Nowolesie) 1738. 32 ha.
31. Polnisch-Neudorf (Waldneudorf, Nowolesie) 1738. 230 ha (Vorwerk 216 ha).
32. Sakrau (Romanów) 1738. 115 ha (Vorwerk).
33. Schildberg (Kazanów) 1738. 160 ha (Vorwerk 298 ha).
34. Schönjohnsdorf (Witostowice) 1738. 47 ha (Vorwerk 343 ha, Forst 600 ha).
35. Tarchwitz-Anteil (Targowice) 1738. 253 ha.

Zinsdörfer des unierten Stiftes Zirc

1. Bakonykoppány, 15 Kolonen, 32 Häusler (488 Einw.), Weinberg, Kretscham;
2. Berénd, 23 Kolonen, 32 Häusler (1435 Einw.), Vorwerk, Kretscham, Getreide- und Sägemühle;

225a—225f) Wann die Aussetzung zu Zinsrecht erfolgte, ist nicht mehr festzustellen.
226) Die Aussetzung erfolgte jedenfalls vor dem Hussitenkriege.
227) Der Schulze wird erstmals 1567 erwähnt (BDA V B 6 e, Fotokopie).
228) Einen Kretschmer, der wohl als Setzschulze fungierte, erwähnt schon die Urkunde für die Zesselwitzer Gärtner von 1387.

3. Elöszállás (1735 Einw.), Vorwerk;
4. Eplény, 17 Häusler (267 Einw.), Vorwerk, Kretscham;
5. Kajár-Anteil, 3 Kolonen, 6 Häusler;
6. Karacsonyszállás (312 Einw.), Vorwerk;
7. Magyarpolány, 31 Kolonen, 16 Häusler (1713 Einw.), Vorwerk, Weinberge, Kretscham;
8. Nagytevel, 33 Kolonen, 63 Häusler (906 Einw.), Vorwerk, Kretscham, Getreidemühle, Fleischerei;
9. Németpolány, 34 Häusler;
10. Olaszfalu, 38 Kolonen, 59 Häusler, 32 Inlieger; 1784: 114 Nahrungsstellen; (1185 Einw.), Vorwerk, Kretscham;
11. Soly, 48 Kolonen, 22 Häusler, 1 Inlieger; Vorwerk, Weinberge, 2 Getreide-, 1 Sägemühle;
12. Ujmajor (Hercegfalva, Mezöfalva), (3327 Einw.), Vorwerk;
13. Venyim (364 Einw.), Vorwerk;
14. Zirc, 33 Kolonen, 47 Häusler, 22 Inlieger (2648 Einw.), Vorwerk, Kretscham, 3 Getreide-, Sägemühle[229].

Von der Fläche des älteren Heinrichauer Stiftslandes befanden sich 67 Prozent im Besitz der Untertanen des Klosters, von denen 332 Bauern waren. In der 1738 erkauften Herrschaft Schönjohnsdorf aber war das Verhältnis der Bauernäcker zum Areal der Gutsherrschaft weit ungünstiger, denn hier besaßen die Untertanen, von denen 35 Bauern waren, nur 35 Prozent der Gesamtfläche. Während also im Stiftslande nur in jedem dritten Dorf ein herrschaftliches Gut bestand, für das die Bewohner Hand- und Spanndienste leisteten, gab es im Gebiet von Schönjohnsdorf bei 8 Gemeinden überhaupt nur zwei ohne Vorwerk, und entsprechend drückender waren auch die Lasten der Erbuntertänigkeit.

Im einzelnen hatte die klösterliche Herrschaft in der Neuzeit Anspruch auf folgende Leistungen der Dorfbevölkerung:

Jeder Besitzer zahlte für seine Stelle einen Grundzins in Geld und Naturalien. 1293

---

[229]) Die Zahl der Kolonen, Häusler und Inlieger ist dem Verzeichnis „Possessiones et Proventus de Zircz" (BDA V 65) entnommen; die in Klammern stehende Einwohnerzahl gibt den Stand von 1942 wieder; außerdem wurden auch Vorwerke, Mühlen usw. erwähnt. — Im 18. Jh. war übrigens die Mehrheit der Bewohner der Zircer Stiftsdörfer deutscher Herkunft. So befanden sich nach der „Mappa Fundorum Intravillanorum et Hortorum adjacentium Possessionis Olaszfalu" (Komitatsarchiv Veszprém XV. 11/a. T. 198, Fotokopie) im Jahre 1784 von den 114 Nahrungsstellen von Olaszfalu 79 in der Hand deutscher Besitzer, von denen manche unverkennbar schlesische Namen trugen, wie Seipel, Pelz, Menzel, Winkler, und andere die Herkunft aus dem bayerisch-österreichischen Raum verraten (z. B. Bachstetter, Huber, Traunfelder, Weinberl). Auch die „Forstkarte des Zirczer Revirs", die 1808 der Stifts-Oberjäger Fr. Zmali zeichnete (Komitatsarchiv Veszprém XV 11/a. T. 125, Fotokopie), bietet meist deutsche Flur- und Forstnamen, wie Kalcköfen, Drei Hotter, Bei Ackler Weeg, Glenckerigel, Königsbachel (jetzt Kiralypatak), Goldgruben und Binterberg. Die Nachkommen der schlesischen und österreichischen Siedler des Zircer Stiftslandes wurden nämlich erst im späten 19. und frühen 20. Jh. magyarisiert.

betrug er in Wiesenthal je Hufe 1 Mk. und 1 Malter (ca. 360 kg) Dreikorn[230], 1455 in Willwitz je Hufe 1 Schock Groschen, 3 Schock Eier, 2 Hühner und 8 Scheffel (ca. 240 kg) Getreide[231], in der zweiten Hälfte des 18. Jahrhunderts in Alt-Heinrichau je Hufe rund 2 Tlr., 6 Scheffel Dreikorn und nach Wahl der Herrschaft die üblichen „Ehrungen" in Form von Hühnern, Schweineschultern oder Gespinst[232].

Den größten Teil der Lasten machten die Hand- und Spanndienste aus. Aber gerade hier begegnet man im Heinrichauer Stiftslande beträchtlichen Unterschieden; denn je nachdem, ob in einer Ortschaft ein Vorwerk bestand, wurden diese Dienste als echte Arbeitsleistung erbracht oder waren schon früh in eine für die Bauern relativ günstige Geldzahlung umgewandelt worden. In Alt-Heinrichau mußte der Bauer je Hufe mit eigenem Gespann und Gerät 12 Beete Vorwerksland bestellen, bei der Heuernte und beim Flachsbrechen 2 Tage Handdienste leisten und nach Bedarf Fuhren stellen bei der Heu-, Grummet- und Getreideernte, ferner Dünger-, Schlamm-, Teich- und Holzfuhren, wobei er das Material auf Wunsch aus der Grafschaft Glatz und aus Schönwalde — also über eine Entfernung von 50 km — anfahren mußte. Dafür zahlte die Herrschaft bei jeder Fuhre je Pferd eine zugemessene Menge Hafer und für den Fuhrmann das Brot. Auch die Gärtner und Häusler von Alt-Heinrichau waren zu Diensten auf dem Gutshofe verpflichtet und mußten das ganze Jahr hindurch gegen Kost und Lohn arbeiten. Die „Hausleute", die zur Miete wohnten, leisteten als Ledige jährlich 2, als Verheiratete 3 Tage Robot, und nur die Alten und Auszügler waren robotfrei. Mit dieser Verpflichtung zur Handarbeit auf dem Vorwerk hing auch der im 18. Jahrhundert so verhaßte Zwangsgesindedienst zusammen, der in Schlesien spätestens seit dem frühen 17. Jahrhundert bestand und der Herrschaft das Recht gab, jedes Kind eines Untertanen, das nicht auf dem väterlichen Hof gebraucht wurde, für ein oder zwei Jahre gegen Kost und geringen Lohn zum Dienst auf dem Herrenhof heranzuziehen.

Von all diesen Dienstleistungen war in Schönwalde nicht mehr viel erhalten geblieben. In einem Vertrag, den Abt Rieger 1749 mit der Bauernschaft schloß, verpflichteten sich die 71 Bauern und 9 spannfähigen Großgärtner, dem Stift anstatt der Arbeit auf dem Vorwerk zu Weihnachten 100 Tlr. zu zahlen. Nur Fuhren wurden noch als echte Spanndienste gefordert, um Material bei Bauten der Stiftsgüter Heinrichau, Alt-Heinrichau, Dobrischau, Taschenberg, Zesselwitz, Moschwitz, Raatz, Seitendorf und Bernsdorf und Kohlen für die Klosterschmiede anzufahren, wofür die Untertanen je Pferd 1$^1/_2$ Metzen Hafer und für den Fuhrmann ein Laib Brot bekamen. Außerdem stellten die Bauern Holzfuhren für den Schönwälder Forst und Baufuhren für das Herrenhaus und die herrschaftlichen Mühlen und deren Wasserbauten in Schönwalde[233]. In ähnlicher Weise waren offenbar die Dienste der Bauernschaften von Berzdorf, Bernsdorf, Frömsdorf, Krelkau, Wiesenthal, Polnisch-Peterwitz, Seitendorf, Willwitz, Tarchwitz, Rätsch, Reumen und

230) SR 2267, gedr. GS 92 ff.; GB 78 ff.; GG 334 ff.
231) GS 28, Anm. 63.
232) P. Klemenz, Altheinrichau, S. 27 ff. (Urbar vom 3. Febr. 1789).
233) Vertrag vom 21. Nov. 1749 (BDA V B 6 f, Fotokopie).

Neuhof geregelt, und auch die Gärtner und Häusler der Ortschaften ohne Vorwerk leisteten wahrscheinlich nur noch eine feste Geldzahlung statt der Roboten.

Weitere nutzbare Rechte der klösterlichen Grundherrschaft waren das Schutzgeld, das jeder Untertan zahlte, der sich nach auswärts verdingte[234], das Loslassungsgeld oder Lytrum, das man von denen verlangte, die ganz wegzogen[235], und das Laudemium oder der Markgroschen, der bei jedem Besitzwechsel fällig war und je Taler der Kaufsumme im Durchschnitt 1 Sgr. betrug[236]. Außerdem beanspruchte die Herrschaft die Schafhutung auf den Feldern der Untertanen, sie übte das Jagdrecht aus, wobei die Bevölkerung Treiberdienste leistete, sie besaß das Auenrecht und verpachtete die Grasnutzung an Wegen und Rainen und verpflichtete die Bauern aufgrund des Mühlenrechtes, ihr Getreide in einer bestimmten Mühle mahlen zu lassen. Dazu kamen die Sporteln der Patrimonialgerichtsbarkeit, die das Stift in seinem gesamten Herrschaftsbereich besaß.

In den Stiftsdörfern Ungarns beruhten die Dienste und Abgaben, die die Zisterzienser forderten, auf grundherrschaftlichen Rechten und auf einstigen königlichen Regalien. Dabei beliefen sich die Spanndienste der 38 Kolonen von Olaszfalu im Jahre 1774 auf jährlich 1314 Tage im Werte von rund 438 fl., die Handdienste der 59 Häusler und der 32 Inlieger auf 1446 Tage, die man auf 241 fl. berechnete. Da diese Arbeiten, die die Untertanen auf dem Vorwerk verrichteten, zur Bewirtschaftung der Eigenländereien vollständig genügten, konnte der klösterliche Gutshof sogar darauf verzichten, eigene Gespanne und ein zahlreiches Gesinde zu halten. Außerdem entrichteten die 97 Nahrungsstellen des Dorfes jährlich 97 fl. Grundzins, und die Bauern lieferten jährlich 24$^{6}/_{8}$ Maß Butter im Werte von 42$^{1}/_{2}$ fl. In anderen Stiftsdörfern kamen Abgaben von Kapaunen, Hühnern, Gänsen, Eiern und Gespinsten hinzu, die Anfuhr des herrschaftlichen Brennholzes und Materialfuhren. Die Regalien bestanden aus dem Schank-, Mühl- und Fleischbankzins und aus Zahlungen für die Eichelmast in den Wäldern des Stifts. Alle diese Forderungen beliefen sich in Olaszfalu auf mehr als 940 fl. jährlich[236a].

Als Gegenleistung der Dienste, Zahlungen und Abgaben garantierte die klösterliche Grundherrschaft den Untertanen in Schlesien und in Ungarn ihren Besitz zu Erbrecht, übernahm die Steuerzahlungen gegenüber dem Staat, vertrat die Rechte der Dorfbewohner bei Streitigkeiten mit fremden Herren, unterstützte sie, wenn sie unverschuldet in

[234]) In Alt-Heinrichau betrug es für den Mann jährlich 1 Tlr., für die Frau 20 sgr., für einen Jungen 15 sgr.

[235]) Es machte in Alt-Heinrichau für den Mann 2 Dukaten aus, für die Frau und die Knaben unter 14 Jahren 1 Dukaten, für Mädchen unter 12 Jahren 1 Tlr. 10 sgr.

[236]) Dabei zahlte man in Alt-Heinrichau je Hufe 4 Dukaten für die Obrigkeit, 2 Dukaten für den Konvent, 1 Dukaten für die Stiftskanzlei und $^{1}/_{4}$ oder $^{1}/_{8}$ Faß Bier und Heringe für die Gemeinde, in Einheitswert umgerechnet je Hufe 70—100 Tlr. Beim Erbkauf des Heinrichauer Stiftskretschams am 28. Dez. 1759 mußte der Käufer der Witwe Johanna Weltzelin als Verkäuferin 2400 Tlr. zahlen; die „Poen“ bestand in 2 Maltern Hafer für die Herrschaft, 6 Dukaten für den Konvent, 3 Dukaten für das löbliche Amt, und 1 Achtel Bier sowie 1 Mandel (15 Stück) Karpfen für die Gerichtspersonen des Stifts.

[236a]) BDA V 65 „Possessiones et Proventus de Zirc“ (Fotokopie).

Not gerieten, stellte Bauholz und Steine, wenn ein Hof abbrannte, bestellte den Gärtnern, die kein eigenes Gespann besaßen, die Äcker und erlaubte den „blutarmen" Leuten, in den Klosterwäldern Brennholz zu sammeln. Insgesamt stellten die Leistungen der Untertanen im Einnahmeverzeichnis des Stifts einen hohen Posten dar. Nach der bereits erwähnten Consignation des Abtes Kahlert von 1685 machten allein die Einkünfte an Zinsen und anderen Gefällen jährlich 9000 fl. aus, obwohl dem Kloster damals die Güter und Dörfer Raatz, Bernsdorf, Seitendorf und die Herrschaft Schönjohnsdorf noch nicht gehörten, und diese Einnahmen reichten vollständig aus, um die laufenden Kosten der klösterlichen Wirtschaft mit der großen Zahl der entlohnten und beköstigten Bediensteten, Handwerker und Beamten zu bestreiten[236b]. Die Gesamtsumme der Einkünfte von Heinrichau läßt sich kaum berechnen, ja nicht einmal schätzen, solange nicht die Unterlagen des preußischen Steuerkatasters von 1742/43 zur Verfügung stehen.

8. Einkünfte aus Zehnt- und Patronatsrecht

Als der erste Alt-Heinrichauer Pfarrer nach 1234 bei den Augustinern in Kamenz eintrat, gab der Bischof den Zisterziensern die Feldzehnten der Grangien Kammerhof, Alt-Heinrichau und Niklawitz, dazu von Wadochowitz und Neteplaistba (Wiesenthal) und vom Walde an der Morina[237]. Ein Vierteljahrhundert später erweiterte er die Zehntfreiheit des Klosters durch die Schenkung des Dezems vom Territorium Kolaczow mit Jaworowitz, Rätsch, Skalitz (Reumen) und Witostowitz sowie von Alt- und Neu-Reichenau, Quolsdorf, Schönwalde, Raudnitz, Schreibersdorf und der Grangie Brukalitz (Taschenberg)[238]. Seit dieser Zeit entrichteten die deutschrechtlichen Ortschaften die kirchlichen Abgaben an die Zisterzienser, wobei Scholtisei und Widmut zehntfrei waren.

Bei der Erweiterung der Besitzungen nach 1263 gelang es den Mönchen nicht mehr, auch den Dezem zu erwerben. Die Feldzehnten von Moschwitz, Glambowitz, Zesselwitz, Dobrischau, Willwitz und Tarchwitz gehörten dem Breslauer Domkustos[239], den Geldzehnt von 3½ großen Hufen in Moschwitz bezog der Pfarrer von Krelkau[240], für den

---

236b) BDA V B 6 w (Fotokopie).

237) Urk. von 1237 (SR 498, gedr. GS 130; GB 104 f.; GG 375).

238) Urk. vom 31. Aug. 1263 (SR 1167, gedr. GS 133 f.; GB 106 f.; GG 378 ff.). Dem Kloster gehörten durch Schenkung des Sulislaus Reze de Stachow außerdem die Feldzehnten der Vorwerke Stachau, Leipitz und Sadewitz bei Nimptsch, wo der Zehnt der Bauernäcker dem Breslauer Vinzenzstift gehörte. Um seine Rechte zu behaupten, mußte der Abt von Heinrichau 1324, 1338 und 1344 Prozesse führen, die bis vor das Gericht des päpstlichen Stuhles gingen (SR 4364, 6075, 6087, 6094, 6169 und RS 218).

239) Vgl. J. Heyne, Dokumentirte Geschichte des Bisthums und Hochstiftes Breslau. Aus Urkunden, Aktenstücken, älteren Chronisten und neueren Geschichtschreibern. Bd. I. Breslau 1860, S. 645 f.

240) Urk. vom 15. Dez. 1298 (SR 2529, gedr. GS 82; GB 71 f.; GG 324 f.). Einige Ländereien in Moschwitz, die das Kloster als Ödland erwarb und urbar machte, waren zehntfrei (GS 78; GB 68 f.; GG 320).

Dezem von $2^1/_2$ Hufen in Zinkwitz zahlten die Zisterzienser der Herrschaft Tepliwoda einen Beitrag, da sie die Zehntpflichten gegenüber dem Bischof vertrat[241], und Reuenthal, die Schuhmühle (Schimmelei) und die südliche Feldmark von Neuhof sowie 2 Hufen in Zesselwitz zehnteten der Pfarrei Steinkirche, die dem Nonnenkloster in Strehlen gehörte[242]. Dies alles galt aber nur bei solchen Ländereien, die schon im 13. Jahrhundert kultiviert waren. Der Dezem der Ödlandgürtel dagegen, die die alten Siedlungen umgaben und die das Kloster durch seine Grangien oder Bauern urbar machen ließ, wurde in Geld oder Meßkorn gezahlt und gehörte offenbar dem zuständigen Pfarrer. So zahlte der Schulze von Alt-Heinrichau, dessen Äcker teilweise auf dem Gebiet des früheren Gutes Glambowitz lagen, das Meßkorn 1650 nicht dem Domkustos, wie die anderen Ländereien des Dorfes, sondern seinem Pfarrer.

1422 ließ Papst Martin V. dem Kloster die Patronatspfarreien Schönwalde, Alt-Heinrichau, Wiesenthal und Krelkau mit der Filiale Frömsdorf inkorporieren, und damit fielen die Widmuten und pfarrlichen Einkünfte wie Meßkorn, Opfergelder, Kolendegelder und Geldzehnten an das Stift, das einen Teil davon zum Lebensunterhalt des Pfarrvikars aussetzte. Die Parochie Alt-Heinrichau, die keine Widmut besaß, stattete Abt Urban 1507 mit der sogen. Schinkehube aus, um die Existenz des Pfarrers zu sichern[243].

Über die Höhe der pfarrlichen Einkünfte liegen nur vereinzelte Mitteilungen aus Visitationsberichten von 1666 vor, einer Zeit, als die kirchlichen Abgaben des Stiftslandes fast ganz dem Kloster gehörten. Damals besaß der Pfarrer von Schönwalde $1^1/_2$ Hufen Widmut, das Meßkorn in Höhe von 6 Maltern Roggen und 7 Maltern Hafer, 18 Scheffel Hafer von Herzogswalde und den sogen. Tischgroschen von Silberberg. Dem Pfarrer von Alt-Heinrichau gehörte 1 Hufe Widmut, die Filiale Frömsdorf besaß Äcker für 3 Malter Aussaat oder etwas mehr als 100 Morgen, und eine ähnlich große Widmut gehörte zu Krelkau, wo der Pfarrer noch das Meßkorn von rund 30 Hufen erhielt[244]. In Alt-Heinrichau mußte der Schulze dem Pfarrer 1650 je Hufe 2 Scheffel Roggen und 2 Scheffel Hafer zahlen, da seine Scholtisei nicht unter deutschem Recht entstanden war[245]. Der Pfarrer von Berzdorf erhielt von der Bauernschaft jährlich 15 Scheffel und $^2/_4$ Metzen Korn als Dezem[246].

Die Bewohner der ungarischen Stiftsdörfer zahlten den Zehnten von Weizen, Roggen, Gerste, Hafer, Erbsen, von Wein und Most, von Milchkühen, Stieren, Lämmern und Bienenkörben teils in Geld, teils in Naturalien. Dabei beliefen sich die pfarrlichen Einkünfte im allgemeinen auf rund 10 Prozent der Erträge aus herrschaftlichen Zinsen und

---

241) GS 21 f.; GB 27 f.; GG 358 f.

242) SR 3552 vom 10. Jan. 1316.

243) BDA V B 6 q; P. Klemenz, Altheinrichau, S. 22; Synopsis S. 41.

244) J. Jungnitz, Visitationsberichte der Diözese Breslau. Bd. I, 1. Breslau 1902, S. 546, 552—554.

245) P. Klemenz, Altheinrichau, S. 32.

246) Hist. brevis, Anhang.

Regalien. Das Stift besaß die Zehnten aller ungarischen Stiftsdörfer, nur in Soly bei Várpalota gehörten sie dem Bischof von Veszprém[246a].

In den ersten Jahrzehnten des 17. Jahrhunderts gingen die Zisterzienser in Schlesien dazu über, inkorporierte Pfarreien Ordensleuten zu überlassen, und da die bischöfliche Behörde eine solche Praxis duldete, ernannten die Äbte auch für die nichtunierten Patronatspfarreien Mönche als Seelsorger. Wenige Jahrzehnte später forderte die Diözesansynode, die Bischof Karl Ferdinand 1653 in Neisse hielt, daß die Klöster alle Pfarreien wieder dem Säkularklerus überlassen sollten. Die Äbte weigerten sich, dem Synodalstatut Folge zu leisten und behaupteten, daß sie „seit unvordenklichen Zeiten" gewohnt seien, „ohne einen Widerspruch der Vorgänger des jetzigen Bischofs ... unsere Regularpriester, die die erforderliche Qualifikation besitzen, nach unserem eigenen Ermessen entsprechend uralter Tradition mit der Pfarrseelsorge zu betrauen"[247]. Dabei befanden sie sich im Irrtum, und es ist sogar zu vermuten, daß sie die Haltlosigkeit ihrer Behauptung selbst erkannten; denn in den Heinrichauer Parochien war es teilweise noch nicht einmal 25 Jahre her, seit die Zisterzienser die Seelsorge in eigene Hände genommen hatten. Trotzdem gab Kardinal Friedrich, Landgraf von Hessen, nach, um einen Ausgleich mit den Äbten zu schaffen und erkannte 1677 alle Pfarreien, die der Orden mit eigenen Konventualen versorgte, als inkorporierte Parochien an. Auf diese Weise wurden dem Stift Heinrichau die Patronatskirchen Berzdorf, Dobrischau und Silberberg uniert. 1688 und 1738 erwarb die Abtei dazu die Pfarreien Seitendorf und Polnisch-Neudorf (Waldneudorf), deren Seelsorge aber nach der Transaktion von 1677 Säkularpriester ausübten. Auch in Ungarn gründeten die schlesischen Zisterzienser im 18. Jahrhundert eine große Zahl von Parochien, die im Lauf der Türkenkriege untergegangen oder den Reformierten anheimgefallen waren[248].

9. Hausbesitz in Städten

Breslau (Wrocław)

Das erste Haus in der schlesischen Metropole erwarb das Kloster zwischen 1321 und 1326[249]. Im 15. Jahrhundert besaß Heinrichau in Breslau zwei Niederlassungen. Die ältere, der „Schwarze Hans" genannt, lag bei den kleinen Fleischbänken am Neumarkt in der Altbüssergasse (ul. Łaciarska)[250], das andere, die „Goldene Krone", befand sich

[246a]) BDA V 65; „Possessiones et Proventus de Zircz" (Fotokopie), S. 25.

[247]) Bericht des Abtes Arnold Freiberger von Leubus vom 10. Jan. 1653 (BDA V 11, Fotokopie).

[248]) Die Patronatspfarreien des ungarischen Stifts waren Zirc, Olaszfalu, Nagytevel, Magyarpolány, Bakonykoppány, Berénd, Elöszállás, Venyim, Porva und Ujmajor (Mezöfalva).

[249]) Am 6. Juli 1321 (SR 4136) hielt Abt Johann von Heinrichau als päpstlicher Kommissar einen Gerichtstermin in Breslau im Hause des Bürgers Gottfried Roswini, am 2. Juni 1326 (SR 4542) schlichtete Abt Heinrich einen Streit in Breslau „in estuario abbatis de Henrichow".

[250]) Es lag an der Altbüssergasse, Ecke Vockergasse (BDA V B 6 f).

in der Nähe des Kapuzinerklosters. Als der Konvent im Frühjahr 1428 und im Januar 1429 vor den Hussiten flüchtete, brachte er sich in den beiden Breslauer Häusern und in Neisse in Sicherheit. Nach dem Friedensschluß mit den Böhmen und Landesbeschädigern aber mußte Abt Jakob die zwei Niederlassungen verkaufen, um Geld zum Wiederaufbau des zerstörten Klosters zu beschaffen[251].

Spätestens zu Beginn des 16. Jahrhunderts erwarben die Mönche ein anderes Absteigequartier in Breslau, dessen Lage nicht bekannt ist. In diesem Hause wohnte 1562 der Kölner Notar Johann Ewan mit seinem Diener, als er in der Streitsache um die „kölnischen Klöster" Großpolens mehrere Wochen die Gastfreundschaft des Heinrichauer Abtes in Breslau genoß[252]. Es war aber gewiß nur klein und unansehnlich; denn als die Domherren von Breslau 1567 überlegten, wie sie Abt Andreas veranlassen könnten, sich öfter am Sitz des Domkapitels aufzuhalten, beschlossen sie, dem Abt auf Lebzeiten eine Kurie auf der Breslauer Dominsel zu überlassen[253].

Im Dreißigjährigen Kriege gab das Stift seine Niederlassung in Breslau auf; in dieser Zeit verbrachten die Mönche das Exil in Böhmen, Mähren, Österreich und auf den Gütern von Leubus und Grüssau. Erst 1693 kaufte Abt Kahlert für 4200 fl. das Haus „Zur Goldenen Krone" zurück[254], und 1697 erwarb er mit Genehmigung des Kaisers für 8380 fl. auch den „Schwarzen Hans" in der Altbüssergasse[255]. Dabei machte die königl. Kammer dem Stift zur Auflage, daß das Haus als Bürgerhaus gelten und alle städtischen Lasten, Abgaben und Wachdienste leisten müsse und daß man auf dem Anwesen keine kirchliche Fundation errichten und keine fremden Handwerker beschäftigen dürfe. Das Stift behielt die beiden Niederlassungen wieder nur wenige Jahrzehnte. Wegen der hohen Steuern, die die preußische Regierung forderte, verkaufte Abt Candidus Rieger das an der Ecke Kupferschmiedstraße und Altbüssergasse gelegene Haus am 10. Februar 1751 dem Kaufmann Friedrich Brehmer[256], und das kleinere Haus veräußerte 1791 Abt Markus Welzel[257].

Münsterberg (Ziębice)

An einer Niederlassung in dem nahen Städtchen waren die Zisterzienser erst interessiert, als Münsterberg Residenz einer piastischen Nebenlinie wurde. Am 8. Dezember 1336 befreite Bolko II. das Haus von allen fürstlichen Steuern[258], und am 25. April 1337

---

[251]) Compendium fol. 9 b (die Angabe „domum in arena" ist falsch).

[252]) Hist. Archiv der Stadt Köln, Dep. Kloster Lond, „Rechnung M: Johans Ewan van der Breßlawischen Reißen in Causa polonorum" (Fotokopie).

[253]) K. Engelbert, Kaspar von Logau. Bischof von Breslau 1562—1574 (Darst. 28). 1926, S. 297.

[254]) Compendium fol. 24 a.

[255]) Urk. vom 6. Juli 1697 (BDA V B 6 f. Fotokopie).

[256]) Orig. BDA V B 6 f (Fotokopie).

[257]) BDA V B 6 f.

[258]) Bretschneider, Regest 243, Urk. Nr. 36.

löste Abt Winand auch die bürgerlichen Lasten ab, ausgenommen die Nachtwachen und einen Zins von 1 Mk.[259]. Das Haus lag „hinter dem Minoritenkloster beim Schlachthof" in der damaligen Gerbergasse und wurde 1360 von allen Lasten befreit, so daß es seitdem die Privilegien eines Freihauses genoß[260]. In den folgenden Jahrzehnten vertauschte man dieses Haus gegen ein anderes. Am 7. Dezember 1405 nämlich verzichtete das Stift auf 13¹/₂ Mk. Jahreszins in Münsterberg und erhielt dafür von der Stadt 6¹/₂ Mk. Jahreszins und volle Freiheit für das Haus, das „in der Webergasse (Kirchstraße, ul. kościelna) beim Friedhof der Pfarrkirche St. Georg" lag[261]. Diese zweite Niederlassung, das sogen. „Rote Haus", war der alte Amtssitz der Erbvögte, deren Rechte und Besitzungen die Stadt 1377 erworben hatte. Unter Mißachtung der Konstitutionen des Ordens schenkte Abt Johann IV. das Anwesen auf Lebzeiten seinen Brüdern Johann und Thomas[262], und am 7. Dezember 1538 verkaufte Abt Vinzenz „das Rote Haus aufm Kirchhof" dem Herzog Joachim, der es bald dem Magistrat überließ[263]. Zum Ersatz dafür erwarb das Stift ein Anwesen auf der nördlichen Schmalseite des Ringes, das 1653 von allen kommunalen Lasten befreit wurde[264].

1665 trat Abt Melchior Welzel auch diese Niederlassung an die Stadt ab, die ihm dafür ein Eckgrundstück überließ, das zwei Häuser weiter östlich an der selben Ringseite lag, mitsamt der angrenzenden wüsten Stelle in der Pusillusstraße (ul. Słowackiego); der Magistrat legte beide Grundstücke zu einem zusammen und befreite sie von allen Lasten und Abgaben[265]. Auf dieser Parzelle erbaute der Abt ein stattliches Gebäude, in dessen Erdgeschoß aus vorklösterlicher Zeit ein schöner gewölbter Saal des 16. Jahrhunderts erhalten blieb. Auch diese vierte Niederlassung des Stifts in der Weichbildstadt mußte aber Abt Candidus Rieger (1749—63) verkaufen, um dem Fiskus die Steuern zahlen zu können[266].

Neisse (Nysa)

Das Heinrichauer Haus in Neisse, von dem die Quellen nur dürftige Nachrichten enthalten, war offenbar mit der Vogteimühle verbunden, von der das Kloster zuerst 1334,

---

259) Bretschneider, Regest 247, Nr. 37.

260) Compendium fol. 7 a.

261) Bestätigung Bolkos III. und der Herzogin Euphemia in BDA V B 6 a (Fotokopie). Schon am 2. Dez. 1405 versprachen Bürgermeister, Ratmannen und Handwerksmeister von Münsterberg, sich wegen der Zahlung von 6¹/₂ Mk. der kirchlichen Gerichtsbarkeit zu unterwerfen (BDA V 10, fol. 112 a—114 b. Fotokopie).

262) Compendium fol. 10 a.

263) Hartmann, S. 131 f.

264) Compendium fol. 17 a—b.

265) Hartmann, S. 214 f.; Compendium fol. 18 a.

266) Über dem barocken Portal des Hauses, das bis 1945 „Hotel zum Rautenkranz", jetzt „Hotel Dolny Śląsk" heißt, befindet sich das Wappen des Stifts mit der Inschrift „17 TAHetZ 21" (Tobias Abbas Henrichoviensis et Zircensis).

dann 1376, 1379, 1401 und 1410[267] beträchtliche Anteile mitsamt einem Hause erwarb, das nahe der Schule gelegen war. Als der Konvent 1430 zum dritten Male vor den Hussiten flüchtete, fand ein Teil der Mönche in der Neisser Niederlassung Zuflucht[268]. Wenige Jahrzehnte später gab Abt Jakob dieses Haus auf[269], und 1471 verkaufte das Kloster „wegen der schwierigen Lage, in die es durch die böhmischen Häretiker geraten war", auch die Vogteimühle in Neisse[270]. Der Käufer war der Bürger Andreas Lyncke, von dem der Nekrolog berichtet, daß er sich in Heinrichau ein Jahrgedächtnis erwarb, indem er den Mönchen das verpfändete Haus in Neisse zurückgab[271]. Diesen Besitz überließ das Kloster wohl mit dem Restteil der Vogteimühle im Jahre 1483 endgültig dem Bischof[272].

Frankenstein (Ząbkowice)

In den Jahren 1569 und 1570 ging das Fürstentum Münsterberg mit dem Weichbilde Frankenstein in den unmittelbaren Besitz der Krone Böhmens über, und Frankenstein wurde Sitz der Ständeversammlung und des Landeshauptmanns. Als vornehmstes Mitglied der Stände spielte der Abt von Heinrichau eine wichtige Rolle und war daher interessiert, an den Sitzungen des Landrechts teilzunehmen. Dies gab den Anstoß zum Erwerb eines Grundstücks. Im Januar 1584 kaufte Abt Nikolaus Hübner von Joachim von Domanz ein Haus auf der sogen. Freiheit, an der Junkerngasse zwischen dem Schloß und dem Burggarten gelegen[273]. Der Abt ließ es vollständig umbauen und errichtete verschiedene Nebengebäude. Kurz vor seinem Tode erkaufte er noch ein zweites bürgerliches Anwesen an der östlichen Längsseite des Ringes, an der Ecke der Münsterberger Straße[274]. Als 1633 die Wallensteiner die Burg durch vorgeschobene Wälle und Bastionen verstärkten, rissen sie das Heinrichauer Haus auf der Freiheit mitsamt dem benachbarten Haus des Landschreibers Nikolaus Henel von Hennenfeld nieder[275].

Lange nach dem Kriege erbaute Abt Melchior Welzel an der Ostseite des Ringes eine neue Niederlassung, die seine Nachfolger Kahlert und Ackermann umbauen und moder-

---

267) SR 5403 vom 24. Dez. 1334 und 5447 vom 7. April 1335, ferner von 1376 (W. Urban, Katalog S. 133, Nr. 656), 1379 (W. Urban, S. 140, Nr. 691), 1401 (W. Urban, S. 179, Nr. 877) und 1410 (W. Urban, S. 199, Nr. 978).

268) Nekrolog S. 305.

269) Compendium fol. 9 b.

270) W. Urban, Katalog S. 318, Nr. 1588 vom 24. Mai 1471.

271) Nekr. zum 12. Nov. (ungedruckter Eintrag): „Item obijt andreas Lyncke de nissa, qui libere resignavit monasterio ibidem domum nostram sibi impignoratam, pro qua abbas et conventus promiserunt annuatim missam canere in conventu."

272) W. Urban, Katalog S. 356, Nr. 1744 vom 15. März 1484.

273) Urk. des Landeshauptmanns Fabian von Reichenbach vom Januar 1585, wonach der Vorbesitzer Joachim Domantz von Bärdorf das Haus vom Kamenzer Amtmann Georg Hirschenperger und dieser von Jakob von Seydlitz erworben hatte (BDA V 10, fol. 102 b—104 a. Fotokopie).

274) Pfitzner, S. 170.

275) J. A. Kopietz, Geschichte der deutschen Kultur und ihre Entwicklung in Frankenstein und im Frankensteiner Lande. Ein Beitrag zur schlesischen Kulturgeschichte. Breslau 1910, S. 315 f

nisieren ließen[276]. Abt Kahlert setzte auch die Besitzansprüche auf das 1633 abgerissene Haus auf der Freiheit wieder durch und errichtete 1693 auf dem wüsten Gelände an der Junkerngasse nördlich der Burg ein schönes, ruhig gelegenes Palais, das den Äbten von Heinrichau oft als Wohnung diente[277].

Pápa

Beim Kauf von Zirc im Jahre 1701 übernahm Heinrichau die Residenz des zisterziensischen Administrators im Städtchen Pápa mit einem zweiten Haus und einem Maierhof. Die Residenz bestand aus einem zweigeschossigen Gebäude mit einem gewölbten Keller für 7500 Liter Wein, einer Küche, einem Schlafzimmer für das Gesinde, einem großen und einem kleinen Schlafzimmer für die beiden Expositi, einer geräumigen Hauskapelle, einer Kammer für Gäste und einem Nebengebäude mit einer Gesindekammer und einem Stall für 6 Pferde. Zu dem Haus gehörte außer dem Hofraum ein großer Garten.

Der Maierhof lag in der Vorstadt und enthielt außer der Küche einen Wohnraum für das Gesinde und einen Stall für 40 Rinder und umfaßte den ummauerten Hofraum und den Garten. Das dritte Haus des Stiftes Zirc in Pápa lag 1701 wüst und bestand aus einem unbewohnten Gartengelände. Zu diesem städtischen Besitztum gehörten aber weder Äcker noch Wälder; nur einige Felder in der Ortschaft Tevel wurden 1699 von Pápa aus bewirtschaftet[277a].

---

276) In diesem Hause, das auch auf einem Stich von F. B. Werner zu sehen ist, nahm Fürst Franz Karl von Auersperg am 5. Sept. 1709 die Huldigung der Bürger von Frankenstein entgegen (vgl. A. Sabisch, Der Regierungsantritt Franz Karls von Auersperg im Fürstentum Münsterberg-Frankenstein 1709/10. In: ZVGS 67. 1933, S. 95 ff.).

277) Compendium fol. 24 a.

277a) BDA V 65 „Possessiones et Proventus de Zircz“ (Fotokopie).

Viertes Kapitel

DAS KLOSTER IN STAAT UND KIRCHE

1. Die Beziehungen zur Landesherrschaft

Die Abtei an der Ohle wurde im Widerspruch zu den Absichten des Landesherrn begründet, der ihrer Errichtung nur schweren Herzens zustimmte. Zum ersten Male entstand hier im Lande der niederschlesischen Piasten ein Mönchskloster, dessen Patronat nicht dem Herzog gehörte. Wir haben gesehen, welche Schwierigkeiten die Schutzherrschaft eines niederen Vasallen der Entwicklung der Ordensniederlassung in den Weg legte und welche Mühe es kostete, der Zisterze die Unabhängigkeit zu sichern. Erst unter den Äbten Bodo und Peter I. gelang es, sich von der Vormundschaft adliger Herren zu befreien. Damit stand der Weg offen, die Abtei dem unmittelbaren Schutz der Piasten zu unterstellen. Dieses Ziel hat Abt Friedrich konsequent verfolgt und sich bemüht, das Interesse Bolkos I. zu wecken, der in Heinrichau seine Ausbildung erhalten hatte. Durch persönliche Tüchtigkeit gewann der Abt am herzoglichen Hofe großes Ansehen und trat wiederholt als Schiedsrichter ins Licht der Öffentlichkeit. Im langjährigen Streit des Herzogs Heinrich IV. und des Bischofs Thomas II. war er einer der wichtigsten Mittelsmänner[1]. Durch Abt Friedrich erhielt Heinrichau eine solche Bedeutung, daß Bolko I. den Gründungskonvent seiner Familienstiftung Grüssau aus Heinrichau berief anstatt aus dem piastischen Hauskloster Leubus.

Seine Nachkommen betrachteten die Abtei an der Ohle als Fundation ihrer Dynastie. Wenn die Herzöge von Münsterberg mit ihrem Gefolge in Heinrichau weilten, wohnten sie im Hospiz der Gäste oder im Abtshause und nahmen als Schutzherren der Zisterze einen Ehrenplatz beim Gottesdienst ein. Neben Münsterberg, Frankenstein und Strehlen war Heinrichau der Ort, wo der Landesherr mit Vorliebe Beurkundungen vollzog,

---

[1]) So hielt sich damals vom 6. Juli bis 9. August 1282 der päpstliche Legat Bischof Philipp von Fermo als Gast des Abtes in Heinrichau auf (SR 1716. 1717. 1719 und 1671). Am 13. Mai 1284 war Abt Friedrich im Breslauer Sandstift zugegen, als Heinrich IV. den Schiedsspruch des Legaten erfuhr (SR 1784. 1786. 1788). 1285 ernannte der Papst Erzbischof Jakob von Gnesen, den Archidiakon Dobiegnew von Włocławek und Abt Friedrich von Heinrichau zu päpstl. Kommissaren im Streit zwischen Herzog und Bischof (SR 1880 f. 1883. 1887. 1916 f.). 1286 kam Abt Friedrich mit den Äbten von Leubus und Kamenz und dem Dr. Jakob Goswini als Gesandte des Herzogs zum Bischof nach Ratibor und reiste von dort zur Visitation nach Kleinpolen (SR nach 1972). Am 27. Juni 1290 bat Abt Friedrich mit den Äbten von Leubus, Kamenz, St. Vinzenz und des Sandstifts u. a. m. den Papst, das Testament des verstorbenen Herzogs Heinrich IV. zu bestätigen (SR 2144).

politische Entscheidungen traf und Belehnungen seiner Vasallen vornahm[2]. Die Klosterkirche wurde die Grabstätte der fürstlichen Familie. Bolko II. und seine Gemahlin Gutha erhielten im Presbyterium ein prunkvolles Hochgrab; sie schenkten der Zisterze zu Lebzeiten reiche Zinsen und stifteten eine Kerze, die zu ihrem Gedächtnis Tag und Nacht vor dem Hochaltar brannte[3]. Auch ihr Sohn Nikolaus, der am 23. April 1358 auf der Heimreise von einer Pilgerfahrt nach Jerusalem in Ungarn starb, wurde im Kloster bestattet[4]. Seiner Gemahlin Agnes von Lichtenburg († 1370) gedachte der Konvent am 16. Juli und ihrer Schwester Adelheid am 14. August[5]. Ebenso erhielt Bolko III. († 13. Juni 1410) mit seiner Gemahlin Euphemia von Kosel († 26. Aug. 1411) die letzte Ruhe in der Abteikirche, wo man auch beider Söhne Nikolaus d. J. († 9. Nov. 1405), Heinrich († 11. März 1420) und Johann bestattete, der am 27. Dezember 1428 im Kampf gegen die Hussiten fiel. Elisabeth von Krakau, die Gemahlin des letzten Münsterberger Piasten, schenkte dem Kloster zum Gedächtnis ihres ersten Gemahls Spitko von Melsztyn und ihres Vaters Heinrich mehrere Ornate für den Hochaltar und wurde nach ihrem Tode († 22. Febr. 1424) in Heinrichau begraben[6], wo ein Jahr zuvor auch Herzogin Katharina von Troppau, die Schwester des Herzogs Johann, ihr Grab gefunden hatte († 23. April 1423)[7].

Als das verwaiste Fürstentum 1454 an das böhmische Herrenstandsgeschlecht von Kunstadt und von Podiebrad fiel, übernahm die neue Dynastie auch das Patronat von Heinrichau. Die Podiebrade besaßen aber in den mährischen Zisterzen Saar und Wisowitz eigene Hausgründungen und waren an engeren Beziehungen zu den Klöstern ihrer schlesischen Länder nicht interessiert[8]. Im dynastischen Programm der böhmischen Familie spielte daher Heinrichau eine untergeordnete Rolle und diente ähnlich wie Leubus,

---

[2]) 1303 urkundete in Heinrichau der Landeshauptmann Hermann von Barby (GS 85 und 87), 1310 die Herzöge Bernhard und Heinrich (SR 3118—3120), 1320 Wladislaus von Beuthen und Kosel (SR 4059), 1327, 1335 und 1339 Bolko II. von Münsterberg (SR 4697. 5468. 6250), 1348 Bolko II. von Schweidnitz (G. A. Stenzel, Urkunden zur Geschichte des Bistums Breslau im Mittelalter. Breslau 1846, S. 304 f.; RS 702 f.), 1346, 1349, 1355 sowie 1352 auf der Grangie Moschwitz der Herzog Nikolaus von Münsterberg (RS 443; BDA V 10 und G. Croon, Die landständische Verfassung von Schweidnitz-Jauer (CDS 27). 1912, S. 170 f.), 1368 Bolko III. von Münsterberg (BDA V 8, Nr. 42).

[3]) Urk. vom 21. Febr. 1339 (SR 6228; BDA V 10. Fotokopie). Leider ist der Brauch der „ewigen" Kerze, den die Pfarrei Heinrichau nach der Säkularisation pietätvoll bis 1945 pflegte, nach der Vertreibung der deutschen Bevölkerung verlorengegangen.

[4]) Zimmermann, S. 13; Nach Pfitzner Anm. 217 wurde er im Kapitelsaal beigesetzt.

[5]) Nekr. S. 292 und 294.

[6]) Nekr. S. 284.

[7]) Nekr. S. 288. — Zur Bestattung der Piasten von Münsterberg im Kloster Heinrichau vgl. H. Grüger, der Nekrolog des Klosters Heinrichau (ca. 1280—1550). In: Archiv 32. 1974, S. 47 ff.

[8]) Saar (Zdár) wurde 1252 von Boček von Obřan, Graf von Bernegg und Nidda, gegründet, 1421 von Viktorin von Podiebrad niedergebrannt und nach 1440 von Georg Podiebrad wieder aufgebaut. 1498 verliehen die Herzöge Albrecht, Georg und Karl I. von Münsterberg dem Abt das Recht, das Wappen von Münsterberg und von Kunstadt zu führen (A. Prokop, Die Markgrafschaft Mähren in kunstgeschichtlicher Beziehung. Bd. 1. Wien 1904, S. 172—174);

Kamenz und Trebnitz in erster Linie als Absteigequartier bei den Reisen der Herzöge. Das Stift galt als herzogliches Kammergut, das zum Unterhalt der fürstlichen Residenz Lebensmittel stellte, Fuhrdienste leistete und die Jäger, Hunde und Falken des Hofes auf seinen Grangien ernähren mußte. Heinrich d. Ä., der Sohn König Georgs, und seine Gemahlin Ursula von Brandenburg, ihre Brüder und Nachkommen ließen sich in der Kirche der Augustiner-Chorherren in Glatz bestatten oder in den Stadtkirchen von Frankenstein, Münsterberg und Oels[9]. In Heinrichau begrub man nicht ein einziges Mitglied der böhmischen Dynastie. Nicht einmal ins Totenbuch ließen sich die Angehörigen der Podiebrade aufnehmen, und man darf dies als einen Beweis dafür werten, daß keiner der Fürsten dieser Zeit der Abtei an der Ohle irgendwelche Schenkungen machte.

An den Rechten dagegen, die mit dem Patronat der Klöster zusammenhingen, waren die Herzöge von Münsterberg und Oels durchaus interessiert. Ihr langjähriger Streit mit Leubus, in dem es um die landesherrlichen Dienstforderungen und die Beherbergung der herzoglichen Jäger und Pferde ging, macht deutlich, auf welche Momente des Patronatsrechts die Podiebrade Wert legten[10]. Um sich des Drucks der Landesherrschaft zu erwehren, entschloß sich Abt Vinzenz zur Ablösung der materiell nutzbaren Herrschaftsrechte. Im Jahre 1528 erließ er dem baufreudigen Herzog Karl I. mehrere Darlehen und Bürgschaften im Wert von 4000 Goldgulden und erhielt dafür die Freiheit von der Einquartierung des herzoglichen Gesindes, der Jagdknechte und Pferde und wurde von der Pflicht entbunden, zum Haushalt des Münsterberger Schlosses Lebensmittel zu

---

H. Altrichter, Die Zisterzienser in Mähren bis zu Karl IV. Besitz, Volkstum und Siedlungstätigkeit (Schriften der Deutschen Gesellschaft für Wissenschaft und Volkstumsforschung in Mähren). Brünn-München-Wien 1943, S. 33—39). Wisowitz wurde 1261 von Smil von Kunstadt, dem Bruder des Boček von Obřan, gegründet. 1491 lösten die Herzöge Viktorin von Troppau, Heinrich d. Ä. von Münsterberg und ihre Verwandten die verpfändeten Stiftsgüter wieder ein und gaben sie dem Boček Kuna von Kunstadt, der die Zisterzienser nach Wisowitz zurückführte (A. Prokop, Bd. 4, S. 1222 und Bd. 1, S. 174; H. Altrichter, S. 39—41).

[9]) Herzog Heinrich d. Ä. († 1498) mit seiner Gemahlin Markgräfin Ursula von Brandenburg († 1508), Herzog Viktorin von Troppau († 1500) und seine Gemahlin Margaretha Palaeologa († 1496), Reichsfürst Heinrich d. J. von Podiebrad († 1492), Boček von Podiebrad († 1496) und Heinrichs d. Ä. Kinder, die Herzöge Albrecht († 1511), Johannes († 1472) und Ludwig († 1480), ferner Zdena, Gräfin von Hardegg († 1522) wurden in der von Heinrich d. Ä. gegründeten Klosterkirche der Bernhardiner in Glatz bestattet. In der Pfarrkirche zu Frankenstein begrub man Karl I. von Münsterberg († 1536) und seine Gemahlin Anna von Sagan († 1541), in der Pfarrkirche zu Münsterberg Herzog Joachim, Bischof von Brandenburg und Havelberg († 1562) und Hedwig von Sagan († 1524), die Gemahlin des Herzogs Georg; in der Schloßkirche zu Oels fanden die Herzöge Georg († 1553), Johann († 1565), Karl Christoph († 1569) und Karl II. († 1617) ihre letzte Ruhe.

[10]) Vgl. K. Wutke, Der Streit um Leubus zwischen König und Herzog 1534—1565. In: ZVGS 33. 1899, S. 111 f. — Schon die Piasten nahmen das Kloster als Kammergut in Anspruch und forderten gelegentlich Sonderleistungen, wie im 2. Kapitel am Streit mit Bolko II. von Münsterberg deutlich wurde. Auch Bolko III. forderte 1404 ein Darlehen von 972 Mk., und in der Fastenzeit 1459 erhob der böhmische König von den Klöstern der Kronländer je Mühlrad 1 Schock Groschen als Berna, wobei Heinrichau 90, Kamenz 70 fl. beisteuern mußte (G. A. Stenzel, Samuel Benjamin Klose's Darstellung der inneren Verhältnisse der Stadt Breslau ... (Script. 3). 1847, S. 349).

liefern und Fuhrdienste zu leisten[11]. Die juristische Bindung an die Landesherrschaft aber blieb bestehen, und gerade auf sie stützten sich die Söhne Karls I., als sie nach 1536 in ihren Ländern das lutherische Bekenntnis einführten und den Versuch unternahmen, das Kloster an der Ohle zu säkularisieren.

Auf Bitten des Abtes Vinzenz übernahm 1540 der Habsburger Ferdinand I. das Patronat und unterstellte das Stift dem Schutz der böhmischen Krone[12]. Die Intervention des Königs rettete Heinrichau vor dem Zugriff der Podiebrade; aber die Bindung an den Oberlehnsherrn und die Hilfe, die das Haus Habsburg gewährte, brachte Nachteile, die der Orden bald zu spüren bekam. Schon wenige Jahre später leitete die Krone aus dem Patronatsrecht Ansprüche ab, die die Unabhängigkeit der Klöster in Frage stellten. Im Jahre 1558 gab Ferdinand I. der königl. Kammer in Breslau genaue Anweisungen zur Beaufsichtigung der Stifte in Schlesien[13], und es schien nur eine Frage der Zeit, wann die Zisterzen in königliche Kommenden umgewandelt und dasselbe Schicksal erleiden würden wie die Klöster in Frankreich, Polen und im Kirchenstaat[14]. Der Heinrichauer Abt Andreas von Köln sah diese Gefahr bereits greifbar nahe, als er 1571 bei einem Treffen in Sternberg in Mähren dem Abt Nikolaus Kromer von Welehrad mitteilte, daß die Regierung die Absicht verfolge, alle Klöster Böhmens, Mährens und Schlesiens durch zwei geistliche und weltliche Kommissare visitieren zu lassen, den Äbten und Konventen die Vermögens- und Güterverwaltung zu entziehen und ihnen zum Unterhalt einen festen Betrag zuzuweisen[15]. Die Pläne zur Majorisierung des Ordens durch den

---

[11]) Urk. vom 8. Mai 1528 (BDA V 10. Fotokopie).

[12]) ZVGS 12. 1874, S. 466—468. Am 23. Jan. 1554 nahm Ferdinand I. „nach absterben weyland des würdigen andächtigen Vnßeres Rathes vndt lieben getrewens Vincentij Abbts des Gotteshauß Henrichaw, den Prior Conuent auch desselben Stieffts, Ambtleut dieses vndt Vnderthanen, Leut, Hab vnd Güter, welche sich glaitlich verhalten, in Vnßern gebürlichen kuniglichen Schutz vnd Schirm" (BDA V 11, fol. 3 a—b). Am 20. April 1555 verbot Ferdinand 1. auf Klagen des Breslauer Bischofs Balthasar den schlesischen Ständen, „die Geistlichkeit nicht sollen unter weltliche Jurisdiction ziehen, noch betrüben, oder höchlich zu beschweren wieder die geistliche rechte, vndt billigkeit, ... die angemaste geistliche Jurisdiction, so dem Bischoff in Breßlaw gehörig, abschaffen vndt enthalten sollen, damit die Geistlichkeit nicht beschweret vndt das Lob Gottes in der Catholischen Religion befördert werde" (BDA V 8, Nr. 60; Abt Andreas von Heinrichau ließ sich am 4. Sept. 1560 von diesem Schreiben ein Vidimus erteilen). Als das Fürstentum Münsterberg 1552—56 an Isabella, die Witwe des Johann Zapolya von Siebenbürgen, verpfändet war, versuchte die Exkönigin, das Stift Heinrichau ihrer Jurisdiktion zu unterwerfen. Um die Exemtion des Klosters zu retten, wandte sich Abt Andreas von Köln durch Friedrich Staphylus in einer Denkschrift an Ferdinand I. und bat um den Schutz des Monarchen (H. Tüchle. In Reformata Reformanda. Festgabe für H. Jedin. Bd. 2. Münster 1965, S. 130).

[13]) Pfitzner S. 172; vgl. auch K. Wutke: In: ZVGS 33. 1899, S. 135 ff.

[14]) Vgl. W. J. Telesca, The problem of the commendatory monasteries and the order of Cîteaux during the abbacy of Jean de Cirey 1475—1501. In: Cîteaux 22. 1971, S. 154—177; C. Eubel, In commendam verliehene Abteien während der Jahre 1431—1503. In: Studien und Mitteilungen aus dem Benedictiner- und Cistercienser-Orden 21. 1900, S. 10—15, 244—247; Visitationsbericht über die Klöster im Kirchenstaat und in den Königreichen Italien und Sizilien 1561. In: CChr. 13. 1901, S. 191 ff., 202 f.

[15]) Brief des Abtes Nikolaus Kromer von Welehrad vom 10. Mai 1571 (R. Hurt, Dějini cisterciáckého kláštera na Velehradě. Bd. 1. Olmütz 1934, S. 345, Urk. Nr. 14).

Staat hatten also schon konkrete Gestalt angenommen, und zu diesem Ziel forderte Maximilian II. 1570 die Äbte von Heinrichau und Kamenz auf, alle Privilegien ihrer Klöster im Original nach Prag einzusenden[16].

Der Angriff auf die Selbständigkeit der Zisterzen ging aber auch von der Diözesanverwaltung aus, der die Exemtion der Stifte ein Dorn im Auge war. Solange Abt Andreas von Köln lebte und als Generalvikar des Ordens in Schlesien tätig war, hofften Bischof und Domkapitel, daß sich die Zisterzienser aus eigener Kraft zu einer Reform aufraffen würden. Aber als Andreas am 1. April 1577 starb, verloren die schlesischen Stifte den Zusammenhang mit der Ordenszentrale und waren in ihrer Vereinzelung dem disziplinären Verfall ausgesetzt. Um weiteren Verlusten der Kirche vorzubeugen, ließ sich Bischof Martin von Gerstmann 1578 von Papst Gregor XIII. das Recht erteilen, alle reformbedürftigen Klöster seiner Diözese ohne Rücksicht auf Exemtion zur regulären Observanz und schuldigen Disziplin zurückzuführen und Ungehorsame zu mahnen, zu strafen und zu züchtigen[17]. Die Zisterzienser legten dagegen Appellation ein und mußten seit dieser Zeit den Kampf um die Selbständigkeit nach zwei Seiten führen. Dabei kann man den schlesischen Klöstern nicht den Vorwurf ersparen, daß sie durch mangelhafte Disziplin und finanzielle Mißwirtschaft eine Reform aus eigener Kraft fast unmöglich machten. Der innere Verfall der Abteien Leubus, Rauden, Himmelwitz und Trebnitz im späten 16. Jahrhundert und der finanzielle Ruin von Grüssau[18] forderten eine verantwortungsbewußte Staatsgewalt und Diözesanverwaltung, denen die Protestantisierung Schlesiens nicht gleichgültig war, geradezu auf, sich in die inneren Verhältnisse der Zisterzen einzumischen. Daher befahl König Rudolf II. 1582 dem schlesischen Landeshauptmann, die schlesischen Mönchsklöster der staatlichen Kontrolle zu unterwerfen und jede weitere Veräußerung von Gütern zu unterbinden. Wenn einer der Äbte starb, sollte der Landeshauptmann den Nachlaß zugunsten der Krone beschlagnahmen und ein Inventar über den Besitz aufstellen[19]. Im Jahre 1590 teilte der König den Zisterzienseräbten Schlesiens mit, daß die Konvente künftig nach dem Tode eines Abtes „zwei taugliche, gottesfürchtige vndt qvalificirte Personen“ vorschlagen sollten, aus denen er den neuen Abt ernennen wollte. Da der Konvent von Leubus 1595 diese Anordnung mißachtete, gab der König den Zisterziensern seinen Willen nochmals kund und erklärte die Wahl

---

16) Schreiben vom 5. Jan. 1570 (BDA V 11, fol. 4 a): „weil es aber eine notturfft ist, daß wir Vnß in den Originalibus ersehen mögen, deshalben so ist nochmals vnser gnädiger Bevelh an Euch, Ihr wöllet dieselben sambt bemelten Abschriften unverzüglich und enntlich hieher schicken.“

17) Breve vom 8. April 1578 (BDA V 11).

18) Zur Lage schlesischer Zisterzen dieser Zeit vgl. Potthast S. 38—69; Rose S. 55—65; P. Knauer, Kloster Kamenz, Zeit und Lebensbilder aus seiner Geschichte 1210—1810. Liegnitz 1932, S. 54—61; A. Bach, Geschichte und Beschreibung des fürstlichen Klosterstiftes des Cistercienser-Ordens in Trebnitz. Hrsg. A. Kastner (Archiv f. d. Gesch. des Bisthums Breslau 2). Neisse 1859, S. 19—22 und 66—73; P. Knauer, Klosterleben und Klosterreform der schlesischen Zisterzienser in der Zeit der Reformation und Gegenreformation. In: Archiv 4. 1939, S. 239—252.

19) Pfitzner S. 173.

des Leubuser Abtes Franz Ursinus für ungültig[20]. Dem Abt Nikolaus Hübner von Heinrichau und seinem Konvent dagegen gelang es, sich durch eine Geldzahlung der staatlichen Wahlaufsicht zu entziehen[21].

Der Schutz, den die Krone gegen die protestantischen Fürsten und Stände gewährte, mußten die Zisterzen teuer bezahlen. Schon 1558 forderte Ferdinand I. vom Heinrichauer Abt 1300 Tlr. Darlehen, für das der Abt das Stiftsdorf Bernsdorf für 7 Jahre verpfändete[22]. 1598 mußte Heinrichau 12 000 Tlr. zahlen[23]. Als Rudolf II. 1610 eine neue Beihilfe vom Klerus verlangte, suchte der Breslauer Weihbischof Abt Georg Scultetus von St. Vinzenz einen gemeinsamen Protest zustande zu bringen; aber bevor es zu einer Resolution kam, durchbrachen die Äbte von Leubus und Heinrichau die solidarische

20) Enthalten in einem Erlaß Rudolfs II. vom 27. April 1595, in dem sich der König auf sein Edikt vom Oktober 1590 beruft (BDA V 11, fol. 5 b—6 a). — Die habsburgische Krone beanspruchte nicht nur das uneingeschränkte Patronatsrecht der Klöster, sondern zog die Äbte auch als staatliche Amtsträger und Kommissare heran. So beauftragte Ferdinand I. am 20. Februar 1551 den Landeshauptmann Hans von Oppersdorf, mit Hilfe des kaiserl. Rats Abt Vinzenz von Heinrichau die Kirchen des Fürstentums Münsterberg wieder mit katholischen Geistlichen zu besetzen — ein Edikt, das nicht zur Ausführung gelangte, weil der König das Fürstentum schon 1552 wieder an die Königin Isabella von Ungarn verpfändete. Auch Abt Kaspar Gleisberg (1627—33) war Consiliarius des Kaisers; sein Nachfolger Laurentius Hertel wurde 1638 zum Stellvertreter des Landeshauptmanns Christoph Frhr. von Lobkowitz ernannt, und Abt Kaspar Liebichen führte als kaiserl. Kommissar die Rekatholisierung der Landkirchen des Fürstentums durch. Von 1643 bis zum Beginn der preußischen Herrschaft leiteten die Äbte von Heinrichau und Kamenz abwechselnd die Landeshauptmannschaft des Fürstentums und präsidierten dem Landrecht der Ständeversammlung im herzogl. Schlosse zu Frankenstein.

21) Schreiben vom 6. April 1599 (BDA V 8, Nr. 65). Dieser Erlaß, dessen Anwendung auf Heinrichau Abt Nikolaus Hübner durch eine Geldzahlung ablöste, wurde im 17. Jh. erneuert und verschärft, um die Klöster vollständig der Aufsicht der Krone zu unterwerfen. So berief sich Ferdinand III. am 27. Dez. 1640 darauf, daß er „nicht allein als Obrister Hertzog in Schleßien, sondern auch als Obrister Fundator, Collator und Protector" der Klöster befugt sei, „Besiglung vndt Inventirung der Gestiefften Fahrnus, kirchen, kleinoden vndt anderer Vorlassenschafft anzuordnen" und ernstlich gesonnen sei, dieses alte Recht in Anspruch zu nehmen. Er befahl daher den schlesischen Klöstern, beim Tode eines Abtes künftig der königl. Kammer Mitteilung zu machen und vor erfolgter Besiegelung und Inventur des Nachlasses keine Neuwahl vorzunehmen (BDA V 11, S. 143 f.). Am 17. März 1677 ordnete Leopold I. unter Berufung auf Erlasse Ferdinands III. vom 27. Nov. 1656 und vom 23. Jan. 1664 an, daß die Klöster beim Ableben eines Abtes die schlesische Kammer benachrichtigen und die Neuwahl nur in Anwesenheit königl. Kommissare vornehmen sollten, „daß wir wißen, waß zu einer vndt andern Praelatur für Subjecta, als welche in Conventibus Publicis Ihre Session, vndt votum mithaben, vndt genießen, erwöhlet werden". Der Kaiser versprach, daß den Klöstern dadurch „keine Beschwer vndt Vnkosten" entstehen sollten (BDA V 11, S. 241). Als ein Zeichen wachsender Bevormundung muß man ferner werten, daß die Krone das Plazet für Visitationen der Klöster durch ausländische Ordensobere in Anspruch nahm, so daß Ferdinand III. den schlesischen Zisterziensern am 20. Juli 1654 untersagte, die Visitation des Generalabts zuzulassen, weil es Claude Vaussin von Cîteaux versäumt hatte, die Genehmigung des Monarchen einzuholen (BDA V 11, S. 208 f. mit dem Recepisse der Heinrichauer Kanzlei vom 2. August 1654).

22) Schreiben vom 24. April 1558 (BDA V 8, nr. 64).

23) P f i t z n e r S. 173. Leubus zahlte damals 30 000, Grüssau, Heinrichau, Kamenz und Trebnitz je 12 000 fl. Mit der Erhebung kaiserl. Steuern hing es auch zusammen, wenn das Stift Heinrichau 1607 für 1000 Tlr. die Auegärten in Briesnitz bei Wartha verpfändete, die dem Kloster dabei für immer verloren gingen (Script. 1, 526, Anm. 1).

Front[24]. Die protestantischen Stände Schlesiens, die nach dem Tode des Kaisers Matthias im Bunde mit den aufständischen Böhmen den Kurfürsten Friedrich V. von der Pfalz zum König wählten und dem Krieg gegen den Habsburger Ferdinand III. beitraten, belegten die katholischen Stifte am 10. März 1620 mit einer ähnlichen Zwangsanleihe, wie sie 1598 Rudolf II. gefordert hatte[25]. Auch im späten 17. und frühen 18. Jahrhundert bat die habsburgische Krone die schlesischen Zisterzen fast regelmäßig zur Kasse. Das Heinrichauer Compendium führt Jahr für Jahr getreu die Beiträge an, die Abt Kahlert als Türkensteuer zahlte. Innerhalb von 14 Jahren entrichtete das Kloster 26 617 fl. und 12 Heller oder rund 20 Prozent der jährlichen Zinseinkünfte[26]. Sein Nachfolger Ackermann brachte 1708 3200 fl. für den Staat auf und 1710 nochmals 2345 fl.[27]; von Abt Gerhard Wiesner forderte der Fiskus 1733 für die Bestätigung seiner Wahl 5000 fl. und der Fürst von Auersperg als Herzog von Münsterberg weitere 1000 fl.[27a], und wenige Jahre später mußte derselbe Abt nochmals 10 000 fl. zahlen.

Alle diese Kontributionen galten als außerordentliche Subvention, wobei der Klerus jedesmal Protest erhob und betonte, daß er von Rechts wegen nicht zur Zahlung verpflichtet sei. Die Krone Preußens aber, der Heinrichau seit 1741 unterstand, ließ sich weder auf Vorbehalte noch auf Verhandlungen ein und legte den Klöstern noch weit härtere Steuern auf. Schon im August 1741 wurde Heinrichau im Auftrag des Königs von einer Strafexpedition durch 12 000 Mann Militär heimgesucht, und ein Jahr später forderte der Fiskus 10 000 Tlr. Steuern und 9000 Tlr. Kontribution und die Kosten für das Winterquartier von 9 preußischen Kompanien. Am 23. April 1743 führte die Regierung einen Steuerkataster ein, der auf die früher anerkannte Steuerfreiheit des Klerus keine Rücksicht mehr nahm. Von jetzt an forderte der Staat vom jährlichen Einkommen der königl. Domänen 28 Prozent des Ertrages, von den Bauern 34, vom Besitz der Ritter-

---

24) Schreiben des königl. Oberamtskanzlers Sigmund von Zedlitz an den Abt von Heinrichau vom 8. Juni 1610, wonach das Stift bis zum 25. Juli 6000 Tlr. zahlen sollte (BDA V 11, S. 43 f.).

25) J. H e y n e Bd. 3. Breslau 1868, S. 168; dabei zahlten Leubus 24 000, Heinrichau 12 000, Trebnitz 10 000, Kamenz 7000, Grüssau 6000, Rauden 5000 und Himmelwitz 1000 Tlr. Die „Gravamina des Stieffteß Heinrichau wieder die Vncatholischen“ vom 4. März 1629 (BDA V A 1, Fotokopie) zeigen auch, daß die protestantischen Stände das Kloster mit Einquartierungen und zusätzlichen Steuerforderungen weitaus mehr belasteten als die Güter des protestantischen Adels und daß sie dem Abt von Heinrichau die Amtsverwaltung des Fürstentums Münsterberg entzogen und ihn nicht einmal mehr zur Ständeversammlung zuließen.

26) Das Stift zahlte im Jahre 1683: 1610 fl., 1684: 442 fl. 11 sgr., 1685: 751 fl., 18 sgr., 7 Heller; 1686: 276 fl.; 1689: 500 fl.; 1690: 2992 fl., 11 sgr., 5 Heller; 1691: 1536 fl.; 1694: 8209 fl., 12 Heller und nochmals 1228 fl.; 1695: 4600 fl.; 1698: 4600 fl. (Compendium fol. 21 a ff.).

27) A. B a c h S. 138 Anm. 3. 1708 zahlten Trebnitz 4600 fl., Leubus und Grüssau 4000 fl., Kamenz 3200 fl., Rauden 1500 fl. und Himmelwitz 800 fl. Im Jahre 1710 zahlten Trebnitz 3370 fl., Leubus und Grüssau 2930 fl., Kamenz 2345 fl., Rauden 1110 und Himmelwitz 586 fl.

27a) Hist. dom. Henr. S. 27. P. Thomas Werner bemerkte dazu: „quae taxa pretium aliarum electionum nimium excedit.“ In der Tat begnügte sich die Hofkanzlei bei der Bestätigung des Abtes Regnard (1725) noch mit einer Taxe von 1000, der Fürst von Auersperg mit 500 Rtlr. (Hist. dom. Henr. S. 10).

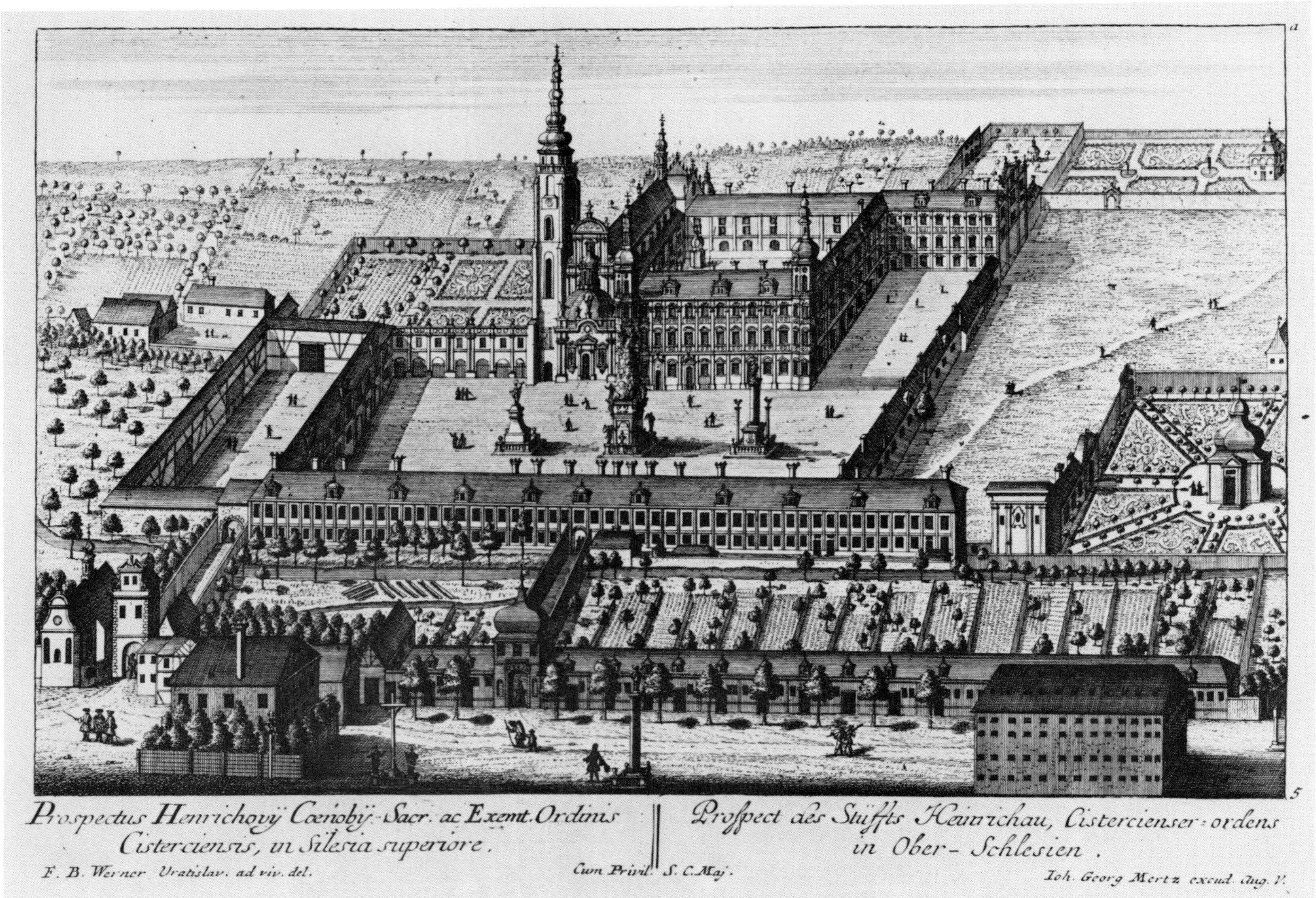

2. Die Klosteranlage um 1740

Stich von Friedrich Bernhard Werner

3. Niedertor mit Nepomukdenkmal und Resten der Andreaskirche

4. Nordquerschiff der Klosterkirche

5. Blick über den Kammerhof auf die Klosterkirche

6. Prälaturfassade mit Dreifaltigkeitssäule

7. Hauptportal der Prälatur mit Klosterwappen

8. Südliche Partie des Konventtraktes

9. Südgiebel des Konventtraktes

10. Blick auf die Hochschiffe des Presbyteriums und Südquerhauses

11. Blick über den ehemaligen Abtsgarten auf die Dächer und Türme des Klosters

12. Vorhalle der Klosterkirche und nördliche Partie der Prälatur mit Gerichtsportal

13. Zentralpavillon im ehemaligen Abtsgarten

14. Die große Silbermonstranz mit der Darstellung des Stammbaums Jesse

15. Initiale A aus dem Heinrichauer Graduale I F 416 von ca. 1350: Mariä Verkündigung

16. Initiale G aus dem Heinrichauer Graduale I F 416 von ca. 1350: Jesus und die Apostel

17. Abteikirche Zirc: obere Partie der Westfassade mit dem Doppelwappen von Heinrichau und Zirc

orden 40 und von den Gütern des Bischofs und der Klöster 50 Prozent[28]. Dazu mußten die Äbte bei der Bestätigung ihrer Wahl hohe Gebühren entrichten und jährliche Beiträge zur Pensionskasse der Beamten leisten, die für Heinrichau 4000 Tlr. betrugen[29]. Wenige Jahrzehnte nach dem Verlust Schlesiens führte die habsburgische Krone in ihren Ländern ein ähnliches Steuersystem ein, durch das auch Heinrichau betroffen wurde, weil es seit 1699 mit dem ungarischen Stift Zirc uniert war. 1750 mußte Abt Rieger für seine Installation in Preßburg noch 112 fl. Gebühren zahlen[30]. Bei der Bestätigung des Abtes Markus Welzel am 13. August 1779 verlangte die ungarische Hofkanzlei einen Jahresbeitrag von 159 fl. 55 Kreuzern zur Fortifikationskasse[31]. Von seinem Nachfolger forderte Wien bereits 1769 fl. 30 Krz[32] und nach einer neuen Verfügung vom 1. Juli 1802 sollte der Abt für Zirc 30 000 fl. zahlen[33].

Viel schlimmer aber als die finanziellen Forderungen waren die Eingriffe des Staates in die inneren Verhältnisse der Klöster. Schon 1640 erklärte Ferdinand III., daß er „als oberster Herzog in Schlesien und als Fundator, Kollator und Protektor der Klöster" das Recht habe, nach dem Tode eines Abtes den Nachlaß des Verstorbenen inventarisieren und versiegeln zu lassen, wie dies schon seine Vorfahren getan hätten, und er wies die königl. Kammer an, dieses Recht streng wahrzunehmen[34]. Wenn man die Akten des

---

28) Pfitzner Anm. 332.

29) Rose S. 116 und Anm. 29; S. 127 f., 132 ff., 279 Anm. 88.

30) Hist. dom. Zirc. S. 88. Die Litterae collationales der Kaiserin Maria Theresia wurden am 30. Mai 1749 in Wien ausgefertigt und dem Abt Rieger am 3. Febr. 1750 durch den Baron Karl von Keller von der kgl. Ungar. Hofkanzlei in Preßburg ausgehändigt. Dabei machte die Kaiserin dem Abt unter Berufung auf ihr Patronatsrecht, „quod generaliter in omnibus praedicti regni nostri Hungariae ... ecclesiis ac beneficiis ... jure habere et exercere dignoscimur", zur Auflage, daß er die Abtei Zirc nach Kräften wiederherstelle, den göttlichen Kult fördere, den Konvent erhalte und vermehre und die „munia et servitia divina" leiste sowie die Besitzungen der Abtei nicht entfremde, sondern die verlorenen Güter nach Möglichkeit wiedererwerbe (gedr. A. Müller, Urkunde der Kaiserin Maria Theresia über die Zisterzienserabtei Zircz in Ungarn, In: Archiv 9. 1951, S. 222—225). Diese Bedingungen nahm die Komitatsversammlung von Veszprém am 13. März 1780 in das Verzeichnis der „Possessiones et Proventus de Zircz" auf und bestätigte den schlesischen Zisterziensern, daß sie die Forderungen der Krone in lobenswerter Weise erfüllt hätten („summa cum laude satisfactum esse") (BDA V 65, S. 47, Fotokopie).

31) Sohr 1843, S. 43.

32) Sohr 1843, S. 152; Alpár S. 42.

33) Sohr 1843, S. 155.

34) Schreiben vom 27. Dez. 1640 (BDA V 11, S. 143 f., Fotokopie). Offenbar unter Berufung auf dieses königl. Spolienrecht erschien am 15. Febr. 1749 beim Tode des Abtes Wiesner der Landrat Ernst Wilhelm von Eckwricht auf Münchhof, um den Nachlaß des Verstorbenen zu versiegeln (Hist. brevis § 45). Bei der Abtswahl am 29. März 1749 nahm als Königl. Kommissar der Kammerrat Auster aus Breslau teil, wobei das Stift hohe Sporteln zahlte, was der Verfasser der Hist. brevis (§ 45), der noch den Wahlmodus habsburgischer Zeit erlebt hatte, als „nova et inaudita in patria nostra" kritisierte, obwohl Heinrichau schon unter kaiserl. Herrschaft bei der Wahl von Gregor Regnard 700 fl. an die königl. Kommissare hatte zahlen müssen.
Daß die Staatsgewalt religiöse Institutionen zur Kostendeckung öffentlicher Aufgaben heranzog, war trotz der immer wieder zugesicherten und bestätigten Steuerfreiheit der Kirche zu allen Zeiten gang und gäbe. Im Mittelalter war es besonders das Herzogsrecht der „statio" oder „legir", das den Klöstern beträchtliche finanzielle Lasten auferlegte, indem sie gezwungen wa-

Stiftes Heinrichau über den Streit der Zisterzienser mit dem Breslauer Bischof Karl Ferdinand, Prinz von Polen, studiert, so ist man überrascht zu sehen, mit welcher Unnachgiebigkeit die schlesischen Äbte dieser Zeit auf der Erhaltung ihrer verbrieften Exemtion bestanden, auf der anderen Seite aber bereit waren, sich der Krone zu unterwerfen und den Kaiser um Bestätigung der Abtswahlen zu bitten, um so einen „mächtigen Helfer gegen die Nachstellungen der Kanoniker" zu gewinnen[35]. Damit gestanden sie dem Monarchen Rechte zu, die darauf hinausliefen, die Klöster der Staatsgewalt auszuliefern. Die habsburgische Krone trug daher auch keine Bedenken, sich sogar in die Visitation der Zisterzen einzumischen, indem Ferdinand III. 1654 den schlesischen Äbten verbot, die geplante Visitation des Generalabts zu dulden, da Abt Claude Vaussin von Cîteaux unterlassen hatte, dem Kaiser die Visitation vorher anzuzeigen[36]. Nur 7 Wochen nach dem Vergleich der Zisterzienser mit dem Breslauer Bischof im Jahre 1677 bedankte sich Kaiser Leopold I. bei den Äbten, daß sie „die königlichen Regalien" erfolgreich verteidigt und keinen Eingriff des Bischofs in ihre Wahlen zugelassen hätten. Da sie aber als Prälaten „in Conventibus publicis — in öffentlichen Versammlungen" Stand

---

ren, den Landesherrn und sein Gefolge bei Besuchen im Kloster zu versorgen, seine Reitpferde, Hundemeuten, Jagdvögel und Jäger auf ihren Grangien zu ernähren. Wie unerträglich diese Beherbergungspflicht werden konnte, zeigen die Klagen, die die Heinrichauer Äbte 1334—1336 gegen Bolko II. von Münsterberg in Rom und in Morimond erhoben. Da aber die Macht der piastischen Landesherrschaft rasch zerfiel und das Kloster seine eigene Position durch Gütererwerbungen stärkte, glich sich das Machtgefälle zwischen dem Fürsten und der Zisterze im 14. Jh. allmählich aus, so daß sich Heinrichau unter den Herzögen Bolko III. und Johann den landesherrlichen Ansprüchen weitgehend entziehen konnte und bei fürstlichen Petitionen seinen Beitrag nur „aus gutem Willen und nicht von Rechts wegen" leistete. Dies änderte sich gründlich, als Münsterberg im späten 15. Jh. an die mächtigere Dynastie der Podiebrade fiel, erst recht aber, als seit 1540 die Habsburger das Patronat des Klosters beanspruchten. Der Macht der Krone hatten die Äbte nichts entgegenzusetzen als formale Proteste und Rechtsvorbehalte, die als hilflose Gesten wirkten. Das Beispiel der Klöster Leubus und Trebnitz, die im 16. und 17. Jh. das Patronatsrecht der Krone ablehnten und sich lieber den protestantischen Herzögen von Liegnitz und Oels unterstellen wollten, zeigt deutlich, daß sich die Äbte der Gefahr, die von seiten einer starken Landesherrschaft drohte, vollständig bewußt waren. Die relative Unabhängigkeit, deren sich das Stift Heinrichau in mittelalterlicher Zeit gelegentlich erfreute, beruhte daher nicht auf einer geschriebenen Verfassung, sondern auf der Machtlosigkeit der Piasten. Die unterschiedliche Höhe der Ansprüche, die die habsburgische und seit 1740 die preußische Krone an das Kloster erhoben, liegt im wesentlichen in der konsequenten Weiterentwicklung begründet, die der Absolutismus in Preußen erfuhr, ferner im strafferen Steuersystem des preußischen Staates und in der Tatsache, daß die schlesischen Zisterzienser seit 1740 einer Obrigkeit unterstanden, deren Politik auf die Interessen kirchlicher Institutionen nicht mehr in dem Maße Rücksicht nahm wie die Politik der Habsburger. Von den Lasten, die der preußische Fiskus dem Orden in Schlesien zumutete, legen die monumentalen Torsi der Klostergebäude von Leubus, Grüssau, Kamenz und des Jesuitenkollegs in Breslau bis heute beredtes Zeugnis ab, denn die Besteuerung der Einkünfte mit einem Satz von 50 Prozent setzte den aufwendigen, 1740 noch unvollendeten Bauunternehmungen ein rasches Ende.

35) Schreiben des Abtes Arnold Freiberger von Leubus an Abt. Georg Welzel von Heinrichau vom 5. Febr. 1649. Dabei schlug der Leubuser Abt vor, die Wahlinstrumente der Äbte vom Kaiser bestätigen zu lassen, und die Äbte stimmten dem Vorschlag einmütig zu (BDA V 11, Fotokopie).

36) Schreiben der königl. Kammer vom 29. Juli 1654 (BDA V 11, Fotokopie).

und Sitz hätten, verfügte er, daß künftig genauso wie in den anderen habsburgischen Erblanden auch in Schlesien jede Abtswahl in Anwesenheit königlicher Kommissare stattfinden sollte[37]. Damit war das Schicksal der monastischen Freiheit, die der Orden in mittelalterlicher Zeit erstrebte, endgültig besiegelt, und schon bei der Wahl des Heinrichauer Abtes Kahlert am 20. Februar erschienen die Kommissare des Kaisers[38].

In preußischer Zeit bot der Erlaß Leopolds I. die juristische Handhabe, eine freie Wahl fast ganz zu verhindern. König Friedrich d. Gr., der die Ordensleute der Sympathie für das Haus Habsburg verdächtigte, beschränkte die Wahl seit 1744 auf die Präsentation von drei Kandidaten, aus denen er den neuen Abt bestimmte[39]. Für die Auswahl der Kandidaten erließ er strenge Maßstäbe, die von politischer Raison bestimmt waren. Die erwählten Ordensleute mußten aus preußischen Landen stammen und dem Staat gegenüber eine loyale Gesinnung beweisen. Um unerwünschten Vorschlägen der Wähler zuvorzukommen, ließ der König gelegentlich seine Wünsche mitteilen und erwartete, daß sich die Wähler danach richteten. Von einer freien Wahl konnte daher keine Rede mehr sein[40].

Für Heinrichau, dessen Konvent seit der Union mit Zirc viele Professen aus habsburgischen Ländern aufnahm, führten die staatlichen Wahlbeschränkungen zu Ungerechtigkeiten, die auf die Dauer unerträglich werden mußten. Mit Rücksicht auf die nationale Zusammensetzung des Konvents hätte man zum Abt des Doppelklosters früher oder später einen Mann erwählen müssen, der in Österreich oder Ungarn beheimatet war. Da aber der Staat eine solche Wahl verhinderte, kam es zu Protesten und Spannungen im Konvent. Die Mönche von Zirc, die zeitweilig mehr als ein Drittel des Konvents ausmachten, wandten sich daher schon 1738 an das Generalkapitel, um ihr Wahlrecht durchzusetzen[41]. Die Väter von Cîteaux überließen die Entscheidung über diesen Antrag dem Heinrichauer Abt Wiesner als Generalvikar von Schlesien, und der Abt verfügte, daß bei Abtswahlen in Heinrichau künftig außer dem Prior auch Vertreter des Konvents von

---

37) Mandat Leopolds I. vom 17. März 1677 (BDA V 11, Fotokopie).

38) Es waren die Herren von Haugwitz, von Dembski und der Syndikus der Stadt Frankenstein (A. Rose, Abt Heinrich Kahlert von Heinrichau (1681—1702) als Mönch im Kloster Grüssau. In: Archiv 27. 1969, S. 278). Dabei behielt sich der Staat außer der Präsenz kaiserlicher Kommissare bei der Wahl auch das Recht der Bestätigung des Erwählten vor, ferner das Plazet bei Visitationen des Generalabts und die Erteilung der Reiseerlaubnis zum Generalkapitel.

39) Rose S. 120.

40) So zwang der König den habsburgfreundlichen Leubuser Abt Konstantin Beyer zum Rücktritt und ließ am 24. März 1747 seinen Günstling Abt Tobias Stusche von Kamenz wählen, dem er beim Generalabt die Dispens verschaffte, das Stift Kamenz weiter beizubehalten (L. Wintera, Leubus in Schlesien. In Studien und Mitteilungen aus dem Benedictiner- und Cistercienser-Orden 25. 1904, S. 694 f.; P. Wels, Geschichte des Klosters Leubus. Liegnitz 1924, S. 55 f.; Frömrich S. 158 ff.). In Heinrichau lehnte der König den P. Hieronymus Hübner als Kandidaten der Abtswahlen von 1763, 1778 und 1793 ab, „quod cum Caesarianis familiarius egisset" (Catal. 57), und 1749 wurde der Abtskandidat P. Innozenz Braunisch abgewiesen, weil er aus Wiener-Neustadt gebürtig war (Catal. 39).

41) Canivez 1738, Nr. 268: „Negotium Ciricensium monachorum pro ferendo suffragio in electione Henricoviensis abbatis remittitur ad Vicarium generalem provinciae Silesianae, in plenaria Ordinis potestate diffiniendum ac terminandum."

Zirc teilnehmen sollten[42]. Wenige Jahre danach aber fiel Schlesien an Preußen, das den ausländischen Zisterziensern zwar das aktive Wahlrecht ließ, ihnen aber jede Chance, selbst zu Äbten erwählt zu werden, für immer nahm. Die letzten Heinrichauer Äbte suchten dieses Unrecht erträglicher zu machen, indem sie zu Prioren und Subprioren in Zirc fast nur noch Mönche ernannten, die nicht aus Schlesien stammten. Damit war allerdings nicht das diskriminierende Faktum beseitigt, daß die Ordensleute des unierten Klosters des passiven Wahlrechts beraubt waren.

Die Spannungen zwischen Schlesiern und Ungarn im Konvent von Heinrichau und Zirc verstärkten sich, seit in das Mutterkloster keine Novizen mehr aus Österreich, Böhmen und Mähren eintraten[43]. Die ungarischen Ordensleute des späten 18. Jahrhunderts sahen daher im Abt von Heinrichau den Vertreter einer Fremdherrschaft, gegen die das Volk der Magyaren seit 250 Jahren kämpfte. Unter dem Diktat nationaler Interessen, für die der Konvent von Zirc bei der Komitatsvertretung von Veszprém, der Statthalterei von Buda und dem Weihbischof Zsolnay ein offenes Ohr und Unterstützung fand, erwuchs im Heinrichauer Tochterkloster seit 1793 eine Unabhängigkeitsbewegung, der der letzte schlesische Abt nicht mehr gewachsen war. Obwohl der preußische König am 7. Januar 1793 die Erlaubnis erteilte, bei der bevorstehenden Abtswahl mit Rücksicht auf Zirc auch ausländische Kandidaten zu postulieren[43a], ernannte er wenige Wochen später einen Schlesier, den bisherigen Prior Konstantin Gloger, dem die ungarische Partei des Konvents von Zirc den Gehorsam aufkündigte.

2. Die Beziehungen zum Adel

Nach der Gründung von Heinrichau dauerte es einige Jahre, bis sich der Adel des Vorgebirgslandes mit der Existenz der Ordensniederlassung abfand und das Kloster als gleichwertiges Mitglied anerkannte. Die erste Reaktion der feudalen Grundherren an der oberen Ohle war von Zurückhaltung oder offener Feindseligkeit bestimmt. Das erscheint verständlich, wenn man an die Entstehung von Heinrichau denkt. Die Zisterze war nämlich die Stiftung eines aus Kleinpolen eingewanderten adligen Standesgenossen,

---

[42]) Seitdem reisten — wie die Einträge des Catal. beweisen — beim Tode eines Abtes jeweils mehrere Ordensleute von Zirc nach Heinrichau, um bei der Neuwahl des Abtes mitzuwirken und die Interessen des unierten ungarischen Klosters zur Geltung zu bringen.

[43]) Den Kontakt des schlesischen Stifts mit den habsburgischen Ländern unterband nämlich nicht die Angliederung Schlesiens an Preußen, denn auch nach 1740 traten noch Novizen aus Böhmen, Mähren und Österreich in Heinrichau ein. Der Nachwuchs aus diesen Gebieten kam erst zum Erliegen, als 1780 Joseph II. die Alleinregierung in Wien übernahm und den Eintritt in den Orden durch staatliches Reglement beschränkte.

[43a]) BDA V B 6 m, unterschrieben von Etatminister Hoym, am 11. Dez. 1804 vom Stiftskanzler Carl Anton Schiller transsumiert.

der dem einheimischen Adel fremd blieb. Da er das Patronat des Klosters behielt, war die Ordensniederlassung geeignet, ihm und seiner Familie ein höheres Ansehen zu verschaffen, als es Geburt und Abstammung gewährten. Außerdem waren auch die Mönche, deren Konkurrenz den ansässigen Herren gefährlich erschien, landfremde Leute, die nicht einmal das geltende Recht kannten.

Das Mißtrauen, dem die Zisterzienser begegneten, legte der frühen Entwicklung von Heinrichau viele Hindernisse in den Weg. Mancher Adlige, wie Stephan von Kobylaglowa zu Nethwitz, die Gebrüder Stosso zu Peterwitz und Graf Michael Daleborowitz begegneten den Mönchen nicht bloß mit Reserve, sondern suchten ihnen offen zu schaden. Der adligen Opposition gelang es sogar, dem Kloster wertvolle Besitzungen zu entreißen, so daß Abt Heinrich den Mut verlor und mit dem Gedanken spielte, die Niederlassung wieder aufzugeben[44].

Die entscheidende Wende im Verhältnis zum einheimischen Adel brachte der Tod des Bischofs Paul von Posen (1242). Die Erben des bischöflichen Patronatsherrn, die im benachbarten Taschenberg saßen, waren damals noch minderjährig und ihr Besitz zu gering, als daß sie das Kloster hätten schützen können. Seit dieser Zeit bemühten sich die mächtigeren Herren des Vorgebirgslandes um das Patronatsrecht von Heinrichau. Graf Albert Barth von Tepliwoda verschaffte der Zisterze durch seine Fürsprache die Domäne Jaworowitz[45]. Im Streit um Schönwalde bot er sich als Mittler an und legte die Grenze gegen die Besitzungen des Ritters Pribislaus fest[46]; auf dem schlesischen Landtag vertrat er die Interessen des Klosters in der Auseinandersetzung um die Wälder Budsow und Rudno und brachte einen Vergleich mit den Herren von Peterwitz zustande[47]. Dem Einfluß des mächtigen Mannes, der einer der ersten Deutschen im Land an der oberen Ohle war, verdankte es das Kloster, wenn sich der einheimische Adel mit der Ordensniederlassung abfand und freundschaftliche Beziehungen zu den Mönchen suchte.

Zur Festigung der Position des Klosters trug aber auch die Gründung der deutschen Stadt Münsterberg bei[48]. Handwerker und Kaufleute, die sich hier ansiedelten, brachten in das Kolonisationsland ein Warenangebot, das seinen Einfluß auf die gehobenen Schichten der ansässigen Bevölkerung nicht verfehlte. Das Beispiel der Bürger reizte den Landadligen, der in bescheidenen Verhältnissen existierte, sich einen ähnlichen Lebensstandard zu leisten, um sein Standesprestige in der Konkurrenz mit dem Bürgertum zu behaupten. Dabei war nicht jeder Kleinadlige imstande, mit den wachsenden Ansprüchen mitzuhalten; mancher lebte über seine Verhältnisse und stürzte sich in Schulden. In dieser Situation boten sich neben den reicheren Kaufleuten der Stadt die Zisterzienser

---

44) SR 342, gedr. GS 150 f. und Schilling S. 431, in deutscher Übersetzung auf S. 455.

45) GS 32 f.; GB 35; GG 269 f.

46) GS 58 f.; GB 53; GG 297 f.

47) GS 53 ff.; GB 50 f.; GG 293 ff.

48) Die Gründung erfolgte ziemlich genau im Jahre 1250 durch Heinrich III. Vgl. W. Kuhn, Die deutschrechtlichen Städte in Schlesien und Polen in der ersten Hälfte des 13. Jahrhunderts. Marburg 1958, Stadt 85.

als Kreditgeber an und liehen dem Edelmann das Geld, das er brauchte[49]. Auf diese Weise wurde die Zisterze, ähnlich wie die modernen Banken, ein mächtiger Faktor im wirtschaftlichen Leben und erwarb sich im Bewußtsein der adligen Gesellschaft einen festen Standort.

Es waren aber nicht bloß ökonomische und soziale Momente, die das Mißtrauen gegen die Mönche überwinden halfen. Durch die Ordensregel war das Kloster zur Gastfreundschaft und Sozialfürsorge verpflichtet, und in einem Lande, das abseits der großen Durchgangsstraßen lag, übte man dieses Liebeswerk in der Weise, daß sich die Ordensniederlassung verfeindeten Familien bei Verhandlungen als neutraler Platz und loyaler Mittler anbot. Bei Erb- und Besitzstreitigkeiten und bei hochpolitischen Anlässen trafen sich Adel, Prälaten und Fürsten in der Zisterze, um Konflikte friedlich beizulegen. So wurde das Kloster in der zweiten Hälfte des 13. Jahrhunderts der Treffpunkt der führenden Schichten. Gelegentliche Besuche des Landesherrn und seiner Barone beweisen, welches Ansehen die Abtei binnen weniger Jahrzehnte in der Öffentlichkeit gewann.

Für den Adel jener Zeit erlangte die Zisterze auch als religiöse Institution Bedeutung. Im Unterschied zur Einstellung des modernen Menschen war das Denken des Gläubigen nicht bloß von materiellen Motiven getragen. Seine Entschlüsse und Handlungen waren auch von der Sorge um das ewige Heil seiner Seele bestimmt, zu dessen Sicherung er keine Mittel scheute. Diesem Bedürfnis kam der Orden von Cîteaux entgegen, indem er bereit war, stellvertretend alle jene guten Werke zu leisten, die der Adlige bei der Verstrickung in weltliche Geschäfte nicht vollbringen konnte. Der Orden, der sich ganz aus der Welt zurückzog, um sich dem Gottesdienst zu widmen, suchte durch fürbittendes Gebet die Verfehlungen zu sühnen, die das Gewissen des ritterlichen und kleinadligen Herren und des freien Bürgers drückten. Daher beschenkte der mittelalterliche Mensch die Zisterzienser gern mit Stiftungen und testamentarischen Vermächtnissen. Die großzügigen Fundationen, die die Mönche im Mittelalter erhielten, die Memorien in Totenbüchern, die gestifteten Anniversarien, Vigilien, Seelbäder und Totenmähler legen beredtes Zeugnis davon ab.

Den Mitgliedern gehobener Stände bot aber das Kloster noch andere Vorteile. Im geheiligten Asyl des klösterlichen Berings lag beim Presbyterium der Kirche der Friedhof, auf dem man Laien bestattete. Und ähnlich wie man der körperlichen Berührung von Reliquien eine heilsame Kraft zuschrieb, sah der Glaube jener Zeit in der Bestattung im sakralen Bereich einer Kirche und eines Klosters eine Verheißung der künftigen Herrlichkeit. Die Beisetzung der sterblichen Überreste an einem Ort, wo sich Menschen zum Officium divinum verpflichteten, erschien dem Gläubigen vorreformatorischer Zeit als

[49]) Die zahlreichen Pfändungsverträge, die die Äbte um 1300 mit Adligen der näheren Umgebung schlossen, zeigen deutlich, daß das Kloster damals die Funktion eines Kreditinstituts wahrnahm. Am anschaulichsten offenbart dies die Erwerbung des Territoriums Daleborowitz 1302—07 (GS 111 f.; GB 35 f.; GG 359 ff.).

ein Sakramentale, das der Seele des Verstorbenen zum Heile diente. Zweifellos nahm man schon bei der Anlage der Klosterkirche von Heinrichau mit ihren vielen Kapellen auf diesen Glauben Rücksicht; denn die Umgangskapellen boten feudalen Geschlechtern die Möglichkeit, sich ständige Familienbegräbnisse zu erwerben, die sie auf eigene Kosten ausstatteten, um über den Leibern der verstorbenen Angehörigen jährlich Gedächtnisgottesdienste zu feiern.

Die ersten Mitglieder der mittelalterlichen Gesellschaft, die in Heinrichau begraben wurden, waren Bischof Wilhelm von Lebus[50] und der Ritter Berold[51]. Andere Angehörige des hohen Adels erwarben sich Jahrgedächtnisse, ohne daß sich klären läßt, ob sie in Heinrichau auch begraben wurden[52]. Bei zahlreichen adligen Familien aber kann man die Existenz eines Erbbegräbnisses im Kloster mit Sicherheit nachweisen[53], so bei den Herren von Stachau, den Barth und Seckel von Tepliwoda, den Czamborii von Schildberg, den älteren Erbvögten von Münsterberg, den Herren von Haugwitz, den Adelungesbach, den Stosch von Stossowitz, ferner bei den jüngeren Erbvögten von Münsterberg aus der Familie von Reichenbach und bei den Herren von Targowitz (Tarchwitz). Eine eigene Kapelle erwarb sich auch Graf Hermann von Barby, der 1302—1307 Landeshauptmann im Fürstentum der Bolkonen war und zur Dynastie der Askanier gehörte[54].

Mit welcher Treue die adligen Geschlechter des Mittelalters die Gräber ihrer Vorfahren ehrten und an den gestifteten Jahrgedächtnissen festhielten, zeigt der Briefwechsel der Äbte von Heinrichau mit Angehörigen der Familie Stosch. Als die älteren Stosche in Peterwitz-Schönjohnsdorf im frühen 15. Jahrhundert ausstarben und ihr Besitz an die Stosch von Kaunitz und Albrechtitz fiel, die im Fürstentum Troppau und in Mähren saßen, stellten die Gebrüder Georg und Sigismund Stosch von Nieder-Pomsdorf Nachforschungen wegen des Begräbnisses ihrer Verwandten in Heinrichau an. Sie baten Abt Johann um Auskunft, und am 25. März 1482 teilte er ihnen mit, daß er die ältesten Register durchsehen lassen und erfahren habe, daß sich die Herren Peter und Ramvold Stosch von Faldistom aus Mähren und andere Mitglieder des Geschlechts das Kloster zur letzten Ruhe erwählten und daß vor der Ruinierung von Heinrichau (durch die Hussiten) in der Stiftskirche Epitaphien, Standarten und Fahnen hingen, die das Wappen der Familie trugen. Wegen der Stiftungen der Stosche, schrieb der Abt, seien die Mönche

50) GS 88; GB 76; GG 331. Der Bischof starb am 28. Sept. 1273 (vgl. Nekrolog S. 297 und A. Müller, Magister Wilhelm von Neisse, Bischof von Lebus. In Archiv 8. 1950, S. 57—76).

51) GS 70; GB 63; GG 311. Er war ein Verwandter des Grafen Johann Ossina und fiel am 24. April 1277 im Gefecht bei Protzan.

52) So Graf Albert von Strehlen (20. Dez.) mit seiner Gemahlin Sophia (20. Mai), Graf Dirsko d. Ä. von Baitzen (23. März) mit seiner Gemahlin Elisabeth (8. Aug.), Graf Johann Serucha von Schönjohnsdorf (23. April), die Domherren Eckhard von Kalkau (+ 23. März 1273) und Leonhard (+ 2. April 1273).

53) Vgl. H. Grüger, Der Nekrolog des Klosters Heinrichau (ca. 1280—1550). In: Archiv 32. 1974, S. 49—80.

54) Seine Kapelle wird am 28. Jan. 1317 erwähnt (SR 3655).

„noch heute“ verpflichtet, in Vigilien, Messen und Anniversarien der verstorbenen Angehörigen der Familie zu gedenken und „Tag und Nacht“ für sie zu beten[55]. Mehrere Jahrzehnte später richtete Nikolaus Stosch von Kaunitz auf Branitz bei Leobschütz an den Abt von Heinrichau wieder eine Anfrage wegen der alten Familiengruft, und Abt Andreas von Köln antwortete am 27. Mai 1574, daß er die Gedächtnis- und Jahrbücher der Verstorbenen durchgesehen und festgestellt habe, daß die Mitglieder der Familie seit mehr als 300 Jahren im Stift begraben seien und als Wohltäter von Heinrichau verehrt werden[56].

Die Sorge der Stosche von Branitz zeigt aber zugleich, welche Folgen die Protestantisierung des Fürstentums Münsterberg für die Beziehungen des Adels zu den Zisterziensern hatte. Damals saßen in der Nähe des Klosters, kaum 4 km von Heinrichau entfernt, die Stosche auf Schönjohnsdorf, um deren Ahnen es in der erwähnten Anfrage von 1574 ging. Aber am Schicksal der alten Familienkapelle und der Gräber der Vorfahren waren sie nicht mehr interessiert, da sie längst Lutheraner waren und den Kontakt zu den Mönchen verloren hatten. Der Übertritt der alteingesessenen Familien des Münsterberger Landes zum Protestantismus ließ jahrhundertealte Beziehungen erkalten. Die Nachkommen der mittelalterlichen Wohltäter des Stifts verzichteten auf die Teilnahme an den Gottesdiensten, die man zum Gedächtnis ihrer Ahnen feierte. So verfielen die einstigen Erbbegräbnisse dem Ruin; Epitaphien, Fahnen und Standarten der adligen Geschlechter wurden nach den Zerstörungen, die die Klosterkirche erlitt, nicht mehr erneuert, Gräber und Grabkapellen gerieten in Vergessenheit. Nicht eine einzige, adlige Familie, deren Ahnen in Heinrichau begraben lagen, bewahrte nach der Protestantisierung des Fürstentums den Zusammenhang mit der mittelalterlichen Vergangenheit[57].

Als sich die Zisterze nach der Reformation und dem Dreißigjährigen Kriege aus dem Verfall erholte, waren die alten Adelstraditionen erloschen. Die Nachkommen der einheimischen Familien — die Burghaus, Rothkirch, Landskron, von Gaba und Ribian, Seydlitz, Sebottendorf und Prittwitz — blieben dem reformatorischen Bekenntnis treu und hatten mit den Zisterziensern nichts mehr zu tun. Die katholischen Geschlechter aber

[55]) M. F. Stosch, Genealogie des Hoch-, Gräflich-, Freyherrlich- und Hoch-Adelichen Geschlechts derer von Stosch. Breslau-Leipzig 1736, S. 8 f. — Die Genealogie der Herren von Stosch von H. J. von Witzendorff-Rehdiger (Die Tschammer und die Stosch. In: Jahrb. der Schles. Friedrich-Wilhelm-Univ. zu Breslau. Bd 8. Würzburg 1963, S. 21—30) ist wenig zuverlässig und bedarf nach den Quellen des Klosters Heinrichau einer gründlichen Überprüfung.

[56]) M. F. Stosch S. 9.

[57]) Die Kapellen wurden teilweise schon im 15. Jh. zerstört, die Epitaphien gingen verloren und die Gräber gerieten in Vergessenheit, so daß heute in Heinrichau nur noch wenige mittelalterliche Grabmäler erhalten sind, u. a. der Grabstein der Frau Beatrix, Gemahlin des Grafen Borutha von Stachau († um 1280), des Jesko mit dem Hirschwappen (um 1300), eines Mitglieds des Czamborii von Schildberg (um 1300), des Ritters Heinmann von Adelungisbach († 1328) sowie die Tumba Bolkos II. († 1341) von Münsterberg und seiner Gemahlin Gutha († 1342). (Vgl. P. Bretschneider, Studien und Bemerkungen über epigraphische und heraldische Denkmäler Schlesiens aus dem 13. und 14. Jahrhundert. In: ZVGS 64. 1930, S. 7—10; Jg. 65. 1931, S. 243—250, S. 250—251, S. 258—270; Jg. 67. 1933, S. 6—10).

— die Gallas, Lichtenstein, Hochberg, Zerotin und Hoditz von Wolfranitz — kamen aus Mähren, Böhmen und Italien und waren nicht auf den Kontakt mit dem Stift angewiesen. Keine der neueingewanderten Familien ließ ihre Angehörigen in Heinrichau bestatten. So führten lutherische Reformation und habsburgische Gegenreformation zu einem Bruch mit der Tradition, wie er sich radikaler kaum denken läßt.

3. Die Beziehungen zum Bürgertum

Städte mit bürgerlicher Bevölkerung, die das Recht der Selbstverwaltung besaß, entstanden im schlesischen Vorgebirgslande erst einige Jahrzehnte nach der Gründung von Heinrichau[58], und ihre Errichtung wurde für das Kloster an der Ohle von lebenswichtiger Bedeutung. Wenn man nämlich die Namenslisten der niederschlesischen Zisterzen mittelalterlicher Zeit betrachtet, so sieht man, daß die Professen fast ausnahmslos aus den bürgerlichen Familien der Städte kamen. Von den 49 Äbten von Heinrichau war keiner adliger Herkunft, und unter 25 Äbten, deren Heimatort bekannt ist, stammten 17 aus bürgerlichem Milieu, ja bis zum Jahre 1577 findet sich nicht ein einziger, der aus bäuerlichen Verhältnissen kam. Erst nach dem Aussterben der kölnischen Zisterzienser des 16. Jahrhunderts wählte der Konvent gelegentlich einen Mann dörflicher Abstammung[59].

Auch die Mönche, die im Totenbuch und den Urkunden erwähnt werden, kamen aus Städten. Den stärksten Anteil stellten Breslau und Neisse, wo das Kloster im Mittelalter eigene Niederlassungen besaß; dann folgen Münsterberg, Strehlen, Brieg, Glatz, Reichenbach, Schweidnitz und mit einigem Abstand Frankenstein, Striegau, Ohlau und Grottkau. Das Einzugsgebiet des zisterziensischen Nachwuchses beschränkte sich also im wesentlichen auf Mittelschlesien links der Oder, auf jenen Raum, der von der deutschrechtlichen Kolonisation am stärksten geprägt wurde[60]).

All das gilt aber nur für die Zeit bis zum 16. Jahrhundert, denn seit dem Beginn der Reformation bietet sich ein ganz anderes Bild. Die städtischen Zentren des Neisser Bi-

58) Vgl. W. Kuhn, die Städtegründungspolitik der schlesischen Piasten im 13. Jahrhundert, vor allem gegenüber Kirche und Adel. In: Archiv 30. 1972, S. 33—69. Um 1238 entstand Löwenstein, vor 1241 Frankenberg, 1243 Schweidnitz, um 1245 Brieg, um 1250 Münsterberg und Wansen, 1254 Patschkau, vor 1282 Nimptsch, 1286 Frankenstein und um 1291 Strehlen.

59) Aus ländlichem Milieu kamen Nikolaus Hübner aus Goltzsch bei Strehlen (1577—1611). Andreas Beyer aus Frömsdorf (1611—27), Laurentius Hertel aus Herzogswalde (1635—44), Georg Welzel aus Herzogswalde (1644—51), Melchior Welzel aus Schönwalde (1656—80), Markus Welzel aus Schönwalde (1778—92) und Konstantin Gloger aus Ellguth bei Ottmachau (1793—1810).

60) Vgl. H. Grüger In: Archiv 31. 1973, S. 45—57. Adligen Standes waren unter den Heinrichauer Konventualen von 1550—1810, deren Liste fast vollständig vorliegt: 1) der Konverse Wilhelm von Pogarell aus Trachenberg († 1667), 2) Franziskus Richter von Hartenberg aus Heinrichau († 1704, wohl ein Sohn des Heinrichauer Amtmanns Ignaz Richter), 3) Heinrich von Swietlik († 1762), 4) Siegfried von Hochberg († 1832). (Vgl. Necr. Zirc und Catal.)

schofslandes stellten zwar auch in den letzten 250 Jahren der Existenz von Heinrichau einen großen Teil des Nachwuchses; aber das Bürgertum der anderen Städte, aus denen die Konventualen mittelalterlicher Zeit kamen, fiel seit dem 16. Jahrhundert fast vollständig aus. Selbst die nahen Städte Münsterberg und Frankenstein stellten gemeinsam nicht mehr als 5 Prozent der Heinrichauer Novizen. An die Stelle des schlesischen Bürgertums trat nach dem Dreißigjährigen Kriege die Bevölkerung des nördlichen Böhmen und Mähren, der Grafschaft Glatz, des Neisser Bischofslandes und die Dörfer des Heinrichauer, Kamenzer und Grüssauer Stiftslandes[61]. Ähnlich wie bei den Beziehungen des Adels zu den Mönchen zerriß die Reformation auch hier die Fäden, die die Zisterze einst mit ihrer Umgebung verknüpften. Die Protestantisierung des Landes vernichtete eine Tradition, die jahrhundertelang die Existenz des Konvents garantierte, und zerbrach den einstigen Zusammenhang so abrupt, daß das Kloster beim Anbruch der Reformation in eine Krise geriet, die fast zum Aussterben der Mönche von Heinrichau führte.

Der radikale Wandel des 16. Jahrhunderts kommt auch in den Stiftungen und Geschenken zum Ausdruck. In den Einträgen des Nekrologs der Neuzeit finden sich keine Fundationen mehr. Nur ganz selten begegnet man noch einer Memorie für Laien, die außerhalb des Stiftslandes beheimatet waren. Seit der Mitte des 16. Jahrhunderts wurde das Totenbuch von Heinrichau zum Gedächtnisbuch der verstorbenen Konventualen und ihrer Angehörigen. Im Bewußtsein des Adels und des Bürgertums dagegen, der führenden Schichten des Landes, hatten die Zisterzienser ihre Bedeutung verloren, so daß der preußische Staat 1810 nicht mit dem Widerspruch einflußreicher Kreise rechnen mußte, als er der Existenz der Zisterze mit einem Federstrich ein Ende setzte.

4. Die Beziehungen zur Hierarchie

Das zisterziensische Exordium berichtet, daß die Mönche, die 1098 aus Molesme auszogen und sich in der Einöde von Cîteaux niederließen, das Hauptkloster des Ordens mit ausdrücklicher Zustimmung des Bischofs von Châlon-sur-Saône begründeten. Getreu diesem Beispiel schrieb die Sammlung der ältesten Statuten von 1134 vor, daß jede neue Zisterze zu ihrer Errichtung außer der Erlaubnis des Generalkapitels der Genehmigung des Diözesanbischofs bedurfte. Der Orden legte sogar besonderen Wert darauf, seine Niederlassungen nur im Einverständnis mit dem zuständigen Ordinarius anzulegen. Da nämlich jedes Kloster seine internen Belange selbst regelte und von der ordentlichen Jurisdiktion unabhängig war, mußte der Bischof die Gründung genehmigen, denn er verzichtete dabei auf die Ausübung der Amtsgewalt in jenem Teil der Diözese, den der

[61]) Von den 270 Ordensleuten, die von 1656—1810 für Heinrichau und Zirc Profeß ablegten, kamen 40 aus Böhmen-Mähren-österr. Schlesien, 16 aus der Grafschaft Glatz, 10 aus Niederösterreich, 32 aus Ungarn. Aus Münsterberg stammten nur 3, aus Frankenstein 9 Professen. Genau 30 Prozent der Ordensleute von Heinrichau waren Ausländer (vgl. Catal.)

Bering der Zisterze und ihrer Grangien umschloß. Wegen dieses Verzichts auf die potestas ordinaria erteilte das Generalkapitel das Placet zur Besiedlung erst, wenn das Einverständnis des Bischofs nachgewiesen wurde[62].

Die Exemtion, die die Ordensniederlassung bei der Gründung erhielt, ließ sich das einzelne Kloster wie der Orden in seiner Gesamtheit von den Päpsten oft bestätigen. Die Bischöfe Lorenz, Thomas I., Thomas II. Johann Romka und Heinrich von Würben haben die Unabhängigkeit von Heinrichau nie in Frage gestellt. Trotzdem erbat Abt Christian 1318 von Papst Johann XXII. die Bestätigung aller Besitzungen und Freiheitsrechte. Die Bulle wurde am 23. Mai 1318 in Avignon vom Papst und 9 Kardinälen unterschrieben[63] und bringt genau jene Rechte zum Ausdruck, die der Zisterze im Rahmen des Diözesanverbandes zustanden. Die wichtigsten Privilegien waren folgende:

1. Das Kloster erhielt das Recht, Geistliche und freigeborene Laien als Novizen aufzunehmen und so an sich zu binden, daß jeder Konventuale, der ohne Erlaubnis austrat, der Exkommunikation des Abtes verfiel.
2. Niemand war berechtigt, die weltlichen Besitzungen oder kirchlichen Pfründen der Abtei ohne Zustimmung des Konvents zu vergeben, und wenn eine solche Vergabe erfolgte, sollte sie ungültig sein.
3. Kein Mönch oder Konverse durfte ohne Erlaubnis des Abts oder Konvents Bürgschaft leisten oder Kredit aufnehmen, wenn es nicht zum Nutzen der Zisterze geschah.
4. Sofern es dem Kloster dienlich war, durften Abt oder Konvent jeden Konventualen ermächtigen, vor weltlichem und kirchlichem Gericht als Zeuge auszusagen.
5. Kein Bischof und kein Mensch war berechtigt, die Ordensleute zum Besuch der Diözesansynoden oder weltlichen Versammlungen zu zwingen oder sie ihrer Besitzungen wegen vor Gericht zu ziehen, noch durfte jemand irgendwelche Akte kirchlicher oder weltlicher Jurisdiktion im Kloster ausüben oder sich in die Wahl oder Absetzung eines Abtes einmischen[64].

---

62) Dies zeigt z. B. die Gründung der Klöster Kamenz (Canivez 1246, Nr. 61), Buckow in Pommern (Canivez 1259, Nr. 56), Pelplin in Pommerellen (Canivez 1261, Nr. 48) und Grüssau (Canivez 1291, Nr. 50: „petitio ducis Poloniae, qui petit, quod locus dictus de Gratia Sanctae Mariae incorporetur Ordini nostro et fiat Ordinis abbatia, dummodo sequenti anno fiat fides Capitulo generali de consensu dioecesani, et quod sit filia Henricaho [!], exauditur.")

63) SR 3802, gedr. L. Schulte, Kleine Schriften (Darst. 23). 1918, S. 145—149. Am selben Tage erhielt auch Grüssau die päpstliche Bestätigung aller Güter, Rechte und Privilegien (SR 3801). — Heinrichau erhielt im Laufe der Zeit außerdem noch folgende Privilegien von den Päpsten: 1) am 24. Febr. 1404 für je 6 Mönche das Recht, außerhalb des Klosters Fleisch zu essen (Monum. Vaticana res gestas Bohemicas illustrantias. Bd. V, 2. Hrsg. C. Krofta. Prag 1905, Nr. 2167). 2) am 10. Juli 1501 Verleihung des Pontifikalrechts (Leubus erhielt es 1498, Kamenz 1506, Rauden 1542, Grüssau um 1547). 3) am 3. April 1696 Bestätigung der Dreifaltigkeitsbruderschaft (Compendium fol. 27 a). am 10. März 1728 Pontifikalrecht auch für das Stift Zirc (BDA V B 6 e. Fotokopie).

64) nec regularem electionem abbatis vestri impediat aut de instituendo vel removendo eo, qui pro tempore fuerit, contra statuta Cisterciensis ordinis se aliquatenus intromittat.

6. Wenn sich der Bischof trotz geziemender Bitte weigerte, den erwählten Abt zu benedizieren oder andere Weihen zu erteilen, so durfte der Abt, sofern er Priester war, seine Novizen selbst benedizieren und die anderen Weihen von jedem Bischof erbitten, wobei der Konsekrator vom Abt keinen Amtseid verlangen durfte, der im Widerspruch zu den Statuten von Cîteaux stand.
7. Die Konsekration der Altäre, Kirchen und hl. Öle und jede sakramentale Weihe mußte der Bischof dem Kloster kostenlos gewähren; weigerte er sich, so durfte die Zisterze einen anderen darum bitten, und ebenso sollte sie bei einer Sedisvakanz alle für das Kloster nötigen Konsekrationen und Benediktionen von jedem Bischof empfangen dürfen.
8. Exkommunikation, Suspension oder Interdikt, die ein Bischof wegen nicht geleisteter Zehnten über das Kloster, dessen Angehörige und Lohnarbeiter oder auch wegen irgendwelcher Schenkungen über die Wohltäter der Zisterze, ferner über die klösterlichen Arbeitskräfte verhängte, wenn diese an Tagen, die im Orden als Werktage, in der Diözese aber als Feiertage galten, knechtliche Arbeiten verrichteten, standen im Widerspruch zum Willen des Papstes und waren von vornherein ungültig[65].
9. Wenn das Land, in dem das Kloster lag, mit dem allgemeinen Interdikt belegt wurde, durfte der Konvent den Gottesdienst ungestört weiter feiern, sofern exkommunizierte oder interdizierte Fremde von der Teilnahme ausgeschlossen wurden[66].
10. Ganz besonders war es verboten, im Bereich des Klosters und seiner Grangien Raub oder Diebstahl zu begehen, Blut zu vergießen, Brand zu legen, einen Menschen festzunehmen oder zu töten oder irgendeine Schandtat zu verüben.
11. Alle Privilegien und Freiheiten, die Päpste, Fürsten und Könige dem Zisterzienserorden bisher erteilten, sollten auch für das Kloster Heinrichau gelten.

Will man die Rechte, die der Papst der Zisterze verlieh, kurz und bündig umschreiben, so kann man sagen, daß Heinrichau von jedem Eingriff des Diözesanoberen befreit war und daß die geltenden Diözesangesetze an der Pforte der Abtei und ihrer Wirtschaftshöfe ihre Kraft verloren. Im Inneren des klösterlichen Berings und für die Ordensleute und Familiaren von Heinrichau galten nicht die Statuten des Bistums, sondern die Anordnungen des Generalkapitels. Schließt man sich dem Sprachgebrauch des modernen kanonischen Rechts an, so wurde das Kloster durch die Bulle von 1318 zur Abbatia nullius, wobei die Freiheitsrechte nur den Mönchen, Konversen und Lohnarbeitern galten, jenen Personen also, die der Orden zu seiner „familia" rechnete. Auf die

65) si episcopi vel alii ecclesiarum rectores in monasterium vestrum vel personas inibi constitutos, suspensionis, excommunicationis vel interdicti sententiam promulgaverint, sive etiam in mercennarios vestros pro eo, quod decimas, sicut dictum est, non persolvitis, seu benefactores vestros pro eo, quod, aliqua vobis beneficia vel obsequia ex caritate prestiterint, vel ad laborandum adiuverint in illis diebus, in quibus vos laboratis et alii feriantur, eandem sententiam protulerint, ipsam tamquam contra sedis apostolice indulta prolatam decernimus irritandam.

66) cum commune interdictum terre fuerit, liceat vobis nichilominus in vestro monasterio exclusis excommunicatis et interdictis divina officia celebrare.

Laien zisterziensischer Zinsdörfer, deren Grundherr der Abt war, ließ sich das Privileg der Exemtion nicht anwenden. Die Zahl der Mitglieder der „familia“ von Heinrichau aber unterlag im Laufe der Zeit beträchtlichen Schwankungen. Je mehr Grangien und Handwerksbetriebe das Kloster aufgab und je mehr Ländereien es zinspflichtigen Bauern und Gärtnern überließ, um so geringer war die Zahl der Personen, die von der bischöflichen Jurisdiktion befreit waren.

Die Bischöfe von Breslau haben die Unabhängigkeit der Zisterze in mittelalterlicher Zeit selbstverständlich respektiert. Andererseits aber haben sich die grauen Mönche um die Streitigkeiten zwischen Hierarchie und weltlicher Macht nicht gekümmert, es sei denn, daß der Papst einen Abt zum Kommissar oder Schiedsrichter berief, was bei der Neutralität des Ordens oft vorkam[67]. Im übrigen haben die Auseinandersetzungen der Bischöfe mit den piastischen Herzögen die Abtei Heinrichau nicht berührt. Das monastische Leben im Kloster ging ungestört weiter; selbst wenn das Land ringsum unter dem Interdikt seufzte, feierten die grauen Mönche in ihrer Kirche das Officium divinum, als gäbe es weder Bann noch Interdikt[68]. Die Zisterze lag mitten im Territorium der Diözese, aber für jurisdiktionelle Akte des Bischofs war sie gleichsam „extra diocesim — exterritorial“.

Keiner der Ansprüche, die die bischöflichen Juristen im Exemtionsstreit der Äbte mit dem Bischof im 16. und 17. Jahrhundert erhoben, findet in den mittelalterlichen Rechtsverhältnissen eine Stütze[69]. Es fehlte ja auch jeder Anlaß zu Spannungen mit der ordentlichen Hierarchie, da Tätigkeit und Interessen beider Partner grundverschieden waren. Um die seelsorgliche Betreuung der Bevölkerung ihrer Zinsdörfer haben sich die Zisterzienser nicht gekümmert, und wo sie das Patronatsrecht von Pfarrkirchen erhielten, übten sie es nicht anders aus als der adlige Patronatsherr. Mönche, Konversen, Fami-

---

67) So ernannte der Papst den Abt Friedrich am 21. Okt. 1284 zum päpstl. Kommissar im Streit des Bischofs Thomas II. mit Heinrich IV. (vgl. Anm. 1). 1319 ernannte Johann XXII. den Abt von Heinrichau, den Bischof von Kammin und den Probst des Breslauer Kreuzstiftes zu Tutoren des Johanniterordens (SR 3978). — Man trifft die Heinrichauer Äbte aber auch in Diensten des Diözesanbischofs. So war Abt Heinrich II. Kapellan und Notar des Bischofs Heinrich von Würben (vgl. SR 3473. 3486. 3490. 3500. 3505).

68) Offenbar unter Berufung auf die Befreiung von „commune interdictum“ weigerte sich 1325 der Heinrichauer Abt, die Publikation der päpstl. Sentenzen gegen Ludwig d. Bayern in seinem Kloster zuzulassen, so daß sich der päpstl. Kommissar in Avignon beschwerte (SR 4501, gedr. A. Theiner, Vetera Monumenta Poloniae et Lithuaniae gentiumque finitimarum illustrantia. Bd. 1. Rom 1860, S. 228).

69) E. Brzoska (Die Breslauer Diözesansynoden bis zur Reformation, ihre Geschichte und ihr Recht (Darst. 38). 1939, S. 114 f.) schreibt: „Seine [des Ordensklerus] Beteiligung an der Diözesantagung der Geistlichkeit beruht auch nicht allein auf einem Recht, sondern die schlesischen Klöster besuchen die bischöfliche Synode, weil sie dazu gesetzlich verpflichtet sind.“ Dies steht aber in klarem Widerspruch zu den Privilegien, die Papst Johann XXII. 1318 den Klöstern Heinrichau und Grüssau erteilte und auf die sich die Zisterzienser im Exemtionsstreit des 17. Jhs. oft beriefen. Im Prozeß, den Bischof Karl Ferdinand bei der römischen Kurie gegen die Äbte anhängig machte, stützte sich der Kläger daher auch nicht auf gelegentliche Beispiele einer Teilnahme der Klöster an mittelalterlichen Synoden, sondern allein auf das Breve, das Martin Gerstmann 1578 von Papst Gregor XIII. erhielt.

liaren und Lohnarbeiter dagegen gehörten zur klösterlichen familia, die der Jurisdiktion des Bischofs entzogen war; sie empfingen die Sakramente in der Klosterkirche oder in der Kapelle vor dem Niedertor und brauchten keinem Säkularpriester Zehnt, Opfergaben oder Stolgebühren zu entrichten[70]. Noch in der zweiten Hälfte des 14. Jahrhunderts waren Bischof und Domkapitel bereit, den Klöstern ganze Pfarreien zu inkorporieren, ohne daß sie befürchteten, ihre Jurisdiktionsrechte zu verlieren[71], denn in der Regel ließ der Orden auch unierte Parochien nicht von seinen Konventualen betreuen, sondern ernannte Vikare aus dem Säkularklerus, die der potestas ordinaria des Bischofs unterstanden.

Erst die Abendländische Kirchenspaltung zwang die Zisterzienser, sich persönlich in der Seelsorge zu engagieren. Die Gründe für den pastoralen Einsatz, der im Widerspruch zu den Zielen von Cîteaux stand, werden am Beispiel der Kamenzer Pfarrei Baitzen deutlich, die Bischof Preczlaus dem Kloster 1359 formell inkorporierte, deren Union mit dem Stift aber erst ein Jahrhundert später, am 30. April 1451, rechtskräftig wurde[72]. Die

---

70) Dies beweisen die Prozesse, die manche Pfarrer gegen laikale Arbeitskräfte klösterlicher Grangien wegen der Zehnten und Stolgebühren anstrengten. So verklagte der Pfarrer von Baumgarten 1392 die Bewohner der Kamenzer Grangien Grochwitz und Paulwitz auf Zahlung des Meßkorns, da das Gesinde beider Höfe in Baumgarten die Sakramente empfing. Der Offizial Georg Fullschussil aber entschied zugunsten des Klosters (Pfotenhauer. CDS 10. Nr. 280).

71) So inkorporierte Bischof Preczlaus von Pogarell dem Kloster Kamenz 1359 die Pfarrei Baitzen und die Filiale Alt-Altmannsdorf (CDS 10, Nr. 244 f.).

72) Am 30. Aug. 1359 bestätigte der Bischof die Inkorporation der Pfarrei (CDS 10. Nr. 244 f.); am 10. Mai 1360 setzte er die Bezüge des jeweiligen Vikars fest und gliederte Baitzen dem Archipresbyterat Frankenstein an (CDS 10. Nr. 246); am 27. Mai 1361 erlaubte er dem Abt, anstelle der Ordensleute auch Säkularpriester für Baitzen zu präsentieren, da vielleicht im Laufe der Zeit nicht immer genügend Professen vorhanden seien und „weil Mönche im Kloster eher als draußen ein Leben führen können, das ihrem Stande angepaßt ist" (etiam semper monachi in monasterio religiosius quam extra viverent) (CDS 10. Nr. 249); am 14. Okt. 1381 bestätigte Kardinal Pileus als päpstl. Legat die Inkorporation (CDS 10. Nr. 272 f.); am 12. Aug. 1391 inkorporierte Bonifaz IX. dem Kloster auf Bitten des Königs Wenzel die Pfarrei nochmals und erklärte die Bedenken des Abts und Konvents an der Rechtsgültigkeit der seinerzeit erfolgten bischöfl. Inkorporation für gegenstandslos (CDS 10. Nr. 279); am 24. Jan. 1403 erklärte der Papst, daß das Kloster die Pfarrei nach dem Verzicht des Pfarrers Georg Fullschussil zu Unrecht in Besitz genommen habe, da er — der Papst — die Besetzung aller den Klöstern inkorporierten Pfarreien für dieses Mal sich selbst reserviert habe und daher den Nikolaus Tylusch von Brieg zum Pfarrer von Baitzen providiere (Monum. Vat. res gestas Bohemicas illustr. Bd. V, 2. Prag 1905, Nr. 2042); am 8. Nov. 1426 beauftragte Papst Martin V. den Abt von Heinrichau, die Parochie, deren Pfarrer Paulus Hotczinplocz war, dem Kloster Kamenz zu inkorporieren (CDS 10. Nr. 331), und im Februar 1427 führte der Abt diesen Auftrag aus (CDS 10. Nr. 333), aber erst am 30. April 1451 konnte Abt Johann von Kamenz nach dem Tode des Paulus Hotczinplocz den Mönch Thomas als Pfarrer von Baitzen präsentieren (CDS 10. S. 310). — Auch der Abt von Heinrichau mußte damals erfahren, daß päpstl. Provisionen das Patronatsrecht wirkungslos machten. So providierte Papst Clemens VI. am 11. Juli 1351 den Nikolaus Bolkenhayn für eine Pfarrei, deren Patronat dem Abt von Heinrichau zustand (A. Wagner, Schlesisches aus dem vatikanischen Archive in Rom aus den Jahren 1316—1371). In: ZVGS 25. 1891, S. 294), und Papst Bonifaz IX. bestätigte am 24. Jan. 1399 dem Nicolaus Jesconis de Monstirberg den Besitz der Pfarrei Wiesenthal, für die er eine päpstl. Provision besaß und die nach dem Tode des Pfarrers Johann Deynhardi mit vollem Recht in seinen Besitz gelangt sei (Monum. Vat. res gestas Bohem. illustr. Nr. 1411).

Schuld für die Verzögerung der Inkorporation ist eindeutig bei der römischen Kurie zu suchen. In einer Zeit, wo die abendländische Kirche von zwei Päpsten und zwei Kardinalskollegien geleitet wurde, zogen die kurialen Behörden aus finanziellen Gründen einträgliche Pfründen an sich und reservierten die Besetzung dieser Stellen ohne Rücksicht auf Patronatsrecht und Inkorporation dem Papst. Jedesmal wenn ein Pfarrer von Baitzen starb und das Stift Kamenz hoffte, die Union realisieren zu können, griff die römische Kurie ein und brachte einen Weltgeistlichen zum Zuge, der sich oft schon zu Lebzeiten des Vorgängers die Antwartschaft erkauft hatte[73]. Die Politik der kirchlichen Zentralverwaltung machte alle noch so gut begründeten Rechte der Klöster zunichte. Unter solchen Umständen wußten die Äbte kein anderes Mittel, als sich derselben Praxis zu bedienen. Sie erkauften einem ihrer Mönche die Anwartschaft auf eine Pfarrerei und ließen ihn bei Gelegenheit vom Papst zum Pfarrer providieren[74].

In dieser Zeit, wo die Interessen der Diözese und des Ordens gleichermaßen auf dem Spiele standen, kam es erstmals in der Geschichte der schlesischen Zisterzienser zu gemeinsamen Aktionen mit dem Säkularklerus. 1399 und 1400 schlossen sich die grauen Mönche dem Protest an, den der Weltklerus gegen die finanziellen Forderungen der Kurie erhob[75]. Als Bischof Wenzel von Breslau ein Jahrzehnt später für die Wiedervereinigung der Kirche eine allgemeine Diözesanumlage ausschrieb, beteiligten sich neben dem Säkularklerus auch die Zisterzienser an der Zahlung, nur betonten sie, daß es aus gutem Willen geschehe und nicht auf Grund einer Rechtsverpflichtung[76]. Im Jahre 1418 entsandten die schlesischen Äbte ihre Vertreter zu einer Diözesansynode, bei der es um eine Zahlung ging, die die Kurie dem Säkularklerus und Regularklerus auferlegte und die man durch einen gemeinsamen Protest abzuwenden hoffte. Um die Sonderstellung des Ordens zum Ausdruck zu bringen, appellierten die Zisterzienser dieses Mal in eigenen Notariatsinstrumenten[77]. Bei der Diözesansynode 1446 führte im Auftrage des

---

73) Schon zwischen 1391 und 1403 war es dem Kloster Kamenz gelungen, den damaligen Pfarrer von Baitzen zum Verzicht zu bewegen, um die Parochie an das Kloster zu bringen; aber wieder griff die römische Kurie ein und behielt die Besetzung der Stelle dem Papst vor (vgl. Anm. 72).

74) Am 30. März 1400 providierte Bonifaz IX. auf Bitten des Abtes von Kamenz den Kamenzer Professen Johann Ditwini zum Pfarrer der durch den Tod des Johann Merkil von Frankenstein vakanten Pfarrei Maifritzdorf (Monum. Vat. res gestas Bohem. illustr. Nr. 1581).

75) Dem Protest der Pfarrer des kleineren Archipresbyterats Nimptsch (Frankenstein) am 18. Jan. 1400 schloß sich im Namen des Konvents auch der Prior Georg von Kamenz an (J. Jungnitz, Beiträge zur mittelalterlichen Statistik des Bisthums Breslau. In: ZVGS 33 1899, S. 387). Dagegen fehlt bei der Protestation des Archipresbyterats Strehlen das Kloster Heinrichau, nur die Säkularpfarrer von Alt-Heinrichau und Krelkau schlossen sich an (ebd. S. 389 f.).

76) Am 11. April 1409 bestätigte Bischof Wenzel von Breslau, daß der Abt von Kamenz das zur Wiedervereinigung der Kirche ausgeschriebene „subsidium caritativum ... mera et libera voluntate“ entrichtet habe (Pfotenhauer. CDS 10. Nr. 309).

77) Am 26. Okt. 1418 erhob der Klerus des Archipresbyterats Nimptsch Protest gegen die dem Kaiser Sigismund überlassene „decima integra omnium reddituum unius anni“ (F. Luschek, Notariatsurkunde und Notariat in Schlesien von den Anfängen (1282) bis zum Ende des 16. Jahrhunderts. Weimar 1940. Nr. 1366), während Abt und Konvent von Hein-

Bischofs Konrad Abt Stephan von Leubus den Vorsitz und unterzeichnete die Synodalakten[78]. Auch hier handelte es sich aber um eine Frage von allgemeiner Bedeutung: das Schisma zwischen Eugen IV. und dem vom Basler Konzil erwählten Gegenpapst Felix V., dessen Anhänger aus dem schlesischen Rittertum das Land in einem langjährigen Kriege verwüstet hatten, ging die Zisterzienser genauso an wie den Weltklerus.

Die Juristen der Breslauer Kurie des 17. Jahrhunderts haben alle diese Fakten herangezogen, um eine Verpflichtung des Ordens zur Teilnahme an den Diözesansynoden zu rekonstruieren. Ja sie behaupteten sogar, daß die grauen Mönche schon damals der Visitation und Jurisdiktion des Bischofs unterstanden[79]. Ihre Schlußfolgerungen standen aber im Widerspruch zu der Exemtion, die die Päpste einzelnen Zisterzen und dem ganzen Orden erteilten. Die Freiheitsrechte, die Papst Johann XXII. Heinrichau gewährte, lassen sich nicht durch den Hinweis auf die gelegentliche Teilnahme der Äbte an den Synoden des 15. Jahrhunderts hinwegdiskutieren, denn hier ging es in der Tat um Ausnahmesituationen, aus denen sich neues Recht nicht ableiten ließ[80].

---

richau, Kamenz, Grüssau und Rauden eigene Anwälte beauftragten, im Namen ihrer Klöster den Prozeß in dieser Sache zu führen (W. Urban, Katalog S. 223, Nr. 1096 f. und S. 224, Nr. 1101).

78) Der Abt von Leubus leitete nur die beiden letzten Sessionen, wo es um die Obedienzerklärung des Klerus für Eugen IV. ging (E. Brzoska S. 39 f., 97 und 99 Anm. 43). Allerdings läßt sich eine Diözesansynode nennen, an der sich die Äbte beteiligten, ohne daß es sich um allgemeinkirchliche, überdiözesane Fragen handelte, nämlich die Synode von 1473, bei der am 18. Okt. die Äbte von Leubus, Heinrichau, Kamenz, Grüssau, Rauden und Himmelwitz, des Sandstifts, des Vinzenzstifts und von Sagan erschienen (E. Brzoska S. 115 Anm. 96). Doch diese Versammlung wurde vom Breslauer Bischof Rudolf von Rüdesheim nicht als Bischof, sondern als päpstlicher Legat für Schlesien einberufen, und als solcher hatte er das Recht, die Äbte zur Teilnahme zu verpflichten. Derselbe Bischof bestätigte dem Kloster Heinrichau am 17. Juli 1470 alle Privilegien, die es von früheren Bischöfen erhalten hatte (Synopsis VII).

79) Vgl. J. Nentwig, Zum Exemtionsstreite zwischen den Bischöfen von Breslau und den Zisterzienseräbten in Schlesien (Darst. 3). 1907, S. 114, 116 und 119; auf S. 114 schreibt Nentwig: „Die Tatsache, daß Zisterzienseräbte selbst, ohne jeden äußeren Zwang, aus eigenem Antriebe, über Vorrechte, die ihre Privilegien ihnen verliehen, sich wiederholt und ohne jedes einschränkende Bedenken hinweggesetzt, daß sie sich freiwillig dem unterworfen hatten, was bei benachbarten Klöstern desselben Ordens, wie Rauden und Himmelwitz, bis zu ihrer Angliederung an die schlesischen Zisterzienser 1624 [!] ohne Nachteil für den Orden in Übung war, diese Tatsache ist nicht aus der Welt zu schaffen."

80) Mit Recht machte daher der Ordenskommissar Abt Ignaz Krafft von Lilienfeld in seinem Gutachten zur Frage der Abtswahl von Heinrichau 1635 geltend, daß der freien Wahl keinerlei vom Papst bestätigte Synodalstatuten im Wege stünden und daß die Privilegien des Ordens, der vom Bischof völlig frei sei (a Diocesanis et loci Ordinariis est exemptissimus), jeden Eingriff von außen verbieten; wenn einige schlesische Äbte früher die Diözesansynoden besucht und anerkannt hätten, so müsse man sich den Grundsatz vor Augen halten, „daß ein niederer Amtsträger einen höheren und ein einzelner die ganze Gemeinschaft niemals verpflichten könne" (inferior non potest praejudicare Superiori aut persona particularis communitati), so daß jene Äbte mit ihrer falschen Praxis den Generalabt und den Gesamtorden nicht binden konnten (BDA V 11, S. 102 f.). Im Jahre 1638 schrieb der Lilienfelder Abt dem Leubuser Abt, daß kein Bischof befugt sei, die Gültigkeit seiner Wahl anzuzweifeln, denn die „Confirmatio Abbatum noviter electorum ad solum Generalem spectat et dein ad eos, qui ab ipso licentiam habent, utpote Commissarios Generales et Vicarios, et cum ab immemorabili in hac possessione simus, non video, cur extra hos atque ab Ordine sit admittendus." Er riet dem Leubuser Abte,

Der eigentliche Streit der Zisterzienser mit dem Bischof entzündete sich auch gar nicht an der Frage der bischöflichen Visitation oder der Synodalpflicht. Man muß im Laufe der Auseinandersetzung vielmehr zwei Phasen unterscheiden. Der erste Streit, der 1512 ausbrach, als sich der Bischof weigerte, zisterziensische Novizen zu weihen, bevor die Äbte nicht bereit seien, sich den Beschlüssen der Synode zu fügen[81], hatte seine Ursachen im Kolowratschen Vertrag. Dieses Konkordat, das die schlesischen Stände der Kirche am 3. Februar 1504 unter Vermittlung des böhmischen Kanzlers Albrecht von Kolowrat aufzwangen, bereitete der Sonderstellung und Steuerfreiheit des Klerus ein Ende, zog die Geistlichkeit zu fiskalischen Steuern heran und unterstellte sie bei Streitigkeiten mit Laien dem weltlichen Gericht[82]. Bischof und Domkapitel haben sich dem Diktat nur unter massivem Druck gebeugt, und um die Lasten, die ihnen das Konkordat auferlegte, zu verteilen, suchte die Diözesansynode 1512 die Zisterzienseräbte zu bewegen, sich an den Steuerumlagen zu beteiligen. Die Äbte aber weigerten sich, sie beriefen sich auf ihre Exemtion und behaupteten, daß Diözesangesetze sie nicht binden könnten[83]. Damit forderten sie den Unwillen des Bischofs heraus, der jetzt nicht mehr bereit war, den Klöstern die gewünschten Benediktionen und Konsekrationen zu gewähren. Von einer Visitation der Zisterzen durch den Bischof war dabei keine Rede.

In der zweiten Phase der Auseinandersetzung lagen andere Ursachen zugrunde. Inzwischen waren weite Gebiete Schlesiens der reformatorischen Neuerung verfallen, die Bürgertum und Landbevölkerung zum Umgehorsam gegen die Hierarchie trieb. Im Unterschied zu anderen Ländern aber gelang es hier, eine große Zahl von Pfarrkirchen zu behaupten, selbst in Landschaften, deren Bewohner fast vollständig protestantisch wurden. Während der Diözese also die Gläubigen verloren gingen, blieben die rechtlichen und organisatorischen Strukturen der Institution intakt, so daß zu hoffen war, durch Besetzung der Pfarreien mit zuverlässigen, glaubenstreuen Priestern auch die Bevölkerung wieder zurückzugewinnen. Bischof und Domkapitel aber sahen sich außerstande, die Parochien zu versorgen. Unter dem Einfluß der reformatorischen Bewegung erreichte der Priestermangel einen solchen Grad, daß die Diözesanbehörden oft verheiratete, ja offenkundig häretische Pfarrer duldeten, sofern diese bereit waren, die bischöfliche Jurisdiktion formell anzuerkennen[84].

---

sich an Abt Hylarion von S. Ambrogio in Mailand zu wenden, der als Generalprokurator des Ordens in Rom großen Einfluß beim Papst habe. Zur Bulle Gregors XIII. von 1578, auf die sich der Bischof berief, schrieb der Lilienfelder Abt: „Bulla Gregorij XIII. in qua gloriantur, habet suas exceptiones et explicationes, illa novis inauditis fuit expracticata. Quod omnes tangit, ab omnibus approbari debet“ (BDA V 11, S. 134 ff.).

81) J. Nentwig S. 113.

82) Geschichte Schlesiens. Hrsg. von der Histor. Kommission für Schlesien. I. 3. Aufl. Stuttgart 1961, S. 295 f.: „Der Vertrag ... der eine glatte Vergewaltigung der geistlichen Partei darstellt, ist kein Ausgleich, sondern ein Diktatfriede, der alles umstößt, was die Sonderstellung der Kirche bedingt.“

83) J. Nentwig S. 113.

84) In dieser Zeit ließ sich Bischof Martin von Gerstmann von Papst Gregor XIII. am 8. April 1578 das Recht erteilen, die Klöster seiner Diözese, „auch die der exemten Orden“ zu re-

Etwa seit 1600 waren die schlesischen Zisterzienser nicht mehr gewillt, den zerrütteten pastoralen Verhältnissen in ihren Stiftsparochien untätig zuzusehen und Seelsorger hinzunehmen, die die Gläubigen nicht nur der Kirche, sondern auch der klösterlichen Grundherrschaft abspenstig machten. Da Säkularpriester, auf deren Rechtgläubigkeit man sich hätte verlassen können, selten zu finden waren, übergaben die Äbte die bedrohten Parochien Mitgliedern ihres Konvents und entschieden sich so für eine pastorale Tätigkeit in der Welt. Diesen Beschluß, der für die künftige Entwicklung des schlesischen Ordenszweiges von folgenschwerer Bedeutung war, faßten die Zisterzienser in gemeinsamer Absprache, wobei längere Verhandlungen mit den Bischöfen Andreas Jerin (1585 bis 1596) und Johann Sitsch (1601—08) nötig waren[85]. Es scheint, daß die Bischöfe gegen die Übernahme der Stiftspfarreien durch Ordensleute nichts einzuwenden hatten, sofern die zisterziensischen Seelsorger an den Diözesansynoden teilnahmen, und die schlesischen Äbte waren offenbar bereit, sich dieser Forderung zu fügen. Aber auf Umwegen erhielt Generalabt Edmund de la Croix Kenntnis davon und wandte sich in einem scharfen Schreiben an den Abt von Leubus und seine Coabbates. Er wies sie auf den Eid hin, durch den sie verpflichtet seien, die Rechte und Freiheiten des Ordens zu wahren. Sollten sie sich entschließen, an den angesagten Synoden teilzunehmen, so würden sie allen Provinzen ein schlechtes Beispiel geben, gegen das er mit der Exkommunikation einschreiten müßte[86].

Die Drohung des Generalabts scheint ihre Wirkung nicht verfehlt zu haben, denn die niederschlesischen Äbte verweigerten seitdem ihre Mitwirkung bei der Synode. Der Raudener Abt Peter Sebitz jedoch, der vor seiner Wahl Dekan des Kollegiatstifts zu Ratibor war[87], schickte seine Konventualen, die in Pfarreien tätig waren, ohne Rück-

---

formieren, zur regulären Observanz und schuldigen Disziplin zurückzuführen und ungehorsame Ordensleute zu mahnen, zu strafen und zu züchtigen (moneas et punias et castiges) (BDA V 11, Fotokopie). Dem Bischof ging es dabei um die Erneuerung der katholischen Kirche und um die Wiederherstellung seiner Jurisdiktion. Denn allein die 7 schlesischen Zisterzen und die großpolnische Abtei Paradies besaßen in der Diözese Breslau fast 110 Patronatspfarreien, über deren Besetzung sie genauso wie der protestantische Landadel und der lutherische Rat der Städte selbstherrlich und ohne Mitwirkung des Bischofs verfügten. Schon Gerstmanns Vorgänger Balthasar von Promnitz hatte sich in der erwähnten Denkschrift des F. Staphylus beim päpstl. Nuntius und beim Kaiser über diese Rechtsanmaßung der Klöster beschwert und ihre Unterstellung unter bischöfliche Jurisdikation gefordert (H. Tüchle. In: Reformata Reformanda S. 124 f.), doch hat er sein Ziel nicht erreicht, weil die Krone die Vogtei der Klöster als königliches Regal betrachtete. Auch die Rechte, die Bischof Gerstmann durch das erwähnte päpstliche Breve erhielt, ließen sich nie durchsetzen, da die Zisterzienser hartnäckigen Widerstand leisteten und bei der Opposition gegen den Bischof immer wieder die Unterstützung des Kaisers erhielten. — Zu den eigentlichen Hintergründen des Exemtionsstreites vgl. 6. Kapitel, Anm. 59.)

85) Der endgültige Beschluß, sich der Seelsorge zuzuwenden, fiel auf dem schlesischen Äbtekapitel, das Weihbischof Georg Scultetus am 27. April 1607 veranstaltete. Vgl. H. Grüger, Ursachen und Folgen der Trennung Schlesiens von der Ordensprovinz Böhmen. In: Cîteaux 27. 1976, S. 29—55.

86) Schreiben des Generalabts an die schlesischen Äbte vom 27. März 1601 (BDA 11. Fotokopie).

87) Potthast S. 59 f.

sicht auf den Willen der Ordenszentrale zu den bischöflichen Versammlungen, denn als einstiger Säkularkanoniker fühlte er sich mehr den Interessen des Bischofs verbunden als denen des Ordens. Auch davon erhielt der Generalabt Kenntnis und verhängte prompt über alle Äbte der Provinz die Exkommunikation[88]. Die konsequente Reaktion der Ordenszentrale zwang die Äbte, sich künftig unverbrüchlich an die Exemtionsrechte des Ordens zu halten.

Die Ursachen der Spannungen, die wegen der Frage der Synodalbeteiligung ausgebrochen waren, konnte Generalabt Nicolas Boucherat II. beheben, als er im Januar 1616 die schlesischen Klöster besuchte und in Verhandlungen mit dem Bischof alle strittigen Punkte bereinigte. Der Ordensgeneral übertrug die Aufsicht über die Klöster der Provinz den Äbten Georg Vrat von Königsaal und Johann Seyfried von Zwettl[89] und setzte die regelmäßige Visitation der Zisterzen durch die Vateräbte und Ordenskommissare durch. Da es dem Erzherzog Karl, als Bischof von Breslau in erster Linie auf die Wiederherstellung der regulären Zucht ankam, überließ er alle Angelegenheiten, die die Äbte angingen, dem Orden und verzichtete auf die Visitation jener Pfarreien, in denen Mönche tätig waren.

Dies änderte sich schnell, als 1625 Karl Ferdinand, Prinz von Polen, zum Bischof von Breslau erwählt wurde und die Verwaltung der Diözese fast dauernd bestellten Administratoren aus dem Domkapitel überließ. Die Kanoniker, die die Einigung von 1616 nicht zu Unrecht als einen Ausverkauf bischöflicher Rechte ansahen, schlugen einen Kurs ein, der zwangsläufig zum Bruch mit dem Orden führte. Sie forderten nicht bloß die Bestätigung der Regularpfarrer durch den Bischof und die Visitation der Parochien durch den Archidiakon, sondern verlangten darüber hinaus die Teilnahme an der Diözesansynode und die Wahl der Äbte im Beisein bischöflicher Kommissare; dabei setzten sie sich — wie einzelne Äußerungen führender Mitglieder des Domkapitels verraten — das Ziel, die exemten Klöster vollständig der Aufsicht der Diözese zu unterwerfen[90]. Diesem Begehren haben sich die Äbte entschieden widersetzt und zogen damit alle kirch-

---

88) Schreiben des Abtes Arnold Freiberger von Leubus an den Generalabt Claude Vaussin vom 10. Juni 1653 (BDA V 11. Fotokopie): „Sunt quoque penes me quaedam literae originales D. Edmundi a Cruce, Generalis S. Ord. nostri piae memoriae, quibus hic Abbates nostros antecessores Synodum Diocesanam frequentantes A° 1610 excommunicavit, formaliter comparuit attamen in praedicta Synodo P. Prior et quidam Religiosus Monasterii Raudensis una cum alio Conventuali Gemielnicensi ablegati a suis Abbatibus, et paulo ante ad regendum Parochias, ipsi Serenissimo Episcopo me inconsulto praesentati."

89) BDA V 11, S. 45 f., Schreiben des Johann Seyfried, „Abbas Claraevallis Austriae, vulgo Zwethel, S. Cist. Ord. per Bohemiam, Austriam, Moraviam et Silesiam atque Vtramque Lusatiam Commissarius Generalis", an Abt Matthäus Rudolf von Leubus vom 3. Juli 1615 (dd. Prag). Dabei betonte Abt Seyfried, daß ihm der verstorbene Abt Peter (Miller) von Salem das Ordenskommissariat der habsburgischen Länder 1614 durch Subdelegation übertrug, was der Apostolische Stuhl und der Orden bestätigten.

90) Die Äußerungen verschiedener Breslauer Domherren lassen erkennen, daß dem Domkapitel die hartnäckige Berufung der Zisterzienser auf ihre Exemtion ein Dorn im Auge war. So drohte der Archidiakon Dr. Petrus Gebauer dem Abt Laurentius Hertel im Jan. 1636: „Nicht mehr lange werdet Ihr Euch der Exemtion erfreuen!" (BDA V 11, S. 108 f.), und am 24. Jan.

lichen Strafen auf sich. Die Heinrichauer Äbte Kaspar Gleisberg (1627—33), Laurentius Hertel (1635—44), Georg Welzel (1644—51) und Kaspar Liebichen (1651—56) wurden einer nach dem anderen mit ihren Konventen exkommuniziert, für abgesetzt erklärt und mit der Exekution bedroht. Dabei scheute man sich nicht, Abt Liebichen bei einer Wallfahrt nach Wartha durch bischöfliche Dragoner überfallen und nach Neisse verschleppen zu lassen[91]. In den Jahren 1633—35 und 1653 schien es, als würden die Zisterzienser unterliegen; denn in Heinrichau verzichtete der Konvent nach dem Tode von Kaspar Gleisberg aus Furcht vor den Drohungen der Bistumsadministratoren auf eine Neuwahl, so daß die Ordenskommissare eingreifen mußten, um das Kloster dem Zugriff der Diözesanverwaltung zu entziehen[92]. 1653 gelang es dem Bischof und Domkapitel, das römische Kardinalskollegium und den Apostolischen Legaten von Deutschland gegen die Äbte zu gewinnen, so daß sich die Schlesier von allen Seiten exkommuniziert und suspendiert sahen. In dieser gefährlichen Situation suchten sie Hilfe beim Abt von Lilienfeld, der sich als Consiliarius des Kaisers in Wien für ihre Sache einsetzte[93], und beim Generalabt Claude Vaussin.

1649 teilte der Domherr de Furno dem Leubuser Abt in Gegenwart anderer Kanoniker triumphierend mit, daß der Bischof jetzt das Recht habe, in allen Klöstern Neuwahlen anzusetzen (ebd. S. 159—161).

[91]) BDA V 11 (Bericht des Fr. Edmund Fontanus von Heinrichau, Fotokopie).

[92]) Abt Ignaz Krafft von Lilienfeld ernannte den Abt Christoph Hochgesang von Kamenz zum Administrator und Tutor des verwaisten Klosters, und in seinem Auftrag verwaltete der Grüssauer Mönch Samuel Hielscher einige Zeit das Stift an der Ohle (BDA V 11, Bericht des Fr. Edmund Fontanus).

[93]) BDA V 11, S. 125—131 und Schreiben des Leubuser Abtes von 1653 (Fotokopie). Auf Betreiben des Breslauer Bischofs, der den Archidiakon D. Best als Vertreter nach Rom sandte, bestätigte die Konzilskongregation durch die Kardinäle Petrus Aloysius Caraffa und Ferdinand Franziskus Paulucci am 16. Nov. 1652 und am 11. Jan. 1653, daß der Bischof das Recht habe, bei der Wahl der Zisterzienser persönlich oder durch Kommissare anwesend zu sein, die Wahl zu bestätigen, die Äbte zur Teilnahme an der Diözesansynode zu verpflichten und ihre in der Seelsorge tätigen Regularen zu examinieren und zu approbieren, zu visitieren und zu bestrafen. Auf Bitten des Bischofs und der Kardinäle wurden beide Erlasse am 20. Sept. 1653 in Regensburg vom Apostolischen Nuntius Erzbischof Scipio de Nuci von Pisa transsumiert und den Äbten nachdrücklich befohlen, sich der Entscheidung der Konzilskongregation zu fügen (BDA V 11, S. 188—194). Da die Schlesier keine Gelegenheit gehabt hatten, ihre Argumente darzulegen, waren sie von dieser Entwicklung sehr überrascht, zumal die Sache längst bei der Rota Romana anhängig und damit der Konzilskongregation und dem Nuntius entzogen war. Weil sie gute Gründe zu der Annahme hatten, daß der Bischof als Prinzregent von Polen persönliche und dynastische Beziehungen spielen lasse, um zum Ziele zu kommen und auch Beweise vorlagen, daß der Archidiakon Best bei den Kardinälen mit unwahren Behauptungen operierte, sandten die schlesischen Zisterzienser im Frühsommer 1653 den Grüssauer Abt Rüling nach Rom, um den Prozeß bei der Rota Romana zu betreiben. Dies war der Stand der Dinge, als Abt Jakob Martini von Königsaal als Generalvikar Böhmens vom Generalabt die Erlaubnis zu einer außerordentlichen Visitation der schlesischen Zisterzen erhielt, angeblich, um den bedrohten Mitbrüdern im Kampf um ihre Exemtion zu Hilfe zu kommen. Verärgert teilte der Leubuser Abt dem Ordensgeneral mit, daß er mit den Äbten von Heinrichau und Kamenz die Klöster der Provinz eben erst visitiert habe und daß daher die außerordentliche Visitation überflüssig sei. Wenn die Schlesier in dieser schweren Zeit den Rat auswärtiger Äbte benötigten, dann am ehesten die Hilfe des Generalvikars von Österreich, der über gute Beziehungen zum kaiserl. Hofe und zur römischen Kurie verfüge (BDA V 11, S. 196—203).

Nach dem Tode des Bischofs Karl Ferdinand verzichteten die Bistumsbehörden auf die Forderung der Synodalpflicht und der Mitwirkung bischöflicher Kommissare bei der Wahl der Äbte, und Bischof Sebastian von Rostock (1664—71) suchte einen Ausgleich mit den Zisterziensern. Die Schwierigkeit aber bestand in der unnachgiebigen Haltung der Äbte, die den Standpunkt vertraten, daß kein Externer berechtigt sei, einen Ordensmann zu visitieren. Das war gewiß richtig, solange die Konventualen Tätigkeiten im internen Bereich der Klöster ausübten; es war aber unhaltbar, wenn Ordensleute Funktionen in der Seelsorge wahrnahmen, deren Kontrolle fraglos in die Kompetenz des Bischofs fiel. Es ging daher grundsätzlich um die Frage, ob bei der Ausübung jurisdiktioneller Akte der Rechtsstand des jeweiligen Seelsorgers maßgebend war oder derjenige der Gemeinde. Im Unterschied zu den schlesischen Äbten vertrat der Generalabt eine versöhnlichere Linie und riet den Zisterziensern, ihre Ansprüche zu reduzieren. Natürlich dürften sie nicht zulassen, daß die Abtswahl in Gegenwart bischöflicher Kommissare erfolgte und daß der Bischof das Recht erhielt, die Äbte zu bestätigen und die Ordensleute zur Teilnahme an der Diözesansynode zu verpflichten. „Aber auf eure Pfarreien könntet ihr verzichten", schrieb der Generalabt, „und auch um die Abtsweihe dürft ihr den Bischof bitten, und nur wenn er sie verweigern sollte, würde sie der Generalvikar (des Ordens) spenden, den Wir aufgrund der Uns erteilten Apostolischen Vollmachten dann beauftragen würden"[94]. Hätten die Schlesier den Rat des Generalabts befolgt und die Seelsorge aufgegeben, so wäre der Hauptanlaß des Streites entfallen. Aber dazu waren sie nicht bereit, da sich der schlesische Ordenszweig längst entschlossen hatte, die pastorale Tätigkeit in der Welt einem Leben in klösterlicher Abgeschiedenheit vorzuziehen.

Der Ausgleich gelang erst dem Breslauer Bischof Kardinal Friedrich, Landgraf von Hessen, der am 23. Januar 1677 die Transaktion schloß, die die gegenseitigen Kompetenzen abgrenzte. Der Orden anerkannte die Jurisdiktion des Bischofs in allen pastoralen Belangen, wie der Ernennung der Seelsorger, ihrer Visitation, Zurechtweisung, Abberufung und Verpflichtung zu den Archipresbyteratskonventen, sowie in der Forderung des Gehorsams gegen die Anordnungen des zuständigen Archidiakons. Der Bischof hingegen verzichtete auf den Anspruch, bei der Wahl und Bestätigung der Äbte mitzuwirken und gestand den Klöstern das Recht zu, alle Pfarreien, deren Patronat sie besaßen oder deren früheres Patronat sie wieder erwerben würden, als inkorporierte Pfarreien zu behandeln und ihm für diese Parochien Ordensleute als Seelsorger vorzuschlagen[95].

---

[94]) BDA V B 6 a, Orig. (Fotokopie), Schreiben an Abt Melchior Welzel vom 6. Mai 1671 aus dem St. Bernhardskolleg in Paris. Da Claude Vaussin schon am 1. Febr. 1670 starb (vgl. Canivez Bd. 7, S. 472 f.), muß in der Datierung des Schreibens („Datum Parisij in nostro Sancti Bernardi Collegio die sexta mensis Maji anno Dnj lxxj"), das im BDA im Original und mit dem unversehrten Siegel des Generalabts erhalten ist, ein Fehler vorliegen.

[95]) BDA V 11 (Fotokopie). Da der Bischof auch das Recht erhielt, die erwählten Äbte zu weihen, verweigerte Cîteaux der Transaktion anfangs die Zustimmung.

Damit waren die Streitfragen, die die schlesischen Zisterzienser lange beunruhigt und Heinrichau 1633—35 in größte Schwierigkeiten gestürzt hatten, für immer ausgeräumt[96].

Zu einer Auseinandersetzung um die seelsorgliche Jurisdiktion des Ordens kam es später auch mit dem Bischof von Veszprém. Als nämlich die Zisterzienser seit 1763 die verpachteten Gebiete im Mezöföld wieder in eigene Bewirtschaftung nahmen und die untergegangene Patronatskirche von Elöszállás neu erbauten, zogen sie die Seelsorge des Stiftsdorfes Venyim an sich, die früher die Minoriten von Dunaföldvár ausgeübt hatten. Bischof Ignaz Koller erhob dagegen Protest und forderte den Prior von Zirc auf, die angebliche Exemtion des Ordens vor der Statthalterei zu beweisen. Abt Haschke gelang es aber, den Streit am 23. Mai 1767 friedlich beizulegen, indem er sich bereit erklärte, in Venyim eine neue Kirche zu errichten, die der Bischof als Zircer Parochie anerkannte, wogegen der Abt auf die Seelsorge der nichtzisterziensischen Dörfer verzichtete[97].

---

[96]) Nur noch einmal — am 6. Juli 1679 — wies Kardinal Friedrich den Abt Melchior Welzel in einem energischen Schreiben darauf hin, daß er nicht berechtigt sei, die Pontifikalien auch außerhalb des Klosters und der Kirchen des Stiftslandes zu gebrauchen (BDA V 11, Fotokopie).

[97]) BDA V B 6 e (Fotokopie).

Fünftes Kapitel

DAS KLOSTER IM ORDEN VON CÎTEAUX

1. Heinrichau im Rahmen der Ordensverfassung

Da der erste Konvent von Heinrichau aus Leubus kam, war das Kloster an der Ohle eine „Tochter“ (filia) der ältesten schlesischen Abtei, die einst von Mönchen der thüringischen Abtei Pforte an der Saale besiedelt wurde. Der Abt von Leubus übte als Pater immediatus die Paternitätsrechte aus, d. h., er hatte die Pflicht, das Tochterkloster jährlich zu visitieren und auf die Einhaltung der im Orden geltenden Normen zu achten. Alle Mängel, die er dabei erkannte, brachte er in einem Dokument zum Ausdruck, das man „Charta Caritatis“ oder „Charta Visitationis“ nannte, in das Armarium des Klosters aufnahm und jährlich viermal an den Quatembertagen vor dem Abt und Konvent im Kapitelsaal vorlas. Bei jeder neuen Visitation ließ sich der Pater immediatus die Charta vorlegen, um zu prüfen, ob man sich bemüht hatte, die gerügten Fehler abzustellen. Dem Vaterabt stand auch das Recht zu, bei der Neuwahl des Abtes im Tochterkloster zu präsidieren, und bei Güterverkäufen mußte er zu Rate gezogen werden, da ohne seine Zustimmung jeder Verkauf nichtig war[1].

Im System der „Filiationsverfassung“ war Leubus das Mutterkloster von Mogiła, Heinrichau, Kamenz und Krone (Koronowo), und der Abt von Heinrichau der Pater immediatus der Klöster Grüssau und Zirc. Ob aber die für den Zisterzienserorden typische Verfassung funktionierte, hing auch von der Autorität des Generalkapitels ab, das im Mittelalter jährlich in Cîteaux stattfinden sollte. Als im Abendländischen Schisma die Vollversammlung der Äbte zerbrach und der Orden in zwei Observanzen zerfiel, verlor auch das Paternitätsrecht seine Kraft. Die formalen Strukturen — der Vorsitz bei der Abtswahl, die Mitwirkung bei Güterveränderungen, die Aufsicht über die Erfüllung frommer Stiftungen — blieben freilich erhalten; aber den disziplinären Mißständen der Tochterklöster sahen viele Vateräbte untätig zu und überließen es dem Leiter der Tochterabtei, mit den Mißständen allein fertig zu werden. Die Zuchtlosigkeit, die um 1460 unter Abt Nikolaus Viereckel in Kamenz bestand, konnte dem visitierenden Abt von Leubus nicht verborgen bleiben; wenn der Pater immediatus trotzdem nichts dagegen unternahm, so muß man vermuten, daß es um die Disziplin des Mutterklosters nicht viel

1) Vgl. Charta Caritatis. Hrsg. J. Turk In: Analecta 1. 1945, 53 ff. (cap. I, IV—VI und XI); Instituta Generalis Capituli apud Cistercium. In: Analecta 4. 1948, 16—28; Charta Caritatis. In: Analecta 4. 1948, 109—114; Summa Chartae Caritatis. In: Analecta 4. 1948, 139—143; ferner die Constitutio „Fulgens sicut stella matutina“ von Benedikt XII. vom 12. Juli 1335, gedr. Canivez Bd. 3, S. 410—436.

besser bestellt war[2]. Tatsächlich trieb Leubus damals der Auflösung entgegen, so daß das Generalkapitel Abt Petrus Wartenberg als Visitator seiner Filiation suspendierte und den Abt von Altzella zum Visitator der schlesischen Zisterze bestellte[3]. Zu einer grundsätzlichen Änderung der Verfassung aber konnte sich Citeaux nicht entschließen; denn da mit der Neugliederung des Ordens in Regionalprovinzen auch die Frage zusammenhing, welches zisterziensische Studienkolleg den Ordensnachwuchs ausbilden sollte, kam es zu unerfreulichen Rivalitäten zwischen den Äbten von Altzella und Mogiła, die die Ordenskollegien in Leipzig und Krakau leiteten und die Ausbildung der schlesischen Mönche in ihren Instituten beanspruchten[4]. Bevor die Sache entschieden wurde, brach die Reformation herein, die den Zusammenhang der Schlesier mit der Ordenszentrale für längere Zeit unterbrach. Noch 1513 wurde Heinrichau von Abt Andreas Hoffmann von Leubus visitiert[5] und 1518 von Petrus Chemnitz von Pforte[6], doch 1540 hob Herzog Heinrich von Sachsen die Abtei Pforte auf, im Jahre 1545 wurde Altzella säkularisiert, und um dieselbe Zeit gingen auch Doberlugk, Zinna, Lehnin, Chorin, Himmelpforte, Buch und Grünhain unter, so daß der schlesische Ordenszweig den räumlichen Zusammenhang mit den Zisterzen des Westens verlor und sich allein auf den Kontakt mit den Klöstern Böhmens und Österreichs angewiesen sah. Erst die kölnischen Mönche der großpolnischen Abteien Wongrowitz, Lond und Obra, die 1553—54 nach Heinrichau flüchteten, stellten die Verbindung mit dem Rheinland und mit Cîteaux wieder her. Abt Andreas von Köln (1554—77), der aus einer Kölner Bürgerfamilie stammte und während seiner ganzen Amtszeit mit dem Rat von Köln korrespondierte[7], kannte den Altenberger Abt Winand Dutzmann (1560—68) und wohl auch dessen Nachfolger Gottfried Schnavel aus der Kölner Familie der Schnavel van Zudendorp[8]. Die intensiven Beziehungen, die der Heinrichauer Abt mit dem kaiserlichen Hofe in Wien und der römischen Kurie pflegte, mach-

---

[2]) Charta Caritatis von Kamenz vom 16. März 1463 (Pfotenhauer. CDS 10. Nr. 355).

[3]) Canivez 1456, Nr. 107: „Mandatur omnibus abbatibus et personis regularibus, ad quos praesens diffinitio pervenerit, quatinus citent seu citet alter eorum abbatem de Lubens ad secundum diem generalis Capituli proxime futuri, mandatque idem generale Capitulum, ne interim idem abbas de Lubens de visitatione aut reformatione quovis modo se intromittat."

[4]) Canivez 1412, Nr. 37; 1464, Nr. 92; 1470, Nr. 31; 1483, Nr. 54; 1490, Nr. 31, Nr. 52; 1499, Nr. 43; 1508, Nr. 44. Dabei verpflichteten die Väter die schlesischen Zisterzienser zum Studium bald in Leipzig, bald in Krakau.

[5]) Charta Caritatis vom 12. März 1513 (BDA V B 6 e, Fotokopie).

[6]) Bestätigung und Ergänzung der älteren Charta Caritatis vom 12. März 1518 (BDA V B 6 e, Fotokopie).

[7]) Vgl. H. Grüger, Andreas Swederi von Köln, Abt von Heinrichau in Schlesien. In: CChr. 77. 1970, S. 154—163; Ders., Kölner Zisterzienser des 16. Jahrhunderts in Schlesien. In: Annalen d. Hist. Ver. f. d. Niederrhein 174. 1972, S. 31—46.

[8]) Vgl. H. Mosler, Die Cistercienserabtei Altenberg (Germania Sacra. Histor.-statist. Beschreibung der Kirche des alten Reiches. N.F.2. Die Bistümer der Kirchenprov. Köln. Das Erzbistum Köln 1). Berlin 1965, S. 167 f. — Auf die engen Beziehungen des Abtes Andreas zu Altenberg verweist auch ein Schreiben, das sich im Heinrichauer Archiv erhalten hat: Danach erteilte Abt Wilhelm Stoploch von Altenberg am 20. Febr. 1551 dem Abt von Paradies die Vollmacht, Altenbergs Tochterklöster Wongrowitz, Lond und Obra in Großpolen zu visitieren (lat. Regest in BDA V 8, nr. 65).

ten den Generalabt Jerôme de la Souchière auf ihn aufmerksam, der Andreas 1569 zum Vicarius Generalis in Schlesien ernannte und mit der Visitation und Reformation der schlesischen Zisterzen betraute[9]. Nach dem Tode des Abtes aber ging der Kontakt der Schlesier mit Cîteaux wieder verloren.

In den Jahren 1579 und 1580 unternahm Generalabt Nicolas Boucherat I. in Begleitung von Edmund de la Croix, Abt von Aiguebelle, den Versuch, die Reste des Ordens in den habsburgischen Ländern zu sammeln. Seine Visitationsreise sollte auch nach Schlesien führen; sie scheiterte aber am Widerstand des Breslauer Bischofs Martin von Gerstmann, der die Einreise mit Hilfe staatlicher Behörden verhinderte und den Äbten seiner Diözese untersagte, sich vom Ordensgeneral visitieren zu lassen[10]. Der Generalabt sandte dafür Edmund de la Croix, um wenigstens die Klöster Polens zu visitieren. Der Abt nahm die Durchreise durch Schlesien zu einem Besuch in Heinrichau wahr, wo er sich ein Bild von den Verhältnissen des Ordens in Schlesien machte. Am 1. Januar 1580 weilte er in der Zisterze an der Ohle und quittierte Abt Nikolaus Hübner die Zahlung von 30 fl. Beitrag zum Generalkapitel und bedankte sich für die herzliche Gastfreundschaft, die man ihm und seinen Begleitern gewährte[11]. Dieser erste Versuch, die schlesischen Abteien wieder an die Ordenszentrale zu binden, wäre erfolglos geblieben, wenn es Nicolas Boucherat nicht gelungen wäre, auch durch die böhmischen Zisterzienser mit dem schlesischen Ordenszweig Verbindung zu halten. Bei seiner Reise lernte er nämlich die reformfreudigen Äbte Georg Taxer von Hohenfurt und Andreas Wiedemann von Königsaal kennen, und auf seinen Vorschlag ernannte das Generalkapitel 1584 den Abt von Königsaal zum Generalvikar und Visitator der neugegründeten Ordensprovinz Böhmen, Mähren, Schlesien und der Lausitz[12]. Damit entschloß sich die Ordenszentrale zur Ein-

---

[9]) Rose S. 260 f. Anm. 72. Damals beanspruchte auch der Krakauer Weihbischof Abt Andreas Spoth von Mogiła das Recht, die Schlesier zu visitieren, „obwohl die Klöster dieser Provinz den Abt von Leubus als ordentlichen Visitator haben"; gegen die Ansprüche von Mogiła opponierten die „kölnischen" Mönche von Henirichau, die Abt Spoth ein erhebliches Maß Mitschuld an den Gewaltakten der Krone gegen die „kölnischen" Klöster Großpolens zuschrieben (H. Tüchle. In: Reformata Reformanda. Festgabe für H. Jedin. Münster 1965, Bd. 2, S. 124). Die Korrespondenz des Heinrichauer Abtes im Histor. Archiv der Stadt Köln (Dep. Kloster Lond) zeigt, daß der Vorwurf der kölnischen Mönche den Abt von Mogiła nicht zu Unrecht traf.

[10]) J. Jungnitz, Martin von Gerstmann, Bischof von Breslau. Breslau 1898, S. 200 f.; Potthast S. 46.

[11]) Orig. BDA V B 6 a (Fotokopie), wo der Vertreter des Generalabts sagt: „Et quia nos et confratres, quos nobiscum in Poloniam pro monasteriorum nostri ordinis visitatione deducimus, per monasterium suum transeuntes magna cum Charitate excepit, vicissim quoque gratum nostrum erga illum animum, ut testemur, si quid in suum et sui monasterii obsequium poterimus libentissime semper praestabimus."

[12]) Canivez 1584, Nr. 88. Andreas Wiedemann, seit 1585 auch Abt von Neuzelle, resignierte 1589 auf Königsaal und verzichtete vor Generalabt Edmund de la Croix, der am 24. Mai 1590 Neuzelle visitierte, auf das Generalvikariat (vgl. J. Fait und J. Fritz, Neuzelle. Festschr. zum Jubiläum der Klostergründung vor 700 Jahren. 1268—1968. München-Zürich 1968, S. 44). — Zur Persönlichkeit des Abtes Georg Taxer von Hohenfurt vgl. S. Gottsmich. In: CChr. 76. 1969, S. 53 f. Übrigens ließ Abt Taxer 1586 als Vertreter des Generalvikars den Hohenfurter Subprior Michael Walther zum Abt von Rauden wählen (Potthast S. 54).

führung einer Verfassung, die in anderen Gegenden Europas schon lange in Geltung war. Die einzelnen Klöster wurden nicht mehr nach dem Prinzip der Filiation zusammengefaßt, sondern bildeten auf der Grundlage politischer Territorien einen Provinzialverband. Den Vorsitzenden einer solchen Region ernannten Ordensgeneral oder Generalkapitel auf jeweils 5 Jahre, und da sie es ablehnten, das Amt des „Generalvikars" — wie man den Leiter der Provinz nannte — an ein bestimmtes Kloster zu binden, wahrten sie sich die Möglichkeit, solche Männer zu erwählen, die fähig und willens waren, die Interessen des Gesamtordens zu vertreten. Andreas Wiedemann von Königsaal, der erste Vicarius Generalis der Provinz, wagte es nicht, die schlesischen Zisterzen zu visitieren. Da man in Leubus Reformen ablehnte und an der Filiationsverfassung festhielt und die beiden oberschlesischen Klöster sich der Provinz von Krakau angeschlossen hatten, wäre jede Visitation eines auswärtigen Abtes in Schlesien auf Widerstand gestoßen. Auch ein neuer Versuch des Generalabts Edmund de la Croix, die Äbte Oberdeutschlands und der habsburgischen Lande 1594 bei einem Provinzialkapitel in Salem für eine Reform des Ordens zu gewinnen, scheiterte am mangelnden Interesse der Äbte, so daß sich der Generalabt beim Papst beschwerte, der die Bemühungen der Ordenszentrale billigte[13]. Für den Zusammenhang der Zisterzen Schlesiens mit Burgund sorgte in dieser Zeit der Abt von Königsaal, durch den Cîteaux Kenntnis von dem geplanten Arrangement der schlesischen Äbte mit dem Bischof von Breslau erhielt. Dies war auch der Grund, weshalb sich Edmund de la Croix am 27. März 1601 an die Schlesier wandte und sie beschwor, die Rechte des Ordens nicht zu verraten und ihnen mit der Exkommunikation drohte, falls sie sich an den Diözesansynoden des Bischofs beteiligen würden[14].

Im Jahre 1616 erhielt Nicolas Boucherat II. von Cîteaux die Erlaubnis des Kaisers zur Einreise in Schlesien. Gemeinsam mit Jean Foucard de Nismes, dem Abt von Nizelles, und seinem Sekretär visitierte er die Zisterzen. Mitten im Winter reiste er über das Gebirge und weilte vom 1. bis 6. Januar in Leubus, wo er die Äbte der habsburgischen Nebenlande zu einem Provinzialkapitel berief, das am 1. Fastensonntag (21. Februar) in Prag beginnen sollte[15]. Am 14. Januar visitierte er Heinrichau, wo unter Abt Andreas Beyer 10 Professen, 1 Novize und 1 Konverse lebten[16]. Am 18. Januar war er in Grüssau, das 10 Professen zählte und hoffnungslos verschuldet war, so daß er den Abt zum Rücktritt zwang[17], und am 22. Januar besuchte er Kamenz, wo er ebenfalls 11 Ordens-

---

[13]) Vgl. P Knauer, Klosterleben und Klosterreform der schlesischen Zisterzienser in der Zeit der Reformation und Gegenreformation. In: Archiv 4. 1939, S. 245 f.

[14]) BDA V 11 (ohne Paginierung).

[15]) Gedr. P. Panhölzl, Statuta Capitulorum Provincialium Ord. Cist. Vicariatus Bohemiae-Moraviae-Lusatiae. In: CChr. 22. 1910, S. 97 f. Vgl. auch F. Machilek, Die Zisterzienser in Böhmen und Mähren. In: Archiv f. Kirchengesch. von Böhmen-Mähren-Schlesien 3. 1973, S. 185—220, bes. S. 194 f.

[16]) Charta Caritatis des Generalabts im BDA V B 6 e (Fotokopie). Dabei verwandelte der Visitator die 7 Messen, die seinerzeit Abt Nikolaus von Brieg 1435 gestiftet hatte, wegen der geringen Zahl der Priester in 7 gesungene Salve Regina, und an diesem Brauch hielt man in Heinrichau bis zur Aufhebung des Klosters fest (vgl. Necr. Zirc).

[17]) Rose S. 65.

leute traf[18]. Die Visitation der beiden oberschlesischen Zisterzen überließ er dem Abt von Nizelles[19].

Am 22. Februar 1616 trat in Prag das Provinzialkapitel zusammen, bei dem bis auf Rauden und Himmelwitz alle Mönchs- und Nonnenklöster Schlesiens vertreten waren[20]. Auf Grund des Berichtes, den Jean Foucard über die Visitation der oberschlesischen Klöster erstattete, beschloß das Kapitel, die beiden Zisterzen von der Provinz Krakau zu trennen und der böhmisch-schlesischen Provinz anzugliedern[21]. Die Reformbemühungen des Generalabts und seiner Begleiter wurden von Abt Georg Vrat von Königsaal unterstützt. Das Kapitel erließ klare Satzungen und eine Verfassung, auf die sich alle Äbte durch ihre Unterschrift verpflichteten. Die Klöster des Königreichs Böhmen wurden zu einer einzigen Ordensprovinz zusammengefaßt, deren Leitung Abt Georg Vrat von Königsaal übernahm. Er führte den Vorsitz beim Provinzialkapitel, das alle vier Jahre in Prag tagen und zu dem alle Äbte der Provinz erscheinen sollten[22]. Aus den Mitgliedern der Versammlung bildete man auch ein Appellationsgericht als erste Instanz, dem bis zur nächsten Tagung die Äbte von Heinrichau, Welehrad und Hohenfurt angehörten. Die Kosten der Reise zum Generalkapitel, an dem als Vertreter der Provinz je zwei Äbte teilnehmen mußten, und die Spesen für die Richter des Appellationsgerichtes wurden auf alle Klöster umgelegt. Schließlich sollte die Provinz auf gemeinsame Kosten in Prag ein Studienkolleg zur Ausbildung des Ordensnachwuchses errichten. In diesem Kolleg sollten die Zisterzen Frauenthal, Plass, Sedlec und Goldenkron je einen, die Abtei Welehrad drei, Leubus und Heinrichau je vier, alle anderen Klöster je zwei Studenten auf ihre Kosten unterhalten.

Die neue Verfassung hat sich nicht in der Weise durchgesetzt, wie es der Generalabt erwartete. Die Äbte der Leubuser Filiation haben die Statuten zwar unterschrieben, aber die Unterstellung ihrer Klöster unter einen böhmischen Generalvikar ertrugen sie nur mit Widerwillen. Ihr Widerstand läßt sich nicht mit den ehrgeizigen Bestrebungen des Abtes von Leubus erklären, da auch von anderen schlesischen Äbten Äußerungen vorliegen, die erkennen lassen, daß die Abneigung gegen den böhmischen Ordenskommissar bei den Schlesiern allgemein verbreitet war[23].

---

18) P. Knauer S. 248 ff.

19) Potthast S. 67 f.

20) P. Panhölzl S. 98 ff.

21) Potthast S. 68. A. Gessner (Abtei Rauden in Oberschlesien (Quellen 2.) Kitzingen 1952, S. 4) behauptet, daß Rauden schon 1552 aus der polnischen Provinz ausschied und zur böhmischen Provinz übertrat. Bei der Raudener Wahl von 1586 setzte sich zwar der Kandidat des böhmischen Visitators durch, aber die offizielle Angliederung der oberschlesischen Zisterzen an Böhmen erfolgte erst 1616.

22) P. Panhölzl S. 99.

23) Auch in Grüssau und Rauden opponierte man noch 1651 gegen die Visitation des böhmischen Generalvikars von 1628 (vgl. Rose S. 73 und 79 und Anm. 107). Schon in einem Schreiben an die schlesischen Mitäbte vom 12. Febr. 1649 verurteilte der Grüssauer Abt Valentin Rüling die mehr als 20 Jahre zurückliegende Visitation (BDA V 11, S. 163 f., Fotokopie).

Der erste Bericht der Schlesier, der den Generalabt in der Abtei Lucelle im Elsaß erreichte, enthielt nichts über die Grüssauer Angelegenheit, deren Regelung Nicolas Boucherat am Herzen lag[24]. Den Äbten ging es in ihrem Schreiben vielmehr um das Ordensstudium in Prag. Sie beklagten sich, daß sie gezwungen werden sollten, ihre Alumnen dorthin zu schicken, behaupteten, daß sie anderswo billiger studieren könnten und baten um Dispens. Die Petition lief im Grunde darauf hinaus, sich wieder von Böhmen zu lösen. Nicolas Boucherat aber beschwor die Schlesier, bei den Statuten und bei dem in Prag bezeugten Eifer zu bleiben und ihre Religiosen nicht anderswohin zu schicken, da sie sonst andere Äbte mitreißen würden[25].

Zwei Jahre später sandte die Leubuser Filiation den Grüssauer Abt Martin Clavei als Vertreter zum Generalkapitel und gab ihm eine Liste von Wünschen mit. An erster Stelle stand wieder die Bitte, von der Entsendung von Alumnen nach Prag befreit zu werden; es sollte dem Ermessen der Äbte anheimgestellt werden, „wen, wie viele und wohin sie ihre Scholaren mit Rücksicht auf die Unterhaltskosten und den Erfolg des Studiums schicken“ wollten. Außerdem sollte das Generalkapitel den Beschluß des Prager Provinzialkapitels wegen der vierjährigen Visitation durch den Abt von Königsaal aufheben und dieses Amt für immer dem Abt von Leubus übertragen[26]. In seinem Antwortschreiben vom 18. Mai 1618 ging der Generalabt nur auf den ersten Punkt der Petition ein; er legte den Äbten dringend ans Herz, die Alumnen in das Studienkolleg nach Prag zu schicken und nur, falls sie anderswo ein Kolleg fänden, wo die Studienkosten geringer seien, dürften sie nach Gutdünken verfahren[27].

Im Jahre 1628 visierte Abt Georg Vrat mit den Äbten Johann Greifenfels von Sedlec und Hugo Stimmer von Neuzelle die Klöster der Diözese Breslau und drängte auf die Durchführung der begonnenen Reform[28]. An den Provinzialkapiteln, die unter seinem Vorsitz 1618 und 1630 in Prag stattfanden, hat der Abt von Heinrichau nur 1618 teilgenommen, denn unmittelbar danach brach der Krieg aus, so daß die Äbtekapitel unterblieben, und 1630 weigerten sich die Schlesier bereits, die Disziplinargewalt des böhmischen Generalvikars anzuerkennen, da Generalabt Petrus Nivelle die Visitation der schlesischen Zisterzen schon 1629 mit Rücksicht auf die Kriegsverhältnisse dem Abt Matthäus Rudolf von Leubus übertragen hatte[29]. Formal gehörte Schlesien jedoch noch bis

[24]) Dabei ging es um die wirtschaftliche Sanierung von Grüssau, dessen Abt Tobias Haller der Generalabt zum Rücktritt gezwungen hatte.

[25]) Schreiben des Generalabts aus Lucelle vom 5. Juli 1616 (BDA V 11, S. 46, Fotokopie).

[26]) BDA V 11, S. 53 f.: „Gravamina quae Reverendissimus Dominus Martinus Abbas Grissoviensis, et Venerabilis P. Matthaeus Parochus in Praepositura Seitsch Lubensis Monasterii, ambo Legati Monasteriorum Silesiae in Capitulo Generali Cistertii ad 14 Mai proponere et eorundem relaxationem sollicitare debent.“

[27]) „Rescriptum ad praedicta puncta Reverendissimi D. Generalis D. Abbatibus Silesiae“, BDA V 11, S. 54 f. (Fotokopie).

[28]) BDA V B 6 e, Charta Caritatis für Heinrichau, ausgefertigt von Abt Georg Vrat von Königsaal und mitunterzeichnet von den beiden Coabbates (Fotokopie).

[29]) Potthast S. 144.

zum Tode des Königsaaler Abtes Johann Greifenfels (1634—50) zur böhmischen Provinz, und dies erwies sich im Streit um die Exemtion des Ordens als wertvolle Hilfe. Als mit der Wahl des Heinrichauer Abtes Kaspar Gleisberg 1627 die Spannungen mit dem Bischof zum Ausbruch kamen, der den Abt exkommunizierte und ihm verbot, sich benedizieren zu lassen und irgendwelche Amtshandlungen auszuüben, trat Abt Georg Vrat für das bedrängte Stift ein. Er berichtete dem Ordensgeneral und wandte sich an Abt Ignaz Krafft von Lilienfeld, den Generalvikar von Österreich, der sich als Consiliarius am kaiserlichen Hofe für Heinrichau und die Schlesier einsetzte und in persönlichen Verhandlungen mit den Bistumsadministratoren Johann Friedrich von Breiner und dem Weihbischof Johann Balthasar von Liesch einen Ausgleich suchte. Georg Vrat sprach Abt Gleisberg Mut gegen die Drohungen der Administratoren zu und setzte es durch, daß der Heinrichauer Abt alle Bedenken überwand und sich gegen das strikte Verbot der Diözesanbehörden vom Generalvikar Böhmens die Abtsweihe erteilen ließ[30]. Einige Jahre später setzten sich die Ordenskommissare von Böhmen und Österreich dafür ein, daß Heinrichau nach Abt Gleisbergs Tode nicht verwaist blieb. Trotz der Besorgnisse der schlesischen Äbte bestanden sie unbekümmert um das Verdikt der Bistumsadministratoren auf einer Neuwahl, und da der Konvent von Heinrichau in alle Winde verstreut war, drängten sie den Leubuser Abt, einen kommissarischen Verwalter einzusetzen und das Stift dem Zugriff der Diözesanverwaltung zu entziehen. Der Leubuser Abt ernannte Abt Christoph Hochgesang von Kamenz zum Administrator und dieser bewog einen Professen von Grüssau, sich in dem verödeten Kloster an der Ohle niederzulassen, um die Präsenz des Ordens zu dokumentieren. Inzwischen bemühte sich Georg Vrat, den Aufenthaltsort des Restkonvents von Heinrichau aufzuspüren, und es gelang ihm, vier Ordensleute zur Rückkehr zu bewegen und eine Neuwahl zu veranstalten, aus der am 2. April 1635 unter dem Vorsitz der Äbte von Kamenz und Himmelwitz Laurentius Hertel als neuer Vorsteher hervorging. Damit waren die Pläne des Domkapitels durchkreuzt, und der Kreislauf der Exkommunikationen und Suspensionen nahm von neuem seinen Anfang[31].

Nach dem Westfälischen Frieden bemühte sich Generalvikar Johann Greifenfels von Königsaal in Cîteaux um die Erlaubnis zur Visitation der schlesischen Zisterzen. Als die Äbte der Leubuser Filiation davon erfuhren, setzten sie alles daran, sein Vorhaben zu hintertreiben. Abt Valentin Rüling von Grüssau schlug vor, sich an die Äbte von Cîteaux und Morimond zu wenden und ihnen klarzumachen, daß die Visitation Schlesiens und der Lausitz seit eh und je dem Abt von Leubus zugestanden habe. Es sei jetzt wichtig — so

30) Schreiben des Generalvikars Abt Georg Vrat aus Grüssau vom 18. Nov. 1628 (BDA V 11, Fotokopie).

31) Schreiben des Olmützer Domdechanten und Breslauer Bistumsadministrators Frhr. Johann Friedrich Breiner vom 17. Aug. 1635 an den Breslauer Weihbischof Johann Balthasar Liesch (BDA V 11, S. 105 ff., Fotokopie), und vom 12. Aug. 1635 an den Bistumsadministrator Frhr. Christoph von Strachwitz (BDA V 11, S. 104 f., Fotokopie). Schreiben des Abtes Ignaz Krafft von Lilienfeld vom 17. Aug. 1635 an die schlesischen Mitäbte (BDA V 11, S. 101 f., Fotokopie).

schrieb er seinen Mitäbten —, daß der Abt von Leubus das Generalvikariat erhalte und alle Visitationsrechte landfremder Äbte endgültig kassiert würden[32]. Am 25. März 1649 schrieb Abt Rüling dem Heinrichauer Abt Georg Welzel, es sei dringend nötig, daß alle vereint zusammenhielten, da „den Schlesiern jetzt ein schwerer Kampf mit den beiden gefährlichsten Gegnern bevorstehe, nämlich mit dem Bischof von Breslau und dem Visitator von Böhmen"[33]. Noch im selben Jahre stellten die Äbte beim Generalabt Claude Vaussin den Antrag, den Abt von Leubus zum Generalvikar zu ernennen, da sie nur so eine feste Stütze bei der Verteidigung der Freiheitsrechte des Ordens gegen die Ansprüche des Bischofs erhalten würden[34]. Die Querelen der Schlesier hatten Erfolg: Am 6. Dezember 1649 ernannte der Generalabt Abt Arnold Freiberger von Leubus zum Generalvikar Schlesiens. Dagegen erhob der Abt von Königsaal Protest, und Jakob Martini, der Nachfolger von Johann Greifenfels, richtete beim Generalkapitel des Jahres 1651 schwere Beschuldigungen gegen die Äbte der Leubuser Filiation. Trotzdem bestätigten die Väter die Trennung Schlesiens von Böhmen[35], forderten den Leubuser Abt aber zugleich auf, sich in Cîteaux zu rechtfertigen und verpflichteten die Schlesier lediglich, bis zur Errichtung eines eigenen Seminars ihre Junioren weiterhin zum Studium nach Prag zu schicken[36]. Noch im selben Jahre reisten die Äbte Freiberger von Leubus und Rüling von Grüssau nach Cîteaux, wo es ihnen gelang, die Vorwürfe des böhmischen Generalvikars zu entkräften[37]. Damit war Schlesien bis zur Säkularisation selbständige Ordensprovinz, und die Äbte brauchten nicht mehr zu befürchten, daß jemals wieder ein auswärtiger Ordenskommissar ihre Klöster visitieren würde, denn der absolutistische habsburgische und preußische Staat hätten die Visitation durch einen französischen Delegierten der burgundischen Ordenszentrale nie gestattet.

Wenige Monate nach der Errichtung der Provinz Schlesien starb am 25. November 1651 der Heinrichauer Abt Georg Welzel, dessen Tod der Konvent aus Furcht vor dem Domkapitel geheim hielt, um am 3. Dezember unter dem Vorsitz der Äbte von Leubus und Kamenz Kaspar Liebichen zum Nachfolger zu wählen[38]. Der Bistumsadministrator Johann Balthasar Liesch exkommunizierte den Neugewählten und forderte zu einer neuen Wahl im Beisein von bischöflichen Kommissaren auf. Als der Konvent nicht gehorchte, ließ der Bischof den Abt bei einer Wallfahrt verhaften und nach Neisse brin-

---

32) BDA V 11, S. 163, Schreiben vom 12. Febr. 1649 (Fotokopie). Daß der Abt von Leubus jemals auch Visitator der Lausitz war, ist ein Irrtum.

33) BDA V 11, S. 166 f. (Fotokopie). Der Grüssauer Abt schlug dabei auch vor, sich an den Abt Michael Schnabel von Heiligenkreuz als Generalvikar von Österreich zu wenden.

34) BDA V 11, S. 165 f. (Fotokopie).

35) Canivez 1651, Nr. 83 und 105. Im BDA V B 6 p lautet das Statut: „Studentes Religiosi Silesiae ad Seminarium Bohemorum mittentur, donec in Silesia seminarium erectum fuerit, et interim nihilominus Vicariatus Silesiae erit a Vicariatu Bohemiae separatus."

36) Canivez 1651, Nr. 86. Vgl. auch H. Grüger, Ursachen und Folgen der Trennung Schlesiens von der Ordensprovinz Böhmen. In: Cîteaux 27. 1976, S. 29—55.

37) A. Rose, S. 79. Die beiden Äbte weilten Ende August und Anfang September in Cîteaux.

38) BDA V 8, nr. 75 (Fotokopie).

gen. In diesem Jahre 1653 schien es, als würden die Äbte unterliegen. Der Bischof setzte in Rom eine Entscheidung durch, und als danach auch Erzbischof Scipio de Nuci von Pisa, der päpstliche Legat für Deutschland, den schlesischen Ordenszweig exkommunizierte und alle Äbte für abgesetzt erklärte, sah sich der Orden aller Hilfe beraubt[39]. In seiner Not wandte sich der Abt von Leubus am 10. Juni 1653 in einem ausführlichen Bericht an den Generalabt und bat dringend, er möchte sich nach Rom, an den Bischof von Breslau und an den Kaiser wenden, um der Verfolgung der schlesischen Zisterzienser ein Ende zu machen[40]. Doch alles, was der Ordensobere tun konnte, war das Versprechen, sich in Rom einzusetzen, damit die Kurie jene Bulle des Papstes Gregor XIII. von 1578, die dem Bischof die Visitation auch der exemten Klöster gestattete, für ungültig erkläre[41].

Nach dem Tode des Bischofs Karl Ferdinand (1655) konnten sich die Verhältnisse der schlesischen Ordensprovinz rasch normalisieren, da der Bistumsadministrator und spätere Bischof Sebastian von Rostock Frieden mit den Äbten suchte und 1666 eine vorläufige Vereinbarung zustande brachte, die für die Zisterzienser nicht ungünstig war. Abt Arnold Freiberger, der erste Generalvikar, kümmerte sich aber wenig um sein Amt. Durch seinen persönlichen Lebenswandel gab er sogar ein schlechtes Beispiel, so daß ihn der Generalabt schon 1661 wieder suspendierte und Abt Melchior Welzel von Heinrichau zum Vicarius Generalis für Schlesien ernannte. Der Abt sträubte sich gegen das Amt und übernahm es erst, als ihm der Abt von Cîteaux mit der Exkommunikation drohte. Die Ursachen seiner Weigerung offenbart das Protokoll des schlesischen Äbtekapitels von 1669. Am 21. Oktober dieses Jahres beschwerten sich die Schlesier unter dem Vorsitz des Heinrichauer Abtes über Abt Freiberger von Leubus, der sich weigere, sein Stift und die Nonnenabtei Trebnitz vom Generalvikar visitieren zu lassen, in Leubus protestantische Beamte und Prediger dulde, persönlich nie die Messe zelebriere, auch nicht beichte, nur selten am Officium divinum teilnehme und Bestrebungen fördere, durch die Trebnitz der polnischen Provinz angegliedert werden sollte. Dabei klagte der Heinrichauer Abt, daß er all dies der Ordenszentrale schon oft berichtet, aber nie irgendeine Unterstützung erfahren habe. Deshalb bat er mit Zustimmung der anderen Äbte — ausgenommen den Abt von Leubus, „qui similibus interesse non consuevit — der an solchen Versammlungen gewöhnlich nicht teilnimmt" — „daß das Generalkapitel aus der Mitte der schlesischen Äbte einen anderen zum Generalvikar bestellen möchte"[42]. Da Cîteaux auch jetzt nichts unternahm, weigerte sich Abt Welzel, die Klöster der Provinz zu visitieren, so daß sich der Abt von Rauden bei der Ordenszentrale beschwerte. In einem Schreiben vom 6. Mai

[39]) Zitation des Erzbischofs Scipio von Pisa, Apostol. Legat für Deutschland, aus Regensburg, 20. Sept. 1653 (BDA V 11, Fotokopie).

[40]) Schreiben des Abtes Arnold Freiberger von Leubus an Generalabt Claude Vaussin vom 10. Juni 1653 (BDA V 11, Fotokopie).

[41]) Schreiben des Generalabts an die schlesischen Äbte aus Dijon, 15. März 1654 (BDA V 11, Fotokopie).

[42]) „Positiones Adm. R. D. Commissario nomine Abbatum Silesiae in Capitulo Generali proponendae" vom 21. Okt. 1669, unterschrieben und besiegelt von den Äbten von Rauden, Kamenz und Heinrichau (BDA V B 6 p, Orig. Fotokopie).

1671 teilte der Generalabt dem Heinrichauer Abt mit, daß alle Ansprüche, die Leubus auf das Generalvikariat erhebe, null und nichtig seien[43]. Da aber auch diese Entscheidung die Stellung des Generalvikars gegen die Opposition von Leubus nicht stärken konnte, beauftragte Melchior Welzel Abt Bernhard Rosa von Grüssau, vor dem Generalkapitel des Jahres 1672 gegen den Leubuser Abt öffentlich Anklage zu erheben. Jetzt erst sah sich Cîteaux zum Handeln gezwungen. Es beauftragte die Äbte von Sedlec und Kamenz, die Klage zu überprüfen und Arnold Freiberger und die Mönche, die das Stift dem Patronat des protestantischen Herzogs von Liegnitz-Brieg unterstellen wollten, zu bestrafen[44]. Den Abt Melchior Welzel aber entband der Ordensgeneral vom Generalvikariat und machte ihm den Vorwurf, daß er seine Herde „wie ein Mietling" im Stich lasse und ernannte am 1. Juli 1673 Bernhard Rosa zum Nachfolger. Der neue Leiter der Provinz setzte sich erfolgreich gegen Leubus durch. Regelmäßig versammelte er die Schlesier zum Provinzialkapitel, dessen Beschlüsse er von Cîteaux bestätigen ließ[45]. Die Visitation der Klöster führte er so konsequent durch, daß das Institut der Provinzialverfassung seitdem auch in Schlesien zur Geltung gelangte.

Neue Spannungen entstanden 1702, als der Leubuser Abt Ludwig Bauch Generalvikar von Schlesien wurde. Der Ordenskommissar nahm zwar die Visitation der unterstellten Zisterzen wahr, aber er weigerte sich, sein eigenes Stift einer Visitation zu unterwerfen, da nach seiner Meinung seit der Säkularisation des Mutterklosters Pforte kein Abt mehr das Recht habe, irgendwelche Paternitätsrechte über Leubus zu beanspruchen[46]. Generalabt Nicolas Larcher entschied daher 1704, daß immer dann, wenn das Generalvikariat mit Leubus verbunden sei, die Äbte von Heinrichau und Kamenz als älteste Mitglieder der Filiation das Mutterkloster alle drei Jahre visitieren sollten; wenn aber das Generalvikariat einem anderen Abt übertragen werde, sollte das Kloster des Generalvikars zwei Jahre vom zuständigen Pater immediatus und im dritten Jahr von den Äbten der beiden ältesten Zisterzen visitiert werden[47]. Als Ludwig Bauch 1728 auf sein Amt resignierte, ernannte Generalabt Andoche Pernot zur Empörung der übrigen Äbte Schlesiens Abt Eugen Lenga von Himmelwitz zum Leiter der Provinz[47a]. Ihm folgte der Grüssauer Abt Innozenz Fritsch, der entschlossen war, den Hegemonieansprüchen von Leubus endlich ein Ende zu setzen und den Generalabt um eine definitive Entscheidung

---

43) Schreiben vom 6. Mai 1671 (BDA V B 6 a, Fotokopie).

44) Canivez 1672, Nr. 118.

45) Aus den vorliegenden Quellen sind folgende schlesische Provinzialkapitel bekannt: 17. März 1661 in Leubus; 9. Mai 1667; 21. Okt. 1669 in Heinrichau; Sonntag Reminiscere 1674 in Leubus; 1681 in Grüssau; Anf. Sept. 1692 in Leubus; 22. Juli 1693 in Heinrichau; 5. Sept. 1731 in Heinrichau; 16. Sept. 1732 in Würben; 16. Dez. 1737 in Heinrichau; 27.—28. Juni 1740 in Leubus; 18. Jan. 1768 in Leubus.

46) BDA V B 6 c.

47) BDA V B 6 a.

47a) Die Äbte von Leubus und Grüssau, die ihm den Gehorsam verweigerten und ihn in ihrer Eingabe an den Generalabt als unfähig bezeichneten, mußten durch kirchliche Zensuren zur Obedienz gezwungen werden. Trotzdem gelang es Abt Fritsch, die Visitation Grüssaus durch den Abt von Himmelwitz zu verhindern (Hist. dom. Henr. S. 15).

bat[47b]. Am 14. Oktober 1733 verfügte daher Andoche Pernot, daß der Generalvikar den Vorsitz bei allen Abtswahlen in Schlesien habe und jedes dritte Jahr alle Klöster der Provinz visitiere; in den beiden anderen Jahren müsse der zuständige Pater immediatus das Tochterkloster visitieren, ohne dabei die Anordnungen des Generalvikars zu widerrufen oder abzuändern. Die Abtei des jeweiligen Generalvikars durften nur die von Cîteaux eigens bestellten Kommissare visitieren. Beim Tode eines Abtes von Leubus, der als Generalvikar tätig war, sollte der älteste Abt der Stifte Heinrichau, Kamenz und Grüssau der Neuwahl präsidieren[48].

Diese Entscheidung, nach der die Paternitätsrechte nur noch einen Ehrenvorrang behielten und durch die die Provinzialverfassung durchgesetzt wurde, ließ der nächste Generalvikar Abt Wiesner von Heinrichau auch vom Generalkapitel des Jahres 1738 bestätigen[49]. Damit waren die Rechtsverhältnisse geklärt, so daß es selbst in den beiden letzten Jahrzehnten der Existenz der schlesischen Klöster, als die zentralen Institutionen von Cîteaux der Französischen Revolution zum Opfer fielen, keine verfassungsrechtlichen Spannungen mehr gab. Abt Konstantin Gloger von Heinrichau, den letzten schlesischen Generalvikar, ernannte der Generalprokurator des Ordens in Rom, Abt Alanus Braghati, dem Generalabt François Trouvé am 1. April 1791 alle Vollmachten übertragen hatte.

Abschließend geben wir die Liste der Generalvikare Schlesiens wieder, die sich aus den vorliegenden Quellen erschließen läßt:

I. *Außerordentliche Generalvikare*

1. 1569—1577 Andreas von Köln, Abt von Heinrichau (1554—77)

II. *Generalvikare der Ordensprovinz Böhmen-Schlesien*

2. 1584—1590 Andreas Wiedemann, Abt von Königsaal († 1591)
3. 1593—1614 Peter Miller, Abt von Salem (1593—1615), Generalvikar von Oberdeutschland.
4. 1614—1616 Johann Seyfried, Abt von Zwettl (1612—25),

[47b]) Beim Tode des Abtes Gerhard Woywoda von Kamenz (1732) kam es zum Streit zwischen Abt Fritsch von Grüssau als Generalvikar und den Äbten von Leubus und Heinrichau, da der Grüssauer Abt behauptete, daß alle Paternitätsrechte allein dem Generalvikar zustünden. Da das Provinzialkapitel von Würben (16. Sept. 1732) keine Einigung brachte und der Tod des Heinrichauer Abtes (27. Sept. 1732) die Spannungen verschärfte und der Grüssauer Abt nicht bereit war, auf den Vorsitz bei den Neuwahlen in Kamenz und Heinrichau zu verzichten, appellierten beide Parteien an den Generalabt, dessen Entscheidung die Ansprüche des Generalvikars bestätigte (Hist. dom. Henr. S. 17, 21 f., 25).

[48]) BDA V B 6 e (Fotokopie).

[49]) Canivez 1738, Nr. 266. Zirc war der schlesischen Provinz nicht angeschlossen, sondern unterstand bis 1810 allein der unmittelbaren Aufsicht und Leitung der Äbte von Heinrichau, die das Tochterkloster seit 1723 regelmäßig visitierten und dort dieselbe Disziplin einführten wie in Heinrichau. Gegen den Versuch des Abtes Innozenz Fritsch von Grüssau, als Generalvikar Schlesiens Visitationsrechte über Zirc in Anspruch zu nehmen, erhob Abt Gerhard Wiesner 1733 beim Generalabt Klage und setzte es durch, daß das ungarische Tochterkloster den Jurisdiktionsansprüchen schlesischer Generalvikare entzogen wurde (Hist. dom. Henr. S. 31—33).

5. 1616—1634 Georg Vrat, Abt von Königsaal († 1634),
1622—1638 Ignaz Krafft, Abt von Lilienfeld (1622—38),
1628—36 Abt Matthäus Rudolf von Leubus († 1636), Subvikar,
6. 1634—1650 Johann Greifenfels, Abt von Königsaal (1634—50)

III. *Generalvikare der Ordensprovinz Schlesien*

1. 1649—61 Arnold Freiberger, Abt von Leubus (1636—72),
2. 1661—73 Melchior Welzel, Abt von Heinrichau (1656—80),
3. 1673—1696 Bernhard Rosa, Abt von Grüssau (1660—96),
4. 1696—1702 Heinrich Kahlert, Abt von Heinrichau und Zirc (1681—1702),
5. 1702—1728 Ludwig Bauch, Abt von Leubus (1696—1729),
6. 1729—1731 Eugen Lenga, Abt von Himmelwitz (1714—31),
7. 1731—1734 Innozenz Fritsch, Abt von Grüssau (1727—34),
8. 1734—1749 Gerhard Wiesner, Abt von Heinrichau und Zirc (1732—49),
9. 1749—1763 Benedikt Seidel, Abt von Grüssau (1734—63),
10. 1763—1768 Wilhelm Steiner, Abt von Leubus (1757—68),
11. 1768—1778 Konstantin Haschke, Abt von Heinrichau und Zirc (1763—78),
12. 1778—1783 Lukas Springer, Abt von Leubus (1769—83),
13. 1783—1787 Plazidus Mundfering, Abt von Grüssau (1768—87),
14. 1787—1794 Franziskus Großpietsch, Abt von Leubus (1783—94),
15. 1794—1797 Petrus Keylich, Abt von Grüssau (1787—97),
16. 1797—1810 Konstantin Gloger, Abt von Heinrichau und Zirc (1793—1814).

2. Die Beziehungen zum Generalkapitel

Die schlesischen Zisterzen waren nie verpflichtet, am jährlichen Generalkapitel teilzunehmen, denn schon 1183 — lange vor der Gründung von Heinrichau — hatten die Väter die Anwesenheit der Äbte Polens, Ungarns und Spaniens auf jedes dritte Jahr beschränkt[50]. Die zahlreichen Bitten, Klagen, Beschwörungen und Drohungen der Ordensversammlung des 13. Jahrhunderts, die in den Akten fast alljährlich wiederkehren, lassen aber erkennen, daß selbst der dreijährige Turnus eine Idealforderung war, die die Schlesier zu keiner Zeit erfüllt haben. Unter dem Druck der häufigen Entschuldigungen, mit denen sich die Äbte von der Reise nach Burgund dispensierten, waren die Väter des 14. Jahrhunderts sogar zufrieden, wenn jede größere Region nur die Hälfte ihrer Äbte entsandte[51]. Aber auch dies blieb nur kurze Zeit in Geltung. Als nämlich der Orden in

[50]) Canivez 1183, Nr. 8, und 1184, Nr. 1, 1267, Nr. 9, erlaubte das Generalkapitel den Äbten Spaniens, die bisher jedes dritte Jahr nach Cîteaux kamen, nur noch jedes vierte Jahr teilzunehmen.

[51]) Seit 1298 (Canivez Nr. 7) gestattete Cîteaux, daß Äbte, die bei gewissenhafter Entscheidung dem Generalkapitel fernblieben, ihr Fehlen durch ein dreitägiges Fasten und einen 20tägigen Ausschluß vom Stallum des Abtes im Chor abgelten durften. Aber schon 1302 (Canivez Nr. 2) mußte man diese Dispens widerrufen, weil leichtfertige Entschuldigungen überhand nahmen. Seit 1410 (Canivez Nr. 9 und 10) brauchte jede Region nur noch 1—2 Äbte als Vertreter zu schicken.

der Abendländischen Kirchenspaltung 1378 in zwei Observanzen zerbrach, hielten die Zisterzienser Deutschlands, Böhmens, Schlesiens, Polens, Ungarns, Italiens und Englands ihr Äbtekapitel in Wien, Rom oder Heilsbronn bei Ansbach. Diese Kapitel, die als Provisorien galten, waren schlecht besucht, und nur ein einziges Mal läßt sich die Teilnahme eines Schlesiers nachweisen[52].

Seit 1410 trafen sich die Väter zu gemeinsamen Versammlungen wieder in Cîteaux, doch dauerte es längere Zeit, bis sich auch die Schlesier zur Teilnahme verstanden. Dabei boten ihnen die Kriege des 15. Jahrhunderts Entschuldigungen für ihr Fernbleiben; im übrigen aber trug der Orden mit den unerfreulichen Querelen der Primaräbte gegen den Generalabt selbst dazu bei, die Ordensversammlungen in Mißkredit zu bringen. Nach dem Jahre 1517 dauerte es 92 Jahre, bis sich wieder ein Schlesier auf die Reise nach Burgund begab.

Seit die Zisterzen der Breslauer Diözese eine selbständige Provinz bildeten (1649), brauchten sie nur noch zwei Vertreter nach Cîteaux zu entsenden. Bei insgesamt 11 Ordensversammlungen, die von 1651 bis zur Französischen Revolution stattfanden, war die Provinz bei 8 Generalkapiteln vertreten. Im Vergleich mit der Beteiligung in mittelalterlicher Zeit war dies ein überaus günstiges Ergebnis. Denn für die gesamte Epoche bis zum Beginn der Reformation läßt sich die Teilnahme schlesischer Äbte nicht öfter als zwölfmal nachweisen, diejenige des Stiftes Heinrichau überhaupt nur für 1413, wo der Abt einen seiner Mönche nach Cîteaux schickte[54].

Für den Verlauf der Route, die die schlesischen Äbte bei der Reise nach Cîteaux einschlugen, bieten die mittelalterlichen Quellen nur zwei Hinweise. 1247 stellte das Generalkapitel fest, daß die Äbte Polens, zu denen man damals auch die Schlesier rechnete, nur bis Altzella gekommen seien, wo sie aus unbekannten Gründen aufgehalten wurden[55], und am 28. September 1336 trafen sich einige Äbte bei der Rückreise im Kloster Otterberg und gaben dem Abt Heinrich von Kamenz eine Botschaft an die Äbte von

---

52) Vgl. P. Bliemetzrieder, Der Zisterzienserorden im großen abendländischen Schisma. In: Studien und Mitteilungen aus dem Benedictiner- u. Cistercienser-Orden 25. 1904, S. 70 ff.; H. Tüchle, Generalkapitel außerhalb Cîteaux im Großen Schisma. In: CChr. 64. 1957; B. Grießer, Statuten von Generalkapiteln außerhalb Cîteaux Wien 1393 und Heilsbronn 1398. In: CChr. 62. 1955, S. 65—82; E. Krausen, Generalkapitel außerhalb Cîteaux während des großen Schismas. In: CChr. 63. 1956, S. 7—11. — Im Sept. 1398 nahm der Abt von Kamenz am Generalkapitel in Heilsbronn teil (Pfotenhauer, CDS 10, Nr. 293).

53) P. Panhölzl S. 99.

54) C. H. Rother, Aus Schreibstube und Bücherei des ehemaligen Zisterzienserklosters Heinrichau. In: ZVGS 61, 1927, S. 68 Anm. 1: „directi sunt duo fratres Cistercium versus cum contributionibus, unus de Lubens, alter de Henrichau, pro septem monasteriis, scilicet pro Lubensi, de Clara Tumba, de Henrichav, Camentz, Ruda, Gemielnicz et Grissaw.“ Diese Notiz und verschiedene Statuten der Generalkapitel des 15. Jhs. zeigen, daß die nieder- und oberschlesischen Zisterzen mit Mogiła in mittelalterlicher Zeit eine gemeinsame Gruppe bildeten. Die Trennung in einen deutschen und einen polnischen Zweig war erst das Ergebnis der Reformation und der Kirchenpolitik des polnischen Reichstages unter Sigismund August (1548—72).

55) Canivez 1247, Nr. 30.

Pforte, Altzella und Leubus mit[56]. Altzella liegt am Nordrande des Erzgebirges bei Freiberg in Sachsen, Pforte bei Naumburg an der Saale und Otterberg bei Kaiserslautern. Der Reiseweg der Äbte Polens von 1259 und des Abtes Heinrich von Kamenz von 1336 führte also nördlich vom Erzgebirge und Thüringer Wald vorbei durch Hessen, die Rheinpfalz und Lothringen[57].

Aus dem 17. und 18. Jahrhundert haben sich ausführlichere Berichte schlesischer Zisterzienser erhalten, die erkennen lassen, daß man seit der Protestantisierung Norddeutschlands die ältere Route mied und den schwierigeren Weg durch Böhmen, die Oberpfalz, Mittelfranken, Württemberg, Baden und durch das Elsaß oder die Schweiz nahm. Das älteste dieser Itinerarien verfaßte der Raudener Subprior Joseph Philipp von Strachwitz, der 1699 mit den Äbten Bernhard Czernik von Rauden und Ludwig Bauch von Leubus und dem Leubuser Subprior und Abtssekretär zum Generalkapitel reiste[58]. Die Vorbemerkungen auf den ersten Seiten des Manuskripts zeigen, daß man Reiseberichte als Informationsquelle für spätere Reisende hinterließ[59]. Ein kulturgeschichtlich interessantes Itinerar schrieb der Heinrichauer P. Bartholomäus Sedlak, der 1768 mit den Äbten Konstantin Haschke von Heinrichau und Augustin Renner von Rauden und dessen Sekretär nach Cîteaux reiste[60].

---

56) F. Winter, Die Cistercienser des nordöstlichen Deutschlands. Ein Beitrag zur Kirchen- und Kulturgeschichte des deutschen Mittelalters. Bd. 3. Gotha 1871, S. 292; SR 5710, wo aber der Ortsname „Osterburken" in „Otterberg" zu berichtigen ist.

57) Zum Verlauf der Straßen, die die Äbte benutzten, wie der „Hohen Straße" und der Straße „durch die langen Hessen" und „durch die kurzen Hessen" vgl. F. Bruns und H. Weczerka, Hansische Handelsstraßen. Textband (Quellen und Darstellungen zur Hansischen Geschichte. NF. Bd. 12, Tl. 2). Weimar 1967; für den Verlauf der „Hohen Straße" auf schlesischem Gebiet vgl. J. Nowakowa, Rozmieszczenie komór celnych i przebieg dróg handlowych na Śląsku do końca XIV wieku (Prace Wrocławskiego Towarzystwo Naukowego. Seria A. Nr. 43). Breslau 1951.

58) BDA V 26 e. W. Urban (Katalog Archiwum Archidiecezjalnego we Wrocławiu. Rękopisy. In: Archiwa, Biblioteki i Muzea Kościelne 13. Lublin 1966, S. 233) liest den Namen des Verfassers irrtümlich Krachwitz; tatsächlich war es der Raudener Subprior und spätere Abt Strachwitz.

59) Unter der Überschrift „Cura" finden sich eine Reihe praktischer Hinweise, die den Reisewagen, die Pferde, die Qualifikation des Kutschers und die Reisegefährten betreffen, ferner Hinweise auf die nötigen Medikamente, Kleidung, Bettzeug und Devisen. Unter der Überschrift „Cautela" warnt der Verfasser vor allzu auffälliger Reisekleidung, vor Lobsprüchen gegenüber dem Gastwirt, denn alles das müsse man teuer bezahlen; er rät ab, fremde Ärzte mit ihren neuartigen Methoden zu Hilfe zu rufen und hält es für besser, sich selbst zu kurieren; schließlich warnt er vor jeder Kritik am französischen König (Ludwig XIV.), da dies dem Reisenden gefährlich und nachteilig werden könne.

60) K. Horváth, Eine Reise nach Cîteaux zum Generalkapitel im Jahre 1768. In: CChr. 43. 1931, S. 1—10, 46—54, 86—95. Die Reise ging von Heinrichau über Wartha, Schönwalde, Braunau, Grüssau, Arnau, Gitschin, Neubunzlau, Prag, Rakonitz, Abtei Plass, Pilsen, Mies, Eger, Abtei Waldsassen, Tirschenreuth, Hirschau, Nürnberg, Ansbach, Feuchtwangen, Aalen, Stuttgart, Pforzheim, Abtei Schwarzach, Straßburg, Colmar, Belfort, Baume-les-Dames, Dôle, Dijon. Auf der Rückreise besuchten die Äbte das Stift Lucelle, Priorat Saint-Appollinaire, Abtei Salem und Fürstenfeld(bruck).

Im Mittelalter und im frühen 17. Jahrhundert legten die Äbte den 1400 km langen Weg[61] zu Pferde zurück und ließen sich von einem berittenen Mönch oder einem Diener zu Fuß begleiten. Die Länge der Tagesstrecken, die sie bewältigten, läßt sich aus einzelnen Mitteilungen errechnen. Als Abt Heinrich von Kamenz dem Abt von Pforte 1336 die obenerwähnte Botschaft überbrachte, forderte dieser den Abt von Altzella auf, sich mit den Vertretern von Doberlugk, Buch, Grünhain und Neuzelle am Abend des 10. November in Pforte einzufinden, wo man am nächsten Tage gemeinsam aufbrechen wolle, um an dem Provinzialkapitel in Frankfurt (Main) teilzunehmen, das am 18. November beginnen sollte[62]. Der Abt von Pforte setzte also für die 350 km lange Strecke 7 Tage an, und das ergibt eine Tagesleistung von 50 km[63]. Angesichts der ungünstigen Wegeverhältnisse zwingt diese Leistung zu größter Bewunderung. Welch erstaunliche physische Konstitution mußte der Mensch jener Epoche haben, wenn er imstande war, 8 Wochen hindurch fast täglich 8—9 Stunden im Sattel zu sitzen, ohne daß seine Gesundheit Schaden litt!

Im späten 17. und im 18. Jahrhundert war das Reisen weit bequemer, denn jetzt reisten die Äbte mit mehrspännigen Kutschen oder fuhren in Süddeutschland und Frankreich auf chaussierten Straßen mit der öffentlichen Post, führten großes Gepäck mit und fanden fast überall standesgemäße Herbergen. Sie teilten die Wegstrecke so ein, daß sie nach je 5—7 Tagen in einer der großen Städte wie Prag, Nürnberg, Straßburg, Augs-

---

61) In Grüssau, das noch 100 km näher an Burgund liegt, berechnete man 1683 für die Hin- und Rückreise der Äbte Bernhard Rosa und Heinrich Kahlert 362 Meilen oder 2715 km.

62) Vgl. R. Lehmann, Die ältere Geschichte des Cisterzienserklosters Dobrilugk in der Lausitz, Diss. Heidelberg 1915, S. 116.

63) Andere Berichte beweisen, daß diese Tagesleistung nicht zu hoch veranschlagt ist. So bewältigte P. Konrad Tachler von Raitenhaslach, der 1609 und 1613 als Vertreter der bayerischen Provinz nach Cîteaux ritt und sich von einem Diener zu Fuß begleiten ließ, am 8. Mai 1609 von Maurach am Bodensee bis Schaffhausen 65 km, am 9. Mai bis Lauffenburg 54 km, am 10. Mai bis Saint-Apollinaire 53 km, am 11. Mai bis Porrentruy (Brundruth) 39 km, am 12. Mai bis Clerval 56 km, am 13. Mai bis Besancon 45 km und am 14. Mai bis Dôle 46 km, in 7 Tagen also eine Strecke von 358 km — und das, wo einer der Reisenden zu Fuß ging (vgl. B. Stürzer, Drey Reisen nach Cistertz. In: CChr. 4. 1892). — Auch die Äbte von Jędrzejów, Leubus, Wąchock, Koprzywnica, Szepes, Szczyrzyc, Rauden und Himmelwitz, die am 13. Okt. 1289 offenbar auf der Rückreise vom Generalkapitel in Leubus urkundeten (SR 2115), brauchten für den mehr als 1300 km langen Weg von Cîteaux, wo sie frühestens am Mittag des 15. Sept. abgereist waren, bis nach Leubus, das sie wohl am Abend des 12. Okt. erreichten, nur 27½ Tage; wenn man 3—4 Ruhetage abzieht, die man mit Rücksicht auf Mensch und Tier einlegen mußte, dann ergibt sich eine Tagesleistung von 55 km. In neuerer Zeit benötigte Abt Rosa 1661 für das letzte Stück seiner Romreise, die 220 km lange Strecke von Brünn bis Grüssau, nur 4½ Tage.
Weitere interessante Itinerarien berichten 1667 von der Reise der Äbte Laurentius Scipio von Ossegg und Andreas Emanuel Pospel von Rauden (CChr. 8. 1896), 1699 von Abt Benedikt Littwerig von Ossegg (CChr. 21. 1909), 1738 von den Äbten Johann Reitknecht von Sedlec und Martin Graf von Neuzelle (CChr. 24. 1912), 1765 von den Äbten Fortunat Hartmann von Plass und Kajetan Birkenfeld von Ossegg (CChr. 27. 1915), 1771 von den Äbten Gottfried Bylanski von Goldenkron und Otto Logk von Saar (CChr. 22. 1910). Einen Einblick in die Straßen- und Reiseverhältnisse früherer Zeit bietet auch der Bericht des Kölner Notars Johann Ewan, der 1562 nach Breslau und Heinrichau reiste (Histor. Archiv der Stadt Köln, Kl. Lond. Fotokopie.)

burg oder München oder in einem am Wege liegenden Kloster wie Salem, Fürstenfeld und Waldsassen einige Ruhetage einlegten[64]. Bei guten Straßen schafften die Äbte Konstantin Haschke von Heinrichau und Augustin Renner von Rauden am 8. Juni 1768 von München bis zur letzten Post vor Regensburg sogar rund 120 km. Auf derselben Reise machten sie auf dem Hinweg in vielen Klöstern Rast, so in Grüssau, in der Karthause Walditz bei Gitschin, im Königsaaler Haus in Prag, in Plass, Waldsassen und in der Abtei Schwarzach bei Rastatt; auf dem Rückweg besuchten sie die Abtei Lucelle, das Priorat Saint-Apollinaire, Salem, Birnau am Bodensee, Fürstenfeld und Politz. Überall nahm man sie herzlich auf und ehrte sie oft mit einem festlichen, von musikalischen Darbietungen umrahmten Mahl. Den Aufenthalt in großen Städten nutzten die Reisenden, um Rathäuser, Kirchen, Arsenale, Kunst- und Raritätenkabinette, fürstliche Residenzen, Galerien und Weinkeller zu besichtigen, dem Bischof, Fürsten oder Ratsherrn ihre Reverenz zu erweisen. Mit den strapaziösen Reisen mittelalterlicher Zeit haben die Fahrten dieser Epoche nur noch wenig zu tun. Die Äbte reisten ebenso komfortabel wie vermögende Adlige, Hofbeamte und Patrizier, und der triumphale Empfang, den man ihnen 1768 in Waldsassen, Salem, Lucelle und Fürstenfeld bereitete und der Einzug in Schlesien, wo die Heimkehrer auf den letzten 30 km Weges von Schönwalde bis Heinrichau von einer festlichen Schar berittener Bauern begleitet wurden und die Bevölkerung der Stiftsdörfer Vivat rufend an den Straßen Spalier stand, macht deutlich, welchen Wandel der Orden seit dem Mittelalter erfahren hatte.

In den fragmentarisch erhaltenen Akten des Generalkapitels wird Heinrichau nicht öfter erwähnt als Kamenz oder Grüssau. Die erste Nachricht stammt von 1225, wo die Väter die Äbte von Sulejów und Koprzywnica mit der Inspektion der geplanten Neugründung beauftragten[65]. Im September 1241 wußten die versammelten Väter bereits, daß die Abteien Mogiła und Heinrichau den Mongolen zum Opfer gefallen waren und befreiten den Abt von Heinrichau ähnlich wie später noch einmal im Jahre 1271 vom Besuch des Generalkapitels[66]. 1291 genehmigten sie die Aufnahme von Grüssau in den Orden und bestätigten es als Tochter von Heinrichau[67]. 1420 absolvierte das Kapitel den Heinrichauer Professen Nikolaus Hirschberg vom Vergehen der Apostasie[68]. Mit der Frage, wo die schlesischen Zisterzienser studieren sollten — in Wien, Krakau oder Leipzig — mußte sich das Generalkapitel des 15. Jahrhunderts öfter befassen, so in den Jahren 1412, 1421, 1483 und 1499[69]. Um den Besuch der Ordensversammlung und die

64) Nach Itinerarien des 17. und 18. Jhs. besuchten die Schlesier bei Reisen zum Generalkapitel in der Regel die Zisterzen Königsaal und Plass in Böhmen, Waldsassen in der Oberpfalz, Fürstenfeld(bruck) bei München, Salem bei Überlingen und Lucelle (Lützel) im Oberelsaß. Dabei knüpften sie Beziehungen an, denen Heinrichau 1682 den Zuzug von Bauleuten, Stuckateuren und Zimmerleuten aus Oberbayern und Tirol verdankte.

65) Canivez 1225, Nr. 63.

66) Canivez 1241, Nr. 39; 1271, Nr. 61.

67) Canivez 1291, Nr. 50.

68) Canivez 1420, Nr. 32.

69) Canivez 1412, Nr. 37; 1421, Nr. 9; 1483, Nr. 54; 1499, Nr. 43.

Zahlung der Ordensbeiträge ging es 1421, 1444, 1470 und 1502, wobei wiederholt die Verwüstungen des Krieges und die Armut der Klöster Anlaß boten, die Schlesier von den Beiträgen zu dispensieren[70]. 1485 ratifizierte das Generalkapitel die Visitation, die der Abt von Leubus seinerzeit im Auftrage des Abtes von Altzella in Heinrichau durchgeführt hatte, obwohl die Kommission des Abtes von Altzella bereits abgelaufen war[71]. Ein Jahr später beklagten sich die Väter bitter über die Zustände in den schlesischen Zisterzen und ermahnten den Abt von Leubus, die Klöster seiner Filiation jährlich wenigstens einmal zu visitieren und die Mißstände abzustellen[72]. 1651 wurde Schlesien als selbständige Ordensprovinz bestätigt und den Stiften die Pflicht auferlegt, ihre Alumnen zum Studium nach Prag zu schicken[73]. Mit der Ernennung des Generalvikars und seines beigeordneten Syndikus befaßten sich die Kapitel der Jahre 1667, 1672, 1683, 1686, 1699, 1738 und 1768[74]. Die Höhe der Ordenskontribution der Schlesier stand 1738 und 1768 zur Debatte[75], und um liturgische Fragen sowie um die Bestätigung der erwählten Äbte ging es 1768[76], und der Antrag der Konventualen von Zirc, bei der Abtswahl von Heinrichau das Stimmrecht auszuüben, lag dem Generalkapitel 1738 vor[77].

3. Das Verhältnis zu den Tochterklöstern

Grüssau im Riesengebirge

Die Abtei Grüssau wurde 1292 von Bolko I. begründet, der das Kloster zu seiner Familienstiftung erwählte[78]. Die Besiedlung übertrug er dem Abt Friedrich von Heinrichau, der am 9. August 1292 den Abt Dietrich mit den Mönchen Hugo, Arnold, Wilhelm, Reinhard, Siegfried, Nikolaus, Albert, Heinrich, Dietrich, Heinrich, Jakob und Siban einführte. Am 9. September 1292 stellte der Herzog in Gegenwart des Diözesanbischofs und seiner Barone die Fundationsurkunde aus[79]. Das Mutterkloster überließ der Neugrün-

---

70) Canivez 1421, Nr. 24; 1444, Nr. 31; 1470, Nr. 33; 1502, Nr. 15.

71) Canivez 1485, Nr. 86.

72) Canivez 1486, Nr. 37.

73) Canivez 1651, Nr. 83, 86 und 105.

74) Canivez 1667, Nr. 76; 1672, Nr. 211; 1683, Nr. 235; 1686, Nr. 170; 1699, Nr. 182; 1738, Nr. 267 und 296; 1768, Nr. 83.

75) Canivez 1738, Nr. 26; 1768, Nr. 33 und 46.

76) Canivez 1768, Nr. 30, 31, 32, 66 und 84.

77) Canivez 1738, Nr. 268.

78) Ähnlich wie Grüssau entstanden auch Lehnin, Chorin und Himmelpfort in Brandenburg als Haus- und Familienklöster der verschiedenen Linien einer Dynastie, nämlich der Askanier, mit denen Bolko I. durch seine Gemahlin Beatrix unmittelbar verwandt war (vgl. J. A. Schmoll gen. Eisenwerth, Das Kloster Chorin und die askanische Architektur in der Mark Brandenburg 1260—1320 (Veröffentlichungen der Histor. Kommission beim Friedrich-Meinecke-Inst. d. Freien Univ. Berlin. Bd. 2). Berlin 1961).

79) SR 2241, gedr. Rose S. 295—298. Zur vorzisterziensischen Niederlassung vgl. A. Rose, Die Benediktinerpropstei Grüssau (1242—1289). Beiträge zur schlesischen Kirchengesch. Gedenkschr. für K. Engelbert. Hrsg. B. Stasiewski (Forschungen u. Quellen zur Kirchen- und Kulturgesch. Ostdeutschlands 6). Köln-Wien 1969, S. 193—196.

dung die Dörfer Alt-Reichenau mit Neu-Reichenau und Quolsdorf und wurde dafür mit Wiesenthal entschädigt. Die Kosten für den Bau der monumentalen Klosterkirche und der Klausurgebäude übernahm der Herzog, und er sparte dabei keine Mittel, das Unternehmen zu fördern. 1295 vermehrte er die Besitzungen und stiftete 7 neue Altäre für die Kirche, in der er nach seinem Tode († 9. November 1301) bestattet wurde[80].

Die gemeinsame Geschichte von Heinrichau und Grüssau bietet eines der wenigen Beispiele von Klöstern, deren Beziehungen weder von Rivalität noch Bevormundung beherrscht waren. Aus den erhaltenen Quellen sieht man, daß sich die Tochtergründung in disziplinären und ökonomischen Fragen an den Vaterabt wandte und um seine Vermittlung bat. Als es 1326 wegen der Zinsen von Alt-Reichenau zum Streit mit dem Ortspfarrer kam, trafen sich die Parteien im Heinrichauer Hause in Breslau, wo Abt Johann einen Vergleich vermittelte[81]. Die freie Besetzung der 1403 gegründeten Propstei Warmbrunn, die der Ritter Gotsche Schoff 1410 dem Abt von Grüssau überließ, bestätigte außer den Äbten von Leubus und Kamenz auch der Abt von Heinrichau als Pater immediatus[82], und als es 1447 zwischen Kamenz und Grüssau zum Streit um die Herrschaftsrechte in Würben kam, brachten die Äbte von Leubus und Heinrichau als Visitatoren einen Ausgleich zustande[83].

Nach dem Tode des Abtes Benedikt Bartsch (1554—56) befand sich Grüssau wegen der Protestantisierung des umliegenden Landes und der Verpfändung mehrerer Stiftsdörfer in großer Bedrängnis; der Konvent war so zusammengeschmolzen, daß sich kein geeigneter Nachfolger fand. Da gab Abt Andreas von Heinrichau dem Tochterkloster seinen Professen Antonius Neukirch aus Köln zum Abt (1556—58), und nach dessen frühem Tode stellte er seinen Konventualen Johann Tharlan aus Köln zur Wahl (1558—67). Auch Abt Christoph Scholtz (1571—74), der aus dem Stift Blesen in Großpolen kam, gehörte vielleicht zu den kölnischen Mönchen, die 1553—54 nach Heinrichau geflüchtet waren und auf den Rat des Pater immediatus zum Abt erwählt wurde[84]. Die finanziellen Verhältnisse des Stifts im Riesengebirge zwangen Grüssau zur Verpfändung der Propstei Warmbrunn, wozu der Heinrichauer Abt als Vaterabt und Generalvikar am 14. August 1571 seine Zustimmung erteilte[85]. Am 3. August 1576 fand in Grüssau wieder eine Neuwahl statt, der zum siebten Male der Heinrichauer Abt Andreas von Köln präsidierte

[80]) Die in SR 2264 angeführten Urkunden, die Herzog Boleslaus I. von Oppeln, der Gründer von Himmelwitz, in Gegenwart seines Verwandten Herzog Heinrich von Glogau und mehrerer Barone der Fürstentümer Oppeln und Schweidnitz-Jauer-Münsterberg am 17. Nov. 1301 für Abt Johann von Heinrichau „in Crassiow" ausfertigen ließ, entstanden wahrscheinlich bei der Bestattung Bolkos I. in Grüssau, dessen Namensform der Oppelner Hofnotar in „Crassiow" veränderte.

[81]) SR 4542 vom 2. Juni 1326.

[82]) K. Wutke, Das Schicksal der Warmbrunner Propsteiurkunden. In: ZVGS 69. 1935, S. 281, Nr. 7.

[83]) Pfotenhauer (CDS 10). Nr. 340 vom 14. Aug. 1447.

[84]) Außer den drei „kölnischen" Äbten von Grüssau kam auch der Subdiakon Melchior von Köln, der am 26. Mai 1563 in einem Sumpf bei Grüssau ertrank, aus dem Mutterstift Heinrichau.

[85]) ZVGS 69. 1935, S. 289, Nr. 31.

und aus der Kaspar Ebert hervorging (1576—1609). Wenige Jahre später vermittelten die Äbte von Leubus und Heinrichau den Verkauf der Kamenzer Pfarrei Würben an Grüssau[86], und 1616 bestätigte Abt Andreas Beyer von Heinrichau als Visitator die Verlängerung des Pfandvertrages für Warmbrunn[87].

Am 29. Dezember 1620 wurde Abt Martin Clavei von den Bürgern von Schömberg erschlagen, und um Grüssau zu helfen, wandten sich die Äbte von Heinrichau und Kamenz an den Landeshauptmann von Schweidnitz-Jauer und baten um Schutz für das bedrohte Stift. Umgekehrt kam Grüssau wenige Jahre später dem gefährdeten Mutterkloster zu Hilfe, als 1633 der Abt und mehrere Konventualen der Pest erlagen und der Rest der Mönche flüchtete; auf Bitten des Abtes von Kamenz bestellte der Grüssauer Abt Adam Wolffgang aus Münsterberg seinen Professen Samuel Hielscher zum Proadministrator des verwaisten Stifts an der Ohle[88]. Nach dem Dreißigjährigen Kriege, als mehrere Heinrichauer Ordensleute in Grüssauer Pfarreien Zuflucht fanden, unterstützte Grüssau das Mutterkloster mit einem Kredit, dessen Restzahlung in Höhe von 154 fl. 31 krz. und 3 Hellern Abt Andreas Michaelis 1658 aus brüderlicher Liebe erließ und zum Dank nur ein Gebet wünschte[89].

Zum Zentrum katholischen Lebens im böhmisch-schlesischen Grenzlande wurde Grüssau unter dem einstigen Heinrichauer Prior Bernhard Rosa aus Glogau, den der Konvent am 25. Juli 1660 in Gegenwart der Äbte von Leubus und Heinrichau erwählte. Während der 36jährigen Amtszeit Rosas entwickelte sich Grüssau zur führenden Zisterze Schlesiens und wurde einer der wichtigsten Mittelpunkte der habsburgischen Gegenreformation. Der lebendige Kontakt zwischen Mutter- und Tochterkloster gab den entscheidenden Impuls zur Wiedergenesung des Ordens in der Diözese Breslau. Unter dem Einfluß Bernhard Rosas und seines Schülers Heinrich Kahlert, der 1681 Abt von Heinrichau wurde, gewannen die beiden schlesischen Klöster aber auch einen ganz anderen Charakter als ihn der Orden in vorreformatorischer Zeit getragen hatte. Diese letzte Epoche der Zisterzienser Schlesiens, in der sich die Mönche einer weltzugewandten Spiritualität verbunden fühlten, war in erster Linie von Grüssau geprägt. Abt Bernhard Rosa und Heinrich Kahlert haben dabei Mutter- und Tochterstift in einer Weise miteinander verbunden, wie es in der Geschichte des Ordens fast einmalig ist. Selbst die Union mit Zirc, die Heinrichaus Schicksale in den letzten 114 Jahren vor der Säkularisation bestimmte, ist ohne die Beziehungen zu Grüssau nicht denkbar; denn den Abt Martin Ujfalusy von Zirc lernte der spätere Abt Heinrich Kahlert, der die Union von 1699 begründete, in seinem

86) Frömrich S. 114 f. zum 4. Okt. 1585; vgl. auch R. Radler, Beiträge zur Geschichte von Würben, Kreis Schweidnitz. In: Archiv 23. 1965, S. 21.

87) ZVGS 69. 1935, S. 291 f., Nr. 42 vom 26. Juli 1616.

88) BDA V 11, Bericht des P. Edmund Fontanus (Fotokopie).

89) BDA V B 6 a, Orig., mit Unterschrift des Abtes Andreas Michaelis, Schreiben vom 10. März 1658. Rose S. 81 behauptet, daß die erlassene Schuld 1420 Tlr. betrug; dies war aber wohl die Höhe des ganzen Kredits, von dem Heinrichau bis 1658 den größten Teil schon zurückgezahlt hatte.

Heimatkloster im Riesengebirge kennen, wo der ungarische Zisterzienser vor den Türken Zuflucht fand[90].

Der enge Kontakt der beiden schlesischen Klöster führte auch zu einer Fülle von Analogien, die von der geistigen Zielsetzung der Ordensleute bis zur Bauanlage reichen. Aus der Vielzahl der Ähnlichkeiten, seien hier nur einige Beispiele herausgegriffen. Schon in mittelalterlicher Zeit errichtete man in Grüssau die Abteikirche nach einem Plan, den man in Anlehnung an das gotische Gotteshaus von Leubus entwarf, das seinerseits eine vereinfachte Form des Heinrichauer Rektangularchors darstellte[91]. Und als Heinrichau wenige Jahrzehnte nach der Gründung des Tochterklosters auf Anregung des Herzogs Bolko II. den Kult der hl. Maria Magdalena einführte, schloß sich Grüssau dem Brauch an und erbaute eine Kapelle, die am gleichen Platz entstand wie die Magdalenenkapelle im Mutterkloster[92]. Selbst die mittelalterliche Pfortenkapelle von Grüssau war genauso wie die Torkapelle von Heinrichau dem hl. Apostel Andreas geweiht, und auch die Lage der Grangie im klösterlichen Bering stimmte in beiden Zisterzen vollständig überein[93].

Umgekehrt schloß sich Heinrichau im späten 17. Jahrhundert dem Vorbilde des Tochterstifts an. Die Bruderschaft des hl. Joseph, die Abt Rosa begründete, erlebte im Stift an der Ohle ihre Parallele in der Dreifaltigkeitsbruderschaft, die Abt Kahlert ins Leben rief[94]. Die Patrozinien der Heinrichauer Ostkapellen sind dieselben wie die der älteren Ostkapellen von Grüssau[95]. Auch bei Bauten außerhalb des klösterlichen Berings lehnte man sich an die Gewohnheiten des Tochterklosters an, indem man nach Grüssauer Vorbild die Wallfahrt der hl. Anna einführte und auf einer Höhe am Rande des Mosch-

[90]) Schem. Zirc S. 194.

[91]) Zur Baugeschichte und den Baudenkmälern von Grüssau vgl. Verzeichnis der Kunstdenkmäler der Provinz Schlesien. Bd. 3. Bearb. H. Lutsch. Breslau 1891, S. 376 ff.; N. von Lutterotti, Abtei Grüssau. Ein Führer. Grüssau 1930 (3. Aufl. 1941); H. Dziurla, Krzeszów. Breslau-Warschau-Krakau-Danzig 1974; G. Grundmann, Die Richtungsänderung der schlesischen Kunst im 18. Jahrhundert. In: Kunstgeschichtl. Studien. Festschr. D. Frey. Breslau 1943; H. Kalucka, U progu badań nad klasztorem krzeszkowskim. In: Acta Universitatis Wratislaviensis 23. Historia VIII. Breslau 1964, S. 101—110; K. Kalinowski, Architektura barokowa na Śląsku w drugiej połowie XVII wieku (Polska Akademia Nauk-Instytut Sztuki. Studia z Historii Sztuki 21). Breslau-Warschau-Krakau-Danzig 1974, S. 99—101, 104—106, 143—145, 148—151 und öfter.

[92]) Sie lag wie in Heinrichau östlich vom Presbyterium, am gleichen Platz, wo man die Magdalenenkapelle der barocken Kirche errichtete.

[93]) Abt Rosa erbaute auf dem Platz der mittelalterlichen St. Andreaskapelle die Josephskirche und verlegte die Stiftspforte, die früher im Norden lag, an die Westseite der klösterlichen Ringmauer.

[94]) Die St. Josephsbruderschaft nahm ihren Ausgang in Lilienfeld, wo Abt Kollweis 1655 die erste Confraternitas des hl. Joseph gründete. 1663 wurde sie von Abt Alberich Burghoff, dem früheren Prior von Lilienfeld, in Neuzelle eingeführt. Auch die Dreifaltigkeitsbruderschaft stützte sich auf österreichische Vorbilder.

[95]) Die nördliche der drei barocken Ostkapellen war der hl. Dreifaltigkeit geweiht, die südliche dem hl. Joseph. Auch in Grüssau gab es schon 1667 eine Dreifaltigkeitskapelle, die südlich vom Presbyterium lag. Außer diesen beiden Kapellen stimmt auch die Lage der Loretokapelle im nördlichen Querschiff von Heinrichau mit dem Grüssauer Vorbilde überein, das Abt Rosa 1672/73 vom Loretokirchlein in Konstanz übernahm und das man auch in Rosas Heimatstadt Glogau und in Leubus nachahmte.

witzer Buchwaldes eine Kapelle zu Ehren dieser Heiligen gründete[96]. Und endlich lassen sich auch die gegenreformatorischen Maßnahmen, durch die Abt Kahlert im späten 17. Jahrhundert in den Heinrichauer Stiftsdörfern und in der Patronatspfarrei Silberberg dem katholischen Glauben Geltung verschaffte, ohne das Beispiel des Grüssauer Abtes Rosa nicht verstehen.

Zirc im Bakony

Die Beziehungen der Abtei Heinrichau zum ungarischen Stift Zirc, das bis in die jüngste Zeit eine der blühendsten Niederlassungen des Zisterzienserordens war, sind von der schlesischen Forschung fast ganz ignoriert worden. Der einzige Beitrag eines schlesischen Historikers, der sich diesem Thema widmete, ist sehr lückenhaft und von zeitbedingten Fehlurteilen behaftet[97], ein Vorwurf übrigens, von dem man auch Abt Remigius Békefi von Zirc nicht freisprechen kann, der vor mehr als 7 Jahrzehnten eine Darstellung der Geschichte von Zirc in deutscher Übersetzung herausgab[98]. Es ist daher nötig, auf die Beziehungen der beiden Klöster ausführlicher einzugehen, ohne den Anspruch auf einen erschöpfenden Beitrag zu erheben. Dabei stützen wir uns besonders auf das Aktenmaterial, das im Breslauer Diözesanarchiv erhalten blieb, denn die wichtigsten Archivalien, die in Ungarn vorhanden waren, sind der Forschung seit der Aufhebung von Zirc im Jahre 1950 nicht mehr zugänglich[99].

Das Kloster Zirc, das in den ältesten Filiationslisten weit vor Heinrichau steht, wurde 1182 von König Béla III. von Ungarn (1173—96) in den Gebirgswäldern des Bakony im Komitat und der Diözese Veszprém gegründet[100]. Der erste Konvent kam aus Clairvaux, wo Johann von Limoges (1208—18), der bekannteste der mittelalterlichen Äbte von Zirc, als Prior wirkte, bevor er nach Ungarn ging. Auch seine unmittelbaren Nachfolger, von denen einer Guido hieß, waren französischer Herkunft, und im Stiftsdorf Olaszfalu (d. h. Welschdorf) siedelten die Zisterzienser im frühen 13. Jahrhundert Kolonisten romanischer Sprache an. Im Jahre 1232 besiedelte Zirc das Tochterkloster Požega (Tisztesvölgy), das König Andreas (1205—35) in Slawonien in der Diözese Pécs

96) Die St. Annakapelle auf dem Marienberge bei Moschwitz wurde 1707 von Abt Ackermann erbaut.

97) Sohr 1842, S. 543—553 und 1843, S. 33—43, 150—162 und 304—310.

98) Békefi 1900—1901. Das beste Werk über die Geschichte von Zirc verfaßte der Zisterzienserpater K. Horváth, Zirc története. Veszprém 1930.

99) An dieser Stelle sei besonders Herrn Ferenc (Levente) Hervay gedankt, einem der besten Kenner des Zisterzienserordens, der dem Verfasser in privaten Gesprächen und brieflicher Korrespondenz zahlreiche Details zur Geschichte des ungarischen Klosters vermittelte und ihm bei einer Studienreise nach Budapest und Zirc ein zuverlässiger Führer war und wertvolle Hilfe bei der Beschaffung von Akten aus ungarischen Archiven leistete.

100) F. van der Meer, Atlas de l'Ordre Cistercien. Amsterdam-Brüssel 1965, Index topographique; vgl. auch F. Hervay, Notes critiques sur l'Atlas de l'Ordre Cistercien de Frédéric van der Meer. In: Analecta 23. 1967, S. 134—152.

stiftete[101]. Im übrigen läßt sich die mittelalterliche Geschichte von Zirc nur in groben Zügen rekonstruieren, denn nach der Niederlage von Mohács (1526), wo der junge König Ludwig Reich und Leben verlor, wurde das Kloster von den Mönchen aufgegeben und nach 1541 von den Türken vernichtet, wobei der größte Teil der älteren Urkunden verloren ging[102].

Nach der Zerstörung der Zisterze okkupierte der ungarische Adel des Landes, um dessen Besitz sich Türken und Habsburger stritten, die herrenlosen Grangien und Zinsdörfer. Einen Teil der Besitzungen verpfändete Kaiser Maximilian II. 1566 der Familie Thury[103]. Seit 1609 ernannte die habsburgische Regierung ungarische Kanoniker zu Kommendataräbten[104], deren Einkünfte aber gering waren, da sich die meisten Ländereien in adliger Hand befanden, verödet waren oder in Landstrichen lagen, die den Osmanen erst im Frieden von Karlowitz (1699) entrissen wurden. 1640 wurde Freiherr Johann Hédervåry, Domherr von Györ (Raab), Kommendatarabt von Zirc[105]. Bei seiner Ernennung zum Bischof von Szepes (Zips) verzichtete er am 20. Oktober 1659 zugunsten des Abtes Matthäus Kollweis von Lilienfeld (1650—95), der seit 1651 Kommissar des Ordens in Ungarn war, auf die wüste Abtei, und Lilienfeld übernahm die Pflicht, Zirc gegen alle Ansprüche des ungarischen Klerus und Adels zu verteidigen[106]. Auf Vorschlag von Kollweis ernannte Kaiser Leopold I. am 26. Mai 1660 den Lilienfelder Pro-

---

[101]) Der Ort heißt jetzt Kutjevo (F. H e r v a y S. 152). Der Fundator des Klosters, König Andreas II., war der Vater der hl. Elisabeth von Thüringen und Schwager der hl. Hedwig von Schlesien.

[102]) F. H e r v a y (S. 148) charakterisiert die Lage der zisterziensischen Forschung in Ungarn in folgender Weise: „Il n'y a pas un autre pays, où la destruction des monastères, et des livres du moyen age ait été aussi considérable — presque total — comme en Hongrie. C'est pourquoi il y a tant d'erreurs, d'incertitudes, autour des monastères hongrois, concernant leur existence, leur histoire, leur endroit etc. Presque rien ne fut publié dans une langue plus connue sur les anciens monastères et les cisterciens hongrois." — Erst dem Sammlerfleiß der schlesischen Mönche gelang es im 18. Jh., in anderen Klöstern und Archiven eine Reihe mittelalterlicher Urkunden von Zirc aufzuspüren und in lateinischen Regesten zusammenzufassen; diese Sammlung befindet sich jetzt im Erzbischöfl. Archiv in Breslau.

[103]) Nach der Schlacht bei Mohács fielen die Güter von Zirc an den Magnaten Lászlo More, um 1531 an Pál Bakics, Valentin Török und Johann Choron von Devecser; 1538 gab König Johann Zapolya das Kloster den Gebrüdern Johann und Raphael Podmaziczky als Kommende. Nach dem Fall von Buda (1541), als die Türken das Alföld eroberten und auch in Westungarn einfielen, brannten moslemische Streifscharen die Abtei Zirc nieder. 1566 erhielt Georg Thury die Güter des verödeten Stifts, und 1575 verpfändete es Maximilian II. den Gebrüdern Benedikt und Wolfgang Thury. Der Güterkomplex von Elöszállás war 150 Jahre lang unter der Herrschaft der Türken, die die Dörfer vernichteten, die Bewohner umbrachten oder in die Sklaverei verschleppten und das Dunaföld zur menschenleeren Puszta machten.

[104]) Der erste Kommendatarabt war Michael Monoszlaj, Domherr von Györ (Raab); sein Nachfolger wurde 1616 Stephan Bolerazj, Domherr von Neutra, dann 1630—40 Nikolaus Boejte, Domherr von Esztergom (Gran).

[105]) Er studierte 1643—47 im Germanikum in Rom, aus dem damals auch die Lilienfelder Äbte Ignaz Krafft (1622—38), Cornelius Strauch (1638—50) und Matthäus Kollweis (1650—95) hervorgingen (vgl. A. D i e t r i c h , Cistercienser, die im Collegium Germanicum-Hungaricum in Rom studierten. In: CChr. 24. 1912, S. 161—167 und 200—207).

[106]) Der Vertrag wurde am 20. Okt. 1659 geschlossen (A l p á r S. 14).

fessen Martin Ujfalusy aus Sopron (Ödenburg) zum neuen Abt[107]. Ujfalusy mußte aber vor den Türken fliehen und ging nach Grüssau, wo er den Mönch Heinrich Viktorin Kahlert aus Braunau (Böhmen), den späteren Abt von Heinrichau kennenlernte. Die Begegnung der beiden Zisterzienser war schicksalhaft für die Erneuerung von Zirc[108].

Der neue Abt von Zirc fand bei seinem Amtsantritt ein Kloster, das in Trümmern lag und dessen Besitzungen entfremdet waren. Er strengte mehrere Vindikationsprozesse an, um die Güter wiederzugewinnen; aber für eine Neubegründung der Zisterze war die Zeit noch nicht reif. 1663 fiel der Großwesir Achmed Köprülü ins westliche Ungarn ein und stieß bis an die Grenzen der Steiermark vor, Veszprém Pápa und Zirc kamen unter türkische Herrschaft, und selbst der Sieg des Feldmarschalls Montecuccoli bei Szentgotthárd und der Friede von Eisenburg (1664) schufen keine besseren Bedingungen. Die habsburgische Krone konnte das Land zwischen Leitha und Balaton (Plattensee) zwar nominell behaupten, in Wirklichkeit aber hausten im Bakony türkische Streifscharen und der rebellische ungarische Adel. Einer dieser Horden fiel 1678 Abt Ujfalusy zum Opfer, als er die Weinberge am Badacsony besichtigte[109].

Nach seinem Tode übernahm Abt Kollweis die Leitung von Zirc und ernannte P. Christian Otterstätter zum Administrator (1679—91). Den Plan einer Neugründung gab man auf, da die niederösterreichische Zisterze alle Kraft auf die Wiederherstellung von Borsmonostor (Marienberg) konzentrierte, das in einer friedlicheren Landschaft dicht an der Grenze von Österreich lag. Da brach 1682 der Aufstand der Kuruzen des Grafen Imre Tököly aus, der das westliche Ungarn erschütterte, und im Jahre darauf fiel der Großwesir Kara Mustafa mit einer gewaltigen Streitmacht ein und drang bis Wien vor, so daß alle Pläne von Lilienfeld scheiterten. Nach dem Sieg am Kahlenberg (1683) blieb Ungarn lange Zeit Kriegsschauplatz, und noch 1697 stießen osmanische Scharen in die Komitate Tolna und Féjer vor, wo die größten Besitzungen von Zirc lagen. Die Wende brachte erst der Sieg, den Prinz Eugen 1697 bei Zenta über den Sultan Mustafa II. errang. Am 26. Januar 1699 unterzeichneten die Vertreter des Kaisers, Polens, Venedigs und der Hohen Pforte in Karlowitz den Frieden, der dem Kriege ein Ende setzte. Die Türken verzichteten auf Ungarn, Siebenbürgen und Slawonien und hinterließen dem Hause Habsburg mit dem freiheitsbewußten ungarischen Adel, der sich meist zur Augsburgischen Konfession bekannte, ein schweres Erbe.

---

107) Ernennungsurkunde vom 26. Mai 1660, gedr. Sohr 1842, S. 547 f. Dr. Martin Ujfalusy aus Sopron (Ödenburg) legte 1651 in Lilienfeld Profeß ab, studierte am Pazmaneum in Wien, war Professor der Philosophie im Zisterzienserstift Neukloster in Wiener-Neustadt, dann in Lilienfeld und in Grüssau.

108) Wann Ujfalusy in Grüssau weilte, ist nicht mit Sicherheit zu klären. Vielleicht lernte Heinrich Kahlert den ungarischen Mitbruder schon in Österreich kennen. Abt N. Mussbacher (Abt Matthäus Kolweiss von Lilienfeld, 1620—1695. In: Analecta 31. 1975, S. 3—148) behauptet auf S. 90, Anm. 10, daß P. Martin Ujfalusy Dozent der Philosophie im Neukloster und in Lilienfeld war, „dann als Professor nach Grießau [!] in Schlesien berufen (wurde), von wo er als erster Filialabt des Stiftes Lilienfeld nach Zirc geschickt wurde."

109) Er wurde am 23. Nov. 1678 am Badacsony getötet.

Am 9. Februar 1695 starb Abt Kollweis von Lilienfeld, und sein Nachfolger Sigismund Braun (1695—1716) bemühte sich, die wüste Abtei im Bakony, die das Stift für 24 000 fl. erworben hatte, wieder loszuwerden. Außer dem Haus in Pápa und den Weinbergen auf dem Badacsony hatte Lilienfeld inzwischen 4 weitere Dörfer erkauft, so daß der Besitz von Zirc aus den Ortschaften Berénd, Sóly, Olaszfalu, Polány, Zirc, Tevel, Elöszállas, Karacsonyszállás, Korachszeres und Venyim bestand, einem Territorium, das größer war als der Hauptteil des Heinrichauer Stiftslandes. Doch lebten in dieser umfangreichen Grundherrschaft in den Orten Olaszfalu, Sóly, Polány und Berénd kaum 30 untertänige Besitzer, von denen mehrere noch das Privileg der ersten Freijahre genossen; alle anderen Dörfer lagen vollständig wüst, so daß die Zins- und Zehnteinkünfte des Stiftes nicht mehr als 206 fl. erbrachten. Die Weinberge trugen 45 Eimer (etwa 32 hl) mit einem Wert von 270 fl., und für die verpachtete Puszta von Elöszállás erhielt der Administrator 250 fl. Um die verödeten Dörfer neu zu besiedeln und die Vorwerke aufzubauen und ihre Ländereien auszulösen, mußte der neue Besitzer viel Kapital investieren[110].

Dies waren die Verhältnisse von Zirc, als sich Abt Kahlert von Heinrichau entschloß, die Überschüsse seines Stifts zum Wiederaufbau einer Ordensniederlassung in Ungarn anzulegen. Bei einem persönlichen Gespräch, das er mit Leopold Kardinal Kollonitsch, dem Erzbischof von Esztergom (Gran) führte, versprach der Kardinal volle Unterstützung[111], so daß der Abt seinen Stiftskanzler bat, sich zu erkundigen, welche zisterziensischen Güter zum Verkauf stünden. Durch den Lilienfelder Professen Tezelin Scharinger, den Administrator von Pfaffstätten bei Wien, erfuhr P. Abraham Wabrzig von Heinrichau von der Absicht des Abtes Braun, Zirc zu verkaufen, und schon am 25. April 1699 ersuchte Abt Kahlert seinen Mitabt um Auskunft über Zustand, Appertinentien, Einkünfte und Kaufpreis[112]. In den folgenden Monaten führten die Patres Wabrzig und Scharinger eine sondierende Korrespondenz, die in Heinrichau wachsendes Interesse weckte. Am 11. September reiste P. Abraham nach Wien, um sich persönlich zu informieren[113]. Die Verhandlungen liefen aber anders, als man in Heinrichau erwartet hatte. Der Unterhändler war bevollmächtigt, sich auf ein Geschäft von höchstens 20 000 fl. einzulassen, doch Lilienfeld forderte 50 000, und Abt Braun betonte sogar, daß er 80 000 herausschla-

[110]) Undatiertes Protokoll des P. Abraham Wabrzig vom November 1699 (BDA V B 6 c, Fotokopie). Zur Verbindung mit Zirc vgl. H. G r ü g e r , Die Union der Zisterzienserklöster Heinrichau (Schlesien) und Zirc (Ungarn) 1699—1814. In: ZfO 26. 1977, S. 20—75.

[111]) Nach dem Gespräch, das zwischen Januar und Ende April 1699 stattfand, nahm Abt Kahlert mit Lilienfeld Kontakt auf. Der Heinrichauer Abt war damals in Lilienfeld nicht unbekannt, da er ein Landsmann des P. Wilhelm Benedikt Hessel aus Braunau war, der 1674 in Lilienfeld eintrat, als Hofmeister von Pfaffstätten eine Beschreibung der 9wöchigen Belagerung des Stifts 1683 durch die Türken verfaßte und am 7. Dez. 1691 starb (vgl. V. M a i w a l d In: CChr. 30. 1918, S. 113—116).

[112]) Schreiben des Abtes Kahlert an Abt Braun vom 25. April 1699 (BDA V B 6 c, Fotokopie).

[113]) Am 10. Sept. 1699 fertigte Abt Kahlert die „litera recommendatitia P. Abrahamo data" aus und gab ihm ein persönliches Schreiben an den Abt von Lilienfeld mit (BDA V B 6 c), und schon am 13. Sept. schrieb P. Abraham aus Pfaffstätten bei Wien, wo er den P. Tezelin Scharinger traf, von dem er erfuhr, daß Zirc „fast ganz unbebaut" sei.

gen könnte, wenn er Zirc an adlige Interessenten verkaufen würde[114]. P. Abraham drückte die Forderung zwar auf 32 000 fl., aber zu weiteren Konzessionen war der Verkäufer nicht bereit, und als sich die Verhandlungen festliefen und der Heinrichauer Mandatar bereits mit der Abreise drohte, riet ihm Abt Braun, nach Ungarn zu fahren, um sich Zirc anzusehen[115]. So weilte P. Wabrzig vom 27. September bis 11. Oktober in Begleitung des Lilienfelder Kämmerers P. Alfons Pfeiffer in Ungarn, besuchte Györ, Pápa, Polány, Berénd, Olaszfalu, Zirc, das nach seiner Schilderung mitten in einem weiten, öden Waldgebirge lag, er fuhr nach Veszprém, Sóly, Várpalota, Székesfehèrvár und Buda, wo er in Gesprächen mit Ordensleuten, Bürgern, Offizieren und kaiserlichen Kommandanten Erkundigungen einzog, um eine Vorstellung vom Wert des Objekts zu gewinnen[116]. Am 11. November kehrte er nach Heinrichau zurück und berichtete über seine Reise. In einem schriftlichen Memorandum spezifizierte er Vor- und Nachteile und gelangte zu dem Schluß, daß „Zirc mehr wert ist als die Dörfer Neuhof, Reumen, Rätsch, Willwitz, Zinkwitz, Moschwitz, Zesselwitz, Berzdorf, Polnisch-Peterwitz und Dobrischau, wenn sie wüst lägen, samt dem ganzen Buchwalde und dem Neuhofer Forst, wertvoller auch als der doppelte Wert des Stiftes Himmelwitz oder der Herrschaften Kunern und Seitendorf, von denen die eine für 30 000 fl. verkauft wurde“[117].

Die sorgfältige Vorarbeit des Unterhändlers machte dem Heinrichauer Konvent die Entscheidung leicht, so daß P. Abraham schon drei Wochen später mit neuen Vollmachten nach Wien reisen konnte[118]. Er einigte sich mit Abt Braun auf einen Preis von

---

114) Bericht des P. Wabrzig vom 26. Sept. 1699 aus Wien (BDA V B 6 c).

115) Schreiben des Abtes Braun an Abt Kahlert aus Wien vom 26. Sept. 1699 (BDA V B 6 c) und Bericht des P. Wabrzig, der mit den Worten beginnt: „Pater venerandissime, Zircium multum aliter a Domino Praelato Campililiensi mihi describitur, quam nobis Henrichovii imaginabamur“ (BDA V B 6 c, vom 26. Sept. 1699. Fotokopie).

116) Am 28. Sept. schrieb er seinem Abt aus Györ (Raab), wo er um 10 Uhr vormittags eintraf, um nach Zirc weiterzureisen; am 2. und 5. Okt. schrieb er aus Székesfehèrvár (Stuhlweißenburg) aus dem Hause des Kommandanten Baron von Jörger, eines Bruders des Priors von Lilienfeld. Dabei berichtete er, daß „hinter Székesfehèrvár“, 3 Meilen von Buda entfernt, noch 4 Dörfer des Stiftes Zirc liegen, wo es aber keine Häuser und keine Menschen mehr gebe, da die Dörfer verwüstet seien, so daß man die Ländereien für nur 240 fl. jährlich verpachtet habe. 1 Meile von Székesfehèrvár liegen 2 andere wüste Dörfer, die an Adlige verpfändet seien; nur das Dorf Sóly (bei Várpalota) sei von einigen Leuten bewohnt. Das Haus des Stiftes Zirc in Székesfehèrvár sei verschwunden, und es lasse sich nicht einmal mehr feststellen, wo es überhaupt gelegen habe (BDA V B 6 c. Fotokopie).

117) Nach diesem Memorandum beliefen sich die Einkünfte von Zirc auf jährlich 875 fl., davon 100 fl. Zins von Sóly, 80 fl. von Polány, 12 krz. von Berénd, 36 krz. von Nagytevel, 3 fl. von Ivanczhaza, 8 fl. von Koppány,, 20 fl. von Olaszfalu, 250 fl. von Elöszállás und 138 fl. vom Ertrag der Weinberge. „Decem pagi sunt redempti, et una vinea, de qua supra memini, est coempta a Reverendissimo Campililiensi, et domus Papae post redemptionem Zircii, et hos pagos cum vinea (exemptis redimibilibus pagis) plus judico valere, quam pagi hi sequentes, si essent deserti (exceptis praediis), Neuhoff, Reimen, Ratsch, Willwitz, Zinkwitz, Moschwitz, Zesselwitz, Bertzdorff, Peterwitz, Dobersau, cum toto Buchwald vndt Neuhofferwaldt; et consequenter Zircium est pretij majoris aestimandum quam duo dominia Gemelnicensia, duo Kuner, duo Seitendorff, quorum unum est emptum 30 000 fl.“ (BDA V B 6 c. Fotokopie).

118) Am 29. Nov. 1699 schrieb Abt Kahlert dem Abt von Lilienfeld, er hoffe, daß man sich auf einen Preis von 30 000 fl. einigen werde, und am 30. Nov. fertigte er das Empfehlungs-

31 000 fl., wobei sich Lilienfeld verpflichtete zu sorgen, daß die kaiserliche Kanzlei Zirc dem Abt von Heinrichau unter denselben Bedingungen bestätigte, wie es Lilienfeld besessen hatte. Am 15. Dezember 1699 wurde der Kaufkontrakt unterschrieben[119], und einen Monat später kehrte P. Abraham nach Schlesien zurück[120].

In den folgenden Monaten schien es, als würde das Unternehmen scheitern, denn die ungarische Kanzlei machte Vorbehalte, die Heinrichau nicht akzeptieren konnte, ohne sich der Gefahr auszusetzen, Geld in ein Geschäft zu investieren, das der Staat bei jeder Gelegenheit widerrufen konnte[121]. Da Lilienfeld verschuldet war und dringend Bargeld brauchte[122], machte Abt Braun allen Einfluß geltend, die kaiserliche Kanzlei zu bewegen, an den bisherigen Modalitäten der Bestätigung nichts zu ändern[123]. Im Mai 1700 weilte P. Wabrzig wieder in Wien, wo er erfuhr, daß der Ausgang der Verhandlungen höchst unsicher sei[124], aber am 17. Dezember 1700 bestätigte Kaiser Leopold I. den Vertrag mit allen seinen Abmachungen und forderte nur, daß Heinrichau die verpfändeten

---

schreiben für P. Wabrzig aus, der in wichtigen Angelegenheiten des Stifts nach Österreich reisen müsse (BDA V B 6 c). Am 4. Dez. 1699 schrieb P. Wabrzig aus Wien: „de Zircio est magnum dubium, eo quod Conventus V. Campililiensis, non sine laudabili consideratione, sit futurus valde difficilis ad consentiendum abalienandi Zircium" (BDA V B 6 c. Fotokopie). In einem undatierten Brief der Zeit zwischen dem 4. und 12. Dez. schrieb der Heinrichauer Mandatar: „tandem negotium Zircense finivi, addito tamen adhuc uno mille triginta millibus a Reverendissima Paternitate determinatis: contractu itaque perfecto 31 000; Citatus est Provisor aut oeconomicus Papensis Viennam" (BDA V B 6 c). Am 12. Dez. stimmte der Konvent von Lilienfeld dem Verkauf zu (BDA V B 6 c) mit den Unterschriften von 20 Konventualen. Fotokopie).

119) Gedr. Sohr 1843, S. 34—36; vgl. Alpár S. 18 f.

120) Am 26. Dez. 1699 schrieb P. Wabrzig seinem Abt aus Wien, er möge das Kaufgeld dem Herrn Räder nach Breslau oder Braunau schicken, von wo man es nach Wien überweisen könne, wo es P. Alphonsus, der Lilienfelder Kämmerer, in Empfang nehmen werde (BDA V B 6 c. Fotokopie). Am 9. Jan. 1700 teilte er mit, daß er inzwischen mit Herrn Samogij, dem Sekretär der Ungarischen Hofkanzlei, verhandelt habe; die Kanzlei wolle den vereinbarten Vertrag nicht bestätigen, so daß die ganze Abmachung hinfällig zu werden drohe (BDA V B 6 c. Fotokopie). Am 15. Jan. schrieb er, daß er morgen von Wien abreise und am 23. Januar in Neisse eintreffe, wo man ihn im „Schwarzen Bär" vor dem Zolltor erwarten möge (BDA V B 6 c).

121) Am 5. Febr. 1700 teilte P. Tezelin Scharinger dem P. Wabrzig mit, es sei zu hoffen, daß die Sache doch noch zu einem glücklichen Abschluß kommen werde. Am 3. März schrieb Abt Braun dem Heinrichauer Abt, er möge nochmals den P. Abraham bevollmächtigen und nach Wien entsenden, um wegen der Bestätigung des Vertrages mit der kaiserl. Kanzlei zu verhandeln (BDA V B 6 c). Weitere Briefe des Abtes Braun vom 3. März 1700 und des P. Scharinger vom 10. März sind an P. Wabrzig adressiert. Am 31. März schrieb Abt Braun, daß er bisher vergeblich auf die Ankunft des P. Abraham gewartet habe; die Sache sei am kaiserl. Hofe so weit gediehen, daß sie in wenigen Tagen abgeschlossen werden könne. Am 13. Mai antwortete Abt Kahlert, daß P. Wabrzig nach Wien abgereist sei (BDA V B 6 c).

122) Schon am 19. Dez. 1699 hatte P. Wabrzig seinem Abt aus Wien mitgeteilt, daß man in Lilienfeld an einem Verkauf sehr interessiert sei, da das österreichische Stift verschuldet sei und wegen seiner Bauprojekte Bargeld brauche (BDA V B 6 c).

123) Daher machte Abt Braun in seinen Briefen nach Heinrichau immer wieder Hoffnung, daß es gelingen werde, die kaiserl. Kanzlei zu bewegen, an der üblichen Form der Bestätigung festzuhalten; offenbar fürchtete der Abt, daß man in Heinrichau das Interesse an Zirc verlieren werde.

124) K. Horváth, Hogyan szerezte meg Henrichau a Zirci apátságot? Budapest 1943, S. 10 f.

Güter auslösen, die zerstörten Besitzungen wieder aufbauen, einen neuen Konvent einführen und das Officium divinum wiederherstellen müsse[125]. Da diese Bedingungen den Zielen des schlesischen Stifts entsprachen, ging das ungarische Kloster in den Besitz von Heinrichau über, dessen Äbte seitdem auch den Titel eines Abtes von Zirc führten.

Am 26. Februar 1701 ernannte Abt Kahlert den P. Abraham Wabrzig zum ersten schlesischen Administrator von Zirc und entließ ihn am 1. März in Pontifikalkleidung und in Gegenwart des ganzen Konvents in feierlicher Form vor der Dreifaltigkeitssäule auf dem Heinrichauer Stiftsplatz[126]. Am 20. März zahlte P. Wabrzig die Kaufsumme[127], am 22. März erhielt er von Lilienfeld das Zircer Archiv[128], und am 25. März traf er mit seinem Confrater Wilhelm Sebastian in Ungarn ein und ließ sich im Zircer Haus in Pápa nieder, das für mehrere Jahrzehnte die Residenz der schlesischen Konventualen wurde[129]. Der neue Administrator begann sofort den Bau eines Gutshofes in Tevel, siedelte schlesische Kolonisten an und errichtete in Zirc und Berénd neue Mühlen[130]. Doch erlag P. Wabrzig schon am 28. Juli 1701 dem Fieber und wurde in der Gruft der Pauliner in Pápa bestattet[131].

Die Geldmittel, die Abt Kahlert den beiden Expositi mitgegeben hatte, reichten nicht lange aus, denn es fehlte in Ungarn an allem. In einem formlosen Notizzettel, den die Expositi einem Boten nach Schlesien mitgaben, baten sie daher den Abt um tausend Dinge, die er ihnen schicken sollte, wie „zienerne Teller vnd Schüsseln, Sonnenuhr . . ., Flegel . . ., Rächen vnd Häckeln, Pflug vnd Hocken, . . . ein gantzes Moß zeych (Zeug), viel Samischleder zu Hosen, viel wintter strumpfe, . . . gefüetterte Stieffeln, Fisch-payn und

125) Sohr S. 36—38; vgl. auch Alpár S. 58 (unter dem falschen Datum 15. Dez.). P. Tobner (Lilienfeld 1202—1902. Zur Erinnerung an die Feier des 700jährigen Jubiläums eines Cistercienserstifts. Wien 1902, S. 317) bietet in wenigen Zeilen nur einen sehr dürftigen Bericht von der ganzen Sache. Unsere Darstellung richtet sich im wesentlichen nach den Akten des BDA. Leider war es nicht möglich, auch die Quellen des Stiftsarchivs von Lilienfeld heranzuziehen.

126) Necr. Zirc zum 28. Juli. Schon am 27. Febr. 1701 ließ sich P. Wabrzig bei einer Bank in Breslau für den Wiener Bankier Georg Wiertsgrogl eine Anweisung über 32 000 fl. ausstellen (BDA V B 6 c).

127) BDA V B 6 c, unterschrieben von Abt Sigismund Braun und den 4 Seniores von Lilienfeld.

128) BDA V B 6 c (Fotokopie), unterschrieben und besiegelt von P. Abraham Wabrzig als Mandatarius von Heinrichau, Hofrat Franz Ehrenreich als Mandatar von Lilienfeld, Georg Christoph Stosler als Zeuge und Stephan Szalay als Geschworener der Ungar. Hofkanzlei. Es waren insgesamt 27 Dokumente der Zeit von 1614—97, wozu der kaiserl. Bestätigungsbrief, die Vollmacht des Lilienfelder Mandatars, ein Mandat für Herrn Paul Millochitsch, Provisor und Administrator der Zircer Güter, und die Quittung über die Bezahlung des Kaufpreises kamen.

129) Der Tag ergibt sich aus der „Consignatio Expensarum factarum in Itinere Zircium Henrichovio a 1 martij usque 25. ejusdem mensis Anni 1701“ (BDA V B 6 c, Fotokopie).

130) Abrechnung des P. Petrus Hoffmann über die Einnahmen und Ausgaben der Monate Januar bis Juli 1703 in Zirc (BDA V B 6 c. Fotokopie).

131) Das Original der Liquidation des behandelnden Arztes Johann Philipp Mutter vom 4. Aug. 1701 ist im BDA erhalten (V B 6 c. Fotokopie). In der „Specificatio Expensarum Zircensium“ von P. Wilhelm Sebastian sind die Kosten für die Pflege der beiden erkrankten Patres mit 31 fl. 2 Hellern 4 krz., die Kosten für die Bestattung des P. Abraham Wabrzig in der Gruft der Pauliner in Pápa am 29. Juli mit 43 fl. 3 sgr. 1 krz. angegeben (BDA V B 6 c. Fotokopie).

Kragenbändel, ... Scapulirknöpfe, ... oel vnd Eyßen vnd alles waß (in Heinrichau) überfließlich (überflüssig) ist, ein kuperner Kamm, ... zwey oder 3 zienerne oder küperne flaschen aufs feldt mit zu führen, Messir vnd leffel, feyerzeych pro itinere, verzänckte Syecheln vnd Säntz vnd genug pecunia"[132]. Ein Jahr später teilte der neue Administrator P. Petrus Hoffmann dem Abt Ackermann mit, daß er für die Ansiedlung von Kolonisten in Zirc, den Ankauf von zwei Pferden und 200 Schafen, den Lebensunterhalt der beiden Ordensleute, für die Bewirtschaftung der Weinberge und Kelterei, für Arbeitslöhne, Gerichtsprozesse und Reisen über die ungarischen Einkünfte hinaus fürs erste eine Beihilfe von 2980 fl. brauche[133]. Eine andere Kostenaufstellung der Monate Januar bis Juli 1703, die ebenso von der Hand des P. Hoffmann stammt, berechnet die unumgänglich nötigen Ausgaben für dieses halbe Jahr auf 1800 fl., von denen der Administrator 800 mit den Erträgen von Zirc abdecken konnte und für den Rest auf die Hilfe des Mutterklosters angewiesen war[134]. Ein ausführliches Register der Einnahmen und Ausgaben, das die Patres Wabrzig, Sebastian und Hoffmann führten, weist für die Zeit vom 25. März 1701 bis zum 31. Dezember 1702 Ausgaben in Höhe von 5462 fl. 17 sgr. 3 krz. auf, für die man von Heinrichau mehr als 4350 fl. brauchte[135]. Die schlesischen Expositi waren aber von Anfang an entschlossen, die Einkünfte von Zirc zu erhöhen, indem sie die seit 150 Jahren wüst liegenden Stiftsdörfer im Bakony wieder aufbauten, die Gutshöfe neu errichteten und die von Wald und Gestrüpp überwucherten Felder roden ließen. Daher beriefen sie 1702 weitere Siedler aus Schlesien und Niederösterreich, die sie in Zirc und Olaszfalu ansetzten und für die der Administrator Wassermühlen und einen Kalkofen erbauen ließ und einen Schindelmacher, Kalkbrenner und Schmied herbeiholte[136].

Doch alle Hoffnungen, die der mutige Neubeginn erweckte, wurden bald zerschlagen, als sich 1703 der ungarische Adel unter Ferenc Rákóczy gegen das Haus Habsburg erhob. Ungarn versank für mehrere Jahre in Anarchie, die neue Ansiedlung in Zirc wurde

---

132) BDA V B 6 c.

133) Undatierte Aufstellung im BDA (V B 6 c, Fotokopie); im einzelnen gab der Administrator aus: 300 fl. für die Ansiedlung einiger Familien in Zirc, 300 fl. für die Vollendung der Wirtschaftsgebäude in Tevel, 300 fl. für Gerichtsprozesse, 200 fl. für die Getreideschnitter, 150 fl. für den Rückkauf von Akly, 80 fl. für 2 Pferde, 500 fl. für die Löhne der Bediensteten, 400 fl. für 200 Schafe, 500 fl. für den Haushalt der Patres, 50 fl. für den Weinbau, 200 fl. für notwendige Reisen; dazu kamen die Kosten für die Installation durch die kaiserl. Kammer, deren Höhe noch nicht bekannt war.

134) BDA V B 6 c (Fotokopie); hier finden sich Ausgaben für den Weinbau und die Kelter am Badacsony, für Handwerker, für die Mühle, das Haus und die Scheune in Tevel, die Mühle in Zirc, den Kalkofen, den Kalkbrenner und den Schindelmacher in Zirc, für Reisen nach Zirc, Györ, Wien, Székesfehérvár, Buda und Pressburg.

135) BDA V B 6 c. 1702 erhielt P. Petrus Hoffmann vom neuen Abt 1000 fl. Am 25. Febr. 1702 wies Abt Kahlert über eine Wiener Bank 2000 fl. an. Bei seiner Ankunft in Pápa am 6. Okt. 1701 übernahm P. Hoffmann vom P. Wilhelm Sebastian die Kasse mit 1531 fl. Bargeld.

136) BDA V B 6 c (Register der Einnahmen und Ausgaben. Fotokopie). In dem Register erscheinen am 8. Aug. 1701 auch Arbeitslöhne für 10 Getreideschnitter, wobei der Administrator zur Erklärung der ungewöhnlich hohen Löhne sagt: „Erant nostri Slesitae, qui plus petebant quam Ungari."

zerstört, die Kolonisten vertrieben, und P. Hoffmann flüchtete nach Schlesien. Sein Mitbruder P. Wilhelm Sebastian wurde 1706 von den Kuruzen gefangengenommen, in Ketten vor den Fürsten Rákóczy nach Tyrnau gebracht und für ein Jahr in der Festung Árva in den Beskiden eingekerkert. 1707 gelang es dem Bischof Telekessy von Eger (Erlau), seine Freilassung und Einweisung in das Kloster der Serviten in Eger zu erwirken, wo P. Sebastian bis zu seinem Tode im Januar 1709 als Katechet und Krankenseelsorger tätig war[137]. Die Güter von Zirc verlieh Rákóczy in dieser Zeit seinem Anhänger Adam Samogyi, der erst 1708 wieder auf sie verzichtete[138].

Nach dem Frieden von Szatmár (1711) schickte Abt Ackermann den P. Heinrich Schneider als neuen Administrator nach Ungarn, dem es gelang, den ungarischen Reichstag zur Anerkennung der Besitzrechte von Heinrichau zu veranlassen. Sein Nachfolger P. Gregor Regnard aus Ottmachau, der Zirc 1715—25 leitete und in dieser Zeit die ungarische Sprache erlernte und freundschaftliche Beziehungen zu den einheimischen Magnaten knüpfte, konnte den Rückschlag der Rebellion von 1703—11 bald überwinden. In Zirc selbst siedelte er 28 schlesische und niederösterreichische Familien an und begann den Bau eines neuen Hauses mit Kapelle und 6 Zimmern für die Expositi, die seitdem immer häufiger in Zirc lebten. Den Erfolg seiner Bemühungen läßt ein ausführlicher Brief erkennen, in dem er 1719 seinem Vorgänger P. Hoffmann über das Stift im Bakony berichtete. Damals lebten in Zirc schon über 20 Familien, die Kornmühle war wiederhergestellt, und man arbeitete am Bau eines Dammes, durch den man in der Cuhaniederung einen Teich anlegen wollte, um einen Eisenhammer zu betreiben und später Fische zur Zucht anzusetzen. Koppány war inzwischen neu besiedelt; ungeklärt war allerdings der Verlauf der Gemarkungsgrenzen von Koppány und Zirc, denn der benachbarte Adel, der die früheren Stiftsländereien okkupiert hatte, gab die Besitzungen auf friedliche Weise nicht mehr heraus, sondern ließ es auf Prozesse ankommen, deren Richter Freunde und Verwandte der adligen Grundherren waren. Auch das Dorf Tevel hatte P. Regnard neu begründet, und in Berénd war eine Getreidemühle und eine Brettschneide entstanden, die der Bruder des Heinrichauer Klostermüllers betrieb. Die Pacht der Pusztaweiden von Elöszállas konnte der Administrator innerhalb weniger Jahre von 150 auf 200 fl. und die Einkünfte der Wiesen von Venyim auf 140 fl. steigern[139].

Eine Liste der Untertanen und ihrer Abgaben, die P. Regnard 1723 aufstellen ließ, nennt bereits 7 neubesiedelte Dörfer im Bakony, nämlich Zirc, Olaszfalu, Sóly, Polány, Koppány, Berénd und Tevel; die Zahl der Untertanen betrug damals 260 Familien, fast das Zehnfache der Zahl, die Heinrichau im Jahre 1701 übernommen hatte[140].

137) Auf Intervention des István Telekessy, Bischof von Eger (Erlau), wurde er später freigelassen und starb am 5. Jan. 1709 als Katechet bei den Servitenpatres in Eger.

138) Sohr 1843, S. 40, Anm.

139) BDA V B 6 c. Brief an P. Heinrich Schneider vom 20. März 1719.

140) BDA V B 6 c, Verzeichnis der Untertanen und Dörfer von Zirc. — Die Gemarkung Zirc, die mit rund 3000 ha weit ausgedehnter war als die größten Feldmarken Schlesiens, lag bei der Ankunft der Mönche völlig wüst, und auch von der ähnlich großen Gemarkung des benachbarten Stiftsdorfes Olaszfalu war nur ein Bruchteil bebaut. Mit Hilfe ungarischer, schlesischer und nie-

Am 8. November 1725 wählte der Heinrichauer Konvent den bisherigen Administrator von Zirc zum neuen Abt. Gregor Regnard ernannte den P. Johann Stieff aus Braunau zum Verwalter des ungarischen Stifts und machte sich den Wiederaufbau des Klosters im Bakony zur eigenen Sache. Am 9. Juli verlegte er die Residenz der 4 Expositi von Pápa nach Zirc, und an seinem Namenstage, am 12. März 1727, benedizierte er den Grundstein zum Neubau des Stifts, den die Mönche im Jahre 1733 beziehen konnten[141]. Am 15. Mai 1732 weilte der Abt wieder im Bakony und weihte das Fundament der Klosterkirche, die seine Nachfolger Gerhard Wiesner und Candidus Rieger 1739—52 vollendeten[142]. 1733 ernannte Abt Wiesner den P. Robert Reichel zum Administrator und gab ihm 1738, als der Konvent der Expositi 8 Professen zählte, den Titel eines „Superior in spiritualibus". Ihm folgte 1743 P. Petrus Schneider, unter dem die Zahl der Konventualen auf 12 Mitglieder wuchs, so daß ihn Abt Rieger am 25. August 1750 zum Prior von Zirc erhob. Zwei Jahre später, am 4. Juni 1752, konsekrierte Martin Biró von Padány, Bischof von Veszprém, in Gegenwart des Heinrichauer Abtes die neue Abteikirche im Bakony[143].

Im Verlauf der 50jährigen Geschichte seit der Transaktion von 1699 hatten die Äbte von Heinrichau weder Menschen noch Geld gespart, um Zirc wieder zu neuer Blüte zu bringen. Bis zum Jahre 1763 errichteten sie 10 Vorwerke in Zirc, Akli, Olaszfalu, Eplény, Tevel, Koppány, Sóly, Polány, Berénd und Borsod, deren Ländereien sie unter hohen Kosten auslösten. In den Stiftspfarreien und adligen Dörfern der Umgebung übernahmen die Zisterzienser die Seelsorge und erbauten neue Kirchen. Seit 1725 stieg der Jahresertrag von Zirc um das Vielfache der Summe, die er nach der Berechnung des P. Wabrzig im Jahre 1699 ausmachte[144]. Um auch die Ordensdisziplin Schritt um Schritt wieder einzuführen, unternahmen die Äbte von Heinrichau regelmäßige Visitationsreisen nach Ungarn[145] und holten die Novizen, die man in Zirc aufnahm, zur Ausbildung und zum

derösterreichischer Kolonisten gelang es den Äbten von 1702—1810, einen großen Teil der seit den Türkenkriegen verödeten Dörfer und Güter neu zu besiedeln (vgl. L. Hervay, Zirc Földrajza. Diplomarbeit. Budapest 1944, Mschr., mit Kartenbeilagen; K. Horváth, Zirc története. Veszprém 1930).

141) Békefi S. 98.

142) M. v. Aggházy, Die Kirchenbautätigkeit der Zircer Cistercienserabtei im 18. Jahrhundert. In: CChr. 50. 1938, S. 129—132; Alpár S. 22.

143) Instrument der Konsekration vom 6. Juni 1752 (BDA V B 6 c, Fotokopie). Der Hochaltar wurde der Gottesmutter geweiht und erhielt Reliquien der Märtyrer Gaudentius, Beatus und Adeodata. — Der Verfasser der Hist. dom. Zirc. I, S. 97 verlegt die Kirchweihe auf den 3. Juni).

144) BDA V B 6 c „Proventus Czirciensis monasterij in pannonia".

145) Aus den Quellen lassen sich folgende Visitationen von Zirc durch die Äbte von Heinrichau feststellen: 1) am 24. Sept. 1723 Abt Anton Niklas, 2) 2. Nov. 1726 Gregor Regnard, 3) 15. Mai 1732 Gregor Regnard, 4) 5. Mai—2. Juni 1737 Gerhard Wiesner mit Subprior Michael Rosenberger, 5) 4. Okt. 1747 Gerhard Wiesner (am 30. Okt. verläßt er Zirc), 6) 19. Juni 1750 Candidus Rieger mit P. Matthäus Müller, 7) Juni-Juli 1752 Candidus Rieger mit PP. Maurus Bittner und Xaver Wiesner (die Visitation erfolgte am 6. Juli), 8) 28. Juni 1755 Candidus Rieger mit PP. Vinzenz Frömel und Prior Thomas Werner (Ankunft in Zirc am 12. Mai), 9) 17. Okt. 1763 Konstantin Haschke, 10) 1764 Konstantin Haschke, 11) 1. Juli 1766 Konstantin Haschke mit

Studium nach Heinrichau. Seit 1732 schickte der Konvent von Zirc seine Vertreter nach Schlesien, um bei der Abtswahl im Mutterkloster mitzuwirken[145a].

Über die Höhe des finanziellen Einsatzes, den Heinrichau dabei leistete, liegen widersprüchige Angaben vor. Nach einer Heinrichauer Notiz von 1741 soll der Ankauf von Zirc, die Auslösung der Güter und Dörfer, der Bau der Vorwerke, des Klosters und der Stiftskirche und die Ansiedlung neuer Kolonisten 200 000 fl gekostet haben, und eine ähnlich hohe Summe nannte auch Abt Konstantin Gloger am 14. August 1810 in einem Brief an Kaiser Franz I., in dem der Abt gegen den Versuch protestierte, ihn aus Ungarn zu verdrängen und ihm die Rechte eines ungarischen Landstandes abzusprechen[146]. Eine zweite Berechnung, die am 11. Juni 1750 von drei schlesischen Mönchen in Zirc konzipiert wurde, beziffert die Aufwendungen des Mutterklosters mitsamt der Kaufsumme von 1699 auf 56 147 fl.[147]. Eine dritte Zusammenstellung der Einnahmen und Ausgaben für Zirc, die im Breslauer Diözesanarchiv und in der „Historia brevis" erhalten blieb und von der Hand eines Zeitgenossen stammt, kommt wieder zu einem ganz anderen Ergebnis. Nach dieser inoffiziellen Notiz stiegen die Jahreseinkünfte von Zirc von

---

P. Jakob Lochter, 12) 28. Juni 1767 Konstantin Haschke, 13) 26. Okt. 1768 Konstantin Haschke, 14) Sept. 1769 Konstantin Haschke mit P. Markus Welzel, 15) 1770 Konstantin Haschke, 16) 25. Mai 1772 Konstantin Haschke mit PP. Marian Raabe und Petrus Francke, 17) 15. Aug. 1775 Konstantin Haschke mit P. Maurus Bittner, 18) Juni 1782 Markus Welzel mit PP. Thaddäus Krause und Jakob Mittermayer, 19) Juni-Juli 1788 Markus Welzel mit P. Konstantin Gloger, 20) Sept.-Nov. 1793 Konstantin Gloger, 21) 1796 Konstantin Gloger, 22) vor Juli 1803 Konstantin Gloger mit PP. Gerhard Zimmermann und Vinzenz Mattauschek. — Im Komitatsarchiv von Veszprém (Sign. XII. 2/g 660/18, S. 779—792, Fotokopie) hat sich das „Diarium itineris Constantini Gloger Abbatis ad Zircz anno 1793" erhalten, aus dem man sieht, daß sich solche Visitationen nicht auf das Kloster allein beschränken. Abt Gloger reiste am 3. Sept. von Heinrichau ab, blieb vom 7.—24. Sept. in Wien, wo er am 23. Sept. den Lehnseid als neuer Abt von Zirc ablegte, traf am 25. Sept. in Zirc ein und hielt sich dort noch am 7. Nov. auf. Dabei machte er den Bischöfen von Veszprém und Stuhlweißenburg seine Antrittsvisite, besuchte Weihbischof David Zsolnay, den Generalvikar von Veszprém, ferner den Supremus Comes und die Vice-Comites des Komitats Veszprém, besichtigte Veszprém, Stuhlweißenburg und Buda, besuchte alle Stiftsdörfer, Pfarrkirchen und Vorwerke von Zirc und legte dabei allein in Ungarn Wege von rund 1000 km zurück.

145a) Schon 1725 sandten die Expositi von Zirc einen Vertreter zur Abtswahl nach Heinrichau. Nach dem Tode des Abtes Regnard (27. Sept. 1732) teilten sie mit, daß ihre beiden Delegierten erst am 22. Okt. eintreffen könnten. Als Abt Fritsch von Grüssau als Generalvikar die Wahl zum üblichen Termin etwa 3 Wochen nach dem Ableben Regnards ansetzen wollte, widersetzte sich der Heinrichauer Konvent, um das Wahlrecht der Expositi von Zirc zu wahren und erreichte es, daß die Wahl erst am 13. Nov. stattfand. Der Generalvikar war aber damit nicht einverstanden, so daß der neue Abt und sein Konvent an den Generalabt appellierten, der die Verzögerung der Wahl billigte (Hist. dom. Henr. S. 25).

146) BDA V B 6 d, Abschrift.

147) BDA V B 6 c (Fotokopie), unterschrieben von den PP. Petrus Schneider, Administrator von Zirc, Stephan Seidler, Administrator von Tevel, und Gregor Horn. Nach dem von der Komitatsversammlung Veszprém am 13. März 1780 transsumierten Verzeichnis „Possessiones et Proventus de Zircz" (BDA V 65, S. 4 f.) stammten auch „alle wertvolleren Gegenstände" der Stiftskirche und der Sakristei von Zirc aus Schlesien, wo sie im Auftrage der Äbte von Heinrichau hergestellt wurden, so Monstranzen, silberne Kelche, Pazifikale mit Kreuzpartikel, eine silberne Lampe von 32 Pfund, 6 kleinere silberne Lampen, ein silbernes Aspersorium, wertvolle brokatene Kaseln und Pluvialia sowie ein vergoldetes Hl. Grab.

4250 fl. im Jahre 1725 auf 8820 fl. im Jahre 1736, und die Summe aller Erträge im Lauf dieser 16 Jahre kam auf 89 734 fl., wogegen die Ausgaben nur 13 824 fl. betragen haben sollen. „Was übrig bleibt, Tochter", so schloß der Schreiber dieser Aufzeichnung seine Mitteilung, „das gib deiner Mutter zurück, die dich geboren, gestillt und aufgezogen hat"[148]. Aber selbst der nationalungarischen Partei des frühen 19. Jahrhunderts, die die Aufhebung der Union mit Heinrichau betrieb, erschienen die beiden letzten Berechnungen unglaubwürdig; denn Prior Dréta und seine Anhänger schätzten die Summe aller finanziellen Aufwendungen des Mutterklosters auf 87 200 fl. Sicher wurden sie auch damit nicht dem Einsatz gerecht, den Heinrichau im Laufe eines Jahrhunderts in Ungarn geleistet hat. Denn als das schlesische Stift Zirc übernahm, war die klösterliche Niederlassung und ihre Stiftsdörfer und Güter eine ruinierte Stätte, „die inmitten von weiten Eichenwäldern in einer menschenleeren Einöde" lag, wie P. Wabrzig 1699 feststellte; vom Kloster und seiner Kirche war nur eine von Gestrüpp und Dornen überwucherte Ruine erhalten, und im Dorf sah man bloß noch die Mauerreste der mittelalterlichen Kirche. Die Anzahl der Untertanen, die die schlesischen Expositi in 4 besiedelten Dörfern vorfanden, betrug nicht einmal 40 Familien[148a]. Dem Mutterkloster gelang es, diese gänzlich verödete zisterziensische Herrschaft im Laufe des 18. Jahrhunderts zu einem Unternehmen auszubauen, das der letzte Heinrichauer Abt in einem Briefe an den Kaiser als einen Musterbetrieb in Ungarn rühmte. Auch wenn man berücksichtigt, daß die Einnahmen von Zirc seit der Vollendung der Stiftskirche um 1752 ausreichten, die laufenden Ausgaben zu bestreiten, so bleiben die Aufwendungen für den Aufbau eines Klosters und einer Kirche von der Größe der oberschlesischen Zisterze Rauden, die finanziellen Mittel, die man beim Bau von 10 Vorwerken investierte, die alle von Stein erbaut wurden, die Kosten für die Errichtung von 10 Patronatskirchen und für die Ansiedlung von hunderten ausländischer Kolonisten. Dazu kostete das Engagement, das Heinrichau in Ungarn leistete, den Verzicht auf rund 90 Ordensleute, die die schlesische Zisterze für das Tochterkloster ausbildete, und die Bereitschaft, junge, arbeitsfähige Untertanen des schlesischen Stiftslandes in den Bakony abzustellen und auf die Arbeitsleistung, die sie dem Mutterkloster bringen konnten, zum Nachteil der Heinrichauer Stiftsdörfer zu verzichten[149].

148) Hist. brevis § 45: „Jam cape per 16 annorum spatium proventus evenisse 89 734 fl. Expensae vero hos annos 13 824 fl., quod superest, redde filia matri tuae, quae te genuit, lactavit ac nutrivit."

148a) Bericht des P. Wabrzig vom 17. Okt. 1699 aus Wien im BDA V B 6 c (Orig.).

149) Die Siedlungsleistung der schlesischen Zisterzienser in den durch die Türkenkriege verwüsteten Landschaften Ungarns kommt deutlich in dem Verzeichnis „Possessiones et Proventus des Zircz" zum Ausdruck, einem amtlichen Dokument, das am 13. März 1780 von der Adelsversammlung des Komitats Veszprém bestätigt wurde (BDA V 65, Fotokopie). Dabei bestätigten die ungarischen Stände den schlesischen Ordensleuten, daß sie die Erwartungen, die man in sie gesetzt habe, vollkommen erfüllt hätten. Den besten Beweis dafür bieten — so sagte die Versammlung — „tot solida aedificia pro administranda et augenda Oeconomia, ac ideo etiam extructa, ut quos Divina Benignitas post indefessos Labores et Conatus suos largitur fructus Terrae, eosdem ab intemperie aeris tuta reddere, et conservare, tam pro sui, quam proximorum necessitate, seu exercenda vi Regularium Ordinis sui Hospitalitate, miserorumque intertentione valeant. Denique Bona, et haereditates ejusdem Abbatiae nullo modo dissipasse, sed in recupe-

Nach der Wiederaufnahme des monastischen Lebens in Zirc bemühte sich der Konvent von Zirc, alle Rechte zu erhalten, die den Ordensleuten von Cîteaux zustanden. 1738 stellte er beim Generalkapitel den Antrag, bei der Wahl des Heinrichauer Abtes mitzuwirken, und die Väter überwiesen die Petition dem Abt von Heinrichau als Generalvikar von Schlesien, der das Gesuch der ungarischen Zisterzienser genehmigte[150]. Allerdings machte die Entwicklung der politischen Verhältnisse, durch die Schlesien unter die Herrschaft der Krone Preußens kam, diese Entscheidung bald wertlos, da Friedrich d. Gr. die Ordensleute ausländischer Herkunft des passiven Wahlrechts beraubte.

1752 lebten in Zirc 17 Patres und 1 Konverse; von den Professen stammten 10 aus Schlesien, 5 aus Böhmen und Mähren, 2 aus Ungarn[151]. Bis 1798 wuchs die Zahl der Mönche auf 28, nämlich 11 Ungarn, 8 Schlesier, 4 Österreicher und 5 aus Böhmen und Mähren[152]. Trotz der unterschiedlichen Abstammung der Ordensleute gibt es vor 1792 keinen Hinweis, daß es im Konvent zu nationalen Spannungen gekommen wäre. Die Äbte von Heinrichau ernannten für Zirc Prioren, die aus habsburgischen Ländern stammten, und auch die anderen Amtsträger, wie Subprioren, Provisoren und Güteradministra-

---

randis potius avulsis pro virili semper desudasse, suprarelevati tam graves Processus remonstrant, imo fructus etiam Bonorum in restauratione Ecclesiarum, Extructionem aedificiorum, Intertentionem Pauperum, hospitalitatemque exercendam conversos fuisse, aperte intueri licet“ (S. 48). — Um das Engagement der Äbte von Heinrichau in Ungarn weiter zu verdeutlichen, sei noch auf folgendes hingewiesen: Im BDA befinden sich Akten und Regesten zahlreicher Revindikationsprozesse und Grenzbegehungen der Stiftsdörfer Olaszfalu, Polány, Koppány, Berénd und der Weinberge auf dem Somló, Prozesse, deren Durchführung erfahrungsgemäß mit viel Mühe und hohen Kosten verbunden waren; nur die Rückgewinnung der einstigen Stiftsgüter Szentkiraly bei Zirc, Usal und Ivanczháza, Kistevel und Adasztevel bei Pápa, Pentille und Ság bei Stuhlweißenburg, Koarelles bei Dunaföldvár, des Hauses in Stuhlweißenburg und eines Allods in Pápa ist den Zisterziensern nicht mehr gelungen. Ferner: Als Heinrichau die verwüstete Abtei im Bakony übernahm, fand der erste schlesische Administrator in den Stiftsdörfern Berénd, Sóly, Polány, Nagytevel und Olaszfalu nach einer Schätzung, die man nach den ältesten Urbarien von 1699—1702 (BDA V B 6 c, Fotokopie) anstellen kann, höchstens 70 Untertanen, von denen die meisten noch das Privileg der Freijahre auf Grund ihrer erst kürzlich erfolgten Ansiedlung genossen. 80 Jahre später lebten ohne die Familien des Vorwerksgesindes, der Forstaufseher, Stiftshandwerker, Verwalter, Schullehrer, Müller, Gastwirte und Fleischer allein in den Stiftsdörfern des Komitats Veszprém 610 Familien oder rund 3700 Menschen. Im Lauf dieser wenigen Jahrzehnte sorgten die Äbte nicht nur für den völligen Neubau der Stiftskirche und Klostergebäude von Zirc, sondern ließen 7 neue Pfarrkirchen und 12 Gutshöfe errichten, und alle diese Gebäude entstanden in solider Weise aus Quaderwerk oder Ziegelsteinen. Daß es den Heinrichauer Äbten gelang, in den verödeten Landschaften des Bakony und der Puszta des Mezöföld innerhalb eines einzigen Jahrhunderts Tausende Hektar Ländereien neu kultivieren zu lassen, war in dieser Spätzeit des Zisterzienserordens ohne Zweifel eine Leistung, wie sie nur wenigen Klöstern gelungen ist. Ausführlicher behandelt von H. Grüger, Die Union der Zisterzienserklöster Heinrichau (Schlesien) und Zirc (Ungarn) (1699—1814). In: ZfO 26. 1977, S. 20—75.

150) Canivez 1738, Nr. 268. Nach Catal. S. 41 schickte der Konvent den P. Johann Jüttner aus Ottmachau als Vertreter zum Generalkapitel. Vgl. auch oben S. 189, Anm. 49.

151) Der erste gebürtige Ungar war P. Karl Pap, den Abt Gerhard Wiesner dem ungarischen Adel zuliebe ins Noviziat von Heinrichau aufnahm, obwohl der Postulant die deutsche Sprache nicht verstand (Catal. S. 45). Offenbar gab es damals außer den Konventualen von Zirc auch in Heinrichau Mönche, die den Novizen in seiner Muttersprache unterweisen konnten.

152) Alpár S. 44 f.

toren, kamen meist aus Böhmen, Mähren, Österreich und Ungarn. Nach dem Jahre 1750 war es eine Ausnahme, wenn die Äbte einen Schlesier mit wichtigen Aufgaben im Bakony betrauten. Andererseits aber berief Abt Markus Welzel 1790 einen Ungarn sogar zum Prior von Heinrichau und ernannte andere ungarische Zisterzienser zu Küchenverwaltern oder zu Professoren der Lateinschule in Heinrichau. Wenn daher Abt Remigius Békefi später behauptete, daß die schlesischen Äbte bei der Vergabe von Ämtern in Zirc hauptsächlich ihre Landsleute bevorzugten, so ist das ein Irrtum[153]. Noch gegen Ende des 18. Jahrhunderts bestätigte der Konvent von Zirc, daß er mit der Amtsführung der Äbte von Heinrichau zufrieden war und keine Änderung wünschte. Denn als die adligen Deputierten des Komitats Veszprém am 17. Mai 1790 für die Trennung der beiden Klöster stimmten, weil angeblich die Professen ungarischer Nation benachteiligt und der Konvent gespalten sei, erhoben die Mönche von Zirc schon am folgenden Tage einhellig Protest. In einem Memorandum an das Komitat erklärten sie sich gegen die Aufhebung der Union; die einzige Beschwerde, die sie vorbrachten, bestand in der Klage, daß man in Heinrichau bisher nie einen Ungarn zum Abt erwählte[154].

Mit großem Geschick rettete Abt Markus Welzel (1778—92) das Tochterstift über die schwere Zeit der Regierung des Kaisers Joseph II. (1780—90), in der Hunderte von Klöstern aufgehoben wurden. Das Stift Zirc übernahm die Elementarschule in Zirc, das Nationalgymnasium in Veszprém und die Betreuung zahlreicher Pfarreien und durfte weiter bestehen bleiben[155]. Allerdings lebte seit dieser Zeit die Mehrzahl der Konventualen außerhalb der Klausur in Pfarrhäusern. Von folgenschwerer Bedeutung für die Union der beiden Klöster wurden erst die Erlasse, durch die Joseph II. den Nachwuchs der Klöster beschränkte. Unter den Vorgängern von Abt Markus Welzel war Heinrichau Noviziat und Studienhaus von Ordensleuten aus allen Provinzen der Monarchie, besonders aus Böhmen, Mähren und Niederösterreich, und selbst die Eingliederung Schlesiens in den preußischen Staat und die Repressalien, die das Stift wegen seiner ausländischen Verbindungen von den preußischen Behörden erfuhr, konnten die Beziehungen Heinrichaus zu den kaiserlichen Ländern nicht unterbinden. Das erreichte erst Joseph II., dessen aufgeklärte Politik die Loslösung der Kirche von auswärtigen Institutionen erstrebte. Mit dem Regierungsantritt des Monarchen hörte der Zustrom von Novizen aus dem

---

153) Békefi S. 99 und 103. Abt Békefi, der auf S. 128 behauptet, daß Prior Tobias Zack und Subprior David Coneider „beide Ausländer" gewesen seien, hat die Vorwürfe des Weihbischofs Zsolnay, der der nationalen Partei des Konvents ein offenes Ohr schenkte, leider allzu unkritisch übernommen. Tatsächlich nahm man in Heinrichau im 18. Jh. eine große Zahl von Ordensleuten aus Böhmen, Mähren, Österreich und Ungarn auf, die auch im Mutterkloster als Offizialen, Güterverwalter, Professoren oder Seelsorger tätig waren.

154) Békefi S. 110; Alpár S. 36. Das Komitat begründete seine Forderung mit der Behauptung, „daß die Mitglieder ungarischer Abstammung ungerechterweise vom Amt des Abtes, Superiors und Gutsverwalters ausgeschlossen seien."

155) 1788 verfügte Joseph II., daß Zirc erhalten bleiben sollte; doch begrenzte der Kaiser die Zahl der Ordensleute auf 22 Priester und 1 Konversen (Sohr 1843, S. 151 f.). Im Jahre 1786 mußte der Konvent auf Anordnung des Monarchen die feierlich gesungenen Konventsmessen aufgeben (Catal. 63).

Königreich Böhmen und aus Österreich auf[156]. Von dieser Zeit an war das schlesische Kloster nur noch die Ausbildungsstätte für Ordensleute aus Schlesien und Ungarn. Damit erfuhr aber auch die nationale Zusammensetzung des Konvents von Zirc eine folgenschwere Veränderung. Während im Dezember 1792 von den 29 Mönchen 6 aus Schlesien, 11 aus Böhmen oder Österreich und 12 aus Ungarn kamen, kehrte sich bis 1803 das Zahlenverhältnis der beiden ersten Gruppen um[157], und im Jahre 1808 standen den 19 ungarischen Zisterziensern nur noch 6 Schlesier und 2 Österreicher gegenüber.

Der Amtsantritt des letzten Abtes gab in der Geschichte von Heinrichau und Zirc den Anstoß zu einer Entwicklung, die man nicht ohne Beschämung verfolgen kann. Es ist hier nicht möglich, die Ereignisse bis in die letzten Einzelheiten zu schildern, so daß wir uns nur auf die wichtigsten Momente beschränken müssen. Wenn man die Geschehnisse dieser beiden Jahrzehnte seit 1792 betrachtet, erscheint es weniger schlimm, daß die beteiligten Personen — wie der Abt und seine Ratgeber — Fehler begingen; schockierend ist vielmehr, daß uns die Akten das traurige Bild eines Konvents vor Augen stellen, der das Ziel der Unabhängigkeit, auf die Zirc nach seinem Wiederaufstieg einen gerechten Anspruch hatte, in der Weise zu erreichen suchte, daß er sich durch einzelne Confratres in nationalistische Emotionen, völkische Hetze, leidenschaftliche Verleumdung, in Haß und Ungerechtigkeit hineintreiben ließ, so daß Staat und Bischof Gelegenheit fanden, in die inneren Verhältnisse des Klosters einzugreifen.

Am 1. Dezember 1792, eineinhalb Jahre nach dem Zusammenbruch der burgundischen Zentralinstitutionen von Cîteaux, starb Abt Markus Welzel. Schon am 18. Dezember richteten die Mönche von Zirc an den Konvent der schlesischen Abtei ein Memoriale in der Absicht, bei der bevorstehenden Neuwahl einen ausländischen Kandidaten zum Abt erwählen zu lassen. Heinrichau sollte beim preußischen König vorstellig werden, um den ungarischen Ordensleuten auch das passive Wahlrecht zu erwirken. Falls das nicht möglich sei, sollte sich der künftige Abt verpflichten, in Zirc alle drei Jahre die Wahl von drei Kandidaten aus kaiserlichen Ländern zuzulassen, aus denen er den jeweiligen Prior ernennen dürfe. Außerdem sollte er dem Konvent das Recht gewähren, über wichtige Angelegenheiten in der Vollversammlung der Mönche beschließen zu lassen und die Entscheidung weniger wichtiger Fragen einem Ausschuß erwählter Senioren zu übertragen. Auch die Stelle des Ökonomieverwalters müsse der Abt mit einem Ordensmann aus habsburgischen Landen besetzen, um den Verdacht zu entkräften, daß das Vermögen von Zirc ins Ausland transferiert werde. Der Konvent schloß mit dem Hinweis, daß seine Forderungen in vollem Einklang mit der Ordensregel und „dem natürlichen Recht der Gleichheit“ stünden und drohte, sich an ein anderes Forum zu wenden, wenn Heinrichau nicht bereit sei, der Petition stattzugeben[158].

---

156) Der letzte Novize aus Böhmen, Mähren oder Österreich war P. Franziskus Knoll aus Sternberg (Mähren), der am 7. März 1779 eintrat.

157) Errechnet aus dem „Catalogus“.

158) BDA V B 6 c (Fotokopie).

Die Verfasser des Memoriale mußten als Mönche des Zisterzienserordens wissen, daß der Konvent von Heinrichau nicht berechtigt war, eine Wahlkapitulation abzuschließen, die die Rechte des künftigen Abtes einschränkte. Wenn sie trotzdem diese Petition verfaßten, so muß man annehmen, daß es ihnen nicht zuletzt um die Legitimation der angedrohten Maßnahmen ging. Tatsächlich wandte sich dieselbe Gruppe der Mönche schon am 27. Januar 1793 — eine Woche vor der Heinrichauer Neuwahl, als der preußische Monarch seine Zustimmung zur Postulierung ausländischer Kandidaten erteilt hatte — an die ungarische Hofkanzlei und bat den Kaiser, den Abt von Heinrichau bei der Bestätigung auf die Forderungen des Memorials vom 18. Dezember zu verpflichten[159]. In der Installationsurkunde für den am 4. Februar 1793 erwählten Abt ging der Kaiser auf die Wünsche der Ungarn nur teilweise ein. Er genehmigte zwar nicht die Wahl der Kandidaten durch den Konvent, legte aber den Abt darauf fest, in Zirc einen Ungarn als Prior einzusetzen. Außerdem sollte das Stift im Bakony jährlich 1769 fl. 36 krz. an die Fortifikationskasse zahlen, der Abt sollte darauf verzichten, irgendwelche Gelder ins Ausland zu transferieren und die Ordensleute ohne bischöfliche Approbation in der Seelsorge anzustellen[160]. Konstantin Gloger, der wegen seiner Installation im September 1793 persönlich in Wien verhandelte, blieb nichts anderes übrig, als die Bedingungen der Krone zu akzeptieren. Der bisherige Prior P. Bonaventura Christoph, der sich außerstande sah, die rebellierenden ungarischen Mitbrüder zum monastischen Gehorsam zurückzuführen, mußte abdanken und zog sich nach Venyim zurück. Bei seiner ersten Visitation von Zirc ernannte Abt Gloger am 7. November 1793 den P. Ladislaus Szabady zum Prior und den P. Rochus Hofer zum Subprior[161].

In den Jahren 1793—1800 starben in Zirc die Professen Petrus Thomas und Kaspar Kaps aus Österreichisch-Schlesien, Johann Aberle aus Schlesien, Joachim Thienel aus Niederösterreich, Martin Faust, Candidus Vas und Stephan Herschmann aus Ungarn, und um die Lücken zu schließen, schickte der Abt 1799 und 1800 die Ungarn Michael Fabó, Gregor Török, Ludwig Hollenda und die Schlesier Alberich Mann, Joseph Kuhnert, Bonifaz Steidler, Petrus Zimmermann und Plazidus Vogt nach Zirc, so daß sich die Zahl der Schlesier im Konvent auf 11 erhöhte, während die Anzahl der Österreicher und Böhmen auf 7 absank und die Ungarn wie früher 12 Ordensleute zählten[162]. Die Ankunft der 5 jungen schlesischen Zisterzienser und die Erfahrungen, die sie in Zirc machten, drängten den 70jährigen Exprior in Venyim zu einem Schritt, der sich bei der gespannten Atmosphäre im Konvent bitter rächte. Am 12. Oktober 1800 richtete P. Bonaventura Christoph an die ungarische Hofkanzlei in Wien ein Gesuch, in dem er im Namen seiner Mitbrüder betonte, daß der größte Teil der Ordensleute deutscher Abstam-

159) Alpár S. 40; Békefi S. 102.

160) Sohr 1843, S. 152; Békefi S. 102; Alpár S. 41 f.

161) Békefi S. 103, wo auch behauptet wird, daß der bisherige Prior Bonaventura Christoph, der aus Tscheschdorf (Mähren) stammte, „eine sehr zähe deutsche Natur besaß".

162) Catal. und Schem. Zirc, S. 199 ff. Vgl. auch H. Grüger, Der Konvent von Heinrichau von der Reformation bis zur Säkularisation (1810). In: Archiv 35. 1977, S. 65—102.

mung und daß es daher ein Unrecht sei, sie vom Amt des Priors auszuschließen, weil kein ungarisches Blut in ihren Adern fließe. Er bat die Kanzlei, dem Abt zu erlauben, ohne Rücksicht auf die nationale Herkunft den jeweils fähigsten Mönch zum Prior zu ernennen[163].

Die Hofkanzlei sandte das Schreiben nach Budapest, und die Statthalterei, die überaus empfindlich reagierte, wenn Ausländer ein Mitspracherecht in Ungarn verlangten, antwortete mit einem Akt brutaler Vergewaltigung: sie beauftragte den Bischof Bajzáth von Veszprém, Zirc zu visitieren, und das war das erste Mal in der Geschichte von Heinrichau, daß sich der Abt der Jurisdiktion eines Bischofs unterwerfen mußte. Bajzáth überließ die Durchführung der peinlichen Maßnahme, bei der sich Staat und Hierarchie über die Exemtion des Ordens hinwegsetzten, seinem Generalvikar und Weihbischof David Zsolnay. Am 22. Dezember 1800 erschien der Prälat in Zirc und stellte fest, daß der Konvent gespalten war, da sich die Ordensleute von nationalen Emotionen beherrschen ließen und den Abt, zu dem außer den Schlesiern die älteren ungarischen Professen hielten, ablehnten. Alle Konventualen distanzierten sich von der eigenmächtigen Eingabe des Expriors. In dem Bericht, den der Weihbischof der Statthalterei am 3. Januar 1801 übersandte, wurden dem P. Bonaventura Christoph schwere Vorwürfe gemacht, die im wesentlichen darauf beruhten, daß er es gewagt hatte, sich an die Hofkanzlei zu wenden. Der Visitator behauptete, daß sich der Greis „bedenklichen Umtrieben“ hingegeben habe[164]. Das erscheint aber sehr unglaubwürdig, wenn man bedenkt, daß der Exprior seit 7 Jahren 110 km von Zirc entfernt lebte und nur selten Gelegenheit fand, mit den jüngeren deutschen Mitbrüdern Kontakt aufzunehmen. Die Statthalterei schloß sich der Darstellung Zsolnays an und verfügte am 1. Juli 1802 die Ausweisung des P. Bonaventura. Am selben Tage befahl sie dem Abt Gloger, auch die Stelle des Ökonomieverwalters mit einem Ordensmann ungarischer Nation zu besetzen und die ungarischen Novizen aus Heinrichau zu entlassen und zwei Konventualen zu bevollmächtigen, um die Höhe des Beitrags auszuhandeln, den Zirc zum Religionsfond leisten sollte[165]. Der Abt ging auf die meisten Bedingungen ein; nur dem Befehl, die Novizen nach Ungarn zurückzuschicken, wollte er sich nicht beugen, da er dem Staat das Recht bestritt, sich in die internen Angelegenheiten des Ordens einzumischen. Dabei berief er sich sogar auf den Friedensvertrag, den Österreich und Preußen 1742 in Breslau beschlossen und bei dem die Politiker den Status quo der Kirche Schlesiens garantiert hatten. Um sich der Übergriffe der ungarischen Behörden zu erwehren, entschloß er sich, nach Wien zu reisen und die Sache dem Kaiser vorzutragen, denn eine andere Instanz, an die er sich wenden konnte, gab es nicht mehr. Es gelang ihm aber nicht, eine Audienz zu erhalten. Am 3. Mai 1803 verhängte die Statthalterei von Buda sogar ein Einreiseverbot, falls er nicht binnen 14 Tagen bereit sei, die ungarischen Novizen zurückzuschicken und 14 000 fl. zum Religions-

[163]) Békefi S. 103; Sohr 1843, S. 154.
[164]) Ebd. und Alpár S. 48.
[165]) Békefi S. 128; Sohr 1843, S. 155.

fonds zu zahlen[166]. Als dieses Mandat auch vom kaiserlichen Kabinett bestätigt wurde, waren die Möglichkeiten des Abtes erschöpft. Eine Kapitulation vor der Staatsgewalt wollte er jedoch nicht mit seinem Eid vereinbaren, und so reichte er dem Kaiser am 21. Mai 1803 in Wien einen schriftlichen Protest ein und erklärte, daß er sich den Forderungen des Staates nicht deshalb widersetze, weil er nicht gewillt sei „dem höchsten Entschluß Ew. Majestät schuldigen Gehorsam zu leisten“, sondern „weil ich von den ... Gerechtsamen der Abtei Heinrichau ... auf das Stift Zirc ..., ohne dem Eide, den ich bei meiner Wahl zur Prälatur feierlich geschworen, ... zu nahe zu treten, nichts vergessen kann“[167]. Trotz des Einreiseverbots der Statthalterei fuhr er nach Zirc, um das Tochterstift zu visitieren. Dabei legte der Exprior P. Bonaventura ein Leumundszeugnis des Ignaz Anyos von Esztergár vor, des langjährigen Assessors der Adelsgerichte der Komitate Veszprém, Sümeg und Komaróm, das alle Beschuldigungen der ungarischen Partei des Konvents zurückwies[168].

Die Statthalterei war über die Hartnäckigkeit, mit der sich Abt Gloger gegen den Eingriff in die internen Belange des Ordens wehrte, höchst empört und beauftragte den Weihbischof und Kapitelsvikar von Veszprém nochmals mit der Visitation von Zirc, die David Zsolnay am 4. und 5. Juli 1803 durchführte. Der Bericht, den er der Statthalterei am 16. Juli übersandte, ist im Breslauer Diözesanarchiv erhalten. Er zeigt, daß der Konvent uneins war und daß das Verhalten der beiden Parteien von Haß, Verleumdung und Lieblosigkeit beherrscht war. Der Visitator stellte sich uneingeschränkt auf die Seite der Ungarn und sah die Ursache der Spaltung allein in der Haltung der schlesischen Konventualen, die sich angeblich „als Herren und Eigentümer von Zirc“ betrachteten und die „Söhne der kaiserlichen Provinzen für ihre Diener und Tagelöhner hielten“. Aber alles, was der Weihbischof in 9 Punkten den schlesischen Zisterziensern vorwarf, beruhte, wie er selbst betonte, auf Gerüchten der ungarischen Mönche, deren Zorn sich gegen den Subprior David Coneider richtete, der den Anschuldigungen gegen Abt Gloger seine Unterstützung verweigerte. Im Namen der Statthalterei setzte Zsolnay den Subprior wegen „Unfähigkeit“ ab[169] und bedrohte den ungarischen Zisterzienser P. Tobias Zack, den Abt Gloger zum Prior ernannt hatte, mit kirchlichen Strafen, falls er dem Auftrage des schlesischen Abtes Folge leisten würde, und zwang ihn zum Verzicht auf das Amt, das er dem P. Anton Dréta, dem Sprecher der ungarischen Partei, übergab[170].

Der Bericht des Visitators bot der Statthalterei die rechtliche Grundlage, am 3. Dezember 1803 die Suspension des Abtes Gloger und die Ausweisung des Subpriors Coneider und

[166]) Békefi S. 128; Sohr 1843, S. 160.

[167]) Sohr 1843, S. 160.

[168]) BDA V B 6 c, dd. Esztesgár, 19. Juni 1803 (Abschrift).

[169]) Charta Visitationis vom 16. Juli 1803 abschriftlich in BDA V B 6 c. Das Dokument, das die Emotionen des Weihbischofs gegen die schlesischen Mönche deutlich verrät, bedürfte einer eingehenden Untersuchung, da es die schwierige Situation der Ordensleute in der Spätzeit der von staatskirchlichen Vorstellungen beherrschten habsburgischen Monarchie exemplarisch erkennen läßt.

[170]) Catal. S. 98 sagt der zeitgenössische Fortsetzer, daß er im Januar 1803 von Abt Gloger zum Prior ernannt wurde, „sed minis Davidi Zsolnay Vicarii Generalis deterritus, prioratum assumere non est ausus, mansit in Parochia usque ad annum 1808“.

der Patres Markus Rößler, Bonifaz Steidler, Plazidus Vogt und Ceslaus Mitschke und die Absetzung des P. Bernhard Tschöke als Administrator von Elöszállás zu verfügen. Dabei verfolgte die Statthalterei offenbar das Ziel, jeden Widerstand, der sich gegen die nationalen Interessen Ungarns regte, zum Schweigen zu bringen, indem sie widerspenstige Ordensleute über die Grenze abschob. Den Antrag Glogers vom 30. November 1803, ihn über die gegen ihn erhobenen Beschwerden zu informieren oder eine unparteiische Kommission zur Untersuchung der Streitfragen einzusetzen, würdigte man weder in Wien noch in Buda einer Antwort, und auch die Bittschrift, die der Abt am 20. Januar einsandte, fand nicht das mindeste Echo[171].

Anton Dréta, den Weihbischof Zsolnay im Namen des Staates als Prior einsetzte, zeigte sich den Wünschen des Fiskus so gefügig, wie man es in Buda erwartete. Am 23. Januar 1804 erklärte er sich bereit, jährlich 18 230 fl. zum Religionsfonds zu zahlen[172], und bald darauf behauptete er, daß Zirc 1699 von Lilienfeld nicht verkauft, sondern nur verpfändet wurde. Es gelang ihm sogar, den Lilienfelder Abt Joseph Markl (1804—11) zu überreden, der schlesischen Abtei Heinrichau die 31 000 fl. von 1699 wieder anzubieten, um Zirc aus der angeblichen Verpfändung auszulösen[173]. Abt Gloger lehnte das Angebot ab und berief sich in seiner Bittschrift vom 10. Dezember 1806 an den Kaiser auf den Wortlaut der Dokumente von 1699 und 1700, die unwiderleglich bewiesen, daß die Transaktion ein echter Kaufvertrag war[174]. In einem weiteren Schreiben an den Kaiser erhob er gegen den Prior Dréta und den Weihbischof Zsolnay, dessen Bestrafung er schon 1805 gefordert hatte, schwere Vorwürfe. Im Dezember 1806 wandten sich auch die schlesischen Mönche von Zirc an den Monarchen, da sie sich vom Prior ungerecht behandelt fühlten und baten, den suspendierten Abt wieder einzusetzen[175]. Zu dieser Zeit aber waren die ungarischen Zisterzienser längst entschlossen, sich von Heinrichau zu trennen. Am 26. Dezember 1806 reichten sie der Statthalterei ein Gesuch ein, in dem sie das Ende der Union forderten: da Zirc — so meinten sie — nur verpfändet sei, stehe der Selbständigkeit des Klosters nichts mehr im Wege, wenn man die Pfandsumme von 1699 zurückzahle; außerdem sei das Stift im Bakony für die Ungarn gegründet worden, und deshalb sollte ihm auch ein Ungar vorstehen, zumal die geltenden Gesetze des Vaterlandes Fremden den Genuß ungarischer Benefizien verbieten[176].

Der Tenor dieser Eingabe stimmte mit den Vorstellungen der Landesregierung überein. Die Statthalterei machte sich daher die Argumente des Priors und seiner Partei zu

171) Békefi S. 129.
172) Sohr 1843, S. 162.
173) Békefi S. 129.
174) P. Tobner (Lilienfeld, S. 433) berichtet, Abt Joseph Markl habe dem Heinrichauer Abt Gloger am 3. Dez. 1806 geschrieben, daß er bereit sei, „die für Abt Sigismund Braun gezahlten 31 000 fl. in Wien in bar zu erlegen, wogegen ihm die um den genannten Betrag nur verpfändet gewesene Abtei Zircz übergeben werden solle. Abt Konstantin antwortete am 26. Dezember 1806 ablehnend. Woher übrigens Josef" — so schreibt Tobner — „das Geld genommen hätte, ist nicht bekannt", denn Lilienfeld war damals total verschuldet.
175) Sohr 1843, S. 305.
176) Pfitzner S. 263; Sohr 1843, S. 162.

eigen und bemühte sich um die Zustimmung der Hofkanzlei und des Kaisers. Prior Dréta berief den Schlesier P. Joseph Kuhnert in das Stift zurück, um zu verhüten, daß er als Pfarrer von Bakonynána den einflußreichen Grafen Nadasdy zu Sympathiekundgebungen für den Abt Gloger veranlassen könnte. Auch die anderen schlesischen Konventualen betraute er mit untergeordneten Aufgaben im Kloster oder mit Tätigkeiten in den nahen Pfarreien Porva und Esztergár, um jede Beeinflussung von Adligen, die sich der geplanten Auflösung der Union widersetzen konnten, auszuschließen. Wegen der willkürlichen Versetzung der Ordensleute warfen die deutschen Mönche dem Prior in einem Schreiben vom 12. März 1808 an den Kaiser vor, daß Dréta den Nationalhaß schüre und sich in allen Handlungen davon leiten lasse[177].

Um der Auflösung der Union den Schein der Legalität zu geben, mußte man den Abt wieder in seine Rechte einsetzen und in Gegenwart beider Parteien einen formaljuristisch korrekten Prozeß führen. Daher teilte die Statthalterei von Buda Abt Gloger am 10. April 1809 mit, daß Zirc zurückgekauft werden solle, falls bewiesen werde, daß es seinerzeit nur verpfändet wurde; deshalb habe der Kaiser die Suspension, die der Abt „wegen seines Ungehorsams" verdiente, aufgehoben, damit Gloger persönlich oder durch Bevollmächtigte nachweisen könne, wieviel Geld Heinrichau für Zirc aufgewendet habe; doch dürfe der Abt den Prior Dréta nicht entlassen, er sei auch nicht berechtigt, die aus Ungarn ausgewiesenen Mönche zurückzuführen und dürfe zu Subprioren und Güterverwaltern nur Untertanen des Kaisers einsetzen[178].

Abt Gloger erhob durch seinen Wiener Geschäftsträger Protest und verlangte die Absetzung des Prozesses. Das Verfahren wurde wegen des Krieges gegen Napoleon zwar vertagt, aber es ganz aufzugeben, daran dachte man in Wien nicht mehr. Damals war der kaiserlichen Regierung bereits bekannt, daß Preußen wegen der Aufhebung der Klöster mit dem Hl. Stuhl verhandelte, und man rechnete sich aus, daß die Summe, die Zirc für die Auflösung der Union an Heinrichau zahlen mußte, dem habsburgischen Staat verfallen würde, wenn man den Scheinprozeß noch vor der Veröffentlichung des Säkularisationsediktes abschloß. Daher trat am 1. Mai 1810 die kirchliche Kommission in Wien zusammen, der der Kaiser das Liquidationsverfahren überließ. Prior Dréta suchte den urkundlichen Beweis zu führen, daß Heinrichau 1699 nur das Pfandrecht von Zirc erworben und für den Wiederaufbau des Klosters bis 1750 höchstens 56 200 fl. aufgebracht hatte. Abt Gloger blieb dem Prozeß fern und schickte auch keinen Vertreter, und er tat recht daran, denn der kirchliche Gerichtshof hatte die Aufgabe, ein politisches Urteil und nicht einen unparteiischen Entscheid zu finden. Die Richter schlossen sich der Interpretation des Priors an und entschieden, daß Zirc für die Trennung von Heinrichau 31 000 fl. zahlen sollte, da es die übrigen Mittel, die das schlesische Kloster im Laufe der Zeit in Ungarn investierte, „durch die Arbeit der ... ins Land geführten schlesischen Hörigen ... sicher mit Zinsen zurückerhalten" habe. Trotzdem erklärte sich der Prior nach der Ver-

---

177) Békefi S. 129. Die Supplik war unterschrieben von den PP. Bernhard Tschöke, Alberich Mann, Joseph Kuhnert und Petrus Zimmermann.

178) Békefi S. 130 f.

kündigung des Urteils bereit, dem Mutterstift auch die 56 200 fl. zurückzuzahlen, die man 1750 als Investitionskosten errechnet hatte[179].

Abt Gloger war offenbar immer noch der Meinung, daß Franz I. von dem Unrecht, das Heinrichau angetan wurde, nichts wußte, und entschloß sich, den Monarchen persönlich zu informieren und gegen das Urteil zu protestieren. Am 10. August 1810 legte er dem Kaiser die Streitsache schriftlich dar und bat „mich als ungarischen Landstand vorher darüber in ordentlichem Rechtsweg zu hören, ehe Eure Majestät darüber eine Entscheidung fassen", und er betonte, daß „der ränkevolle Prior P. Antonius Dréta ... nicht ohne Grund besorgt, es werden bey meiner Ankunft in Zirc alle seine ungerechten Verschwendungen und Luderlichkeiten entdeckt werden." Sein Wiener Geschäftsträger, der Hofagent Franz Joseph Jaeckel, fügte dem Schreiben des Abtes hinzu: „Wenn der Herr Praelat nach Zirc kömmt, werden sich alle rechtschaffenen, die auf ihn wie auf einen Erlöser warten, mit ihm vereinigen ... und es wird jeder Theilnehmer an diesem ungeheuren Raube bekannt gemacht werden. Dieses eben will Dréta durch seine Machinationen verhindern. Alles soll in ewigem Schlafe bleiben"[180].

Im September 1810 weilte Gloger in Wien und erhielte eine Audienz beim Kaiser. Doch als er seine Klage vorbrachte, entgegnete der Monarch: „Was er in Wien wolle? Ob er denn nicht wisse, daß die Klöster in Schlesien binnen kurzem aufgehoben würden? Er möge nach Hause eilen!"[181]

---

179) Békefi S. 132. Der kirchliche Gerichtshof von 1810 hat dabei nicht berücksichtigt, daß die Abwanderung zahlreicher Bauern und Handwerker samt Frauen und Kindern für das Heinrichauer Stiftsland einen Aderlaß bedeutete, der sich noch 1785 in der niedrigen Einwohnerzahl der großen Bauerndörfer Bernsdorf, Berzdorf, Frömsdorf, Krelkau und Seitendorf niederschlägt, und daß auch der Konvent des Mutterklosters lange Zeit große Opfer brachte, indem er für viele Jahre, oft für die ganze Dauer des Ordenslebens, qualifizierte Mönche und Konversen in den Bakony entsandte. Um das Gedächtnis dieser Ordensmänner nicht in Vergessenheit geraten zu lassen, seien hier wenigstens die Namen jener schlesischen Konventualen angeführt, die sich bei der Neubegründung von Zirc besonders verdient gemacht haben und denen der Zisterzienserorden seinen Wiederaufbau in dem von den Türken verwüsteten Lande verdankt. Es waren die Heinrichauer Patres und Konversen Abraham Wabrzig (aus Kasimir), Arnold Peschel (aus Krelkau), Wilhelm Sebastian (aus Buchwald b. Grüssau), Johann Nep. Patzner (aus Neisse), Gregor Regnard (aus Ottmachau), Robert Reichel (aus Neisse), Alberich Tantzmann (aus Alt-Reichenau), Ludwig Hartz (aus Ottmachau), Emmerich Krasch (aus Brunschwitz), Thomas Werner (aus Landeck), Ambrosius Henatsch (aus Krelkau), Ignaz Mücke (aus Patschkau), Johann Bapt. Jüttner (aus Ottmachau), Nikolaus Falk (aus Kamenz), Johann Nep. Aberle (aus Ohlau), Alexius Peschel (aus Breslau), Clemens Kuschel (aus Frankenberg), Thaddäus Berger (aus Naumburg), Xaver Wiesner (aus Schreckendorf), Ambrosius Nitschke (aus Frankenstein), Augustin Süsmuth (aus Silberberg), Robert Feige (aus Patschkau), Simon Jaschke (aus Gabersdorf), Bernhard Tschöke (aus Wünschelburg), Abundus Schmidt (aus Dittersbach), Dionysius Schubert (aus Altewalde), Pius Jokischmann (aus Heinrichau), Ceslaus Mitschke (aus Breslau), Stanislaus Priemer (aus Groß-Strehlitz), Karl Schmidt (aus Landeck), Alberich Mann (aus Schildberg b. Heinrichau), Joseph Kuhnert (aus Neukirch), Petrus Zimmermann (aus Alt-Wansen). Dazu kamen noch mehrere schlesische Mönche, die sich nur kurze Zeit in Ungarn aufhielten und viele Professen, die aus dem österreichischen Teil der Diözese Breslau stammten.

180) Abschriftlich in BDA V B 6 d.

181) Pfitzner S. 266 f.; Alpár S. 64.

Da wurde dem Abte klar, daß sich nichts mehr ändern ließ. Nur eines konnte er noch tun — nicht zur Rettung des Stiftes Zirc und seiner eigenen Abtsrechte, sondern um seinen Mönchen die Möglichkeit zu wahren, nach der Aufhebung von Heinrichau, ihr Leben in der Gemeinschaft des Ordens weiterzuführen. Er fuhr nach Schlesien zurück und übersandte der Ungarischen Hofkanzlei ein Bittgesuch, daß man jenen Konventualen von Heinrichau, die Zisterzienser bleiben wollten, den Übertritt in den Konvent von Zirc gestatten möchte. Der Antrag ging von Wien an die Statthalterei in Buda, die ihn abwies[182]. Nur dem 1803 ausgewiesenen P. David Coneider erlaubte die Regierung die Rückkehr in den Bakony, weil er in Ungarn geboren war und den Rest seines Lebens in der Heimat verbringen wollte. Im übrigen wies die Statthalterei den Prior Dréta an, umgehend den Weihbischof Zsolnay zu informieren, falls es Gloger wagen sollte, nach Zirc zu kommen[183]. Außerdem erhielt der Prior am 9. Juli 1811 den Bescheid, daß die Summe, die Zirc für die Ablösung der Rechte von Heinrichau zahlen sollte, nach der Aufhebung des schlesischen Mutterklosters dem Fiskus verfallen sei — und zwar nicht bloß die 31 000 fl., auf deren Zahlung das kirchliche Gericht am 1. Mai 1810 erkannt hatte, sondern auch die 56 200 fl., die der Konvent von Zirc bei dem Prozeß als freiwillige Leistung an Heinrichau angeboten hatte[184].

Mit dem Tode des letzten Heinrichauer Abtes am 18. Juni 1814 war der Weg frei, Zirc einen eigenen Abt zu geben. Die Wahl traf aber nicht der zisterziensische Konvent, sondern der Kaiser, der im Einvernehmen mit dem Bischof von Veszprém als Visitator von Zirc den bisherigen Prior Anton Dréta zum Nachfolger Glogers ernannte[185]. Damit hatte das Stift im Bakony die Unabhängigkeit von Heinrichau erlangt und blieb bis zu seiner Aufhebung im Jahre 1951 der Aufsicht des ungarischen Staates und einer ordensfremden Hierarchie unterworfen.

[182]) Békefi S. 133.
[183]) Békefi S. 133; Alpár S. 66 f.
[184]) Békefi S. 132. Die Ratenzahlung der Ablösungssumme dauerte bis 1816.
[185]) Békefi S. 134; Alpár S. 71.

Sechstes Kapitel

DIE RELIGIÖSEN AUFGABEN DES KLOSTERS

1. Zielsetzung des Ordens

Die Aufgaben, die sich der Orden von Cîteaux bei der Gründung setzte, waren in der Regel des hl. Benedikt vorgezeichnet, die man wieder neu zur Geltung bringen wollte. Fern vom Treiben der Welt sollte der Mönch in der Abgeschiedenheit der Klausur ein Leben führen, das dem Officium divinum (Gottesdienst), der Lectio divina (betrachtende Lesung) und dem Labor manuum (Handarbeit) geweiht war. Um diesen Zielen zu leben, schloß sich die klösterliche Niederlassung von der Umwelt ab und verbannte den Lärm der Welt aus dem Klosterbering, ja selbst aus der nächsten Umgebung. Aber da man, um existieren zu können, auch Äcker bebauen, Viehzucht betreiben und gewerbliche Werkstätten unterhalten mußte, brauchte man weltliche Arbeitskräfte, die sich um die wirtschaftlichen Belange kümmerten. Dies waren die Konversen oder Laienbrüder, die durch ihre Arbeit den „schützenden Ring“ bildeten, der den Konvent der Chormönche gegen die Welt abschirmte und ihm die Möglichkeit bot, das Officium divinum ungestört zu erfüllen[1].

Die Mönche leisteten keine Arbeit außerhalb des Klosters. Die weitverbreitete Vorstellung von kolonisierenden Zisterziensern, die die Wälder rodeten, Äcker pflügten, das Getreide mähten, den Rebstock schnitten, Kanäle gruben und Klostergebäude und Kirchen erbauten, läßt sich mit der Zielsetzung des Ordens in mittelalterlicher Zeit nicht vereinbaren. Dem modernen Menschen mag es schwerfallen, zu verstehen, wie eine Gemeinschaft von Ordensleuten ein Leben führen konnte, das primär von religiösen Idealen bestimmt war und Tätigkeiten außerhalb des Klosters verbot. Und doch ist es so; bei der Gründung eines Klosters ging es nicht um die Expansion wirtschaftlicher Macht oder die Herrschaft über Untertanen. Wichtiger als die Vermehrung ökonomischer Güter erschien den Vätern von Cîteaux der Dienst, den sie der Welt leisteten, indem sie durch das monastische Leben Zeugnis ablegten für den Glauben, daß sich der Sinn menschlicher Existenz nicht in der Sorge um Nahrung und Kleidung erschöpfte. Die wesentliche Aufgabe des Mönchtums bestand im Officium divinum, das der Ordensmann im Gottesdienst, im Gebet der Gemeinschaft, in Meditation, Studium, Handarbeit, im gemeinsamen Leben in strenger Absonderung von der Welt und in der barmherzigen Sorge um die Armen und

---

[1]) Vgl. K. Hallinger, Woher kommen die Laienbrüder. In: Analecta 12. 1956, S. 1—104; L. Dolberg, Die Cistercienser-Mönche und Conversen als Landwirte und Arbeiter. In: Studien u. Mittheilungen aus d. Benedictiner- und Cistercienser-Orden 13. 1892, S. 216—228, 360—367, 503—512; Die Cistercienser. Geschichte, Geist, Kunst. Hrsg. A. Schneider, A. Wienand, W. Bickel, E. Coester. Köln 1974, S. 46—51.

Bedrückten erfüllte, die zum Kloster ihre Zuflucht nahmen. Allein die getreue Verrichtung der kultischen und asketischen Forderungen des klösterlichen Alltags mit der Fülle der Lesungen, Antiphonen, Vigilien, Prozessionen, Riten und den Tagzeiten des Stundengebetes nahm 6—8 Stunden des Tages in Anspruch[2]. Dazu kam im Laufe der Zeit eine große Zahl gestifteter Messen, Anniversarien, Toten- und Gedächtnisfeiern, die der Laie früherer Jahrhunderte den Klöstern in solcher Menge auferlegte, daß es ein Irrtum wäre, wenn man sie nur für leere rituelle Handlungen halten würde. Außerdem war der Ordensmann zum Zölibat verpflichtet, er verzichtete auf den Genuß von Fleisch und auf den Standard der bürgerlichen Schichten, denen er entstammte und legte sich für viele Tage des Jahres strenges Fasten auf[3]. Er schlief in Gemeinschaft mit seinen Mitbrüdern im spartanisch einfachen, ungeheizten Dormitorium in einem Bett, das nicht viel breiter war als der Körper eines Mannes und deckte sich mit der Kutte, die er niemals ablegte, um auch schlafend bereit zu sein, sich jederzeit zu erheben und zum Gottesdienst zu eilen[4]. In gemeinsamen Arbeits- und Schreibräumen verrichtete er Handarbeiten oder widmete sich der geistlichen Lesung und lebte abgeschlossen von der Welt des Laien, dem das Betreten des klösterlichen Berings nur an den Tagen des Kirchweihfestes erlaubt war.

Für den Sohn bürgerlicher Familie bedeutete der Eintritt in das Kloster einen radikalen Bruch mit der Vergangenheit, zog er sich doch von Freunden und Verwandten zurück und verzichtete auf jede Repräsentation in der Öffentlichkeit, so daß man die Aufnahme in den Orden mit dem Sterben vergleichen konnte. Den Kontakt mit der Außenwelt stellten Konversen, Familiaren und Amtsträger des Konvents her. In Heinrichau betraute man einzelne Ordensleute zwar gelegentlich auch mit seelsorglichen Aufgaben; aber auf die Gesamtzahl der Konventualen gesehen waren das verschwindend geringe Ausnahmen. In der Regel beschränkte sich der Zisterzienser auf Tätigkeiten in strenger Klausur, wo es auch zur Verrichtung körperlicher Arbeiten eine Fülle von Möglichkeiten gab[5]. Denn auf den Feldern außerhalb des Klosters wurden die Mönche nur dann eingesetzt, wenn mit Rücksicht auf die Witterung das Heu oder Getreide rasch eingebracht

[2]) Welchen Wert der Orden selbst der kultischen Aufgabe des Officium divinum zuschrieb, kommt in den „Ecclesiastica officia“ zum Ausdruck (gedr. B. Griesser, Die Ecclesiastica officia Cisterciensis Ordinis des Cod. 1711 von Trient. In: Analecta 17. 1956, S. 153—288).

[3]) Als Fasttage galten außer der Vorfastenzeit, der Quadragesima und dem Advent jeder Freitag des Jahres, die Herbstquatember, die Vigiltage von Johannes d. T. (23. Juni), Peter und Paul (28. Juni), Laurentius (9. Aug.), Mariä Himmelfahrt (14. Aug.), Matthäus (20. Sept.), Simon und Juda (27. Okt.), Allerheiligen (31. Okt.), Andreas (29. Nov.) — insgesamt rund 120 Tage des Jahres (vgl. J. A. Lefèvre, La véritable Constitution cistercienne de 1119. In: Collectanea 16. 1954, S. 102 f., cap. 14).

[4]) B. Griesser S. 246, cap. 105.

[5]) So mußte man die Kirche reinigen und schmücken, Paramente und liturgische Geräte pflegen, Hostien backen, Kerzen und Ampeln in Kirche und Kreuzgang versorgen, Küchendienste verrichten, das Refektorium betreuen, die Kranken pflegen, sich um die Gäste kümmern, Brot an die Armen austeilen, den Kreuzgang, Kapitelsaal und Dormitorium reinigen, Wochendienste in Küche, Hospital, Kirche und als Lektor verrichten, Obst- und Gemüsegärten bearbeiten; dazu kamen laufende Arbeiten im Cellarium (Vorratshaus), im Archiv, Scriptorium (Schreibstube), Bibliothek, Calefactorium (Wärmraum), Wäscherei und in den Werkstätten.

werden mußte und Arbeitskräfte gebraucht wurden. Aber selbst in solchen Fällen blieben so viele Ordensleute im Kloster, daß die Arbeit in Küche, Infirmerie, Hospital und an der Pforte, besonders aber das feierliche Officium nicht behindert wurden, denn „dem Gottesdienst sollte nichts vorgezogen werden".

Welchen Wert der mittelalterliche Laie einem solchen Leben zuschrieb, verraten fromme Stiftungen, die in Urkunden, im Pitanzregister und im Totenbuch erhalten blieben. Obwohl schon das gewöhnliche Maß des Gottesdienstes den Mönchen eine große Last auferlegte, waren viele Gläubige bestrebt, dem Konvent die Feier zusätzlicher Messen, Vigilien und Anniversarien zu übertragen, und um ihnen diese Mühe zu erleichtern und die fromme Erfüllung der Gedächtnisfeiern zu fördern, verknüpfte man solche Fundationen mit Gedächtnismählern im Refektorium — denn auch das gemeinsame Mahl der Mönche war von liturgischem Charakter geprägt. Viele Donatoren statteten diese Mahlzeiten mit Speisen und Getränken aus, die der Ordensmann in der Regel nicht erhielt[6]. Aus der großen Zahl der Stiftungen, die Fürsten, Adlige, Bürger und schlichte Familiaren dem Kloster vermachten, seien hier nur einzelne Beispiele erwähnt, um die Zweckbestimmung der monastischen Institution anschaulich zu machen.

Am 8. März 1328 bestätigten die Söhne des verstorbenen Ritters Kilian von Haugwitz die Schenkung, die ihr Vater den Mönchen gelobt hatte und verfügten, „daß der Konvent am Fest der hl. 10 000 Ritter (22. Juni) im Refektorium ein anständiges Mahl und am Todestage unseres Vaters ein zweites Mahl erhalte, damit die Mönche — durch zeitliche Speise erquickt —, sich bemühen, uns einen Platz beim ewigen Gastmahl zu erflehen"[7]. Am 23. April 1340 ratifizierte Albert von Tepliwoda das Testament seines verstorbenen Vaters, des Frankensteiner Erbvogtes Johann Seckel, der den Zisterziensern 5 Mk. Zins von den zwei Badstuben seiner Vogtei überließ. Dabei bestimmte Albert, daß die Ordensleute jährlich zwei Gedächtnismähler mit guten Fischen, Eiern, Weißbrot und Met halten sollten, eines im Wert von 2 Mk. zum Andenken an Johann Seckel am Tage der hl. Märtyrer Prozessus und Martinian (2. Juli), das andere im Werte von 1 Mk. am Allerheiligentage (1. November) zum Gedächtnis der Frau Elisabeth von Wartenberg, der Stiefmutter des Ausstellers. Eine weitere Mark sollte der Custos des Klosters für Kerzen, Schmuck und andere Bedürfnisse des Altars bekommen, den Johann Seckel in Heinrichau stiftete, und die fünfte Mark durfte der Abt für die Baukasse des Klosters verwenden[8].

Am 21. Februar 1339 vermachten Bolko II. von Münsterberg und seine Gemahlin Gutha („desiderantes in extremo examine misericordiam invenire — von dem Wunsch getragen, beim Jüngsten Gericht Barmherzigkeit zu erlangen") die herzoglichen Einkünfte von Leipe in Höhe von 22 Maltern (rund 8000 kg) Weizen, Roggen und Hafer; dafür sollte der Custos eine stattliche Kerze beschaffen, die Tag und Nacht vor dem Hochaltar brannte; der Pitanzmeister sollte dem Konvent am Tage der hl. Maria Mag-

6) Eine solche Mahlzeit nannte man „servicium".
7) SR 4815, gedr. Bretschneider, Urk. Nr. 29.
8) SR 6437.

dalena (22. Juli), die die Stifter besonders verehrten, im Refektorium und in der Infirmerie ein Gedächtnismahl im Werte von $1^1/_2$ Mk. bieten. Dazu schenkte das fürstliche Paar die Zinsen von Wiesenthal, wofür die Mönche an allen Tagen des Advents und der Fastenzeit zu jeder Mahlzeit zwei anständige Stücke (duo honesta frusta) Fisch und an den Todestagen der Donatoren im Kloster und auf allen Grangien ein Gedächtnismahl erhielten, bei dem der Pitanzmeister jedem Ordensmann ein „schönes Weizen- oder Roggenbrot“, einen Becher Met, bessere Fische und zwei Gänge Eierspeisen bot, sofern es sich mit den Fastenvorschriften des Ordens vereinbaren ließ[9]. Am 25. April 1339 vermehrten Herzog und Herzogin diese Schenkung durch 50 Mk. Zins vom Dominium Schönwalde; davon sollten 20 Mk. den Armen von Schönwalde gehören, die übrigen 30 Mk. erhielt der Pitanzmeister, der davon 2 Mk. dem Custos gab, damit künftig bei jeder Messe zwei statt einer Kerze brennen konnten; vom Rest der Zinsen bekamen die Mönche an allen Sonn- und Festtagen, an denen den Zisterziensern Milchspeisen untersagt waren, sowie an der Vigil von Allerheiligen und zu den Quatemberzeiten eine Pitanz von Fischen und Eiern[10].

Das Totenbuch von Heinrichau enthält trotz seiner lückenhaften, durch Rasuren verstümmelten Form eine große Zahl solcher Stiftungen. Für alles mögliche machten fromme Menschen dem Kloster Schenkungen, um sich ein dauerndes Gedächtnis oder eine Seelenmesse zu sichern. Da sich solche Vermächtnisse rasch häuften, ernannte man einen Pitanzmeister, der die Stiftungen verwaltete und für ihre getreue Einhaltung sorgte[11]. Wie vielfältig die Zweckbestimmung von Fundationen war, zeigen folgende Einträge des Nekrologs; Bernhard, der Diener eines Heinrichauer Abtes, vermachte 1 Schock Groschen zur Reparatur der Zinnschüsseln in der Klosterküche (26. Februar); der Ritter Petrus Stosche († 27. Februar 1362) stiftete ein Gedächtnismahl mit österreichischem Wein; Frau Katharina Knötel schenkte einen Meßkelch (31. Dezember), der Brieger Erbvogt einen Zins zum Ankauf von Meßwein (3. Dezember), Herzogin Elisabeth von Münsterberg gab mehrere Ornate für den Gottesdienst am Hochaltar (15. August); der Pfarrer Johann Deynhardi von Wiesenthal stiftete jedem Mönch zwei Eier zur Mahlzeit (14. Oktober); Johann Dampko von Skalitz schenkte jedem Konventualen jährlich ein Paar Schuhe und fundierte zwei Lampen für den Hochaltar und den Kreuzaltar der Konversen (11. September); Magister Petrus von Brieg hinterließ ein Kapital, um den Ordensleuten zu den Quatemberzeiten Wein zu bieten, wofür jeder Priestermönch am Quatembermontag in der Totenmesse für die Seele des Stifters beten und der Cantor eine gesungene Messe halten sollte (4. September). Manche dieser Stiftungen waren als Sühne für Verbrechen bestimmt, um das Seelenheil des Getöteten zu sichern. So erhielt der Konvent an der Vigil von Allerheiligen (31. Oktober) und an den beiden folgenden Tagen zum

9) SR 6228, BDA V 11, fol. 100 b—102 a (Fotokopie).

10) SR 6250.

11) Der „pitanciarus“ oder Pitanzmeister von Heinrichau wird erstmals am 4. Mai 1315 erwähnt (vgl. P. Bretschneider, Die Ruhestands- und Sterbeversicherung eines Pfarrers und seiner Schwester vom Jahre 1315. In: Archiv 4. 1939, S. 286—288).

Gedächtnis des erschlagenen Münsterberger Bürgers Lewdike zur morgendlichen Collatio Bier[12], und die beiden Belmsdorfer Bauern, die 1437 den Bauern Clymko erschlugen, gaben der Witwe des Toten 5 Mk. zu einem „Seelgerät", dazu 6 Pfund Wachs zu einem „leychezeichen" und setzten dem Erschlagenen ein Sühnekreuz; von den 5 Mk. erkaufte man ein Gedächtnis im Kloster Heinrichau[13].

Die Fülle der Schenkungen aus allen Schichten der Bevölkerung beweist, daß das Kloster für den mittelalterlichen Menschen eine Institution war, deren Mitglieder sich zwar vom Treiben der Welt zurückzogen, aber zugleich auch für die Welt lebten, um im Officium divinum einen notwendigen Dienst zu vollziehen; denn Gebet und liturgischer Kult galten als ein Wert, den man nicht vernachlässigen durfte, ohne das Heil der Menschheit aufs Spiel zu setzen. Da der Laie selbst — durch Beruf und weltliche Geschäfte beansprucht — den göttlichen Dienst nicht leisten konnte, brauchte er Einrichtungen, die ihn stellvertretend übernahmen[14].

Die reichen Mittel, die man den Mönchen zur Verfügung stellte und auf denen später die Existenz vieler Klöster beruhte, waren aber nicht nur zur materiellen Sicherung der Konventualen bestimmt. Zu den Aufgaben des Ordens, der die Bereitschaft der Menschen zur Wohltätigkeit in besonderem Maße zu wecken verstand, gehörte neben dem kultischen Dienst des Officium divinum auch der soziale Einsatz für die ärmsten Mitglieder der Gesellschaft. Man würde die Zisterzienser falsch verstehen, wenn man aus der Vorschrift, daß die Klöster „in eremo — in der Einöde" errichtet werden sollten, den Schluß ziehen möchte, daß die Ordensleute die Welt verachteten. Dieser Auffassung widerspricht allein schon die Tatsache, daß man selbst in menschenleeren, wüsten Gegen-

---

12) Die Collatio, die nicht an Fasttagen gereicht wurde und bei der das übliche Getränk Wasser war, ist etwa mit dem Frühstück zu vergleichen.

13) Signaturbuch fol. 42 b und Nekr. zum 12. Mai. — Die religiöse Intention solcher Stiftungen kommt auch in einer Fundation zum Ausdruck, die der Pfarrer Tylo von Schönwalde und seine Schwester Gertrud am 4. Mai 1315 machten (gedr. Archiv 4. 1939, S. 286—288). Die beiden Geschwister bestimmten, daß der Pitanzmeister an ihrem Todestage dem Konvent ein Gedächtnismahl im Werte von 1 Mk. bieten sollte, „damit auch in späteren Generationen das Gedächtnis der Stifter durch die Erinnerung an ihre Wohltat lebendig bleibe". Außerdem mußte nach beider Tode ein ganzes Jahr lang in jeder Totenmesse eine besondere Oration zum Seelenheile der Donatoren gebetet werden.

14) Aus dem Nekr. führen wir hier noch folgende Stiftungen an: Bier zur Collatio an bestimmten Tagen stifteten Otto Stoschonis (23. Febr.), Elisabeth Kuchelerinne von Münsterberg (6. April), Magister Petrus von Brieg (18. April), der Pfarrer Paul von Prieborn (10. Mai), Nikolaus, der Bruder des fr. Jodokus von Jordansmühl (23. Nov.), Johann Goler und seine Frau Katharina (24. Nov.), Elisabeth Wekyschinne (29. Nov.); eine Weinstiftung machte Katharina von Brieg (20. Nov.); die kranken Mönche bekamen Zinsstiftungen von Anna Herdanin aus Breslau (24. Febr.), von Nikolaus, dem Bruder des Abtes Martin, der auch noch zwei Lampen stiftete (6. April) und von Magister Nikolaus Wendeler (3. Sept.); an Büchern erhielt das Kloster vom Goldschmiedemeister Claus einen Psalter (2. April), vom Schreiber Ludwig aus Brieg den Liber sentenciarum (25. Juni), von Magister Tilo, Domherrn von Lebus, den Liber sextus Decretalium (26. Dez.); zur Wiederherstellung der Kirche wurden Schenkungen gemacht von Andreas de Targowicz (22. Aug.), von Korcze Stosche und seiner Gemahlin Adelheid (23. Aug.). — Bis zum Ende des Mittelalters sind es rund 100 solcher Stiftungen, die der Nekr. erwähnt.

den eine Zisterze stets in nächster Nähe einer Straße anlegte, die die Einöde durchzog[15]. Die Ordensniederlassung sollte ihren Bewohnern zwar eine stille Stätte des Gebetes und der Betrachtung bieten, aber sie war zugleich ein Zufluchtsort für Reisende und Pilger, die auf der Straße vorüberzogen, und ein Haus des Trostes für Hungernde, Arme und Ausgestoßene. Wenn man dies nicht berücksichtigt, so kann man auch nicht verstehen, weshalb die älteste „Constitutio cisterciensis" von 1119 zu den Gebäuden, die beim Einzug des ersten Konvents vorhanden sein mußten, außer der Kirche, dem Refektorium und Dormitorium auch die Existenz einer „cella hospitum — der Gästewohnung" und einer „cella portarii — des Pfortenhauses" zur unerläßlichen Bedingung machte[16]. An der Pforte der Ordensniederlassung teilte man Brot, Kleidung und Schuhe aus, um den Armen zu helfen und den Vorüberziehenden Unterkunft, Speise und Pflege zu bieten, denn der Orden von Cîteaux machte seinen Angehörigen die „hospitalitas — die Gastfreundschaft" gegen Notleidende und Hilfsbedürftige zur religiösen Pflicht, und daher gab es in jedem Kloster — meist unmittelbar neben der Pforte — ein Hospital, wo man die Gäste versorgte[17].

Obwohl die Quellen nur wenig von den inneren Verhältnissen des Klosters berichten, tritt das soziale Engagement der Mönche doch so offenkundig zutage, daß es sich nicht

---

15) So entstanden in einsamer Gegend, aber in nächster Nähe von Straßen Clairvaux, Morimond, Ebrach, Georgenthal, Pforte, Rauden. S. Epperlein (Gründungsmythos deutscher Zisterzienserklöster westlich und östlich der Elbe im hohen Mittelalter und der Bericht des Leubuser Mönches im 14. Jahrhundert. In: Jahrb. f. Wirtschaftsgeschichte. Tl. II. Berlin 1963, S. 303—335) hält die Behauptung vieler Gründungsurkunden, daß ein Kloster „in eremo, in solitudine — in der Einöde" entstand, für einen literarischen Topos, der unterstreichen soll, daß der Gründungskonvent ein wichtiges Anliegen des Mönchtums — das Leben in weltabgeschiedener Einsamkeit — erfüllte, und der zugleich die Herrschaftsansprüche adliger Herren abwehrte, indem er deutlich machte, daß sich die Gründung „auf originären Erwerb, Anlage auf Königsgut bzw. auf vom König geschenkte Ländereien" stützte (S. 310). In Wirklichkeit aber — meint Epperlein — sei es anders gewesen: „Die Zisterzienser ließen sich oft in schon besiedelten Gebieten nieder und mieden belebtere Landstriche und Handelswege durchaus nicht immer, sondern suchten vielfach die Nähe von Verkehrsverbindungen, um am Handel teilzunehmen" (S. 317). Zweifellos kann man Epperlein Recht geben, wenn er betont, daß Klöster bei der Gründung oft angebaute Güter erhielten, denn natürlich brauchte der Konvent zu seiner Existenz von Anfang an bebaute Güter. Aber es ist nicht richtig, die „Einsamkeit" der Gründung bloß für einen Topos zu halten, dem jeder Realitätsbezug fehlt. Auf dem Platz Sukowitz, wo Heinrichau entstand, gab es keine menschliche Siedlung mehr, und die nächste Niederlassung — Kojanowitz — war 500 m entfernt; in Leubus lag der Markt fast 2 km vom Platz der alten Burg, in der sich die Mönche niederließen; die Burg, in der Kamenz entstand, war seit langer Zeit zerstört, und nach Grunau und Laubnitz, den nächsten menschlichen Siedlungen, war es eine halbe Stunde Fußweges. Wer bei der Interpretation von „eremus" und „solitudo" die Vorstellungen moderner ländlicher Verhältnisse zugrunde legt und nicht bedenkt, daß die Rechtssicherheit, die heute auch das Leben und den Besitz des Einödbauern schützt, im Mittelalter nicht bestand, der kann die Situation des Zisterziensermönchs, der sich im 13. Jh. fern von Städten und landesherrlichen Burgen auf dem flachen Lande ansiedelte, überhaupt nicht verstehen.

16) J. A. Lefèvre S. 101, cap. 9.

17) Deshalb beriefen sich die Mönche von Heinrichau im Streit mit der Stadt Münsterberg um die Ausübung des Gewerberechts im Jahre 1293 besonders auf die Pflicht der „hospitalitas", die ihnen große finanzielle Lasten auferlegte.

leugnen läßt. Schon der älteste Rechenschaftsbericht, den Abt und Konvent 1336 dem Primarabt von Morimond übersandten, bringt unmißverständlich zum Ausdruck, daß die Zisterzienser den Besitz, über den sie verfügten, als Existenzbasis für sich und für die Armen des Landes betrachteten[18]. In den Quellen der Neuzeit häufen sich die Beweise der Sorge um die Benachteiligten, die Bedrückten und Kranken. Abt Vinzenz stiftete vor seinem Tode (1554) ein Kapital zur Heiratsausstattung armer Bürgermädchen von Strehlen[19], sein Nachfolger Andreas von Köln schenkte eine Summe Geldes an das St. Georgshospital in Frankenstein, um gebrechlichen Leuten des Stiftslandes einen geruhsamen Lebensabend zu sichern[20]. Von den Äbten Laurentius Hertel und Georg Welzel berichtet die Historia brevis, daß sie trotz der Not, die das Kloster im Dreißigjährigen Kriege fast zum Ruin trieb, an der Sitte festhielten, den zahlreichen Armen, die am Gründonnerstag an der Stiftspforte zusammenströmten, Brot auszuteilen[21]. Eindrucksvolle Dokumente zisterziensischer Liebestätigkeit sind die beiden Testamente des Abtes Melchior Welzel, der von seinen Mitbrüdern bis zu den einfachsten Angestellten und Hilfsarbeitern des Stifts, den „haußarmen Leuthen" und armen heiratswilligen Mädchen, die keine Aussteuer besaßen, alle mit Geschenken, Brot, Kleidung und täglicher Nahrung oder finanziellen Mitteln für die Berufsausbildung bedachte, „auf daß sie Gott umso flehentlicher für meine von Sünden bedrückte Seele bitten möchten, ... weil ich ihre gerechten Bitten so oft abschlagen mußte"[22]. Abt Heinrich Kahlert setzte sich in der Zeit einer Mißernte persönlich für die Notleidenden ein, öffnete die Getreidemagazine und teilte Korn aus und erbaute ein neues Hospital für alte, arbeitsunfähige Leute des Stiftslandes[23], und sein Nachfolger Tobias Ackermann errichtete eine ganze Siedlung mit Wohnungen für die Familien der klösterlichen Handwerker und erbuntertänigen Dreschgärtner. Auf der selben Ebene liegen die finanziellen Opfer, die das Stift für Jugendliche aus ärmsten Verhältnissen brachte, denen es in der Elementar- und Lateinschule von Heinrichau kostenlos Ausbildung, Lebensunterhalt, Nahrung und Kleidung gewährte, um ihnen die Chance zu bieten, sich trotz niedriger Geburt einen aussichtsreicheren Beruf zu verschaffen[24].

18) SR 5659: „dominus noster temporalis ... bona ... nostri cenobii ... tam inhumaniter demolitur, ... quod nobis et *aliis Christi pauperibus* nulla pene vel minima exinde poterit portio derivari" [kursiv vom Verfasser].

19) Compendium fol. 12 a. Der Abt bestimmte das Kapital von 1000 fl. „pro elocandis in matrimonium pauperibus et formosis puellis patriotis" und ernannte zu Exekutoren der Stiftung, die noch 140 Jahre später bestand, den Bischof von Breslau und den Herzog von Brieg.

20) BDA V 11, fol. 45 b—46 b (Fotokopie); vgl. Compendium fol. 12 b. Der Abt stiftete dazu 300 Tlr. Kapital.

21) Hist. brevis § 35 und 36 zu den Jahren 1639 und 1649.

22) BDA V 11, Testament vom Ende des Jahres 1676: „Iterum alios centum pauperibus Subditis Monasterii (per quos intelligo lingua vernacula haußarmen Leuthen) distributos cupio, ut et ipsi pro anima mea peccatis obruta diligentius Deum exorent, siquidem eorundem justis postulationibus saepius derogavi." Das zweite Testament wurde am 11. April 1680 verfaßt.

23) Compendium fol. 24 a—25 a.

24) BDA V B 6 k, Bericht des Abtes Markus Welzel vom 29. Jan. 1790. Den unbefangenen Betrachter muß es beeindrucken, daß sich die Zisterzienser der Verpflichtung zur Armenfür-

2. Die monastische Disziplin

Ob sich die Zisterzienser auch in der Praxis daran hielten, die Aufgaben des göttlichen Officium und der Armenpflege zu erfüllen, hing von Umständen ab, die sich im Laufe der Jahrhunderte oft änderten. Die disziplinäre Zucht des Konvents beruhte nämlich auch auf der Autorität der burgundischen Zentralinstitutionen und auf dem Ansehen der Ordensverfassung. Da aber Cîteaux und seine Niederlassungen unmittelbar dem Schutz des Apostolischen Stuhles unterstanden, waren alle konstitutionellen Einrichtungen des Ordens wirkungslos, wenn das Papsttum seine Geltung verlor. Damit war der Orden von Cîteaux auf Gedeih und Verderb mit dem Ansehen der Zentrale der okzidentalen Kirche verbunden. Die Spaltung des abendländischen Christentums und der sittliche Verfall der kurialen Behörden im späten Mittelalter führten daher zwangsläufig auch zum Zerfall der monastischen Zucht.

Aber auch die Existenzbedingungen und der Lebensstandard der regionalen Umwelt blieben nicht ohne Einfluß auf die asketischen Forderungen des Mönchtums. Im 13. und 14. Jahrhundert war das Leben des Ordensmannes in den schlesischen Zisterzen härter als das Leben seiner Verwandten in bürgerlichen Verhältnissen. In dieser Zeit bot das Kloster kein Refugium für eine sorgenfreie und bequeme Existenz, vielmehr legte der Alltag in strenger Ordnung, bescheidener Lebensweise, in radikaler Trennung von der Welt und im Zölibat und Gehorsam Entsagungen auf, die der Mönch täglich neu bejahen mußte, um sie ein Leben lang erfüllen zu können. Im Vergleich zur bürgerlichen Welt war die monastische Lebensform dieser Epoche eine Schule harter Askese. Die zahlreichen frommen Stiftungen beweisen, daß auch der gläubige Laie im Mönchtum eine heroische Weise der Nachfolge Jesu sah. Dies änderte sich aber, als sich die Strenge der klösterlichen Zucht im Abendländischen Schisma lockerte, die Klöster das Verbot des Fleischgenusses aufgaben, Sondereigentum erlaubten und andere Milderungen einführten. Parallel dazu ging im 15. Jahrhundert die Zahl der Schenkungen und Vermächtnisse zurück, und man darf darin einen Gradmesser für die klösterliche Disziplin sehen, die in der Epoche der spätmittelalterlichen Kriege zerfiel, so daß das Mönchtum in der Sicht des Bürgers seine Wertschätzung verlor. In den unruhigen Verhältnissen dieser Zeit nämlich war das Leben des Ordensmannes materiell gesichert, vor feindlichen Überfällen fand er Zuflucht in festen Städten in Häusern, die dem Kloster gehörten und erfuhr daher die existentielle Unsicherheit nicht in solchem Maße wie die Bürger der kleinen Provinzstädte — von der bäuerlichen Bevölkerung des flachen Landes ganz zu schweigen. Es kam noch hinzu, daß

---

sorge über viele Jahrhunderte hinweg bewußt geblieben sind, wie es auch ein Brief des Grüssauer Abtes Valentin Rüling an Abt Georg Welzel von Heinrichau vom 15. Febr. 1649 zum Ausdruck kommt. Als nämlich die schlesischen Stände damals einen neuen Steuermodus diskutierten, bei dem sie die Kontributionen ständischer Güter nach der Höhe des Ertrags berechnen und keine Sonderausgaben berücksichtigen wollten, regte der Grüssauer Abt einen gemeinsamen Protest der Zisterzienser an, indem er betonte, „nostri autem fructus et redditus ex fundatione pro sustentatione Religiosorum et Pauperum, pro Conservatione Ecclesiarum nostrarum et promotione Cultus divini deputati sint“ (BDA V 11. Fotokopie).

die Mönche in den städtischen Refugien die reguläre Disziplin oft weniger ernst nahmen, denn das Leben in der Stadt und die tägliche Begegnung mit der geschäftigen Welt korrumpierte die Bereitschaft zur Askese und wurde den Zisterziensern ebenso zum Verderben wie den Bettelmönchen. Es scheint, daß sich die schlesischen Zisterzen dieser Zeit mit der formalen Erfüllung der kultischen Pflichten des Officium und der Stiftungen begnügten und auf religiöses Fasten, Entsagung in Speise und Trank und Einschränkung der persönlichen Bedürfnisse geringen Wert legten. Die Ursachen dieser Entwicklung hängen zum Teil mit dem Verfall des Konverseninstituts zusammen, der in Heinrichau seit 1350 spürbar wurde. Der schwindende Nachwuchs der Laienbrüder zwang die Äbte, die Verwaltung der Grangien Alt-Heinrichau, Moschwitz, Zesselwitz, Taschenberg und der Klosterforsten Mönchen anzuvertrauen, die als Hof- und Forstmeister teilweise außerhalb der Gemeinschaft der Mitbrüder lebten. Andere Ordensleute gingen als Expositi nach Rothwasser bei Weidenau. Dabei wurden die auswärtigen Konventualen der regulären Disziplin rasch entfremdet und gewannen eine Freiheit, die den Keim der Zügellosigkeit in sich barg und zur Auflösung der monastischen Zucht und der „vita communis — des gemeinsamen Lebens“ führte.

Die ersten Anzeichen dieses Verfalls begegnen in Heinrichau schon vor dem Hussitenkriege. 1386 ließ sich der Mönch Nikolaus von Bunzlau zum päpstlichen Capellanus ernennen[25], und da die römische Kurie jener Zeit solche Würden nur gegen Bezahlung verlieh, liegt der Verdacht nahe, daß der Ordensmann über privates Vermögen verfügte. Außerdem gewährte ihm der päpstliche Titel eine bevorzugte Stellung im Konvent, die es ermöglichte, sich den Forderungen der Disziplin leichter zu entziehen. Auch der Heinrichauer Mönch Franzko, der am 10. Januar 1419 in seinem Namen und als Vormund seiner Brüder, der Söhne des Brieger Bürgers Franz Goltsmed, dem Brieger Kollegiatstift 2 Mk. Jahreszins verkaufte, hatte sich noch nach dem Eintritt ins Kloster die Verfügungsgewalt über sein Erbe vorbehalten und stand damit außerhalb der klösterlichen Gemeinschaft[26].

Am 25. Februar 1404 erhielt der Abt von Heinrichau vom Papst das Recht, mit 6 Ordensleuten, die er selbst auswählen durfte, an Tagen, an denen in der Welt der Fleischgenuß gestattet war, außerhalb des Klosters Fleischgerichte zu sich zu nehmen[27]. Papst Bonifaz IX., der das Privileg erteilte, war mit dem Verkauf solcher Dispensen überaus freigebig. Im Prinzip umgingen Abt und Konvent damit die Vorschriften des Ordens und befreiten sich mit Hilfe der römischen Kurie von der Strenge der zisterziensischen Regel.

Im Jahre 1420 erteilte Cîteaux dem Heinrichauer Mönch Nikolaus Hirschberg, der dem Kloster für ein halbes Jahr entwichen und dann reumütig zurückgekehrt war, nach

---

25) Monumenta Vatic. res. gestas Bohemicas illustrantia. Bd. V, 1. Hrsg. C. Krofta. Prag 1903, Nr. 130 (vom 11. Nov. 1386).

26) Urkunden der Stadt Brieg. Hrsg. C. Grünhagen (CDS 9). 1870, S. 267.

27) Monum. Vatic. res gestas Bohem. illustr. Nr. 2167. Leubus erhielt eine solche Dispens schon 1400 für 12 Mönche, Kamenz 1401 für 6 und Rauden 1398 für 3 Professen.

erfolgter Buße Absolution von seinem Vergehen und erlaubte ihm, jedes klösterliche Amt zu übernehmen, ausgenommen das des Abtes[28]. Noch hundert Jahre früher bestrafte die Ordenszentrale die Apostasie, deren sich der Mönch Hirschberg schuldig machte, mit dem Ausschluß aus dem Orden oder lebenslänglicher Degradierung. Die laxe Praxis des späten Mittelalters förderte die Zuchtlosigkeit der Professen. Man braucht sich daher nicht zu wundern, wenn das Generalkapitel 1489 bittere Klagen über die Zisterzienser erhob, die sich im Königreich Böhmen außerhalb der Klöster herumtrieben, ein zügelloses Leben führten und den Ruf des Ordens gefährdeten[29].

Am 28. April 1443 fand unter dem Vorsitz der Äbte Michael von Grüssau, Nikolaus von Heinrichau und Jakob von Kamenz in Leubus die Neuwahl des Abtes statt, bei der die Mönche für Stephan von Liegnitz votierten. Als der Konvent aber dem Erwählten den Obedienzeid ablegte, kam es unter den Laienbrüdern zur Revolte; sie verweigerten Stephan den Gehorsam und verlangten die Untersuchung der Vorwürfe, die sie gegen ihn erhoben. Die anwesenden Äbte gingen auf die Beschwerden nicht ein, sondern bestätigten die Wahl[30] und machten sich durch ihr Versäumnis mitschuldig an dem Verfall, den das schlesische Hauptkloster in den nächsten Jahrzehnten erlebte. Am 1. Juni 1448 führte Abt Stephan das feierliche Chorgebet wieder ein, das man in Leubus seit 18 Jahren nicht mehr hielt, und bot seinen Mönchen als Gegenleistung für die Erfüllung der von der Ordensregel geforderten Pflicht gutes Bier zur täglichen Mahlzeit[31]. Der Handel, auf den sich der Abt einließ, läßt vermuten, daß die Vorwürfe der Laienbrüder nicht unberechtigt waren. Im Widerspruch zu ihrem Gelübde waren die Mönche von Leubus ohne Lockerung der klösterlichen Strenge nicht mehr bereit, die vornehmste Aufgabe des Mönchtums zu erfüllen.

Am 9. Februar 1452 kam es in Leubus unter dem Vorsitz der Äbte Michael von Grüssau und Jakob von Heinrichau wieder zur Neuwahl, aus der der Cellerar Petrus Wartenberg hervorging. Auch dieses Mal bestätigten die Äbte die Wahl offenbar ohne Vorbehalt[32]. Doch schon wenige Jahre später mußte die Ordenszentrale gegen den Erwählten Anklage erheben. 1456 suspendierte das Generalkapitel Petrus Wartenberg als Visitator seiner Filiation und forderte ihn auf, sich in Cîteaux zu verantworten[33]. Die dramatische Entwicklung, die Leubus jetzt erlebte, läßt sich nur noch in groben Zügen erkennen. Die Leubuser Abtslisten behaupten, daß Petrus Wartenberg bis 1462 amtierte, aber erst

---

28) Canivez 1420, Nr. 32: Dispensatur per generale Capitulum cum fratre Nicolao Hitzberg [!], monacho expresse professo monasterii in Heinrichaw, qui apostatavit ab Ordine quasi per dimidium annum, habitu regulari reiecto, super quo poenitentiam sibi iniunctam ab Ordine humiliter peregit, ut, non obstante dicta apostasia, possit ad omnes gradus et honores Ordinis promoveri, citra tamen abbatiatum.

29) Canivez 1489, Nr. 17.

30) Mon. Lub. S. 22; H. Grotefend, Aus dem ältesten Signaturbuche des Klosters Leubus. In: ZVGS 12. 1874, S. 206.

31) Mon. Lub. S. 23.

32) H. Grotefend. In: ZVGS 12. 1874, S. 206.

33) Canivez 1456, Nr. 107. Seit dieser Zeit übte der Abt von Altzella das Amt des späteren Generalvikars in Schlesien aus.

nach einer Übergangsperiode von zwei Jahren erscheint 1464 Paul von Troppau als Nachfolger, ein Mann, dem der Nekrolog als einzigem der mittelalterlichen Äbte das ehrenvolle Prädikat „piissimus — ein sehr frommer Mann" gab und den man nach seinem Tode im Kapitelsaal beisetzte, wo nur hochgestellte Persönlichkeiten ihre letzte Ruhe fanden[34]. Eine spätere Tradition ergänzt die Geschehnisse jener Zeit durch die Mitteilung, daß 1461 der Vaterabt von Pforte eingriff, um das Tochterkloster vor dem Ruin zu bewahren. Abt Johann Toppengiesser von Pforte (1444—66) setzte Petrus Wartenberg ab und sandte aus Thüringen einen neuen Konvent. Da kam es am 9. Februar 1462 zu einer Rebellion der „polnischen" Mönche gegen die „deutschen"[35]. Die einheimischen Konventualen stellten sich also hinter den abgesetzten Abt und widersetzten sich dem Versuch des Pater immediatus, die Ordenszucht wiederherzustellen. Daß aber der Eingriff des Vaterabtes berechtigt war, beweist ein Beschluß des Generalkapitels, das 1464 den neuen Abt beauftragte, den Mönch Paul von Grüssau zu inhaftieren, der sich seit zwei Jahren weigerte, über die Summe von 30 fl., die er von Mogiła als Beitrag für den Orden erhalten hatte, Rechenschaft abzulegen; falls der Mönch nicht aufzufinden sei, sollte der Abt den Exabt Petrus Wartenberg vor das Generalkapitel zitieren oder ihn zwingen, die fehlende Summe zu ersetzen[36]. Der abgesetzte Abt steckte also mit dem Grüssauer Mönch, der sich der Unterschlagung von Ordenskontributionen schuldig machte, unter einer Decke.

Man wird zwar die Verhältnisse von Leubus nicht auf Heinrichau übertragen, aber man muß bedenken, daß die Äbte Stephan von Liegnitz und Petrus Wartenberg zugleich Patres immediati der Zisterze an der Ohle waren und daß auch die Äbte von Heinrichau bei der Wahl dieser beiden Männer nicht unbeteiligt waren, so daß man sich nur schwer des Verdachts erwehren kann, daß es um die monastische Zucht von Heinrichau nicht viel besser bestellt war als um die Disziplin des Mutterklosters. Diese Vermutung verstärkt sich, wenn man den Bericht über die Visitation des Schwesterklosters Kamenz im Jahre 1463 betrachtet. Damals fand der visitierende Abt von Altzella in Kamenz einen Konvent von weniger als 14 Mönchen. Abt war seit 1460 Nikolaus Viereckel, ein Mann, gegen dessen skandalösen Lebenswandel als Pfarrer von Hemmersdorf der Diözesanbischof schon 1448 scharfen Protest erhoben hatte[37]. Die Kamenzer Ordensleute von 1463

34) Mon. Lub. S. 58 zum 5. Dez.

35) Mon. Lub. S. 23: „A. D. 1462. In die Appollonie virginis facta est contentio magna in monasterio Lubensi inter polonos monachos et almanos". Frater Johannes Hungarus de Bartpha, der Schreiber dieser Notiz, verstand unter den „polnischen Mönchen" die aus Schlesien stammenden Ordensleute, unter den „deutschen" aber die Thüringer.

36) Canivez 1464, Nr. 36: Abbati de Lubens per generale Capitulum committitur, quatinus fratrem Paulum, religiosum professum monasterii de Grussaw, capiat et incarceret, eo quod citatus coram domino Cistercii ad purgandum se super amissione summae 30. flor. ungaricalium per eumdem, sunt fere duo anni, receptae ab abbate de Claratumba ad apportandum eidem domino Cistercii, veritatem huius rei diligenter et debite inquirat, et si eumdem Paulum reperire non valeat, citet ad proximum generale Capitulum fratrem Petrum tunc abbatem de monasterio Lubens, aut eumdem compellat ad satisfaciendum de dicta summa super praetensione, quam habet a praefato monasterio . . .

37) Pfotenhauer. CDS 10. Nr. 241.

hielten weder das feierliche Officium divinum, noch beobachteten sie das gebotene Silentium oder die klaustrale Abgeschlossenheit; sie mißachteten die Fastenvorschriften, das Verbot privaten Eigentums, und sie versammelten sich außerhalb des Klosters zu geselligen Zusammenkünften und Trinkgelagen. Wenn der Abt einen Mönch, der als Pfarrer oder Hofverwalter außerhalb der Kommunität tätig war, ins Stift zurückrief, kam es nicht selten zur Verweigerung des Gehorsams. Die Finanzen waren zerrüttet; es gab nicht einmal eine Buchführung, so daß keiner wußte, für welche Zeit und unter welchen Bedingungen ein Gut verpachtet war[38].

Nur vereinzelte Hinweise dieser Zeit verraten, daß sich auch in Heinrichau Verfallserscheinungen bemerkbar machten. Im 15. Jahrhundert stiftete Frau Margaretha Czamborow den Mönchen ein Gedächtnismahl mit Fleischgericht, und das beweist, daß man die reguläre Enthaltsamkeit bereits in der Öffentlichkeit mißachtete[39]. Etwa aus derselben Zeit berichtet das Compendium, daß Abt Johann IV. (1470—77) seinen Brüdern Johann und Thomas in eigener Machtvollkommenheit — „quo jure, non disputo — mit welchem Recht, darüber will ich nicht streiten", sagt der Verfasser — das Haus des Klosters bei der Pfarrkirche in Münsterberg vermachte, ohne den Konvent zu befragen[40].

Im Jahre 1498 erhielt Abt Andreas Hoffmann von Leubus und am 10. Juli 1501 Abt Antonius von Heinrichau das Recht, im Gottesdienst Mitra und Stab zu gebrauchen, Novizen, Kirchen, Glocken und liturgische Geräte zu benedizieren und Mönchen die niederen Weihen zu erteilen[41]. Ein solches Privileg verlieh die römische Kurie nur gegen Bezahlung[42], und man möchte annehmen, daß sich die beiden Zisterzen, deren Äbte für das Pontifikalrecht große Summen ausgaben, in guten finanziellen Verhältnissen befanden. Aber 1502 berichtete Abt Hoffmann von Leubus dem Generalkapitel von der Armut der Klöster seiner Filiation, und die versammelten Äbte glaubten seinen Worten und dispensierten die Schlesier für drei Jahre von der Pflicht, ihre Mönche zum Studium an Ordenskollegien zu entsenden[43]. Die Schilderung des Leubuser Abtes entsprach aber nicht der Wahrheit. Wenigstens Leubus und Heinrichau, die hunderte Gulden für die Inful ausgaben, wären in der Lage gewesen, die Mittel für die wissenschaftliche Ausbildung ihres Nachwuchses aufzubringen.

38) Pfotenhauer. CDS 10. Nr. 355, Charta Visitationis vom 16. März 1463.

39) Nekr. zum 23. Juli, S. 292 f.: „It. d. Margareta de Czamborow, que dedit monasterio centum florenos paratos. In cuius anniversario debet missa pro ea et amicis eius cantari, et ab Abbate conventui sufficienter esus carnium ministrari."

40) Compendium fol. 10 a.

41) Das Datum findet sich in Synopsis Nr. X; vgl. auch Nekr. S. 306 f.

42) Abt Andreas Hoffmann von Leubus zahlte für die Erteilung der Bulle 240 fl., für die Herstellung der Inful (Mitra und Stab) 350 fl. und für die bischöfliche Benediktion der Inful 50 fl.

43) Canivez 1502, Nr. 17: „Supplicatione abbatum Ordinis nostri in Slesia et eorum paupertate per abbatem de Lubens praesenti Capitulo generali ennarrata et declarata misericorditer condolendo, dictum generale Capitulum cum eisdem sic dispensat, ut proximo triennio ad studia scolares mittere minime cogantur, monendo eosdem ut dicto tempore durante sic aliquos de suis monachis disponant, quos tempore expleto sine mora quod minus facere nunc possunt, compensent.

Solche Verfallserscheinungen waren damals in den Klöstern aller europäischen Länder keine Ausnahme, und sie ließen sich auch nicht von heute auf morgen ausrotten. Wenn man die Akten des Generalkapitels studiert, so sieht man, daß der radikale Eingriff des Vaterabts von Pforte in Leubus 1461 keine dauernde Besserung brachte. Die Kriege Georg Podiebrads und des Matthias Hunyadi machten nämlich jeden Ansatz einer Reform wieder zunichte. Sobald sich aber die politischen Verhältnisse Schlesiens um die Wende zum 16. Jahrhundert beruhigten, gelang es den Visitatoren und Kommissaren des Ordens dank ihrer ständigen Bemühungen, die innere Zucht der Klöster überraschend schnell zu heben. Da der Generalabt immer wieder Berichte anforderte und das Generalkapitel auf eine Reform drängte, nahm die Disziplin der Konvente auch in der abseits gelegenen Provinz Schlesien bald einen neuen Aufschwung.

Aus dieser Zeit stammt die älteste Charta Caritatis von Heinrichau. Am 12. März 1513 visitierte Abt Andreas Hoffmann von Leubus das Tochterkloster an der Ohle[44]. Die verschiedenen Punkte der Charta machen deutlich, welche einzelnen Momente der Disziplin der Pater immediatus dem Abt und seinem Konvent ans Herz legen wollte. An erster Stelle stehen Mahnungen zur Erfüllung des Officium divinum, wobei der Visitator rügte, daß man das tägliche und nächtliche Chorgebet verkürzte und daß sich dabei einzelne Mönche mit fadenscheinigen Entschuldigungen dispensierten. Nach dem abendlichen Salve Regina trafen sich manche Mönche beim Essen, Trinken und bei privater Unterhaltung, anstatt ins Dormitorium zu gehen und Silentium zu wahren. Der Vaterabt verurteilte diese Unsitte und verpflichtete den Prior, das Dormitorium nach der Komplet und dem Salve Regina abzuschließen[45]. Den Priestermönchen befahl er, wöchentlich wenigstens dreimal zu zelebrieren; die anderen Mönche sollten an allen Sonntagen und an Tagen mit 12 Lesungen bei der Messe kommunizieren. Der Visitator beharrte auf der strikten Einhaltung des Silentium und gestattete den Ordensleuten das Sprechen nur an Tagen mit zwei Konventsmessen. Bei gemeinsamen Spaziergängen, wenn die Mönche das Kloster verließen, um draußen Fleischgerichte zu sich zu nehmen[46], verbot er ihnen zu trinken oder sich in der Muttersprache zu unterhalten. Frauen wurde das Betreten des Klosterberings untersagt; nur bis in die Halle des Pfortenhauses durfte man sie hereinlassen. Dem Abt wurde ans Herz gelegt, sich mehr um die kranken Brüder zu kümmern und darauf zu achten, daß man ihnen die Betten aufschüttelte und sie mit Essen aus der Abtsküche versorgte. Um das Laster des Privateigentums auszurotten, sollte der Abt den Mönchen alles geben, was sie an Speise und Trank benötigten und dabei auch nicht geizen, ihnen zum Abendessen einen Trunk Bier zu gestatten. Außerdem riet der Visitator, jeden Professoren mit zwei Mönchskutten und Cucullen zu versorgen. Einen Mönch ohne

44) „Statuta Antiqua Monasterii Henrichoviensis", BDA V B 6 e (Fotokopie). Die älteren Visitationsberichte waren damals schon verloren, wie der Visitator bemerkte.

45) Dabei sollte der Prior auch auf das Dach achten, wohl um zu verhüten, daß ein Mönch das Dormitorium durch ein Dachfenster verließ.

46) „habeant omnes in communi solatia ac colloquia honesta, maxime in diebus duarum Missarum. Et si contingat, ut aliquando pro digestione et sanitate corporis recuperanda extra Monasterij septa Fratres insimul vadant, nec extra bibant."

Zustimmung der Ältesten in den Kerker zu werfen, bei leichten Vergehen zu züchtigen oder aus dem Kloster auszuschließen, wurde dem Abt untersagt, und er wurde verpflichtet, sich einen Konventualen zum Capellanus zu erwählen und in sein Haus aufzunehmen. Zu bestimmten Stunden des Tages sollten sich die Mönche der Lectio divina (der geistlichen Lesung) widmen, zu anderen Zeiten der Handarbeit, auf keinen Fall aber sollten sie müßig gehen. Zur Ausbildung des Ordensnachwuchses mußte der Abt einen älteren Mönch bestimmen, der in der scholastischen Wissenschaft bewandert war. Die Ausübung seelsorglicher Aufgaben wurde den Ordensleuten verboten; nur bei inkorporierten Parochien durfte der Abt einen Konventualen als Pfarrer einsetzen.

Diese Charta Caritatis wurde wenige Jahre später von Abt Petrus Chemnitz von Pforte (1516—33) bestätigt, der Heinrichau am 12. März 1518 im Namen des Abtes von Altzella visitierte[47]. Die beiden Visitationen am Vorabend der Reformation zeigen deutlich, daß der Orden durchaus fähig war, wichtige Elemente monastischen Lebens aus eigener Kraft wieder zur Geltung zu bringen. Disziplinargewalt mit Strafandrohungen, sorgfältige Kontrolle und Visitation waren wirksame Mittel, die Ordensleute zur Zucht anzuspornen. Sie verloren aber ihre Wirkung, als der Zerfall der kirchlichen Einheit dem Mönch nicht mehr nur die Wahl zwischen Gehorsam und Strafe ließ, sondern sich neue Möglichkeiten im Dienst einer anderen Kirche eröffneten, die ihn sogar ermunterte, das Mönchsleben aufzugeben und das Kloster zu verlassen. Die Quellen des 16. Jahrhunderts berichten zwar selten vom Austritt von Mönchen; doch kann es keinen Zweifel geben, daß es nicht wenige waren, die Heinrichau und den anderen schlesischen Stiften den Rücken kehrten, denn sonst wäre nicht zu verstehen, warum die Zisterzen der Diözese Breslau bald nach dem Beginn der Reformation vom Aussterben bedroht waren. Schon zwei Jahre nach der Protestantisierung des Fürstentums Münsterberg (1536) sah sich Abt Vinzenz außerstande, das feierliche Officium divinum aufrechtzuerhalten, und bis 1550 schmolz sein Konvent auf zwei Mönche zusammen. Um der Landesherrschaft keinen Anlaß zu Vorwürfen zu bieten, stellte der Abt 12 jugendliche Chorsänger ein, die gegen freie Koste und Unterkunft das Officium sangen[48]. Auf diese Weise gelang es, die kultischen Aufgaben wenigstens formal zu erfüllen. Gegen den Verfall der monastischen Zucht dagegen kämpfte der Abt vergeblich. Im Jahre 1539 ließ sich der Heinrichauer Prior Grop gegen das Versprechen einer lebenslänglichen Pension für sich und die Frau, die er heiraten wollte, auf ein heimtückisches Komplott ein, bei dem er seinen Abt in den Kerker brachte, um selbst Abt zu werden und das Stift den protestantischen

---

47) BDA V B 6 e (Fotokopie).

48) Pfitzner S. 163; vgl. auch Denkschrift des Staphylus (s. Anm. 50). Vinzenz war übrigens der erste schlesische Zisterzienser, den Ferdinand I. zum kaiserlichen Consiliarius ernannte. Er war zudem befreundet mit dem Wiener Bischof Johann Fabri, den er 1535 um Vermittlung im Patronatsstreit des Abtes Johann V. von Leubus mit dem König bat (K. Wutke, Der Streit um Leubus zwischen König und Herzog 1534—1565. In: ZVGS 33. 1899, S. 123), ferner mit Johann Cochlaeus († 1552) und dem kaiserl. Hofrat Dr. Georg Mehl. Die Freundschaft mit diesen Männern darf man sicher als einen Beweis für den Glaubenseifer des Abtes werten, dem sein Nachfolger Andreas von Köln eine ehrenvolle Grabinschrift setzte (vgl. Hist. brevis § 30).

Fürsten von Münterberg auszuliefern[49]. Zum Glück mißlang der Anschlag, und der korrupte Prior beging Selbstmord.

Da Abt Vinzenz ein Jahr vor seinem Tode Ordensleute aufnahm, die aus Zinna bei Jüterbog und aus den kölnischen Abteien Großpolens flüchten mußten, blieb Heinrichau im Unterschied zu den übrigen schlesischen Zisterzen von schlimmeren Folgen des Verfalls verschont. Durch diesen außergewöhnlichen Glücksfall erhielt die Zisterze außerdem einen Konvent, der mehr Mitglieder zählte, als die anderen schlesischen Abteien zusammen. Mit dieser Anzahl von Mönchen konnte das Stift gerade jenen Zeitraum überbrükken, der für den Orden in Schlesien eine der traurigsten Perioden war. Den fremden Einwanderern verdankte es Heinrichau, daß sich der Übergang vom späten Mittelalter zur Neuzeit unter geringeren Erschütterungen vollzog als anderswo. Wenigstens seit 1553 war es den Äbten möglich, sich um die Reform der klösterlichen Disziplin zu bemühen[50],

49) Brief des Domherrn Johann Cochlaeus an Bischof Matteo Giberti von Verona vom 31. Jan. 1540 (gedr. ZVGS 12. 1874, S. 466—468).

50) Die schon öfter erwähnte Instruktion „Domini Abbatis Henrichoviensis negotium", die sich in der Abtei Ottobeuren erhalten hat und 1554 dem päpstlichen Nuntius Zaccario Delfini in Wien überreicht wurde, bietet mit der Denkschrift, die Friedrich Staphylus gleichzeitig im Namen des Breslauer Bischofs Balthasar von Promnitz verfaßte, einen Einblick in die damaligen Verhältnisse von Heinrichau und in die Reformbestrebungen des Abtes Andreas von Köln. Das Stift an der Ohle, wo vor 1553 kaum noch 2 Mönche lebten, so daß man zeitweilig nicht einmal mehr das reguläre Officium divinum halten konnte, zählte seit der Aufnahme der ersten „kölnischen" Flüchtlinge aus Großpolen 16 Ordensleute (Fratres antea vix duo, nunc 16 sunt, antea intermissus aliquamdiu fuit cultus divinus et ideo templum collapsum, tecta distructa, aedificia diruta). Der neue Abt mußte die verfallene Klosterkirche wiederherstellen, da man an Regentagen keinen Gottesdienst feiern konnte, ohne naß zu werden. Es gab auch kein Refektorium mehr, die Mönchszellen waren verwüstet oder ruiniert. Für die zahlreichen Gäste, die das Kloster besuchten, fand sich kein Gebäude zu ihrer Unterbringung, so daß das Gebet, das Officium und die monastische Disziplin durch den freien Zugang von Fremden in den inneren Bereich des Stifts gestört wurden. Das Kloster litt unter Schuldzinsen, die der Abt abzulösen wünschte. Da der Wald auf dem Eulengebirge seit langer Zeit um eine ungerechte Summe an die Familie Pogarell verpfändet war, fehlte es auch an Brenn- und Bauholz, so daß sich der Abt bemühte, diesen Wald wiederzugewinnen. Um das Geld dafür und für die Renovation der Kirche und des Klosters aufzubringen, sollte der Legat den Kaiser bitten, dem Stift die Hälfte der Steuern zu erlassen. Außerdem wünschte der Abt, daß die kaiserl. Kommissarien die beschlagnahmten Privilegien wieder herausgeben sollten, damit der Abt die Rechte und Besitzungen des Stifts besser behaupten könnte. Schließlich sollte der Kaiser klären, ob Heinrichau seit der Verpfändung des Fürstentums Münsterberg an Isabella, die Witwe des Johann Zapolya (1552), der weltlichen Jurisdiktion der Exkönigin unterworfen sei oder der habsburgischen Krone, und bat dabei um einen königl. Geleitbrief, um sich der Zitation der Pfandesherrin zu erwehren. Endlich sollte sich der Monarch um die Freilassung von zwei Dienern des Klosters bemühen, die man in den Kerker geworfen habe, obwohl ihre Schuld nicht erwiesen war und um derentwegen der Abt durch weltliche Kommissare, die Schwenkfelder oder Anhänger anderer Sekten seien, ähnlich wie auch der Abt von Leubus manche Unbill erleiden mußte (H. Tüchle, Erste Versuche der katholischen Wiedererneuerung in Schlesien. Eine Denkschrift des Friedrich Staphylus. In: Reformata Reformanda. Festgabe für H. Jedin. Bd. 2. Münster 1965, S. 114—129, bes. S. 124 f. und 128 f.).

und Andreas von Köln (1554—77), der Nachfolger des Abtes Vinzenz, hat sich für dieses Anliegen energisch eingesetzt[51].

Den entscheidenden Schritt zur Änderung der älteren Ordenszucht tat der Konvent von Heinrichau, als sich die schlesischen Zisterzienser um 1600 zur pastoralen Tätigkeit außerhalb ihrer Klöster entschlossen — eine Aufgabe, die sich mit der vorgeschriebenen „vita communis" nicht vereinbaren ließ und zur Auflösung des monastischen Gemeinschaftslebens führte. Spätestens seit dieser Zeit war der schlesische Orden auch nicht mehr bereit, sich für die Erneuerung der früheren zisterziensischen Disziplin einzusetzen, die die Generaläbte und das Generalkapitel von Cîteaux seit dem Konzil von Trient wieder durchzusetzen suchten. Dies ist nicht eine leere Hypothese; es liegt vielmehr eine ganze Reihe von einzelnen Momenten vor, die klar erkennen lassen, daß sich die Zisterzienseräbte der Leubuser Filiation des 17. Jahrhunderts allen Bestrebungen einer Rückkehr zu den alten Ordensidealen widersetzt und dabei einen Ordenszweig geschaffen haben, der sich von Zisterziensern anderer Provinzen durch seine Hinwendung zur Welt und den Verzicht auf die klösterliche vita communis unterschied.

Im späten 16. und frühen 17. Jahrhundert gab es in den habsburgischen und süddeutschen Ländern eine große Zahl reformfreudiger Äbte, von denen manche ihr Studium am Collegium Germanicum in Rom absolviert hatten[52]. Selbst der Schlesien benachbarte böhmische Ordenszweig, der durch die innenpolitische Entwicklung um 1600 mehr bedroht war als die Zisterzen der Diözese Breslau, brachte mehrere solcher Äbte hervor[53]. In den Klöstern der Leubuser Filiation aber sucht man in dieser Epoche Männer, deren Einsatz für die Erneuerung des Mönchtums über den engen Rahmen des eigenen Stifts hinausging, leider vergeblich. In der Reformbewegung, die das Konzil von Trient in Deutschland erweckte und die in den Zisterzen Oberdeutschlands und der habsburgischen Territorien schon Früchte trug, spielten die schlesischen Zisterzienser keine Rolle. Wie reformbedürftig die Ordensniederlassungen der Breslauer Diözese waren, wußte man damals auch in Cîteaux. Denn wenige Jahre, nachdem der Generalabt den schlesischen Äbten wegen des geplanten Arrangements mit dem Bischof die Exkommunikation

[51]) Vgl. H. Grüger, Andreas Swederi von Köln, Abt von Heinrichau in Schlesien. In: CChr. 77. 1970, S. 155—163.

[52]) So die Äbte Peter Miller († 1615) und Thomas Wunn von Salem († 1647), in Ebrach Hieronymus Hölein († 1615), Kaspar Brack († 1618), Johann Dressel († 1637), in Langheim Peter Schönfelder († 1620) und Mauritius Knauer († 1664), in Aldersbach bei Passau Johann Dietmayr († 1612), in Wilhering Anton Wolfradt († 1639 als Bischof von Wien), in Baumgartenberg bei Linz Georg Stephanides († 1614), in Neuberg Kaspar Seemiller († 1648), in Rein bei Graz Georg Freyeisen († um 1620), in Zwettl Johann Ruoff († 1599 als Abt von Heiligenkreuz) und Johann Seyfried († 1625), in Heiligenkreuz bei Wien Christoph Schäffer († 1637) und in Lilienfeld Lorenz Reiss († 1601), Ignaz Krafft († 1638) und Cornelius Strauch († 1650).

[53]) Nämlich Andreas Wiedemann von Königsaal und Neuzelle († 1591), Georg Taxer von Hohenfurt und Sedlec († 1595), Georg Vrat von Königsaal und Plass († 1634), Johann Greifenfels von Sedlec, Welehrad und Königsaal († 1651) und Bernhard Schrattenbach von Neuzelle († 1660).

angedroht hatte[54], schickte die Ordenszentrale 9 junge Männer nach Schlesien, die aus dem Germanikum kamen und ihr Noviziat in Cîteaux und Clairvaux absolviert hatten. Der Generalabt wünschte sie gemeinsam in einem der schlesischen Klöster unterzubringen, von dem aus die neuen Ordensleute den Versuch unternehmen sollten, die anderen Klöster zu reformieren. Zu diesen Novizen gehörten Johann Seyfried aus Breslau, ein Verwandter des Domherrn Sigismund Seyfried[55], Johann Wilhelm von Sprinzenstein, ein Neffe des Olmützer Bischofs und Kardinals Franz von Dietrichstein, und Wenzel Koslowski, ein Bruder des Breslauer Kanonikers Peter Koslowski aus Adamowitz bei Ratibor[56], außerdem Anton Wolfradt, der spätere Abt von Wilhering und Bischof von Wien, Christoph Schäffer aus Olmütz — später Abt von Heiligenkreuz — und sein Bruder Martin, Georg Stephanides aus Mähren, später Abt von Baumgartenberg[57]. Um die Ziele der zisterziensischen Reformbewegung in Schlesien durchzusetzen, wandte sich der Generalabt Edmund de la Croix an Papst Clemens VIII., der den Breslauer Bischof Johann Sitsch am 22. November 1603 beauftragte, den 9 Ordensleuten den Eintritt in ein schlesisches Zisterzienserkloster zu ermöglichen[58]. Es ist anzunehmen, daß sich der Bischof bemüht hat, den Wunsch des Papstes und der Ordenszentrale zu erfüllen, zumal das Anliegen den Reformbestrebungen der Diözesanverwaltung entsprach und zum Breslauer Domkapitel damals mehrere Männer gehörten, die die zisterziensichen Novizen als Verwandte oder als Studienfreunde aus dem Germanicum kannten[59]. Aber weder Bischof noch Domkapitel konnten bei den Zisterzienseräbten ihrer Diözese etwas erreichen. Die Äbte weigerten sich, die Novizen aus Cîteaux aufzunehmen. Da die Zeit inzwischen drängte, und die jungen Ordensleute, die sich schon im Kloster Heiligenkreuz bei Wien aufhielten, wissen wollten, in welcher schlesischen Zisterze sie Profeß ablegen

---

54) BDA V 11, Schreiben vom 27. März 1601.

55) Vgl. G. Z i m m e r m a n n, Das Breslauer Domkapitel im Zeitalter der Reformation und Gegenreformation (1500—1600). Verfassungsgeschichtliche Entwicklung und persönliche Zusammensetzung. (Histor.-diplomat. Forschungen, Bd 2). Weimar 1938, S. 200, Anm. 8.

56) Z i m m e r m a n n S. 339 f.

57) A. D i e t r i c h, Cistercienser, die im Collegium Germanicum Hungaricum in Rom studierten. In: CChr. 24. 1912, S. 161—167.

58) Epistulae et Acta Nuntiorum Apostolicorum apud Imperatorem 1592—1628. Bd. III. 1, 1. Hrsg. Z. K i r s t e n. Prag 1944, S. 283, Anm. 3: „Quare Nos pium hoc et salutare praedicti Edmundi generalis consilium ac sanctum eorundem adolescentum propositum in Domino plurimum commendamus, ut quae religionis zelo Deo benedicente efficere statuerunt, absque impedimento et facilius adimplere valeant, Fraternitatem Tuam per praesentes in Domino hortamur ac monemus, ut in procurando eligendoque sibi in tua diocesi huius modi monasterio quibuscunque poteris officiis et favore illos non solum iuves, sed etiam quatenus opus fuerit ipsum monasterium, quod tibi magis idoneum videbitur, cuius respectu postmodum professionem emittere et post eam in illud recipi possint, illis auctoritate nostra deputare diligenter procures."

59) Die Kanoniker, die zur selben Zeit wie die zisterziensischen Novizen am Germanikum studierten, waren Gregor Bernitz († 1616) und Peter Koslowski († 1617); andere Germaniker des Breslauer Domkapitels waren damals die Domherren Balthasar Neander († 1619), Bartholomäus von Jerin († 1613), Andreas Klimann († 1618), Franz Ursinus († 1615) und die Gebrüder Johann († 1617) und Kaspar Don († 1626). Vgl. J. J u n g n i t z, Die Breslauer Germaniker. Breslau 1906.

könnten, wandte sich Kardinal Aldobrandini am 17. Juli 1604 nochmals in einem Schreiben an den Apostolischen Nuntius Ferreri in Wien und bat ihn dringend, sich der Sache anzunehmen[60]. Alle Pläne jedoch, die der Generalabt, der Papst und der Nuntius verfolgten und Bischof und Domkapitel unterstützten, waren zum Scheitern verurteilt, da keiner der schlesischen Äbte dieser Zeit bereit war, die Reformer in seinen Konvent aufzunehmen[61]. So ging die zisterziensische Gruppe nach Österreich, und mehrere von ihnen wie auch ihre Freunde, die sie nach sich zogen, wirkten später erfolgreich als Äbte in Zwettl[62], Baumgartenberg, Wilhering, Heiligenkreuz und Lilienfeld[63]. Die Hartnäckigkeit aber, mit der sich die schlesischen Zisterzienser gegen diesen Versuch einer Reform wehrten, erregte im Breslauer Domkapitel Ärgernis, und dies war gewiß einer der Gründe, weshalb Kanoniker und Bistumsadministratoren, die ebenfalls aus dem Germanikum hervorgingen[64], drei Jahrzehnte später im Exemtionsstreit mit den Äbten nicht bereit waren, sich mit diesem Ordenszweig auf einen Kompromiß einzulassen.

Wenige Jahre nach diesem Fehlschlag unternahm Generalabt Nicolas Boucherat II. eine Visitationreise durch Österreich, Böhmen und Schlesien und besuchte am 14. Januar 1616 das Stift Heinrichau. Der Visitationsbericht des Ordensoberen deckt die ganze Problematik der Klöster auf, die das Ideal der klaustralen Abgeschlossenheit aufgegeben und sich mit Rücksicht auf die Tätigkeit in der Welt von der Ordensregel emanzipiert hatten. Trotz der geringen Zahl der Ordensleute — nur Leubus hatte damals einen vollständigen Konvent — lebten in Schlesien viele Professen in Pfarrhäusern oder ver-

[60]) Epistulae et Acta Nuntiorum etc. S. 282—284, Nr. 89: „Sono poco meno di due anni, che alcuni del Collegio Germanico partendo di qua andorono et presero l'habito cisterciense in Francia, di dove, fatta la loro professione, si sono trasferiti in Germania per essere ricevuti tutti insieme in un monastero di Silesia con disegno di dar principio alla riforma degli altri monasterii di quella provincia. Puo forsi occorrere, che habbiano bisogno del favore di V. S. et per ottenere il monastero et per la esecutione del loro buon proposito. Et se bene mi persuado, ch'ella per l'offitio suo debba prestarlo loro con pari efficacia et prontezza, essendone richiesta, glieli raccommando nondimeno, con participatione anco di N. S^re^, per tutte le occorrenze indifferentemente; et gli raccommando tanto più affettuosamente, quanto che l'haver preso l'habito in un istesso tempo et, come si dove credere, per un' istessa inspiratione, fa sperare, che Dio benedetto sia per esser servito dell'opera loro, nei quali va del pari la bontà et la dottrina con la chiarezza dei natali." — Vgl. dazu auch J. Jungnitz, Germaniker S. 91—94 und J. Köhler, Das Ringen um die tridentinische Erneuerung im Bistum Breslau. Vom Abschluß des Konzils bis zur Schlacht am Weissen Berg 1564—1620 (Forschungen und Quellen zur Kirchen- und Kulturgesch. Ostdeutschlands, Bd. 12). Köln-Wien 1973, S. 229.

[61]) Es waren die Äbte Franz Ursinus von Leubus (1594—1607), von dem J. Jungnitz (Martin von Gerstmann S. 174) unter Berufung auf die Leubuser Hist. domestica sagt, daß er der Lehre Luthers zuneigte und „wahrscheinlich nur durch den Tod vor dem formellen Abfall bewahrt wurde", ferner Nikolaus Hübner von Heinrichau (1577—1611), Matthäus Steiner von Kamenz (1596—1606), Kaspar Ebert von Grüssau (1576—1609), der Ratiborer Kanoniker Peter Sebitz, Abt von Rauden (1696—1608) und Johann Nucius von Himmelwitz (1591—1620), der über musikalischen Kompositionen die Aufgaben seines Amtes vergaß.

[62]) Johann Seyfried und sein Neffe Johann Bernhard Linck aus Breslau wurden Äbte in Zwettl.

[63]) In Lilienfeld hatte man schon 1587 einen Schlesier zum Abt erwählt, den aus Patschkau stammenden früheren Professen von Melk Lorenz Reiss († 1601).

[64]) Nämlich Christoph Frhr. von Strachwitz und der Weihbischof Johann Balthasar Liesch (vgl. J. Jungnitz, Germaniker S. 95 ff. und 135 ff.).

ließen fast täglich die Klausur, um seelsorglichen Aufgaben nachzugehen. Manche Mönche führten einen eigenen Haushalt, hatten Einkünfte, kleideten sich in der Welt nach der Sitte des Säkularklerus und bezahlten Haushälterinnen. Die Stiftskirche diente als öffentliche Pfarrkirche, wo man Männern, Frauen und Kindern die Sakramente spendete. Die Klausur hatte man aufgegeben und gestattete Laien den Zutritt zum klösterlichen Bering, ja selbst zu den Wohnräumen der Mönche[65]. Die Charta Caritatis für Heinrichau, die der Generalabt am 14. Januar ausstellte, berichtet, daß der Konvent außer dem Abt 7 Priestermönche, 3 Juniores, 1 Novizen und 1 Konversen zählte[66] und die geringe Zahl der Ordensleute den finanziellen Einkünften des Stiftes nicht entsprach und auch nicht ausreichte, das Officium divinum zu halten. Daher bestimmte der Generalabt, daß Priestermönche, die nicht an der Konventsmesse teilnahmen, wenigstens zwei- bis dreimal wöchentlich zelebrieren mußten. Die tägliche Messe der Verstorbenen, die man bei Tagesanbruch feierte, sollten auch die Konversen, Familiaren und Bediensteten hören; die „Missa de Beata — Marienmesse" durfte mit Rücksicht auf herbeieilende Gäste erst um 9 oder 10 Uhr vormittags beginnen. Ordensleute ohne Priesterweihe mußten alle 14 Tage, im Advent und in der Fastenzeit jeden Sonntag kommunizieren. Alle Konventualen wurden verpflichtet, täglich nach den Vigilien und nach der Komplet eine Viertelstunde gemeinsamer Betrachtung zu halten. Die Komplet, der künftig eine Lesung im Kapitelsaal vorausgehen sollte, durfte erst nach dem Abendessen gesungen werden, und auch das im Orden samstags übliche „Mandatum — die liturgische Fußwaschung" wurde wieder eingeführt, nur konnte es mit Rücksicht auf die kalte Jahreszeit von Kreuzerhöhung (14. September) bis zum Beginn der Fastenzeit durch den bloßen Gesang des „Mandatum" ersetzt werden.

Dem Abt legte der Visitator nahe, sich mehr um die Ausstattung der Kirche mit liturgischen Geräten und Paramenten zu kümmern und verfallene Altäre und Statuen renovieren zu lassen. Im übrigen sollte er öfter am gemeinsamen Kapitel teilnehmen und wenigstens an Tagen mit 12 Lektionen im Kapitelsaal erscheinen. Nach der Komplet mußten die Mönche ins Dormitorium gehen, und nur im Winter durften sie sich erst gemeinsam und in Stille kurze Zeit im Calefactorium aufwärmen[67]. Wenn alle im Dormitorium waren, sollte einer der Oberen durch ein Fensterchen, das man an den Zellentüren anbrachte, kontrollieren, ob sich die Konventualen niedergelassen hatten und Gewissenserforschung hielten. Um die „vita communis" wiederherzustellen, verbot der Generalabt jedes private Eigentum und ordnete an, daß das Geld, das einzelne Mönche besaßen, in die gemeinsame Kasse gegeben wurde. Der Kreuzgang wurde wieder zur Klausur bestimmt, und den Frauen wurde der Zugang zu den Gebäuden innerhalb des klö-

---

65) P. Knauer, Klosterleben und Klosterreform der schlesischen Zisterzienser in der Zeit der Reformation und Gegenreformation. In: Archiv 4. 1939, S. 239—252, hier bes. S. 248 ff.

66) BDA V B 64 (Fotokopie). In Leubus lebten damals 22, in Grüssau und Kamenz je 10 Professen.

67) Das Calefactorium — der Wärmraum — war noch in dieser späten Zeit der einzige heizbare Raum innerhalb der Klausur.

sterlichen Berings bei schwerer Strafe untersagt[68]. Um jeden Vorwand für das Betreten des Stiftsbezirks auszuschließen, verbot der Visitator alle Gottesdienste für Laien in der Klosterkirche; der Gottesdienst der Besucher und Laien sollte künftig wieder in der Kapelle vor dem Niedertor stattfinden, und dorthin sollte man auch den Taufstein schaffen, der zum Entsetzen des Generalabts in der Stiftskirche stand[69]. Der Besuch der Dorfkirmes und anderer Feste der Laien wurde den Ordensleuten untersagt. Alle Tage, an denen das Fleischessen verboten war — besonders die Tage des Advents, der Fastenzeit und die Mittwoche — sollten wieder wie früher als Abstinenztage gehalten werden. In der Fastenzeit wurde außer Fleisch auch der Genuß von Eiern untersagt. Der Visitator mißbilligte ferner die Teilnahme von Laien am gemeinsamen Mahl der Mönche. Wenn Angehörige eines Ordensmannes zu Besuch kamen, sollte man Mütter und Schwestern im Hospiz vor der Klosterpforte bewirten, die männlichen Verwandten aber im Hause des Abtes oder in einem anderen heizbaren Raum. Schließlich verpflichtete Nicolas Boucherat den Abt, die Infirmerie (Krankengebäude) so auszustatten, wie es die Statuten vorschrieben und die Zahl der Ordensleute bis zum nächsten Generalkapitel so weit zu vermehren, daß man wenigstens die Verwaltung der Kasse, der Küche und anderer klösterlicher Ämter wieder Angehörigen des Konvents übertragen konnte, da die Statuten von Cîteaux die Verwaltung von Klostergut durch Laien verboten[70].

Auf dem Provinzialkapitel, das vom 22. bis 29. Februar 1616 mit den Äbten Böhmens, Mährens, Schlesiens und der Lausitz in Prag tagte, verpflichtete der Generalabt die Ordensleute zur Rückkehr zum monastischen Leben in strenger Abgeschiedenheit, erklärte nochmals den gesamten Klosterbering zur Klausur und verbot den Besitz von Privateigentum. Da man auf den pastoralen Einsatz der Mönche wegen des Priestermangels nicht verzichten konnte, ordnete er an, daß die zisterziensischen Pfarrer sofort nach dem Gottesdienst in die Gemeinschaft zurückkehren sollten, um noch vor dem Mittagessen wieder im Kloster zu sein. Wo dies nicht möglich war, wurden die Ordensleute, die in Pfarrhäusern wohnten, zu einem Leben in strenger Bindung an klösterliche Gewohnheiten verpflichtet[71].

---

68) „Claustri ambitus perpetuo clausus maneat, nec promiscue cuilibet pateat saeculari. Nullatenus autem mulieribus permittatur, quarum ingressum in loca regularia, qualia sunt potissime Claustrum, Refectorium, Dormitorium, Infirmitorium, non solum Sacri Canones, sed etiam Capitula nostra Generalia sub Excommunicationis poena tam contra admissas quam contra admittentes strictissime semper interdixerunt."

69) „Baptisterium vero, quod in ecclesia majori non absque scandalo Sacrisque Canonibus, ac Capitulorum nostrorum Generalium Decretis repugnans advertimus, ut quantocius amoveatur, districtissime mandamus."

70) Daher erwähnt die Charta Visitationis von 1628, daß die Ämter des Bursarius, des Culinae Praefectus und des Cellerars inzwischen an Ordensleute übertragen wurden.

71) P. Panhölzl, Statuta Capitulorum Provincialium Ord. Cist. Vicariatus Bohemiae-Moraviae-Lusatiae. In: CChr. 22. 1910, S. 97—108. — Die klösterliche Ordnung, nach der sich der Tageslauf des Konvents von Heinrichau richtete, hat sich in der Charta Visitationis erhalten, die Abt Candidus Rieger am 28. Juni 1755 für Zirc ausfertigte (Hist. dom. Zirc. I, 104): 3—5.30 Uhr: Matutin, Laudes, private Messen, 5.30—6 Uhr: Meditation, 6—6.30: Prim im Kapitelsaal, 6.30—8.30: Studium, Arbeit, 8.30: Terz, danach kurzes Frühstück, 9—10.30: Konventamt, Sext, Non, danach

Bei allem Eifer, den der Generalabt in seinen Reformbemühungen zeigte, kann man ihm nicht den Vorwurf der Inkonsequenz ersparen. Allzuleicht nämlich ging Nicolas Boucherat auf die Wünsche der Schlesier ein, die die Anordnungen seiner Visitation und des Prager Provinzialkapitels von 1616 für ihre Klöster rückgängig zu machen suchten. Schon in Prag behaupteten sie, daß sie das Gebot, Frauen vom Zutritt zum Chor der Kirche und zum Kreuzgang auszuschließen, nicht durchführen könnten, da die strenge Anwendung des Statuts „zur Gefahr für manche Seelen" werden könnte. Daher erlaubte ihnen der Generalabt am 29. Februar 1616, Frauen zum Empfang der Eucharistie bis an die Kommunionbank des Hochaltars kommen und bei eucharistischen Prozessionen, am Tage Mariä Lichtmeß, am Palmsonntag und an Christi Himmelfahrt auch in den Kreuzgang gehen zu lassen[72]. Wenige Wochen später erlaubte er den Äbten von Leubus, Heinrichau und Kamenz, die Glocken für ihre Kirchen selbst zu weihen[73]. Den Antrag aber, die Schlesier auch vom Ordensstudium in Prag zu dispensieren, wies er zurück[74]. Doch schon zwei Jahre später schickten die Äbte den Abt Martin Clavei von Grüssau mit einer Liste von Wünschen zum Generalkapitel. Wieder ging es um die Befreiung vom Prager Studienkolleg, um die Aufhebung der Visitation, die der böhmische Generalvikar alle vier Jahre halten durfte und die das Generalkapitel an seiner Stelle dem Abt von Leubus übertragen sollte, und endlich baten sie um Dispens vom Verbot des Fleischessens am Mittwoch, im Advent und in der Fastenzeit, und zwar „mit Rücksicht auf ihre Gesundheit" und weil sie nicht genügend Fische hätten[75]. Der Generalabt gab ihren Wünschen im ersten und dritten Punkt nach, nur sollten sie jedesmal, wenn sie sich vom Verbot des Fleischessens dispensierten, ersatzweise eine Prozession im Kreuzgang halten und dabei die 7 Bußpsalmen beten[76]. Die Visitation der schlesischen Klöster durch den Generalvikar von Böhmen aber blieb weiter in Geltung.

Am 30. November 1628 visitierte Abt Georg Vrat von Königsaal als Leiter der Ordensprovinz Böhmen gemeinsam mit den Äbten von Sedlec und Neuzelle das Stift Heinrichau, wo mit Abt Kaspar Gleisberg 14 Professen, 1 Novize und 2 Konversen lebten. Der Visitator teilte dem Abt den Generalkapitelbeschluß dieses Jahres mit, der den Einsatz der Ordensleute in der Seelsorge untersagte[77]. Da er aber einsah, daß man diese Anordnung „ob sacerdotum externorum penuriam — wegen der geringen Zahl von Welt-

---

Studium, 11—13: Mittagessen, Gewissenserforschung, Rekreation, 13—14.45 Uhr: Silentium (Studium, Arbeit), danach Biberes (Getränk im Refektorium), 15—15.30 Uhr: Vesper, 15.30—17 Uhr (an Abstinenztagen bis 17.30 Uhr): Studium, Arbeit, 17 Uhr (an Abstinenztagen 17.30 Uhr): Abendessen, danach Rekreation und Biberes, 18.45 Uhr: Kapitel, geistliche Lesung, Komplet, Salve Regina, kurze Meditation, 19.30 Uhr: Bettruhe.

72) Schreiben des Generalabts aus Prag vom 29. Febr. 1616 (BDA V 11, S. 85, Fotokopie).

73) Schreiben des Generalabts aus St. Pölten vom 6. April 1616 (BDA V 11, S. 84, Fotokopie).

74) Schreiben vom 5. Juli 1616 aus Lucelle (BDA V 11, S. 46 f., Fotokopie).

75) „Gravamina" für das Generalkapitel vom 14. Mai 1618 (BDA V 11, S. 53 f., Fotokopie).

76) Schreiben des Generalabts aus Cîteaux vom 18. Mai 1618 (BDA V 11, S. 54 f., Fotokopie).

77) BDA V B 6 e, Fotokopie: „Cum religiosam vitam non decet saecularis conversatio, prouti Capitulum Generale anno praesenti celebratum loquitur, ac antiquum saepius repetitum Decretum renovat, quo caveatur, ne Monachi Ordinis Ecclesijs Parochialibus inserviant, ex animo cuperemus, quatinus ij, qui Parochias administrant, ab ejusmodi exonerentur occupationibus."

priestern“ nur schwer durchführen konnte, erteilte er vorerst Dispens und ordnete an, daß Mönche, die in Pfarreien tätig waren, nicht außerhalb des Klosters übernachten dürften, es sei denn in der Fasten- und Adventszeit, wo der Abt mit Rücksicht auf die vielen Beichten Ausnahmen gestatten konnte. Außerdem verbot er den Ordensleuten unter Strafe von 3 Tagen Gefängnis bei Wasser und Brot den Besuch von Gastwirtschaften, Hochzeitsfesten, der Kirmes und anderen Veranstaltungen der Dorfbewohner und verpflichtete sie, ihrem Abt über die Einnahmen aus Zehnten und anderer Gefälle ihrer Pfarreien jährlich Rechenschaft zu legen und alles Geld in die gemeinsame Kasse zu geben. Im übrigen sollte der Abt sein ganzes Streben darauf richten, die Stiftspfarreien bald wieder mit Weltgeistlichen zu besetzen[78].

Auch diese Anordnungen des Visitators hat man in Heinrichau genausowenig wie in den anderen schlesischen Zisterzen beachtet. Solange der Dreißigjährige Krieg währte, gab es keine Weltgeistlichen, die die Mönchspfarrer hätten ersetzen können, und als ein Jahrzehnt nach dem Kriege genügend geistlicher Nachwuchs in den bischöflichen Seminarien herangewachsen war, waren die schlesischen Zisterzienser nicht mehr bereit, auf ihr Engagement in der Seelsorge zu verzichten.

Am 10. Februar 1648 machte es das Prager Provinzialkapitel, dessen Beschlüsse auch für Schlesien verbindlich waren, den Äbten zur strengen Pflicht, die Ordensleute, die in der Pfarrseelsorge standen, sobald wie möglich ins Kloster zurückzurufen[79]. Da sich der böhmische Generalvikar um die selbe Zeit bemühte, in Cîteaux die Erlaubnis für eine neue Visitation der Zisterzen der Breslauer Diözese zu erhalten, entschlossen sich die Schlesier, sich von der Provinz, die so unnachgiebig auf der Wiederherstellung der älteren monastischen Disziplin beharrte, endgültig zu trennen. Generalabt Claude Vaussin, den sie 1649 um die Errichtung einer eigenen Provinz ersuchten, hat die Motive der Petition offenbar nicht erkannt; er gab dem Antrag statt, und auch das Generalkapitel von 1651 stimmte der Selbständigkeit der Schlesier zu und forderte nur, daß die Äbte ihre Junioren zum Studium nach Prag schicken sollten, bis die Provinz ein eigenes Seminar errichten würde[80]. Gleichzeitig gab Cîteaux dem Drängen der Äbte in den habsburgischen Ländern nach und billigte die Praxis der Zisterzen von Österreich, Böhmen und Schlesien, die inkorporierten Pfarreien von Ordensleuten betreuen zu lassen[81]. Diese Entscheidung hat der Generalabt bald bereut, denn in einem schon erwähnten Schreiben von 1671 an Abt Melchior Welzel riet er den Schlesiern, auf ihre Pfarreien

---

78) Außerdem drängte der Visitator darauf, das Gitter am westlichen Ende des Chorgestühls zu erneuern und Frauen vom Betreten des Mönchschors auszuschließen.

79) P. Panhölzl, S. 166: „Quantum fieri potest, religiosi in parochiis existentes in coenobia revertantur.“

80) Canivez 1651, Nr. 83 und 86.

81) Generalkapitelsakten im BDA V B 6 p (beglaubigte Abschrift des Abtes Arnold Freiberger von Leubus). Das Statut, das bei Canivez fehlt, lautet: „Parochiarum Administratio in Monasterijs Austriae, Bohemiae et Silesiae, quibus Parochiae sunt annexae, permittitur Religiosis, modo habiles et exemplares ijsdem praeficiantur, et ne quid votis Monasticis statuique suo Religioso adversum committant, saepius a suis Superioribus visitentur, ijsdemque in Dominica Palmarum peculium rei suae familiaris fideliter conscriptum tradere teneantur singulis annis.“

ganz zu verzichten[82]. Dies war der letzte Versuch der Ordenszentrale, die Entwicklung des Ordens in Schlesien in Bahnen zu lenken, die sich mit der Spiritualität von Cîteaux vereinbaren ließen. Die schlesischen Zisterzienser aber hatten die außerklösterliche Tätigkeit längst in ihr Programm aufgenommen und eine Lebensform gefunden, die auf die wichtigsten Anliegen des mittelalterlichen Mönchtums verzichtete und mit den grauen Mönchen des 13. und 14. Jahrhunderts fast nur noch den Namen gemein hatte. Sie hatten einen Weg eingeschlagen, der dem Orden ihrer Provinz einen eigenen Charakter gab, denn in keinem anderen Lande verfügten die Klöster des Orden von Cîteaux über eine solche Anzahl von Stellen, auf denen sie die Ordensleute als Administratoren, Pröpste, Pfarrer, Kapläne und Expositi einsetzen konnten wie in Schlesien. Der Entwicklung, die die schlesischen Zisterzen seit dieser Zeit nahmen, verdankten sie Äbte wie Arnold Freiberger von Leubus, Bernhard Rosa von Grüssau, Heinrich Kahlert von Heinrichau und Friedrich Steiner von Kamenz, die — von kirchlichen Vorgesetzten fast unabhängig — als infulierte Prälaten in der Öffentlichkeit auftraten, als „gnädige Herren" über Tausende von Untertanen geboten, als Besitzer feudaler Grundherrschaften über das religiöse Bekenntnis der ländlichen Bevölkerung bestimmten, Sitz und Stimme bei Ständeversammlungen hatten und als Landeshauptleute Fürstentümer verwalteten. Die Rückkehr zu einem monastischen Leben im Geiste des hl. Bernhard hatten die schlesischen Äbte dieser letzten Periode vor der Säkularisation endgültig aufgegeben[82a].

3. Die seelsorgliche Tätigkeit

In der langen Zeit von 1227 bis um 1600 haben sich die Mönche von Heinrichau der pastoralen Tätigkeit außerhalb des Klosters nur selten gewidmet. Den Zisterziensern der älteren Epoche erschien es selbstverständlich, daß der Ordensmann sein Leben in der Abgeschiedenheit des Klosters verbrachte. Nur in Ausnahmefällen verließ er den Bereich der Abtei, um bei der Ernte zu helfen oder Aufgaben zu übernehmen, die ihn für längere

---

[82]) Schreiben des Generalabts aus Paris vom 6. Mai 1671 (BDA V B 6 c, Fotokopie). Sein Nachfolger Jean Petit gab den Schlesiern am 22. Juni 1673 neue Statuten, in denen er die pastorale Tätigkeit mit den Forderungen des monastischen Lebens zu vereinbaren suchte und den Klöstern die Möglichkeit bot, die Sonderform ihrer zisterziensischen Disziplin zu rechtfertigen (Abschr. des 17. Jhs. im Komitatsarchiv Veszprém, Nr. 20/456).

[82a]) Der Bericht über die Visitation von Zirc, den David Zsolnay dem ungar. Hofkanzler in Wien am 16. Juli 1803 übersandte mit dem Vorschlag, Zirc dem benediktinischen Erzabt von Pannonhalma zu unterstellen, weil sich kein Mönch finden ließ, der als Prior geeignet wäre (BDA V B 6 d, Fotokopie), verrät trotz der nationalistischen Vorurteile des Weihbischofs von Veszprém, daß die schles. und ungar. Zisterzienser in den letzten Jahrzehnten vor der Säkularisation Pfarreien und Vorwerke des Klosters als private Pfründen betrachteten. Die erschreckenden Mißstände im Konvent von Zirc erwecken dabei den Verdacht, daß die Pfründenwirtschaft, die die Heinrichauer Mönche in Ungarn betrieben, auch in Heinrichau und den übrigen schles. Klöstern üblich war, zumal schon der Heinrichauer Visitationsbericht vom 29. Nov. 1703 die Unsitte des Privateigentums und des Würfel- und Kartenspiels um Geld bitter beklagte (BDA V 63, S. 190—197).

Zeit außerhalb der Gemeinschaft stellten. Unter Hunderten von Mönchen vorreformatorischer Zeit begegnen in Heinrichau nicht viel mehr als 10, die fern vom Kloster in Rothwasser bei Weidenau und Lenschütz bei Kosel lebten und als Seelsorger tätig waren[83]. Dabei ging es in den weit entlegenen Ortschaften weniger um pastorale Anliegen als um die Sicherung grundherrschaftlicher Rechte, die leicht verloren gehen konnten, wenn man sie adligen Pächtern oder Weltpriestern überließ. Die Verwaltung der Patronatspfarreien in der Nähe des Kloster dagegen übten fast immer Säkulargeitliche aus, die der Abt dem Bischof zur Ernennung präsentierte. Mit dieser Praxis hielt man sich genau an die Anordnungen des Gesamtordens, denn das Generalkapitel mittelalterlicher Zeit reagierte besonders unwillig, wenn die Äbte den Ordensleuten Tätigkeiten außerhalb der Klöster übertrugen. So verurteilte es schon 1489 die Ernennung von Zisterziensern zu Pfarrern im Königreich Böhmen und wertete dies als einen Verstoß gegen die Ordensdisziplin; die Väter betrachteten die Mönche, die in Pfarrhäusern lebten, als „monachi vagabundi — vagabundierende Mönche" und befahlen, sie unverzüglich in die Ordensgemeinschaft zurückzurufen. Nur bei inkorporierten Pfarreien durfte der Abt mit Genehmigung der Visitatoren „einige" Konventualen mit pastoralen Aufgaben betrauen[84].

Ein grundlegender Wandel in der Einstellung des Ordens zur Seelsorge vollzog sich erst in der Reformation. In der zweiten Hälfte des 16. Jahrhunderts bestand in Schlesien ein solcher Priestermangel, daß das Kloster selbst in inkorporierten Parochien wie Schönwalde, Krelkau und Alt-Heinrichau protestantische oder verheiratete Säkularpriester als Seelsorger dulden mußte[85]. Spätestens um 1600 erkannten die Äbte, daß ihnen dabei durch unzuverlässige Geistliche die Pfarreien mit den grundherrschaftlichen Untertanen entfremdet werden konnten. Den offiziellen Anstoß, sich pastoralen Aufgaben zuzuwenden, gab aber erst die Äbteversammlung, die der Breslauer Weihbischof Georg Scultetus, Abt von St. Vinzenz, am 27. April 1607 veranstaltete. Im Auftrage des Diözesanbischofs regte der Vorsitzende an, daß sich die Äbte um die Erhaltung des katholischen Glaubens kümmern und in ihren Parochien bewährte und gebildete Geistliche anstellen sollten[86]. Schon 5 Wochen vor diesem Äbtekapitel verpflichtete der Leubuser Konvent den neuen Abt bei der Wahl am 20. März 1607, die Stiftspfarreien mit bekenntnistreuen Priestern zu besetzen und keine geistliche Präbende mehr an Protestan-

83) Vgl. H. Grüger, Der Nekrolog des Klosters Heinrichau (ca. 1280—1550). In: Archiv 33. 1975, S. 19—23; J. Kłoczowski (Z zagadnień funkcij społecznych cystersów w Polsce średniowiecznej. Problem duszpasterstwa parafialnego. In: Opuscula Casimiro Tymieniecki septuagenario dedicata. Posen 1959, S. 105—126) meint, daß die Verleihung von Kirchen und Kapellen an osteuropäische Zisterzen bei der Gründung einen offiziellen Auftrag zur Seelsorge beinhaltete. Wir können uns dieser Ansicht nicht anschließen; denn auch Heinrichau erhielt schon 1227 das Patronatsrecht von Pfarrkirchen (Alt-Heinrichau und Schönwalde); mit der Seelsorge aber betrauten die Äbte bis ins frühe 17. Jh. fast nur Säkularpriester.

84) Canivez 1489, Nr. 17.

85) P. Klemenz, Schlesische Zisterzienserpfarreien im Kreise Frankenstein im 16. Jahrhundert. In: Archiv 2. 1937, S. 117—121.

86) Rose S. 62 und Anm. 117.

ten zu vergeben. Um zuverlässige Seelsorger heranzubilden, sollte er für die jüngeren Konventualen ein homiletisches Praktikum einführen[87].

Die ersten zisterziensischen Seelsorger aus dem Kloster Heinrichau waren P. Joseph Knoder in Alt-Heinrichau († 28. September 1603)[88], P. Kaspar Dutcky in Wiesenthal († 28. November 1621)[89], P. Johann Gobl in Krelkau († 11. Januar 1621)[90], P. Melchior Gintz in Berzdorf (erwähnt 19. Juni 1628)[91] und P. Laurentius Hertel in Schönwalde[92]. Als unmittelbare Vorgänger waren in diesen Pfarreien Säkularpriester tätig, während ihre Nachfolger bis zur Säkularisation ausnahmslos dem Orden angehörten. Der Entschluß zur Übernahme seelsorglicher Aufgaben fiel demnach in Heinrichau erst in den letzten Jahren der Amtszeit von Nikolaus Hübner (1577—1611), in Leubus bei der Wahl von Matthäus Rudolf (1607—36), in Kamenz unter Johann Praetorius (1606—16) und in Grüssau unter Martin Clavei (1616—20), den die Bürger des Klosterstädtchens Schömberg erschlugen, als er sie zum katholischen Glauben zurückführen wollte.

Wenige Jahre nach der Hinwendung der Zisterzienser zur pastoralen Tätigkeit besuchte der Generalabt die Provinz. Bei der Visitation der Klöster wurde deutlich, in welchem Maße der seelsorgliche Einsatz das Leben der Ordensleute veränderte und die monastische Gemeinschaft aufzulösen drohte. Unter dem Zwang des Priestermangels aber erklärte sich Nicolas Boucherat mit der Seelsorge einverstanden, ordnete jedoch an, daß sakramentale Akte für die Bevölkerung in der Kapelle vor der Klosterpforte vollzogen werden sollten[93]. Zu Pfarrern durften die Äbte nur Konventualen ernennen, die die Gewähr boten, daß sie sich auch außerhalb der Ordensgemeinschaft nach klösterlichen Lebensgewohnheiten richten würden.

Die Anordnungen des Generalabtes stellten die zisterziensischen Seelsorger vor ein unlösbares Dilemma, da sich der Alltag der pastoralen Tätigkeit und monastisches Leben nicht miteinander vertrugen. Die schlesischen Zisterzienser standen daher vor einer Entscheidung, in der Cîteaux am alten Ordensideal festhielt. Schon 1628 bei der Visitation durch Abt Georg Vrat von Königsaal ließ das Generalkapitel den Schlesiern mitteilen, daß die Pfarrer der nahegelegenen Parochien nicht in Pfarrhäusern, sondern im Kloster leben sollten und daß ihnen ein eigener Haushalt nicht gestattet sei. Nach

---

87) L. Wintera, Leubus in Schlesien. In: Studien und Mitteilungen aus dem Benedictiner- und Cistercienser-Orden 25. 1904, S. 684 f.

88) Nekr. zum 28. Sept. (ungedruckte Notiz).

89) Nekr. zum 28. Nov. (ungedruckte Notiz; er stammte aus Glogau und war gleichzeitig Prior des Stifts).

90) Nekr. zum 11. Jan. (ungedruckte Notiz).

91) Als man am 19. Juni 1628 auf dem Kirchturm einen neuen Knopf aufsetzte, war er Pfarrer von Berzdorf (BDA V 63, S. 33).

92) Im BDA (V B 6 q) ist ein Brief erhalten, den er am 23. Febr. 1631 als Pfarrer von Schönwalde an Abt Kaspar Gleisberg schrieb. Noch am 13. Juli 1622 korrespondierte als Pfarrer von Schönwalde mit dem Heinrichauer Abt als Patronatsherrn der Säkularpriester Bernhard Scholtz, „gantzwilliger und gehorsamer Caplan“ (BDA V B 6 q, Fotokopie).

93) BDA V B 6 c: „volumus Religiosum a Reverendo Admodum Domino deputandum Missae Sacrificium et Conciones populo necessarias in Sacello, quod extra Portam regularem extitit, persolvere.“

dem Pfarrgottesdienst mußte der Mönch noch vor dem Mittagessen in den Konvent zurückkehren. Im übrigen sollten die Äbte dafür sorgen, daß die Stiftsparochien bald wieder mit Weltpriestern besetzt würden, und nur solange der Priestermangel bestand, war Cîteaux mit der pastoralen Tätigkeit der Ordensleute einverstanden[94]. Die Entwicklung des Ordens in der Diözese Breslau nahm jedoch einen anderen Verlauf als die burgundische Ordenszentrale wollte. Mit Rücksicht auf die Interessen der habsburgischen Gegenreformation, die nach dem Dreißigjährigen Kriege einem neuen Höhepunkt zustrebte, gestattete das Generalkapitel 1651 den pastoralen Einsatz der Mönche in Österreich, Böhmen und Schlesien und verlangte nur, daß die in Pfarrhäusern lebenden Konventualen öfter visitiert würden, jährlich 8 Tage an geistlichen Exerzitien teilnahmen und dem Abt am Palmsonntag über alle Einnahmen Rechenschaft legten[95]. Trotzdem hielt Cîteaux auch diese Regelung noch für ein scandalum, mit dem sich die Ordenszentrale nicht gern abfinden mochte, so daß der Generalabt den Schlesiern 1671 schrieb: „Auf Eure Pfarreien könntet Ihr verzichten!“[96] und sich damit hinter das Anliegen stellte, um das es auch der Reformbewegung von La Trappe ging, denn monastisches Leben und die Tätigkeit in der Welt konnte man nicht auf den gleichen Nenner bringen.

Cîteaux hatte aber den rechten Moment, der Entwicklung in Schlesien eine andere Richtung zu geben, längst verpaßt. Bei der Rekatholisierung der protestantischen Landkirchen im Fürstentum Münsterberg (1653) übergab der Heinrichauer Abt Kaspar Liebichen auch die bisherigen lutherischen Parochien Tepliwoda, Neobschütz, Polnisch-Neudorf und Weigelsdorf Mitgliedern seines Klosters, obwohl sein Konvent nur 11 Professen zählte und schon 7 Pfarreien versorgte[97]. Das Stift, das damals vor dem finanziellen Ruin stand, war allerdings auf die Seelsorge angewiesen, um seine Mitglieder überhaupt ernähren zu können. Doch was um 1650 eine Forderung der Existenzsicherung war, nahmen die Zisterzienser ein Jahrzehnt später schon als selbstverständliches Recht in Anspruch. Im Kampf mit dem Bischof hielten sie nämlich nicht bloß an den kanonisch inkorporierten Pfarreien fest, sondern behaupteten, daß sie „seit unvordenklichen Zeiten“ gewohnt seien, ihre Pfarreien Regularpriestern zu überlassen, ohne dabei der Zustimmung des Bischofs zu bedürfen[98].

1666 ordnete Abt Melchior Welzel im Auftrage der kaiserlichen Regierung die ungeklärte Pfarrzugehörigkeit verschiedener lutherischer Ortschaften im Fürstentum Münsterberg und überwies der Pfarrei Berzdorf noch die Seelsorge von Ober- und Nieder-

---

94) BDA V B 6 c: „Verum animadvertentes id hoc temporum tractu ob sacerdotum externorum penuriam perquam difficulter fieri posse; hinc factum est, quod ordinationem Capituli Generalis pro hac vice executioni demandare nequiverimus.“

95) BDA V B 6 p (Fotokopie; ungedrucktes Statut).

96) BDA V B 6 p, Schreiben vom 6. Mai 1671.

97) J. Soffner, Geschichte der Gegenreformation im Fürstenthume Münsterberg und dem Weichbilde Frankenstein. In: Schlesisches Pastoralblatt 16. 1895.

98) BDA V 11, Schreiben des Abtes Arnold Freiberger an den Generalabt vom 10. Juni 1653 (Fotokopie) und Brief des Abtes Valentin Rüling von Grüssau an Abt Georg Welzel von Heinrichau vom 11. Febr. 1649 (Fotokopie): „Monasteria nostra ab immemorabili tempore suos Parochos sine praesentatione, institutione, et approbatione instituerint vel destituerint.“

Kunern, Merzdorf, Haltauf und Algersdorf[99], so daß das Kloster seitdem den größten Teil des Fürstentums betreute. Dabei ließen es die Äbte nicht mit der organisatorischen Neuordnung kirchlicher Strukturen bewenden. In vollem Einklang mit den Zielen der habsburgischen Gegenreformation übten sie vielmehr auch massiven Druck auf die Bevölkerung der alten und der neuerworbenen Stiftsdörfer aus, um sie zur Rückkehr zum katholischen Glauben zu zwingen. Da die Äbte seit der Mitte des 17. Jahrhunderts das Amt des Landeshauptmanns verwalteten, geboten sie über die politische Macht, das Jus reformationis auszuüben, obwohl es ihnen von Rechts wegen nicht zustand. Noch 1639 nahm es Abt Laurentius Hertel hin, daß der letzte lutherische Prädikant von Münsterberg, der seine Pfarrei den Katholiken abtreten und die Stadt verlassen mußte, im Stiftsdorf Ohlguth Wohnung bezog, um die protestantischen Bürger von hier aus zu betreuen[100]. Doch schon sein Nachfolger Kaspar Liebichen zwang die Bevölkerung von Ohlguth zur Annahme des katholischen Glaubens[101]. Abt Heinrich Kahlert, der als Mönch von Grüssau die Rekatholisierungsmaßnahmen des Abtes Bernhard Rosa erlebt hatte[102], griff noch härter durch als seine Vorgänger. Obwohl Kaiser Leopold I. den Äbten schon 1667 untersagte, ihre Untertanen eigenmächtig zu reformieren, nutzten Bernhard Rosa und Heinrich Kahlert die Bedrängnis der kaiserlichen Regierung in den Türkenkriegen aus, um in ihren Herrschaftsgebieten klare konfessionelle Verhältnisse zu schaffen. Im August 1687 flüchteten etwa 760 Menschen aus dem Grüssauer Stiftsdörfern Reichhennersdorf und Zieder, um der Rekatholisierung zu entgehen, und im selben Jahre unterdrückte Abt Kahlert auch im Heinrichauer Stiftslande das protestantische Bekenntnis. Für die betroffene Bevölkerung bedeutete das, daß sie die Beichte ablegen und die Kommunion empfangen oder den Besitz verkaufen und auswandern mußte. Im selben Jahre zwang der Abt den protestantischen Gutsbesitzer Friedrich Hübner, das Vorwerk in Bernsdorf zu verkaufen, und als er 1688 Seitendorf erwarb, dessen Bauern meist Lutheraner waren, erließ er den Befehl, daß binnen zwei Jahren alle Leute katholisch werden oder auswandern sollten[103]. Zahlreiche Bauern gaben da-

99) BDA V B 6 c, Erlaß vom 12. Febr. 1666 (Fotokopie).

100) Hartmann S. 190 zum Jahre 1639.

101) Um 1666 schrieb „Martin Hainttel Wiesen-Müller auffm Ohlgutt" dem Abt von Heinrichau, man habe ihm vorige Woche im Stift Heinrichau mitgeteilt, daß er seine Religion ändern solle. „Gebe auff dieses Ew: Hochwürd: vndt Gnad: gehorsambst Vndt demüttigst nachrichtlichen zuuernehmen", so teilte er dem Abt weiter mit, „daß ich in der augspurgischen Confession in meiner iugend, allß ich noch ein knabe gewesen, Vnterrichtet, Vndt in solcher erzogen worden, Vndt allweil Ziemliche Jahre darinnen gelebet, Vndt mich daran gehalten habe, solche aber anitzo angemutteter maßen, wiederumb Zuuerlaßen, Vndt zu einer anderen, deren ich keinen Bericht, mich zu bequemen, Ich ohne Verletzung meines gewißens, nicht eingehen, noch thun kan, sondern gemeinet Bien, mit hülffe vndt Beystandt Gottes, des heiligen Geistes, biß an mein ende, vollents beständig, darbey Zuuerharren." (BDA V B 6 q, S. 113 f., Fotokopie).

102) A. Rose, Abt Bernardus Rosa von Grüssau (Die Dominsel, Bd. 4). Stuttgart 1960, S. 69 f.

103) Compendium fol. 22 a: „Eodem anno (1687) praefatus Praesul ferventissimus Catholicae fidei propugnatur et zelator, sine omni strepitu aut perturbatione e toto Dominio Henrichoviensi, zizania Lutheranae haeresis tanquam spuriam inplantationem radicitus evulsit, contrivit et eliminavit; felici profecto eventu et rara felicitate opus hoc alioquin arduum perfecit, siquidem

mals ihre Höfe auf und wurden durch katholische Siedler ersetzt. Ein ähnliches Schicksal widerfuhr den protestantischen Bürgern von Silberberg, obwohl sie der Grundherrschaft des Stiftes nicht unterstanden. In einem langjährigen Prozeß gelang es dem Abt 1696, das Patronatsrecht der lutherischen Kirche zurückzugewinnen[104], den P. Arnold Peschel als Seelsorger einzuführen, die beschlagnahmte Schule mit einem katholischen Lehrer zu besetzen und die Bürger zu zwingen, ihre Kinder katholisch erziehen zu lassen. Viele Bewohner wanderten aus, und Silberberg erlitt einen Rückschlag, von dem sich das Städtchen nicht mehr erholte[105].

Derselben Politik fühlten sich Abt Kahlerts Nachfolger in den ungarischen Pfarreien und Dörfern von Zirc verpflichtet, wo die neuangesiedelte einheimische Bevölkerung zur protestantischen Konfession gehörte. Mit Rücksicht auf den Neuaufbau von Zirc mußte es die katholische Grundherrschaft dabei anfangs hinnehmen, daß in den Stiftsdörfern Sóly und Polány kalvinistische Prädikanten lebten. Nach der Wiederherstellung des Klosters aber sorgten die Äbte für die Einführung katholischer Seelsorger und verboten es den Kolonisten, irgendwelche Hand- und Spanndienste für die Prediger zu leisten. Die Mentalität, die die konfessionellen Gegensätze dieser Zeit förderte, kommt in der Historia domestica und im Catalogus von Zirc zum Ausdruck. In dem Bericht über P. Martin Faust erzählt nämlich der Verfasser des Catalogus von dem schweren Unwetter, das am 7. Juli 1757 im Bakony verheerende Schäden anrichtete; doch schließt er seinen Bericht mit dem freudigen Ausruf, daß Gott das Stift in all diesem Unheil gesegnet habe, da die Fluten auch das häretische Bethaus in Polány vernichteten, so daß „die bösen Kalvinisten" ein Wehgeschrei anstimmten „und von Pontius zu Pilatus liefen", ohne aber die Erlaubnis zum Wiederaufbau zu erhalten. Um den Querelen beim Komitat und der Statthalterei ein Ende zu machen, habe Abt Rieger endlich den P. Martin Faust zum Pfarrer ernannt, und dieser habe im September 1761 in Gegenwart des P. Stephan Seidler und des Adelsrichters das Notkirchlein gewaltsam aufbrechen und für den katholischen Gottesdienst herrichten lassen[106]. Auf ähnliche Weise rekatholisierten die Zisterzienser die Bewohner von Koppány (vor 1716), Tevel (1726), Bakonynána (nach 1728) und Olaszfalu (vor 1746)[107].

---

reformatio in Silesia gravissimae difficultatis negotium est, quod solus Supremus-Princeps sibi reservavit, raroque sine tumultu perficitur, perfecit tamen alte memoratus Praesul, non minus velociter, quam feliciter." — Compendium fol. 23 a: „A° 1690. Memoratus Praesul haereticos omnes ex Seitendorff felicissime sine omni tumultu proscripsit, superinductis Colonis Catholicis. Datae fuerunt 2 annorum induciae praedictis haereticis memorati pagi incolis, ut tempore hoc tam moroso, vel se converterent, vel solum verterent: qui ergo fidem Orthodoxam complexi non sunt, hoc anno omnes eliminavit."

[104]) Compendium fol. 25 b f.

[105]) Nach diesem Aderlaß konnte auch die Wiederherstellung der evangelischen Kirche durch die Konvention von Altranstädt den Niedergang von Silberberg nicht mehr aufhalten.

[106]) Catal. S. 53.

[107]) Im BDA V B 6 c befindet sich eine undatierte Notiz von etwa 1740, die die Einkünfte des Tochterstifts von 1725—40 verzeichnet und auf der ein anderer Schreiber die Konfession der Bevölkerung der Zircer Stiftsdörfer dazuschrieb. Danach war der Flecken Zirc ganz katholisch,

Im Jahre 1767 schloß Abt Konstantin Haschke, der bei seinen Visitationen mehrere neue Kirchen in Ungarn benedizierte, mit dem Bischof von Veszprém einen Vertrag wegen der geistlichen Jurisdiktion der Parochien, die das Stift Zirc besaß oder noch zu errichten hoffte[108]. Seit dieser Zeit betreute der Konvent des Doppelklosters 10 Pfarreien in Schlesien, 12 Parochien in Ungarn, 2 Elementarschulen, 1 Lateinschule, 1 Gymnasium und 7 Güteradministraturen, und da viele der Seelsorgestellen von mehreren Patres betreut wurden, lebte in der letzten Zeit der Existenz von Heinrichau der größere Teil der Ordensleute außerhalb des Klosters und führte einen eigenen Haushalt.

Abschließend führen wir noch die Liste der Pfarreien an, die im Jahre 1810 von Mönchen von Heinrichau und Zirc betreut wurden[109]:

1. Alt-Heinrichau, St. Martin, mit Jakobsdorf, Moschwitz, Ober-Johnsdorf, Raatz, Tarchwitz, Tepliwoda, Willwitz und Zinkwitz. 1817 Katholiken, 1843 Protestanten (in ehem. Stiftsdörfern 1507 Kath., 240 Prot.).
2. Berzdorf, Ss. Trinitatis und St. Martin, mit Algersdorf, Deutsch-Neudorf, Haltauf, Heinzendorf, Kunern, Merzdorf. 1283 Kath., 460 Prot. (in ehem. Stiftsdörfern 746 Kath., 84 Prot.).
3. Dobrischau, St. Hedwig, Filiale von Berzdorf, mit Kraßwitz und Pleßguth. 275 Kath., 79 Prot.
4. Frömsdorf, Mariä Himmelfahrt, mit Polnisch-Peterwitz (Petershagen), 965 Kath., 37 Prot.
5. Heinrichau, St. Andreas (Stiftskirche BMV und Johannes Bapt.), mit Neuhof, Taschenberg und Zesselwitz. 1330 Kath., 420 Prot.
6. Krelkau, St. Hedwig, mit Leipe und Schimmelei. 886 Kath., 112 Prot. (auf ehem. Stiftsbesitz 649 Kath., 40 Prot.).
7. Schönwalde, St. Laurentius, mit Herzogswalde und Raschgrund. 1587 Kath., 179 Prot.
8. Silberberg, St. Peter und Paul, 765 Kath., 456 Prot.
9. Weigelsdorf, St. Bartholomäus (Patronat der Äbtissin von Trebnitz), mit Eichau, Münchhof, Nieder- und Ober-Kunzendorf und Tschammerhof. 1624 Kath., 349 Prot.
10. Wiesenthal, St. Laurentius, mit Rätsch und Reumen. 605 Kath., 126 Prot.
11. Bakonynána, St. Anna (adliges Patronat), mit Alsópere, Felsőpere, Kisdudar, Dudar, Vadalmás. 1353 Kath., 1164 Prot.(Sprache: ungarisch und deutsch).
12. Berénd, St. Stephan v. Ungarn, mit Bodé und Tósok, 3805 Kath., 560 Prot.
13. Borzavár, St. Peter und Paul (adliges Patronat), mit Felsőtündérmajor, Alsótündérmajor. 1536 Kath., 7 Prot.

Olaszfalu war gemischt, Akli war unbesiedelt und die Bewohner von Sóly, Elöszállás, Bakonykoppány, Tevel, Magyarpolány und Berénd waren Kalvinisten.

108) Canivez 1768, Nr. 67.

109) Die statistischen Angaben der schlesischen Pfarreien sind entnommen: Realhandbuch des Bistums Breslau. Tl. 2. Breslau 1929; die Angaben für die ungarischen Pfarreien stammen aus dem Schem. Zirc von 1942.

14. Elöszállás, Mariä Geburt, mit Daruszőllőhegy, Gulyamajor, Kelemenhalom, Kiskarácsonyszállás, Ménesmajor, Nagygyörgyszállás, Nagykarácsonyszállás, Nagykarácsonyszőllőhegy, Robertvölgy. 3827 Kath., 35 Prot.
15. Lókút, St. Michael (adliges Patronat), mit Ákli, Gyertyánkút, Óbánya, Pénzeskút. 2681 Kath., 14 Prot. (Sprache: ungarisch und deutsch.).
16. Magyarpolány, St. Ladislaus, mit Borsod. 1865 Kath., 4 Prot. (Sprache: ungarisch und deutsch.).
17. Nagyesztergár, St. Johannes Nep. (adliges Patronat), mit Kardosrét, Flóramajor und Putrimajor. 1210 Kath., 20 Prot. (Sprache: ungarisch und deutsch.).
18. Nagytevel, Ss. Trinitatis, mit Adásztevel. 1073 Kath., 1086 Prot. (davon im ehem. Stiftsdorf Nagytevel 2 Prot.; Sprache: ungarisch und deutsch.).
19. Olaszfalu, Ss. Trinitatis, mit Eplény und Veim. 1663 Kath., 32 Prot.
20. Porva, Hl. Geist, mit Ménesjárás, Szépalma, Pálihálás, Pálinkaház. 889 Kath. 7 Prot. (Sprache: ungarisch und deutsch.).
21. Ujmajor (seit 1811 Hercegfalva, seit 1945 Mezőfalva), Heimsuchung Mariä, mit Antalmajor, Banksismánd, Bernátkút, Farkassismánd, Felsővenyim, Határvölgy, Kiskokasd, Kisvenyyim, Máriamajor, Mélykút, Nagykokasd, Nagysismánd, Nagyvenyim (mit Filalkirche BMV), Selymemajor. 5962 Kath., 102 Prot.
22. Zirc, Mater Dolorosa (Stiftskirche Mariä Himmelfahrt), 2527 Kath., 53 Prot.

Heinrichauer Patronatskirchen unter Säkularpriestern:

23. Seitendorf, St. Michael, mit Belmsdorf und Stolz. 1151 Kath., 851 Prot. (in ehem. Stiftsdörfern 587 Kath., 59 Prot.).
24. Wald-Neudorf (Polnisch-Neudorf), St. Martin, mit Neukarlsdorf, Pogarth, Sakrau, Schildberg, Schönjohnsdorf. 969 Kath., 552 Prot.

4. Die Klosterschule

Die Ausbildung der jungen Mönche richtete sich naturgemäß nach den Interessen des monastischen Lebens, in dem wissenschaftliche Studien, gelehrte Dispute, Predigt und Pastoral keine Rolle spielten. Der Novize bürgerlicher Herkunft, der beim Eintritt in den Orden die Grundkenntnisse des Lesens, Schreibens, Rechnens, der Religion und der lateinischen Sprache mitbrachte[110], erwarb sich alles weitere Wissen, das er im Kloster brauchte, im Noviziat der Zisterze. Unter Anleitung eines älteren, zuverlässigen Konventualen, den der Abt zum „Novizenmeister“ ernannte, erhielt er Unterricht in der Theologie, der Geschichte des Ordens und seiner Verfassung, in der Praxis des Officium divinum und des Choralgesangs sowie in der Biographie der großen Vorbilder des Mönchtums. Dabei gingen theoretische und praktische Ausbildung im Alltag des Klosters

[110]) Zu den Pfarrschulen vgl. Geschichte Schlesiens. Hrsg. von der Hist. Kommission für Schlesien. 1. 3. Aufl. Stuttgart 1961, S. 498—503; zum Schulwesen des platten Landes vgl. E. Michael, Die schlesische Dorfschule im 16. Jahrhundert. In: ZVGS 63. 1929, S. 227—261.

eine innige Symbiose ein, so daß der Lernprozeß organisch verlief und der Übergang vom Noviziat zum Mönchtum von der feierlichen Mönchsweihe bestimmt war und nicht von der Gegensätzlichkeit der Aufgaben, die heute den Wechsel vom Stadium der Ausbildung zur praktischen Anwendung der erlernten Fähigkeiten belastet. Alle weiteren Kenntnisse, die der Ordensmann als Diakon, Priester, Grangienmeister, Küchenmeister, Infirmarius, Custos, Cellerarius benötigte, erlernte er, ähnlich wie der Handwerkslehrling, in unmittelbarer Erfahrung und Anschauung unter Anleitung eines erfahrenen Mitbruders, so daß sich die Aneignung wertvoller Einsichten in der persönlichen Begegnung mit Menschen vollzog, deren Leben und Beispiel den Wert der vermittelten Fähigkeiten unmittelbar deutlich machte. Jede Kenntnis praxisferner Gegenstände, die keinen Bezug zum klösterlichen Leben hatten und in den Bereich der strengeren Wissenschaft gehörten, erlernte der Mönch in Schulen, die er vor dem Eintritt in den Orden besuchte, oder in eigener Initiative als Autodidakt, wobei ihm die Literatur der Klosterbibliothek nur geringe Hilfestellung bot.

Seit dem frühen 15. Jahrhundert verpflichtete das Generalkapitel die Äbte, ihren Konventualen eine sorgfältigere Ausbildung zu vermitteln und forderte, daß jedes Kloster die Kosten für das Studium eines oder mehrerer Scholaren übernahm[111]. Zu diesem Zweck errichtete der Orden theologische Kollegien. Da diese Ausbildung aber beträchtliche finanzielle Mittel verlangte und viele Äbte den praktischen Nutzen eines solchen Studiums nicht einsehen wollten, suchten sich die Klöster den Anordnungen des Generalkapitels immer wieder zu entziehen. Zu ihnen gehörten auch die Zisterzienser Schlesiens. Der Widerstand gegen die Beschlüsse der Ordenszentrale wurde ihnen allerdings leicht gemacht, da sich das ganze 15. Jahrhundert hindurch die Äbte von Altzella und Mogiła stritten, ob für die Ausbildung des schlesischen Ordensnachwuchses das Kolleg in Leipzig oder Krakau zuständig sei[112]. Wahrscheinlich haben damals nur ganz wenige Mönche von Heinrichau ein philosophisches oder theologisches Studium an einer Ordensakademie absolviert[113]. Auch in der Zeit der Reformation und des Dreißigjährigen Krieges sandte das Stift keinen Professen zum auswärtigen Studium[114]. Beim Provinzialkapitel 1616 forderte der Generalabt zwar die Gründung eines Ordenskollegs in Prag, zu dem

111) Schon das Generalkapitel von 1374 (Canivez Nr. 4) forderte, daß jedes Kloster im Königreich Böhmen und den zugehörigen Ländern je 2 Mönche zum Studium in das Ordenskolleg Prag entsende. Im 15. Jh. legte Cîteaux den Äbten die wissenschaftliche Ausbildung der Mönche besonders ans Herz; aber die oft wiederholten Bitten, Mahnungen und Drohungen zeigen, daß man dem Anliegen oft mit Gleichgültigkeit begegnete.

112) Canivez 1424, Nr. 31; 1426, Nr. 48; 1470, Nr. 31; 1483, Nr. 54; 1490, Nr. 31; 1499, Nr. 43; 1502, Nr. 17; 1508, Nr. 44.

113) Im „Album Studiosorum“ der Universität Krakau von 1490—1551 jedenfalls ist kein Konventuale von Heinrichau erwähnt, nur je einer aus Leubus, Kamenz und Grüssau (Stud. u. Mitteilungen aus d. Benedictiner- u. Cistercienser-Orden 13. 1892, S. 537—539).

114) Das Ordenskolleg in Leipzig wurde nämlich 1545 protestantisch, und das Kolleg in Krakau geriet unter die Kontrolle der polnischen Krone.

Heinrichau vier Studenten schicken sollte[115], aber schon zwei Jahre später gab der Abt von Cîteaux dem Drängen der Schlesier nach und erlaubte ihnen, ihre Alumnen an anderen Akademien studieren zu lassen[116]. 1648 erinnerte das böhmische Provinzialkapitel die Schlesier erneut an die alte Verpflichtung zum Studium in Prag[117], doch die Äbte weigerten sich, der Aufforderung Folge zu leisten, und sie sträubten sich auch dann noch, als das Generalkapitel 1651 die Trennung von der Provinz Böhmen bestätigte und nur die Bedingung stellte, die jungen Kleriker bis zur Errichtung eines Provinzialseminars in Prag studieren zu lassen. Die Äbte der Leubuser Filiation aber waren nicht bereit, sich — selbst wo es nur um das Studium ging — einer Ordensprovinz anzuschließen, die die nachtridentinische Reformbewegung des Ordens förderte[118]. Im Widerspruch zur Anordnung des Generalkapitels von 1651 besoldeten die Schlesier sogar ordensfremde Lehrkräfte, um ihre Junioren in den eigenen Klöstern ausbilden zu lassen, anstatt sie nach Prag zu schicken. Gegen diese Praxis protestierte das böhmische Provinzialkapitel noch 1663 und nannte sie „eine Schande für den Orden"[119]. Der Protest blieb aber genauso wirkungslos wie die Anregung des Generalkapitels von 1667, in Grüssau ein schlesisches Provinzialnoviziat und in Leubus eine theologische Hochschule einzurichten[120]. Die Schlesier blieben dabei, ihre Studenten durch Ordensleute, die man Professoren nannte, in jedem einzelnen Kloster ausbilden zu lassen, wobei Heinrichau im 18. Jahrhundrt auch Studiat für die ungarischen Zisterzienser von Zirc war[121]. Nur ein Teil der Ordensleute der letzten Periode studierte die Philosophie und Theologie an auswärtigen Hochschulen wie der Leopoldina in Breslau, dem Jesuitenkolleg in Olmütz, den

---

115) P. Panhölzl. In: CChr. 22. 1910, S. 106; Leubus und Heinrichau sollten je 4, Welehrad 3, Goldenkron, Sedlec, Plass und Frauenthal je 1, Hohenfurt, Neuzelle, Trebnitz, Marienstern, Marienthal, Tischnowitz, Alt-Brünn und Königsaal je 2 Studenten unterhalten, insgesamt also 35 Scholaren, davon 14 Schlesier.

116) Vgl. „Gravamina" von 1618, BDA V 11, S. 53 f. und Schreiben des Generalabts vom 18. Mai 1618 (ebd. S. 54 f.).

117) P. Panhölzl S. 168: „Commonendi erunt nomine omnium DD. Abbates Silesiae, ut juxta decretum Capituli provincialis a piae memoriae Domino Nicolao Boucherat Pragae anno 1616 celebrati, religiosos suos Pragam in nostrum Seminarium mittant."

118) In der Tat betrauten die 9 Mönchsklöster und die 3 Nonnenklöster der Zisterzienser in Böhmen und Mähren im Vergleich zu den schlesischen Zisterzen eine recht geringe Zahl von Pfarreien.

119) P. Panhölzl S. 331: „Scribendum quoque erit Reverendissimis DD. Abbatibus Silesiae, ut juxta mentem Reverendissimi D. Generalis suos quoque Religiosos ad praefatum Seminarium studiorum causa transmittere velint amotis extraneis Professoribus, quos ad ruborem S. Ordinis singuli fere quique in suis monasteriis assumpsisse feruntur."

120) Canivez 1667, Nr. 65.

121) Bis zum 7-jährigen Kriege absolvierten die Professen von Zirc das Noviziat und das theologische Studium in Heinrichau und erhielten ihre Priesterweihe meist in Breslau. Während des Krieges richtete man in Zirc ein eigenes Noviziat ein und bildete dort vorübergehend einige Junioren aus, die in Veszprém geweiht wurden. Von 1763—1803 war Heinrichau das Studienhaus der ungarischen Zisterzienser, die zuvor die Profeß in Zirc ablegten. Wie mangelhaft dabei die Ausbildung der Ordensleute im klösterlichen Hausstudium war, verrät der Bericht des Weihbischofs Zsolnay von 1803 (vgl. unten Anm. 127 a).

Universitäten von Graz und Krakau oder den Hochschulen von Veszprém und Buda[122].

Die schon öfter erwähnte klösterliche Schule in Heinrichau wurde das erste Mal im späten 13. Jahrhundert wahrscheinlich unter Abt Peter I. begründet. An ihr erhielten die piastischen Herzöge Bolko I. von Schweidnitz-Jauer und Nikolaus von Münsterberg ihre Ausbildung[123]. Dabei handelte es sich um eine Schule, die sich etwa mit den städtischen Pfarrschulen des Mittelalters vergleichen läßt. Sie erhielt ihre Bedeutung besonders dadurch, daß sie Schüler der adligen Familien des flachen Landes aufnahm und das Bildungsinstitut der Söhne gehobener Schichten war. Die Jugendlichen wohnten in einem Internat innerhalb des Klosterberings, wahrscheinlich in dem Hospiz, in dem sich damals auch ältere Geistliche und Bürger einkauften, um als Präbendare ihren Lebensabend in der familia der Zisterze zu verbringen[124]. Diese Schule fiel dem Hussitenkriege zum Opfer.

In der zweiten Hälfte des 16. Jahrhunderts begründete Abt Andreas von Köln (1554—77) die zweite Klosterschule. Ihr Vorbild waren die neuentstandenen protestantischen Schulen, in denen Theorie und Praxis zugunsten einer strengeren Systematik und sorgfältigeren Bildung getrennt waren. Diese Schule entfaltete eine segensreiche Tätigkeit, so daß sie der Neisser Rektor Friedrich Staphylus in einem Brief an den Jesuiten Petrus Canisius rühmend hervorhob[125]. Aber auch dieses Institut bestand nur wenige Jahrzehnte; in der späteren Zeit der Amtstätigkeit von Abt Nikolaus Hübner (1577 bis 1611), als die Zahl der Mönche abnahm und der Konvent sich der Seelsorge zuwandte, ließ man die Schule eingehen[126].

Im Jahre 1767 gründete Abt Konstantin Haschke nach dem Vorbilde von Rauden und Kamenz die dritte Heinrichauer Klosterschule, die als Lateinschule galt und etwa mit dem neuzeitlichen Gymnasium zu vergleichen war[127]. In einem 6jährigen Ausbil-

---

122) Nach dem Catal. besuchten die Heinrichauer Ordensleute vor dem Eintritt in den Orden meist die höheren Schulen in Glatz, Neisse, Weißwasser, Liegnitz und Braunau.

123) BDA V 63, S. 16 f. berichtet von Abt Johann II. (1321—25): „Coluit domestica Studia, quo tempore multa Juventus Patriae, Nobilitatis a Religiosis erudita est Henrichovij, de qua Nicolaus Dux Junior Mönsterbergensis recensetur." Vgl. auch A. Sartorius, Verteutschtes Cistercium-Bistercium oder Cisterzienser-Ordens Historiae. Prag 1708, S. 709.

124) Es wird erstmals am 4. Mai 1315 erwähnt (P. Bretschneider. In Archiv 4. 1939, S. 286 ff.); dieses Hospital war jedenfalls nicht identisch mit dem Hospiz neben der Pforte, das schon länger bestand.

125) J. Jungnitz, Martin von Gerstmann S. 175; K. Engelbert, Kaspar von Logau, Bischof von Breslau (1562—1574). (Darst. 28). 1926, S. 297. Da Staphylus erst 1552 konvertierte, 1554—1556 Rektor der Schule in Neisse war und 1558 nach Bayern übersiedelte, muß die Klosterschule in Heinrichau 1554—1556 begründet worden sein.

126) Der Nekr. erwähnt den „Ludimoderator" Magister Valentin Gyrscius aus Glogau, der am 23. Mai 1598 in Heinrichau starb und vielleicht der letzte Rektor dieser Klosterschule war.

127) Schreiben des Abtes Markus Welzel vom 29. Jan. 1790 (BDA V B 6 k). Nach der beiliegenden „Pro Memoria" wurde die Schule am 4. Jan. 1768 von der Königl. Preuß. Kriegs- und Domainen-Cammer bestätigt und den übrigen Schulseminarien gleichgestellt. Zum Lehrkörper gehörten zwei vom Stift besoldete Dozenten und zwei Professoren aus dem Orden. 12 Studenten erhielten freie Kost, 2 wurden jährlich neu gekleidet. Die Schule gliederte sich in eine Deutsche und eine Lateinische Schule, die erstere zählte 69, die andere 49 Studenten. Unterrichtsfächer waren

dungsgang vermittelte sie einen Abschluß, der dem Absolventen den Übergang zur Universität ermöglichte[127a]. Das Institut zeichnete sich durch großzügige Stipendien aus und war mit einem Internat verbunden, um begabten Jugendlichen der Stiftsdörfer die Chance zum sozialen Aufstieg zu erleichtern. Im Jahre 1790 berichtete Abt Markus Welzel auf Anfrage der Regierung, daß die Schule 118 Schüler zählte und dem Stift allein durch die freie Verpflegung und Kleidung für 12 Studenten, den Unterhalt der Lehrmittel und die Beheizung der 9 Schulräume jährlich Kosten in Höhe von 368 Tlr. entstünden. Außer den 12 Stipendiaten erhielten auch die anderen Schüler gegen eine geringe Bezahlung ihren täglichen Lebensunterhalt vom Kloster[128]. Diese Schule, an der viele Ordensleute von Heinrichau und Zirc als Professoren tätig waren, bestand nur wenige Jahrzehnte, denn schon 1801 bereitete ein Erlaß der preußischen Regierung allen höheren Schulen des flachen Landes ein Ende[129] — eine Maßnahme, durch die der Staat die Bevölkerung der Dörfer benachteiligte und dem Prozeß der Proletarisierung Vorschub leistete.

Die Hilfsmittel für die theoretische Ausbildung sammelte man in Heinrichau im klösterlichen Archiv und in der Stiftsbibliothek. Die Bestände des Archivs dienten der Sicherung der Güter und Rechte des Stifts und umfaßten hauptsächlich die Erwerbs- und Bestätigungsurkunden sowie die Kopialbücher. Da diese Dokumente überaus wertvoll waren, verwahrte man sie in feuersicheren Räumen. Von der Organisation eines solchen zisterziensischen Archivs im 14. Jahrhundert berichtet das Verzeichnis, das man um 1324 in Heinrichau als Katalog anlegte, um unter rund 120 Urkunden das gesuchte Dokument rasch aufzufinden. Nach den Angaben dieses Registers bewahrte man die Urkunden in vier Schränken auf, von denen je zwei nach Art von Truhen aufeinander standen, rechts und links im Archivraum. Jeder von ihnen enthielt vier Schubläden, deren Stirnseite wahrscheinlich beschriftet war[130]. In diesen 16 Schüben lagen die Urkunden in einzelnen Rollen, um Siegel, Siegelfäden und -streifen gegen Beschädigung zu sichern.

Deutsch, Latein, Schreiben nach den Regeln der Orthographie und Kalligraphie, Mathematik, Katechismus, Kirchengeschichte, politische Geschichte, Geographie, Vokal- und Instrumentalmusik, Grammatik, lateinische und deutsche Dichtung, Rhetorik, Geometrie und Naturgeschichte.

127a) Sie diente wie in Leubus und Rauden der Ausbildung der Volksschullehrer des Stiftslandes. Aber trotz des vom Saganer Abt Felbiger erarbeiteten „Königl. Preuß. General-Land-Schul-Reglements" von 1765 und der für die habsburgischen Länder entworfenen „Allgemeinen Schulordnung" von 1774 war der Schulbetrieb der schles. Zisterzienser dieser Zeit „im verrotteten Scholastizismus des 18. Jh." verknöchert (U. Krömer, Johann Ignaz Felbiger, Leben und Werk (Untersuchungen zur Theologie der Seelsorge, Bd. 22). Freiburg-Basel-Wien 1966, S. 11). Noch 1803 mußte die Königl. Ungar. Hofkanzlei einen schlesischen Zisterzienser nach Heinrichau zurückschicken, weil seine Ausbildung den Bestimmungen des aufgeklärten habsburgischen Staates nicht entsprach. Überhaupt war einer der schlimmsten Vorwürfe, die Weihbischof Zsolnay 1803 dem Konvent von Zirc machte, daß die Ordensleute in Heinrichau eine mangelhafte theologische Ausbildung erhielten und im Vergleich zu den Benediktinern von Pannonhalma ungebildet seien (BDA V B 6 d).

128) BDA V B 6 k, Pro Memoria von 1790.

129) Pfitzner Anm. 336 und S. 255 f. Bei der Auflösung zählte die Schule 90 Studenten.

130) H. Goetting, Urkundenstudien zur Frühgeschichte des Klosters Heinrichau. In: ZVGS 73. 1939, S. 59—86.

Die Beschaffung von Büchern, die dem Gottesdienst und der persönlichen Frömmigkeit dienten, forderte schon die Charta Caritatis von Cîteaux. Dabei wurde das jeweilige Mutterkloster verpflichtet, die Tochtergründung mit einem Mindestmaß an Büchern auszustatten, um das monastische Leben der jungen Ordensniederlassung zu fördern. Da man aber Bücher nur in mühevoller Handarbeit herstellte, beschränkte sich der Orden auf eine knappe Auswahl der notwendigsten Exemplare, die der Gestaltung des Officium, dem täglichen Kapitel und der Lectio divina dienten[131]. Alle Literatur zum privaten Studium und zur persönlichen Meditation mußte sich die Neugründung aus eigenen Mitteln beschaffen. Von den Werken der Heinrichauer Gründungsausstattung hat sich nur ein Exemplar erhalten[132], alle anderen gingen verloren, und ebenso wurden auch jene Bücher vernichtet, die das Kloster nach Einträgen des Nekrologs von frommen Spendern erhielt[133]. Man kann daraus schließen, daß die rund 200 Handschriften, die die Klosterbibliothek bei der Säkularisation enthielt, nur einen Bruchteil der spätmittelalterlichen Ausstattung repräsentieren. Den schwersten Verlust erlitt die Heinrichauer Bibliothek kurz nach dem 7. September 1632. Damals wurde das Stift von den Sachsen überfallen, die die Altäre, die Kanzel, 3 Orgeln und ein wertvolles Positiv in der Abteikirche zerschlugen, Gemälde und Paramente zerschnitten und Bücher und Mobiliar im Kreuzgang auftürmten und in Brand steckten, um das Kloster zu zerstören. Den größten Teil der Bücherei verluden sie auf 10 vollbepackte Wagen und verschleppten sie nach Brieg[134]. Diesen wertvollen Schatz haben die Zisterzienser nie mehr zurückerhalten, und es ist unbekannt, wo er geblieben ist.

Nach dem Dreißigjährigen Krieg kümmerte sich Abt Melchior Welzel um den Wiederaufbau der Bibliothek und beschaffte viele neue Werke. Bei der Ordnung der Bü-

---

131) Nach den Constitutiones Cistercienses von 1119, cap. 10 gehörten zur Ausstattung ein Missale, Epistolar, Collectaneum, Graduale, Antiphonar, Hymnar, Psalter, Lektionar, die Regula S. Benedicti und ein Calendarium (Collectanea 16. 1954, S. 102).

132) Vielleicht die Hs. I F 42, Psalterium der Breslauer Universitätsbibliothek; vgl. C. H. Rother, Aus Schreibstube und Bücherei des ehemaligen Zisterzienserklosters Heinrichau. In: ZVGS 61. 1927, S. 52. Zu den Handschriften des Stifts vgl. auch J. Staender, Die Handschriften der Königlichen und Universitäts-Bibliothek zu Breslau. In: ZVGS 33. 1899, S. 1—66; H. Szwejkowska, Biblioteka klasztoru cystersek w Trzebnicy (Wrocławskie Towarzystwo Naukowe. Śląskie Prace Bibliograficzne i Bibliotekoznawcze 1). Breslau 1955, S. 72 ff.; W. Schenk, Rękopisy liturgiczne dawnej Biblioteki Miejskiej we Wrocławiu (XIII—XV w.). In: Roczniki Teologiczno-Kanoniczne 6. Lublin 1960, S. 77—98; Ders., W jaki sposób można ustalić czas powstania oraz miejsce pochodzenia i używania Śląskich rękopisów liturgicznych. In: Archiwa, Biblioteki i Muzea Kościelne 21. 1970, S. 33—54; Ders., Rękopisy liturgiczne od XIII do XV wieku w Bibliotece Uniwersiteckiej we Wrocławiu. In: Archiwa, Biblioteki i Muzea Kościelne 2. Lublin 1961, S. 185—206 und Bd. 6. 1963, S. 191—209; K. Wutke, Über schlesische Formelbücher des Mittelalters (Darst. 27). 1919; M. Unterlauff, Ein schlesisches Formelbuch des 14. Jahrhunderts. In: ZVGS 27. 1893, S. 310—355.

133) Zum 2. April erwähnt der Nekr. die Schenkung eines Psalterium, zum 27. Juni die Schenkung des Liber sentenciarum, zum 7. Nov. eines Decretum und zum 26. Dez. des Liber sextus decretalium.

134) BDA V 11, Bericht des fr. Edmund Fontanus (Fotokopie). Nach der Hist. dom. Henr. (S. 37) bestand die Bibliothek, die Heinrichau damals verlor, aus mehr als 6000 Bänden.

cherei ließ er von polnischen Ordensleuten, die in Heinrichau Zuflucht suchten, auch einen Katalog anlegen[135]. 1684 erwarb Abt Kahlert die Bibliothek des Freiherrn von Rethel mit 4359 Exemplaren philosophischen, theologischen, juristischen und medizinischen Inhalts, die er dem Corpus der bestehenden Bücherei des Stifts einverleibte[136]. Auch seine Nachfolger waren um die Erweiterung der Bestände bemüht, denn seit der Gründung der Lateinschule diente die Sammlung auch als Studienbibliothek der Professoren und Studenten. So wuchs die Heinrichauer Bücherei bis zur Säkularisation auf rund 20 000 Werke und war damals die größte klösterliche Bibliothek in Schlesien[137].

Nach der Übersiedlung der ungarischen Expositi von Pápa nach Zirc begann man auch im ungarischen Tochterkloster mit dem Aufbau einer Bücherei. Da der Konvent im 18. Jahrhundert in der Mehrzahl aus deutschsprachigen Ordensleuten bestand, beschafften die Äbte meist deutsche und lateinische Werke. Diese Bibliothek zählte bei der Auflösung der Union 2300 Werke in 4100 Bänden, und ein beträchtlicher Teil der Bücher kam aus Heinrichau und wurde von Ordensleuten mitgebracht, die die Äbte nach Ungarn schickten[138]. Daher enthalten das Komitatsarchiv von Veszprém und die Széchényi-Nationalbibliothek in Budapest mit ihrer Nebenstelle Zirc noch heute eine Reihe von alten Drucken, jüngeren Handschriften und Quellenmaterial zur Geschichte des Ordens und besonders der Klöster Heinrichau und Zirc, das aus dem Besitz und von der Hand schlesischer Zisterzienser des 18. Jahrhunderts stammt[139].

---

135) 1661 arbeitete an dem Katalog der fr. Kasimir von Pelplin (Rother S. 45).

136) Compendium fol. 21 b, eines von den Exemplaren der Rethelschen Bibliothek kam im 18. Jh. nach Zirc, wo es heute noch vorhanden ist. — Außerdem erhielt das Stift Heinrichau im 18. Jh. die Bibliothek des Fürstl. Auerspergischen Regierungsrats und Sekretärs Kaspar Ignaz von Dittel, die seine Witwe den Zisterziensern vermachte (Zimmermann S. 95).

137) 1729 ließ Abt Gregor Regnard die Bibliothek erweitern und neu katalogisieren (vgl. W. Schenk, Rękopisy liturgiczne od XIII do XV wieku. Bd. 6, S. 191—193 und 195 f.; Ders., W jaki sposób S. 37).

138) Nach einer oberflächlichen Durchsicht der vorhandenen Bestände brachten folgende Ordensleute Bücher aus der Heinrichauer Stiftsbibliothek nach Zirc: Christian Dorffinger, Johannes Nep. Schn. aus Freiwaldau, Alexius Peschel, Petrus Zimmermann, Martin Horváth, Heinrich v. Swietlik, Nivard Sperling und Pius Jokischmann.

139) Interessante Exemplare Heinrichauer Provenienz in ungarischen Bibliotheken sind Hartmann Schedels Weltchronik, Nürnberg 1493 (in Zirc), „Herbarz ginak bylinar", eine tschechische Ausgabe der „Commentarii in VI libros Ped. Dioscordis Anazarbei de materia medica" von Petrus Andreas Matthiolus, Prag 1562 (1685 durch Abt Kahlert erworben; in Zirc), die „Acroamatum Epigrammaticorum Centuriae VI" von Albertus Ines, 3. Aufl. (nach dem Exemplar Cracoviense 1686 bei Isaias Fellgibel in Breslau gedruckt; in Zirc); der „Catalogus Patrum et Fratrum monasteriorum de Henrichau et de Zirc" (Ms. Fol. Lat. 4266 in Budapest), verschiedene Diaria Heinrichauer Mönche und Äbte (in Veszprém, Nr. 203/660) und die „Statuta Ordinis Cisterciensis pro provincia Silesiae facta per Rev. D. Joannem Petit abbatem Cistercii ... anno Domini 1673 die 22 mensis Junii in collegio Sancti Bernardi Parisiensis" (in Veszprém Nr. 20/456). Außerdem berichtet der Verfasser der Hist. dom. (I. 99 und 103), daß man 1753 und 1755 weitere 7 handschriftliche Gradualia und Antiphonarien von Heinrichau nach Zirc schickte.

Siebentes Kapitel

DIE BAUTEN DES KLOSTERS

1. Die Klosteranlage

Dem glücklichen Umstande, daß Heinrichau nach der Säkularisation Sitz der oranischen Güterverwaltung in Schlesien und 1863 Nebenresidenz der großherzoglichen Familie von Sachsen-Weimar-Eisenach wurde, ist es zu verdanken, daß der umfangreiche Komplex der Gebäude, Höfe und Gärten bis 1945 fast unversehrt erhalten blieb. Die fürstlichen Besitzer der Neuzeit haben das einstige Kloster, das ihnen als Schloß diente, so gut gehütet und gepflegt, daß es bis zum Ende des Zweiten Weltkrieges kaum nennenswerte Verluste erlitt. Die wenigen Veränderungen, die das Stift bis 1945 erfuhr, haben die Anlage innerhalb des ummauerten Berings nur unwesentlich berührt und betrafen hauptsächlich die Umgebung außerhalb der Klostermauern. So ließ die oranische Güterverwaltung 1831 den Großteich und den Altteich trocken legen, das Wiesengelände mit Tannenwäldchen bepflanzen und über den erhalten gebliebenen Damm des Großteichs die neue Chaussee führen, die Heinrichau mit Münsterberg verbindet. Um 1863 beauftragte der Großherzog von Sachsen-Weimar Professor Petzold, einen Schüler des Grafen Pückler-Muskau, den früheren Tiergarten und das Wolfsgehege in der Ohleniederung nach dem Vorbilde des Schloßparks an der Ilm in Weimar zu einem Landschaftspark nach den Vorstellungen der späten Romantik umzugestalten, der in seiner Größe und Schönheit in Schlesien kaum eine Parallele findet.

Innerhalb der Klostermauern gab man den früheren Abteigarten auf, um ihn als Küchengarten zu nutzen. Den Brudergarten, der im südöstlichen Teil des Berings auf der Talsohle der Ohleniederung lag, verwandelte man ähnlich dem Schloßpark in einen Englischen Garten und gab ihm den Namen „Pläsiergrund", und der einstige Konventsgarten erhielt nach umfangreichen Erdarbeiten durch die Anlage von Terrassen, Balustraden, Freitreppen und Rampen, Fontänen, Pergola und Bosketten die Gestalt eines spätromantischen „Italienischen Gartens" von eindrucksvoller Schönheit.

An den Gebäuden dagegen, die die Familie von Sachsen-Weimar übernahm, wurde fast nichts geändert, da sie den Bedürfnissen der neuen Herrschaft vollständig entsprachen. Dadurch blieb in Heinrichau eine Anlage erhalten, die fast wortgetreu das Bild der Wernerschen Stiche des 18. Jahrhunderts bewahrte und ein klassisches Beispiel frühbarocker Klosterbaukunst widerspiegelte, wie es in dieser Vollständigkeit nur selten zu finden war.

Die Grundfläche des Stifts, das sich auf einer flachen Bodenschwelle kaum 3 m über der Talaue der Ohle erhebt, ist der geometrischen Figur einer überdehnten stumpfen Pyramide angenähert. Die Grundlinie im Süden mißt 320 m, die entgegengesetzte nördliche Schmalseite 140 m, die Seitenlinien, die sich nach Norden einander nähern, je rund 640 m. Eine hohe Bruchsteinmauer des 18. Jahrhunderts umschließt in einer Länge von 1800 m den Bering von 15 ha Fläche, der von Nord nach Süd in drei gleichlange Abschnitte zerfällt. Den nördlichen, 3,2 ha großen Teil nehmen die Ökonomiebauten des Niederhofs und Kammerhofs mit ihren Nutzgärten ein[1]. Die Mitte der Anlage mit einem Areal von 4,7 ha beherrschen die gotische Stiftskirche und die Klostergebäude, der Ehrenhof, der frühere Konventsgarten und die Trakte der Offizinen, der Lateinschule, des Gästehauses und Remisengebäudes. Der südliche, fast quadratische Teil des Berings umfaßt die ausgedehnten Gärten mit der Orangerie, der Aussichtsterrasse, Abtspavillon, Hälderteich und Fischmeisterhaus. Zwei rund 100 m lange, von parallelen Bruchsteinmauern eingefaßte Zugangswege verbinden den Stiftsbezirk mit der höher gelegenen Dorfstraße, an der sich — nur 130 m voneinander entfernt — zwei Torhäuser mit gewölbten Einfahrten erheben. Die Ruine des gotischen Andreaskirchleins neben dem nördlichen Niedertor von 1681[2], dessen Torweg auf den Hof der alten Klostergrangie führt, verrät eindeutig, daß an dieser Stelle schon das mittelalterliche Pfortenhaus lag; neben ihm erhebt sich das Hospital, das Abt Kahlert auf dem Platze des 1618 erwähnten Hospizes errichtete[3], und gegenüber liegt der frühere Stiftskretscham, von dem die Urkunden schon im 14. Jahrhundert berichten[4]. Bei der Erweiterung des Stiftsbezirks unter

---

[1]) Da bisher noch keine Planskizze des Stiftsbezirks veröffentlicht wurde, geben wir hier einen behelfsmäßigen Plan wieder, der auf eigenen Messungen beruht und keinen Anspruch auf Genauigkeit erheben kann. Gute Planaufnahmen von J. Szymański aus dem Jahre 1969 befinden sich im Państwowy Konserwator Zabytków in Breslau.

[2]) Das zweigeschossige Torhaus wendet seinen frühbarocken Schaugiebel dem Dorfplatz zu; es wurde 1681 von Abt Daniel Meyer aus Braunau erbaut. Vom mittelalterlichen Pfortenkirchlein St. Andreas, das nach der Renovation am 1. Nov. 1617 konsekriert wurde, ist nur noch das gotische Presbyterium erhalten. Im übrigen stammen die Bruchsteinmauern, die den Stiftsbering umgeben, nur im nördlichen Teil der Klosteranlage mitsamt dem wehrhaften runden Eckturm auf dem Niederhof aus der Zeit des Abtes Andreas von Köln (1554—77), denn „eius industriae murorum et domiciliorum restauratio debetur" (Hist. brevis § 31).
Aus der kunsthistorischen Literatur des Klosters führen wir hier nur folgende Werke und Beiträge an: Verzeichnis der Kunstdenkmäler der Provinz Schlesien. Bd. 2. Bearb. H. Lutsch. Breslau 1889, S. 80—91; B. Stephan, Kloster Heinrichau und seine Kunstschätze (Schlesische Kunstführer I). Breslau (Deutsch-Lissa) 1935; Z. Świechowski, Architektura na Śląsku do połowy XIII w. (Pomniki Architektury Polskiej 2). Warschau 1955; H. Tintelnot, Die mittelalterliche Baukunst Schlesiens (Quellen 1). Kitzingen 1951; Z. Świechowski, Uwagi o pierwotnym ukłądzie przestrzennym kościoła pocysterskiego w Henrykowie. In: Kwartalnik Architektury i Urbanistyki 2. 1957, S. 147—149; G. Grundmann, Schlesische Barockkirchen und Klöster (Schriften des Kopernikuskreises 4). Lindau-Konstanz 1958; M. Kutzner, Cysterska Architektura na Śląsku w latach 1200—1330. Habilitationsschrift der Nikolaus-Kopernikus-Univ. Thorn. Thorn 1969; K. Kalinowski, Architektura Barokowa na Śląsku w drugiej połowie XVII wieku (Polska Akademia Nauk. Instytut Sztuki 21). Breslau-Warschau-Krakau-Danzig 1974

[3]) Die „domus hospitum" neben der Klosterpforte bestand schon 1318.

[4]) Nach einer Urkunde Bolkos II. existierte er bereits 1334 (SR 5294).

Abt Kahlert verlor die alte Pforte ihre zentrale Stellung und wurde 1701 durch das Obertor ersetzt, dessen Zugangsweg sich nach der Westfassade der Abteikirche richtet. Ein 8—10 m tiefer Geländeeinschnitt mit steilen Böschungen — ähnlich dem Halsgraben mittelalterlicher Burgen — zieht sich vor der Westmauer des Stifts in einer Länge von mehr als 700 m hin. Er trennt den Klosterbering von der höher gelegenen Ortschaft der „Neustadt" und wird nur von den Brücken der beiden Zufahrtswege überspannt. Diesen imposanten Graben, durch den jetzt die Ohle fließt, gruben die Mönche im späten 13. Jahrhundert in den lehmigen Boden, um die Abtei, die im Norden, Osten und Süden von Sümpfen umgeben war, auch im Westen von der Welt abzuschließen[5].

Ein Blick auf den Plan läßt erkennen, daß es sich um eine Anlage handelt, der eine einheitliche Gesamtkonzeption zugrunde lag und die nahezu aus einem Guß entstand[6]. Abt Heinrich Kahlert ließ nämlich bald nach 1681 von Künstlern aus dem bayerisch-österreichischen Raum einen Entwurf erarbeiten, der alle Teile des Klosters und seiner Nebengebäude erfaßte und größtenteils noch unter dem ersten Bauherrn verwirklicht wurde; auch die Nachfolger, die den Abtsgarten anlegten, den Abtspavillon, die Orangerie mit Aussichtsterrasse, die Infirmerie und das Noviziat errichteten, haben sich an diesen Plan gehalten.

Um den unregelmäßig verlaufenden Ohlekanal und den östlichen Rand der zur Ohleniederung abbrechenden Geländeschwelle den Ideen barocker Symmetrie anzupassen, ließ Abt Kahlert in Anlehnung an die Achse der gotischen Abteikirche das neue Kloster errichten, dessen 95 m langer, dreigeschossiger Ostflügel um 40 m über das Quadrum der Klausur nach Süden vorspringt. Parallel zur 60 m langen, von Flankentürmen eingerahmten westlichen Schaufront der Prälatur legte man in einer Entfernung von 60 m den mehr als 220 m langen, zweigeschossigen Trakt der Offizinen an, den die gewölbte

---

[5]) Der Wasserspiegel der Ohle liegt an der Südwestecke des barocken Berings rund 8—10 m unter dem Niveau der Terrasse des Abtsgartens, am Torweg des Kammerhofes, wo das Flüßchen zwischen gemauerten Uferböschungen fließt, etwa 3—4 m unter dem Niveau der früheren Grangie, so daß sich der Stiftsbering auf hochwasserfreiem Gelände erhebt. Auch an der Ostseite des Stifts fließt am Fuße der Mauer, die die Gärten gegen den Park abschließt, ein künstlich angelegter Graben zwischen steilen Erdböschungen.

[6]) Trotz der Veränderungen, die Heinrichau nach 1810 erfuhr und trotz der Verwüstungen der letzten drei Jahrzehnte, ist die barocke Gesamtanlage noch klar zu erkennen. Teilweise läßt sich an der Lage der Gebäude, an den Resten der Balustraden, Bassins, Fontänen und Gartenskulpturen sehen, wie die Gärten einst gegliedert waren und welche Rolle der Abtspavillon, die Orangerie, die Aussichtsterrasse, die Torbögen, das Fischmeisterhaus und der Hälderteich im Rahmen der Gesamtanlage spielten. Dank dieser Überreste ist Heinrichau auch jetzt noch ein gutes Anschauungsobjekt einer konsequent durchgeführten ländlichen Klosteranlage der Barockzeit, wie sie in dieser Größe und Vollständigkeit in den Ländern östlich der Elbe kaum ein zweites Mal zu finden ist. Um aber den weiteren Verfall der Gebäude und Gärten aufzuhalten, wäre es dringend nötig, daß das Ministerium für Kultur und Kunst das Kloster, das neben dem Dom, dem Rathaus und der Dominsel in Breslau und neben den Klöstern Leubus, Grüssau, Trebnitz und Wahlstatt in die höchste Klasse der erhaltenswerten Baudenkmale der Wojewodschaft Breslau aufgenommen wurde, wiederherstellen würde, solange eine Rekonstruktion der barocken Anlage noch möglich ist (zur Einstufung vgl. Zabytki Architektury i Budownictwa w Polsce. Heft 16. Województwo Wrocławski i m. Wrocław. Warschau 1973).

Halle des Zugangsweges vom Obertor durchbricht. Der langgestreckte, schmale Hof zwischen dem Offizinengebäude und der unregelmäßig verlaufenden westlichen Mauer des Klosterberings wurde zum Wirtschaftshof für die Handwerksbetriebe, an dessen Westseite sich das Stiftsgefängnis, die Apotheke und die Bäckerei befinden.

An der Nordseite des Prälaturhofes schließt im rechten Winkel an den Offizinentrakt der 75 m lange zweigeschossige Bau des Gästehauses an, der den Ehrenhof vom Hofraum des Kammergutes trennt. Um den stattlichen Freiraum vor der Prälatur und der Westfassade der Kirche auch vom alten Friedhof abzugrenzen, schloß man die 50 m breite Lücke zwischen dem Gästehaus und dem gotischen Glockenturm durch den niedrigen, flachgedeckten Trakt der Remisen, dessen Hofseite von rundbogigen Einfahrten, rechteckigen Fenstern, Lisenen und einer Schaubalustrade gegliedert ist. Im Süden erhielt der Stiftsplatz mit den Trakten der Brauerei und Lateinschule einen Abschluß gegen das Gelände der Stiftsgärten[7]. Die hofseitige Flucht dieser beiden Gebäude, die zusammen 80 m lang sind, läuft genau in der Linie des Südgiebels, der den ausspringenden Ostflügel der Klausur beherrscht; da man aber eine 30 m breite Lücke offen ließ, die den Hof mit den Stiftsgärten verbindet, bot sich einst vom Obergeschoß des Klosters ein prächtiger Ausblick über die Gartenanlagen auf die weite Wasserfläche des Großteichs.

Der imposante, L-förmige Ehrenhof, der sich vor der West- und Südfassade der Klausur erstreckt und von den Gebäuden der Offizinen, des Gästehauses, der Brauerei und Lateinschule umrahmt wird, mißt von Nord nach Süd mehr als 170 m und im südlichen Teil von West nach Ost 110 m. Er wurde bewußt als repräsentativer Freiraum angelegt, um eine „Cour d'honneur" zu schaffen, die die festlichen Fassaden der Prälatur und des Klosters eindrucksvoll zur Geltung brachte. Der ausgedehnte Platz ist durch Baumgruppen und die steinernen Monumente des Josephsbrunnens, der Dreifaltigkeitssäule und des Nepomukdenkmals gegliedert.

Die gotische Abteikirche wendet dem Festhof eine reichgegliederte barocke Schaufassade zu, deren Obergeschoß in einem von Voluten begleiteten, segmentbogenförmigen Giebel ausklingt, den flammende Pinienzapfen bekrönen. Vor das Untergeschoß legt sich eine niedrige quadratische Vorhalle; ihr rundbogiges Portal wird von einer auf Säulen ruhenden Giebelverdachung betont und von Wandnischen mit Statuen und Eckpilastern umrahmt. In die ebenfalls mit Statuen und Vasen geschmückte Balustrade, die sich über dem Kranzgesims des eleganten Bauwerks erhebt, schneidet das Portalrisalit ein, das sich über einem elliptischen Okulus zu einem halbkreisförmigen Giebel mit den Initialen des Bauherrn aufwölbt. Eine kupfergedeckte Kuppel mit reichgegliederter Laterne schließt die Vorhalle nach oben ab. Neben ihr steigt vor der Front des nördlichen

---

[7]) Die Lateinschule wurde unmittelbar nach dem 7jährigen Kriege erbaut. Das schlichte Gebäude, das gegen den Ehrenhof mit dem Brauereitrakt fluchtet, ist höher und gegen den Garten hin fast doppelt so tief wie die Brauerei. Um den Blick vom Obergeschoß des Abtspavillons auf die Dächer und Türme des Stifts nicht zu behindern, gab man dem Schulgebäude ähnlich wie der Orangerie, dem Remisentrakt und der Infirmerie ein flachgeneigtes Dach.

Seitenschiffes der puritanisch einfache, fast ungegliederte Körper des spätgotischen Glokkenturmes auf. Über seinem auskragenden Kranzgesims, das eine barocke Balustrade trägt, erhebt sich ein eingezogenes oktogonales Geschoß, auf dem der mächtige Helm ruht, der mit zwei Durchsichten und 6 allmählich ausklingenden zwiebelförmigen Schwellungen bis zu einer Höhe von 72 m aufragt.

Die Westfassade des Stifts springt um 20 m vor den westlichen Abschluß der Kirche in den freien Raum des Ehrenhofes vor. Ein mächtiges, von roten Flachziegeln gedecktes Satteldach, ein weit vortretendes Kranzgesims, das an sonnigen Tagen kräftige Schatten wirft, kontinuierlich durchlaufende Reihen gekuppelter, abwechselnd von Dreiecks- und Segmentbogengiebeln bekrönter Fenster, ein ausgeprägtes Horizontalgesims, das Sokkel- und Obergeschoß trennt —, alle diese Motive prägen dem Bauwerk einen schweren, erdgebundenen Charakter auf und weisen es stilistisch eher der Renaissance zu als den Vorstellungen barocker Achitektur. Die flachen Lisenen, die die Fensterachsen des Erdgeschosses teilen und die durchgehende Ordnung der von weitausladenden Kompositkapitellen bekrönten Pilaster des Obergeschosses lösen sich nicht entschieden genug aus der massigen Wandfläche, um ein Gegengewicht zu der Dominante horizontaler Elemente zu schaffen. Es scheint, als seien die vertikalen Strukturglieder dem blockhaften Bau nur flächig vorgeblendet, so daß sie nicht die Kraft finden, sich plastische Geltung zu verschaffen.

Ihr barockes Gepräge aber erhielt die Prälatur erst durch die Lösung, die der Architekt bei der Ausbildung der Ecken des vorgezogenen Baukörpers fand. Zwei sechseckige Türme, die so lose mit dem Gebäude verbunden sind, daß sie mit 5 Seiten diagonal in den Ehrenhof vorspringen, fassen die Hauptfassade zusammen. Über dem Kranzgesims der Prälatur, das auch die Türme umzieht, um sie der Fassade einzubinden, erhebt sich ein schlankes, eingezogenes, von konkaven Nischen und runden Okuli und Pilastern gegliedertes Obergeschoß, das über dem Abschlußgesims einen meisterhaft entworfenen Zwiebelhelm mit luftiger Durchsicht trägt. Die Turmhelme korrespondieren mit dem hochragenden Helm des gotischen Glockenturmes, doch verraten sie einen tüchtigeren Meister.

Das Motiv der aus der Front vortretenden Ecktürme gibt der Prälatur von Heinrichau eine glückliche Ausgewogenheit. Von welcher Seite man den Baukörper des Quadrums betrachtet, immer stehen horizontale und vertikale Elemente in ausgeglichener Spannung; selbst der erdrückend wuchtige gotische Glockenturm mit den aufragenden, diagonal angeordneten Strebepfeilern findet in der behäbig hingelagerten Schaufront des Klosters ein Gegengewicht. Im übrigen zeigen die Südseite der Klausur, die Westseite des ausspringenden Ostflügels und seine südliche Schmalseite mit ihrem 26 m hohen Schaugiebel dieselben Gliederungselemente wie die Prälatur.

An der Ostseite des Mönchsflügels, wo das Stiftsgelände zur Ohleniederung abfällt, entstand um 1700 ein ähnlich imposanter Freiraum wie vor der Westfront der Prälatur und der Kirche. Der Bereich, in dem sich jetzt der „Italienische Garten“ befindet, wurde zum „Konventsgarten“ ausersehen und erhielt einen intimen Charakter. Man umgab den

90 mal 90 m großen Raum im Süden und Osten mit hohen Bruchsteinmauern, deren Innenseite von Nischen mit Sockelbänken und segmentbogigen Entlastungsbögen gegliedert ist. Die Westseite schließt der lange Trakt der dreigeschossigen Klausur mit ihren durchlaufenden Reihen gekuppelter Fenster, aus denen der Blick über den Garten weit in das Gelände des Parks schweift. Die Nordseite des einst geometrisch angelegten, durch Pavillone und Springbrunnen gegliederten Gartens begrenzt der niedrige, flachgedeckte Trakt eines Gebäudes, in dem sich die Infirmerie und das Noviziat befanden und dessen Südfassade sich im Hauptgeschoß in einer langen Reihe offener, rundbogiger Arkaden dem Garten zuwendet.

Seinen individuellen Charakter erhielt das Klostergebäude von Heinrichau aber erst durch die farbige Behandlung der Fassaden. Der Grund des Sockelgeschosses ist überall ockerrot gestrichen. Den kräftig gelb getönten Flächen der beiden Obergeschosse sind zahlreiche, in Kratzputz ausgeführte weiße Kreisscheiben aufgelegt, die das Mauerwerk mit einer Fülle leuchtender Tupfen beleben. Vor dem Untergrund der dunkleren Töne hebt sich in blendend weißer Färbung das architektonische Strukturgerüst der Lisenen, Gesimse, Pilaster, Verdachungen, Fensterumrahmungen und Brüstungen ab, und in der weißen Fläche der Pilastersockel und Fensterbrüstungen wölben sich spiegelförmige Zierblenden vor, die abwechselnd ockerrot und schwarzgrau gefärbt und deren Putzmasse dicke Splitter farbiger Gläser beigemischt sind, deren scharfe Spitzen und Bruchkanten das Sonnenlicht in unzähligen, gleißenden Brennpunkten einfangen und flimmernd und glitzernd reflektieren[8].

Es kann kein Zweifel bestehen, daß dieses Kloster mit seinen eindrucksvollen Höfen, Gärten und farbenfrohen Schaufassaden für eine Landschaft konzipiert wurde, die die Helligkeit eines südlicheren Himmels fordert. Die getönten Flächen und Strukturen der Gebäude erwachen nämlich zu vollem Leben erst dann, wenn sommerlich strahlende Sonne die Plätze überflutet und die Schaufronten mit ihrem Licht übergießt. In solchen Stunden rufen die festlich-farbigen Bauten impressionistische Erinnerungen an die farbenfrohen Schauseiten der Bürgerhäuser wach, die die großen Plätze der Städte an Inn und Salzach umrahmen. Offenbar suchte der Baumeister von Heinrichau wesentliche Stilelemente dieser südländischen Architektur einzufangen und auf das schlesische Bauwerk zu übertragen. Dieser Eindruck wird zur Gewißheit, wenn man die ausgedehnten Nebengebäude betrachtet, die das Stift und seine Freiplätze umschließen. Die niedrigen, flachgedeckten Trakte der Remisen, der Infirmerie und Orangerie, der Brauerei und Lateinschule, deren Schauseiten sich in weiten, rundbogigen Arkaden zu den Gärten und Höfen öffnen und von Scheinbalustraden mit steinernen Pinienzapfen bekrönt sind,

---

[8]) Bei der Renovation der Jahre 1973—74 wurden die ausgebrochenen farbigen Gläser leider durch farblose Scherben von dünnem Glas ersetzt, die die vorgesehene Funktion nur unvollkommen erfüllen. Zur Fassade der Klostergebäude vgl. auch D. Frey, Die Kunst. In: Geschichte Schlesiens. Bd. 2. Darmstadt 1973, S. 243.

sowie die zwiebelförmigen Kuppeln des Obertors und des Zentralpavillons im Abteigarten könnten ebenso gut in einem Kloster begegnen, das in Tirol liegt, anstatt in der Landschaft an der oberen Ohle[9].

Betritt man das Innere des Klosters, so ist man enttäuscht, wie wenig Innen- und Außenbau einander entsprechen. Zwar ist der quadratische Kreuzhof des Quadrums von einem regelmäßigen, kreuzgratgewölbten Kreuzgang umgeben; aber der Gang, der seiner Ausstattung und Ausmalung beraubt ist, wirkt engbrüstig, nüchtern und erdrückend. Von den Kreuzgängen mittelalterlicher Klöster unterscheidet er sich durch die übersteigerte Höhe und die tiefen Schluchten der Wandnischen, die von Fenstern durchbrochen sind, anstatt sich in offenen Arkaden zum Kreuzhof zu öffnen, wie man es bei der architektonischen Gliederung der Wände erwarten möchte. Im übrigen läßt der Grundriß des Inneren jede Regelmäßigkeit vermissen. Drei marmorne, mit Säulen, Giebeln, Statuen und dem Klosterwappen geschmückte Portale[10] vermitteln den Zugang zu engen, gewölbten Eingangshallen, die den Prälaturflügel durchbrechen. Es gibt weder eine repräsentative Sala terrena noch einen großzügig gestalteten Treppenaufgang oder weite Fluchten von Räumen, die in einem funktionellen Zusammenhang miteinander stehen und wo sich die barocke Architektur zu voller Wirkung entfalten könnte. In einem schmalen Korridor, einem bescheidenen Vorraum, einem kleinen Gemach öffnet sich unvermittelt eine holzgeschnitzte Tür und gewährt den Zugang zu einem Saal von überraschender Schönheit. Die festlichen Räume, die das Kloster birgt, verteilen sich auf alle Flügel und Geschosse des Quadrums. Im Erdgeschoß liegen an den Ecken der Prälatur der Gerichts- und der Priorsaal[11], im Ostflügel die Sakristei[12], der Kapitelsaal[13],

---

[9]) Zur farbigen Behandlung der Fassaden vgl. K a n o l d , Wesen und Beispiele der Fassadenmalereien der Renaissance und des Barocks. In: Farbe am Hause. Der erste Deutsche Farbentag in Hamburg. Vorträge und Aussprachen. Berlin 1925, S. 46.

[10]) Das nördliche der drei Portale des Prälaturflügels trägt die Allegorie der Justitia und führt zur einstigen Kanzlei, das Mittelportal mit der Statue des hl. Bernhard ist der Eingang zur Klausur der Mönche, und das südliche Portal, über dem Engel das Wappen von Heinrichau halten, bildet den Zugang zur Prälatur. In den Pilaster links vom Mittelportal ließ man bei der jüngsten Renovation eine Marmorplatte ein, deren Inschrift berichtet, daß in diesem Kloster einst das Buch entstand, das mit den Worten „day ut ia pobrusa a ti poziwai“ (GS 60; GB 54; GG 299) den ersten schriftlich überlieferten Satz in polnischer Sprache enthält.

[11]) Der Mittelspiegel der Wölbung des Saales trägt ein Fresko mit der Westansicht der Klöster Heinrichau und Zirc um 1750 und dem Spruchband: HOC LUMINE UTRUMQUE VIVIT. Die vier nach den Hauptrichtungen des Saales orientierten, herzförmig gerahmten Schilde enthalten die allegorischen Darstellungen der vier Jahreszeiten.

[12]) Die köstliche barocke Ausstattung des Raumes ist vollständig erhalten; doch bedürfte sie einer baldigen Renovation.

[13]) Der Saal gehört zur Pfarrei und dient als Unterrichtsraum für Katechesen. Infolge der jahrelangen Beheizung mit simplen Kohleöfen und wegen der primitiven Schulmöbel erweckt er einen trostlosen Eindruck. Doch sind die Architektur des Raumes und die Holztäfelung erhalten geblieben, so daß seine Wiederherstellung nur eine Kostenfrage ist.

das Winter- und Sommerrefektorium[14], im Hauptgeschoß des Westflügels die Abtsäle, im Südflügel der Gobelinsaal[15] und Lesesaal[16] und im Ostflügel die große Bibliothek.

Der architektonische Schmuck aller Festräume aber beschränkt sich auf die weitgespannten, von Stichkappen angeschnittenen Tonnengewölbe, wo sich aller Prunk entfaltet, den Stukkatoren und Maler des späten 17. Jahrhunderts zu schaffen verstanden. Die aufgehenden Wände erscheinen kahl und nüchtern und sind nur gelegentlich durch holzgeschnitzte Flügeltüren, marmorne Kamine mit von Atlanten getragenen Deckplatten und durch reiche Vertäfelung gegliedert. Nach der traurigen Verwüstung, die die Rote Armee 1946 hinterließ, als die Sieger alles Mobiliar, die prachtvollen Gemäldesammlungen, Gobelins und Teppiche verschleppten und die köstlichen Parkettböden der Säle herausrissen, um die Hölzer in den Öfen der Soldatenunterkünfte zu verheizen, steht der Aufwand der Stukkaturen und Fresken, der sich an den Gewölben entfaltet, ohne jeden Zusammenhang mit der nüchternen Leere der Räume. Aber gerade der Kontrast, den der desperate Zustand erweckt, macht dem Beschauer deutlich, welche Konzeption dem Architekten vor Augen schwebte. Im Unterschied zum Fürstensaal von Leubus, wo Architektur, Bauplastik und Freskenmalerei dominieren, war der Charakter der Innenräume von Heinrichau von einer sorgfältig entworfenen, geschmackvollen Ausstattung bestimmt, an der neben dem Baumeister alle Künste beteiligt waren. Die Gestaltung der Festsäle richtete sich im Prinzip nach einer Wohnkultur, deren Vorstellungen der behaglichen Ausstattung von Schlössern der späten Gotik und Renaissance näher standen als der kühlen Architektur barocker Klöster und Residenzen.

---

14) An der Ostwand des Winterrefektoriums befindet sich das Wappen von Heinrichau mit der Jahreszahl 1684, in der Nordostecke eine Lesekanzel mit schmiedeeisernem, vergoldetem Gitter und an der Westwand ein prachtvoller, turmartiger Kachelofen der Barockzeit. Ein Prunkstück der Innenausstattung ist auch das Lavabo von schlesischem Marmor, das den Vorraum des Winterrefektoriums schmückt.

15) Der Saal trägt heute den Namen „Sala purpurowa“, da man nach der Verschleppung der kostbaren niederländischen Gobelins die Wände schlicht in purpurroter Farbe getüncht hat. In den Schildbogenfeldern brachte man moderne Malereien an, die in realistischer Weise Szenen des Heinrichauer Gründungsbuches schildern und nochmals den ältesten Satz polnischer Sprache in Bild und Wort wiederholen. Die nationale Begeisterung, mit der polnische Restauratoren diese Worte mehrmals in den Sälen und Korridoren des Klosters aufmalten und die genrehaften Szenen im Stil des sozialistischen Realismus machen es dem westlichen Besucher schwer, solche Äußerungen nationalen Selbstbewußtseins zu verstehen. Der Stolz auf die polnische Nation, der sich hier manifestiert, erscheint aber harmlos im Vergleich mit der Methode, mit der man nach 1945 überall in Schlesien bei Epitaphien, Portalen, Gemälden, in Kirchen, Schlössern und Klöstern der Renaissance und des Barock, ja selbst bei Kunstwerken der späten Gotik deutsche Inschriften ausmerzte, indem man sie mit dem Meißel unleserlich machte oder mit Zement vergoß. Beispiele dieser Art findet man heute überall in Schlesien, um dessen historische Vergangenheit als Bestandteil polnischer Kultur hinzustellen.

16) Im Vergleich zu den übrigen Festräumen des Klosters fällt dieser Saal durch seine schöne Wandtäfelung und seinen barocken Kamin auf.

2. Die Baugeschichte des Klosters

Das Stift Heinrichau verdankt seine heutige Gestalt dem Abt Heinrich Kahlert (1681 bis 1702). Zwar kam die Bautätigkeit auch unter seinen Nachfolgern nicht zum Stillstand, aber ihnen blieb im Grunde nur wenig zu tun. So errichtete Abt Tobias Ackermann (1702—22) die Offiziantenhäuser der „Neustadt", die Infirmerie, den Abtspavillon und die Orangerie. Abt Gregor Regnard (1725—32) ließ das Wasserbecken, die steinernen Balustraden des Orangerieplatzes und das Nepomukdenkmal vor dem Niedertor anlegen. Alle diese Unternehmungen richteten sich aber nach der von Abt Kahlert entworfenen Gesamtkonzeption.

Heinrich Viktorin Kahlert, der Bauherr des barocken Klosters, stammte aus Braunau in Nordböhmen. Als junger Mönch von Grüssau studierte er 1660—63 an der Universität Graz, wo er zum Doktor der Theologie promovierte[17]. Bei seinem Studienaufenthalt lernte er gewiß die steirischen Benediktinerabteien Admont und St. Paul und die Chorherrenstifte Seckau und Vorau kennen, und man darf annehmen, daß er auch die niederösterreichischen Zisterzen Heiligenkreuz und Lilienfeld besuchte, wo er nachhaltige Eindrücke von der monumentalen Architektur des frühen Barock empfing. Zu der Zeit nämlich, wo die schlesischen Abteien noch unter den Folgen des Dreißigjährigen Krieges litten, errichteten die Äbte Michael Schnabel (1637—58) und Clemens Schäffer (1658—93) von Heiligenkreuz, Urban Weber von Admont (1628—59) und Matthäus Kollweis von Lilienfeld (1650—95) weitläufige Klostergebäude, die trotz sparsamer Verwendung architektonischer Gliederungen in der Geschlossenheit des Baukörpers einen imposanten Eindruck erweckten. Den Neubau von Seckau mit seinen quadratischen Flankentürmen und den Kaisertrakt von Lilienfeld, dessen Ecktürme ähnlich wie in Heinrichau aus der Flucht des Gebäudes hervortreten, hat der junge Zisterzienser wohl persönlich gesehen[18].

Schon im Jahre seiner Erwählung entschloß sich der Abt, die Bauanlage des Stifts an der Ohle vollständig zu verändern und ließ einen Gesamtplan entwerfen. Im Unterschied zu Kamenz, wo sich die neue Klausur an den mittelalterlichen Kreuzgang anlehnte, blieb in Heinrichau von der gotischen Anlage nichts mehr erhalten. Nach dem Abbruch des Mönchshauses legte der Abt am 29. Juni 1682 in der Nähe des Mönchsportals, das den alten Kreuzgang mit der Stiftskirche verband, das Fundament zum Bau des Ostflügels, der die Sakristei, Kapitelsaal, Winter- und Sommerrefektorium, die Biblio-

---

17) Vgl. A. Rose, Abt Heinrich Kahlert von Heinrichau (1681—1702) als Mönch im Kloster Grüssau. In: Archiv 27. 1969, S. 276—279; V. Maiwald, Cistercienser aus dem Braunauer Gymnasium. In: CChr. 30. 1918, S. 103 f.; G. Grundmann, Schlesische Architekten im Dienste der Herrschaft Schaffgotsch und der Propstei Warmbrunn (Studien zur deutschen Kunstgeschichte 274). Straßburg 1930.

18) Vgl. Die Denkmale des Stiftes Heiligenkreuz. Bearb. D. Frey (Österreichische Kunsttopographie 19). Wien 1926; Stift Lilienfeld 1202—1952. Hrsg. M. Matschik. Wien 1952; Die Kunstdenkmäler Kärntens 5. Hrsg. K. Ginhart (Veröffentlichungen des I. Kunsthistor. Inst. d. Univ. Wien). Klagenfurt 1932, S. 1006—1018.

thek und alle Wohnräume des Konvents enthielt[19]. Da man keine Mittel sparte und die Arbeiten auch dann nicht unterbrach, als die Türken 1683 bis Wien vordrangen, wurde das Werk in erstaunlich kurzer Zeit vollendet. Schon 1684 erhielt das Winterrefektorium seinen ornamentalen Schmuck an der östlichen Stirnseite und den Gewölben[20]. 1685 konnte der Konvent den Neubau beziehen[21], so daß man bald darauf die übrigen Partien der alten Klausur abbrach und in den folgenden Jahren den südlichen und westlichen Flügel mit den beiden Flankentürmen errichtete[22]. Gleichzeitig veränderte man das Innere der Klosterkirche und blendete ihr im Westen eine barocke Prunkfassade vor[23]. Um dieselbe Zeit begann man den Bau des langgestreckten Offizinentraktes und des Gästehauses, und 1691 waren die Bauarbeiten im wesentlichen vollendet[24].

1684 ließ Abt Kahlert den Konventsgarten mit seinen Pavillonen und Fontänen anlegen und mit einer Umfassungsmauer umschließen[25]. 1696 errichtete er den Josephsbrunnen[26], 1697 die Mariensäule[27] und 1698 die 11 m hohe Dreifaltigkeitssäule, zu der man den Sandstein aus dem Heuscheuergebirge beschaffte[28]. Das Obertor an der Dorfstraße

---

[19]) Compendium fol. 20 a: „Lapis fundamentalis Monasterii in festo SS. Apostolorum Petri et Pauli 29. Junij, anno supra memorato, ea, qua par est, solemnitate, ab ipso Reverendissimo Domino extruente, in majori ambitu ad introitum ecclesiae jactus est." (Vgl. auch B. Patzak, Beiträge zur Baugeschichte der Zisterzienserklöster Heinrichau und Kamenz in Schlesien. In: ZVGS 52. 1918, S. 165 ff.) Am selben Tage feierten die PP. Tobias Ackermann und Clemens Hoffmann ihre Primiz (Catalog. S. 18).

[20]) Die Jahreszahl befindet sich unter dem Stiftswappen des Saales.

[21]) Compendium fol. 21 b: „Hoc anno extructum Neo-Monasterium a Religiosis Divino Numine aspirante feliciter inhabitari coeptum est."

[22]) Nach Compendium fol. 22 b war der Bau des Quadrums 1688 vollendet.

[23]) Schon 1685 wurde im nördlichen Querschiff die Loretokapelle mit der Gruft des Abtes Kahlert erbaut (Compendium fol. 21 b) und der Mönchschor durch schmiedeeiserne Gitter von der Laienkirche getrennt. 1687 erbaute man die St. Josephskapelle mit der neuen Konventsgruft und die Dreifaltigkeitskapelle mit der Laiengruft; außerdem wurde die Orgel neu staffiert und als Abschluß gegen die Laienkirche die Altäre der hl. Benedikt und Bernhard und im westlichen Langhaus die Altäre der hl. Michael, Ursula, Katharina und Barbara sowie die Kanzel aufgestellt (Compendium fol. 22). 1689 erhielt der Hochaltar einen großen silbervergoldeten Tabernakel (Compendium fol. 22 b). 1692 wurde die Westfassade der Kirche erbaut (am Segmentbogengiebel befindet sich die Aufschrift „HAH 1692").

[24]) Über dem Torbogen an der Westseite der Offizinen befindet sich die Inschrift „HAH 1691".

[25]) Compendium fol. 24 a: „Eodem anno hortum Conventualem undequaque circumdedit muro, interclusis interlabentis rivuli anfractibus, ad summam Fratrum consolationem distractionemque." Im selben Jahre errichtete der Abt den neuen Kretscham vor dem Niedertor und erbaute auf dem Kammerhof einen geräumigen Rinderstall (Compendium fol. 30 b). Etwa um dieselbe Zeit wurde das schon im Mittelalter existierende Hospiz vor dem Niedertor erbaut.

[26]) Compendium fol. 27 b. An der Südseite des achteckigen Beckens, in dessen Mitte auf hohem Sockel die Statue des hl. Joseph steht, befindet sich die Inschrift „HAH 1696".

[27]) Compendium fol. 28 b. Die Marmorsäule mit der Marienstatue fiel 1789 einem Sturm zum Opfer und wurde von Abt Markus Welzel durch die noch erhaltene Säule des hl. Johannes Nepomuk ersetzt, die von zwei Engelstatuen mit den Wappen von Heinrichau und Zirc flankiert wird.

[28]) Im selben Jahre erteilte Papst Innozenz XII. einen vollkommenen Ablaß für die Loretokapelle (Compendium fol. 27 a) und bestätigte durch Breve vom 3. April 1696 die Errichtung der Dreifaltigkeitsbruderschaft. Außerdem beschaffte Abt Kahlert eine rote Kasel von Goldbrokat, die das Wappen des Stifts mit der Jahreszahl 1696 trägt. An der Nordseite des Sockels der Dreifaltigkeitssäule befindet sich das Doppelwappen von Heinrichau und Zirc mit der Jahreszahl und

und das Hospital am Niedertor waren die letzten Werke des großen Bauherrn[29]. Unter seinen Nachfolgern vollendete man den prächtigen Abtsgarten mit geometrisch angelegten Wegen, einer Aussichtsterrasse, einem Zentralpavillon, der dem Abt als Sommerrefektorium diente, mit Balustraden, steinernen Bassins, Fontänen und Statuen[30], und endlich entstand die 40 m lange Orangerie und an der Nordseite des Konventgartens die 55 m lange Infirmerie, die man durch einen 40 m langen Zwischenbau mit dem Ostflügel des Klosters und der Kirche verband[31]. Abt Gregor Regnard, der Bauherr des Klosters Zirc, schuf 1727 den quadratischen Platz vor der Orangerie mit seinen Balustraden und dem zentralen Wasserbassin[32]. Wohl zu Beginn des 18. Jahrhunderts legte man auch den Brudergarten an, nach dessen Vollendung Abt Regnard den Stiftsbezirk mit einer neuen Umfassungsmauer umgab, in der sich im Süden zwei barocke Portalbauten öffnen, die den Zugang zum parkartig gestalteten Gelände des Großteichdammes vermitteln[33].

Der Architekt, dem Abt Kahlert die Ausführung seiner Pläne übertrug und der seit 1682 auch den Bau des teilweise erhaltenen Nordflügels der Klausur von Kamenz leitete, war Mathias Kirchberger. Er kam nicht allein nach Heinrichau, sondern zog einen ganzen Trupp von Künstlern und Handwerkern mit sich, von denen aus den Kirchenbüchern der Jahre 1683—89 die Mauererpoliere Balthasar und Matthäus Singenspiller, Georg Bauer, Johann Michael Simon Widmann „aus Bayern“ und der Zimmermeister Kaspar Mayer bekannt sind. In Kamenz arbeiteten unter Kirchbergers Leitung die Maurer Georg Teisenritter (Deisenrieder) „aus Thorham in Bayern“, Paul Köpper „aus Bayern“, Wolfgang Hagen „aus Tirol“, Georg Köpff „aus Tirol“ und Jakob Rauscher „aus Peilstein“ im oberösterreichischen Mühlviertel, der an der Wallfahrts-

---

Aufschrift „TAHetZ 1721“, an der Südseite das Reliefbild Abrahams mit den drei Engeln, an der West- und Ostseite lateinische Inschriften mit dem Chronogramm 1698. Am 4. August dieses Jahres erhielt die vollständig renovierte Stiftskirche ihre Konsekration.

29) Rechts und links vom Tor stehen an der Dorfstraße die lebensgroßen Statuen der hl. Benedikt und Bernhard, deren Sockel die Wappen von Heinrichau und Zirc tragen, und auch über dem Torbogen befindet sich das Wappen von Heinrichau.

30) Vgl. K. Eysymontt, Klasztorne ogrody i park nowej Rezydencji w Henrykowie. In: Kwartalnik Architektury i Urbanystiki 17. 1972, S. 211—228; H. Ullmann, Der Klosterküchengarten in Heinrichau. In: Münsterberger Land. Ein Heimatbuch. Hrsg. A. Kretschmer. Münsterberg 1930, S. 75—78.

31) Compendium fol. 31 a. Den Verbindungsbau nannte man das „Neugebäude“.

32) Die Pfeiler, die den Zugang vom Abtspavillon zum Platz flankieren, tragen die Wappen von Heinrichau und Zirc und die Inschrift „GAHetZ 1727“. Abt Regnard errichtete auch die Nepomukstatue vor dem Niedertor (1732), erbaute die großen Kellerräume des Klosters, den „Röhrgraben“ mit der klösterlichen Wasserversorgung, den neuen Dachreiter über der Vierung, die Brauerei, die Bäckerei und die Bruchsteinmauer, die den Stiftsbering umschließt; außerdem ließ er die Prälaturtürme und die Stiftskirche mit Kupfer decken, beschaffte für die große Turmuhr das neue Zifferblatt, errichtete das prachtvolle schmiedeeiserne Gitter der Loretokapelle (es trägt die Jahreszahl 1732) und ließ an der Obergadenwand des Langhauses 8 große und 6 kleine Gemälde von Giovanni Bonora aus Trient mit Szenen aus dem Leben des hl. Bernhard aufhängen, und endlich legte er auch das Wolfsgehege und den Tiergarten an (1731).

33) Die beiden Portale sind heute leider verfallen.

kirche in Wartha tätig war[34]; wahrscheinlich stieß auch Michael Klein aus Güns (Köszög) in Ungarn zu den bayerischen Bauleuten, die 1681—82 in Schlesien einwanderten. Die ganze Gruppe zählte nachweislich 11, wahrscheinlich aber noch mehr qualifizierte Bauhandwerker und Zimmerer.

Die Heimat des Bautrupps um Matthias Kirchberger war das oberbayerische Alpenvorland zwischen Bad Aibling, Schliersee und Tegernsee und das nordöstlich von Augsburg gelegene Gericht Aichach. In Au bei Aibling war die Maurerfamilie Kirchberger zu Hause, deren Mitglieder im späten 17. Jahrhundert in Fulda und München und seit 1682 in Olmütz arbeiteten. Aus derselben Gegend, die auch die Heimat der Dientzenhofer war, kamen Georg Deisenrieder und Paul Köpper. Simon Widmann, der später das St.-Matthias-Stift in Breslau erbaute, stammte aus dem Gericht Schliersee-Hohenwaldeck bei Aibling. Georg Bauer war offenbar mit dem gleichnamigen Maurermeister aus Finsterwald in Tirol identisch, der sich 1691 in München niederließ und 1719 als geschworener Werkmeister der Stadt starb. Ebenfalls in München war der „Zimmerknecht" Kaspar Mayr daheim, der sich dort 1674 um die Stelle des Hof-Brunnmeisters bewarb. Die Heimat der Maurerpoliere Balthasar und Matthäus Singenspiller war Kühbach bei Aichach, wo 1668—78 ein Maurermeister Wolf Singenspiller erwähnt wird. Von den 11 bekannten Mitgliedern des bayerischen Bautrupps kamen also 4 aus der Umgebung von Aibling, je 2 aus München, Tirol und dem Gericht Aichach und einer aus dem österreichischen Mühlviertel[35].

Stellt man sich die Frage, auf welchem Wege es Heinrich Kahlert und seinem Mitabt Augustin Neudeck von Kamenz (1681—1702) gelang, innerhalb eines Jahres nach der Erwählung einen so starken Bautrupp süddeutscher Künstler nach Schlesien zu ziehen, so kommt man nicht an Bernhard Rosa von Grüssau vorbei. Dieser Abt studierte vor seinem Eintritt in den Orden 1646—47 in München, wo er den P. Robert Neymeyer kennenlernte, einen Zisterzienser der Abtei Fürstenfeld bei München. Als der Schlesier 14 Jahre später als Abt von Grüssau nach Rom reiste, besuchte er auch seinen einstigen Studiengefährten, der inzwischen Seelsorger der Wallfahrtskirche St. Leonhard in Inchenhofen bei Aichach war. St. Leonhard gehörte dem Stift Fürstenfeld, und P. Neymeyer führte den schlesischen Abt in die bayerische Zisterze, wo Rosa Martin Dallmayr, den tatkräftigen Abt von Fürstenfeld kennenlernte. Auf der Rückreise von Rom kehrte der Grüssauer Abt wieder in Fürstenfeld und St. Leonhard ein[36], und als er 1672 als Vertreter der schlesischen Provinz zum Generalkapitel reiste, weilte er nochmals in der bayerischen Zisterze und genoß die Gastfreundschaft des Abtes Dallmayr.

---

34) Vgl. B. Patzak, Die Pfarr- und Wallfahrtskirche zu Wartha in Schlesien. Ein Beitrag zur Geschichte des deutschen Barockstiles. In: ZVGS 50. 1916, S. 197—212.

35) Für die Angaben zur Herkunft der bayerischen Bauleute, die in Heinrichau und Kamenz tätig waren, danke ich besonders den Herren Prof. N. Lieb (München) und Archivdirektor Dr. E. Krausen (München).

36) A. Rose, Abt Bernardus Rosa von Grüssau (Die Dominsel 4). Stuttgart 1960, S. 37—41.

Damit schließt sich der Kreis der Beziehungen, durch die Heinrichau den Architekten und die Bauleute erhielt, die seine Pläne ausführten. Kühbach bei Aichach, die Heimat der Maurerpoliere Balthasar und Matthäus Singenspiller, lag in nächster Nähe der Fürstenfelder Wallfahrtspfarrei St. Leonhard. Nicht weit von Au bei Aibling, wo die Familie Kirchberger beheimatet war, besaß Fürstenfeld mehrere Güter, so den Hof Thal, den Platz der ersten Gründung. Man darf daher mit Sicherheit annehmen, daß sich Abt Rosa von Grüssau an den Fürstenfelder Abt Martin Dallmayr, den damaligen Generalvikar des Ordens in Bayern, wandte, der Matthias Kirchberger veranlaßte, einen Bautrupp zu bilden, der nach Schlesien zog, um die Klöster Heinrichau und Kamenz zu errichten. Bis auf Paul Köpper und Georg Köpf, die in Kamenz starben, Simon Widmann, der sich in Breslau, und Kaspar Mayr, der sich in Neisse ansässig machte, werden die Mitglieder des Bautrupps nach der Erfüllung ihres Auftrags wieder in ihre Heimat zurückgekehrt sein. Die Vorbilder der Architektur des barocken Klosters an der Ohle und der Stukkaturen seiner Festsäle muß man also in der oberbayerisch-tirolischen Klosterbaukunst des späten 17. Jahrhunderts suchen.

3. Die Klosterkirche

Die Apsis der St.-Andreas-Kirche vor dem Niedertor, der spätgotische Wehrturm des 16. Jahrhunderts auf dem Niederhof, ein Gesindehaus von 1588 auf dem Kammerhof, einzelne Teile der Umfassungsmauer und die Abteikirche sind die einzigen Reste der älteren Klosteranlage von Heinrichau[37]. Die Stiftskirche, die sich hinter dem 1608 errichteten Glockenturm, der frühbarocken Schaufassade von 1692 und der Vorhalle von 1713 verbirgt, ist trotz der wechselvollen Geschichte, die sie erlebte, im wesentlichen erhalten geblieben.

Das Gotteshaus ist eine dreischiffige, kreuzförmige Basilika, deren Hauptschiff im Lichten rund 62 m, im Querschiff fast 30 m mißt. Die innere Breite des Langhauses beträgt 19,5 m, wovon 9,3 m auf das Mittelschiff entfallen. Trotz dieser günstigen Breitenmaße wirkt der Innnraum schmal, da die Gewölbehöhe mehr als das Doppelte der Breite beträgt und die barocke Ausstattung des 17. und 18. Jahrhunderts das Schiff einengt.

Der älteste Teil ist die Chorpartie mit dem Querschiff und Ostjoch des Langhauses. Der Grundplan, der dem Architekten vorlag, läßt eine überaus seltene Anlage erkennen. Das etwa 15 m lange, flach geschlossene Presbyterium öffnet sich an den Längsseiten in je drei hohen und schmalen Arkaden zu den 4 m breiten und 12 m hohen

[37]) Der niedrige runde Wehrturm auf dem Niederhof mit seiner kegelförmigen Spitze von Ziegelstein und Teile der nördlichen Ringmauer stammen aus der Zeit des Abtes Andreas von Köln (1554—77), der das Stift mit Mauern umgab. Zu seiner Zeit reichte der Stiftsbezirk im Süden etwa bis zum Orangerieplatz.

Chornebenschiffen, die über das Querschiff hinaus bis an die Ostwand des Altarraumes durchlaufen[38]. An den Außenseiten der Seitenschiffe sind noch je drei 6 m hohe und 4,5 m breite, spitzbogige vermauerte Öffnungen zu erkennen, die die Nebenschiffe einst mit einer äußeren Reihe niedriger Nebenräume verbanden. Die Funktion dieser Arkaden wird im südlichen Kreuzflügel deutlich; denn hier hat sich in der Ostwand des Querschiffs eine gleiche Arkadenöffnung erhalten, die den Zugang zu einem äußeren Seitenschiff vermittelt. Von ihm sind auf der Nordseite nur noch die Reste der beiden östlichen Joche und im Osten des Altarraumes und der Chornebenschiffe Teile des Mauerwerks erhalten. Nur im Süden blieb eine Reihe von drei Jochen in ursprünglicher Form bestehen. Dieses jetzt ungenutzte Seitenschiff[39] zeigt eigenartige Raumverhältnisse. Die einzelnen Joche sind durch starke Schildbögen getrennt, in denen 3 m breite und 4 m hohe spitzbogige Durchbrüche die Verbindung zum benachbarten Joch herstellen. Jeder Raumabschnitt ist von einem vierteiligen Gewölbe überspannt, dessen Kappen auf allen Seiten von den Außenwänden zur Gewölbemitte rund 1,5 m ansteigen und den Charakter einer auf Kreuzrippen ruhenden Kuppel tragen. Die betonte Trennung der Raumkompartimente, die eingeengten Durchgänge und die Form der Gewölbe erwekken den Eindruck, daß das Außenschiff, das den dreischiffigen Kernbau der Kirche umgab, nicht als Ambulatorium gedacht war, sondern als eine additive Aneinanderreihung selbständiger Raumpartien, die durch die Arkadenöffnungen untereinander, mit den Chornebenschiffen, dem Altarraum und den Kreuzflügeln des Querschiffs verbunden waren.

Die Erklärung der eigenartigen Grundrißlösung, die dem Chor der mittelalterlichen Stiftskirche den Charakter eines fünfschiffigen Bauwerks und im Äußeren das Gepräge einer Kombination sorgfältig abgestufter Baukörper gab, findet sich in den zisterziensischen Baugewohnheiten des späten 12. Jahrhunderts[40]. Damals erwachte im Orden das Bedürfnis, die Kirchen mit einer größeren Anzahl Kapellen auszustatten, die man jederzeit betreten konnte, ohne den Konventsgottesdienst zu stören. Dabei kamen die Architekten der späten Romanik zu einer Lösung, die wahrscheinlich erstmals in Morimond verwirklicht und vor 1193 im dritten Chorbau von Cîteaux, um 1200 in Ebrach bei Bamberg und Walkenried im Harz und um 1225 in Riddagshausen bei Braunschweig übernommen wurde[41]. In allen diesen Kirchen öffnet sich der rechteckige Altar-

---

38) Der heutige Hochaltar steht in der Flucht des zweiten Pfeilerpaares östlich der Vierung, so daß das östliche Arkadenpaar jetzt als Durchgang zur Magdalenenkapelle dient.

39) Es wurde 1974 wiederhergestellt. Auch die Orangerie, die im Laufe der Jahre zur Ruine geworden war, wird seit 1976 restauriert.

40) Vgl. A. Dimier, Recueil de plans d'églises cisterciennes. Commission d'Histoire de l'Ordre de Cîteaux. 2 Bde. Paris 1949; W. Bickel, Die Kunst der Cistercienser. In: Die Cistercienser. Geschichte, Geist, Kunst. Hrsg. A. Schneider. Köln 1974, S. 193—340.

41) Vgl. H. P. Eydoux, L'église abbatiale de Morimond. In: Analecta 14. 1958, S. 3—111; W. Wiemer, Die Baugeschichte und Bauhütte der Ebracher Abteikirche, 1200—1285. Kallmünz 1958; Die Bau- und Kunstdenkmäler des Landes Braunschweig 6. Bearb. K. Steinacker, Wolfenbüttel 1922, S. 86—136; H. Pfeifer, Walkenried, Baugeschichtliche Untersuchungen.

raum zu einem schmalen Umgangsschiff, in dessen Außenwänden Arkaden den Zugang zu einer Reihe äußerer Kapellen vermitteln, die den gesamten Chorbau und das Ambulatorium umgeben und im Außenbau unter einem gleichmäßig durchlaufenden Dach zusammengefaßt waren. Die Unterschiede in den Grundrissen der Klöster, die als Vorbilder für Heinrichau in Betracht kommen, liegen im wesentlichen in der Länge des Presbyteriums und in der Anzahl der Kapellen sowie in der Art, wie man die Kapellenräume voneinander trennte. In Morimond zeigt der quadratische Altarraum an den Längsseiten genauso wie an der flachen Ostwand je zwei Arkaden; in allen anderen Kirchen dagegen war das Presbyterium längsrechteckig, so daß die Seitenwände von drei Arkaden durchbrochen waren[42]. In Morimond und wohl auch in Cîteaux wie in Ebrach und Riddagshausen trennten massive Wände die Kapellen, so daß jede von ihnen einen eigenen Raum bildete. In Walkenried schied man die Umgangskapellen durch niedrige Wände, während die Gewölbezone — nur durch Gurtbögen gegliedert — in ununterbrochener Flucht durchlief.

Der Chorbau von Heinrichau stimmt im Außenbau mit seinen Vorbildern überein bis auf die Ausnahme, daß sich das Umgangsschiff auf der Ostseite des Presbyteriums nicht fortsetzt; an seiner Stelle lehnt sich unmittelbar an den flachen Ostschluß die Ostreihe der Kapellen an. Daher bildet der Grundriß der schlesischen Zisterzienserkirche in der Gruppe der Zisterzen, die sich nach dem Schema des „großen Rektangularchors" richten, eine singuläre Ausnahme. Da die Lösung, die der Architekt fand, nicht gerade glücklich erscheint, muß man sie als Notbehelf betrachten, zu dem sich der Baumeister durch besondere Umstände gezwungen sah. Eine Erklärung dieser Anomalie kann nur die Baugeschichte der Kirche liefern.

Um 1234 begann Abt Bodo bald nach seiner Erwählung den Bau einer monumentalen Kirche. Die Neuausstattung der Zisterze 1236 durch Bischof Paul von Posen und die beiden herzoglichen Bestätigungsurkunden von 1239 für den Wald Rudno zeigen, daß die Arbeiten damals schon in vollem Gange waren[43]. Nach der Struktur des Mauerwerks und den spätromanischen Kapitell- und Basenformen der Eckdienste kann es keinen Zweifel geben, daß zuerst die Reihe der südlichen Umgangskapellen entstand. Gleichzeitig legte man aber auch die Fundamente des Presbyteriums, der Chornebenschiffe, der beiden übrigen Kapellenreihen, des Querschiffs und des östlichen Langhausjoches[44]. Dabei plante man in getreuer Anlehnung an das Schema von Morimond einen Altarraum,

In: Ztschr. f. Bauwesen 64. Berlin 1914, Sp. 91—118; Die Bau- und Kunstdenkmäler des Herzogthums Braunschweig 2. Bearb. P. J. Meier. Wolfenbüttel 1900, S. 121—179; W. Bickel, Riddagshausen, Untersuchungen zur Baugeschichte der Abteikirche (Braunschweiger Werkstücke, Reihe A, Bd. 5). Braunschweig 1968.

42) In Ebrach war das Presbyterium von einer rechteckigen Travee und einem sechskappigen Joch überwölbt; in Riddagshausen ist der Altarraum mit drei seitlichen Arkaden von zwei fast quadratischen Gewölben überdeckt, so daß Gewölbepartie und Obergadenwand in hartem Kontrast zur Arkadenreihe stehen.

43) SR 538, gedr. Schilling S. 435—438.

44) Vgl. H. Grüger In: ZfO 19. 1970, S. 201—263; M. Kutzner, Cysterska Architektura S. 80—83.

der auf allen drei Seiten je zwei Arkadenöffnungen erhalten und ähnlich wie der Nordflügel des Querschiffs von einem sechsteiligen Gewölbe überdeckt werden sollte. Bei der geringen Anzahl der Ordensleute[45] reichte wie in Mogiła ein 10 m tiefes, quadratisches Presbyterium aus, so daß anstelle des jetzigen Ostjochs des Altarraumes das Umgangsschiff um den Chor herumlaufen konnte. Die Ausführung des anfangs als Mittelpfeiler der Längsseiten geplanten Pfeilerpaares zeigt, daß ein solcher Plan nicht nur vorlag, sondern daß man sich während der Bauausführung noch lange nach ihm gerichtet hat. Das westliche Pfeilerpaar des Presbyteriums hat nämlich im Unterschied zum östlichen Paar die ungewöhnliche Länge von 2 m, so daß es eher als Wandstück erscheint, denn als Arkadenpfeiler[46]. Da sich an diese beiden Stützen auf der einen Seite des Hochaltars der Levitensitz des Zelebranten und seiner Assistenz, auf der anderen Seite die Piscina und die Kredenz anlehnen sollten, hätte eine Länge von 1,17 m, wie sie das östliche Pfeilerpaar aufweist, zur Unterbringung der Ausstattung nicht ausgereicht.

Die südliche Kapellenreihe war fast vollendet, und auch das Mauerwerk der Ostkapellen, der Arkadenpfeiler und Querschiffwände erhob sich schon über dem Boden, als die Mongolen in Schlesien einfielen und im April 1241 das Kloster niederbrannten. Nach dem Abzug der Asiaten errichteten die Mönche neue Wohn- und Wirtschaftsgebäude und stellten die Grangien wieder her. Die 1228 konsekrierte hölzerne Kirche bauten sie nicht mehr auf, vielmehr ließ Abt Bodo die südliche Kapellenreihe, die beim Brand keinen Schaden erlitten hatte, eindecken und als Oratorium herrichten. Im übrigen kamen die Bauarbeiten für einige Jahre zum Stillstand.

Erst als Herzog Boleslaus II. den Mönchen 1243 das Gut Jaworowitz schenkte und das Kloster die Wälder Budsow und Rudno wiedergewann, setzte man das Unternehmen fort[47]. Die Arbeiten konzentrierten sich jetzt auf die Einwölbung der südlichen Kapellenreihe und die Hochführung der Vierungspfeiler und der Außenmauern des Querschiffs, denn die Vollendung dieses Teiles der Hochschiffe schien einfacher als die der komplizierten Ostpartie und bot die Chance, in absehbarer Zeit eine geräumige Notkirche zu schaffen und den Bau des an den südlichen Querflügel anschließenden monumentalen Klosters beginnen zu können.

Als Herzog Heinrich III. den Mönchen 1255 das Gut Jaworowitz nahm, war der Bau der Abteikirche in vollem Gange; die Zisterzienser benötigten damals bereits so viel Baumaterial, daß sie auf das Gut und seine wertvollen Sandgruben nicht mehr verzichten konnten, so daß Abt Bodo alles daransetzte, die Grangie wiederzugewinnen[48]. Wenige

[45]) Heinrichau zählte damals wahrscheinlich nicht mehr als 20 Professen.

[46]) Aus der Tatsache, daß das Längenmaß der Pfeiler zwischen 1,17 und 2,07 m schwankt, zog H. Lutsch den unhaltbaren Schluß, „daß wir in den freistehenden Pfeilern Teile von Umfassungswänden eines älteren Bauwerks zu suchen haben, dessen Fenster zu den jetzigen Arkadenbogen verwendet wurden" (Verzeichnis der Kunstdenkmäler der Provinz Schlesien. Bd. 2, S. 80—91, bes. S. 84).

[47]) Erst jetzt setzte man den Bau wahrscheinlich in Backsteintechnik fort, wogegen die südliche Kapellenreihe noch in Bruchstein erbaut wurde.

[48]) GS 36; GB 36; GG 272.

Jahre zuvor hatte der Herzog 7 km vom Kloster entfernt die deutschrechtliche Stadt Münsterberg begründet, die eine große Zahl von Händlern und Handwerkern anzog. Die bürgerlichen Familien des städtischen Zentrums an der oberen Ohle knüpften bald freundschaftliche Bande zu den Mönchen. Dabei waren sie an der nahen Ordensniederlassung nicht bloß aus wirtschaftlichen Gründen interessiert. Der Bevölkerung der Stadt, in der es noch kein Kloster gab[49], schien es nicht unwichtig, daß die Zisterze jungen Leuten bürgerlichen Standes den Eintritt in den Orden ermöglichte. Seit der Entstehung der Stadt und der deutschrechtlichen Dörfer in ihrer Umgebung erhielt daher Heinrichau, dessen Novizen bisher aus weitentfernten Städten kamen, so viel Nachwuchs, daß sich der Raum des 1234 fundamentierten Presbyteriums, wo Arkaden- und Eckpfeiler schon in die Höhe wuchsen, als zu klein erwies. Da der Mittelpfeiler des geplanten östlichen Chorschlusses noch nicht begonnen war und das innere Mauerwerk der östlichen Kapellenreihe ausreichende Stärke besaß, war es nicht schwer, den Plan der Chorpartie zu verändern und einen größeren Altarraum zu schaffen. Dabei mußte man auf den Ostflügel des Umgangsschiffes verzichten. Der Entschluß zur Planänderung fiel wahrscheinlich zwischen 1255—60. Man mag sich zu der radikalen Änderung um so eher entschlossen haben, als die Kapellen von Anfang an so angelegt waren, daß man jede einzelne von ihnen sowohl vom Ambulatorium wie von den benachbarten Kapellen aus erreichen konnte. Der Verzicht auf den Ostflügel des Umgangs wirkte sich daher auf die Funktionsfähigkeit der Kirche nicht nachteilig aus. Die Aufgabe des weggefallenen östlichen Umgangsflügels übernahmen die durch spitzbogige Durchgänge miteinander verbundenen Ostkapellen, deren mittlere sich in zwei niedrigen Arkaden zum Presbyterium öffnete.

Nach dieser Veränderung des Grundplans, durch den Heinrichau in der Gruppe der großen zisterziensischen Rechteckchöre des Abendlandes eine Anomalie darstellt, erhielt die Kirche zwar ungünstigere Raumverhältnisse, aber man gewann einen größeren Altarraum, dessen Ausmaße denen des Presbyteriums von Riddagshausen entsprachen. Dazu bot der Verzicht auf den Ostflügel des Ambulatoriums die Möglichkeit, die flache Ostwand im Obergaden durch ein monumentales, tief herabgezogenes Fenster zu öffnen und dem Innenraum eine Fülle von Licht zuzuführen.

Die Veränderung der Raumverhältnisse verlangte aber auch eine Neuplanung der Gewölbegliederung. Auf die Eindeckung mit sechsteiligen quadratischen Jochen, mit der man im nördlichen Kreuzflügel schon begonnen hatte, mußte man bei der Wölbung des Altarraumes verzichten. Um den Wechsel von sechsteiligen und vierteiligen Jochen zu vermeiden, blieb nur die Einwölbung in einzelnen, rasch aufeinanderfolgenden Traveen. Diese Jochteilung, die den modernen Vorstellungen der Gotik entsprach, führte man in Heinrichau bei der Wölbung aller übrigen Teile der Kirche ein, so daß die Gewölbe der

---

[49]) Die erste Ordensniederlassung in Münsterberg — das Hospital St. Peter und Paul der Kreuzherren mit dem Roten Stern — entstand erst kurz vor 1276, wo Papst Innozenz V. das Hospital in seinen Schutz nahm (SR 1498, gedr. B r e t s c h n e i d e r , Urk. Nr. 3); das Minoritenkloster ist erst seit 1307 bezeugt.

jüngeren Hochschiffe eine fortschrittlichere Disposition zeigen als die des nördlichen Kreuzflügels. Die Veränderung des Wölbplanes kommt auch im Langhaus zum Ausdruck. Hier wurde das Ostjoch, das das Chorgestühl der Mönche und den Retrochorus aufnehmen sollte, noch nach dem quadratischen Schema der späten Romanik begonnen, wobei — wie in Trebnitz — Haupt- und Nebenpfeiler abwechseln sollten. Als man sich aber zur Einwölbung der Hochschiffe in Traveen entschloß, verloren die Nebenpfeiler ihren Sinn, denn für die Aufnahme von Zwischendiensten sechsteiliger Joche wurden sie nicht mehr benötigt. Da sie aber schon hochgemauert waren, ließ man sie stehen und nutzte sie als Rückwand des Chorgestühls.

Nach der Planänderung der späten fünfziger Jahre des 13. Jahrhunderts, durch die der Grundriß von Heinrichau seine endgültige Form erhielt, trieb man die Vollendung des Chorbaus rasch voran. Das Jahr der Konsekration ist nicht bekannt; sie erfolgte aber wahrscheinlich kurz vor 1273, denn in diesem Jahre wurde Bischof Wilhelm I. von Lebus in Heinrichau bestattet[50], und kurze Zeit später erwarben die adligen Geschlechter die ersten Erbbegräbnisse im Kloster.

In der ersten Zeit nach der Weihe der Ostpartie konzentrierte man sich auf den Bau der monumentalen Klostergebäude, von denen nichts mehr erhalten ist, da Abt Kahlert 1681—82 die letzten mittelalterlichen Reste abtragen ließ, um Platz für die Errichtung des barocken Quadrums zu gewinnen[51]. Erst als man den Westflügel, das Konversenhaus, begann, dessen Flucht die Westfassade der Kirche festlegte, führte man das Langhaus fort. Dabei verzichtete der Architekt auf die Zwischenpfeiler, die im Ostjoch standen, und ließ die Obergadenwand des Hochschiffs über weitgespannten Arkaden aufsteigen. Das Langhaus wurde in 5 fast quadratischen Jochen überwölbt und erhielt eine niedrige Vorhalle, die sich der Westfassade in ganzer Breite vorlegte und die Verbindung mit dem Klosterhof und dem Konversenhaus herstellte. Seitdem maß die äußere Länge der Kirche von der Vorhalle bis zur östlichen Kapellenreihe rund 78 m. Die Schlußweihe erhielt das monumentale Gotteshaus, das im frühen 14. Jahrhundert nach dem Breslauer Dom die größte Kirche in Schlesien war, um das Jahr 1320[52]. Schon um 1300 erweiterte man die ältere Ostpartie durch die Begräbniskapelle der Familie Czamborii von Schildberg, deren Außenwände die nördliche Reihe der Umgangs-

---

[50]) GS 88; GB 76; GG 331.

[51]) Von den Klausurräumen der mittelalterlichen Anlage werden erwähnt der Kapitelsaal, die Alte Küche, die Sakristei, das Archiv, der Kreuzgang, das Calefactorium, das Dormitorium, die Infirmerie, das Hospiz, das Hospital, das Pfortenhaus, die Pfortenkapelle und verschiedene Offizinen.

[52]) Am 23. Mai 1318 ließ sich Abt Christian von Papst Johann XXII. alle Besitzungen und Rechte bestätigen (SR 3802), und am 10. August 1320, am Tage des hl. Laurentius, urkundete in Heinrichau Herzog Wladislaus von Beuthen und Kosel, der Gemahl der 1316 verstorbenen Witwe Bolkos I. von Schweidnitz (SR 4059 und H. Goetting. In: ZVGS 73. 1939, S. 62). Da sich für den oberschlesischen Piasten, der dem Kloster damals das Dorf Lenschütz mit Kirchpatronat schenkte, keine sonstigen Beziehungen zu Heinrichau nachweisen lassen, möchte ich annehmen, daß sein Besuch und seine Schenkung mit der Schlußweihe der Klosterkirche zusammenhängen, zumal auch die Konsekration der Kirche nach den Bauunternehmungen des Abtes Kahlert um dieselbe Jahreszeit, nämlich am 4. August, am Montag vor Laurentius, erfolgte.

kapellen mit der einst freistehenden Grabeskapelle auf dem Laienfriedhof verbinden. Das kleine Oratorium, das sich an gleicher Stelle erhebt, wie in Leubus die Fürstenkapelle, wurde im 15. Jahrhundert zerstört und erst zu Beginn des 16. Jahrhunderts wiederhergestellt[53].

Im frühen 17. Jahrhundert gab man den nördlichen Teil der 1429 abgebrannten und 1583 erneuerten Westvorhalle auf[54], und Abt Nikolaus Hübner errichtete hier 1608 einen Glockenturm, der sich vor die Westfassade des nördlichen Seitenschiffes legt[55]. Der Innenraum der Kirche hatte trotz der wechselvollen Vergangenheit seine mittelalterliche Gestalt bis zum späten 17. Jahrhundert bewahrt. Nur die beiden westlichen Kapellen der nördlichen Reihe waren verlorengegangen; die Arkadenöffnungen, die sie einst mit dem Kreuzflügel, dem Chornebenschiff und den östlichen Kapellen verbanden, hatte man geschlossen. Abt Melchior Welzel, der die Kreuzkapelle der Czamborii zu einem Oratorium des Leidens Christi ausbaute, ließ auch die Arkaden der östlichen Kapellen der Nordreihe verblenden und einen Vorraum für das Oratorium einrichten[56]. Außerdem trennte er die drei westlichen Kapellen der südlichen Reihe von der Kirche ab und richtete sie zur Sakristei ein, die man erst nach dem Neubau des barocken Quadrums wieder aufgab. Abt Tobias Ackermann setzte dieser „Alten Sakristei“ ein Obergeschoß auf, das sich in offenen Arkaden zum Konventsgarten öffnet, schuf ein Oratorium mit Durchblick zum Presbyterium und verband den Aufbau durch einen Treppenlauf mit dem östlich angebauten Trakt der Infirmerie und des Noviziats[57].

Die endgültige Umgestaltung zu einer barocken Kirche aber erfuhr das Gotteshaus unter Abt Heinrich Kahlert. Der Prälat, der ganz von den Ideen der triumphalen Architektur des Barock befangen war, ließ den Pfeilern in Vierung und Langhaus barocke Sokkel und Architrave vorblenden, die spitzbogigen Arkaden in Rundbögen verändern, die gotischen Runddienste zu Pilastern verwandeln und die Gewölberippen durch ornamentale Malerei verflächigen. Das große Ostfenster des Presbyteriums wurde geschlossen und der Innenraum weiß getüncht und nur in den Gewölbekappen und an der Unterseite der Arkaden- und Gurtbögen mit Blendspiegeln in Aquarelltönen versehen. Im Westjoch des Langhauses hatte schon Abt Melchior Welzel eine steinerne Empore für die prächtige Orgel mit einem Prospekt im Schnörkelstil eingebaut[58]. 1684 stellte Abt Kahlert im Mit-

[53]) Ein Schlußstein der nördlich angrenzenden Grabeskapelle trägt die Jahreszahl 1506, und ein Schlußstein der Kreuzkapelle ist mit dem Wappen der Czamborii von Schildberg geschmückt. In dieser Kapelle erbaute Abt Melchior Welzel die neue Konventsgruft, in der er und sein Nachfolger Daniel Meyer ihre letzte Ruhe fanden.

[54]) Pfitzner S. 170. Nach einer nicht mehr vorhandenen Inschrift, die rechts vom Portal der Vorhalle eingemeißelt war, wurde das Paradies im Juni 1583 von Abt Nikolaus Hübner wiederhergestellt.

[55]) Compendium fol. 13 a. Am 27. März 1642 brannte der Turm durch Blitzschlag ab und wurde 1673 durch Abt Melchior Welzel wiederhergestellt (Hist. brevis § 35 und 38).

[56]) Abt Gerhard Wiesner stellte 1749 hier einen Altar des hl. Antonius auf.

[57]) Ein schmaler Korridor verbindet diesen Flügel, den „Neubau“ mit dem Treppenhaus, das im südlichen Querschiff zu den einstigen Mönchszellen der Klausur aufsteigt.

[58]) Pfitzner S. 196.

teljoch des Presbyteriums einen neuen Hochaltar auf, dessen dreigeschossige, von monumentalen Säulen, gebrochenen Gesimsen und einer Balustrade gegliederter, mit überlebensgroßen Statuen und Gemälden geschmückter Aufbau bis ins Hochgewölbe aufsteigt und dem Mittelschiff der Kirche die abschließende Kulisse gibt[59]. Den Mönchschor trennte er vom Langhaus durch die beiden Altäre des hl. Benedikt und Bernhard, deren Prospekte so weit in das Mittelschiff einspringen, daß sie nur einen schmalen, von einem schmiedeeisernen Gitter verschlossenen Durchgang freilassen. 1685 schloß Abt Kahlert auch den nördlichen Kreuzarm von der Kirche ab, indem er nach dem Vorbilde von Grüssau eine niedrige Loretokapelle einbaute, in der er sein Grab vorbereiten ließ[60]; Abt Wiesner blendete der Kapelle später eine illusionäre Schaufassade von Stuckmarmor vor, deren Hauptgesims auf mächtigen Säulen ruht und von flammenden Vasen und einem prächtigen schmiedeeisernen Gitter bekrönt ist; zwischen den Säulen steht der Altar mit der Apotheose des hl. Johannes Nepomuk[61], und daneben führen in die Kapelle zwei Portale mit holzgeschnitzten, vergoldeten Flügeltüren, deren Supraporten die Wappen von Heinrichau und Zirc in zierlicher Rokokoumrahmung tragen.

Auch im südlichen Kreuzflügel erbaute Abt Kahlert in der Flucht der Seitenschiff-Außenwand eine hohe, prunkvolle Fassade, die auf drei rundbogigen Arkadenstellungen ruht und sich über dem gemauerten, von einer Blendbalustrade abgeschlossenen Unterbau in eine Wand von filigranartig geschnitztem, vergoldetem Akanthuswerk auflöst. Die theatralische Kulisse füllt den Raum des Querschiffs bis hinauf in das spitzbogige Gewölbe. Sie ist in zwei Geschosse gegliedert, deren untere Partie sich in drei rundbogigen, verglasten Fenstern öffnet, zwischen denen sich die Allegorien der vier Kardinaltugenden aus weißem Stuck erheben. Das oberste, holzgeschnitzte Geschoß der Prunkfassade ist von einem großen rundbogigen Fenster durchbrochen, das den Blick in den hell erleuchteten Raum des abgetrennten Gewölbejochs freigibt. Die illusionäre Schauwand verbirgt den Lauf einer breiten Treppe, die von der Kirche in die Obergeschosse des angrenzenden Klosters führt und deren eichenes, geschnitztes Geländer in irrational verfließenden Konturen hinter den weißen Antikglasscheiben der Dreifenstergruppe sichtbar wird.

Das Chorgestühl, dessen kastenförmiger Kernbau 1560 unter Abt Andreas von Köln entstand, erhielt im Jahre 1684 Reliefs mit Szenen der Passion Jesu von weißem Lindenholz, die man an den Rückwänden der einzelnen Sitze auflegte, ferner an den Frontseiten geschnitztes Akanthuswerk und Blüten von gleichem Material; auf den Stützpfosten der Zugänge stellte man schlanke Statuen von ätherischem Charakter auf, und über der Schalldecke entstand ein prunkvoller Baldachin mit quirlenden Blumen- und Früchtegehängen und verspielten Putten, die vergoldete Kronen, den schlesischen Adler und beschriftete ovale Schilde mit Blumenketten tragen. Das filigranartig verschnörkelte

---

[59]) Compendium fol. 21 a f.: „Eodem anno amator decoris Domus Dei elegans et sumptuosum altare majus ... feliciter erexit."

[60]) Sie wurde 1685 erbaut (Compendium fol. 21 b).

[61]) Vor dem Altare befindet sich das Grab des Abtes.

Schnitzwerk überzieht das Gestühl in solch verschwenderischer Fülle, daß der kastenförmige, geometrische Bau des frühen Renaissancegestühls unter dem verwirrenden Reichtum ornamentalen Beiwerks vollständig verschwindet[62].

Vor die westlichen Langhauspfeiler und an die Außenwände des nördlichen Chornebenschiffes stellte man neue Altäre mit hohen barocken Retabeln und errichtete eine turmartige, holzgeschnitzte Kanzel. Im Presbyterium fanden die prunkvolle Kredenz und der repräsentative, von einem Baldachin bekrönte Abtsthron ihren Platz. Die aufsteigenden Obergadenwände des Langhauses verdeckte man durch die barocken Prospekte der zweiteiligen Chororgel und durch überdimensionale Gemälde von Giovanni Bonora mit Szenen aus dem Leben des hl. Bernhard, die Abt Wiesner zwischen den Pilastern der vier westlichen Joche hoch über den Arkadenbögen aufhängen ließ.

Die barocke Verkleidung der Pfeiler, Dienste und Gewölbe und die prunkvolle Ausstattung gaben dem Innenraum der Kirche ein völlig neues Gepräge. Hinter der kulissenartigen Architektur der Pfeileraltäre, dem triumphalen Prospekt des Hochaltars, den schräg zum Beschauer aufgehängten Gemälden mit ihren holzgeschnitzten, vergoldeten Rahmen, den hohen barocken Pfeilersockeln, Gesimsen und Architraven und der farbigen Koloratur der Arkadenspiegel und Gewölbekappen verschwindet der gotische Kern des Schiffes so vollständig, daß der Kirchenraum auf den ersten Blick als barockes Bauwerk erscheint. Erst die engen Proportionen des aufsteigenden mittelalterlichen Mauerwerks lassen deutlich werden, daß die glanzvolle Ausstattung voller Widersprüche ist. Denn indem man die Kreuzflügel durch illusionäre Fassaden abtrennte, das Presbyterium mit einem theatralischen Altarprospekt abschloß und auf die Kapellen der Umgangsreihen verzichtete, büßte der vielgliedrige gotische Raum seine ursprüngliche Dispostion ein. Das Mittelschiff erhielt eine Prägung, die dem stilistischen Empfinden des 17. Jahrhunderts entsprach und eine großartige Wirkung nur entfaltet, wenn man sie aus dem Raum des Mönchschors betrachtet. Vom Hauptportal gesehen erscheint die Fülle der repräsentativen Altäre und Gemälde erdrückend, und sie gibt dem Hochschiff der Stiftskirche einen engbrüstigen Charakter, der die einstige Konzeption verfälscht. Die gewaltsamen Eingriffe in die vorgegebenen Proportionen veränderten das Gotteshaus zu einem Kultraum von musealem Gepräge und haben die schlichte, großartige Schönheit der frühgotischen Ordensbaukunst fast ganz verwischt[63].

---

[62]) Vgl. K. Heyer, Das barocke Chorgestühl in Schlesien. Diss. Breslau 1930; F. Mielert, Drei Prachtstücke kirchlicher Kunst aus der ehemaligen Zisterzienserklosterkirche Heinrichau in Schlesien. In: Archiv f. christl. Kunst. Stuttgart-Rottenburg 1909, S. 35—37 und 49 f.

[63]) Anstelle der östlichen Kapellenreihe errichtete Abt Kahlert die Kapellen des hl. Joseph und der hl. Dreifaltigkeit, und Abt Candidus Rieger fügte zwischen sie den gleichartigen Bau der Maria-Magdalenenkapelle ein, an deren Stelle vorher die Kapelle des hl. Jakobus stand. Abt Rieger, der auch die neue Chororgel beschaffte, die Altäre der Hl. Benedikt und Bernhard renovierte, den Kapitelsaal, das Refektorium und die Säle der Prälatur restaurieren ließ, den Annaaltar aufstellte, ließ die beiden älteren Kuppelkapellen in Ausmalung, Marmorierung und Stuckierung der neuen Magdalenenkapelle angleichen, deren Gewölbe eine illusionäre Kuppel zeigt. Die Arbeiten wurden auch unter seinem Nachfolger Abt Haschke fortgesetzt, wobei das Stift folgende Künstler heranzog:

4. Der Bau des Klosters Zirc

Als die schlesischen Zisterzienser 1701 nach Ungarn kamen, lagen die mittelalterlichen Bauten der ungarischen Tochterabtei vollständig in Trümmern. Die frühgotische Abteikirche, die im 13. Jahrhundert von Bauleuten aus Lothringen errichtet wurde[64], fiel um 1540 den Türken zum Opfer. Sie war eine rund 55 m lange, dreischiffige kreuzförmige Basilika mit quadratischem Altarraum, beiderseits von kleineren quadratischen Nebenkapellen flankiert, die sich zu den angrenzenden Kreuzflügeln öffneten. Die Ostpartie der Kirche richtete sich also nach dem Schema, das unter dem Einfluß des hl. Bernhard entwickelt wurde. Das Langhaus war im Mittelschiff von 6 rechteckigen Traveen überwölbt. Das Mauerwerk der Kirche bestand aus sorgfältig behauenen Quadern, die aus den Steinbrüchen des 90 km entfernten Budai-Gebirges kamen, und es war noch zu Beginn des 18. Jahrhunderts so stabil, daß es möglich gewesen wäre, die Kirche in ihrer ursprünglichen Form zu rekonstruieren. Das größte Hindernis für den Wiederaufbau der frühgotischen Anlage bot aber die Ruine des mittelalterlichen Klosters, das sich im Süden an die Kirche anschloß. Das alte Quadrum war offenbar so zerstört, daß man an der Restaurierung verzweifelte[65].

So entschloß sich Abt Regnard, der vor seiner Wahl 10 Jahre als Mönch im Bakony verbracht hatte, das Stift an anderer Stelle zu errichten[66]. Am 8. Juni 1726 gab er dem Karmeliten Athanasius Witwer den Auftrag, den Plan für das Quadrum zu entwerfen[67]. Wenige Monate später weilte der Abt persönlich in Ungarn und steckte am 2. November

---

Dominikus Merck aus Breslau (Stuckierung 1762—63), Johann Heinrich Kynast aus Breslau (Ausmalung der Kapellen), Bildhauer Johann Arnholdt, Schwiebeß, Ludwig Jaschke aus Wartha und Leopold Jaschke von der Sandinsel in Breslau (Skulpturen am Fürstengrab der Magdalenenkapelle), Orgelmacher Anton Zeitzig aus Frankenstein, Bildhauer Franz Karl Effenberger aus Neisse, Maler Joseph Heerden aus Frankenstein, die Malergruppe des Antonio Padratiro (Pfarrkirchen Schönwalde, Silberberg, Berzdorf, Dobrischau, Ausmalung der Stiftskirche und der Schlösser von Schönwalde und Schönjohnsdorf), Malergruppe des Felice Gilardone (Ausmalung der Pfarrkirchen Krelkau, Frömsdorf, Alt-Heinrichau und Wiesenthal). Zu den Skulpturen und zur Verkleidung der Wände verwandte man, wie schon bei der Errichtung der drei Klosterportale und beim Bau der Schauwand im nördlichen Querschiff, blaugrauen Marmor aus Prieborn (eine große Zahl erhaltener Verträge und Quittungen für die geleisteten Arbeiten befinden sich in BDA V B 6 s).

[64]) T. Hümpfner, A Zirci apátsági templom ásatása (1912—13). Ausgrabungen in der Abteikirche von Zirc (1912—13). (Separatum aus den Mitteilungen der Museen des Komitats Veszprém 2). 1964, S. 119—140, mit rekonstruiertem Grundriß der mittelalterlichen Kirche und des Klosters. Das Vorbild dieser älteren Stiftskirche von Zirc ist in Orval in Belgien, einem Tochterkloster von Troisfontaines, zu suchen.

[65]) Nach dem Bericht des P. Wabrzig von 1699 war die Ruine des mittelalterlichen Klosters und der Kirche völlig von Gestrüpp überwuchert. Die Umfassungsmauern, Pfeiler und Obergadenwände waren bis zum Dachgesims erhalten und so stabil, daß P. Wabrzig vorschlug, den Innenraum von Schutt und Unrat zu reinigen und eine hölzerne Flachdecke einzuziehen, um die frühgotische Kirche in ihrer ganzen Ausdehnung wieder als Gotteshaus zu nutzen (BDA V B 6 c).

[66]) Die barocke Kirche wurde 100 m westlich der mittelalterlichen Ruine angelegt. — Nach der Hist. dom. Zirc. I, 127 zahlte Abt Regnard dem Fr. Athanasius (Witwer) schon am 18. Mai 1726 ein Honorar von 50 fl. für den Entwurf eines Bauplanes der barocken Quadratur.

[67]) Vgl. M. v. Aggházy, Die Kirchenbautätigkeit der Zircer Cistercienserabtei im 18. Jahrhundert. Auszug aus der Inaugural-Diss. In: CChr. 50. 1938, S. 129—132.

1726 den Platz für den Neubau ab[68]. Die Kirche erhielt dieselbe Orientierung wie das Gotteshaus des 13. Jahrhunderts. Den Bau der Klostergebäude, die 1727—33 entstanden, leitete der Österreicher Keger[69]. Schon 1728 konnte der Konvent einen Teil des Klosters beziehen. 1732 reiste Abt Regnard wieder nach Ungarn und legte am 15. Mai den Grundstein der Stiftskirche, deren Fundamentierung 6 Jahre beanspruchte[70]. Seit 1738 trieb Abt Wiesner den Bau so zügig voran, daß man seit 1745 das Presbyterium benutzen konnte. 1751 stellte man das Chorgestühl auf, 1752 die holzgeschnitzte Kanzel, und am 4. Juni 1752, am Sonntag nach Fronleichnam, konnte Martin Biró von Padány, Bischof von Veszprém, das fast vollendete Gotteshaus konsekrieren[71]. 1753 errichtete man die Hauptorgel und die zweitürmige Westfassade, 1754 den prunkvollen Hochaltar, den der Domherr Stephan Dubniczay aus Veszprém stiftete und dessen monumentale Statuen ein Geschenk des Bischofs Adám Acsády waren[72]. 1757 entstanden die 9 Nebenaltäre des Langhauses, deren Gemälde Abt Rieger in Schlesien beschaffte[73].

So sehr man den Neubau von 1727—52 begrüßen mag, so bedauerlich ist es, daß mit dem Fortschritt der Bauarbeiten die letzten Reste der schönen mittelalterlichen Klosteranlage von Zirc verloren gingen. Denn um die Kosten des aufwendigen Unternehmens in Grenzen zu halten und die vorhandenen Mittel für eine prunkvolle Innenausstattung zu verwenden, nutzte man die Klosterruine als Steinbruch und errichtete große Teile des Neubaus aus den Quadern des frühgotischen Gotteshauses[74].

---

68) Pfitzner S. 222; Békefi S. 98.

69) M. v. Aggházy S. 129 f. Matthias Keger (Keyer) kam aus St. Florian bei Linz nach Budapest, wo er 1719 das Bürgerrecht erhielt.

70) Nach Catal. S. 26 legte man die Fundamente in einer Tiefe von 3 Klaftern oder mehr als 5 m. 1733 war die Krypta bereits vollendet, denn in diesem Jahre begrub man in ihr den Administrator P. Johann Stieff (Catal. S. 24).

71) BDA V B 6 c (Fotokopie). Sowohl Békefi wie M. v. Aggházy geben das Datum der Konsekration falsch an.

72) M. v. Aggházy S. 130. Nach dem Necr. Zirc. (zum 7. Juli 1770, P. Petrus Schneider) erhielt die Kirche 9 Altäre, während sie heute nur noch 7 zählt. Die beiden verschwundenen Altäre standen wie in Heinrichau vor dem westlichen Ende der beiden Teile des Chorgestühls und waren nach dem Vorbilde des Mutterklosters den hll. Benedikt und Bernhard geweiht. Für den prächtigen Hochaltar stiftete der Domherr Dubniczay 1754 4000 fl. (Hist. dom. Zirc. I, 102).

73) Die Nebenaltäre der nördlichen Kapellen sind heute — von Ost nach West — der hl. Dreifaltigkeit, dem hl. Joseph und der hl. Anna geweiht, die Altäre der südlichen Reihe dem hl. Kreuz, dem hl. Emmerich (jetzt St. Bernhard) und dem hl. Stephan Harding. In der Reihenfolge der wichtigsten Dedikationen hielt man sich also getreu an das Vorbild von Heinrichau. Am Altar der hl. Anna steht übrigens eine schöne Statue der hl. Hedwig von Schlesien.

74) Die Fundamente der mittelalterlichen Anlage wurden 1912—13 von P. Tiburtius Hümpfner freigelegt, doch bedarf der Plan, den der Grabungsleiter rekonstruierte, einiger Korrekturen. So gab es in Zirc keine Konversengasse, und das Langhaus der Kirche war um 1—2 Traveen kürzer als Hümpfner annahm. Als die ersten schlesischen Mönche nach Ungarn kamen, benutzten sie die erhaltenen nördlichen Chornebenkapellen der alten Kirche als Notoratorium. Nach der Fundamentierung der barocken Kirche riß man das Mauerwerk der frühgotischen Kirche ab und erbaute aus den schönen Dolomitquadern des Budai-Gebirges die gesamte Nordwand und große Partien der Westfassade der heutigen Stiftskirche. Von der mittelalterlichen Anlage ließ man nur einen Bündelpfeiler der nördlichen Arkadenreihe in voller Höhe mit Kapitellen und Deckplatten stehen und krönte ihn in einem Akt pietätvoller Denkmalspflege mit der Statue des hl. Emmerich von Ungarn; der Pfeiler steht heute außerhalb des Stiftsberings an der Straße nach Györ.

Die 1727—33 erbaute Quadratur ist eine schlichte, zweigeschossige Anlage, deren Westflügel von einem durchlaufenden Horizontalgesims und 9 Fensterachsen gegliedert ist. Das Erdgeschoß zeigt über dem niedrigen Sockel eine einfache, aus Putz imitierte Quadergliederung, und die Fenster des Obergeschosses, die auf der Gesimsbrüstung sitzen, tragen horizontale Verdachungen[75].

Die Abteikirche von 1732—51 — eine unkomplizierte barocke Anlage mit klarem Grundriß — besteht aus dem zweijochigen, eingezogenen, gerade geschlossenen Presbyterium und dem vierjochigen Langhaus, dessen Strebepfeiler nach innen gezogen sind, so daß das Schiff beiderseits von je einer Turmhalle und drei Kapellen ohne Emporenräume flankiert wird. Über der Mittelhalle des westlichen Joches erhebt sich eine konvex in das Schiff einspringende Orgelempore mit prächtigem, holzgeschnitztem vergoldeten Gitterwerk. Die Strebepfeiler sind durch Quertonnen verbunden und stützen das Hauptgewölbe der Kirche, das durch die auf Doppelpilastern mit Kompositkapitellen ruhenden Gurtbänder in 6 Joche zerfällt. Die Gewölbefelder sind mit Fresken von Joseph Wagenmeister geschmückt, die von Ost nach West Maria und die Hl. Dreifaltigkeit, Maria und den hl. Bernhard darstellen und im Langhaus die Huldigung des hl. Bernhard und seiner Mitbrüder vor der Gottesmutter, die Gottesmutter als Schutzherrin des Ordens, die segensreiche Tätigkeit der Zisterzienser und über der Orgelempore die hl. Cäcilia als Patronin der Kirchenmusik. Vor der flachen Ostwand des Presbyteriums erhebt sich der monumentale Hochaltar, dessen Hauptgemälde der Himmelfahrt Mariens, das Anton Maulpertsch aus Wien schuf, von einer prunkvollen Säulenstellung umrahmt wird, über deren Architrav sich das farbig staffierte Doppelwappen von Heinrichau und Zirc und, ebenso wie beim Hochaltar des Mutterklosters, die Statue des hl. Michael erhebt. An die Längswände des Presbyteriums lehnt sich das zweireihige Chorgestühl, über dem sich auf der Evangelienseite eine barocke Chororgel und auf der Epistelseite ein kunstvoller Balkon mit geschnitztem Gitterwerk erhebt.[76].

---

[75]) Das dritte Geschoß der heutigen Stiftsgebäude, die große Bibliothek und die südlich an die ältere Quadratur anschließenden Gebäude sowie die Obergeschosse und steinernen Helme der Westtürme wurden erst unter Abt Anton Rezutsek (1858—79) erbaut. — Um 1780 befanden sich im Erdgeschoß des Klosters außer dem Kreuzgang 5 Schlafzimmer für die Konventualen, das Refektorium für 18 Personen, das Collocutorium, der Kapitelsaal, Küche und Sakristei; das Obergeschoß enthielt 2 Zimmer für den Abt, 3 Zimmer für die Gäste des Abtes, 14 Zimmer für die Konventualen, eine Kammer, das Vestiarium, das Zimmer des Apothecarius und die Bibliothek. Zwei weitere langgestreckte Trakte, die den Stiftsplatz von der Dorfstraße trennten, enthielten 13 Zimmer, 2 Küchen, einen Weinkeller und nochmals 6 Zimmer, 2 Küchen, 4 Lagerräume, 2 Keller und im Obergeschoß das Granarium; in diesen beiden Trakten wohnten die Gäste und die Stiftshandwerker. Östlich vom Mönchsflügel lag der Konventsgarten mit Treibhaus und einem festen Gebäude für Zierpflanzen und Zitronen; südlich vom Kloster befand sich der Küchengarten und westlich von ihm der Obstgarten; alle diese Gärten legte P. Valentin Lobkowsky an, der 18 Jahre Inspector hortorum in Zirc war. Das ganze Stiftsgelände war von einer hohen Ringmauer umschlossen (BDA V 65, S. 5 f. und Catal. S. 29).

[76]) Das Innere der durch hohe Fenster genügend beleuchteten Kirche erscheint heute, wo die Altäre, Kanzel, Orgeln, die holzgeschnitzten Brüstungen der Emporen und die Deckengemälde längst einer Renovation bedürfen, düster und unfreundlich.

Die Außenwände der Kirche, die großenteils aus den Quadern des frühgotischen Gotteshauses errichtet wurden, sind in schlichter Weise von segmentbogigen hohen Fenstern und einfachen Pilastern gegliedert. Nur bei der Gestaltung der Westfassade suchte man einen wirkungsvollen Akzent zu setzen, indem man die Türme um 3 m und das Mittelrisalit nochmals um 2 m aus der Front der klösterlichen Quadratur heraustreten ließ. Ein kräftig profiliertes Gesims, das die Höhe der älteren Klostergebäude übersteigt, schließt das Sockelgeschoß der Fassade ab, in dem zwei schlichte Türen — von den Standbildern der hl. Benedikt und Bernhard bekrönt — und ein größeres Hauptportal mit marmorner Säulenarchitektur und Ziervasen den Zugang zum Innenraum vermitteln. Das erste Obergeschoß ist von zwei kleineren und einem größeren rundbogigen Fenster durchbrochen, und ein segmentbogenförmiger Giebel mit dem steinernen Doppelwappen von Heinrichau und Zirc schließt das mit Voluten und Vasen geschmückte Mittelrisalit ab. Das frühere Obergeschoß der Türme überragte die Fassade des Hauptschiffes nur wenig und war von einem schlicht umrahmten Okulus durchbrochen und von schlanken Zwiebelhelmen mit offener Durchsicht bekrönt[77].

Den Grundplan der Kirche ließ Abt Gerhard Wiesner von einem Architekten entwerfen, der mit dem System der von Dientzenhofer entwickelten böhmischen Wandpfeilerhalle vertraut war. Die westliche Schauseite erinnert an die Doppelturmfassaden der Jesuitenkirche und Kreuzherrenkirche in Neisse und der Jesuitenkirche in Brieg, und der Aufriß des Inneren wiederholt unter Verzicht auf die Emporen den Plan der Kreuzherrenkirche von Neisse, der Josephskirchen von Grüssau und Alt-Reichenau, der Propsteikirche von Wartha und der Pfarrkirche von Städtel-Leubus, so daß die Vermutung berechtigt erscheint, daß der Meister von Zirc in Schlesien beheimatet war. Vielleicht darf man ihn der Umgebung der Architekten Michael Klein aus Güns (Köszög) in Ungarn, Martin Urban aus Liebau oder Martin Frantz suchen, die durch ihre Tätigkeit in Grüssau, Wartha, Leubus und Seitsch den schlesischen Zisterziensern des frühen 18. Jahrhunderts eng verbunden waren[78].

5. Die Bautätigkeit im Stiftslande von Heinrichau und Zirc

Die Bauunternehmungen der Zisterzienser mittelalterlicher Zeit beschränkten sich ausschließlich auf den klösterlichen Bering von Heinrichau und auf die Grangien. Die Zisterze besaß zwar schon im 14. Jahrhundert in naher Umgebung Patronatskirchen, die ihr seit 1422 inkorporiert waren; aber um den Bau der dörflichen Pfarrkirchen hat sich das Kloster nicht mehr und nicht weniger gekümmert, als die weltlichen Patronatsherren die-

[77]) Am Giebel der Westfassade, der das einst farbig staffierte Doppelwappen von Heinrichau und Zirc trägt, befinden sich folgende Inschriften:

QVae orIentaLIs ante saeCVLa VastaVIt hostILItas,
ea haC saCra aeDe Deo aC VIrgInI reLIgIosa restaVrat pIetas (1744).

und: A° 1198 fundata, 1726 exerecta CanDIDa reDeCorata Laetor (1751 unter Abt Candidus Rieger).

[78]) Vgl. M. v. Aggházy, S. 130.

ser Zeit. Planung und Ausführung der Gotteshäuser des Stiftslandes überließen die Zisterzienser vor der Reformation den Gläubigen des jeweiligen Pfarrsprengels. Eine zisterziensische Bauhütte, die außerhalb des Klosters tätig war, hat es in Heinrichau nicht gegeben[79]. Die beengten wirtschaftlichen Verhältnisse, in denen sich die Zisterze in den ersten Jahrzehnten ihrer Existenz befand, erlaubten es den Mönchen nicht, ihre Kraft an auswärtige Unternehmungen zu verschwenden. Wahrscheinlich konnte die Abtei nicht einmal zum Bau der Klosterkirche weitgereiste, erfahrene Künstler berufen oder eine reguläre Bauhütte unterhalten. Im Unterschied zu den reichdotierten piastischen Gründungen Leubus, Trebnitz und Grüssau mußte sich das Kloster an der Ohle mit geringem Aufwand und sparsamen Mitteln bescheiden. Die ausführenden Kräfte — Maurer und Steinmetzen —, die bei der Errichtung des Klosters und der Kirche tätig wurden, waren einheimische Handwerker, geschulte Konversen[80], Ordensleute oder Familiaren, die den Grundplan der Kirche, das Aufrißschema und Wölbsystem an anderen Beispielen der Ordensbaukunst studierten und dabei manche Anregungen von Trebnitz und von der Bauhütte des Breslauer Domes empfingen.

Als sich das Kloster wirtschaftlich stabilisierte und Kirche und Klausur vollendet waren, hatte man die ersten monumentalen Pfarrkirchen des Stiftslandes bereits errichtet. Da die Parochien von Säkularpriestern betreut wurden, bestand für die Mönche nicht der geringste Anlaß, in die Bauplanung der Dorfkirchen einzugreifen und ihre Anlage zisterziensischen Vorstellungen anzugleichen. Ein unmittelbares Interesse an der Ausführung der ländlichen Kirchen des Stiftslandes erwachte erst nach dem Dreißigjährigen Kriege, wo der Neubau der Pfarrkirchen von Krelkau, Berzdorf, Dobrischau und Alt-Heinrichau unter zisterziensischen Seelsorgern erfolgte. Doch in dieser späten Zeit des 17. und 18. Jahrhunderts kann von einer eigenständigen Ordensbaukunst keine Rede mehr sein. Die Wiederherstellung der ländlichen Gotteshäuser richtete sich ausnahmslos nach den Vorstellungen der landesüblichen Sakralarchitektur. Daher lassen die Dorfkirchen des Heinrichauer Stiftslandes nicht die geringsten Merkmale monastischer Eigenart erkennen, sondern fügen sich vollständig in den Rahmen des gewöhnlichen ländlichen Bauschaffens ein.

Auch von den mittelalterlichen Grangien, die die grauen Mönche erbauten, ist nichts mehr erhalten. Es gab auf den Heinrichauer Eigengütern in der Zeit vor dem Dreißigjährigen Kriege weder Wohngebäude noch Speicher von monumentaler Ausführung[81].

---

[79]) Wenn H. Tintelnot S. 49 im Zusammenhang mit dem Bau des Breslauer Domes und der Trebnitzer Hedwigskapelle von „wandernden Ordensbauleuten und Werkmeistern" spricht, so waren das jedenfalls keine Mitglieder des Zisterzienserordens.

[80]) So nennt der Nekr. zum 15. Sept. den Konversen „Gerhardus lapicida" aus der zweiten Hälfte des 13. Jhs. als einzigen der mittelalterlichen Laienbrüder von Heinrichau, bei dem das Totenbuch den Beruf mitteilt.

[81]) Eine Ausnahme bildet das Gesindehaus, das Abt Nikolaus Hübner 1588 in monumentaler Bauweise in spätgotischen Formen auf der Nordseite des Kammerhofes errichtete. Im übrigen verdanken die großen Scheunen und Ställe ihre massive Form erst dem Abt Melchior Welzel; die Ölmühle auf dem Niederhof erbaute 1705 Abt Tobias Ackermann.

Die Bauweise der klösterlichen Wirtschaftsgebäude paßte sich wahrscheinlich den üblichen Gewohnheiten an: Wohnhäuser, Ställe und Scheunen waren in leichter Holz- und Fachwerkarchitektur errichtet, so daß sie die Kriege des 15. und 17. Jahrhunderts nicht überdauern konnten. Monumentale Wirtschaftsgebäude aus Ziegelstein erhielten die Grangien erst nach dem Dreißigjährigen Kriege[82]. In dieser Epoche entstanden im Auftrage des Abtes Heinrich Kahlert die schloßartigen Herrenhäuser in Raatz, Schönwalde und Seitendorf, und später das barocke Schloß in Schönjohnsdorf, die als Erholungshäuser der Professen und als Sommersitz der Äbte geplant wurden und den Ansprüchen barocker Wohnkultur angepaßt waren, so daß sie im Verlauf der Kriege des 18. Jahrhunderts dem preußischen König und seinen Generälen öfter als Stabsquartier dienten.

Bei der Errichtung neuer Dorfkirchen im Stiftslande von Zirc brauchten die Äbte von Heinrichau weder auf Vorgängerbauten noch auf Dedikationen älterer Tradition Rücksicht zu nehmen, da die mittelalterlichen Kirchen des Bakony in Trümmern lagen und die Weihetitel bei der protestantisch gewordenen Bevölkerung in Vergessenheit geraten waren[83]. So erbaute Abt Gregor Regnard 1726 die Kirche der Hl. Dreifaltigkeit in Nagytevel und 1732 die St.-Barbara-Kirche in Bakonykoppány. 1770—75 ließ Abt Konstantin Haschke das Gotteshaus in Tevel durch einen Neubau ersetzen, den er mit einem Hochaltarbild und 5 anderen Altartafeln des Frankensteiner Malers Bernhard Krause ausschmückte. Auch Bakonykoppány erhielt 1783—87 unter Abt Markus Welzel eine neue Kirche[84].

Abt Candidus Rieger erbaute 1750 die St.-Rochus-Kirche in Berénd, für die Abt Markus Welzel 1779 einen aufwendigen Neubau in Form eines griechischen Kreuzes mit reichgegliederter Einturmfassade und freskengeschmückten Tonnengewölben begann; diese zweite Kirche in Berénd weihten die Zisterzienser dem hl. König Stephan von Ungarn[85]. 1761—63 errichtete Abt Rieger im südlichen Teil der Ortschaft Zirc auf dem Platz der mittelalterlichen Pfarrkirche die „kleine“ Kirche der schmerzhaften Muttergottes, und 1761 stellte er auch die verfallene Mauritiuskapelle in Magyarpolány wieder her. In diesem Dorfe, das nahe bei Pápa liegt, erbaute man anstelle des 1757 zerstörten Gotteshauses die neue Pfarrkirche des hl. Ladislaus, deren Presbyterium Abt Konstantin Haschke 1763 benedizieren konnte. Der 1773 vollendete Bau besitzt drei Altargemälde von Bernhard Krause und ist mit Rokokoornamenten geschmückt, die den Stukkierungen der Heinrichauer Ostkapellen verwandt sind[86]. 1762 begann Abt Rieger den Bau der Pfarrkirche der Hl. Dreifaltigkeit in Olaszfalu, die 1774 sein Nachfolger benedizierte und de-

---

[82]) Vgl. Compendium fol. 17 b.

[83]) Daher erhielten mehrere Kirchen des Stiftes Zirc Weihetitel, die noch jetzt an die enge Verbindung mit dem schlesischen Mutterkloster erinnern.

[84]) Schem. Zirc S. 131—133.

[85]) Schem. Zirc S. 118 f.

[86]) Schem. Zirc S. 116—118 und 128—130.

ren Gewölbe reiche Freskomalerei mit Inschriften in deutscher Sprache zeigt[87]. Das Hochaltarbild der Kirche stammt ebenfalls von Bernhard Krause. 1766 errichtete Abt Konstantin Haschke den zweigeschossigen Bau der barocken Residenz der Güteradministration Elöszállás, und 1776—79 erbaute er im benachbarten Ujmajor (Mezőfalva) die Filialkirche Mariä Heimsuchung. Dem Abt Markus Welzel verdanken die Dorfkirchen des hl. Michael in Lókút (1783) und des Hl. Geistes in Porva ihre Entstehung. In den beiden letzten Jahrzehnten vor der Aufhebung der Union mit Heinrichau erbauten die Zisterzienser die Pfarrkirchen des hl. Johannes Nepomuk in Nagyesztergár, der hl. Anna in Bakonynána und der hl. Apostel Petrus und Paulus in Borzavár, so daß außer der Stiftskirche von Zirc insgesamt 13 Dorfkirchen im Bakony im Namen der Äbte von Heinrichau zu neuem Leben erweckt wurden.

87) Schem. Zirc S. 125—127. Eine dieser Inschriften lautet: „O Mutter teren, di tich Eren ...“

ANHANG

1. Die Liste der Äbte von Heinrichau

(Abkürzungen: Prof. = Profeß, Sac. = Priesterweihe, erw. = erwählt, inst. = installiert, inf. = infuliert, bestät. = bestätigt; in Klammern der Taufname.)

1. Heinrich I., 28. Mai 1227—1234[1]),
   † 5. Juni 1234.
2. Bodo, 1234—1259,
   † 1. März 1259.
3. Peter I., 1259—1269,
   † 15. Nov. 1271 (?).
4. Gottfried, 1269—1273 (?),
   † 30. März 1273 (?).
5. Roland, 1273 (?)—1276,
   † 20. Nov. 1281 (?).
6. Lambert, 1276—1280,
   ca. 1283—1287 Abt von Kamenz,
   † 22. Okt. 1291 (?).
7. Friedrich, 1280—1297[2]),
   † 27. Sept. 1297 (?).
8. Johann I., 1297—1302[3]),
   † 19. Jan. 1302 (?).
9. Peter II., 1303—1309,
   † 1. Dez. 1309 (?).
10. Ulrich, 1309—1312[4]),
    1308—1309 (?) Abt von Leubus, † 5. Nov.

---

1) Bei der Amtszeit der ersten Äbte legen wir die Liste zugrunde, die Bretschneider (GB 130 ff.) aufstellte; nur gehört der dort angeführte Todestag von Johann I. der Handschrift nach eher zu Johann II., während der Nekrologeintrag zum 19. Jan. von älterer Hand stammt. Auch das Ende der Amtszeit Peters II. (1311) konnten wir nicht übernehmen, da in diese Zeit Abt Ulrich gehört.

2) Sein Vater Konrad steht im Nekr. zum 12. Sept., seine Mutter Jutta zum 13. Nov. und sein Bruder Peczold zum 25. Jan.

3) Nikolaus I., den Bretschneider als 9. Abt von Pfitzner und Wattenbach (Mon. Lub.) übernahm und den auch die älteren Listen des Compendium, der Hist. brevis, der Hist. dom. Henr. und der Hs. V 63 anführen, der aber urkundlich überhaupt nicht erwähnt wird, paßt nicht in diese Zeit.

4) Nach Pfitzner, dem Compendium und der Hist. dom. Henr. soll Ulrich 1460—64 regiert haben. Das ist sicher falsch, denn der Eintrag des Nekr. zum 5. Nov. stammt aus dem frühen 14. Jh. Im Leubuser Nekr. lautet der Eintrag für ihn: „Item obiit Vlricus monachus, qui fuit abbas

11. Heinrich II., 1312—1317 (?)[5]),
† 20. Febr. 1317 (?).

12. Christian, 1317—1321[6]),
† 11. Dez. 1340.

13. Johann II. de Tepilwode, 1321—1325[7]),
† 6. Febr. 1325 (?).

14. Winand I., 1325—1329/30[8]),
† 30. April 1343 (?).

15. Winand II., 1329/30—1335 (?)[9]),
† 16. Juni 1355.

16. Nikolaus I., 1336—1337[10]),
† 3. Okt.

---

in Lubens et in Heynrichaw" (Monumenta Lubensia. Hrsg. W. Wattenbach. Breslau 1861, S. 56). Als Abt von Leubus wird er im Schreiben eines Formelbuchs 1309 erwähnt (R. Peiper, Ein Formelbuch aus Heinrichau. In: ZVGS 11. 1871, S. 469). Er war demnach der Nachfolger Hermanns II. von Leubus, der nach F. Hanus (Die Aeltere Geschichte der Zisterzienserabtei Leubus in Schlesien bis zur Mitte des 14. Jahrhunderts). (Texts, Documents and Studies in Medieval and Modern Church History 2. Teutopolis 1947) 1304—07 regiert haben soll. Die Amtszeit des Abtes Ulrich kann man aber nicht für 1308—11 ansetzen, wie Hanus vermutet; denn da Ulrich um 1311 Abt von Heinrichau war, kann er in Leubus wohl nur bis 1309 regiert haben.

[5]) Sein Bruder Hellewicus steht im Nekr. zum 8. Nov.

[6]) Er dankte wahrscheinlich bald nach der 1320 erfolgten Schlußweihe der Klosterkirche ab und lebte als Exabt im Kloster, wo er noch am 10. Febr. 1340 erwähnt wird (SR 6407). Nach BDA V 63, S. 16, wurde er in sehr jugendlichem Alter zum Abt erwählt.

[7]) Seine Brüder Wernher und Tilo stehen im Nekr. zum 21. Apr. und 22. Dez.

[8]) In den erhaltenen Abtslisten und bei Pfitzner lautet die Reihe der Äbte nach Johann II. de Tepilwode: Winand I. 1328—32; Winand II. 1332—40. Das läßt sich aber nicht mit den urkundlichen Erwähnungen vereinbaren. Winand I. wird nämlich erwähnt am 11. Juli 1325 (SR 4448), 2. Juni 1326 (SR 4542), 25. Nov. 1327 (SR 4697) und 25. Juni 1329 (SR 4859). Als Exabt erscheint er am 25. Aug. 1330 (A. Theiner, Vet. Monum. Pol. et Lith. I, S. 378), 6. Febr. 1334 (SR 5303) und 29. Apr. 1338 (SR 6087). Sein gleichnamiger Nachfolger wird als Abt genannt am 15. Juni 1332 (SR 5130) und am 10. Sept. 1335 (SR 5501), dann wieder — und zwar nach einem Zwischenraum von fast 20 Monaten — am 25. Apr. 1337 (Bretschneider, Urk. Nr. 37), 29. Apr. 1338 (SR 6087) und am 1. Okt. 1338 (SR 6158). Am 9. Okt. 1341 (SR 6687) erscheinen beide Winande als Exäbte in einer Urkunde ihres Nachfolgers Johann. In dem erwähnten Zwischenraum der 20 Monate aber urkundet am 11. Juli 1336 (SR 5659) nicht einer der Winande, wie man nach den älteren Listen annehmen müßte, sondern Abt Nikolaus, der auch schon in einem Schreiben des Jahres 1333 in einem Heinrichauer Formelbuch erscheint (ZVGS 11. 1871, S. 469), wobei das Jahr allerdings zweifelhaft ist. Demnach muß man annehmen, daß Winand I. nach einigen Jahren von Winand II. abgelöst wurde, dem dann Nikolaus I. folgte, der nur kurze Zeit regierte und wieder von einem der beiden resignierten Winande abgelöst wurde, der um 1340 zum zweiten Male resignierte.

[9]) Margaretha, die Schwester des Abtes Winand, steht im Nekr. zum 18. April.

[10]) Nach Anm. 3 ist der urkundlich unbekannte Abt Nikolaus I., der 1302—04 regiert haben soll, ganz zu streichen, zumal sich auch im Nekrolog der Zeit um 1300 kein Eintrag findet, dessen Handschrift zu ihm gehören könnte; der älteste Eintrag für einen Abt dieses Namens ist der zum 3. Okt., der aber eher zur Mitte als zum Anfang des 14. Jhs. gehört.

17. Winand III., 1337—1340 (?)[11]),
† ?

18. Johann III., 1340—1350 (?),
† 15. März 1350 (?).

19. Nikolaus II. Cuius aus Münsterberg, 1350—1359 (?)[12]),
geb. 1300, Prof. 1314, † 29. Juli nach 1372.

20. Sidilmann, 1359—1366,
† 26. April 1366.

21. Nikolaus III. von Ratibor, 1366—1389[13]),
† 10. Juli 1389.

22. Martin I. von Neisse, 1389—1413[14]),
† 31. Mai 1413.

23. Nikolaus IV. von Brieg, 1413—1447[15]),
† 3. Nov. 1454.

24. Jakob, 1447—1453[16]),
† 15. März 1453.

25. Nikolaus V. de Wesintal, 1454—1469[17]),
† 30. Nov. 1469 (?).

26. Johann IV., 1470—1477[18]),
† 25. Juli 1477.

27. Martin II., 1477—1482,
† 11. Okt. 1482.

---

[11]) Da der Nekr. nur zwei Einträge für die Winande enthält, scheint es sich bei Winand III. um einen der noch lebenden Exäbte dieses Namens zu handeln.

[12]) Vom ihm stammen mehrere Manuskripte „Sermones" der Klosterbibliothek, die er als Exabt verfaßte und in schöner, gleichmäßiger Schrift persönlich niederschrieb (vgl. C. H. Rother, Aus Schreibstube und Bücherei des ehemaligen Zisterzienserklosters Heinrichau. In: ZVGS 61. 1927, S. 64 ff.).

[13]) Seine Eltern Heinrich und Margaretha stehen im Nekr. zum 11. Okt., seine „cognata", die Nonne Christina in Ratibor, zum 17. Juli.

[14]) Im Nekr. werden seine Geschwister Nikolaus zum 6. April, Johann zum 22. Juni, Katharina zum 18. Jan., Margaretha zum 28. April, Elisabeth und Gertrud zum 7. Juli erwähnt. Nach BDA V 63, S. 22, errichtete er 1395 in der Stiftskirche den Hochaltar der hl. Johann Bapt. und Ev., Benedikt, Bernhard, Maria Magdalena und Hedwig, der 1591 von Abt Nikolaus Hübner renoviert wurde und im frühen 18. Jh. in der Andreaskirche stand.

[15]) Der Nekr. nennt seine Schwestern Agnes zum 25. Juli und Margaretha zum 9. Nov. Nach den Einträgen des Signaturbuches muß der Abt nach dem 3. Mai und vor dem 19. Aug. 1447 resigniert haben.

[16]) Seine Schwester Margaretha steht im Nekr. zum 22. März. Jakobs Nachfolger erscheint im Signaturbuch erstmals am 29. April 1453.

[17]) Nach den älteren Abtslisten regierte er 1453—60; tatsächlich aber erscheint er im Signaturbuch noch 1467, und sein Nachfolger Johann IV. wird erstmals am 4. Juli 1471 erwähnt.

[18]) Er kann nicht erst 1472 erwählt worden sein, wie die älteren Listen behaupten, und auch sein Todestag (6. Febr. 1477) ist sicher falsch; der Handschrift nach gehört zu ihm der Nekrologeintrag zum 25. Febr. — Seine Brüder waren übrigens Johann und Thomas.

28. Johann V., 1482—1490[19]),
† 25. Juli.

29. Antonius I., 1490—1503[20]),
† 20. Dez. 1503.

30. Urban, 1504—1510[21]),
† 27. Okt. 1510.

31. Vinzenz von Strehlen, 1510—1554[22]),
† 10. Jan. 1554 in Neisse.

32. Andreas I. Swederi von Köln, 1554—1577[23]),
geb. 1521 in Köln, 1553 Prior in Lond, im Nov. 1553 Prior in Heinrichau, erw. 15. Jan. 1554, 1569 Generalvikar, † 1. April 1577.

33. Nikolaus Hübner, 1577—1611[24]),
geb. in Goltzsch Kr. Strehlen, erw. 3. oder 4. April 1577, † 6. Okt. 1611.

34. Andreas II. Beyer (Bär, Ursinus), 1611—1627[25]),
geb. in Frömsdorf, erw. nach dem 6. Okt. 1611, bestät. 1. Jan. 1612, resign. 7. Juli 1627, † 18. Okt. 1627.

35. Kaspar Gleisberg, 1627—1633[26]),
geb. in Grottkau, erw. 8. Juli 1627, Nov. 1628 benediziert und infuliert,
† 22. Aug. 1633 an der Pest.

36. Laurentius Hertel, 1635—1644[27]),
geb. in Herzogswalde, erw. 2. April 1635, † 5. Nov. 1644.

---

[19]) Auch für Johann V. kann man den überlieferten Todestag nicht übernehmen, vielmehr gehört zu ihm der Nekrologeintrag zum 25. Juli. Da Johann V. resignierte, erscheint er 1491 als „Herr Johannes ettwan abte zu Heinrichaw" (BDA V B 6 e).

[20]) Bei der Amtszeit der Äbte Antonius und Urban richten wir uns nach P. Klemenz, Zur Datierung der Regierungszeit einiger Äbte von Heinrichau. In: Schlesische Geschichtsblätter 1937, S. 10—14. Antonius, der erste infulierte Abt von Heinrichau, wurde im südlichen Chornebenschiff bestattet, wo sein Epitaph erhalten ist.

[21]) Sein Bruder Matthäus, Konverse der Minoriten, steht im Nekr. zum 3. Juli.

[22]) Der Eintrag des Nekr. zum 10. Jan., nach dem er 50 Jahre regiert haben soll, ist falsch; der Zusatz „praefuit annis 50" stammt von jüngerer Hand. Nach der Hist. dom. Henr. S. V wurde er erst 1509 erwählt. Auch Vinzenz wurde im südlichen Chornebenschiff begraben, wo sein Epitaph noch vorhanden ist. Über die Äbte und Ordensleute seit 1550 vgl. H. Grüger, Der Konvent von Heinrichau von der Reformation bis zur Säkularisation (1810). In: Archiv 35. 1977, S. 65—102.

[23]) Sein Bruder war der Heinrichauer Mönch Gerhard von Köln, Profeß von Obra, der am 2. April 1576 starb. Für Abt Andreas sind zwei Epitaphien erhalten; das eine steht im südlichen Chornebenschiff, das andere an der Wand der angrenzenden Westkapelle der südlichen Kapellenreihe. Nach der Inschrift dieses letzteren Epitaphs wurde er am 15. Jan. 1554 erwählt, und das Kloster verdankte ihm die Errichtung der Ringmauern und Gebäude.

[24]) Seine Mutter Dorothea, deren Epitaph am zweiten Nordpfeiler des Presbyteriums steht, starb am 30. Sept. 1586.

[25]) Nach der Hist. brevis (§ 33) waren seine Brüder der Breslauer Weihbischof Franziskus Ursinus († 1615) und der Domherr Adam Ursinus. Dies ist aber sicher falsch, denn nach G. Zimmermann S. 552 stammte der Weihbischof nicht aus Frömsdorf, wie Abt Andreas Beyer, sondern aus Glogau.

[26]) Seine Eltern Valentin und Ursula stehen im Nekr. zum 22. Dez. 1614.

[27]) Seine Mutter starb am 28. Mai 1617, sein Vater Michael Hertel am 8. Aug. 1619.

37. Georg Welzel, 1644—1651,
geb. in Herzogswalde, vor 1644 Pfr. in Wiesenthal, erw. 16. Nov. 1644, † 25. Nov. 1651.

38. Kaspar II. Liebichen, 1651—1656[28]),
geb. in Ziegenhals, erw. 3. Dez. 1651, resign. 20. Okt. 1656, † 11. April 1668 in Alt-Heinrichau.

39. Melchior Welzel, 1656—1680[29]),
geb. 1622 in Schönwalde, Prof. 1648, Sac. und Prior 1649, erw. 21. Okt. 1656, 1661—1673 Generalvikar, 6. Nov. 1660 in Grüssau benediziert, † 10. Mai 1680.

40. Daniel Meyer, 1680—1681[30]),
geb. in Braunau, 1675 Subprior, dann Pfr. in Schönwalde, erw. 20. Mai 1680, † 11. Febr. 1681.

41. Dr. Heinrich Viktorin Kahlert, 1681—1702[31]),
geb. 15. Aug. 1638 in Braunau, Prof. 1. Nov. 1657 in Grüssau, 1660—62 Studium in Graz, 1662 Subprior, 1665 Prior, 1. Aug. 1669 Propst in Warmbrunn, erw. 20. Febr. 1681, inst. 6. März 1681, inf. Mai 1683 in Dijon, 1697—1702 Generalvikar, † 6. April 1702 als Abt von Heinrichau und Zirc.

42. Tobias Ackermann, 1702—1722[32]),
geb. 2. Okt. 1656 in Neisse, Prof. 1678, Sac. 1682, Prior erw. 20. Apr. 1702, inst. 15. Okt. 1702, Abt von Zirc 17. März 1708, † 17. Dez. 1722.

43. Dr. Anton (Johann Ludwig) Niklas, 1723—1724[33]),
geb. 11. Juli 1685 in Strehlen als Sohn des kaiserl. Rates Georg Friedrich Niclassi, Prof. 8. Dez. 1706, Sac. 1710, Professor theol., Prior, erw. 20. Jan. 1723, Abt von Zirc 25. Febr.

---

[28]) Sein Vater Kaspar aus Ziegenhals starb am 13. März 1640, seine Mutter Eva am 8. Okt. 1644. Abt Liebichen wurde im nördlichen Querschiff bestattet (Necr. Zirc S. 9: „Jacet sub scamno, ubi est ascensus super Ecclesiam“), wo sein schönes Epitaph vor der Tür zum Treppentürmchen erhalten blieb.

[29]) Sein Bruder Abraham und seine Schwester Martha lebten noch 1680 in Moschwitz. Seine Mutter Ursula starb am 1. Jan. 1647, sein Vater Laurentius am 20. April 1634, sein Vetter Georg am 17. Mai 1776 (Mortil.). — Der Abt wurde in der von ihm erbauten Konventsgruft in der Kreuzkapelle bestattet.

[30]) Er wurde ebenfalls in der Konventsgruft der Kreuzkapelle begraben.

[31]) Seine letzte Ruhe fand er der von ihm erbauten Loretokapelle, wo sein Epitaph erhalten ist.

[32]) Er wurde am westlichen Ende des Chorgestühls im Mittelgang beigesetzt.

[33]) Die Daten sind teilweise entnommen aus W. Diehl, Hessen-darmstädtisches Pfarrer- und Schulmeisterbuch (Hassia Sacra. Bd. 1). Darmstadt 1923, S. 23. — Bei der Resignation, die in Anwesenheit der Äbte von Leubus und Kamenz erfolgte, nahm Dr. Niklas nur für 1725 eine Pension von 300 fl., 100 fl. Reisegeld und einen Reisewagen mit Klosterpferden an, mit dem ihn P. Clemens Teichmann begleitete. Der Exabt begab sich nach Wien, um der kaiserl. Regierung die Gründe seines Rücktritts zu erläutern und die Wege zu einer Neuwahl zu ebnen; dann reiste er nach Düsselthal bei Düsseldorf, wo er den P. Teichmann mit Pferden und Wagen entließ. Der Eintritt des Abtes in das Trappistenkloster, das der Reform des jansenistischen Abtes Etienne Henrion von Orval nahestand (vgl. N. Tillière, Histoire de l'abbaye d'Orval, 7. Aufl. Orval 1967, S. 237 bis 251) erfolgte offenbar aus lauteren Motiven (vgl. Catal. 30: „cum ad Monasterium Diselthalense strictioris observantiae causa discessisset“). Daß er sich bald darauf verheiratete, dem Luthertum zuwandte und Prediger der hessischen Residenzstadt wurde, kann man kaum als einsamen Fehltritt

1723, resign. 12. Sept. 1724, Mönch im Trappistenkloster Düsselthal, 1725 in Gießen zum Protestantismus konvertiert, 1726—1727 dritter, 1727—1729 zweiter Stadtprediger in Darmstadt,
† 15. Jan. 1729 in Darmstadt.

44. Gregor Regnard, 1725—1732[34]),
geb. 11. Aug. 1678 in Ottmachau, Prof. 28. Okt. 1698, Sac. 1702, 1715—25 Administrator von Zirc, erw. 8. Nov. 1725, Abt von Zirc 13. Dez. 1725, inf. 13. Okt. 1726, † 27. Sept. 1732.

45. Gerhard (Johannes Martin) Wiesner, 1732—1749[35]),
geb. 11. Mai 1698 in Frankenstein, Prof. 15. Okt. 1715, Sac. 1718, Professor theol. et phil., Kuratus in Silberberg, erw. 13. Nov. 1732, Abt von Zirc 24. Sept. 1733, inst. und inf. 26. Sept. 1733, 1734—1749 Generalvikar, † 15. Februar 1749.

---

eines einzelnen Ordensmannes betrachten. Das Schicksal von Dr. Niklas zeigt vielmehr, daß die Spannungen zwischen der allgemeinen und der strengen Observanz des Ordens damals auch in Schlesien spürbar wurden. Dafür spricht auch das lange Zögern der Wiener Regierung, die mit den jansenistischen Zisterzen Orval und Aulne in Belgien große Schwierigkeiten hatte und sich 13 Monate Zeit ließ, bevor sie dem Stift Heinrichau eine Neuwahl erlaubte. Ohne Zweifel suchten die habsburgischen Behörden das Eindringen jansenistischer Ideen in Schlesien und Ungarn zu verhindern und zogen daher erst Erkundigungen über die Zuverlässigkeit der übrigen Ordensleute von Heinrichau ein. Im schlesischen Kloster selbst unternahm man alles, um das Mißtrauen der Regierung zu zerstreuen. So entließ der Prior P. Marian Schmidt während dieser 13 Monate 6 der 7 Novizen, die der Exabt in Heinrichau aufgenommen hatte (Catal. 36 zu P. Anton Stephan: „Fuit Novitius sub Antonio Abbate; 7 erant, reliquos omnes dimisit P. Prior") und schickte Bittgesuche an den Kaiser und den Fürsten von Auersperg als Herzog von Münsterberg. Als das alles nicht zum Erfolg führte, sandte der Konvent den P. Gregor Regnard nach Wien, dem es im Oktober 1725 endlich gelang, die Erlaubnis zur Neuwahl durchzusetzen. Aus der Wahl ging nicht der Prior als aussichtsreichster Kandidat hervor — denn als einstiger Schüler des Abtes Niklas mochte er dem kaiserlichen Hofe suspekt erscheinen —, sondern P. Regnard, der bisherige Administrator von Zirc, den man in Wien als Vertreter der observantia communis kannte.
Es ist zu hoffen, daß die Akten der Untersuchung, die die kaiserl. Behörden damals anstellten, eines Tages wieder aufgefunden werden, denn erst dann wird es möglich sein, sich ein genaueres Bild von der Kraft jansenistischer Strömungen im Kloster Heinrichau zu machen. Das Urteil des Konvents über diese Vorgänge erscheint nämlich sehr zwiespältig. Der Fortsetzer der Hist. brevis (§ 42) sagt zwar, daß man Dr. Niklas gemäß den Statuten des Ordens aus der Reihe der Äbte streichen müsse, aber er widmet ihm trotzdem einen kurzen Abschnitt mit eigener Zählung. Der Schreiber des Catal., der den Namen des Abtes oft nennt und rühmend die Konventualen anführt, die seine Schüler waren, mied jedes Wort der Verurteilung. Erst der Mönch, der das 1. Buch der Hist. dom. Zirc. verfaßte und den Exabt selbst nicht mehr kannte, gab der späteren Version Ausdruck, nach der er als Apostat zu gelten hatte und erging sich in Schmähworten (docta cloaca, hypocrita, infamis suboles, foedifragus, apostata vilis), um das Gedächtnis des Mannes („aptior scorto quam Monasterio") für immer auszulöschen („pereat, o pereat memoria tui cum sonitu!" Hist. dom. Zirc. I, S. 127 und 130).

[34]) Seine Grabstätte fand er in der von Abt Kahlert erbauten Loretokapelle.

[35]) Er wurde im nördlichen Querschiff vor dem von ihm errichteten Altar des hl. Johannes Nepomuk bestattet. — Seinen angeblichen Nachfolger Tobias II. Rüger, der nach Pfitzner im Jahre 1749 regiert haben soll, muß man aus der Reihe der Äbte streichen. Er kommt in keiner der übrigen Abtslisten vor, und auch die Liste der Konventualen von Heinrichau, die der Verfasser nach den Quellen schlesischer und ungarischer Archive zusammenstellte, enthält keinen Ordensmann dieses Namens.

46. Candidus Rieger, 1749—1763[36]),
geb. 22. Aug. 1706 in Neisse, Prof. 24. Nov. 1726, Sac. 1730, erw. 29. März 1749, bestät. 8. April 1749, Abt von Zirc 30. Mai 1749, inst. und inf. 9. Nov. 1749, † 24. März 1763.

47. Konstantin I. Haschke, 1763—1778[37]),
geb. 1. Aug. 1717 in Neisse, Prof. 14. Aug. 1736, Sac. 1741, Provisor, erw. 4. Mai 1763, Abt von Zirc 20. Sept. 1763, inst. und inf. 24. Aug. 1763, 1768—1778 Generalvikar, † 29. Aug. 1778.

48. Markus (Franziskus Bernhard) Welzel, 1778—1792[38]),
geb. 21. Sept. 1730 in Schönwalde, Prof. 4. Febr. 1753, Sac. 1759, Professor theol., Curatus in Silberberg, Provisor, Administrator von Schönjohnsdorf, erw. 10. Nov. 1778, bestät. 21. Juni 1779, Abt von Zirc 13. Aug. 1779, † 1. Dez. 1792.

49. Konstantin II. (Joseph) Gloger, 1793—1810 (1814)[39]),
geb. 16. Febr. 1745 in Ellguth bei Ottmachau, Prof. 21. März 1770, Sac. 1773, 1776—77 Culinae Praefectus, 1779 Curatus in Silberberg, 1788 Administrator in Schönwalde, 1790—93 Prior, erw. 4. Febr. 1793, bestät. 5. März 1793, inst. 12. März 1793, inf. 9. April 1793, Abt von Zirc 23. Sept. 1793, 1797—1810 Generalvikar, bei der Aufhebung der Abtei am 22. Nov. 1810 pensioniert, † 18. Juni 1814 in Patschkau.

2. Liste der Administratoren von Zirc

1. Abraham Wabrzig, 1. März 1701—28. Juli 1701[40]),
geb. in Kasimir, Pfr. in Schönwalde, dann in Alt-Heinrichau, Prior,
† 28. Juli 1701 in Pápa.

2. Wilhelm Sebastian, 1701 und 1703—1709,
geb. in Buchwald bei Grüssau, Prof. 1. Nov. 1685, Sac. 1690, 28. Juli bis 6. Okt. 1701 Admin. von Zirc, 1706 von den Kuruzen gefangengenommen und auf Burg Árva inhaftiert, nach der Freilassung 1707 Katechet bei den Serviten in Eger (Erlau), † 5. Jan. 1709 in Eger.

3. Petrus Hoffmann, 1701—1703,
geb. 1648 in Braunau, Prof. 1675, Sac. 1679, 1701 Admin. von Zirc, 1703 aus Ungarn geflüchtet, 1703 Prior von Heinrichau, 1706 Pfarrer von Schönwalde, † 20. Febr. 1721.

4. Heinrich Schneider, 1711—1715,
geb. 28. Jan. 1663 in Braunau, Prof. 14. Nov. 1683, Sac. 1688, Pfr. in Schönwalde, 1711—15 Admin. in Zirc, 1715—20 Pfr. in Nagytevel, † 31. Dez. 1740 in Heinrichau.

---

[36]) Er fand sein Grab in der von ihm erbauten Magdalenenkapelle.

[37]) Er wurde mitten in der Vierung bestattet „infra Campanulas ante chorum fratrum“ (Catal. S. 59). Im Kreuzgang von Zirc ist das schöne Porträt des Abtes noch heute erhalten.

[38]) Auch sein Grab befindet sich in der Vierung, und zwar unmittelbar nördlich neben der Gruft seines Vorgängers.

[39]) Der Gruftdeckel südlich vom Grabe des Abtes Haschke in der Vierung läßt mit einiger Mühe noch Namen und Geburtsort des Abtes erkennen, den man 1814 hier begrub.

[40]) Sein Bruder Adam starb am 21. Nov. 1686, sein Bruder Johann Chrysostomus am 15. Dez., sein Onkel Christoph Wabrzig am 12. April 1673 (Mortil.). P. Abraham wurde nach seinem Tode in der Gruft der Pauliner in Pápa bestattet.

5. Gregor Regnard, 1715—1725 [s. oben S. 290, Nr. 44].

6. Johann Bapt. Stieff, 1726—1733[41]), geb. 25. Juni 1663 in Braunau, Prof. 21. Nov. 1687, Sac. 1695, † 19. Juni 1733 in Zirc.

7. Robert Reichel, 1733—1743 (seit 1738 Superior), geb. 7. Mai 1685 in Neisse, Prof. 21. Nov. 1708, Sac. 1712, 1720—1727 Admin. in Nagytevel, 1733 Admin. in Zirc, am 25. Jan. 1738 Superior, † 31. Jan. 1743 in Zirc.

8. Petrus Schneider, 1743—1769 (seit 1750 Prior), geb. 18. Jan. 1703 in Budischau (Mähren), Prof. 24. Nov. 1726, Sac. 1730, seit 1733 in Zirc, 1734—1744 Pfr. in Nagytevel, 1743 Superior in Zirc, 25. Aug. 1750 Prior, resign. 1769, † 7. Juli 1770 in Zirc.

9. Adalbert Töpper, 1769—1772, geb. 6. März 1727 in Bodenstadt (Mähren), Prof. 15. Okt. 1748, Sac. 1752, seit 1754 in Zirc, 1766 Admin. in Elöszállás, † 22. März 1772 in Zirc.

10. Johannes Nep. Aberle, 1772—1775[42]), geb. 10. Jan. 1713 in Ohlau, Prof. 29. Okt. 1741, Sac. 1745, seit 1750 in Zirc, 1752—1763 Pfr. in Berénd und Polány, † 6. Sept. 1798 in Zirc.

11. Karl (Gregor) Pap (Popp), 1775—1779[43]), geb. 12. März 1714 in Felsőnemeskeresztúr, Prof. 29. Okt. 1741, Sac. 1745, 1746 Cellerar in Zirc, Pfr. in Olaszfalu, dann in Elöszállás, 25. Sept. 1775 Prior, † 27. Sept. 1786 in Zirc.

12. Bonaventura (Joseph) Christoph, 1779—1793[44]), geb. 14. Febr. 1731 in Tscheschdorf (Mähren), Prof. 3. Febr. 1755, Sac. 1759, 1763—1766 Koop. in Zirc und Porva, 1766 Provisor in Zirc, dann strafversetzt nach Nagytevel, 1770 bis 1772 Pfr. in Zirc, 1772—1775 Subprior, 1775 bis 1779 Provisor, 1793 nach Venyim, am 1. Juli 1802 aus Ungarn ausgewiesen, † 5. Okt. 1811 in Wiesenthal.

13. Ladislaus (Joseph) Szabady, 1793—1802[45]), geb. 2. Febr. 1737 in Porva, Prof. 1. Nov. 1757, Sac. 1761, 1763—1766 Pfr. in Berénd und Polány, 1766—1769 Pfr. in Elöszállás, 1769—1772 Subprior, 1772—1775 Pfr. in Olaszfalu, Provisor, 1775—1779 Prf. in Polány, 1779—1787 Pfr. in Nagytevel, 1787—1793 Pfr. in Polány, † 3. Okt. 1802 in Preßburg.

---

[41]) Nach dem Catal. (S. 24) war er der erste, den man in der neuen Konventsgruft von Zirc unter dem Hochaltar der Stiftskirche beisetzte.

[42]) Im Alter von 5 Jahren kam er nach Rom, wo er fließend Italienisch und Französisch lernte und Kleriker der Congregatio de Propaganda fide wurde. Nach der Rückkehr nach Schlesien entschloß er sich, in Heinrichau einzutreten, erhielt aber die päpstliche Dispens dazu erst nach mehrmaligem Antrag (Catal. S. 46 f.).

[43]) Er hatte das Jurastudium bereits absolviert, als ihn P. Robert Reichel als Postulant annahm, obwohl Karl Pap die deutsche Sprache nicht beherrschte. Man schickte ihn dann nach Heinrichau, und Abt Wiesner nahm ihn in das Noviziat auf, um den ungarischen Magnaten einen Gefallen zu erweisen (Catal. S. 47).

[44]) Abt Konstantin Haschke setzte ihn am 28. Juni 1767 als Provisor von Zirc ab, weil er sein Amt nach eigenem Gutdünken und ohne Absprache mit dem Prior verwaltete (Catal. S. 61).

[45]) Er starb an den Folgen eines unglücklichen Sturzes, während er als Delegierter des Abtes Gloger beim Landtag in Preßburg weilte (Catal. S. 65—67).

14. Tobias (Johannes) Zack, 1802—1803[46]), geb. 18. Febr. 1754 in Veszprém, Prof. 8. Dez. 1774, Sac. 1778, 1779—1782 Pfr. in Elöszállás, 1782—1784 Culinae Praefectus, 1784—1787 Magister in Veszprém, 1788—1792 Pfr. in Venyim, 1792—1808 Pfr. in Olaszfalu, trat 1802 sein Amt als Prior nicht an aus Furcht vor dem Weihbischof Zsolnay, † 4. Aug. 1811 in Zirc.

15. Anton (Johannes) Dréta, 1803—1814, seit 1814 Abt[47]), geb. 22. Juli 1762 in Györszentmárton, Prof. 21. Okt. 1786, Sac. 1787, 1787—1788 Magister in Veszprém, 1788—1793 Pfr. in Lókút, 1794—1797 Pfr. in Borzavár, 1797 Feldkaplan des aufständischen ungarischen Adels, am 5. Aug. 1803 Prior, 1812 Abt von Pilis-Pásztó, am 29. Sept. 1812 Prior regens in Zirc, am 19. Aug. 1814 Abt von Zirc-Pilis-Pásztó, inf. 13. Okt. 1814, † 28. Dez. 1823 in Zirc.

3. Der Konvent von Heinrichau am 22. November 1810[48])

1. Hieronymus (Anton Franziskus) Hübner, geb. 17. Mai 1732 in Seitendorf, Prof. 18. Sept. 1752, Sac. 1756, 1763 Culinae Praefectus, 1776 Admin. Schönwalde, 1780—1790 Pfr. in Alt-Heinrichau, 1795—1801 Pfr. in Schönwalde, 1810 Jubilaris und Senior, † 5. Sept. 1812 in Seitendorf[49]).

2. Bonaventura Christoph [s. oben S. 292, Nr. 12].

3. Gerhard (Antonius) Zimmermann, geb. 24. Sept. 1745 in Schönberg bei Jauer, Prof. 8. Dez. 1766, Sac. 1770, 1776 Succentor, 1799—1803 Kuratus in Weigelsdorf, 1803 Custos, † 1818 in Seitendorf[50]).

4. Fr. Georg (Antonius) Seidler, geb. 7. Sept. 1742 in Vágújhely (Komitat Neutra), Prof. 30. Nov. 1767, Konverse, Maler, 1772—1790 Clausurarius und Sakristan in Zirc, 1790—1792 Magister in Veszprém, † 14. Febr. 1824 in Zirc.

5. Thaddäus (Georg) Krause, geb. 8. Jan. 1746 in Neu-Altmannsdorf, Prof. 3. Juli 1768, Sac. 1771, danach Professor der Theol., Kuratus in Silberberg, Kuratus in Frömsdorf, 1782 Subprior, 1800 Prior, 1803—1814 Pfr. in Alt-Heinrichau, † 20. April 1814 in Alt-Heinrichau.

---

[46]) P. Tobias Zack studierte in Heinrichau, als der Bayerische Erbfolgekrieg ausbrach. Abt Haschke schickte ihn daher eilends nach Zirc zurück, wo er noch im selben Jahre (am 19. Sept. 1778) die Priesterweihe erhielt. Als er Ende des Jahres 1802 nach dem Tode des Priors Szabady von Abt Gloger zum Nachfolger in Zirc ernannt wurde, drohte ihm der Weihbischof von Veszprém mit Repressalien, falls er das Mandat des schlesischen Abtes übernehmen würde, so daß P. Zack verzichtete (Catal. S. 98).

[47]) Er legte die Profeß in Heinrichau ab und absolvierte dort auch das theologische Studium (Catal. S. 123).

[48]) Die folgenden Daten stützen sich in der Hauptsache auf den Catal. und auf Pfitzner sowie auf den Schem. Zirc. Die Abkürzungen bedeuten: Prof. = Profeß, Sac. = Priesterweihe, Pfr. = Pfarrer, Admin. = Administrator. In Klammern der Taufname.

[49]) Er war bei der Abtswahl von 1763, 1778 und 1793 einer der drei Kandidaten des Konvents, wurde aber von der preußischen Regierung konstant abgelehnt, da er zu viele Freunde in habsburgischen Landen hatte (Catal. S. 57).

[50]) Der Vermerk „obiit 1818 die non indicato", der sich im Catal. mehrfach findet, zeigt deutlich, daß man dem ungarischen Tochterkloster den Todestag der Heinrichauer Konventualen auch nach der Säkularisation noch mitgeteilt hat.

6. Konstantin (Joseph) Gloger, Abt [s. oben S. 291 Nr. 49].

7. Bernhard (Ignaz Bernhard) Tschöke, geb. 16. Nov. 1747 in Wünschelburg, Prof. 21. Nov. 1770, Sac. 1774, 1776—1777 Regens Chori, 1779 Kaplan in Alt-Heinrichau, seit 1780 in Zirc, 1780—1782 Pfr. in Porva, 1782—1783 Provisor, 1783—1804 Admin. in Elöszállás, 1804 Cantor, † 22. Mai 1820 in Zirc.

8. Christoph (Franziskus) Haunschild, geb. 4. Nov. 1749 in Edelstadt b. Zuckmantel (österr. Schles.), Prof. 24. Juni 1771, Sac. 1775, 1776—1782 Custos in Zirc, 1782—1784 Bibliothekar, Adjutor in Nagytevel, 1787—1788 Adjutor des Cellerars, 1788—1789 in Heinrichau, 1790 Praecentor in Zirc, 1792 Pfr. in Nagyesztergár, 1793 Pfr. in Bakonynána, 1800—1804 Prediger und Sacramentarius in Zirc, 1804—1811 Pfr. in Bakonykoppány, 1811 Valetudinarius in Nagytevel, † 14. Juni 1817 in Zirc.

9. David (Michael) Coneider (Caneider), geb. 4. April 1750 in Györ, Prof. 24. Juni 1771, Sac. 1775, 1775—1777 Adjutor Culinae in Zirc, dann Culinae Praefectus, 1782 Adjutor in Magyarpolány, 1783 Kaplan in Bakonykoppány und Nagytevel, 1784 Kaplan in Venyim, 1787 Adjutor in Lókút und Borzavár, 1788 Kaplan in Porva, 1789 Pfr. in Zirc, 1792 Adjutor in Nagyesztergár, 1793—1797 Pfr. in Magyarpolány, 1800—1803 Pfr. in Nagyesztergár, vom 17. Jan. bis Aug. 1803 Subprior in Zirc, 1803 aus Ungarn ausgewiesen, bis 1811 in Heinrichau und Wien, seit 1812 in Zirc, 1812—1814 Admin. in Borzavár. † 21. Febr. 1817[51]).

10. Johann Bapt. (Emmanuel) Aulich, geb. 26. März 1749, Prof. 10. Febr. 1772, Sac. 1775, 1777 Professor Humaniorum, 1782—1790 Kuratus in Silberberg, 1800 Provisor, Magister Forestae, Bursarius, 1803 Prior, 1810 Culinae Praefectus, † 16. April 1816 in Patschkau.

11. Melchior (Joseph) Lux, geb. 14. Nov. 1750 in Gurschdorf (österr. Schles.), Prof. 1. Nov. 1772, Sac. 1775, 1782—1786 Professor der Theol. in Heinrichau, 1787 Direktor der Nationalschule in Veszprém, 1788—1790 Pfr. in Lókút, Bibliothekar in Zirc, 1790—1792 Subprior in Zirc, 1792 Kaplan in Bakonynána, 1793—1799 Pfr. in Nagytevel, 1799—1803 Subprior in Zirc, 1814—1817 Novizenmeister und Bibliothekar, 1817—1818 Pfr. in Hercegfalva (Ujmajor), † 30. Juni 1818 in Székesfehérvár.

12. Aurelius (Johann) Kittl, geb. 31. Okt. 1752 in Sternberg (Mähren), Prof. 1. Juni 1773, Sac. 1776, 1779 Abtskaplan in Heinrichau, 1800 Pfr. in Berzdorf, 1810 Novizenmeister und Inspector Apothecae, † 1829 als Pfr. in Berzdorf.

13. Abundus (Joseph) Schmidt, geb. 29. Dez. 1749 in Dittersbach, Prof. 14. Nov. 1773, Sac. 1777, 1779—1782 Subregens chori und Professor Humaniorum in Heinrichau, 1782—1784 Pfr. in Lókút, Borzavár und Akli, 1787—1800 in Heinrichau, 1800—1810 Pfr. in Wiesenthal, 1810 Sacramentarius, Custos und Vestiarius in Heinrichau, † 31. März 1825 als Pfr. in Wiesenthal[52]).

14. Valentin (Johann) Hübner, geb. 12. Dez. 1744 in Schreibendorf bei Glatz, Prof. 10. Febr. 1774, Sac. 1778, 1810 Adjunctus Chori figuralis, † 29. Nov. 1817 in Frömsdorf.

15. Tobias (Johannes) Zack [s. oben S. 293, Nr. 14].

---

[51]) Catal. S. 87: schon 1803 flüchtete er vor Prior Dréta nach Heinrichau.

[52]) Ebd. S. 96: Hic primas plantavit pinus Zirczii anno 1786.

16. Emmerich (Franziskus) Fittler, geb. 30. Juni 1754 in Pápa, Prof. 8. Dez. 1774, Sac. 1778, 1783—1785 Pfr. in Elöszállás, 1786 Magister in Veszprém, dann Pfr. in Olaszfalu, 1793 bis 1803 Pfr. in Berénd, 1803—1811 Pfr. in Magyarpolány, 1812—1813 Novizenmeister, 1814 Pfr. in Elöszállás, 1817 Prior in Zirc, 1818—1827 Pfr. in Hercegfalva (Ujmajor), seit 1827 als Senior in Zirc, † 11. Febr. 1839 in Zirc.

17. Fr. Christian Schreier, geb. 10. Aug. 1849 in Neustadt, Prof. 1775, Konverse, 1779 Subinfirmarius, seit 1800 Bibliopegus und Subclausurarius in Heinrichau, † 1810 in Heinrichau.

18. Eugen Meysel, geb. 15. Aug. 1753 in Silberberg, Prof. 21. März 1777, Sac. 1781, 1800 Culinae Praefectus, 1803 Pfr. in Krelkau, 1810 Clausurae inspector in Heinrichau, † 1813 in Heinrichau.

19. Pius (Joseph) Jokischmann, geb. 16. Juni 1755 in Heinrichau, Prof. 16. Juli 1778, Sac. 1782, 1783—1784 Culinae Praefectus in Zirc, Kaplan in Olaszfalu, 1785—1786 Magister in Veszprém, 1786—1787 Adjutor in Nagyesztergár, 1787—1788 Provisor in Zirc, 1788 nach Heinrichau, 1790—1793 Kuratus in Silberberg, 1800 Pfr. in Frömsdorf, 1802 Cantor, 1809 bis 1816 Pfr. in Weigelsdorf, † 16. April 1816 in Weigelsdorf.

20. Jakob (Bartholomäus) Mittermayer, geb. 1. Aug. 1753 in Komárom, Prof. 16. Juli 1778, Sac. 1781, 1782 Kaplan in Borzavár und Lókút, 1784 Magister in Veszprém, 1785 Pfr. in Elöszállás, 1792 Pfr. in Ujmajor, 1800 Emeritus, † 3. Febr. 1811 in Zirc.

21. Mansuetus (Joseph) Lindner, geb. 23. März 1755 in Grüssau, Prof. 16. Juli 1778, Sac. 1782, 1791 Subprior, 1793 Kuratus in Silberberg, 1800 Cantor, 1803 Kuratus in Frömsdorf, 1810 Pfr. in Schönwalde, † 2. Okt. 1825 in Schönwalde.

22. Ceslaus Mitschke, geb. 29. Sept. 1759 in Breslau, Prof. 16. Mai 1781, Sac. 1785, 1792 Succentor, Concionator in Zirc, 1793 Adjunctus in Nagyesztergár, 1798—1800 Bibliothekar in Zirc, 1800—1803 Cantor und Concionator, 1803 aus Ungarn ausgewiesen, 1810—1822 Pfr. in Frömsdorf, † 11. Nov. 1822 in Frömsdorf.

23. Vinzenz Mattauschek, geb. 24. Dez. 1760 in Rauden, Prof. 7. März 1782, Sac. 1787, 1800 Kaplan in Schönwalde, 1810 Pfr. in Krelkau, † 18. Dez. 1822 in Krelkau.

24. Matthäus Höhl, geb. 24. Juli 1759 in Friedland (Schles.), Prof. 7. März 1782, Sac. 1787, 1800 Kaplan in Schönwalde, 1803 Praefectus Clausurae und Infirmarius, 1810 Sonntagsprediger, † 28. Febr. 1819 in Heinrichau.

25. Nikolaus Fröhlich, geb. 13. Juli 1759 in Neisse, Prof. 7. März 1782, Sac. 1786, 1799—1803 Kuratus in Silberberg, 1810 Admin. in Wiesenthal, dann Pfr. in Wiesenthal, 1814—1823 Pfr. in Alt-Heinrichau, † 23. Dez. 1823 in Alt-Heinrichau.

26. Markus Rössler, geb. 10. April 1762 in Kamenz, Prof. 15. Aug. 1782, Sac. 1786, 1798 nach Zirc, 1800 Consiliarius des Priors, 1803 aus Ungarn ausgewiesen, 1810 Professor der Theol. und Consiliarius des Priors in Heinrichau, † 1. Dez. 1819 in Habelschwerdt.

27. Ernst Hartmann, geb. 10. März 1761, Prof. 29. April 1784, Sac. 1789, 1800 Kaplan in Alt-Heinrichau, 1803 Concionator, 1810 Kuratus in Silberberg, 1822—1827 Pfr. in Krelkau, † 1827 in Krelkau.

28. Maurus (Franziskus) Korporics, geb. 21. Nov. 1760 in Köszeg (Komitat Vas), Prof. 21. Nov. 1784, Sac. 1786, 1786—1792 Subdirektor der Nationalschule in Veszprém, 1792—1801 Pfr. in Elöszállás, 1801—1812 Pfr. in Ujmajor, 1812—1813 Pfr. in Olaszfalu, 1813 Subprior, 1814—1821 Prior und Culinae Praefectus, 1823 Senior, † 9. Nov. 1829 in Zirc.

29. Gottfried (Antonius) Bauch, geb. 1. April 1760 in Neuwilmsdorf (österr. Schles.), Prof. 21. Nov. 1784, Sac. 1787, 1787—1789 Concionator in Zirc, 1789 Magister in Veszprém, 1790 bis 1793 Pfr. in Porva, 1793—1801 Culinae Praefectus, 1801—1803 Pfr. in Nagytevel, 1803 bis 1811 Subprior, 1811—1829 Pfr. in Bakonykoppány, 1830—1834 Prior und Novizenmeister, 1834 Emeritus, † 18. Juli 1844 in Zirc.

30. Urban Thiel, geb. 15. Nov. 1763 in Lentsch bei Neisse, Prof. 2. Febr. 1785, Sac. 1789, 1799 Kaplan in Schönwalde, 1800 Concionator und Succentor, 1806—1809 Kuratus in Weigelsdorf, 1810 Subsacramentarius und Festtagsprediger, † 1822 in Schönjohnsdorf.

31. Anton (Johannes) Dréta, Abt [s. oben S. 293, Nr. 15].

32. Karl Schmidt, geb. 8. Dez. 1764 in Landeck, Prof. 29. April 1789, Sac. 1793, 1794—1804 Pfr. in Nagyesztergár, 1804—1808 Pfr. in Porva, 1808—1811 Pfr. in Bakonynána, 1813 bis 1819 Emeritus in Heinrichau, † 6. Dez. 1819 in Landeck[52a]).

33. Alberich (Franziskus Joseph) Mann, geb. 1. April 1769 in Schildberg, Prof. 29. Apr. 1789, Sac. 1793, 1794 nach Zirc, Admin. in Porva und Esztergár, Culinae Praefectus, 1805 Coadjutor in Zirc, 1811—1817 Pfr. in Nagytevel, 1817—1848 Pfr. in Bakonynána, seit 1744 Senior Ordinis, 1849 Emeritus in Zirc, † 29. Juni 1855 in Zirc[53]).

34. Hermann Hellmann, geb. 19. Juli 1763 in Knischwitz, Prof. 1789, Sac. 1793, 1800 Professor der Theol., Concionator, 1803 Culinae Praefectus, 1810 Subprior, Consiliarius und Sekretär des Abts, † 20. Sept. 1837 als Pfr. in Heinrichau.

35. Joseph Kuhnert, geb. 15. Febr. 1770 in Neukirch, Prof. 21. März 1791, Sac. 1794, 1797 in Zirc, 1799—1808 Kaplan in Bakonynána, am 16. Okt. 1813 nach Heinrichau, † 19. Jan. 1823 in Wiesenthal.

36. Laurentius Gallisch, geb. 8. Jan. 1771 in Frankenstein, Prof. 15. Aug. 1792, Sac. 1796, 1800 Praecentor, Subregens Chori, Sonntagsprediger, 1810 Provisor und Bursarius, 1811 nach Raudnitz, † 1841 als Pfr. in Prauß.

37. Michael (Emmerich) Fabó, geb. 21. Okt. 1770 in Székesfehérvár, Prof. 15. Aug. 1792, Sac. 1794, 1795—1798 Concionator in Zirc, Kaplan in Borzavár und Porva, 1798—1803 Direktor der Nationalschule in Veszprém, 1803—1812 Pfr. in Berénd, 1812—1814 Pfr. in Hercegfalva, 1814—1815 Pfr. in Olaszfalu, 1815—1816 Pfr. in Bakonynána, 1816—1826 Prior in Eger (Erlau), 1826—1831 Pfr. in Berénd, 1831—1835 Pfr. in Magyarpolány, † 23. April 1835 in Magyarpolány.

38. Gregor (Johannes) Török, geb. 15. Nov. 1764 in Jobbaház (Komitat Sopron), Prof. 16. Mai 1792, Sac. 1792, 1792—1796 Culinae Praefectus in Heinrichau, 1796—1800 Cellerar in Zirc, 1800—1804 Provisor, Pfr. in Borzavár, 1809—1813 Pfr. in Olaszfalu, 1814—1818 Admin. in Pásztó, 1818—1820 Refectorarius in Zirc, 1820—1825 Pfr. in Magyarpolány, 1825—1826 Confessarius fratrum in Zirc, 1826 in Csákány, 1827 Cellerarius in Eger, † 24. Dez. 1827 in Eger

39. Dominikus Volkmer, geb. 19. Sept. 1766, Prof. 2. Mai 1793, Sac. 1796, 1800 Refectorarius und Katechet in Heinrichau, 1803 Kaplan in Alt-Heinrichau, 1810 Cantor, Director Chori figuralis, 1824—1826 Pfr. in Wiesenthal, † 1826 in Wiesenthal.

52a) Anno 1813 4 Nov. remissus Henrichovium, et licet tarde venerit, tamen accepit Pensionem (Catal. S. 124).

53) 1809 beim Einfall der Franzosen blieb er als einziger Ordensmann im Stift Zirc zurück. 1827—28 erbaute er die heutige Pfarrkirche in Bakonynána (Catal. S. 126).

40. Bartholomäus Rother, geb. 29. Sept. 1772 in Neustadt, Prof. 15. Aug. 1792, Sac. 1797, 1800 Professor der Grammatik und Concionator, 1803 Kaplan in Schönwalde, 1810 Festtagsprediger, Präses der Dreifaltigkeitsbruderschaft, † ?.

41. Malachias Meyer, geb. 8. Sept. 1771 in Leipe, Prof. 1. März 1793, Sac. 1798, 1800 Abtskaplan, 1810 Caeremoniarius des Abts, später Pfr. in Wangern, † 1842 in Münsterberg.

42. Florian Bartsch, geb. 9. Juli 1770 in Frankenstein, Prof. 25. März 1794, Sac. 1798, 1800 Clausurae Praefectus, 1803 Cantor, 1810 Kaplan in Alt-Heinrichau, 1825—1848 Pfr. in Schönwalde, † 12. Juli 1848 in Schönwalde.

43. Bonifaz Steidler, geb. 18. Okt. 1771 in Frankenstein, Prof. 25. März 1794, Sac. 1798, 1798 nach Zirc, 1800—1801 Kaplan in Nagyesztergár, 1801—1803 Festtagsprediger, Katechet in Zirc, 1803 aus Ungarn ausgewiesen, nach 1803 Festtagsprediger in Heinrichau, † 19. Nov. 1820 in Neisse.

44. Raphael Fleischer, geb. 14. Dez. 1771 in Kanth, 25. März 1794 Prof., Sac. 1798, 1800 Instructor Cantus und Inspector Hortorum, 1803 Professor der Theol., 1810 Kaplan in Schönwalde, Inspector Oeconomiae et silvarum in Schönwalde, später Pfr. in Rothsürben, 1823—1831 Pfr. in Alt-Heinrichau, 1831—1833 Pfr. in Münsterberg, † 1833 in Münsterberg[54]).

45. Plazidus Vogt, geb. 12. Jan. 1774 in Heinrichau, Prof. 1. Nov. 1795, Sac. 1799, 1801—1803 in Zirc, 1803 Direktor der Nationalschule in Veszprém, 1803 aus Ungarn ausgewiesen, 1810 Bibliothekar und Festtagsprediger in Heinrichau, † 8. Febr. 1826 als Pfr. in Frömsdorf.

46. Balthasar Dempe, geb. 26. Jan. 1775, Prof. 1. Nov. 1798, Sac. 1801, 1803 Subcustos, 1810 Kaplan in Schönwalde, † 1833 als Pfr. in Koppitz.

47. Andreas Woitin, geb. 27. Dez. 1773 in Wallendorf, Prof. 1. Nov. 1798, Sac. 1801, 1803 Instructor Cantus, Subbibliothekar, 1810 Subregens Chori figuralis, † 19. Jan. 1812 in Namslau.

48. Robert Schneider, geb. 26. Jan. 1774 in Millsdorf, Prof. 1. Nov. 1798, Sac. 1801, 1803 Clausurarius, 1810 Refectorarius, 1825—1826 Pfr. in Wiesenthal, † 1827 in Heinrichau.

49. Martin (Ladislaus) Horváth, geb. 17. Dez. 1777 in Veszprém, Prof. 5. Okt. 1799, Sac. 1802, 1803—1804 Culinae Praefectus, 1804—1805 Pfr. in Borzavár, 1805—1808 Direktor der Nationalschule in Veszprém, 1808—1810 Pfr. in Elöszállás, 1812—1817 Pfr. und Admin. in Magyarpolány, 1817—1818 Subprior, 1818—1827 Pfr. in Olaszfalu, 1827—1829 Pfr. in Magyarpolány, 1829—1833 Cellerar, 1833—1837 Pfr. in Berénd, 1837 Emeritus, † 30. März 1852 in Zirc.

50. Johann Nep. Poppe, geb. 1777 in Ellguth, Prof. 5. Okt. 1799, Sac. 1802, 1810 Festtagsprediger in Heinrichau, 1823—1833 Pfr. in Silberberg, † 1834 in Frankenstein.

51. Leopold (Johannes) Graffy, geb. 26. Febr. 1777 in Györ, Prof. 2. Okt. 1800, Sac. 1802, Valetudinarius in Zirc und Magyarpolány, † 12. Febr. 1857 in Zirc.

52. Adalbert Menzel, geb. 1778 in Striegau, Prof. 5. Okt. 1799, Sac. 1802, 1803 Subrefectorarius, Katechet, Direktor der Schola Trivialis in Heinrichau, † 1828 als Pfr. in Reichenau.

---

[54]) Er feierte seine Primiz am 14. März 1789 gemeinsam mit den PP. Malachias Meyer, Florian Bartsch und Bonifaz Steidler (Catal. S. 138).

53. Konstantin Gloger, geb. 3. Juli 1780 in Ellguth bei Ottmachau, Prof. 29. März 1801, Sac. 1805, 1810 Pistrinae Praefectus und Subcantor, 1811—1816 Vikar in Berzdorf, 1816—1855 Pfr. in Weigelsdorf, † 1. Juni 1864 in Weigelsdorf.

54. Marian (Dominikus) Fuchs, geb. 14. Okt. 1781 in Preßburg, Prof. 21. März 1801, Sac. 1805, 1805—1806 Direktor der Nationalschule in Veszprém, dann Provisor, Culinae Praefectus und Cellerar, 1808—1810 Pfr. in Magyarpolány, 1810—1812 Subprior und Hilfsbibliothekar, 1812—1814 Pfr. in Berénd, 1814—1817 Pfr. in Porva, 1817—1821 Pfr. in Nagytevel, 1821 bis 1823 Subprior, 1823—1826 Bibliothekar (Verfasser der Hist. dom.), 1826—1827 Kooperator in Hercegfalva, 1827—1835 Pfr. in Elöszállás, 1835—1837 Pfr. in Magyarpolány, 1837 Cantor, † 7. Mai 1838 in Zirc.

55. Siegfried von Hochberg, geb. 1780 in Ottmachau, Prof. 29. März 1801, Sac. 1805, 1810 Subbibliothecarius und Abtskaplan, † 1832 in Rückers.

56. Sigismund (Joseph) Acsay, geb. 6. April 1777 in Komáromszentpéter, Prof. 10. Febr. 1803, Sac. 1805, 1806 Pfr. in Borzavár, 1810—1814 Pfr. in Elöszállás, 1814—1820 Provisor, 1820—1823 Admin. in Pásztó, 1823—1824 Confessarius, 1824—1835 Emeritus in Eger, 1835—1836 in Zirc, † 28. Mai 1836 in Zirc.

57. Ferdinand (Johannes) Villax, geb. 4. Mai 1784 in Pápa, Prof. 10. Febr. 1803, Sac. 1808, 1809 Pfr. in Nagyesztergár, 1812 Pfr. in Olaszfalu, 1813 Direktor des Gymnasiums in Eger, 1817 Admin. und Pfr. in Magyarpolány, 1820—1821 Prior in Zirc, 1821 Concionator in Eger, 1823 Pfr. in Berénd, zum Abt erw. 10. Febr. 1824, bestät. 20. Jan. 1826, inst. 21. Mai 1826, † 13. Sept. 1857 in Zirc[55]).

58. Friedrich Sluga, geb. 1780 in Krappitz, Prof. 20. Sept. 1803, Sac. 1807, 1810 Coinspector hortorum, † 16. Sept. 1812 in Rauden.

59. Benedikt Kastner, geb. 1778, Prof. 1807, 1810 Diakon, 1826 Pfr. in Frömsdorf, † ?.

60. Adam Frank, geb. 23. Sept. 1783 in Székesfehérvár, Prof. 6. April 1808, Sac. 1808, 1808 bis 1810 Kooperator in Zirc, 1810—1812 Pfr. in Borzavár, 1812—1814 Cellerar, 1814 Pfr. in Bakonynána, 1814—1820 Pfr. in Berénd, 1821—1823 Pfr. in Nagytevel, 1823—1826 Subprior, 1826—1828 Pfr. in Lókút, 1828—1830 Pfr. in Borzavár, † 8. Okt. 1831 in Zirc[56]).

61. Daniel Horváth, geb. 15. Nov. 1785 in Györ, Prof. 5. Okt. 1808, Sac. 1809, 1809—1813 Pfr. von Borzavár, 1812—1813 Professor Novitiorum, 1813—1814 Professor in Eger, 1814—1817 Direktor des Gymnasiums in Pécs, 1818—1819 Pfr. in Porva, 1819—1820 Prior in Pécs, 1820—1821 Pfr. in Nagyesztergár, 1821—1826 Direktor des Gymnasiums in Eger, 1826 bis 1827 Professor Novitiorum, 1827—1863 Pfr. in Hercegfalva, 1863 Emeritus in Zirc, † 26. Jan. 1866 in Zirc.

---

[55]) Er absolvierte das Noviziat in Heinrichau, wo er auch Profeß ablegte. Nach seinem Tode wurde er vor dem St. Bernhardsaltar in Zirc bestattet (Catal. S. 154).

[56]) Während fast alle bisher erwähnten Konventualen Noviziat und Profeß oder wenigstens das theologische Studium in Heinrichau absolvierten und auf den Namen beider Klöster die Professio ablegten, verbrachten die folgenden Ordensleute ihr Noviziat nur noch in Zirc und legten den Eid allein auf den Namen des ungarischen Klosters und seines suspendierten schlesischen Abtes ab (Catal. S. 157).

62. Koloman Mórocz, geb. 9. Juni 1785 in Szap (Komitat Györ), Prof. 5. Okt. 1808, Sac. 1809, Professor Novitiorum, 1811—1812 Praefectus Clericorum in Veszprém, 1812—1813 Novizenmeister, 1813—1820 Professor in Eger, 1820—1821 Cellerar und Culinae Praefectus, 1821—1822 Pfr. in Borzavár, 1822—1824 Professor in Eger, 1824—1827 Admin. in Elöszállás, 1827—1833 Konviktspräfekt in Eger, 1833—1842 Professor in Eger, 1842—1844 Inspector hortorum, 1844 Valetudinarius, † 8. Juli 1845 in Zirc.

63. Chrysostomus Szabó, geb. 29. Nov. 1791 in Szany (Komitat Sopron), Prof. 18. Okt. 1814, Sac. 1814, 1814—1817 Professor in Eger, 1817—1820 Direktor des Gymnasiums in Eger, 1820—1826 Pfr. in Elöszállás, 1826—1834 Direktor in Eger, 1834—1842 Prior, 1842—1844 Admin. in Zirc, 1844—1848 Admin. in Elöszállás, † 19. Sept. 1848 in Elöszállás[57]).

64. Roman Pákozdi, geb. 17. Okt. 1787 in Pápa, Prof. 24. Aug. 1813, Sac. 1813, † 30. Mai 1864 in Zirc[58]).

65. Clemens Keller, geb. 3. Dez. 1788 in Városlöd (Komitat Veszprém), Prof. 12. Sept. 1814, Sac. 1814, † 17. Aug. 1814 in Elöszállás.

Nach der Aufhebung von Heinrichau, aber noch vor dem Tode des Abtes Konstantin Gloger, traten folgende Ordensleute in das Noviziat von Zirc ein:

66. Adalbert Ghyczy, geb. 7. Juli 1790 in Bogyoszlö (Komitat Sopron), Novize am 18. Okt. 1811, Prof. 18. Okt. 1914, Sac. 1818, † 2. Mai 1835 in Eger.

67. Paul Szegh, geb. 15. Okt. 1793 in Tamási (Komitat Sopron), Novize am 18. Okt. 1811, Prof. 18. Okt. 1814, Sac. 1818, † 6. Sept. 1848 in Mont' Ortone.

68. Laurentius Boross, geb. 13. März 1794 in Iván (Komitat Sopron), Novize 18. Okt. 1811, Prof. 18. Okt. 1814, Sac. 1818, † 4. Nov. 1831 in Magyarpolány.

69. Ambrosius Kiss, geb. 19. Okt. 1789 in Zalaegerszeg, Novize 15. Okt. 1813, Prof. 9. Okt. 1815, † 28. Aug. 1844.

70. Balthasar Kropf, geb. 19. Nov. 1791 in Somfalva (Komitat Sopron), Novize am 15. Okt. 1813, Prof. 9. Okt. 1815, Sac. 1819, † 12. März 1857.

71. Hieronymus Szöke, geb. 16. Nov. 1792 in Szimö (Komitat Komárom), Novize am 15. Okt. 1813, Prof. 9. Okt. 1815, Sac. 1819, † 14. Juni 1845.

72. Amandus Horváth, geb. 13. Dez. 1794 in Osli (Komitat Sopron), Novize 15. Okt. 1813, Prof. 4. Okt. 1816, Sac. 1820, † 30. Aug. 1858.

73. Engelbert Winkler, geb. 23. Febr. 1895 in Kalocsa, Novize 15. Okt. 1813, Prof. 4. Okt. 1816, Sac. 1820, † 3. Aug. 1871.

74. Alexius Nagy, geb. 4. Nov. 1788 in Nagylégh (Komitat Preßburg), Novize 28. März 1814 (schon Priester), Prof. 29. März 1815, † 3. März 1849.

[57]) Er legte die Profeß erst nach dem Tode von Abt Gloger ab und mußte daher 5 Jahre im Noviziat verbringen (Catal. S. 157).

[58]) Bei den folgenden Ordensleuten (Nr. 65—74) ließ Prior Dréta die Profeß hinausschieben in der Hoffnung, daß Abt Konstantin Gloger inzwischen sterben und die letzte Bindung zum schlesischen Mutterkloster fallen würde. Daher legten alle ihr Gelübde erst nach dem 18. Juni 1814 ab, wo Abt Gloger in Patschkau starb.

PERSONEN-, ORTS- UND SACHREGISTER

Erklärung der Abkürzungen:

Adl.	Adliger (adlig)	Kg(n).	König(in)
aufg.	aufgegangen	kgl.	königlich
b.	bei	Kl.	Kloster
B.	Bischof	Ks(n).	Kaiser(in)
Can.	Canonicus	ksl.	kaiserlich
d.	der, des	L.	Landes-
d. Ä.	der Ältere	M.	Mönch
Df.	Dorf	Mstb.	Münsterberg
d. J.	der Jüngere	OC	Ordinis Cisterciensis
ehem.	ehemalig	od.	oder
Erzb.	Erzbischof	OSB	Ordinis S. Benedicti
erw.	erwähnt	Pf.	Pfarrer
F.	Familiaris	pp.	päpstlich
Fam.	Familie	Schles.	Schlesien
Frhr.	Freiherr	St.	Stifts-
gen.	genannt	u.	und
Hptm.	Hauptmann	v.	von, vom
Hzg(n).	Herzog(in)	Vw.	Vorwerk
hzgl.	herzoglich	Weihb.	Weihbischof
K.	Konverse	Wrat.	Wratislaviensis
Kard.	Kardinal		

Von den im Text vorkommenden Personen- und Ortsnamen sind in das Register nur diejenigen aufgenommen, die mit der Entwicklung des Klosters Heinrichau, der schlesischen Zisterzienser und des Ordens von Cîteaux in engerem Zusammenhang stehen. Die Zahlen mit Sternchen verweisen auf die Anmerkungen der betreffenden Seite.

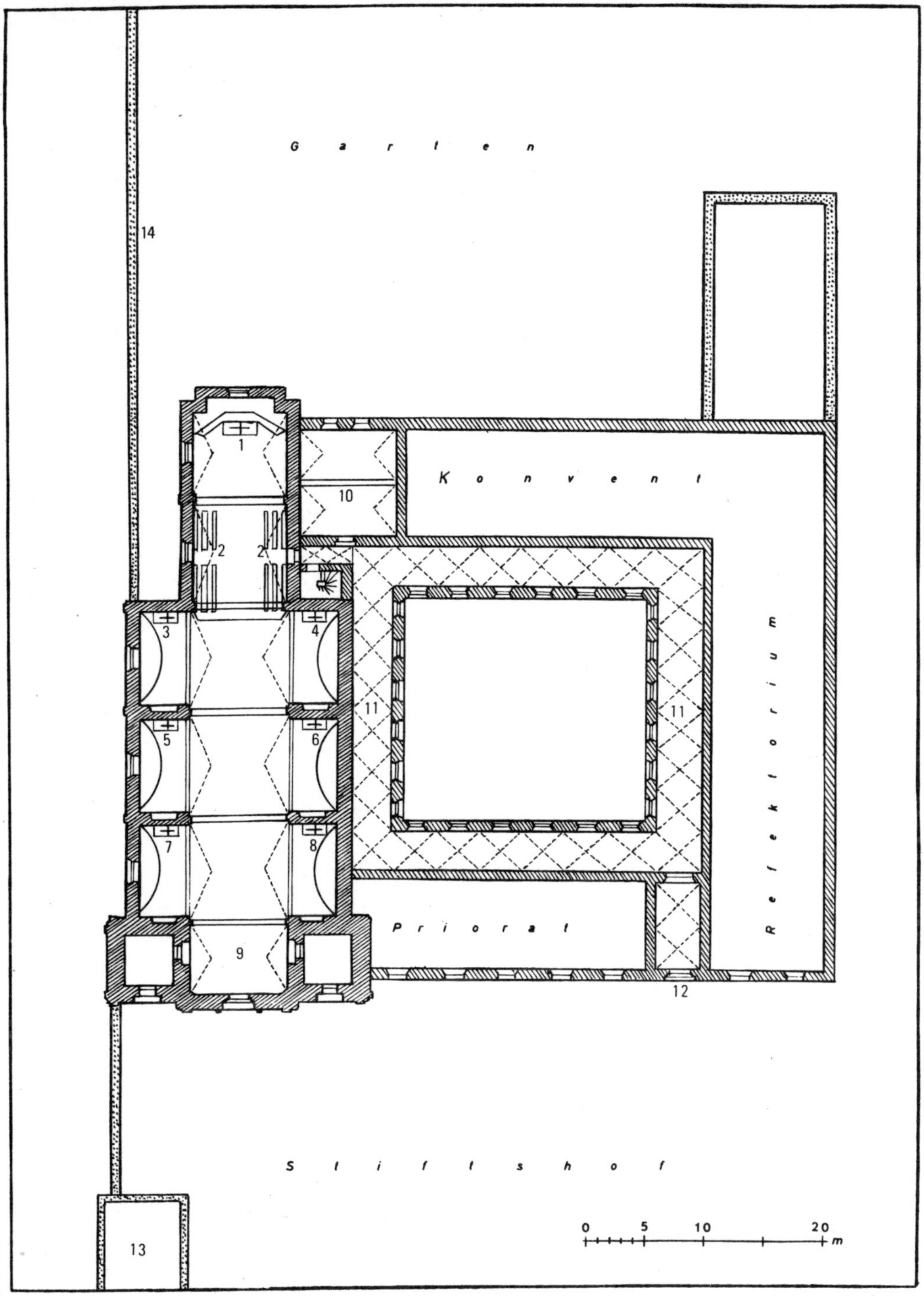

9. Schematischer Plan der Abteikirche und Klostergebäude von Zirc

1 Hochaltar (darunter Krypta des Konvents) 2 Chorgestühl (vor der westlichen Schmalseite befanden sich bis 1810 auf der Evangelienseite der Benediktus-, auf der Epistelseite der Bernardusaltar) 3 Dreifaltigkeitsaltar mit den Gräbern des Abtes Remigius Békefi († 1924) und des Weihbischofs Georg Zemplén von Gran 4 Kreuzaltar mit den Gräbern der Äbte Anton Dréta († 1823) und Adolf Werner († 1939) 5 Josefsaltar mit Grab des Abtes Hieronymus Supka († 1891) 6 Emmerich- (jetzt Bernardus-)altar mit Grab des Abtes Ferdinand Villax († 1857) 7 Annaaltar mit Statue der hl. Hedwig und Grab des Abtes Edmund Vajda († 1911) 8 Stephan-Harding-Altar mit Grab des Abtes Anton Rezutsek († 1879) 9 Orgelempore 10 Sakristei, darüber Kongregationskapelle 11 Kreuzgang mit Gemälden der Äbte von Heinrichau 12 Ehemaliges Hauptportal des Klosters 13 Nordflügel der Offiziengebäude 14 Mauer des Stiftsberings.